汤一介 李中华 主编

宋元卷

陈来 杨立华 杨柱才 方旭东 著

中國儒學史

北京大学出版社

图书在版编目(CIP)数据

中国儒学史.宋元卷/陈来等著.—北京:北京大学出版社,2011.6
ISBN 978-7-301-18924-5

Ⅰ.①中… Ⅱ.①陈… Ⅲ.①儒学－思想史－研究－中国－宋元时期
Ⅳ.①B222.05

中国版本图书馆 CIP 数据核字(2011)第 093052 号

书　　　名：中国儒学史·宋元卷
著作责任者：陈来　杨立华　杨柱才　方旭东　著
责 任 编 辑：武　芳
标 准 书 号：ISBN 978-7-301-18924-5
出 版 发 行：北京大学出版社
地　　　址：北京市海淀区成府路 205 号　100871
网　　　址：http://www.pup.cn
电 子 邮 箱：编辑部 dj@pup.cn　总编室 zpup@pup.cn
电　　　话：邮购部 62752015　发行部 62750672　编辑部 62756694
　　　　　　出版部 62754962
印　　刷　者：北京中科印刷有限公司
经　销　者：新华书店
　　　　　　787 毫米×1092 毫米　16 开本　45.5 印张　515 千字
　　　　　　2011 年 6 月第 1 版　2025 年 5 月第 3 次印刷
定　　　价：92.00 元

未经许可,不得以任何方式复制或抄袭本书之部分或全部内容。
版权所有,侵权必究　　举报电话：010－62752024
　　　　　　　　　　　电子邮箱：fd@pup.cn

总　序

一、儒学与中华民族的复兴

（一）儒学的"反本开新"

我们为什么要编著一部《中国儒学史》，这是由于中华民族正处在伟大民族复兴的进程之中。民族的复兴必然与民族文化的复兴相关联，而"儒学"在我国的历史上曾居于主流地位，影响着我国社会生活的方方面面。因此，儒学的复兴和中华民族的复兴是分不开的，这是由历史原因形成的。儒学自孔子起就自觉地继承着夏、商、周三代的文化，从历史上看它曾是中华民族发育、成长的根，我们没有可能把这个根子斩断。如果我们人为地把中华民族曾经赖以生存和发展的根子斩断，那么中华民族的复兴就没有希望了。因此，我们只能适时地在传承这个文化命脉的基础上，使之更新。就目前我国发展的实际情况看，我估计在二十一世纪儒学作为一种精神文化在中国、甚至在世界(特别是在东亚地区)将会有新的发展。为什么儒学会有一个新的发展？原因当然是多方面的,有政治的、经济的原因,更与"西学"(主要指作为精神文化的西方哲学等等)对中国传统文化(特别是儒学)所进行的全方位的冲击有着更密切的关系。回顾百多年来中国的历史,在相当长的时期里,中国文化("中学")在与西方文化("西学")的搏击中节节败退,"全盘西化"(或"全盘苏化")占尽上风,甚至"打倒孔家店"成为某些中国知识分子标榜"进步"的口号。可是在这样艰难的"中学"日衰的形势下,中国仍然有一代又一代的学人,一方面坚忍地传承着中国文化的优秀传统,另一方面又以广阔的胸怀融合着"西学"的精华。他们深信"中学",特别是"儒学"不会断绝,自觉地承担着中国传统文化"存亡继绝"和复兴中国文化的使命。因此,正是由于"西学"对中国文化的冲击,使得我国学者得到了对自身文化传统进行自我反省的机会。我们逐渐知道,在我们的文化传统中应该发扬什么、应该抛弃什么,以及应该吸收什么。因而在长达一百多年中,我们中国人在努力学习、吸收和消化"西学",这为儒学从传统走向现代奠定了基础。新的现代儒学必须是能为中华民族的复兴、能为当今人类社会"和平与发展"的前景提供有意义的精神力量的儒学;应该是有益于促进各民族结成团结、友好、互信、互助、和睦相处的大家庭的儒学;新的现代儒学该是"反本开新"的儒学。"反本"才能"开新","反本"更重要的是为了"开新"。"反本"必须要对儒学的源头有深刻的了悟,坚持自身文化的主体性。我们对儒学的来源及其发展了解得越深入,它才会越有对新世纪的强大生命力。"开新"要求我们全面、系统地了解当今人类社会所面临的亟待解决的生存和发展的重大问题和思想文化发展的总趋势,这必须对儒学作出适时的、合乎时代的新解释。"反本"和"开新"是不能分割的,只有深入发掘儒家思想的真精神,我们才可能适时地开拓儒学发展的新局面;只有敢于面对当前人类社会存在的新问题,才能使儒学的真精神得以发扬和更新,使儒家在二十一世纪的"反本开新"中"重新燃起火焰",以贡献于人类社会。

(二) 儒学与"新轴心时代"

当今世界处于全球化的形势下,人类社会面临着的是一个大变动的时代,正因为在这人类社会处于全球化的时代,使得各国、各民族在政治、经济、文化诸多方面处在错综复杂、矛盾重重的关系之中。人类社会如何从这种复杂的矛盾关系之中找出一条出路?在进入第三个千年之际,世界各地的思想界出现了对"新轴心时代"的呼唤,这就要求我们更加重视对古代思想智慧的温习与发掘。回顾我们文化发展的源头,希望从人类的历史文化智慧中找出一条能使世界走上健康合理的"和平与发展"道路,这无疑是各国人民所希望的前景。"轴心时代"的概念是由德国哲学家雅斯贝尔斯(1883—1969)提出的。他认为,在公元前500年前后,在古希腊、以色列、印度、中国、古波斯都出现了伟大的思想家。在古希腊有苏格拉底、柏拉图,以色列有犹太教的先知,印度有释迦牟尼,中国有老子、孔子,古波斯有索罗亚斯特,等等,形成了不同的文化传统。这些文化起初并没有互相影响,都是独立发展起来的。这些文化传统经过两千多年的发展,在相互影响中已成为人类文明的共同精神财富。雅斯贝尔斯说:"人类一直靠轴心时代所产生、思考和创造的一切而生存,每一次新的飞跃都回顾这一时期,并被它重新燃起火焰。自那以后,情况就是这样。轴心期潜力的苏醒和对轴心期潜力的回忆,或曰复兴,总是提供了精神力量。对这一开端的复归,是中国、印度和西方不断发生的事情。"[①]例如,我们知道,欧洲的文艺复兴就是把其目光投向其文化的源头古希腊,而使欧洲文明重新燃起新的光辉,并对世界产生重大影响。中国的宋明理学(新儒学)在印度佛教文化的冲击后,充分吸收和消化了佛教文化,再

---

① 〔德〕卡尔·雅斯贝尔斯:《历史的起源与目标》,魏楚雄、俞新天译,华夏出版社,1989年,第14页。

次回归先秦孔孟,把中国儒学提高到一个新的水平,并对朝鲜半岛、日本、越南的文化发生过重大影响。

在人类社会进入新千年之际,人类文化是否会有新的飞跃?雅斯贝尔斯为什么特别提到中国、印度和西方对轴心期的回忆,或曰"复兴"的问题?这是不是意味着,中华文化又有一次"复兴"的机会?我认为,答案应是肯定的。当前,中华民族正处在民族复兴的进程之中,而民族的复兴要以民族文化的复兴为精神支柱。毋庸讳言,"国学热"的兴起,可以说预示着我们正在从传统中找寻精神力量,以便创造新的中华文化,以"和谐"的观念贡献于人类社会。我们可以看出,自上个世纪末,我国学术界出现了对中国传统文化研究重视的趋势;而进入二十一世纪则逐渐成为一种社会潮流,"读经"、"读古典诗词",恢复优良的道德修养传统,蔚然成风,不少中小学设有读《三字经》、《弟子规》、《论语》、《老子》等等的有关课程内容。社会各阶层、团体、社区也办起了读古代经典的讲习班和讲座等等。这一潮流,也影响着我国的高层领导人。胡锦涛总书记在十七大的报告中提出"弘扬中华文化,建设中华民族共有精神家园",将对有力地推动中华文化的发展产生重要影响。我们应特别注意的是,中国一批知识分子在深入研究中国自身文化传统的同时,对当今世界文化发展的总趋势更加关注,并已有较深的研究。他们知道,中国文化必须在传承中更新,这样中国文化才能得以真正的"复兴",而"重新燃起新的火焰"。我们还可以看到,世界各国人民对中国文化的重新认识和欢迎,两百多所"孔子学院"的建立,儒学经典将要被译成外国的八种文字,这无疑可以说是儒学在"新轴心时代"得以"复兴"的明证。我认为,中国文化必须在坚持自身文化的主体性中"复兴",必须在吸收其他各民族文化、特别是西方先进文化的优秀成果中"复兴",必须在深入发掘中国文化的特殊价值以贡献于人类社会中复兴,当然也必须在努力寻求我们民族文化中具有"普世价值"意义的资源中"复兴"。因此,我们期待着和各国的学者一起,为建设全球化形势下文化的"新轴心时代"而努力。在欧洲,经过解构性的后现代主义对"现代性"思潮的批判之后,出现了以过程哲学为基础的"建构性的后现代主义",他们认为:"建设性的后现代主义对解构性的后现代主义的立场持批判态度,……以建构一个所有生命共同福祉都得到重视和关心的后现代世界。"①建构性的后现代主义还认为,在崭新的时代,每个人的权利都获得尊重,如果说第一次启蒙的口号是"解放自我",那么新世纪的第二次启蒙的口号则是尊重他者,尊重差别,他们提出"人和自然是一生命共同体"的宇宙有机整体观,以此反对"现代二元论的科学主义和工具理性"。里夫金在他的《欧洲梦》中强调,在崭新的时代,每个人的权利都获得尊重,文化的差异受到欢迎,每个人都在地球可以维持的范围内享受着高质量生活(不是奢侈生活),而人类生活在安定与和谐之中。②因此,他们认为,必须对自身前现代传统的某些观念加以重视,要重视两千多年前哲人的智慧。印度在1947年取得了独立。在争取独立的过程中,许多民族运动的领袖都把印度的传统思想作为一种精神武器。国大党的领袖甘地采取把印度教和民族运动结合在一起的策略,因此国大党在指导思想和人员构成上都有明显的印度教特征。③二十世纪中期印度思想家戈尔瓦卡就提出:印度必须建立强大的印度教国家,他特别强调"印度的文明是印度教的文明"。④他们认为,只有把印度人民的宗教热忱和宗教精神注入到政治中,才是印度觉醒和复兴的必要条件。因此,印度民族的复兴必须依靠其自身印度教的思想文化传统。印度人民党同样崇奉印度教,它是一种以"印度文化为核心的民族主义或者

---

① 《为了共同福祉——约翰·科布访谈》(王晓华访问记),上海:《社会科学报》,2002年6月13日。
② 参见〔美〕杰里米·里夫金:《欧洲梦》序言,杨治宜译,重庆出版社,2006年,第8页。
③ 参见丁浩:《浅析印度国大党的教派主义倾向及其影响》,见于《重庆科技学院学报(社会科学版)》,2007年第1期。
④ 参见汝信总主编:《世界文明大系·印度文明卷》,中国社会科学出版社,2004年,第554页。

称为'印度教特性'"。他们认为,"可将印度现在同过去的光辉连接起来","以印度教意识和认同来重建印度"。① 人民党的思想家乌帕迪雅耶提出的"达磨之治论",就是要把印度教"种姓达磨"观念与现代人道主义思想结合起来,其目的是要用这种学说来捍卫印度教的传统文明和精神,抵御西方文化的侵袭和影响。国大党和人民党交替执政,就说明印度教在印度的复兴。② 这有力地说明印度正是"新轴心时代"兴起的一个重镇。这是不是可以说,在全球化的情况下,中国、印度和欧洲都处在一个新的变革时期,他们都将再一次得到"复兴"的机会? 我认为,雅斯贝尔斯的看法是有远见的。这里,我必须说明,我并没有要否定其他民族文化也同样将会得到"复兴"的机会,如拉美文化、中东北非地区的伊斯兰文化等等。但是,无论如何,中国、印度、欧洲(欧盟)的"复兴"很可能预示着"新轴心时代"的到来。

(三) 儒学的三个视角

在这可能即将出现的"新轴心时代",面对着的与两千多年前的那个"轴心时代"的形势是完全不同了。全球化已把世界连成一片,任何国家、任何民族所要解决的不仅是其自身社会的问题,而且要面向全世界。因此,世界各国、各民族理应将会出现为人类社会走出困境的大思想家或跨国大思想家集团。实际上,各国各民族的有些思想家已在思考和反省人类社会如何走出当前的困局、迎接一个新时代的种种问题。在此情况下,各国、各民族的历史文化经验和智慧,无疑是十分重要的。因此,对影响中国社会两千多年历史的主流文化"儒学"应有一总体的认识和态度是很必要的。

由于儒学是历史的产物,又有两千多年的历史,对它有种种不同的看法应说是很自然的。在今天全球化、现代化的时代,我们应该或

---

① 参见曹小冰:《印度特色的政党和政党政治》,当代中国出版社,2005年,第237页。
② 参见汝信总主编:《世界文明大系·印度文明卷》,第555—558页。

可能怎样看儒学,我认为也许可以从三个不同的角度来考察儒学:一是政统的儒学,二是道统的儒学,三是学统的儒学。(一)政统的儒学:政治化的儒学曾长期与中国历代专制政治结合,所提倡的"三纲六纪"无疑对专制统治起过重要作用。儒家特别重视道德教化,因而对中国社会在一定程度上起着稳定的作用。但是,把道德教化的作用夸大,使中国重"人治"而轻"法治",而且很容易使政治道德化,从而美化政治统治;又使道德政治化,使道德成为为政治服务的工具。当然,在专制政治统治的压迫下,儒家的"以德抗位"、"治国平天下"的"王道"理想也并非完全丧失。不过总的说来,政治的儒学层面对当今的社会而言可继承的东西并不太多,它存在着较多的问题。(二)道统的儒学:任何一个成系统有历史传承的学术派别,必有其传统,西方是如此,中国也是如此。从中国历史上看,儒、道、释三家都有其传统。儒家以传承夏、商、周三代文化为己任,并且对其他学术有着较多的包容性,他们主张"万物并育而不相害,道并行而不相悖"。但既成学派难免就会有排他性。因此,对"道统"的过分强调就可能形成对其他学术文化的排斥,而形成对异端思想的压制。在历史上某些异端思想的出现,恰恰是对主流思想的冲击,甚至颠覆,这将为新的思想发展开辟道路。(三)"学统的儒学"是指其学术思想的传统,包括它的世界观、思维方法和对真、善、美境界的追求等等。虽不能说儒学可以解决人类社会存在的一切问题,但儒学在诸多方面可为人类社会提供有意义的、较为丰厚的资源是无可否认的,应为我们特别重视。我这样区分,并不是说这三者在历史上没有关系,甚至可以说在历史上往往是密不可分的,只是为了讨论方便,为了说明我们应该更重视哪一个方面。基于此,我认为,当前甚至以后,儒学的研究不必政治意识形态化,让学术归学术;而且儒学应更具有"海纳百川"的气度,在与各种文化的广泛对话中发展和更新自己。

既然我们对儒学要特别重视的是其"学统",那么我们应该如何从

"学统"的角度来看儒学,我有以下四点看法:(一)要有文化上的主体意识。任何一个民族的生存与发展必须植根于自身文化土壤之中,必须有文化上的自觉,只有对自身文化有充分的理解与认识,保护和发扬,它才能适应自身社会合理、健康发展的要求,它才有吸收和消化其他民族文化的能力。一个没有能力坚持自身文化的自主性的民族,也就没有能力吸收和融化其他民族的文化以丰富和发展其自身文化,它将或被消灭,或被同化。(二)任何文化要在历史长河中不断发展,必须不断地吸收其他民族文化,在相互交流与对话中才能得到适时的发展和更新。罗素说得对:"不同文明的接触,以往常常成为人类进步里程碑。"①在历史上,中华文化有着吸收和融化外来印度佛教文化的宝贵经验,应该受到重视。在今天全球化的时代,面对西方的强势文化,我们应更加善于吸收和融合西方文化和其他各民族的优秀文化,以使中华文化更具有世界意义。(三)社会在不断发展,思想文化在不断更新,但古代思想家提出和思考的文化(哲学)问题,他们的思想的智慧之光,并不因此就会过时,有些他们思考的问题和路子以及理念可能是万古常新的。雅斯贝尔斯认为:在科学方法的运用上,我们可以说我们所处的时代是超过了亚里士多德,但就哲学本身而言,我们很难再达到苏格拉底和柏拉图的水准。哲学历史的某些发展是显而易见的,但我们并不能由此得出结论说,后代的哲学家就一定超过前代。②(四)任何历史上的思想体系,甚至现实存在的思想体系,没有完全正确的,没有放之四海而皆准的绝对真理的学说,它必然有其局限性,其体系往往包含着某些内在矛盾,即使其中具有普遍意义(价值)的精粹部分也往往要给以合理的现代诠释。恩格斯在《反杜林论》草稿片断中说:"在黑格尔以后,体系说不可能再有了。十分明显,世

---

① 《中西文明的对比》,见罗素:《中国问题》,学林出版社,1996年,第146页。
② 参见《论雅斯贝尔斯的世界哲学及世界哲学史的观念——代"译序"》,载〔德〕雅斯贝尔斯:《大哲学家》,李雪涛等译,社会科学文献出版社,2005年,第12页。

界构成一个统一的体系,即有联系的整体。但是对这个系统的认识是以对整个自然界和历史的认识为前提的,而这一点是人们永远也达不到的。因而,谁要想建立体系,谁就得用自己的虚构来填补无数的空白,即是说,进行不合理的幻想,而成为一个观念论者。"①这里所说的"体系"是指那种无所不包的、自以为是放之四海而皆准的"绝对真理"。"绝对真理"往往都是谬误之论。罗素在其《西方哲学史》中说:"不能自圆其说的哲学决不会完全正确,但是自圆其说的哲学满可以全盘错误。最富有结果的各派哲学向来包含着显眼的自相矛盾,但是正为了这个缘故才部分正确。"②我认为这两段话对我们研究思想文化都很有意义。因为任何思想文化都是在一定历史条件下产生的,它不可能完全解决人类社会今天和明天的全部问题,就儒学来说也是一样的。正因为儒学是在历史中的一种学说,才有历代各种不同诠释和批评,而今后仍然会不断出现新的诠释,新的发展方向,新的批评,还会有儒家学者对其自身存在的内在矛盾的揭示。在人类社会进入全球化的时代,不断反思儒学存在的问题(内在矛盾),不断给儒学新的诠释,不断发掘儒学的真精神中所具有的普遍性意义和特有的理论价值,遵循我们老祖宗的古训"日日新,又日新",自觉地适时发展和更新其自身,才是儒学得以复兴的生命线。

(四) 儒学与"忧患意识"

"儒学"在中国传统文化中相对于佛道有一特点,即它的"入世"精神,并基于此"入世"精神而抱有较为强烈的忧患意识。《周易·系辞

---

① 〔德〕恩格斯:《世界是有联系的整体·对世界的认识》,载《恩格斯著〈反杜林论〉参考资料》附录,北京大学哲学系编,1962年,第137页。
② 〔英〕罗素:《西方哲学史》下册,马元德译,商务印书馆,1963年,第143页。

下》中说:"作《易》者,其有忧患乎?"①自孔子以来,从中国历史上看,儒家学者多对社会政治抱有"以天下为己任"的忧患意识。儒家的这种"忧患意识"也许可以说是儒家不同于现代知识分子的一种对社会政治的中国士大夫特有的批判精神。它是由于儒家始终抱有的对天下国家一种不可推卸的社会责任感和历史使命感而产生的。孔子生活在"天下无道"的春秋时代,《说苑·建本篇》说:"公扈子曰:春秋,国之鉴也。春秋之中,弑君三十六,亡国五十二。"孔子对此"礼坏乐崩"的局面有着深刻的"忧患意识",我们查《论语》,有多处讲到"忧"(忧虑,忧患),其中"君子忧道不忧贫"可说是代表着孔子的精神。"道"是什么?就是孔子行"仁道"的理想社会,其他富贵贫贱等等对孔子是无所谓的。《论语·阳货》中有一段表现孔子"忧国忧民"的抱负:"公山弗扰以费畔,召,子欲往,子路不悦,曰:'末之也,已,何必公山氏之之也!'子曰:'夫召我者,而岂徒哉!如有用我者,吾其为东周乎!'"孔子认为,假若有人用他治世,他将使周文王、武王之道在东方复兴。可见,孔子所考虑的问题是使"天下无道"的社会变成"天下有道"的社会。在《礼记·檀弓下》有一则孔子说"苛政猛于虎"的故事,这深刻地表现着他"忧国忧民"的"忧患意识"。这种"忧患意识"体现着孔子"仁民"的人道精神,同时也表现了他对"苛政"的批判意识。孟子有句常为人们所称道的"名言":"生于忧患而死于安乐",这种"忧患意识"正是因为他要"以天下为己任",而批判那些"入则无法家拂士,出则无敌国外患"的诸侯君王。我们读《孟子》也许只有十分深切地感受到中国士大夫所有的"富贵不能淫,贫贱不能移,威武不能屈"的精神,才能真正地立于天地之间而无愧。我认为,这不能不说是中国儒者特有的批判精神。有这种精神,就可以抵制和批判一切邪恶,甚至可以"大义灭亲"、

---

① 《周易·系辞下》中还说:"君子安而不忘危,存而不忘亡,治而不忘乱,是以身安而国家可保也。"司马迁《报任安君书》中说:"盖西伯拘而演《周易》,……大氐圣贤发愤之所为作也。"周文王演《周易》正是基于其"忧患意识"。

"弑父弑君"。① 周公不是为了国家百姓杀了他的亲兄弟吗？② 管仲不是初助公子纠,后又相桓公,孔子还说他"如其仁,如其仁"吗？③ 当齐宣王问孟子："汤放桀,武王伐纣,有诸？"孟子回答说:那些残害"仁义"的君王之被杀只是杀了个"独夫"吧！④

在中国古代的传统社会中,君王对社会政治无疑起着极大的作用,因此臣下能对君王有所规劝是非常重要的。《郭店楚简·鲁穆公问子思》一条：

> 鲁穆公问于子思曰："何如而可谓忠臣？"子思曰："恒称其君之恶者,可谓忠臣矣。"公不悦,揖而退之。成孙弋见,公曰："向者吾问忠臣于子思,子思曰:'恒称其君之恶者,可谓忠臣矣。'寡人惑焉,而未之得也。"成孙弋曰："噫,善哉言乎！夫为其君之故杀其身者,尝有之矣。恒称其君之恶,未之有也。夫为其君之故杀其身者,效禄爵者也。恒称其君之恶者,远禄爵者也。为义而远禄爵,非子思,吾恶闻之矣。"

这段故事说明,历史上有些儒者总是抱着一种"居安思危"的情怀,为天下忧。子思认为能经常批评君王的臣子才是"忠臣",成孙弋为此解释说:只有像子思这样的士君子敢于对君王提出批评意见,这正因为他们是不追求利禄和爵位(金钱与权力)的。中国历史上确有一些儒学者基于"忧国忧民"的"忧患意识"而能持守此种精神。汉初,虽有文景之治,天下稍安,而有贾谊上《陈政事疏》谓："进言者皆曰天下已安已治矣,臣独以为未也。曰安且治者,非愚则谀,皆非事实知治乱之体者也。"贾谊此《疏》义同子思。盖他认为,治国有"礼治"和"法治"两套,"夫礼者禁于将然之前,而法者禁于已然之后,是故法之所用

---

① 事见《左传》隐公四年。
② 事见《史记·管蔡世家》。
③ 见《论语·宪问》,又见《左传》庄公八年和九年。
④ 见《孟子·梁惠王下》。

易见,而礼之所为生难知也。"他并认为此"礼治"和"法治"两套对于治国者是不可或缺。此"礼法合治"之议影响中国历朝历代之政治制度甚深。在中国历史上有"谏官"之设,《辞源》"谏官"条说:"掌谏诤之官员。汉班固《白虎通·谏诤》:'君至尊,故设辅弼置谏官。'谏官之设,历代不一,如汉唐有谏议大夫,唐又有补阙、拾遗,宋有左右谏议大夫、司谏、正言等。"按:在中国历史上的"皇权"社会中,"谏官"大多虚设,但也有少数士大夫以"忧患意识"之情怀而规劝帝王者,其"直谏"或多或少起了点对社会政治的批判作用。此或应作专门之研究,在此不赘述。

宋范仲淹有《岳阳楼记》一篇,其末段如下:

> 嗟夫!予尝求古仁人之心,或异二者之为,何哉?不以物喜,不以己悲;居庙堂之高则忧其民,处江湖之远则忧其君。是进亦忧,退亦忧。然则何时而乐耶?其必曰"先天下之忧而忧,后天下之乐而乐"乎。噫!微斯人,吾谁与归!

这段话可说是表达出大儒学者之心声。盖在"皇权"统治的专制社会中,儒学之志士仁人无时不能不忧,其"忧民"是其"仁政"、"王道"理想之所求,而此理想在那专制制度下,是无法实现的,故不能不忧。其"忧君",则表现了儒家思想之局限,仅靠"人治"是靠不住的。在"皇权"的专制制度下,仁人志士之"忧"虽表现其内在超越之境界,但终难突破历史之限度。儒学者可以"杀身成仁"、"舍生取义",但不仅不能动摇"皇权"专制,反而可能在某种程度上帮助巩固了皇权统治。这或是历史之必然,不应责怪这些抱有善良理想良知之大儒,他们的主观愿望是可歌可涕的。个人的善良愿望必须建立在变革这专制制度上才可能有一定程度上之实现。

儒家的"忧患意识"虽说对"皇权"专制有一定的批判作用,但它毕竟不同于现代社会中知识分子的"批判意识"。这是因为现代知识分子的"批判意识"是建立在"人人平等"的基础之上。现代知识分子的"批判意识"不仅仅是对某个个人批判,而必须是根据理性对某种制度的批判。面对今日中国社会风气败坏、信仰缺失之现实,必须把儒家原有的具有一定程度批判精神的"忧患意识",提升至对社会政治制度的批判,而不能与非真理或半真理妥协,因此它应当是得到"自由"和"民主"保障的有独立精神的批判。[①] 可是话又要说回来,无论如何,儒家这种"居安思危"的"忧患意识"中包含的某种程度的批判精神和勇气,仍然是我们要在继承的基础上认真总结,并把它提高到现代知识分子的批判精神上来的。在中华民族伟大复兴的过程之中,儒家基于社会责任感和历史使命感的"忧患意识"在我们给以新的诠释的情况下,将使我民族能够不断地反省,努力地进取,并使儒学得以日日新,又日新,中华民族得以常盛不衰。

(五) 儒学与"和谐社会"建设

在二十一世纪初,我国提出建设"和谐社会"的要求,这将对人类发展的前景十分重要,并会对人类社会健康合理生存产生深远影响。我们知道,"和谐"是儒学的核心概念,在我国传统儒学中包含着"和谐社会"的理想以及可以为建设"和谐社会"提供的大量有意义的思想资源。《礼记·礼运》中的"大同"思想可以说已为中华民族勾画出一幅"和谐社会"的理想蓝图。《论语》中的"礼之用,和为贵",将会对调节

---

① 参见拙作《五四运动的反传统与学术自由》,台湾联经出版事业公司,1989年。该文中有如下两段:"中国知识分子大都对社会有着强烈的社会责任感和历史使命感;'天下兴亡,匹夫有责',他们为了尽社会责任和完成历史使命可以'杀身成仁'、'舍生取义'。中国知识分子这种对国家和民族命运的关怀,无疑是十分可贵的。但是也正因为这种过分强烈的社会责任感和历史使命感,而使他们陷于'急功近利',而要直接参与政治,去从政做官了。我不知道这对中国社会是'幸'还是'不幸',不过我私以为'不幸'的成分为多。照我看,知识分子应该是以创造知识和传播知识为谋生手段。他们对政治的意义在于批判、议论,他们应有不与非真理和半真理妥协的良心。""中国知识分子由于超强的社会责任感和历史使命感往往由'不治而议'走向'治而不议',把'做官'看成是他们最重要的使命,从而失去他们对社会政治的批判功能,并且很可能成为政治权利的附庸。"

人们社会生活之间的关系有着重要的意义;"和而不同",又可以为不同民族和民族之间的"和平共处"提供某种理据。《中庸》中的"中和"思想,要求在各种关系之间掌握适合的度,以达到万事万物之"和谐"的根本。特别是《周易》中的"太和"①观念经过历代儒学思想家的阐发,已具有"普遍和谐"的意义。"普遍和谐"包含着"人与自然"、"人与人"(人与社会、国家与国家、民族与民族)、"人的自我身心内外"等诸多方面"和谐"的意义,所以王夫之说"太和"是"和之至",意即"太和"是最完美的"和谐"。所有这些包含在儒家经典中的"和谐"思想,为中国哲学提供了一种对人类社会极有价值的世界观和思维方式。

复兴儒学要有"问题意识"。当前我国社会遇到了什么问题,全世界又遇到了什么问题,都是复兴儒学必须考虑的问题。对"问题"有自觉性的思考,对"问题"有提出解决的思路,由此而形成的理论才是有真价值的理论。当前,我国以及全世界究竟遇到些什么重大问题?近一二百年来,由于对自然界的无量开发,残酷掠夺,造成了生态环境的严重破坏。由于人们片面物质利益的追求和权力欲望的无限膨胀,造成了人与人之间以及国家与国家之间的矛盾与冲突,以至于残酷的战争。由于过分注重金钱和感官享受,致使身心失调,人格分裂,造成自我身心的扭曲,吸毒、自杀、杀人,已成为一种社会病。因此,当前人类社会需要解决,甚至今后还要长期不断解决的"人与自然"、"人与人"(人与社会、国与国、民族与民族)、"人自我身心"之间的种种矛盾问题,无疑是人类要面对的最大课题。其中"人"的问题是关键。

针对上面提出的三个方面的问题,我认为,儒学可以为当今人类社会提供若干有益的思想资源。

(一) 儒家"天人合一"(合天人)的观念将会为解决"人与自然"之间的矛盾提供某些有意义的思想资源。1992年世界一千五百七十五

---

① 《周易·乾卦·彖辞》:"乾道变化,各正性命,保合太和,乃利贞。"

名科学家发表的《世界科学家对人类的警告》说:"人类和自然正走上一条相互抵触的道路。"造成这种情况不能说与西方哲学曾长期存在"天人二分"的思维模式没有关系。罗素在《西方哲学史》中说:"笛卡尔的哲学,……它完成了、或者说极近乎完成了由柏拉图开端而主要因为宗教上的理由经基督教哲学发展起来的精神、物质二元论……笛卡尔体系提出来精神界和物质界两个平行而彼此独立的世界,研究其中之一能够不牵涉另一个。"①这就是说,在西方哲学中长期把"天"和"人"看成是相互独立的,研究"天"可以不牵涉"人";研究"人"也可以不牵涉"天",这可以说是一种"天人二分"的思维模式(但进入二十世纪,西方哲学有了很大变化,已有西方哲学家打破"天人二分"的定式,如怀德海②)。而中国"天人合一"是说在"天"和"人"之间存在着相即不离的内在关系,研究其中一个必然要牵涉另外一个。《周易》是我国一部最古老重要的大书,它是中国哲学的源头。《郭店楚简·语丛一》:"易,所以会天道人道也。"《周易》是一部会通天道、人道所以然的道理的书。也就是说它是一部讲"天人合一"的书。对如何了解"天人合一"思想,朱熹有段话很重要,他说:"天即人,人即天。人之始生,得于天也;既生此人,则天又在人矣。"③"天"离不开"人","人"也离不开"天"。人初产生时,虽然得之于天,但是一旦有了人,"天"的道理就要由"人"来彰显,即"人"对"天"就有了责任。"天人合一"作为一种世界观和思维模式,它要求人们不能把"人"看成是和"天"对立的,这是由

---

① 〔英〕罗素:《西方哲学史》下册,马元德译,商务印书馆,1988年,第91页。
② 《怀德海的〈过程哲学〉》(刊于2002年8月15日上海《社会科学报》)中说:"(怀德海)的过程哲学(process philosophy)把环境、资源、人类视为自然中构成密切相连的生命共同体,认为应该把环境理解为不以人为中心的生命共同体。这种新型生态伦理,对于解决当前的生态危机具有重要的现实意义。过程哲学是生态女性主义的思想之根,因为生态女性主义的哲学基础是彻底的非二元论,是对现代二元思维方式的批判,而怀德海有机整体观念,正好为它提供了进行这种批判的理论根据。"可见,现代一些西方哲学家已经对"天人二分"的二元对立的思维模式作出反思,并且提出了"自然"与"人"构成"密切相连的生命共同体"。
③ 《朱子语类》,中华书局,1986年,第387页。

于"人"是"天"的一部分,破坏"天"就是对"人"自身的破坏,"人"就要受到惩罚。因此,"天人合一"学说认为,"知天"(认识自然,以便合理地利用自然)和"畏天"(对"自然"应有所敬畏,要把保护自然作为一种神圣的责任)是统一的。① "知天"而不"畏天",就会把"天"看成一死物,不了解"天"乃是有机的生生不息的刚健大流行,所以《周易·乾·象》中说:"天行健,君子以自强不息。"这即是说"天"与"人"为持续发展着的"生命的共同体"。"畏天"而不"知天",就会把"天"看成外在于"人"的神秘力量,而使人不能真正得到"天"(自然)的恩惠。所以"天人合一"思想要求"人"应担当起合理利用自然,又负责任地保护自然的使命。"天人合一"这种思维模式和理念应该说可以为解决当前"生态危机"提供某些有意义的思想资源。

(二)"人我合一"(同人我)的观念将会为解决"人与人(社会)"之间的矛盾提供某些有意义的思想资源。"人我合一"是说在"自我"和"他人"之间存在着一种相即不离的内在关系。为什么"自我"和"他人"之间存在着相即不离的内在关系?《郭店楚简·性自命出》中说:"道始于情。"人世间的道理(人道)是由情感开始的,这正是孔子"仁学"的出发点。孔子的弟子樊迟问"仁",孔子回答说"爱人"。这种爱人的品质由何而来呢?《中庸》引孔子的话说:"仁者,人也,亲亲为大。""仁爱"的品德是人本身所具有的,爱自己的亲人是最根本的。但孔子的儒家认为"仁爱"不能停留在只是爱自己的亲人,而应该由"亲亲"扩大到"仁民"以及"爱物"。孟子说:"亲亲而仁民,仁民而爱物。"②

---

① 康德的墓志铭上写着:"有两样东西,我们愈经常愈持久地加以思索,它们愈使心灵充满不断增长的景仰和敬畏:在我们之上的星空和我心中的道德法则。"是不是说,康德也认为应对"天"有所敬畏呢? 这和孔子的"畏天命"是不是有相通之处呢?

② 见《孟子·尽心上》。《中庸》中说:"唯天下至诚,为能尽其性;能尽其性,则能尽人之性;能尽人之性,则能尽物之性;能尽物之性,则可以赞天地之化育;可以赞天地之化育,则可以与天地参矣。"此可以为孟子"亲亲而仁民,仁民而爱物"之开展。因此,孔孟之"仁爱"学说,不仅可以为解决"人与人"之间关系,也可以为解决"人与自然"之间关系,提供有意义的思想资源。

所以《郭店楚简》中说:"孝之眾,爱天下之民","亲而笃之,爱也;爱父其继爱人,仁也"。如果把爱自己的亲人扩大到爱他人,那么社会不就可以和谐了?如果一个国家、一个民族把爱自己国家、自己民族的"爱"扩大到对别的国家、别的民族的爱,那么世界不就可以和平了吗?把"亲亲"扩大到"仁民",就是要行"仁政"。在《论语》中虽然没有出现"仁政"两字,但其中却处处体现着"仁政"思想,如"博施于民,而能济众","举贤才","泛爱众","导之以德,齐之以礼"等等,都是讲的"仁政"。孔子的继承者孟子讲"仁政",意义也很广泛,我认为最重要的是他说:"民之为道也,有恒产者有恒心,无恒产者无恒心。"意思是说,对老百姓的道理,要使老百姓都有一定的固定产业,他们才能有一定的道德观念和行为准则。没有一定的固定产业,怎么能让他有相应的道德观念和行为准则呢!所以孟子说:"夫仁政,必自经界始。""仁政",首先要使老百姓有自己可以耕种的土地。我想,我们今天要建设"和谐社会",首要之事就是要使我们的老百姓都有自己的固定产业,过上安康幸福的生活。就全人类说,就是要使各国、各民族都能自主地拥有其应有的资源和财富,强国不能掠夺别国的资源和财富以推行强权政治。所以"人"与"人"、"国家"与"国家"之间的协调和相互爱护的"人我合一"思想对建设"和谐社会"、"和谐世界"应是有意义的。

(三)"身心合一"(一内外)将会为调节自我身心内外的矛盾提供某些有意义的思想资源。"身心合一"是说肉体生命与精神生命之间存在着一种相即不离的和谐关系。儒家认为达到"身心合一"要靠"修身"。《郭店楚简·性自命出》中说:"闻道反己,修身者也。"意思是说,知道了做人的道理,就应该反求诸己,这就是"修身"。所以《大学》认为,"修身"、"齐家"、"治国"、"平天下","自天子以至于庶人,壹是皆以修身为本,其本乱而末治者否矣。"《中庸》里面也说:"为政在人,取人以身,修身以道,修道以仁。"社会靠人来治理,让什么人来治理要看他自身的道德修养,修养是以符合不符合"道"为标准,做到使社会和谐就要有"仁爱"之心。这里,把个人的道德修养(修身)与"仁"联系起来,正说明儒家思想的一贯性。《郭店楚简·性自命出》中说:"修身近至仁"。修身是为达到实现"仁"的境界的必有过程。因此,儒家讲"修身"不是没有目标的,而是为了"齐家"、"治国"、"平天下",即希望建设"和谐社会"。《礼记·礼运》中所记载的"天下为公"的"大同"社会就是儒家理想和谐社会的蓝图。如果一个社会有了良好的制度,再加之以有道德修养的人来管理这个社会,社会上的人都能"以修身为本",那么这个社会也许就可以成为一个"和谐的社会",世界就可以成为一个"和谐的世界"吧!

冯友兰先生把"人生"分成四种"境界":自然境界,功利境界,道德境界,天地境界。所谓有"自然境界"是说人和动物一样,只是为活着,对于人生的目的没有什么了解(觉解)。所谓有"功利境界",是说一切为了"利益",为他自己的利益(私利)。所谓"道德境界"是说,他的行为是为了"行义",也就是为了"公利",也可以说他的行为是为了"奉献"。"天地境界"的人,他的行为也可以说是"奉献",但他不仅是"奉献"于社会,而且"奉献"于宇宙。如果人能达到"道德境界"、"天地境界",那么他不仅与"他人"(社会)和谐了,与宇宙和谐了,而且"自我身心内外"也和谐了。孔子有一段话,也许可以作为"修身"的座右铭,他说:"德之不修,学之不讲,闻义不能徙,不善不能改,是吾忧也。"意思是说,不修养道德,不讲求学问,听到合乎正义的话不能去身体力行(实践),犯了错误而不能改正,是孔子最大的忧虑。孔子这段话告诉我们的是做人的道理,"修德"并不容易,那就必须有崇高的理想,有为人类长远利益考虑的胸怀;"讲学"同样不容易,它要求人们天天提高自己的知识和能力,这样才可以负起增进社会福祉的责任;"徙义"是说人生在世,听到合乎道义的话应努力跟着做,应日日向着善的方向努力,把"公义"实现于社会生活之中;"改过",人总是会犯这样那样的错误,问题是要勇于改正,这样才可以成为合格的人。"修德"、"讲学"、"徙义"、"改过",是做人的道理,是使人自我身心内外和谐的路径。这就要求"修身",以求得一"安身立命"处。①

在儒家看,想要解决上述的种种矛盾,"人"是关键。因为,只有人才可以"为天地立心,为生民立命,为往圣继绝学,为万世开太平"。是不是我们可以说,当今人类社会遇到的问题,儒学可以为其提供某些有意义的思想资源?善于利用儒学的思想资源来解决当今人类社会存在的种种问题,是不是可以说为儒学的复兴提供了机会?当然,我们必须注意到,孔子的儒家思想并不是十全十美的,它并不能全盘解决当今人类社会存在的诸多复杂问题,它只能给我们提供思考的路子和有价值的理念(如世界观、人生观、价值观等等的理念),启发我们用儒学的思维方式和人生智慧,在给这些思想资源以适应现代社会和人类社会发展前途新诠释的基础上,为建设和谐的人类社会作出它可能作出的贡献。

司马迁说的"居今之世,志古之道,所以自镜也,未必尽同"是很有道理的名言。我们生活在今天,要了解自古以来治乱兴衰的道理,把它当作一面镜子,但是古今不一定都相同,需要以我们的智慧在传承前人有价值的思想中不断创新。因此,我们今天的任务是对自古以来的有价值的思想(包括儒家思想)进行现代诠释,创造适应现代社会需要的新学说、新理论。

二、儒学与"普遍价值"问题

如果说儒学能为解决"人与自然"、"人与人(社会)"、"人自身的身

---

① 朱熹《四书或问》说:"但能致中和于一身,则天下虽乱,而吾身之天地万物不害为安泰;其不能者,天下虽治,而吾身之天地万物不害为乖错。其间一家一国,莫不皆然,此又不可不知耳。"盖人生在世,必有一"安身立命"之原则和境界。黄珅校点,上海古籍出版社、安徽教育出版社,2001年,第56页。

心内外"的矛盾提供某些有意义的思想资源,那么我们能不能说这些思想资源针对某些特定的问题包含着"普遍价值"的意义呢?我认为,这应是肯定的。"价值论"是当今一种很流行的学说,[①]它涉及各个学科,如宗教、哲学、文学、艺术、政治、经济,甚至科学技术,等等,而其中"价值哲学"是讨论"价值问题"最重要的学科。"价值哲学"是一种什么样的学科呢?概括起来说,它是讨论某种哲学学说,如孔子的"仁学";某一哲学命题,如"天人合一"、"道法自然";某一哲学概念,如"忠恕"(朱熹说"尽己谓之忠"、"推己谓之恕")等等的价值问题。我认为,必须承认世界上各不同民族文化中都有某些"普遍价值"意义的因素。这是在当今全球化境域下,多元文化中寻求文化中的"普遍价值"的意义所要求的。当前,在我国学术界对文化(哲学)中的"价值"问题已不少讨论,而比较集中的是讨论文化(哲学)中是否存有"普遍价值"的问题,有些学者或政治家对文化(哲学)中存有"普遍价值"持否定的态度。我认为,这是大成问题的。这是因为,不承认在各个不同民族的文化中都具有"普遍价值"意义的因素,那么很可能走上文化的"相对主义",认为没有什么"真理"(哪怕是相对意义的"真理"),只能是"公说公有理"、"婆说婆有理",这样在不同文化之间很难形成对话,很难找到共同语言,很难对遇到的共同问题的解决达成"共识"。这种看法对当前世界全球化将是一种极为有害的消极力量,是不利于人类社会健康合理发展的。同时,如果我们不讲文化中具有"普遍价值",那么其他文化,特别是西方文化却大讲他们文化中的"普遍价值",这岂不是把我们讲"普遍价值"的权利给了西方文化,这将有助于西方某些学者和政客鼓吹有利于他们的"普遍主义"大行其道,而使他们具有了

---

① 冯平在《现代西方价值哲学经典》(北京师范大学出版社,2009年)的"序言"中说:"现代西方价值哲学是一场哲学运动,这场运动发轫于19世纪40年代,起始于新康德主义。"最早将现代西方价值哲学介绍到中国来的是张东荪先生。张东荪先生在1934年出版了以他在燕京大学的讲义为基础的《价值哲学》一书。

"话语霸权"。因此,发掘各个不同民族文化中的"普遍价值",对促进全世界各个民族、各个国家共同发展将是十分有意义的。

(一)藉文化沟通与对话寻求共识

自上个世纪九十年代以来,在中国逐渐掀起了"国学热"的浪潮,相当多的学者,特别注意论证中国文化的民族特性和它的特殊价值之所在。为什么会发生这种情况,我认为这和世界文化发展的形势有关。因为自上世纪后半叶,西方殖民体系逐渐瓦解,原来的殖民地民族和受压迫民族为了建立或复兴自己的国家,有一个迫切的任务,他们必须从各方面自觉地确认自己的独立身份,而自己民族的特有文化(宗教、哲学、价值观等等)正是确认自己独立身份的最重要的因素。在这种情况下,正在复兴的中华民族强调应更多关注自身文化的主体性和特有价值,是完全合理的。但与此同时,西方一些国家已经成功地实现了现代化,而且许多发展中国家也正在走着西方国家已经完成的工业化和现代化的道路。因此,西方发达国家出现了一种"普遍主义"(universalism)的思潮,认为只有西方文化中的理念对现代社会才具有"普遍价值"(universal value)的意义,而其他各民族的文化并不具有"普遍价值"的意义,或者说甚少"普遍价值"的意义,或者说非西方的民族文化只有作为一种博物馆中展品被欣赏的价值。我们还可以看到,某些取得独立的民族或正在复兴的民族,也受到"普遍主义"的影响,为了强调他们自身文化的价值而认为他们的文化可以代替西方文化而成为主导世界的"普世"文化。例如,在中国就有少数学者认为,二十一世纪的人类文化将是"东风"压倒"西风",只有中国文化可以拯救世界,这无疑也是一种受到西方"普遍主义"思潮影响的表现,是十分错误而有害的。因此,当前在中国,在发展中国家,更多地关注各民族文化的特殊价值,各发展中国家更加关注自身文化的"主体性",以维护当今人类社会文化的多元发展,反对西方的"普遍主义",

反对"欧洲中心论",是理所当然的。当然也要防止在民族复兴中受西方"普遍主义"影响而形成的民族文化的"至上主义"或"原教旨主义"。

现在的问题是,我们反对"普遍主义",是不是就要否定各个民族文化中具有的"普遍价值"?所谓"普遍主义"可能有种种不同的解释。本文把"普遍主义"理解为:把某种思想观念(命题)认定为是绝对的、普遍的,是没有例外的,而其他民族的文化思想观念(命题)是没有普遍价值甚至是没有价值的。"普遍价值"是说:在不同民族文化之中可以有某些相同或相近的价值观念,而这些相同或相近的价值观念应具有"普遍价值"的意义,它可以为不同民族普遍地接受,而且这些具有"普遍价值"意义的观念又往往寓于特殊的不同民族文化的"价值观念"之中。正是具有"普遍价值"意义的思想往往是寓于某些不同民族文化的"特殊价值"之中,才需要我们去努力寻求其蕴含的"普遍价值"的意义。这在哲学上是"共相"与"殊相"的问题。在我看来,在各个不同民族文化中可以肯定地说存在着"普遍价值"的因素。所以我们必须把"普遍价值"与"普遍主义"区分开来。在强调各民族文化的特殊价值的同时,我们应努力寻求人类文化中的"普遍价值"的因素及其意义。当前人类社会虽然正处在经济全球化,科技一体化的形势下,但是由于二战后殖民体系的瓦解,"欧洲中心论"的消退,文化呈现着多元化的趋势。因此,要求在不同文化中寻求"普遍价值"必须通过不同文化间的沟通与对话,以致达成某种"共识",这大概是我们寻求不同文化间"普遍价值"的必由之路。

(二)寻求不同文化间"普遍价值"的途径

为什么我们要寻求各民族文化的"普遍价值"?这是因为同为人类,必然会遇到需要共同解决的问题,在各种不同文化中都会有对解决人类社会遇到的问题有价值的资源。这些能解决人类社会所遇到的"共同问题"的有价值的思想资源,我认为就具有"普遍价值"的意义。

如何寻求人类文化中的"普遍价值",也许有多条不同的途径,我在这里提出三条可以考虑的途径供大家批评指正:

(一)在各民族的文化中原来就有共同或者是相近的有益于人类生存和发展的理念,这些共同理念无疑是有"普遍价值"的意义。1993年在美国芝加哥召开的世界宗教大会,在寻求"全球伦理"问题的讨论中提出寻求伦理观念上的"最低限度的共识",或者叫做"底线伦理"。为此,在闭幕会上发表了一份《走向全球伦理宣言》,认为"己所不欲,勿施于人"在各民族文化中都有与此相同或相似的理念,它可以被视为"道德金律"。在《宣言》中特别举出佛经所说:"在我为不喜不悦者,在人亦如是,我何能以己之不喜不悦加诸他人?"佛经中这句话可以说十分深刻而精确地表述了具有"普遍价值"意义的"道德金律"。在《宣言》中还列举了一些宗教和思想家的思想中对"己所不欲,勿施于人"的各种表述,[①]因此认为它具有"普遍价值"的意义。又如,恩格斯在《反杜林论》中提出"勿盗窃"应具有"普遍价值"的意义。这类思想、理念在人类各种文化中是并不少见的。例如佛教的"五戒"中的"不盗、不邪淫、不妄语"和基督教《摩西十戒》中的"不可奸淫"、"不可偷盗"等等都有"普遍价值"的意义。

(二)在各不同民族文化的不同理路中寻求"普遍价值"。例如中国儒家的"仁",西方基督教的"博爱",印度佛教的"慈悲",虽然形式不同,出发点不同,甚至理路中也有差异,但却都具有"普遍价值"的意义。

孔子的"仁",是把"亲亲"作为出发点,作为基础,樊迟问仁,孔子曰"爱人"。为什么要爱人,"爱人"的出发点是什么?《中庸》引孔子的话

[①] 在孔汉思和库舍尔合编、何光沪译的《全球伦理——世界宗教议会宣言》中《全球伦理普世宣言的原则》罗列了许多与孔子"己所不欲,勿施于人"相同或相近的话,如《圣经·利未记》:"要爱自己的人,像爱自己一样。"犹太教的主要创立者希勒尔说:"你不愿施诸自己的,就不要施诸别人。"《摩诃婆多》:"毗耶婆说:你自己不想经受的事,不要对别人做。"第149、150页。

"仁者,人也,亲亲为大"。① "仁爱"是人本身所具有的,爱自己的亲人是最根本的。但儒家认为,"亲亲"必须扩大到"仁民"以及于"爱物",②才是完满的真正的"仁"(仁爱),所以《郭店楚简》中说:"孝之宝,爱天下之民。""爱而笃之,爱也;爱父其继爱人,仁也。"且儒家也有以"博爱"释"仁"者。③ 这就是说,孔子的"仁"虽是从爱自己的亲人出发,但它最终是要求爱天下老百姓,以实现其"治国平天下"的目标。因此,我们可不可以说,孔子的"仁"的理念具有某种"普遍价值"的意义。

基督教的"博爱",当然我们可以从多方面理解它的涵义,但它的基础是"在上帝面前人人平等",而由"在上帝面前人人平等",可以引发出来的"在法律面前人人平等",这对人类社会也应是具有"普遍价值"的意义,因为这样人类社会才能有公平和正义。"在法律面前人人平等"从表现形式上看是近代西方法律制度的一条重要原则,但其背后支撑的伦理精神理念则是"博爱",把所有的人都看成是上帝的儿子。④

佛教的"慈悲",《智度论》卷二十七中说:"大慈与一切众生乐,大悲拔一切众生苦",其出发点是要普度众生脱离苦海,使众生同乐在极乐世界。《佛教大辞典》的"普度众生"条谓:"佛谓视众生在世,营营扰扰,如在海中。本慈悲之旨,施宏大法力,悉救济之,使登彼岸也。"⑤由小乘的"自救"到大乘的"救他",这种"普度众生"的精神,我认为也是具有某种"普遍价值"的意义。

---

① 《郭店楚简》中的《性自命出》说:"道始于情。"人与人之间的关系开始是建立在"情感"的基础上。
② 《中庸》:"唯天下至诚,为能尽其性。能尽其性,则能尽人之性。能尽人之性,则能尽物之性。能尽物之性,则可以赞天地之化育。可以赞天地之化育,则可以与天地参矣。"
③ 《孝经·三才章》:"'君王'则天之明,因地之利,……是故先之以博爱,而民莫遗其亲。"如果能使"博爱"(即如天地一样及人、及物)成为社会伦理准则,那么就不会发生违背家庭伦理的事。
④ 《圣经·加拉太书》:"你们因信基督耶稣都是神的儿子。你们受洗归入基督的,都是披戴基督了。并不分犹太人和希腊人,自由人和奴隶,男人和女人,因为你们在基督里都成为一了。"《圣经·马太福音》记有耶稣的《登山教训》中说:"使人和睦的人有福了,因为他们必称为上帝的儿子。"
⑤ 丁福保编:《佛教大辞典》,文物出版社,1984年,第1046页。

孔子的"仁"、基督教的"博爱"、佛教的"慈悲"虽然出发点有异,理路也不大相同,而精神或有相近之处。故而是不是可以说有着某种共同的价值理念,这种共同价值的理念核心就是"爱人"。①"爱人"对人类社会来说无疑是有着极高的"普遍价值"的意义。

(三)在各不同民族文化中创造出的某些特有的理念,往往也具有"普遍价值"的意义。

要在各民族文化的特有的理念中寻求"普遍价值"的意义,很可能有不同的看法。我想,这没有关系,因为我们仍然可以在"求同存异"中来找寻某些民族文化特有理念中的"普遍价值"的意义。因为我对其他民族文化的知识了解不在行,我只想举一两个中国儒家哲学中的某些理念谈谈我的一点想法。

在不同民族文化中存在着不同的思想观念(如宗教的、哲学的、风俗习惯的、价值观的等等),这是毫无疑义的,而且可能因文化的不同而引起矛盾和冲突,这不仅在历史上存在过,而且在当今世界范围内也存在着。在这种情况下,"和而不同"的观念是不是对消除"文明的冲突"会有"普遍价值"的意义?"不同"而能"和谐"将为我们提供可以通过对话和交谈的平台,在讨论中达到某种"共识",这是一个由"不同"达到某种程度的相互"认同",这种相互"认同"不是一方消灭另一方,也不是一方"同化"另一方,而是在两种不同文化中寻求交汇点,并在此基础上推动双方文化的提升,这正是"和"的作用。就此,我们是不是可以说"和而不同"对当今人类社会的"文明共存"具有某种"普遍价值"的意义?

前面我们曾引用过1992年世界一千五百七十五名科学家发表的一份《世界科学家对人类的警告》在开头的一句话:"人类和自然正走

---

① 在佛教的"十二因缘"中有"爱",但"十二因缘"中的"爱"是指"欲望"的意思,有"占有"义,而"慈悲"是一种无"占有欲"、无功利目的的"爱",是"普度众生"的"博爱"。这里可能有翻译问题。

上一条相互抵触的道路。"为什么会发生这种情况,就是因为人们对自然无序无量的开发,残暴的掠夺,无情的破坏,把"自然"看成是与"人"对立的两极。针对这种情况也许中国的"天人合一"的理论会对解决这种情况提供某些有意义的思想资源。王夫之《正蒙注·乾称上》中有一段话讲到"天人合一",大意是说:我考察自汉以来的学说,都只抓到先秦以来《周易》的外在表象,不知《周易》是"人道"的根本,只是到了宋朝周敦颐才开始提出了"太极图说",探讨了"天人合一"道理的根源,阐明了人之始生是"天道"变化的结果,是"天道"运动的实在表现。在"天道"的变化中把精粹部分给了人,使之成为"人"之"性",所以"人道"的日用事物当然之"理"与"天道"阴阳变化之秩序是一致的,是统一的,这个道理不能违背。王夫之这段话,可以说是对儒学"天人合一"思想,也是对"易,所以会天道人道也"很好的解释。"人道"本于"天道",讨论"人道"不能离开"天道",同样讨论"天道"也必须考虑到"人道",这是因为"天人合一"的道理既是"人道"的"日用事物当然之理",也是"天道"的"阴阳变化之秩序"。"人道"本于"天道","人道"是"天道"的显现,因此"人"对"天"有着不可推卸的责任。这样的思想理论对当前遭受惨重破坏的"自然界",可以说是很有意义的,因而也可以说它有"普遍价值"的意义。其实这种观点,在当今西方学术界也有,例如过程哲学的怀德海曾提出"人和自然是一生命共同体"这样的命题,这个命题深刻地揭示着人和自然之不可分的内在关系,人必须像爱自己的生命那样爱护自然界。这个理念应该说有着重要的"普遍价值"的意义。

《论语·颜渊》记载着孔子的一段话,他说:"克己复礼为仁。一日克己复礼,天下归仁焉。为仁由己,而由人乎哉?"这句话,在中国历朝历代就有着不同的诠释,而这种种"诠释"都是与诠释者所处时代和他个人的学养、境界息息相关的。那么,我们今天是否可以给它以一种新的诠释呢?费孝通先生对"克己复礼"有一新的诠释,他说:"克己才能复礼,复礼是取得进入社会、成为一个社会人的必要条件。扬己和克己也许正是东西文化的差别的一个关键。"①这样的诠释是有其特殊意义的。朱熹对"克己复礼为仁"的解释说:"克,胜也。己,谓身之私欲也。复,反也。礼者,天理之节文也。"这就是说,要克服自己的私欲,以便在进入社会的人际关系中很好地遵循合乎"天理"(宇宙大法)的礼仪制度。"仁"是人自身所具有的内在品德,"爱生于性","性自命出","命由天降",②"礼"是规范人的社会行为的外在礼仪制度,它的作用是为了调节人与人之间关系,使之和谐相处。"礼之用,和为贵。"要人们遵守合乎"天理"的礼仪制度必须是自觉地,出乎内在的爱人之心,它才合乎"仁"的要求,所以孔子说:"为仁由己,而由人乎哉?"仁爱之心是发自内心的,不是由外力来强迫而有的。因此,孔子认为有了追求"仁"的自觉要求,并把人们具有的"仁爱之心"按照合乎"天理"的规范实践于社会生活中,这样社会就会和谐安宁了。"一日克己复礼,天下归仁焉。"《论语·颜渊》中孔子所说的这段话是为"治国安邦"说,"治国安邦"归根结底就是要行"仁政"。"治国平天下"应该行"仁政",行"王道",不应行"苛政"、"霸权"。行"仁政"行"王道"才能使国泰民安,使不同民族、国家和睦相处,而共存共荣。孔子儒家的"仁政"对"现代化"是否也可以有所贡献呢?如果我们对此有所肯定,那是不是也可以说具有一定的"普遍价值"的意义呢?因此,如果各国学者一起努力发展各民族、各国家文化中存在的"普遍价值"的资源,而不要坚持唯我独尊的"普遍主义",那么世界和平就有希望了。实际上,在各民族、各国家的文化中都存在着"普遍价值"意义的因素,问题是需要我们去发掘它,并给以合理的诠释。这是因为各民族、各国家文化中所具有的"普遍价值"意义的因素往往是寓于其特殊理论体系的形式

---

① 费孝通:《文化论中人与自然关系的再认识》,见北京大学中国社会与发展中心、北京大学社会学系、北京大学社会学人类学研究所《ISA 工作论文》,2002 年。
② 见于《郭店楚简》中的《语丛》和《性自命出》。

之中,这就要我们善于从中揭示其有益于人类社会发展的内在价值资源。有责任感的学者应该是既能重视和保护自身的文化"普遍价值",同时又能尊重和承认其他民族和国家文化中的"普遍价值"。"有容乃大"的精神也许是有活力的文化能得以不断发展的原则。

(三)"多元现代性"的核心价值

最后,我想谈谈"多元现代性"的问题。对"多元现代性"可能有多种说法,至少有两种很不相同的解释:一种是,现代性是多元的,不同民族有不同的"现代性";另一种看法是,"多元现代性"就是"现代性",有着共同的基本内涵,只是不同民族进入现代化的道路不同,形式有异,实现方法更可能千差万别。我个人的意见,也许第二种意见较为合理。我们知道,"现代性"就其根源性上说是源自西方,因为西方早已实现了现代化,而且现在许多发展中国家也正在走现代化的道路。因此,就"现代性"说必有其基本相同的核心价值。什么是作为根源性的"现代性"核心价值?这里我想借用严复的观点谈谈我的看法。

严复批评"中学为体,西学为用",他认为,不能"牛体马用",这是基于中国哲学的"体用一源"("体"和"用"是统一的)而言。[①] 他基于此"体用一源"的理念,认为西方近现代社会是"自由为体,民主为用"的社会。[②] 我想,严复所说的"西方近现代社会"不仅仅是指"西方近现代社会",而是说的人类社会的"近现代社会"。那么,我们能不能说"近现代社会"的特征是"自由为体,民主为用"的社会,而"自由"、"民主"从根源性上说是"现代性"的核心价值?我认为是可以这样说的。对现代社会而言,"自由"是一种精神(包括自由的市场经济和个体的

---

① 严复在《与〈外交报〉主人书》中说:"善夫金匮裘可桴孝廉之言曰:体用者,即一物而言之也。有牛之体,则有负重之用;有马之体,则有致远之用。未闻以牛为体,以马为用者也。……故中学有中学之体用,西学有西学之体用,分之则并立,合之则两亡。"见《严复集》第三册,中华书局,1986年,第558—559页。

② 语见严复:《原强》,《严复集》第一册,中华书局,1986年,第11页。

"人"的"自由"发展,因为"自由"是创造力),而"民主"从权力和义务两个方面来使"自由"精神的价值得以实现。就这个意义上说,"自由"和"民主"虽源自西方,但它是有着"普遍价值"的意义。我们不能因为它源自西方就认为不具有"普遍价值"的意义。当然,如何进入"近现代社会",所走的道路,所采取的方法,所具有的形式可能是不同的。但它不可能是排除"自由"和"民主"的社会。

如果我们用中国哲学"体用一源"的思维模式来看世界历史,也许会有一个新的视角。我们可以把"现代社会"作为一个中间点,向上和向下延伸,我们可以把人类社会分成"前现代社会"、"现代社会"和"后现代社会",如果用中国的"体用一源"的观点看,我们是不是可以说"前现代社会"是以"专制为体,教化为用"类型的社会;"现代社会"是以"自由为体,民主为用"类型的社会;"后现代社会"是以"和谐为体,中庸为用"类型的社会。

人类社会在前现代时期,无论是中国的"皇权专制"或是西方中世纪的"王权专制"(或"神权专制"),虽然形式不同,但都是"专制"社会,要维持其"专制"就要用"教化"作为手段。中国在历史上自汉以来一直是"皇权专制",它把儒学政治化用来对社会进行"教化"以维持其统治。① 当前中国社会可以说正处在由"前现代"向"现代"过渡之中。其他许多发展中国家大概也都是如此。西方中世纪"王权或神权"的"专制"社会,他们用基督教伦理作为"教化"之手段,以维持他们的统治。② 因此,当时的世界是一个"多元的前现代性"的世界。关于"现代性"的价值问题上面已经说过,在这里再多说一点我的看法。"自由"是一种

---

① 《白虎通义·三纲六纪篇》说:"《含嘉文》曰:君为臣纲,父为子纲,夫为妻纲。又曰:敬诸父兄,六纪道行,诸舅有义,族人有序,昆弟有亲,师长有尊,朋友有旧。……所以疆理上下,整齐人道也。……是以纲纪为化,若罗网之有纪纲,而万目张也。"

② 恩格斯在《费尔巴哈与德国古典哲学的终结》中说:"在中世纪,随着封建制度的发展,基督教形成为与封建制度相适应的宗教,……中世纪把哲学、政治、法律等思想体系的一切囊括在神学之内,变成神学的分科。"张仲实译,人民出版社,1949年,第46页。

精神,"民主"应是一种维护"自由"得以实现的保证。但是,在现代社会中"自由"和"民主"也不是不可能产生种种弊病。因为任何思想体系都会在其自身体系中存在着矛盾。① 任何制度在一时期都只有相对性的好与坏,"自由"、"民主"等等也是一样。但无论如何"自由"和"民主"对于人类社会进入"现代"是有着根本性意义的。② 人们重视"自由",因为"自由"是一种极有意义的创造力。正因为有"自由经济"(自由的市场经济)才使得工业化以来人类社会的财富极大增长,使人们在物质生活上受益巨大。正因为有"自由思想",使得科学、文化日新月异。但不可讳言,"自由经济"却使贫富(包括国家与国家的、民族与民族的以至于同一国家、民族内部)两极分化日益严重;特别是自由经济如果不受到一定程度的控制,将会引起经济危机和社会混乱,近日发生的金融危机就是一明证。③ "科学主义"、"工具理性"的泛滥扼杀着"人文"精神,弱化了"价值理性"。"现代性"所推崇的"主体性"和主客对立哲学,使得"人和自然"的矛盾日益加深,因而出现了对"现代性"的解构思潮,这就是"后现代主义"。关于"后现代"问题,我没有多少研究,只能粗略地谈点看法。在上个世纪六十年代兴起的后现代主义是针对现代化在发展过程中的缺陷提出的,他们所作的,是对"现代"的解构,曾使一切权威性和宰制性都黯然失色,同时也使一切都零碎化、离散化、浮面化。因此,初期的后现代主义目的在于"解构",企图粉碎一切权威,这无疑是有意义的。但是它却并未提出新的建设性主张,也并未策划过一个新的时代。到二十世纪末,以"过程哲学"为

---

① 罗素《西方哲学史》中说:"不能自圆其说的哲学决不会完全正确,但是自圆其说的哲学满可以全盘错误,最富有结果的各派哲学向来包含着显眼的自相矛盾,但正因为了这个缘故才部分正确。"见《西方哲学学》下册,第143页。罗素这段话应说对任何哲学都有意义。

② 《北京晚报》2007年3月16日刊温家宝总理答法国《世界报》记者问说:"民主、法制、自由、人权、平等、博爱,这不是资本主义所特有的,这是整个世界在漫长的历史过程中共同形成的文明成果,也是人类共同的追求的价值观。"

③ "自由主义既使人免于市场经济之前时代的束缚,也使人们承受着金融和社会灾难的危机。"见耶鲁大学教授保罗·肯尼迪:《资本主义形式会有所改变》,《参考消息》,2009年3月16日。

基础的"建构性后现代"提出将第一次启蒙的成绩与后现代主义整合起来,召唤"第二次启蒙"。例如,怀德海的过程哲学(process philosophy)认为,不应把"人"视为一切的中心,而应把人和自然视为密切相连的生命共同体。他并对现代西方社会的二元思维方式进行了批判,他提倡的有机整体观念,正好为他提供了批判现代二元论(科学主义)的理论基础。过程研究中心创会主任约翰·科布说:"建设性后现代主义对解构性的后现代主义的立场持批判态度,……我们明确地把生态主义维度引入后现代主义中,后现代是人与人,人与自然和谐相处的时代。这个时代将保留现代性中某些积极性的东西,但超越其二元论、人类中心主义、男权主义,以建构一个所有生命共同福祉都得到重视和关心的后现代世界。""今天我们认识到人是自然界的一部分,我们生活在生态共同体中,……"①这种观点,也许会使中国儒家的"天人合一"思想与之接轨。他们还认为,如果说第一次启蒙的口号是"解放自我",那么第二次启蒙的口号是尊重他者,尊重差别。例如里夫金在他的《欧洲梦》中强调,在崭新的时代,每个人的权利都获得尊重,文化的差异受到欢迎,每个人都在地球可维持的范围内享受着高质量的生活(不是奢侈生活),而人类能生活在安定与和谐之中。他们认为,有机整体系统观念"都关心和谐、完整和万物的互相影响"。② 上述观点,在某种程度上也许和中国儒家中的"和谐"观念有相通之处。过程哲学还认为,当个人用自己的"自由"专权削弱社会共同体的时候,其结果一定会削弱其自身的"自由"。因此,必须拒绝抽象自由观,走向有责任的深度自由,要把责任和义务观念引入自由中,揭示出"自由"与义务的内在联系。这与中国传统文化所强调的人只能在与他人

---

① 《为了共同的福祉——约翰·科布访谈》(王晓华访问记),上海《社会科学报》,2002年6月13日。
② 参见杰里米·里夫金:《欧洲梦》,第326页。

的关系中才能生存的观点有着某种相似之处。① 因此,有见于建构性的后现代主义在西方逐渐发生影响,那么相对于"现代社会",后现代社会将可能是以"和谐为体,中庸为用"的社会。"和谐"作为一种理念它包含着"人与自然的和谐"、"人与人的和谐"(社会的和谐)、"人自我身心的和谐"等极富价值的意义。在这种种"和谐"中必须不断地寻求平衡度,这就要求由"中庸"来实现。如果中国社会能顺利地走完现代化过程,这当然是非常困难而且漫长的。但是由于在儒家文化中,有着丰富的关于"和谐"和"中庸"的思想资源,如果我们给这些有意义的思想资源以适应人类社会发展的新的诠释,②也许我国社会很可能比较容易进入"建构性的后现代社会"。正如科布所说:"中国传统思想对建设性后现代主义是非常有吸引力的,但我们不能简单的回到它。它需要通过认真对待科学和已经发生的变革的社会来更新自己。前现代传统要对后现代有所裨益,就必须批判地吸收启蒙运动的积极方

---

① 在中国传统文化的儒家思想中,特别是先秦儒家思想认为,人与人之间有着一种相互对应的关系,如"君仁臣忠"、"父慈子孝"、"兄友弟恭"等等。《礼记·礼运》:"何谓人义? 父慈子孝,兄良弟弟,夫义妇听,长惠幼顺,君义臣忠,十者谓之人义。"《左传·昭公二十六年》:"君令臣共,父慈子孝,兄爱弟敬,夫和妻柔,姑慈妇听,礼也。"

② 关于"和谐"观念在中国典籍中论述颇多,如《周易·乾卦·彖辞》:"乾道变化,各正性命,保合太和,乃利贞。"《张子正蒙注》:"太和,和之至。"《论语》中有"礼之用,和为贵";"和而不同"。《国语·郑语》:"夫和实生物,同则不继。"在西方,莱布尼兹哲学被称为是一种"和谐的体系"(system of Harmony),他的思想建立在所谓普遍的和谐(universal Harmony)之上,他的"单子论"是视宇宙整体为和谐系统的一种学说,而在分殊性中看出统一性来。关于"中庸"的观念,如《书经·大禹谟》:"允执厥中。"《论语》:"子曰:中庸之为德也,其至矣乎,民鲜久矣。"(朱熹《四书集注·论语集注》:"中者,不偏不倚无过不及之名,庸,平常也。")《中庸》中的"中和"("中也者,天下之大本也;和也者,天下之达道也。"),郑玄《礼记·中庸》题解:"名曰中庸者,以其记中和之用也。庸,用也。""执其两端,用其中于民。"西方哲学中有"mean"一词,我们把它译成"中庸"。亚里士多德把"中庸"和节制相联系,并提出一套系统的理论。他认为,万物皆有其中庸之道,如"10"这个数"5"居其中;人的心理状态、情感中,欲望过度是荒淫,不及则是禁欲,节制是适度。中庸有两种,自然界的中庸是绝对的,人事的中庸则是相对的。在伦理学上,人的一切行为都有过度、不及和适度三种状态,过度和不及都是恶行的特征,只有中庸才是美德的特征和道德的标准。美德是一种适中,是以居间者为目的。他还把这种中庸原则运用于政治国家学说。他认为,由中等阶级治理的国家最好,因为拥有适度的财产是最好的,最容易遵循合理的原则,最不会逃避治国的工作或拥有过分的野心,是国家中最安稳的公民阶级;由中等阶级的公民组成的城邦,是结构最好的和组织最好的,因此有希望把国家治理得很好。

面,比如对个体权利的关注和尊重。"①科布的这段话,对我们应该说是很有教益的。因而,寻求不同文化中的"普遍价值"必将成为当前学术界关注的一个重点。

让我们回到"多元现代性"的问题。前面我们已经说过,就"现代性"来说必有其基本相同的核心价值,但不同民族、不同国家如何进入"现代社会",它们所走的道路,所采取的方法,所具有的形式可能很不相同。为什么会出现这种情况,我认为这是由不同民族、不同国家的历史文化原因所造成的,不可能要求完全相同。因此,我们可以设想,中国的儒家思想是不是可以在接受"自由"、"民主"等现代性的核心价值的情况下,创造出不同于西方的道路,并为此补充某些新的内容,从而可以对消除"现代性"所带来的弊端起积极作用。

我认为,儒学的"民本"思想、"宽容"精神以及责任意识应可成为接引"自由"、"民主"、"人权"等现代精神进入中国社会的桥梁。儒家的"民本"思想虽不即是"民主",但它从本质上并不是反民主的,其根据就在于"民为邦本"。"民为邦本"虽仍是由"治人者"的角度出发的,但它却知道"民"作为国家根基的重要性,因此从理论上说"民主"进入中国社会应不太困难。又,儒学有着对其他文化较为宽容的精神,如它主张"道并行而不相悖",因此"自由"应比较容易被容纳。中国许多儒者都有着"居安思危"、"先天下忧而忧,后天下乐而乐"的社会责任感,这种特殊的批判精神和责任伦理引入"民主"、"人权"等现代意识应是有意义的。在历史上,中国接受印度佛教文化就是一例。如果我们能把儒学的"民本"思想,"宽容"、"责任"意识等精神融合在"自由"、"民主"、"人权"之中,那么是不是可以走出一条新的进入"自由为体,民主为用"的现代社会呢?我想,它也许是一条使中国较快而且较稳

---

① 《为了共同的福祉——约翰·科布访谈》(王晓华访问记),上海《社会科学报》,2002年6月13日。

妥实现现代化的路子。

西方现代社会发展到今天,它的种种弊病已经显现,而且如不改弦易辙,那么将使人类社会走向毁灭其自身的道路。因而在西方有"后现代主义"思潮的出现。如果我们从儒家学者所具有的社会责任感和历史使命感中总结出某种"责任伦理",这是不是可以减轻"现代化"所带来的弊病呢?如果"自由"、"民主"是一种负责任的"自由"、"民主",这样的社会也许是可以比较合理的发展。法国人类进步基金会的主席卡拉梅就提出过"责任伦理"的问题,并认为除"人权合约"之外,应有一"责任公约",这是很有见地的。① 同时,实际上中国的学者也已经注意到这个问题。我最近注意到西方的某些"中国学"专家已开始从儒家思想发掘有益于人类社会合理发展的思想因素。如法国当代大儒汪德迈在他的《编纂〈儒藏〉的意义》中说:"面对后现代化的挑战,……曾经带给世界完美的人权思想的西方人文主义面对近代社会的挑战,迄今无法给出一个正确答案。那么,为什么不思考一下儒家思想可能指引世界的道路,例如'天人合一'提出的尊重自然的思想,'远神近人'所提倡的拒绝宗教的完整主义以及'四海之内皆兄弟'的博爱精神呢?"② 美国学者安乐哲、郝大维在《通过孔子而思》一书中说:"我们要做的不只是研究中国传统,更是要设法使之成为丰富和改造我们自己世界观的一种文化资源。儒家从社会的角度来定义'人',这是否可用来修正和加强西方的自由主义模式? 在一个以'礼'建构的社会中,我们能否发现可利用的资源,以帮助我们更好理解哲学根基不足却颇富实际价值的人权观念?"③ 法国索邦大学查·华德教授认为:"孔子思想中充满信仰、希望、慈悲,具有普遍性。在二十一世纪的

---

① 参见《建设一个协力、尽责、多元的世界》,《跨文化对话》第九集,上海文化出版社,2002年。
② 该文见于《光明日报》,2009年8月31日。
③ 〔美〕郝大维、安乐哲:《通过孔子而思》中译本序,何金俐译,北京大学出版社,2005年,第5页。

今天不仅有道德的示范作用,更有精神的辐射作用。"①"自由"、"民主"、"人权"等等是现代社会的财富,"责任"、"民本"、"宽容"等等同样是现代社会的财富。现在社会不能没有"自由"、"民主"、"人权"等等,这是"现代性"社会必具备的核心价值,否定它们就没有现代社会。但是,某些民族和国家的文化中不仅会有丰富"自由"、"民主"、"人权"的内涵的思想因素,甚至会存在着制约"自由"、"民主"、"人权"等等可能发生的负面作用的思想资源。正是因为有可能制约"自由"、"民主"、"人权"可能产生的弊病,也许在人类社会发展到后现代时,各个民族和国家文化中具有特殊价值的因素将会成为更重要的"普遍价值"的资源。

我们编著《中国儒学史》,其目的之一也是希望揭示中国儒学的特殊价值中所存在的对人类文化具有"普遍价值"意义的因素以贡献于世界。

三、儒学与经典诠释

《中国儒学史》是 2003 年教育部哲学社会科学研究重大课题攻关项目《〈儒藏〉编纂与研究》中的一个子项目,共分九册:先秦儒学,两汉儒学,魏晋南北朝儒学,隋唐儒学,宋元儒学,明代儒学,清代儒学,近代儒学和现代儒学。这部《中国儒学史》仍是把研究的重点放在儒家的哲学思想方面,但同时我们也多少注意到不要把"儒学"仅仅限在哲学思想方面,因此希望在写作中也力图扩大"儒学"的某些研究内容。当然,我们做得如何,有待读者的评论。在写作本书时,我们特别考虑到它应包含某些"经学"的内容。

---

① 《中法学者沪上共论孔子思想》,上海《文汇报》,2009 年 4 月 18 日。

1938年，马一浮应浙江大学校长竺可桢约至该校为学生讲论"国学"，后集为《泰和会语》。在《楷定国学名义（国学者六艺之学）》中说："六艺者，即是《诗》、《书》、《礼》、《乐》、《易》、《春秋》也。此是孔子之教，吾国二千余年来普遍承认一切学术之原皆出于此，其余都是六艺之支流。故六艺可以该摄诸学，诸学不能该摄六艺。今楷定国学者，即是六艺之学，用此代表一切固有之学术，广大精微，无所不备。"[①]马一浮这个说法确有其独特见地。盖"六艺之学"即"六经"，它为中国学术之源头，而其后之学皆原于此，并沿此之流向前行，是"源头"与"支流"的关系。正因在我国历史上"六艺之学"（"经学"）代有大儒发挥之，并吸取其他文化以营养之，故作为中华学术文化之源头的"六艺"，其中必有其"普遍价值"之意义。任何民族的学术文化都是在特定的历史环境中形成的，都是有其特殊意义的学术文化，而学术文化的"普遍价值"往往寄寓其"特殊价值"之中。如孔子的"仁者，爱人"，基督的"博爱"，释迦的"慈悲"，虽出发点不同、理路不同，但"爱人利物"则有着相同的"价值"，而具有"普遍价值"的意义。既然学术文化之"普遍价值"往往寄寓"特殊价值"之中，那么马一浮所说"六艺不唯统摄中土一切学术，亦可统摄现在西方一切学术"，应亦可解。盖因"人同此心，心同此理"也。人类所遇到的问题常是共同的，人类对解决这些问题的思考往往也是大同小异的。因此，我中华民族当然应由其自身学术文化中寻求有益于人类社会生活的"普遍价值"，这并不妨碍在其他民族学术文化中寻求"普遍价值"，古云"道并行而不相悖"也。所以马一浮说：弘扬"六艺之学"并不是狭义地保存国粹，也不是单独发挥自己的民族精神，是要使此种文化普遍地及于人类。

六十多年之后的2001年，著名学者、国学大师饶宗颐先生在北京大学的一次演讲中提出应重视"经学"的研究和经典的整理，他说："经

[①] 马一浮：《马一浮集》第一册，浙江古籍出版社、浙江教育出版社，1996年，第10页。

书是我们的文化精华的宝库,是国民思维模式、知识涵蕴的基础;亦是先哲道德关怀与睿智的核心精义,不废江河的论著。重新认识经书的价值,在当前是有重要意义的。'经学'的重建,是一件繁重而具创辟性的文化事业,不应局限于文字上的校勘解释工作,更重要的是把过去经学的材料、经书构成的古代著作成果,重新做一次总检讨。'经'的重要性,由于讲的是常道,树立起真理标准,去衡量行事的正确与否,取古典的精华,用笃实的科学理解,使人的生活与自然相调协,使人与人的联系取得和谐的境界。"①现在我们编撰《中国儒学史》必须注意"经学"的研究,以期使"经学"能成为此书的重要部分。

如果我们把孔子看作是儒家的创始人,那么可以说,自孔子起就自觉地继承着夏、商、周三代的文化,而"六经"正是夏、商、周三代文化的结晶。("六经"又称"六艺"②)虽然从文献考证的角度上说,"六经"(或"五经",因"乐经"早已失传)并非成书于夏、商、周三代之时,但"六经"所记却可被视为记载夏、商、周三代文化的基本传世文本。1993年于湖北出土的"楚简"中有一段关于"六经"的重要记载:

礼,交之行述也。

乐,或生或教者也。

书,□□□□者也。

诗,所以会古今之诗也。

易,所以会天道、人道也。

---

① 见于饶宗颐先生近日所写的《〈儒学〉与新经学及文艺复兴》一文,《光明日报》,2009 年 8 月 31 日。

② "六艺"之名始见《史记》中《伯夷传》、《李斯传》等,后刘歆编纂《七略》,其一为《六艺略》。马一浮先生把"国学"定为"六艺之学"甚有道理。参见拙作《论马一浮的历史地位与思想价值》,见《儒学天地》,2009 年 1 期。

> 春秋,所以会古今之事也。①

这段话说明了战国中期对"六经"的看法:《礼》,是人们(各阶层或谓各种人际关系)规范交往的行为规则的书;《乐》,是陶冶人的性情(生者,性也)和进行教化的书;《书》,因缺字,但据其他文献可知应是"记事"之书;《诗》,是把古今的诗会辑在一起的一部"诗集";《易》,是会通天道人道所以然的道理的书,即司马迁所说的"通天人之际"的书;《春秋》,是会通古今历史变迁之轨迹的书,即司马迁所说的"达古今之变"的书。从古代文献记载,可以说"六经"包括了夏、商、周三代的器物文化、制度文化、思想文化。《论语·述而》中说:"子曰:述而不作,信而好古,窃比于我老彭。"意思是说,孔子所"述"、所"好"是古代的典籍文献,即"六经"。《庄子·天运》:"孔子谓老聃曰:丘治《诗》、《书》、《礼》、《乐》、《易》、《春秋》六经,自以为久矣。"又,《论语·述而》:"子曰:加我数年,五十以学《易》,可以无大过矣。"②《孟子·滕文公下》:"孔子成《春秋》,而乱臣贼子惧。"这样的材料在先秦文献中还有多处,不一一详列。孔子把"六经"作为自己治学、为人、行事所依的典籍,同时也把"六经"作为教学的基本教材。③ 从今天看来,恐怕离开了"六经",我们很难了解中国文化的源头,更难了解儒学的精神。但到汉朝,《乐经》失传,而只有"五经"了。汉武帝"罢黜百家,独尊儒术",并于建元五年(前136年)设"五经博士",使《易》、《书》、《诗》、《礼》、《春秋》在我国确立了"经"的地位。此后的历史上虽有"七经"(或"六

---

① 《庄子·天下》:"《诗》以道志,《书》以道事,《礼》以道行,《乐》以道和,《易》以道阴阳,《春秋》以道名分。"《荀子·儒效篇》:"圣人也者道之管也。天下之道管是矣,百王之道一是矣,故《诗》、《书》、《礼》、《乐》之道归是矣。《诗》言是其志也,《书》言是其事也,《礼》言是其行也,《乐》言是其和也,《春秋》言是其微也。"
② 《史记·孔子世家》:"孔子五十而学《易》,韦编三绝。"
③ 《礼记·经解》:"孔子曰:入其国,其教可知也。其为人也,温柔敦厚,《诗》教也;疏通知远,《书》教也;广博易良,乐教也;絜静精微,《易》教也;恭俭庄敬,《礼》教也;属辞比事,《春秋》教也。"

经")、"九经"、"十经"、"十一经"、"十二经"以及"十三经"之设,①但其中《易》《书》《诗》《礼》《春秋》在儒学中的根本性地位是不言而喻的。

近几年来,"北京大学《儒藏》编纂与研究中心"承担着教育部《〈儒藏〉编纂与研究》重大攻关研究项目。"中心"已联合我国二十余所高校和研究院以及韩、日、越三国学者编纂《儒藏》精华编,并为以后编纂《儒藏》大全本作准备。《儒藏》精华编收书近五百种,按四部分类,其中"经部"有二百余种。另外尚专设"出土文献类"。《儒藏》精华编还有一特色,即我们还把日本、韩国、越南儒学者以汉文写作的儒学典籍有选择的收入,约有一百五十余种。预计2015年完成校点。同时组织我校各方面力量编辑《儒藏总目》,现在《总目·经部》已经完成,所著录者有一万四千余种之多。从中我们可以看到,历代儒学大家无不对"五经"的"注疏"、"论述"、"考订"等等方面用力甚勤。这次我们编著《中国儒学史》虽注意到"经学"方面,但很难说比较完满,因在这方面的研究成果不多,对此我们将会继续关注这个方面的新进展,以便再版时对这方面有所加强。学术研究是无止境的,从总体上说定是"日日新,又日新"地前进着。

儒家的"经书"不仅应包括已有的"五经"或"十三经",而且应包括自上个世纪末出土的儒家文献。饶宗颐先生在前面提到的演讲中说:"现在出土的简帛记录,把经典原型在秦汉以前的本来面目,活现在我们眼前,过去自宋迄清的学人千方百计求索梦想不到的东西,现在正如苏轼诗句'大千在掌握'之中,我们应该再做一番整理工夫,重新制订我们新时代的'圣经'(Bible)。"这是2001年饶先生说的一段话,意思是说新出土的先秦文献更能表现秦汉以前经典原型的本来面目。在2001年,我们能看到的重要出土文献主要是长沙马王堆出土的"帛

---

① 参见《中国儒学大观》,北京大学出版社,2001年,第24页。

书"和1993年在湖北荆门地区出土的《郭店楚简》;其后1994年,上海博物馆于海外购得战国竹简一千二百多支;2008年清华大学又由海外购得战国竹简两千余支,如此等等。这批简帛虽非全为儒家典籍,但可以说归属于儒家者占首位。这批归属于儒家的典籍其价值自不待言,应可与传世"五经"的地位相当,例如其中的《帛书周易》、上博《周易》、《五行篇》、《孔子诗论》以及与《尚书》的篇章等等有关的文献。这批文献又可补自孔子至孟子之间儒学之缺。因此,它是我们研究儒家思想要给以特别重视的。

我国历代儒家学者都十分重视对"五经"的诠释,因而可以说我们有着十分雄厚的诠释经典的资源。中国自古就是一个非常重视历史传统的国家,故有"六经皆史"的说法。孔子说他自己对"经典"是"述而不作,信而好古"。这就是说,孔子对三代经典("六经")只是作诠释,而不离开经典任意论说;对经典信奉而且爱好,以至于"不知老之将至"。孟子以"祖述尧舜"、"宪章文武"、"述仲尼之志"为己任。荀子认为"仁人"之务,"上则法尧舜之制,下则法仲尼、子弓之义"。实际上,孔、孟、荀及先秦儒学者所述严格地说都是对"六经"的诠释。如先秦之《易传》是对《易经》的诠释;《大学》中则多有对《书经》、《诗经》的诠释;上博《战国楚竹书》中的《孔子论诗》是对《诗经》的一种诠释(《中庸》和《五行》同样包含着对《诗经》的诠释);《礼记》可说是对《礼经》的诠释;《春秋》三传是对《春秋》经的诠释。现试以《左传》对《春秋经》和《易传》对《易经》的解释为例说明先秦儒家对经书的诠解方式。

《左传》是对《春秋》的解释,相传是由左丘明作的,但近人杨伯峻考证说"我认为,《左传》作者不是左丘明","作者姓何名谁已不可考","其人可能受孔丘影响,但是儒家别派"。杨伯峻并认为:"《左传》成书于公元前403年魏斯为侯之后,周安王十三年(前386年)以前。"这里我们暂且把杨伯峻先生的论断作为根据来讨论《左传》对《春秋》的解释问题。据杨伯峻推算《左传》成书的时间,我们可以说《左传》是目前知道的最早一部对《春秋经》进行全部诠释的书,或者也可以说是世界上现存最早的解释性的著作之一。这就说明中国的经典解释问题至少有着两千三四百年的历史了。

《春秋》隐公元年记载:"夏五月,郑伯克段于鄢。"《左传》对这句话有很长一段注释,现录于下:

> 初,郑武公娶于申,曰武姜,生庄公及共叔段。庄公寤生,惊姜氏,故名曰寤生,遂恶之。爱共叔段,欲立之。亟请于武公,公弗许。及庄公即位,为之请制。公曰:"制,岩邑也,虢叔死焉。佗邑唯命。"请京,使居之,谓之京城大叔。祭仲曰:"都,城过百雉,国之害也。先王之制,大都,不过参国之一;中,五之一;小,九之一。今京不度,非制也,君将不堪。"公对曰:"姜氏欲之,焉辟害?"对曰:"姜氏何厌之有?不如早为之所,无使滋蔓!蔓,难图也。蔓草犹不可除,况君之宠弟乎?"公曰:"多行不义,必自毙,子姑待之。"既而大叔命西鄙、北鄙贰于己。公子吕曰:"国不堪贰,君将若之何?欲与大叔,臣请事之;若弗与,则请除之,无生民心。"公曰:"无庸,将自及。"大叔又收贰以为己邑,至于廪延。子封曰:"可矣。厚将得众。"公曰:"不义,不暱。厚将崩。"大叔完聚,缮甲兵,具卒乘,将袭郑,夫人将启之。公闻其期,曰:"可矣。"命子封帅二百乘以伐京。京叛大叔段。段入于鄢。公伐诸鄢。五月辛丑,大叔出奔共。书曰:郑伯克段于鄢。段不弟,故不言弟;如二君,故曰克;称郑伯,讥失教也,谓之郑志。不言出奔,难之也。①

《左传》这样长长一段是对经文所记"郑伯克段于鄢"六个字的注释,它是对历史事件的一种叙述。它中间包含着事件的起始,事件的曲折过程,还有各种议论和讨论以及事件的结尾和评论等等,可以说是一相

---

① 杨伯峻:《春秋左传注》,中华书局,1981年,第1册,第10—14页。

当完整的叙述式的故事。《左传》这一段叙述如果不是对《春秋》经文的铺陈解释，它单独也可以成为一完整历史事件的叙述，但它确确实实又是对《春秋》经文的注释。如果说"郑伯克段于鄢"是事件的历史（但实际上也是一种叙述的历史），那么相对地说上引《左传》的那一段可以说是叙述的历史。叙述的历史和事件的历史总有其密切的关系，但严格说来几乎写的历史都是叙述的历史。叙述历史的作者在叙述历史事件时必然都和他处的时代、生活的环境、个人的道德学问，甚至个人的偶然机遇有关系，这就是说叙述的历史都是叙述者表现其对某一历史事件的"史观"。上引《左传》的那一段，其中最集中地表现作者"史观"的就是那句"多行不义，必自毙"和最后的几句评语。像《左传》这种对《春秋》的解释，对中国各种史书都有影响。我们知道中国有"二十四史"，其中有许多"史"都有注释，例如《三国志》有裴松之注，如果《三国志》没有裴注，这部书就大大逊色了。裴注不专门注重训诂，其重点则放在事实的解释和增补上，就史料价值说是非常重要的。《三国志·张鲁传》裴注引《典略》"熹平中，妖贼大起，三辅有骆曜。光和中，东方有张角，汉中有张修。骆曜教民缅匿法，角为太平道，修为五斗米道"云云一长段，大大丰富了我们对汉末道教各派的了解。裴注之于陈寿《三国志》和《左传》之于《春秋》虽不尽相同，但是都是属同一类型，即都是对原典或原著的历史事件的叙述式解释。

　　《易经》本来是古代作为占卜用的经典，虽然我们可以从它的卦名、卦画、卦序的排列以及卦辞、爻辞等等中分析出某些极有价值的哲理，但我们大概还不能说它已是一较为完备的哲学体系，而《易传》中的《系辞》对《易经》所作的总体上的解释，则可以说已是较完备的哲学体系了。① 《系辞》把《易经》看成一个完整的整体性系统，对它作了整

---

① 《易传》中除《系辞》，还包含其他部分，都可作专门讨论，但限于篇幅，本文只讨论《系辞》对《易经》的解释问题。

体性的哲学解释,这种对古代经典作整体性的哲学解释,对后世有颇大影响,如王弼的《老子指略》是对《老子》所作的系统的整体性解释,《周易略例》则是对《周易》所作的系统的整体性解释。①何晏有《道德论》和《无名论》都是对《老子》作的整体性解释,如此等等在中国历史上还有不少。②《系辞》对《易经》的解释,当然有很多解释问题可以讨论,本文只就其中包含的本体论和宇宙生成论两大问题来略加探讨,而这两个不同的解释系统在实际上又是互相交叉着的。

《易经》的六十四卦是一个整体性的开放系统,它的结构形成为一个整体的宇宙架构模式。这个整体性的宇宙架构模式是一生生不息的有机架构模式,故曰:"生生之谓易。"世界上存在着的事事物物都可以在这个模式中找到它一一相当的位置,所以《系辞》中说:《易经》(或可称"易道")"范围天地之化而不过,曲成万物而不遗"。在宇宙中存在的天地万物其生成变化都在《易经》所包含的架构模式之中,"在天成象,在地成形,变化见矣。"天地万物之所以如此存在都可以在《易经》中的架构模式中找到其所以存在的道理,找到一一相当的根据,"天下之理得,而成位于其中。"因此,"易与天地准,故能弥纶天地之道。"《易经》所表现的宇宙架构模式可以成为实际存在的天地万物相应的准则,它既包含着已经实际存在的天地万物的道理,甚至它还包含着尚未实际存在而可能显现成为现实存在的一切事物的道理,"故神无方易无体","易"的变化是无方所的,也是不受现实存在的限制的。这就说明,《系辞》的作者认为,天地万物之所以如此存在着、变化着都可以从"易"这个系统中找到根据,"易"这个系统是一无所不包的宇宙模式。这个模式是形而上的"道",而世界上已经存在的或者还未

---

① 王弼大概还有专门对《系辞》作的玄学本体论解释,这不仅见于韩康伯《周易系辞注》中所引用的王弼对"大衍之义"的解释,还见于杨士勋《春秋穀梁传疏》中引用王弼的话。
② 《世说新语·文学篇》"裴成公作《崇有论》"条,注引"晋诸公赞曰:自魏太常夏侯玄、步兵校尉阮籍等皆著《道德论》"云云。

存在而可能存在的东西都能在此"易"的宇宙架构模式中找到其所以存在之理,所以《系辞》中说:"形而上者谓之道,形而下者谓之器。"在中国哲学中,从现有的文献资料看,最早明确提出"形上"与"形下"分别的应说是《系辞》。我们借用冯友兰先生的说法,可以说"形而上"的是"真际","形而下"的是"实际","实际"是指实际存在的事物,而"真际"是实际存在事物之所以存在之"理"(或"道",或"道理")。① 这就是说,《系辞》已经注意到"形上"与"形下"的严格区别,它已建立起一种以"无体"之"易"为特征的形而上学体系。这种把《易经》解释为一宇宙架构模式,可以说是《系辞》对《易经》的形而上本体论的解释。

这种对《易经》本体论的解释模式对以后中国哲学的影响非常之大,如王弼对《系辞》"大衍之数"的解释,王弼《老子指略》对《老子》的解释。韩康伯《周易系辞注》"大衍之数五十,其用四十有九"条中说:"王弼曰:演天地之数所赖者五十也,其用四十有九,则其一不用也。不用而用以之通,非数而数之以成,斯易之大极也。四十有九,数之极也,夫无不可以无明,必因于有,故常于有物之极,而必明其所由之宗也。""宗"者,体也。这里王弼实际上用"体"与"用"之关系说明"形上"与"形下"之关系,而使中国的本体论更具有其特色。②《老子指略》中说:"夫物之所以生,功之所以成,必生乎无形,由乎无名。无形无名者,万物之宗也。"用"无"和"有"以说"体"和"用"之关系,以明"形上"与"形下"之关系,而对《老子》作一"以无为本"之本体论解释。

在《系辞》中还有一段对《易经》的非常重要的话:"易有太极,是生两仪,两仪生四象,四象生八卦,……""易"包含着一个生成系统。这

---

① 冯友兰先生所用"真际"一概念,在佛教中已普遍使用,如《仁王经》上说:"以诸法性即实际故,无来无去,无生无灭,同真际等法性。"《维摩经》说:"非有相非无相,同真际等法性。"丁福保《佛学大辞典》谓"真际"即至极之义。"道"虽不是实际存在的事物,但它并不是"虚无",而是"不存在而有"(non-existence but being),这是借用金岳霖先生的意思。(参见冯友兰:《中国现代哲学史》,第217页,广东人民出版社,1999年)陆机《文赋》:"课虚无以责有,叩寂寞而求音。"正是"不存在而有"的最佳表述。

② 《周易王韩注》第三十八章:"万物虽贵,以无为用,不能舍无以为体也。"

个生成系统是说《易经》表现着宇宙的生生化化。宇宙是从混沌未分之"太极"(大一)发生出来的,而后有"阴"(- -)"阳"(—),再由阴阳两种性质分化出太阴(⚏)、太阳(⚌)、少阴(⚎)少阳(⚍)等四象,四象分化而为八卦(☰、☷、☳、☴、☵、☲、☶、☱),这八种符号代表着万物不同的性质,据《说卦》说,这八种性质是:"乾,健也;坤,顺也;震,动也;巽,入也;坎,陷也;离,丽也;艮,止也;兑,说也。"这八种性质又可以用天、地、雷、风、水、火、山、泽的特征来表示。由八卦又可以组成六十四卦,但并非说至六十四卦这宇宙生化系统就完结了,实际上仍可展开,所以六十四卦最后两卦为"既济"和"未济",这就是说事物(不是指任何一种具体事物,但又可以是任何一种事物)发展到最后必然有一个终结,但此一终结又是另一新的开始,故《说卦》中说:"物不可穷也,故受之以未济终焉。"天下万物就是这样生化出来的。"易"这个系统是表现着宇宙的生化系统,是一个开放性的系统。《系辞》中还说:"天地𫄧缊,万物化醇,男女构精,万物化生。"《序卦》中说:"有天地,然后有万物;有万物,然后有男女;有男女,然后有夫妇;有夫妇,然后有父子;有父子,然后有君臣;有君臣,然后有上下;有上下,然后礼仪有所错。"这种把《易经》解释成为包含着宇宙的生化系统的理论,我们可以说是《系辞》对《易经》的宇宙生成论的解释。这里有一个问题需要作些分疏,照我看"太极生两仪……"仅是个符号系统,而"天地𫄧缊,化生万物……"和"有天地,然后有万物"就不是符号了,而是一个实际的宇宙生化过程,是作为实例来说明宇宙生化过程的。因此我们可以说,《系辞》所建立的是一种宇宙生化符号系统。这里我们又可以提出另一个中国哲学研究的新课题,这就是宇宙生成符号系统的问题。汉朝《易经》的象数之学中就包含宇宙生成的符号问题,而像"河图"、"洛书"等都应属于这一类。后来又有道教中的符箓派以及宋朝邵雍的"先天图"、周敦颐的"太极图"(据传周敦颐的"太极图"脱胎于道士陈抟的"无极图",此说尚有疑问,待考)。关于这一问题需另文讨论,非本文所应详论之范围。但是,我认为区分宇宙生成的符号系统与宇宙实际生成过程的描述是非常重要的。宇宙实际生成过程的描述往往是依据生活经验而提出的具体形态的事物(如天地、男女等等)发展过程,而宇宙生成的符号系统虽也可能是依据生活经验,但其所表述的宇宙生成过程并不是具体形态的事物,而是象征性的符号,这种符号或者有名称,但它并不限定于表示某种事物及其性质。因此,这种宇宙生成的符号系统就象代数学一样,它可以代入任何具体形态的事物及其性质。两仪(--和—)可以代表天地,也可以代表男女,也可代表刚健和柔顺等等。所以我认为,仅仅把《系辞》这一对《易经》的解释系统看成是某种宇宙实际生成过程的描述是不甚恰当的,而应了解为可以作为宇宙实际生成系统的模式,是一种宇宙代数学,我把这一系统称之为《系辞》对《易经》解释的宇宙生成论。像《系辞》这类以符号形式表现的宇宙生成论,并非仅此一家,而《老子》的"道生一,一生二,二生三,三生万物,万物负阴而抱阳,冲气以为和",也是一种宇宙生成的符号系统,也是一种宇宙代数学,其中的数字可以代以任何具体事物。"一"可以代表"元气",也可以代表"虚霩"(《淮南子·天文训》谓"道始于虚霩",虚霩者尚未有时空分化之状态)。"二"可以代表"阴阳",也可以代表"宇宙"(《天文训》谓"虚霩生宇宙",即由未有时空分化之状态发展成有时空之状态)。"三"并不一定就指"天、地、人",它可以解释为有了相对应性质的两事物就可以产生第三种事物,而任何具体事物都是由两种相对应性质的事物产生的,它的产生是由两种相对应事物交荡作用而生的合物。① 然而汉朝的宇宙生成论与《系辞》所建构的宇宙生成论不同,大都是对宇宙实际生成过程的描述,此是后话,当另文讨论。②

我们说《系辞》对《易经》的解释包括两个系统,即本体论系统和宇宙生成论系统,那是不是说《系辞》对《易经》的解释包含着矛盾?我想,不是的。也许这两个系统恰恰是互补的,并形成为中国哲学的两大系。宇宙本身,我们可把它作为一个平面开放系统来考察,宇宙从其广度说可以说是无穷的,郭象《庄子·庚桑楚》注:"宇者,有四方上下,而四方上下未有穷处。"同时我们又可以把它作为垂直延伸系统来考察,宇宙就其纵向说可以说是无极的,故郭象说:"宙者,有古今之长,而古今之长无极。"既然宇宙可以从两个方面来考察,那么"圣人"的哲学也就可以从两个方面来建构其解释宇宙的体系,所以"易与天地准"。"易道"是个开放性的宇宙整体性结构模式,因此"易道"是不可分割的,是"大全",宇宙的事物曾经存在的、现在仍然存在的或者将来可能存在的都可以在"易"这个系统中找到一一相当的根据。但"易道"又不是死寂的,而是一"生生不息"系统,故它必须显示为"阴"和"阳"(注意:但"阴"和"阳"絪缊而生变化,"阴阳不测谓之神")相互作

---

① 关于"三"的问题,庞朴同志提出"一分为三"以区别于"一分为二",这点很有意义。如果从哲学本体论方面来考虑,"一分为三"的解释或可解释为在相对应的"二"之上或之中的那个"三"可以是"本体",如"太极生两仪",合而为"三","太极"是"本体",而"两仪"是"本体"之体现。我在一篇文章中讨论过,儒家与道家在思想方法上有所不同,儒家往往是于两极中求"中极",如说"过犹不及"、"叩其两端"、"允执其中",而道家则是于"一极"求其对应的"一极",如"天下皆知美之为美,斯恶已"。(参见《论〈道德经〉建立哲学体系的方法》,《哲学研究》,1986年第一期)儒家于"两极"中求"中极",这"中极"并不是和"两极"平列的,而是高于"两极"之上的。就本体意义上说,这"中极"就是"中庸",就是"太极"。因此,就哲学上说,"一分为三"与"一分为二"都是同样有意义的哲学命题。就哲学意义上说"一分为三"实是以"一分为二"为基础。

② 例如《淮南子·天文训》中说:"道始于虚霩,虚霩生宇宙,宇宙生元气,元气有涯垠,清阳者薄靡而为天,重浊者凝滞而为地。"《孝经纬·钩命诀》:"天地未分之前,有太易、有太初、有太始、有太素、有太极,是为五运。形象未分,谓之太易。元气始萌,谓之太初。气形之端,谓之太始。形变有质,谓之太素。质形已具,谓之太极。五气渐变,谓之五运。"可见,汉朝的宇宙生成论大体上都是"元气论"。

用的两个符号(不是凝固的什么东西),这两个互相作用的符号代表着两种性质不同的势力。而这代表两种不同性质的符号是包含在"易道"之中的,"易道"是阴阳变化之根本,所以说"一阴一阳之谓道"。杨士勋《春秋穀梁传疏》中引用了一段王弼对"一阴一阳之谓道"的解释,文中说:"《系辞》云:一阴一阳之谓道。王弼云:一阴一阳者,或谓之阴或谓之阳,不可定名也。夫为阴则不能为阳,为柔则不能为刚。唯不阴不阳,然后为阴阳之宗;不柔不刚,然后为刚柔之主。故无方无体,非阴非阳,始得谓之道,始得谓之神。"阴和阳代表着两种不同的性质,此一方不能代表彼一方,只有"道"它既不是阴又不是阳,但它是阴阳变化之宗主(本体),故曰"神无方,易无体也"。就这点看,《系辞》把《易经》解释为一平面的开放体系和立体的延申体系的哲学,无疑是有相当深度的哲学智慧的。再说一下,《系辞》对《易经》的整体性哲学解释和《左传》对《春秋》的叙述事件型解释是两种很不相同的解释方式。

  李零教授说:"汉代的古书传授有经、传、记、说、章句、解故之分。大体上讲,它们的区分主要是,'经'是原始文本,'传'是原始文本的载体和对原始文本的解说(类似后世所说的'旧注')。'经'多附'传'而行,'传'多依'经'而解,……'记'(也叫'传记')是学案性质的参考资料,'说'则可能是对'经传'的申说(可能类似于'疏'),它们是对'传'的补充(这些多偏重于义理)。'章句'是对既定文本,……所含各篇的解析,……'解故'(也叫作'故'),则关乎词句的解释。"李零教授说清了"经"与诠释"经"的"传"、"记"、"说"、"解"、"注"、"笺"、"疏"等等之间的关系。[①] 今天,我们要读懂"五经",是不能不借助历代儒学大家的注疏的。同时,在我国对经典的诠释中常需具备"训诂学"、"文字学"、"音韵学"、"考据学"、"版本学"、"目录学"等等的知识,也就是说具备这些方面的知识才能真正把握中国诠释经典的意义。

---

① 李零:《郭店楚简校读记》,北京大学出版社,2002年,第72页。

1998年，我曾提出"能否创建中国解释学"的问题，其后写了四篇文章讨论此问题。① 在中国，自先秦以来有着很长的诠释经典的历史，并且形成了种种不同的注释经典的方法与理论。而各朝各代诠释经典的理论与方法往往也有所不同。例如在汉朝有用所谓"章句"的方法注释经典，分章析句，一章一句甚至一个字一个字地详细解释。据《汉书·儒林传》说，当时儒家的经师对"五经"的注解，"一经之说，至百余万言。"儒师秦延君释"尧典"二字，十余万言；释"曰若稽古"四字，三万言。当时还有以"纬"（纬书）证"经"的方法，苏舆《释名疏证补》谓："纬之为书，比傅于经，辗转牵合，以成其谊，今所传《易纬》、《诗纬》诸书，可得其大概，故云反复围绕以成经。"此种牵强附会的解释经典的方法又与"章句"的方法不同。至魏晋，有"玄学"出，其注释经典的方法为之一变，玄学家多排除汉朝繁琐甚至荒诞的注释方法，或采取"得意忘言"，或采取"辨名析理"等简明带有思辨性的注释方法。王弼据《庄子·外物》以释《周易·系辞》"言不尽意，书不尽言"，作《周易略例·明象章》，提出"得意忘言"的玄学方法，而开一代新风。② 此是一典型解释儒经的新方法。郭象继之而有"寄言出意"之说，其《庄子·逍遥游》第一条注说：

> 鹏鲲之实，吾所未详也。夫庄子之大意，在乎逍遥游放，无为而自得，故极大小之致，以明性分之适。达观之士，宜要其会归，而遗其所寄，不足事事曲与生说，自不害其弘旨，皆可略之。

这种"寄言出意"的注释方法自与汉人注释方法大不相同。《大慧普觉禅师语录》卷二十二中说："曾见郭象注庄子，识者云：却是庄子注郭

---

① 此五篇论文均收入拙著《和而不同》一书中，辽宁人民出版社，2001年。
② 王弼《周易略例·明象》："夫象者，出意者也；言者，明象者也。尽意莫若象，尽象莫若言。言生于象，故可寻言以观象；象生于意，故可寻象以观意。意以象尽，象以言著。故言者所以明象，得象而忘言；象者所以存意，得意而忘象。"参见汤用彤先生《魏晋玄学论稿》中之《言意之辩》。《汤用彤全集》第四卷，河北人民出版社，2000年，第22页。

象。"如果说汉人注经大体上是"我注六经",那么王弼、郭象则是"六经注我"了。

郭象注《庄子》还用了"辨名析理"的方法,这种方法和先秦"名家"颇有关系,盖魏晋时期"名家"思想对玄学产生有所影响。郭象《庄子·天下注》的最后一条谓:

> 昔吾未览《庄子》,尝闻论者争夫尺棰连环之意,而皆云庄生之言,遂以庄生为辩者之流。案此篇较评诸子,至于此章,则曰:其道舛驳,其言不中,乃知道听途说之伤实也。吾意亦谓,无经国体致,真所谓无用之谈也。然膏梁之子,均之戏豫,或倦于典言,而能辨名析理,以宣其气,以系其思,流于后世,使性不邪淫,不犹贤于博弈者! 故存而不论,以贻好事也。

这里郭象把"辨名析理"作为一种解释方法提出来,自有其特殊意义,但"辨名析理"几乎是所有魏晋玄学家都采用的方法,所以有时也称魏晋玄学为"名理之学"。如王弼说:"夫不能辨名,则不可言理;不能定名,则不可以论实也。"嵇康《琴赋》谓:"非夫至精者,不能与之析理也。"就这点看,魏晋玄学家在注释经典上已有方法论上的自觉。至宋,有陆九渊提出"六经注我,我注六经"的问题,①实在魏晋时已开此问题之先河,不过当时并未把它作为一问题提出。至清,因考据之学盛,有杭世骏论诗而对"诠释"有一说:"诠释之学,较古昔作者为尤难,语必溯源,一也;事必数典,二也;学必贯三才而穷七略,三也。"②意思是说,诠释这门学问,就今人对诗文的诠释说比古昔作者更加困难,原因是首先应了解其原意,其次要知道所涉及的典故;再次是必学贯天、地、人三学而对"七略"知识有所了解。杭世骏所言之"诠释"虽非今日

---

① 陆九渊著,钟哲点校:《陆九渊集》,中华书局,1980 年,第 522 页。《陆氏年谱》记载有杨简曾闻:"或谓陆先生云:'胡不注六经?'先生云:'六经当注我,我何注六经。'"
② 杭世骏:《李义山诗注序》,《道古堂全集·文集》卷八。

所说之西方"诠释学"(Hermeneutics)之"诠释",但也可看到自先秦两汉以来,我国学者在各学科中均意识到对著作之文本是需要通过解释来理解的。因此,对中国儒学的研究,必须注意历代对"经书"的注释,以使人们了解在我国的历史传统确有对"经典"诠释颇为丰富的理论与方法的资源。通过《中国儒学史》的撰写,对儒家经典的诠释历史加以梳理,总结出若干有意义的理论与方法,也许对创建"中国诠释学"大有益处。①

四、儒学与外来文化的传入

罗素说:"不同文明的接触,以往常常成为人类进步里程碑。"②在两千多年的儒学发展史中,我们可以清楚地看到,"儒学"的每一次发展除其自身内在自觉地更新外,都是在与我国国内存在的各学派交流中得到发展的,汉儒吸收了道家、法家、阴阳家的学说而有"两汉经学";魏晋南北朝时期,诸多玄学家均有注儒家经典者,而"以儒道为一"。③ 儒学在我国历史上与我国原有各学派之间的相互影响无疑是在研究儒学史时应予注意的。这方面已有论述较多,兹不详述。也许更应关注的是外来文化传入对儒学发生重大影响的问题。

在儒学发展史上,可以说有两次重大的外来文化传入对我国儒学

---

① 参见拙作《论创建中国解释学问题》,《中国哲学》第二十五辑,辽宁教育出版社,2004年。
② 《中西文明的对比》,见罗素:《中国问题》,第146页。
③ "向子期(秀)以儒道为一。"(谢灵运《辨宗论》),汤用彤《王弼之〈周易〉、〈论语〉新义》说:"陈寿《魏志》无王弼传,仅于《钟会传》尾附叙数语,实太简陋。然其称弼'好论儒道','注《易》及《老子》',孔老并列,未言偏重,……盖世人多以玄学为老、庄之附庸,而忘其亦系儒学之蜕变。"汤著《向郭义之庄周与孔子》中说:"郭序曰,《庄子》之书'明内圣外王之道'。向、郭之所以尊孔抑庄者,盖由此也。"其时有王(弼)韩(康伯)《周易注》、何晏《论语集解》、王弼《论语释疑》、向秀《周易注》、郭象《论语体略》《论语隐》、皇侃《论语义疏》等等。

产生过重大影响,第一次是自公元一世纪以下,印度佛教文化的传入,它成为宋明理学(道学)产生的重要原因之一。如果不算唐朝传入的景教和在元朝曾发生过一定影响的也里可温教,因为这两次外来文化的传入都因种种原因而中断了。第二次文化外来是西方文化大规模的进入中国。自十六世纪末,特别是自十九世纪中叶西方文化全方位的传入,大大地影响和改变了儒学在中国社会生活中的地位。那么,我们需要问,今天应该如何看儒学与西学的关系?我想,这也许涉及到文化发展中"源"与"流"的关系问题。

我们知道,任何历史悠久且仍然有着生命力的民族文化必有其发生发展的源头,也就是说有其发源地,它可被称为该民族文化之"源"。例如今日欧洲文化的源头可以说主要是源自古希腊,印度文化的发源地在南亚的恒河流域。中华文化源远流长,有五千年的历史,它的源头在东亚的黄河、长江流域。在这些有长久历史的民族文化发展过程中总是在不断吸收着其他地区民族文化以滋养其自身,而被吸收的种种文化对吸收方说则是"流"。一个有长久历史仍然有着生命力的文化就像一条不断流着的大江大河,它必有一个源头,它在流动之中往往会有一些江河汇入,这些汇入主干流的江河常被称为"支流",甚至某些支流在一定情况下其流量比来自源头的流量要大,但"源"仍然是"源","流"仍然是"流"。因此,我们在讨论一种文化的发展时必须注意处理好文化的"源"与"流"的关系。

(一) 儒学与印度佛教的传入

儒学自孔子起就自觉地继承着源自中华大地的夏、商、周三代的文化,在长达两千多年的历史中曾是中华文化的主体,因而也可以说它的学说是来自中华大地文化的源头。印度佛教文化在一世纪传入中国之后曾对中国社会的宗教、哲学、文学、艺术、建筑、医学等等诸多方面有着重大影响,这一事实是中外学界所公认的。但是,上述的所有学科在历史上仍然体现着中华文化内在的精神面貌。因此,中国固有文化仍然是"源",而印度佛教文化只是"流"。佛教传入中国的历史很长,在魏晋时有着广泛的影响,然就其与"魏晋玄学"的关系说,并非因佛教的传入而有"玄学",而恰恰相反,是因有"玄学"而佛教才得以在我国比较顺利地流行。印度佛教对魏晋南北朝时期中国的思想文化起着重大作用,但它只是一个"助因",并不能改变中国思想文化的根本性质和发展方向。"玄学是从中国固有学术自然的演进,从过去思想中随时演进的'新义',渐成系统,玄学的产生与印度佛教没有必然关系。易而言之,佛教非玄学生长之正因。反之,佛教倒是先受玄学的洗礼,这种外来思想才能为我国所接受。所以从一个方面讲,魏晋时代的佛学也可以说是玄学。但佛学对玄学为推波助澜的助因是不可抹杀的。"[①]例如在中国有影响的佛教学说僧肇和道生所讨论的许多问题仍是中国原本在"玄学"中所讨论的问题,如僧肇四论:动静、有无、知与无知、圣人人格等问题都是自王弼、郭象以来玄学讨论的主题,可以说《肇论》是接着"玄学"讲的。而道生之顿悟,"实是中印学术两者调和之论,一扫当时学界两大传统冲突之说,而开伊川谓'学'乃以至圣人学说之先河。"[②]到隋时,据《隋书·经籍志》记载:当时"民间佛经,多于六经数十百倍",但也未能改变儒学在社会上的正统地位。因而至隋唐,在我国出现了若干受我国固有的儒、道学术文化影响的佛教宗派,其中在我国最有影响的天台、华严、禅宗实是中国化的佛教宗派。另虽有玄奘大师提倡的唯识宗,流行三十余年后则渐衰。天台、华严、禅宗所讨论的重要问题是心性问题。"心性问题"本来是中国儒家思想所讨论的问题(近期出土文献对此问题讨论甚多)。天台有所

[①] 参见汤用彤:《魏晋玄学的发展》,见《汤用彤全集》第四卷,河北人民出版社,2000年,第112页。

[②] 参见:汤用彤《谢灵运〈辨宗论〉书后》,《汤用彤全集》第四卷,第96—102页。

谓"心生万法";①华严宗有融"佛性"于"真心";禅宗则更认为"佛性"即人之"本心"(本性)。由于佛教的中国化,使得中国化的佛教宗派、特别是禅宗大大改变了印度佛教的原貌;佛教在中国从"出世"走向世俗化,认为在日常生活中就可以成佛,因而原来被佛教排斥的儒家"忠君"、"孝父母"②和道家的"顺自然"③等等思想也可以被容纳在禅宗里面。在世界历史上,文化也曾发生过异地发展之问题,印度佛教文化在中国的发展就是一例。公元八、九世纪佛教在印度已大衰落,然而在中国却大发展,而有天台、华严、禅宗等。中国佛教这些宗派直接影响着朝鲜半岛、日本等地。因此,我们可以说中国文化曾受惠于印度佛教,而印度佛教又在中国得到发扬光大。

至宋,理学兴起,一方面批评佛教,另一方面又吸收佛教。本来中国儒学是入世的"治国平天下"之道,而非如佛教的"出世"寻求"西方极乐世界",两者很不相同,但理学不仅吸收了华严宗"理事无碍"、"事事无碍"的思想,而有"人人一太极,物物一太极"和"理一分殊"等思想,有助于程颐、朱熹传承先秦孔孟的"心性"学说,而建立了以"理"为本的形而上学。④ 陆九渊、王阳明则更多地吸收禅宗的"明心见性"等思想,传承先秦儒家"尽心、知性、知天"的思想,而有"吾心便是宇宙"和"心外无物"等思想,建立了以"心"为体的形而上学。⑤ 程朱的"性即

---

① 智顗《修习止观坐禅法要》:"一切诸法,皆由心生。"
② 契嵩本《坛经·无相颂》:"恩则孝养父母,义则上下相怜。"宋宗杲大慧禅师说:"予虽学佛者,然爱君忧国之心,与忠义士大夫等。""学不至,不是学;学至而不用,不是学;学不能化物不是学。学到彻头处,文亦在其中,武亦在其中,事亦在其中,理亦在其中,忠义孝道乃至治身治人安国安邦之术无不在其中。"
③ 无门和尚《颂》:"春有百花秋有月,夏有凉风冬有雪,若无闲事挂心头,便是人间好时节。"
④ 《朱子语类》卷一中,朱子曰:"太极只是天地万物之理。在天地言,则天地中有太极,在万物言,则万物中各有太极。未有天地之先,毕竟是生有此理。""伊川说得好,曰'理一分殊'。合天地万物而言,只是一个理,及在人,则又各有一个理。"
⑤ 《陆九渊集》中《与曾宅之》写到:"盖心,一心也;理,一理也;至当归一,精义无二,此心此理,实不容二。"王阳明《传习录上》中说:"心即理也,天下又有心外之事,心外之理乎?……心即理也,此心无私欲之蔽,即是天理,不须外面添一分。"

理"和陆王的"心即理"虽理路不同,但都是要为"治国平天下"的理想找一形而上学的根据;这样就使宋明理学较之先秦儒学有了更加完善的理论体系。这一发展正是由于理学吸收、消化和融合了隋唐以来中国化的佛教宗派而形成的。但是,从根本上说,理学仍然是先秦以来儒家"心性"学说的发展,佛教只是助因。从这里我们也可以看出文化的"源"和"流"的关系。

(二) 儒学与"西学"的传入

在十九世纪末,由于西方列强的入侵,大大有利于西方文化(西学)在中国的传播。因此,引起了"中西古今之争",此"中西古今之争"一直延续至今。所谓"中西古今之争"无非是说中国文化面临着三个相互联系的问题:如何对待西方文化;如何看待我国本民族的固有文化;在现时代如何创建我国自身的新文化。一个多世纪以来,西方学术思想像潮水一般地涌入我国,最早有影响的西方学说是严复翻译的《天演论》,因而进化论思想影响着中国几代人。其后,继之而有叔本华哲学、尼采哲学、康德哲学、古希腊哲学、无政府主义、马克思主义,英国经验主义、欧洲大陆理性主义、十九世纪德国哲学、实用主义、实在论,分析哲学、现象学、存在主义、结构主义,解构主义、解构性后现代主义以至建构性后现代主义等等,先后进入我国。中国学界面对如此众多的学术派别(西学),我们如何接受,如何选择,无疑是个大难题。

我们是不是可以根据百多年来的历史,对"西学"输入中国作一些分析?照我看,从中国社会发展的情况看也许可以把"西学"对中国学术思想的影响分成:中国社会迫切需要的思想、有利于促进中国哲学更新和发展的思想,以及和中国哲学较相近,能对中国社会发生巨大影响的思想等几类。当然也还有其他西方学术派别影响着我国学术界,此处就不一一详谈了。

第一，中国社会迫切需要的思想：自鸦片战争以来，中国社会迫切需要的是如何改变我国落后、挨打的局面。为了自强图存，再守着过时的思想文化传统，提倡什么"奉天承运"、"三纲六纪"、"中学为体，西学为用"已经不行了，中国社会必须"进化"，于是西方的"进化论"思想自严复的《天演论》译出之后无疑成为影响中国社会的主要思潮。其时，中华民国的缔造者孙中山即是"进化论"的信徒。至于我国学术文化界，无论是激进派的，如陈独秀、鲁迅、郭沫若等等，自由主义派的，如张东荪、胡适、丁文江等等都接受了"进化论"思想，甚至保守派的，如梁漱溟、杜亚泉等也不反对"进化"。① 其后，尼采的"重新估价一切"的思想深深地影响中国学术界，这正适合中国社会急遽变化之需要。中国必须改变，因而需要对过去的一切进行重新评估。1904年，王国维介绍尼采时，指出尼采学说的目的是要"破坏旧文化而创造新文化"，为"弛其负担"而"图一切价值之颠覆"，并"肆其叛逆而不惮"，盛赞尼采的"强烈之意志而辅以极伟大之知力"。其后，鲁迅、陈独秀、沈雁冰（茅盾）、郭沫若等等无不要求以"强固的意志"去对旧传统"进行战斗"。特别是蔡元培在一次演讲中说："迨至尼采（原注：德国之大文学家），复发明强存弱亡之理，……弱者恐不能保存亦积极进行，以与强者相抵抗，如此世界始能日趋进化。"而傅斯年在《新潮》杂志上号召："我们须提着灯笼沿街找超人，拿着棍子沿街打魔鬼"，赞扬尼采是一个"极端破坏偶像家"。所以尼采思想在"五四运动"前后都有过重大影响。② 其他如无政府主义思想也曾发生过一定影响，盖因其反对"专制政权"甚激烈。

第二，有利于中国哲学得到更新和发展的思想：宋明理学在中国

---

① 杜亚泉《接续主义》中说："国家之接续主义，一方面含有开进之意味，一方面又含有保守之意味。盖接续云者：以旧业与新业相接续之谓。有保守而无开进，则拘墟旧业，复何用其接续乎！"

② 参见乐黛云：《尼采与中国现代文学》，收入《比较文学与中国现代文学》，北京大学出版社，1987年。

统治了近千年,这一学说日愈僵化,逐渐成为束缚人们思想的教条。因此,有了现代新儒学的出现。人们一向以自熊十力开创,而经牟宗三等发展,至今而有第三代如杜维明、刘述先等为现代新儒学的代表。但是,实际上在中国另外还有一些企图吸收"西学"来发展儒学的学派,例如以冯友兰为代表的"新理学"派和以贺麟为代表的"新心学"派。

熊十力的"新唯识论"体系虽颇有创见,但相对地说还是比较传统地继承着儒家哲学,不过我们已可以看出,他对"西学"确颇有认识,如他说:"西学以现象为变异,本体为真实,其失与佛法等。"同时熊先生也看到中国哲学在"认识论"有不重"思辨"之缺点,故"中国诚宜融摄西洋而自广",使两者结合而成"思修交尽之学"。[①] 可见,熊十力已注意到必须吸收西方哲学之长而为中国哲学开拓新的方面。其后,牟宗三则多吸收与融合康德哲学;而杜、刘等则以开放的心态面对西方哲学,而维护儒学传统则未变。

冯友兰的"新理学"之所以新正是在把柏拉图的"共相"与"殊相"和"新实在论"(如"潜在"的观念)引入中国哲学。他把世界分成"真际"(或称之为"理",或称之为"太极")和"实际",实际的事物依照所以然之理而成为其事物。冯先生之创建"新理学",其意图主要是使中国哲学中的"形上学"更加凸显,以说明宋明理学可发展为与西方哲学媲美的形上学。[②]

贺麟的"新心学"的思想也许可以说包含在《儒家思想的新开展》一文中。他认为:(1) 必须以西洋的哲学发挥儒家理学(此"理学"指"性理之学")。由于中国哲学特别重视的在于道德精神的建构,而并非一种注重学说知识体系建构的哲学,如能会合融贯、吸收借鉴西洋

---

① 参见《熊十力全集》第五卷,第57、58、63页,第四卷,第105、111页,湖北教育出版社,2001年。

② 可参见冯友兰:《三松堂全集》第四卷《新理学》,河南人民出版社,1986年。

哲学,不仅可作道德可能的理论基础,且可奠定科学可能的理论基础。(2)必须吸收基督教的精华以充实儒家的礼教。(3)必须领略西洋艺术而使新诗教、新乐教、新艺术与新儒学一起复兴。① 为什么贺麟要从这三个方面来讨论"儒家思想的新开展"? 我认为,正是因为西方哲学一向重视对"真"、"善"、"美"问题的讨论,而贺麟正是希望在吸收西方文化的基础上发展"新儒学"。因此,他在《中国哲学与西洋哲学》中说:"今后中国哲学的新发展,有赖于对西洋哲学的吸收与融会,同时中国哲学家也有复兴中国文化、发扬中国哲学,以贡献于全世界人类的责任。"②

汤用彤先生为什么在写完《汉魏两晋南北朝佛教史》之后,就开始研究"魏晋玄学",主要是要梳理中国哲学自汉至魏晋南北朝之变化。他认为,中国哲学就思想上说自有其自身发展内在逻辑,印度佛教的传入虽对"玄学"的发展有推进作用,但它只是"助因",而非正因。③ 这也就是文化发展的"源"与"流"的问题吧! 但这一研究的结果,却说明中国哲学自有其"本体之学",而其"本体论"或与西方哲学不同,④其"道"、"无"、"理"、"太极"等虽为"超越性"的,但它不离万事万物,而内在于万事万物,故"体用如一",⑤而其人生境界又是"即世间而出世

---

① 贺麟:《儒家思想的新开展》,见《文化与人生》,商务印书馆,1988年,第8—9页。
② 见贺麟《哲学与哲学史》,商务印书馆,1990年,第127页。
③ 参见《魏晋思想的发展》,《汤用彤全集》第四卷,第112页。
④ 汤用彤《魏晋玄学流派略论》中指出,魏晋玄学与东汉有根本之不同,他说:"魏晋玄学已不复拘拘于宇宙运行之外用,进而论天地万物之本体。汉代寓天道于物理,魏晋黜天道而究本体,以寡御众,而归于玄极(王弼《易略例·明象章》);忘象得意,而游于物外(《易略例·明象章》)。于是脱离汉代宇宙论(Cosmology or Cosmogony)而留连于存存本之真(Ontology or Theory of Being)。"按:张东荪否认中国有"本体论"(参见张耀南:《张东荪知识论研究》,台湾洪叶文化事业有限公司,1995年)。又,俞宣孟教授也反对中国有本体论(参见上海《社会科学报》,2004年9月9日)。这是由于他们企图用西方本体论学说规范中国哲学之故。
⑤ 《周易注》引王弼曰:"演天地之数,所赖者五十也。其用四十有九,则其一不用也。不用而用之以通,非数而数之以成,斯易之太极也。四十有九,数之极也。夫无不可以无明,必因于有,故于有物之极,而必明其所由之宗也。"郭象《庄子注》:"夫圣人虽身在庙堂之上,然其心无异于山林之中,世岂识之哉!"

间"的。

从以上几例可以看出,上个世纪中叶中国哲学的研究者们特别注意自身哲学研究所未展开的方面,如认识论、形上学(本体论)、宗教精神、纯艺术精神,从而努力吸收西方哲学"以自广"。

第三,和中国哲学较相近而对中国社会发生较大影响的思想:

中国哲学的创造者,无论儒、道还是先秦其他诸子,都是有社会关怀的"士",这一传统十分久远,我们从《尚书·说命》中"非知之艰,行之惟艰"就可以看到儒家的精神是入世的,要"明明德"于天下。要"明明德"于天下,就不仅是个理念问题,必须实践,必须身体力行,必须见之于事功。所以孔子说:"吾岂匏瓜也哉?焉能系而不食?"所以儒家哲学是一种"治国平天下"的实践的哲学。① 马克思《关于费尔巴哈的提纲》中说:"哲学家们只是用不同的方式解释世界,问题在于改变世界。""全部社会生活在本质上是实践的。"②因此,他们在"实践"问题上可有相同之处。马克思主义自上个世纪以来一直影响着中国社会,除了中国社会确实需要一巨大的变革外,我认为这和儒家思想重视"实践"(道德修养的实践,社会政治生活的实践)有着密切的关系。毛泽东的《实践论》就是证明,这是大家都了解的。同时,儒学与马克思主义又都是带有理想主义的学派。儒学有其"大同"社会的理想;马克思

---

① 参见拙作《论知行合一》,收入《反本开新——汤一介自选集》中,首都师范大学出版社,2008年。
② 《马克思恩格斯全集》第三卷,人民出版社,1960年,第8页。

主义有其共产主义的理想。[①] 他们的理想主义或许带有某种"空想"成分,但无疑都有对人类社会发展前景的乐观主义的期盼,我们必须珍视。

中国学术界无疑都十分关心马克思主义中国化的问题,从哲学这个层面讲,我认为做得比较成功的应该是冯契同志。已故的冯契同志是一位有创造性的马克思主义者,他力图在充分吸收和融合中国传统哲学和西方分析哲学的基础上使马克思主义哲学成为中国化的马克思主义哲学。他的《智慧说三篇》可以说是把马克思主义的实践唯物辩证法、西方的分析哲学和中国传统哲学较好结合起来的尝试。[②] 冯契同志在他的《智慧说三篇·导论》中一开头就说:"本篇主旨在讲基于实践的认识过程的辩证法,特别是如何通过'转识成智'的飞跃,获得性与天道的认识。"冯契同志不是要用实践的唯物主义辩证法去解决西方哲学的基本问题,而是要用实践的唯物主义辩证法解决中国哲学的"性与天道"的问题;而如何获得"性与天道"的认识,又借用了佛教哲学中的"转识成智",以此来打通"天"与"人"的关系问题。他说:"通过实践基础上的认识世界与认识自己的交互作用,人与自然、性与天道在理论与实践的辩证统一中互相促进,经过凝道而成德、显性以宏道,终于达到转识成智,造成自由的德性,体验到相对中的绝对、有限中的无限。"接着冯契同志用分析哲学的方法,对"经验"、"主体"、"知

---

① 《礼记·礼运》:孔子曰:"大道之行也,与三代之英,丘未之逮也,而有志焉。大道之行也,天下为公,选贤与能,讲信修睦。故人不独亲其亲,不独子其子,使老有所终,壮有所用,幼有所长,矜、寡、孤、独、废、疾者皆有所养,男有分,女有归。货,恶其弃于地也,不必藏于己;力,恶其不出于身也,不必为己。是故谋闭而不兴,盗窃乱贼而不作,故外户而不闭。是谓大同。"《马克思、恩格斯、列宁、斯大林论共产主义社会》:"在共产主义社会高级阶段,迫使人们奴隶般的服从社会分工的现象已经消失,脑力劳动和体力劳动的对立也随之消失,劳动已不仅仅是谋生的手段,而且成了生活的第一需要,生产力也随着每个人的全面发展而增长,一切社会财富的资源都会充分地涌现出来,……只有在那时候,才能彻底打破资产阶级法权的狭隘观点,社会才能把'各尽其能、各取所需'写在自己的旗帜上。"(人民出版社,1958年,第11页)

② 参见拙作《读冯契同志〈智慧说三篇〉导论》,上海《学术月刊》1998年增刊。

识"、"智慧"、"道德"等等层层分析,得出如何在"认识世界和认识自己的过程中转识成智"。首先,冯契同志把金岳霖先生的"以经验之所得还治经验",扩充为"得之以现实之道还治现实",而这个"得之以现实之道还治现实"必须有一个主体,这个"主体"即"我"。我认为这点很重要,因为没有离开"主体"的"现实"("现实"已不是自在的,而是"为我之物"了),必须有一个主体,才可以在"认识世界和认识自己的过程中转识成智"。而"我"这个主体在现实生活中,必定是一"知识"的主体,又是一"道德"的主体。我想这里可能产生两个必须回答的问题:第一个问题是:"转识成智",即是由"知识"领域进入"智慧"领域(境界),也就是说要由"以物观之"进入到"以道观之"。由此就要超越这个作为主体的"我",这样,作为主体的"我"必须达到"与道同体"(王弼语)的境地,才是"以道观之"。第二个问题是:作为知识的主体(认识世界的主体)和自由道德人格的主体(认识自己的主体)在"转识成智"的过程中是同一的还是不同一的?如果是不同一的,"转识成智"将不可能,因为这样就不可能在"自证中体认道(天道、人道、认识过程之道)"。我认为,冯契同志正是运用实践唯物主义辩证法解决这两个问题的,也就是说用实践唯物主义辩证法来解决"性与天道"这一古老又常新的哲学问题。

  冯契同志有一非常重要的命题:"化理论为方法,化理论为德性。"他对这个命题解释说:"哲学理论一方面要化为思想方法,贯彻于自己的活动,自己的研究领域;另一方面又要通过自己的身体力行,化为自己的德性,具体化为有血有肉的人格。"而无论"化理论为方法",还是"化理论为德性",都离不开实践。照我的理解,"化理论为方法"不仅是取得"知识"的方法,而且也是达到"智慧"的方法。冯契同志说:"知识和智慧、名言之域和超名言之域的关系到底如何,便成为我一直关怀、经常思索的问题。""知识"的取得无疑离不开实践,而"智慧"是否也只能靠实践才能体证呢?冯契同志说:"在实践的基础上认识世界和认识自己的交互作用中如何转识成智,获得关于性与天道的认识?这样一种具体的认识是把握相对中的绝对,有限中的无限,有条件的东西中的无条件的东西。这里超名言之域,要通过转识成智,凭理性的直觉才能把握的。"这里可以注意的是:认识世界和认识自己都必须在实践的基础上实现。世界和自我都是一个实在的发展过程,人生活在这个过程之中离不开实践的活动,没有实践就没有人的"世界"和人的"自我",当然也就没有"性与天道"的问题;只有在实践中人才可以把"世界"和"自我"内化,而有"性与天道"的问题。对"性与天道"的证悟,是把握相对中的绝对、有限中的无限。当然,我们说"转识成智"这种具体的认识是把握"相对中的绝对、有限中的无限"也是具有相对性的。对于一个哲学家来说,他可以完成"转识成智",但是对于人类来说,由于只要有人类存在,人们的实践活动总是要继续下去的,而且要不断地使人们的认识在实践的基础上,由具体到抽象,再由抽象上升到具体。因此,实践的唯物主义辩证法作为一种方法,它不仅是取得"知识"的方法,而且也是体证"智慧"的方法。但是,正如冯契同志所说,"知识"和"智慧"不同,"知识"所及为可名言之域,而"智慧"所达为超名言之域,这就要"转识成智"。照冯契同志看,"转识成智"要"凭理性的直觉才能把握"。对这一点冯契同志也有一个解释:"哲学的理性的直觉的根本特点,就在于具体生动地领悟到无限的、绝对的东西,这样的领悟是理性思维和德性培养的飞跃。"(按:这有点像熊十力先生所提出希望建立"思修交尽"的"量论"那样)"理性的直觉"这一观念很重要,照我看,它是在逻辑分析基础上的"思辩的综合"而形成的一种飞跃。如果没有逻辑分析,就没有理论的说服力;不在逻辑分析基础上作"思辩的综合",就不可能形成新的哲学体系。因而,"理性的直觉"不是混沌状态的"悟道",而是清楚明白的自觉"得道"。我们从冯契同志许多论文中,特别是《导论》中,可以体会他运用逻辑分析和思辩综合的深厚功力,正由于此,实践唯物主义辩证法才更具有理论的力量,这也说明他研究的目的归根结底是为了用实践唯物辩证法来解决"性与天道"这一古老又常新的中国哲学问题,以贡献于世界。

前面我们已经讲到,冯契同志的"智慧"学说就是要解决"性与天道"问题的学说,他说:"关于道的真理性认识和人的自由发展内在地联系着,这就是智慧。"这里冯契同志非常注重"道的真理性的认识"和"人的自由发展"的内在联系。从这一点看,冯契同志的"智慧"学说也是颇具有中国哲学的特色的。"涵养须用敬,进学在致知"。前者是属于道德修养的问题,后者是属于知识学问的问题。在中国哲学史中,特别是在儒家哲学中,"道德"和"学问"是统一的,学以进德。朱熹说:"为学,须思所以超凡入圣。"① 冯契同志认为,"转识成智"是在实践基础上认识世界和认识自己交互作用所达到的飞跃。我认为这里有两点很重要:第一是认识世界和认识自己都必须在实践的基础上才有可能实现;第二是认识世界与认识自我是一个统一的过程。只有在它们的交互作用中才能实现"转识成智"。对此,冯契同志把"德性之知"引入他的哲学体系。他特别申明:"我不赞成过去哲学家讲德性之智时所具有的先验论倾向,不过,克服了其先验论倾向,这个词还是可以用的。"在中国哲学史中,张载首先提出"德性之知",他说:"见闻之知,乃物交而知,非德性所知;德性所知,不萌于见闻。"② 张载把"见闻之知"与"德性之知"割裂开来,因此确有先验论顷向。为什么在张载的哲学里会发生这样的问题呢?我认为,他没有认识到在实践的基础上"见闻之知"和"德性之知"可以统一起来。而冯契同志解决了这个问题,他说:"主体的德性自在而自为,是离不开化自在之物为我之物的客观实践活动过程的。"我认为冯契同志的这个看法是接着中国哲学的问题讲的,对中国哲学中关于"知识学问"与"德性修养"的关系给了更为

---

① 《朱子语类》,第135页。
② 《正蒙·大心篇》,《张载集》,中华书局,1978年,第24页。

合理的解决。

从中国哲学的传统看,"做学问"与"做人"应是统一的,一个人学问的高下往往是和他境界的高低相联系的。冯契同志认为,"做学问"首先要"真诚"。《中庸》说:"唯天下至诚,为能尽其性;能尽其性,则能尽人之性;能尽人之性,则能尽物之性;能尽物之性,则可以赞天地之化育;可以赞天地之化育,则可以与天地参矣。"学问要作到"转识成智",要达到"参天地,赞化育"的境界,必须有一至诚的心。"做学问"要"真诚","做人"同样要"真诚",真诚的人才可以作到"化理论为方法,化理论为德性"。这无疑是儒家理想的生活态度,也是马克思主义者理想的生活态度。冯契同志在这两方面都为我们作出了榜样,而且他的"智慧学说"之所以有其理论的力量也正在于此。

近半个世纪以来,要想作一个真正有创造性的哲学家是很难的,这点我们大家都有体会,正因为如此,《智慧说三篇》就更有其特殊的价值。我之所以用比较长的篇幅来讨论冯契同志的《智慧说三篇》,这是因马克思主义中国化对当前中国哲学的发展是个最重大的问题。司马迁作《史记》对自己有个要求,这就是要求他的书能"究天人之际,通古今之变,成一家之言",冯契同志的《智慧说三篇》不正也是一部努力追求"究天人之际,通古今之变,成一家之言"的智慧书吗?有真诚之心做学问的学者们多么希望有更为宽松的学术环境,使他们能充分发挥自己的才智,创作更多更好的体现我们这个时代的哲学著作来。

从印度佛教文化(哲学)的传入到西方文化(哲学)的传入毕竟有一个"源"与"流"的关系。我认为,从文化(哲学)发展的"源"与"流"的关系看,中国文化(哲学)的前景可以有两个不同的提法:一是新的中国文化(哲学)将沿着中国化的马克思主义发展;另一是新的中国文化将会是吸收马克思主义和其他各民族的优秀文化(哲学)的中国自身的文化(中国哲学)。说法或有差异,前者的重点是在马克思主义吸收了中国特有文化而成为新的中国文化;后者是说中国自身文化传统吸收了马克思主义而成为新的中国文化。我认为,这两个发展方向也许并不对立,或可互补?但是,中国文化毕竟应是中国自身的文化,这样才有"根",才是由其源头发展下来的中国文化。无论如何,建设新的中国哲学、新的儒家哲学是需要我们长期、深入不断研究的。

《中国儒学史》是由多位学者合力撰写的,在学术思想上不可能完全一致,甚至可能是很不一致,如何办?我认为,或许不一致并不是坏事,而是好事,因为这样可以留下继续讨论、更加深入研究的余地。我们只要求史料有根有据,论说"持之有故,言之成理",表达清楚明白,并有自己的创新见解,这样就可以了。也就是说,《中国儒学史》虽是一部书,但仍应可体现"百家争鸣"的精神。当然,在写作的"体例"上,我们希望能尽可能地一致。

这篇"总序"并不代表参与《中国儒学史》编撰的众多学者的看法,也没有经过大家讨论,因此它只是我个人的一些看法,所以不能算是一篇真正的"总序"。欢迎大家批评指正。

汤一介
2010年4月3日完成

目　录

宋代部分

绪　说　北宋前期的儒学与经学 ………………………… 3
　第一节　胡瑗的《周易口义》 ……………………………… 5
　第二节　孙复的《春秋尊王发微》 ………………………… 9
　第三节　刘敞的《春秋》学 ………………………………… 14

第一章　范仲淹的儒学思想 ……………………………… 21
　第一节　忧以天下 …………………………………………… 22
　第二节　论近名 ……………………………………………… 27
　第三节　《易义》的解易 …………………………………… 28
　第四节　兼容释老 …………………………………………… 31

第二章　欧阳修的儒学思想 ……………………………… 34
　第一节　论本末 ……………………………………………… 35
　第二节　论朋党 ……………………………………………… 39
　第三节　论正统 ……………………………………………… 41
　第四节　经学 ………………………………………………… 44

第三章　司马光的儒学思想 ……………………………… 49
　第一节　疑孟论 ……………………………………………… 50
　第二节　才德与举选 ………………………………………… 53
　第三节　中和说 ……………………………………………… 58
　第四节　格物说 ……………………………………………… 60

第五节　乐与养生 ………………………………………… 61
　　第六节　易学 ……………………………………………… 64

第四章　王安石的儒学思想 ………………………………… 70
　　第一节　儒学传承谱系之检讨 …………………………… 72
　　第二节　天人关系论 ……………………………………… 77
　　第三节　性命学说 ………………………………………… 81
　　第四节　圣王之道与儒者修身 …………………………… 93
　　第五节　小结 ……………………………………………… 101

第五章　周敦颐的儒学思想 ………………………………… 103
　　第一节　《太极图说》 …………………………………… 106
　　第二节　孔颜乐处 ………………………………………… 117
　　第三节　周敦颐的地位及影响 …………………………… 123

第六章　张载的儒学思想 …………………………………… 130
　　第一节　气本 ……………………………………………… 132
　　第二节　神化 ……………………………………………… 145
　　第三节　感与性 …………………………………………… 153
　　第四节　礼乐 ……………………………………………… 162
　　第五节　井田与封建 ……………………………………… 165
　　第六节　经学 ……………………………………………… 167

第七章　程颢的儒学思想 …………………………………… 174
　　第一节　辨佛 ……………………………………………… 175
　　第二节　新法 ……………………………………………… 179
　　第三节　风习与教化 ……………………………………… 181
　　第四节　物理与天理 ……………………………………… 184
　　第五节　气化与生死 ……………………………………… 188
　　第六节　道学话语建构 …………………………………… 190

第八章　程颐的儒学思想 …… 193
第一节　《周易程氏传》 …… 194
第二节　四书阐释 …… 214

第九章　苏轼的儒学思想 …… 231
第一节　性与道 …… 232
第二节　论礼乐 …… 240
第三节　论朋党与养士 …… 242
第四节　论释老 …… 245

第十章　吕大临的儒学思想 …… 248
第一节　《礼记解》 …… 249
第二节　《吕氏乡约乡仪》 …… 259

第十一章　谢良佐的儒学思想 …… 262
第一节　儒佛异同 …… 263
第二节　鬼神 …… 265
第三节　天理 …… 267
第四节　论仁 …… 268
第五节　论敬 …… 270
第六节　去矜 …… 272

第十二章　杨时的儒学思想 …… 274
第一节　新学驳议 …… 275
第二节　儒佛 …… 280
第三节　理一分殊 …… 283
第四节　知仁与体验未发 …… 285

第十三章　胡宏的儒学思想 …… 287
第一节　儒学经典及经史关系 …… 290

第二节　《知言》关于天命心性仁敬的学说 ………… 294

第十四章　张栻的儒学思想 ………… 314
第一节　继承程氏解经思想 ………… 317
第二节　太极体性 ………… 320
第三节　仁兼该体用,贯通动静 ………… 324
第四节　居敬穷理 ………… 328

第十五章　朱熹的儒学思想 ………… 333
第一节　绪言 ………… 333
第二节　朱熹《大学章句》的解释特点 ………… 335
第三节　朱熹《中庸章句》及其儒学思想 ………… 353
第四节　朱熹《论语集注》的儒学思想 ………… 371
第五节　朱熹《孟子集注》及其儒学思想 ………… 396

第十六章　朱熹门人的儒学思想 ………… 416
第一节　黄榦 ………… 418
第二节　陈淳 ………… 423
第三节　程端蒙 ………… 428

第十七章　陆九渊的儒学思想 ………… 432
第一节　宇宙与吾心 ………… 433
第二节　本心与心即理 ………… 438
第三节　简易与涵养 ………… 447
第四节　心学与实学 ………… 453
第五节　小结 ………… 459

第十八章　陈亮与叶适的儒学思想 ………… 463
第一节　吕祖谦 ………… 464
第二节　陈亮 ………… 475

第三节　叶适 …………………………………………… 488

金元部分

第一章　金代儒学述略 ………………………………… 501
　　第一节　赵秉文 …………………………………………… 504
　　第二节　李纯甫 …………………………………………… 517

第二章　许衡的儒学思想 ……………………………… 531
　　第一节　理本论 …………………………………………… 534
　　第二节　知行观 …………………………………………… 536
　　第三节　人性论 …………………………………………… 538
　　第四节　治生论 …………………………………………… 542

第三章　刘因的儒学思想 ……………………………… 547
　　第一节　安贫识颜乐 ……………………………………… 549
　　第二节　静观见道体 ……………………………………… 552
　　第三节　论人本理气 ……………………………………… 556
　　第四节　象数合周邵 ……………………………………… 564
　　第五节　为学重次第 ……………………………………… 567

第四章　吴澄的儒学思想 ……………………………… 572
　　第一节　理气论 …………………………………………… 578
　　第二节　太极论 …………………………………………… 584
　　第三节　性情论 …………………………………………… 594
　　第四节　心学观 …………………………………………… 603
　　第五节　物论 ……………………………………………… 607

第五章　许谦与金华朱学 ……………………………… 617
　　第一节　金履祥 …………………………………………… 619
　　第二节　许谦 ……………………………………………… 620

第六章　元代陆学 ········· 632
第一节　刘埙 ········· 632
第二节　陈苑 ········· 635
第三节　危素 ········· 637
第四节　赵偕 ········· 639
第五节　郑玉 ········· 642
第六节　余论 ········· 647

后　记 ········· 650

宋代部分

绪　说

北宋前期的儒学与经学

　　北宋儒学复兴运动的渊源,可以上溯至唐代的韩愈、李翱,这早已成为宋代思想史研究的通识。① 除此以外,北宋初年柳开、王禹偁等人的累积之渐,也有着不容忽视的影响。孙复曾经有过这样的感慨:"国朝自柳仲涂开、王元之禹偁、孙汉公何、种明逸放、张晦之景既往,虽来者纷纷,鲜克有议于斯文者。诚可悲也!"② 当然,北宋儒学复兴运动崇道尊经、排佛抑文的基本方向的奠定,③ 则不能不归功于被后人称为"宋初三先生"的胡瑗、孙复和石介。④

---

①　余英时教授在《朱熹的历史世界》中虽对此提出了一定程度的质疑,但也未能从根本上动摇"这一疏远的背景"的"重要性与有效性"。参见《朱熹的历史世界》,北京:三联书店,2004年,第64—65页。
②　孙复:《上孔给事书》,《孙明复小集》,影印文渊阁《四库全书》本。
③　参见陈来:《宋明理学》,辽宁教育出版社,1991年,第33—40页。在排斥释老、贬抑浮文上,石介是最为激烈的。他为此专门撰写《怪说》一文,以佛、老和倡导西昆体的杨亿为"三怪",参见《徂徕集》卷五。
④　黄百家曾转引黄震《日抄》对三先生的评价:"宋兴八十年,安定胡先生、泰山孙先生、徂徕石先生始以师道明正学,继而濂洛兴矣。故本朝理学虽至伊洛而精,实自三先生而始,故晦庵有伊川不敢忘三先生之语。"《宋元学案·泰山学案》,中华书局,1986年,第73页。

此一时期儒学建构的贡献,可以概括为两个方面:其一是地方讲学活动的开展,促成了儒学教育的制度化。其中,胡瑗在苏州和湖州等地的教学实践影响最为深广。欧阳修在《胡先生墓表》中,曾对此特加表出:"自景祐、明道以来,学者有师惟先生暨泰山孙明复、石守道三人,而先生之徒最盛。其在湖州之学,弟子去来常数百人,各以其经转相传授,其教学之法最备,行之数年,东南之士莫不以仁义礼乐为学。庆历四年天子开天章阁,与大臣讲天下事,始慨然诏州县皆立学。于是建太学于京师,而有司请下湖州取先生之法以为太学法,至今为著令。"①其二是新的经学风气的开创。宋初经学,于六经之中尤重《春秋》和《周易》。②此时的《春秋》学,往往于三传之外另出新义。这种新风气是由孙复和刘敞奠定的:"北宋以来,出新意解《春秋》者自孙复与(刘)敞始。"③《易》学则以义理为宗,其中以胡瑗的《周易口义》影响最大。④除此之外,复有以"图"、"书"说《易》的一派:"汉儒言易多主象数,至宋而象数之中复歧出图书一派。(刘)牧在邵子之前,其首倡者也。"⑤然而,宋代的象数图书之学,主要是用象数来构建宇宙论的系统,进而发明义理,这与汉代的象数学重在推演逆顺吉凶,是有着本质区别的。⑥

---

① 欧阳修:《文忠集》卷二五,《欧阳修全集》,中华书局,2001年,第389页。
② 侯外庐等编:《宋明理学史》,人民出版社,1984年,第27页。
③ 《四库全书总目》,中华书局,1965年,第215页。
④ 对于《周易口义》一书,《四库全书总目》指出:"是书在宋时固以义理说易之宗也。"
⑤ 《四库全书总目·易数钩隐图》。
⑥ 如刘牧《易数钩隐图》云:"《易》之为书也,广大悉备。有天道焉,有人道焉,有地道焉。兼三才而两之,故六。六者非他也,三才之道也。然则三才之道,上中下之位。三才之用,舍五行则斯须无以济矣。至于人之生也,外济五行之利,内具五行之性。五行者,木火土金水也。木性仁,火性礼,土性信,金性义,水性智。是故圆首方足,最灵于天地之间者,蕴是性也。人虽至愚,其于外也日知,由五行之用其于内也。或蒙其性而不循五常之教者,可不哀哉?"(卷上,影印文渊阁《四库全书》本)此种以五行之性推阐人性,进而强调五常之教的思想,与北宋儒学的义理精神实相贯通。

第一节　胡瑗的《周易口义》

胡瑗(993—1059),字翼之,泰州如皋人。少年时"即以圣贤自期许"。家贫无以自给,往泰山与孙复、石介同学。"攻苦食淡,终夜不寝。一坐十年不归。得家书,见上有平安二字,即投之涧中,不复展,恐扰心也。"①后因范仲淹等人的推荐,先后主持苏州和湖州州学。其创立的苏湖教法,成为庆历四年(1044)所建京师太学的范本。自宋仁宗皇祐四年(1052)起,任职于太学。嘉祐四年(1059),以太学博士致仕。卒于杭州。胡瑗教学,立"经义"和"治事"两科,前者重经义传习,后者主实行致用。一时贤俊,如钱藻、孙觉、范纯仁、徐积等,皆出其门下,程颐也深受其影响。②胡瑗一生著述甚丰,然多已亡佚。至今尚存的有《周易口义》、《洪范口义》和《皇祐新乐图记》等。

《周易口义》一书并非胡瑗亲撰,而是其弟子倪天隐记录和整理的授课讲义。③此书于北宋即已流传甚广,对当时的《易》学风气产生了深刻的影响。据《邵氏闻见录》载:"程子与谢湜书言:读《易》当先观王弼、胡瑗、王安石三家。"④程颐在《伊川易传》中,曾多处引用胡瑗的观点,如在《观》卦《彖》辞注中说:"予闻之胡翼之先生曰:居上为天下之表仪。"⑤又如《大畜》上九爻辞注云:"予闻之胡先生曰:天之衢亨,误加何字。"⑥除此类明确征引胡瑗观点的表述外,还有一些虽未明确指出,

---

① 《宋元学案·安定学案》,中华书局,1986年,第24页。
② 《四库全书总目·周易口义》云:"考《伊川年谱》称:'皇祐中游太学。海陵胡翼之先生方主教导,得先生所试,大惊。即延见,处以学职。'意其时必从而受业焉。世知其从事濂溪,不知其讲《易》多本于翼之也。"
③ 参见漆侠:《宋学的发展和演变》,河北人民出版社,2002年,第242页。
④ 《四库全书总目》,第5页。
⑤ 程颐:《伊川易传》卷二,影印文渊阁《四库全书》本。
⑥ 《伊川易传》卷二。

但基本上全用《口义》的地方。比如《师》卦六五注,《口义》云：

> 夫田野之有禽,则是害苗稼,固当猎取之。天下有奸诈之人,则是犯王之命,固当征讨之。盖奸臣贼子,虽治平之世亦不能无,但在上之人实时诛之,不可使滋蔓。其牙蘖必务翦除而清其乱也。是如田之有禽,必伤害苗稼,固猎而去之可也。"利执言无咎"者,夫兵者凶器,圣王不得已而用之。用之者所以诛不廷而讨不轨也。然而征讨之事,圣人固不当亲往之。所利者但执彼之不顺之言,遣将而征讨之可也。以此而行于义,自得其无咎矣。"长子帅师"者,夫长子止言九二之爻也。言九二有刚明之才,中正之德,能统一师众,又为六五所委任,故能帅其众同心戮力以赴难,然后获其成功也。是长子帅师之效也。"弟子舆尸,贞凶"者,弟子止谓众阴之爻也。舆,众也。尸,主也。夫统兵举众,必使号令齐一,法律中正,然后能成战阵之功。或任以柔弱之质,而复众主其兵,号令赏罚出于二三,以至众有离叛之心。又不能成战阵之功以正道,则凶也。①

程《传》则云：

> 五,君位,兴师之主也。故言兴师任将之道。师之兴,必以蛮夷猾夏、寇贼奸宄为生民之害,不可怀来,然后奉辞以诛之。若禽兽入于田中,侵害稼穑,于义宜猎取则猎取之。如此而动,乃得无咎。若轻动以毒天下,其咎大矣。执言,奉辞也。明其罪而讨之也。若秦皇汉武,皆穷山林以索禽兽者也,非田有禽也。任将授师之道,当以长子帅师。二在下,而为师之主,长子也。若以弟子众主之,则所为虽正亦凶也。弟子,凡非长者也。②

两相对比,则知程《传》对此爻的注释几乎完全出自《口义》,而与王弼

---

① 《周易口义》卷二,影印文渊阁《四库全书》本。
② 《伊川易传》卷一。

《周易注》异趣。由此可以看出胡瑗的《易》学对程颐的深刻影响。① 当然,胡瑗在《易经》的解释体例和原则上,基本上完全以王弼为本,并没有什么根本的突破。这与程《传》对王弼《周易注》的系统超越相比,有着本质的区别。

在释《易》体例上,胡瑗基本上仍秉承"承"、"乘"、"比"、"应"以及"当位"和"不当位"的解释原则。甚至对王弼寡以统众的原则,也不加辨析地承袭下来:

> 盖万化一术也,天下一统也。若以至正之道、纯一之德而治之,则天下自然而治矣。若不以纯一之德而治之,则天下自然而暌乖矣。故王辅嗣尝曰:"夫众不能治众,治众者,至寡者也。夫动不能制动,制动者,贞夫一者也。"是天下之动,必由寡之所治,贞其一而已。②

依据寡以统众的原则,就会出现一阴统帅众阳的状况。而这在某种程度上,是与正统的儒家观念相违背的。程《传》对这一原则的修正,其着眼点正在于此。

由于胡瑗精通律历,③因此在解释《乾》、《坤》二卦时,引入了相关的理论和知识。在《乾》卦初九注中,他说:

> 凡乾坤之十二爻,配之十二月。今初九乃是建子之月,一阳始萌于黄钟之宫。虽生成之功未及于物,然已有生成万物之心矣。④

这一解释,对司马光的《温公易说》产生了相当大的影响。

尽管在释《易》体例上,胡瑗并没有自己独得的创见,但在具体的

---

① 晁公武曰:"程正叔解,颇与翼之相类。"《宋元学案》,第29页。
② 《周易口义》卷十二。
③ 胡瑗曾于景祐三年和皇祐二年两度参与钟律的校订和制作,并著有《皇祐新乐图记》。参见漆侠:《宋学的发展和演变》,第239—241页。
④ 《周易口义》卷一。

解释中,他还是提出了许多别具新意的见解。比如,对于《乾》卦初九爻辞中的"潜龙勿用",《口义》释曰:

> 若君子未得位之时,虽道未泽于世,然已有泽天下之心矣。谓之"潜龙"者,言阳气未发见而在潜隐之地也。"勿用"者,圣人戒后世勿用此潜龙为德也。何以言之?凡人萃五行秀气而生,为万物之最灵者也。然天下之众愚不肖者常多,贤智者常少。况圣人挺全粹之德,受天元之纯,则又过于贤也远矣。夫有圣人之资,则无所不通,无所不明矣。固当出见于世,辅其君,泽其民,利其物,以成天下之事业则可也。《文言》曰:"君子以成德为行,日可见之行也。"今有圣人之德之明,反以潜隐为事,则天下之愚不肖将谁治之?是不知天所以生圣人之意也。……《乾》六爻皆圣人象也。若之何有圣人之资而潜隐自居乎?《文言》曰:"潜之为言也,隐而未见,行而未成,是以君子弗用也。"圣人之戒勿用潜隐为德,可谓明矣。①

将"潜龙勿用"解释为"勿用潜隐为德",在句法上,只是将"潜龙勿用"从一般的主谓句转读作谓语后置的句子,毫无牵强之处,便翻转出一层本于儒家忧民济世之怀的新义来。

又如,对于《乾》卦"用九,见群龙无首,吉",《口义》的解释也极为有趣:

> 义曰:《乾》之六爻,自初至上皆称龙者,终始全用刚阳之德也。王者,法天之健,居兆人之上,亦当终始用其刚阳之德也。故言"用九,见群龙"。然谓"无首,吉"者,言全用刚德,不可居物之首也。何则?夫国家兵武,至刚威者也。动则蠹民之财,残民之命,圣人不得已而用之也。凡人臣有背叛、四夷有侵挠,天子于是加兵以诛讨之,去其元恶大憝,以安天下之生灵。待其有犯,然后

---

① 《周易口义》卷一。

应之耳,不可先之也。先之则穷黩矣。夫穷兵黩武,岂圣人事哉?秦之始皇、汉之孝武、隋之炀帝、唐之明皇,皆为首以自取败亡之道耳。故圣人戒之,言无首乃得无咎也。①

从注释的内容可以推知,胡瑗将此句读为"用九,见群龙。无首,吉"。与一般理解中将"首"解作首领、首脑不同,②胡瑗将其解为发首、"先之"之义。经此顺势点拨,就引申出王者虽然应该从始至终有刚阳之德,但也不可全用刚德,尤其是在事关"兵武"的时候,只能"应之",而不应"先之"。这集中反映了北宋儒者对军事问题的复杂立场。

胡瑗在经学和教育两方面的贡献,对北宋儒学的开展起到了至为关键的作用。因此,《宋元学案》以《安定学案》开篇,是合乎历史事实的。③

第二节 孙复的《春秋尊王发微》

孙复(993—1057),字明复,晋州平阳人。四举进士不第,遂退居泰山之阳,聚徒讲学。鲁之学者,自石介以下,皆师事之。④ 在范仲淹和富弼等人的举荐下,被召为国子监直讲、迩英殿祗候,后因事坐贬。久之,复为直讲,迁殿中丞,卒于任上。据《宋史》载:"复既病,韩琦言

---

① 《周易口义》卷一。
② 如王弼《周易注》卷一云:"夫以刚健而居人之首,则物之所不与也。"就是以此来解释这个字的。
③ 近来颇有学者欲超越传统的道统观,重塑北宋儒学的谱系。虽然在很多局部的问题上提出了一些深刻新颖的见解,但总体看,多有牵合勉强之弊。参见余英时:《朱熹的历史世界》;漆侠:《宋学的发展和演变》。
④ 据欧阳修《孙明复先生墓志铭》云:"孔给事道辅,为人刚直严重,不妄与人。闻先生之风,就见之。介执杖屦侍左右。先生坐则立,升降拜则扶之。及其往谢也亦然。鲁人既素高此两人,由是始识师弟子之礼。莫不叹嗟之。"(《欧阳修全集》,第45页。)此种典范的作用,对于当时师道的重建产生了极大的影响。

于仁宗,选书吏,给纸笔,命其门人祖无择就复家得书十五万言,录藏秘阁。"① 孙复以经学见长,现存的著述有《春秋尊王发微》、《孙明复小集》。

与张载、二程直承孟子不同,孙复对荀子、扬雄、王通、韩愈等,也极为推重,认为他们在传承周孔之道的功绩上,与孟子相仿佛:

> 吾之所为道者,尧、舜、禹、汤、文、武、周公、孔子之道也,孟轲、荀卿、扬雄、王通、韩愈之道也。吾学尧、舜、禹、汤、文、武、周公、孔子、孟轲、荀卿、扬雄、王通、韩愈之道三十年,处于今之世,故不知进之所以为进也,退之所以为退也,毁之所以为毁也,誉之所以为誉也。②

孙复对孟、荀、扬、韩等人的推尊,固然是其个人思想兼收并蓄的表征,但同时也反映出此时的儒学思想宗主未明的基本状况。宗主未明,则于义理之精粹处,难于深透,因而亦难成一影响深远的思想系统。

值得注意的是,孙复在上面这段文字里,没有提及董仲舒。③ 而在《董仲舒论》中,却对其推崇备至:

> 于时大教颓缺,学者疏阔,莫明大端。仲舒煜然奋起,首能发圣道之本根,新孝武之耳目。上自二帝,下迄三代,其化基治具咸得之于心,而笔之于书。将以缉乾纲之绝纽,辟王道之梗涂矣。故其对策,推明孔氏,抑黜百家。凡诸不在六艺之科、孔子之术者,皆绝其道,勿使并进。息灭邪说,斯可谓尽心于圣人之道者也。噫! 暴秦之后,圣人之道晦矣。晦而复明者,仲舒之力也。彼孟轲、荀卿,当战国之际,虽则诸子纷乱,然去圣未远,先王之典

---

① 《宋史·孙复传》,中华书局,1985 年,第 12833 页。
② 孙复:《信道堂记》,《孙明复小集》。
③ 在《答张洞书》中,孙复曾将董仲舒列为汉唐之间能"终始仁义,不叛不杂"的贤者之一。然而在《信道堂记》和《上孔给事书》中,却又将其排除在"五贤"之外。这可能与其经学立场有关。孙复治《春秋》,"不惑传注",且在《寄范天章书》中,对《公羊》、《穀梁》和《左氏》,皆有所攻驳。而董仲舒发挥《春秋》之旨,多主《公羊》。

经尽在;扬雄处新室之间,虽则大祸是惧,然汉有天下滋久,讲求典礼,抑亦云备,故其微言大法盛于闻见,揭而行之,张以为教易尔。若仲舒燔灭之余,典经已坏,其微言大法希于闻见,探而索之,驾以为说,不其难哉?况乎暴秦之祸甚于战国之乱与新室之惧耶?然四子之道一也。使易地而处则皆然矣。①

对于董仲舒的功绩,孙复主要着眼于其"天人三策"中罢黜百家、独尊儒术的思想。而从所处的时代处境看,董仲舒于暴秦燔灭之余、经典散亡之后倡明儒学,比起孟子、荀卿、扬雄等人,更要艰难许多。

孙复对既有的经学传统驳辨甚严,这与他在儒学流脉上的包容态度适成对照。在论及当时被立为取士标准的诸家传注时,孙复说:

> 国家以王弼、韩康伯之《易》,左氏、公羊、穀梁、杜预、何休、范宁之《春秋》,毛苌、郑康成之《诗》,孔安国之《尚书》,镂板藏于太学,颁于天下。又每岁礼闱设科取士,执为准的。多士较艺之际,一有违戾于注说者,即皆驳放而斥逐之。复至愚至暗之人,不知国家以王、韩、左氏、公羊、穀梁、杜、范、毛、郑、孔数子之说,咸能尽于圣人之经耶?又不知国家以古今诸儒服道穷经者,皆不能出于数子之说耶?若以数子之说咸能尽于圣人之经,则数子之说不能尽于圣人之经者多矣。若以古今诸儒服道穷经皆不能出于数子之说,则古今诸儒服道穷经可出于数子之说者亦甚深矣。②

在这一段文字里,孙复对汉晋以来最为通行的各家传注的权威性,提出了根本的质疑。欧阳修曾说:"先生治《春秋》,不惑传注,不为曲说以乱经。其言简易,明于诸侯大夫功罪,以考时之盛衰,而推见王道之治乱。得于经之本义为多。"③而此种"不惑传注"的精神,实际上也是宋代经学的一般倾向。

---

① ② 《孙明复小集》。
③ 欧阳修:《孙明复先生墓志铭》,《欧阳修全集》,第457页。

《春秋尊王发微》一书是孙复经学成就的集中体现。此书"上祖陆淳,而下开胡安国,谓《春秋》有贬无褒,大抵以深刻为主"。①

由于孙复认为凡《春秋》所记皆寓诛贬之意,故其注说,往往于看似寻常之处,生发出严正的"微言大法"。如对鲁隐公三年"春王二月己巳,日有食之"一条,孙复注曰:

> 言日不言朔者,凡日食言日言朔,食正朔也。言日不言朔,失其朔也。言朔不言日,失其日也。不言日不言朔,日朔俱失也。威三年秋七月壬辰朔,日有食之;庄二十五年六月辛未朔,日有食之,食正朔也。此年二月己巳,日有食之;僖公十二年三月庚午,日有食之,失其朔也。威十七年冬十月朔,日有食之,失其日也。庄十八年三月,日有食之;僖十五年夏五月,日有食之,日朔俱失也。此皆历象错乱,摄提无纪,周室不纲,太史废厥职,或失之先,或失之后。《夏书》曰:先时者杀无赦,不及时者杀无赦。故《春秋》详而录之,以正其罪。②

历法在古代的共同体生活里,作为使共同体生活成为可能的基础,一直是礼乐制度的核心要素。律历又是度、量、衡的标准的由来。③故历法的淆乱,对于古代的共同体生活,是有着根本性的破坏作用的。因此,《春秋》在记载日食出现时,完全依据鲁国史书,不加修订,其目的正在于记录当时"历象错乱"的情形,以正史官废职之罪。

又隐公"五年春,公观鱼于棠"一条,《发微》曰:

> 观鱼非诸侯之事也。天子适诸侯,诸侯朝天子,无非事者,动必有为也。故孟子曰:"天子适诸侯曰巡狩,巡狩者,巡所守也;诸侯朝于天子曰述职,述职者,述所职也。"是故"春省耕而补不足,

---

① 《四库全书总目》,第214页。这里所说的"深刻",是刻薄严苛的意思。
② 《春秋尊王发微》卷一,影印文渊阁《四库全书》本。
③ 律历与度、量、衡的关系,参见胡瑗《皇祐新乐图记》,以及司马光《与范景仁论中和书》。

秋省敛而助不给"。隐公怠弃国政,春观鱼于棠,可谓非事者矣。①诸侯有其职守所在,凡百举动,皆需有为而发。隐公于春季省耕的时节,观鱼于棠,无疑是怠忽职守的表现。

当然,《春秋尊王发微》也并不一味地追求"苛议"。比如,对于历史上争议颇多的卫灵公世子蒯聩,就力主罪不在蒯聩,而在于"贪国叛父"的卫出公辄:

> 晋赵鞅帅师纳卫世子蒯聩于戚。夏四月,卫灵公卒,卫人立辄。辄者,蒯聩之子也,故晋赵鞅帅师纳蒯聩于戚。其言于戚者,为辄所拒不得入于卫也。案定十四年,卫世子蒯聩出奔宋。灵公既卒,辄又已立,犹称曩日之世子蒯聩当嗣,恶辄贪国叛父,逆乱人理以灭天性。孔子正其名而书之也。……故蒯聩出入皆正其世子之名,书之所以笃君臣父子之大经也。不然,贪国叛父之人,接踵于万世矣。②

这一条注释,是与《论语》里相关的条目相互印证的。孙复的这一段议论,并非出于对蒯聩个人处境的了解和同情,而是根于对《春秋》笔削原则的理解和把握。

对于《春秋》之绝笔于获麟,孙复的注解深婉动人,对孔子当时心绪的推阐,可谓别具会心:

> 十有四年春,西狩获麟。狩未有言其所获者,此言西狩获麟何也?伤之也。孔子伤麟之见获与?孔子伤圣王不作,圣道遂绝,非伤麟之见获也。然则曷为绝笔于此?前此犹可言也,后此不可言也。天子失政,自东迁始;诸侯失政,自会溴梁始。故自隐公至于溴梁之会,天下之政,中国之事,皆诸侯分裂之;自溴梁之会,至于申之会,天下之政,中国之事,皆大夫专执之。自申之会,

---

① 《春秋尊王发微》卷一,影印文渊阁《四库全书》本。
② 《春秋尊王发微》卷十二。

> 至于获麟,天下之政,会盟征伐,皆吴楚迭制之。圣王宪度,礼乐衣冠,遗风旧政,盖扫地矣。周道沦胥,逮此而尽。前此犹可言者,黄池之会,晋鲁在焉。后此不可言者,诸侯泯泯,制命在吴,无复天子会盟征伐之事也。是故《春秋》尊天子,褒齐晋。褒齐晋所以贬吴楚也,尊天子所以黜诸侯也。尊天子黜诸侯,始于隐公是也。褒齐晋贬吴楚,终于获麟是也。呜呼!其旨微哉!其旨微哉!①

《春秋》所记录的二百四十余年的历史,是西周创立以来所建立的种种礼乐宪度、遗风善政"扫地"、"沦胥"的过程。会盟征伐之权,由诸侯降至于大夫,由大夫降至于吴、楚之类的蛮夷之国。由齐、晋伯主天下诸侯,虽于王权亦为僭越,然终是华夏之邦,容或有可挽之势,至吴、楚制命诸侯,则周道绝矣。此前犹可以周王朝之礼乐宪度绳约之,此后则并此底线之准绳亦从根本上失其效用。天下的彻底失范,使得《春秋》式的诛伐也丧失了根据和基础。

《春秋尊王发微》虽确有"深文锻炼"之弊,但总体说来,议论大都严正有据。此书对北宋儒学的基本历史观的塑成,产生了深刻的影响。

第三节 刘敞的《春秋》学②

刘敞(1019—1069),字原父,吉州临江人。庆历六年(1046)中进士第。历任知制诰、集贤院学士等职。为官清正敢言。学问博洽,"自

---

① 《春秋尊王发微》卷十二。
② 刘敞的年辈与王安石相若。本书之所以在"北宋前期的儒学与经学"这一章介绍他,主要是为了强调和突显其《春秋》学的成就,及其对整个宋代《春秋》学产生的巨大影响。

六经百氏、古今传记,下至天文、地理、卜、医、数术、浮屠、老庄之说无所不通",①尤长于《春秋》。著有《春秋权衡》《刘氏春秋传》《意林》、《公是弟子记》和《公是集》等。

在很多重要的儒学问题上,刘敞都发展出了自己独到的见解。对于《孟子》人皆可以为尧舜的思想,刘敞持否定的态度:

> 孟子曰:"人之性善","人之性皆可以为尧舜。"孟子可谓言过其实矣。人之性善,且有上、有中、有下。于上也,又有上焉;于中也,又有中焉;于下也,又有下焉。九品也。故上者圣,中者君子,下者有常。不及乎圣而为仁,不及乎君子而为善,不及乎有常而为齐民。故性不同也而善均,善不同也而性均。故人不可以为尧舜,犹尧舜不可为人也。寿莫如召公,不能至乎圣而止。夭莫如颜子,亦不能至乎圣而止。使召公而夭,使颜子而寿,其材亦若是而止矣。此性之不可过也,人何可为尧舜哉?故开难到之期者,人不能信也。人不能信者,学不能益也。②

刘敞并不反对性善论,但他认为人之性有高下,善亦有小大。从他的具体分析可以看出,他所说的性,是指每个人生而具有的禀赋和才具。而这一禀赋和才具是有其基本的限量的。人的品性高下虽有九品之别,但在均为善性这一点上却是一致的。尽管同为善性,但善之大小却有着不可逾越的差别。在回答欧阳修"人之性必善,然则孔子谓上智与下愚不移可乎"这一问题时,他说:"愚智非善恶也。虽有下愚之人,不害于为善。善者,亲亲尊尊而已矣。孔子谓子贡曰:'女与回也孰愈。'对曰:'赐也闻一以知二,回也闻一以知十。'然则其亦有闻十而知一、闻百而知一、闻千而知一者矣。愚智之不可移如此。"③这里,刘敞明确地将道德上的善恶与气禀材具上的智愚区别开来。

---

① 欧阳修:《集贤院学士刘公墓志铭》,《欧阳修全集》,第 524 页。
② 刘敞:《公是弟子记》卷一,影印文渊阁《四库全书》本。
③ 《公是弟子记》卷四。

对于恶根源于情的思想,刘敞从根本上反对。他说:"物谓之命,生谓之性,道谓之情。情者,圣人所贵也,诗书礼乐所由作也,仁义忠信所由显也,五帝三王所以有其人民也。"①情是"本正"的,而"本正"之情之所以会导而为邪,其根本原因在于脱离了性的统御。性之于情,仿佛神之于形。盲者之所以不睹五色,正是由于形不为神所使。由这一"贵情"的立场出发,刘敞还对"中庸"作出了颇为独特的解释:

> 杨愃问曰:"仲尼称颜渊不迁怒,何谓也?"刘子曰:"中庸而已矣。众人之怒也,出怒于怒,故怒也,是迁也已。颜子之怒也,出怒不怒,出怒不怒者,怒出于不怒者也。怒出于不怒者,有迁之者乎?仲尼言其一端尔。由是言之,谓之不迁怒也可,谓之不迁喜也可。"杨子曰:"何谓中庸?"曰:"中庸者,中用也。喜怒哀乐之未发谓之中,发而皆中节谓之和。此四物者,君子不能不由焉,然而中为之本矣。""有人也,喜之不喜,怒之不怒,若是可谓中庸乎?"曰:"未也。是其于智也达,于道也偏。偏则不遍,是其过之者也。""然则喜之而喜,怒之而怒,喜怒不失其类则可谓中庸乎?"曰:"未也。是其于名也察,于情也节,犹未免乎徇也。是之谓不及。""然则奈何?"曰:"因于物,缘于理,彼其可喜也而喜之,彼其可怒也而怒之。其貌曲巧,其变曲当,物之制也,理之有也,而泊然无所于系,是中庸矣。"②

这里,将《论语》里的"不迁怒"解释为"出怒不怒"、"怒出于不怒者也",蕴含了作为"不怒者"的心体不为喜怒牵引的心性学意涵。在刘敞看来,此种"出怒不怒"的心灵境界,也就是"中庸"。而所谓"中庸",其实就是"中用"。因物之可喜可怒之性,而喜而怒。喜怒顺任自然,无所留滞,则不喜不怒的中体无所迁动,自然能周流发用于具体的喜怒哀

---

① 《公是弟子记》卷一。
② 《公是弟子记》卷四。

乐当中。而中体的周流发用,是谓"中庸"。

刘敞博雅多识,曾以先秦彝器铭识考知三代制度:

> 先秦古器十有一物,制作精巧,有款识,皆科斗书。为古学者莫能尽通,以他书参之,乃十得五六。就其可知者校其世,或出周文武时,于今盖二千有余岁矣。嗟乎!三王之事,万不存一,《诗》《书》所记,圣王所立,有可长太息者矣。独器也乎哉?兑之戈,和之弓,离磬崇鼎,三代传以为宝。非赖其用也,亦云上古而已矣。孔子曰:"多见而识之,知之次也。"众不可概,安知天下无能尽辨之者哉?使工模其文刻于石,又并图其象,以俟好古博雅君子焉。终此意者,礼家明其制度,小学正其文字,谱牒次其世谥,乃为能尽之。①

这与近代学者取出土材料与传世典籍相印证的做法,颇有相通之处。刘敞之"邃于礼",②与其专精的治学精神是分不开的。

当然,刘敞在北宋儒学史上最为突出的贡献,主要还是他的《春秋》学。他的《春秋》学著作,构成了一个完整的系统:以《春秋权衡》驳三传之失,以《春秋传说例》明解经纲领,以《刘氏春秋传》立一家之言,用《春秋意林》著未尽之蕴。这些著作无论是宏观的结篇构意,还是具体的阐释发挥,都别具匠心。

对于《春秋左氏传》,刘敞认为:"丘明所以作传者,乃若自用其意说经,泛以旧章常例通之于史策,可以见成败耳。其褒贬之意,非丘明所尽也。以其不受经也。"③对于杜预提出的孔子作《春秋》只是因袭旧史的观点,刘敞指出,这不仅是对《春秋》的曲解,甚至也是对《左传》的背离,因为"按隐公之初,始入《春秋》,丘明解经颇亦殷勤。故'克段于鄢',《传》曰:'不言出奔,难之也','不书城郎,非公命也。'不书之例一

---

① 刘敞:《先秦古器记》,《公是集》卷三十六,影印文渊阁《四库全书》本。
② 《四库全书总目·春秋权衡》。
③ 《春秋权衡》卷一,影印文渊阁《四库全书》本。

年之中凡七发明"。① 从这些细节上的证据,可以证明《左传》的著述目的是以历史的详细记载解释《春秋》。而《春秋》虽以鲁国史为根据,但孔子通过笔削,已将褒贬之义涵蕴其中了。

对于杜预《春秋左传注》中的谬误,刘敞攻驳尤严。如"桓公二年,宋督弑其君与夷及其大夫孔父",刘敞曰:

> 杜氏云"孔父称名。内不能治其闺门,外取怨于民,身死而祸及君,故贬之",非也。仇牧、荀息皆称名,《春秋》虽以字为褒,然已名其君于上,则不得字其臣于下,此所谓君前臣名,礼之大节也。用杜氏之意者,乃当名君字大夫,颠倒人伦乎?其不通经则亦已矣,又诬彼三人以为有罪,不亦蔽惑甚乎!②

在刘敞看来,杜预之所以"不通经",其根本原因在于对"礼之大节"的无知。在未能周详地领会《春秋》的基本原则的情况下,妄施解说和评价,其结果不仅在具体事件的议论上有失褒贬之正,更在根本上蔽惑了孔子在《春秋》中寄寓的微言大法。

刘敞将《左传》的"解经之蔽"总结为如下三点:

> 大率《左氏》解经之蔽有三:从赴告一也,用旧史二也,经阙文三也。所以使白黑混淆不可考。③

在他看来,《左传》实际上是在用这三种"遁辞"来缘饰《春秋》里种种无法疏通的"抵牾"。这样的"遁辞"使得《左传》成了一种无从"证伪"的传注。

对于《公羊传》,刘敞也有激烈的批评:

> 又所谓张三世者,本无益于经也。何以言之?传曰:"所见异辞,所闻异辞,所传闻异辞。"则是言仲尼作经,托记传闻而已。说

---

① 《春秋权衡》卷一。
② 《春秋权衡》卷二。
③ 《春秋权衡》卷七。

者乃分裂年岁,参差不同,欲以蒙瞆其说,务便私学。假令推日月之例,书之详而中其义,则曰当若此矣;适不中义,则猥曰此传闻。若所闻,若所见,故略故详也。以是通之,以是扶之,无往而不入,要之无益于经,而便于私学而已。……又谓作《春秋》为汉制,迷惑谶书,以伪为真,其端出于欲干合时君,排抵二传也。今而观之而不掩口笑也,几希矣。①

"张三世"是《公羊传》最重要的解经原则之一,而在刘敞眼中,其根本目的实在于"蒙瞆其说,务便私学"。以"张三世"的原则解释《春秋》,自然能无往而不入,但对于理解《春秋》笔削的微旨,却毫无助益。至于以《春秋》为托古改制之书,更属无稽之谈,其根本目的无非是要迎合当时的君主,排斥其他的学统。

刘敞对《春秋》做了极为深入的研究,因此,他提炼出的解读义例,在具体的注释中多能使历史记述与《春秋》经文相契合。这些解读义例,汇集在《春秋传说例》中。②将这些义例与《刘氏春秋传》相印证,可以帮助我们更深入地了解刘敞对《春秋》的理解。如《说例·奔例》云:"国君以仁义为守,以礼乐为教,以政刑为法,以贤智为辅,虽有强暴,孰能亡之?是以《春秋》诸侯之奔者,莫曰人逐之,而曰自亡也。故诸言奔者,将必治其罪,则正言其名。正言其名,有所不通,是以讳所尊则曰居,讳所亲则曰孙,讳所贤则曰大去。大去者,将逊于位之意也。"③国君如不失政,纵遇强暴,亦不致亡国。所以,诸侯出奔,即使是为人所逐,也要明白地指出其自身的过错。但也有例外的情况:对于所尊、所亲、所贤之君,还是要有所隐讳的。考之《刘氏春秋传》,于"庄公元年三月,夫人孙于齐"注曰:

---

① 《春秋权衡》卷八。
② 《春秋传说例》一书的原本已经散佚,现存的《四库全书》本,是从《永乐大典》中辑出的。参见《四库全书总目》。
③ 《春秋传说例》,影印文渊阁《四库全书》本。

> 孙者何？奔也。内讳奔,谓之孙。夫人何以不称姜氏？绝之也。绝之奈何？夫人与于弑者,不可以入宗庙。①

于"僖公二十有四年秋七月冬,天王出居于郑"注曰：

> 王者无外,其曰出居于郑何？王自出也。②

于"庄公四年三月,纪侯大去其国"释曰：

> 大去其国者何？出奔不复。出奔不复则其曰大去其国何？不使纪侯有奔之名也。曷为不使纪侯有奔之名？纪侯者,仁人也,不以其所用养人者害人,以为虽太王之道不过焉。③

以上是《春秋》讳所亲、讳所尊、讳所贤的具体实例。《刘氏春秋传》的具体解读与《说例》完全契合。这些具体的解说,大都简易直接,毫无牵勉之处。

刘敞的《春秋》学是学贵心通、不拘章句的北宋经学风格的杰出范例。而由于他的学问渊深、博雅多识,又使得他有关《春秋》的撰述能迥出于时贤之上。这是研究北宋思想史的人需要特别留意的。

---

① 《刘氏春秋传》卷三,影印文渊阁《四库全书》本。
②③ 《刘氏春秋传》卷三。

第一章
范仲淹的儒学思想

范仲淹(989—1052),字希文,苏州吴县人。二岁而孤,其母改适长山朱氏,因从其姓,名说。后知其家世,母丧后,复本姓,更名仲淹。少有志操,刻苦力学。《宋史·范仲淹传》对他为学之刻苦,有这样的记述:"昼夜不息,冬月惫甚,以水沃面;食不给,至以糜粥继之,人不能堪,仲淹不苦也。"[①]举大中祥符八年(1015)进士。论天下事,不避嫌怨。如天圣七年(1029)谏阻章献太后以冬至受朝、上疏请太后归政等事,皆他人所不敢言。后拜天章阁待制,权知开封府。忤时相吕夷简,因朋党之议出知饶州。西夏事起,与韩琦等人经略西北,镇守延安,西夏人相戒言"小范老子胸中有数万甲兵",边境得以粗安。庆历三年(1043),时西事稍缓,范仲淹、韩琦、富弼同时拜相。仁宗皇帝特开天章阁,召范、富等条对。范仲淹因此提出了十项政治上的改革意见。

---

① 《宋史》,第10267页。

由此开启了北宋历史上著名的庆历新政。① 庆历新政推行了不到一年时间,毁谤朋党之论复起。范仲淹自请行边,出为河东、陕西宣抚使。其后历任邠州、邓州、杭州、青州等地,病卒于青州任上。《宋史·范仲淹传》云:"仲淹内刚外和,性至孝,以母在时方贫,其后虽贵,非宾客不重肉。妻子衣食,仅能自充。而好施予,置义庄里中,以赡族人。泛爱乐善,士多出其门下,虽里巷之人,皆能道其名字。死之日,四方闻者,皆为叹息。为政尚忠厚,所至有恩,邠、庆二州之民与属羌,皆画像立生祠事之。及其卒也,羌酋数百人,哭之如父,斋三日而去。"②

第一节　忧以天下

北宋的士大夫精神在范仲淹身上有着集中而纯至的绽现。王夫之在《宋论》中对范仲淹有这样的评价:

> 以天下为己任,其志也。任之力,则忧之亟。故人之贞邪,法之疏密,穷簷之疾苦,寒士之升沉,风俗之醇薄,一系于其心。是以内行修谨,友爱施于宗族,仁厚式于乡间,唯恐有伤于物,而恶人之伤物也独切。故以之驱戎,无徼功之计,而致谨于缮修自固之中策。唯其短也,而善用之,乃以终保西陲,而困元昊于一隅。若其执国柄以总庶务,则好善恶恶之性,不能以纤芥容,而亟议更张;裁幸滥,覈考课,抑词赋,兴策问,替任子,综覈名实,繁立科条,一皆以其心计之有余,乐用之而不倦。唯其长也,而亟用之,乃使百年安静之天下,人挟怀来以求试,熙、丰、绍圣之纷纭,皆自

---

① 钱穆指出:"宋朝变法,亦由王室主动,不仅神宗于王安石如此,即仁宗于范仲淹亦然。"参见《国史大纲》,商务印书馆,1996年,第562页。
② 《宋史》,第10276页。关于范仲淹的人格理想,在他撰写的《唐狄梁公碑》一文中有着集中的体现,参见《全宋文》第10册,巴蜀书社,1990年,第9页。

此而启,曾不如行边静镇之赖以安也。①

王夫之将熙宁变法与庆历新政关联起来,以为熙宁以后天下扰攘的局面,实由范仲淹"亟议更张"以启之。此种议论,固有其不可掩之真实价值,但以"后见之明"、"后事之痛"评判历史之是非,而不能以切身之同情来深入和体贴某一历史主体的"临事之忧",实为史家之大忌。撇开这一节不论,王夫之对范仲淹的志趣及人格的描述,还是相当准确的。事实上,将忧以天下的精神贯注到自己生命的每一个侧面,由此而塑成的人格形态使得范仲淹在北宋政治文化史上获得了远远超越其具体功过得失的巨大影响。

钱穆在论及北宋士大夫精神自觉时曾有如是论断:

> 宋朝的时代,在太平景况下,一天一天的严重,而一种自觉的精神,亦终于在士大夫社会中渐渐萌出。所谓"自觉精神"者,正是那辈读书人渐渐自己从内心深处涌现出一种感觉,觉到他们应该起来担负着天下的重任。范仲淹为秀才时,便以天下为己任。他提出两句最有名的口号来,说:"士当先天下之忧而忧,后天下之乐而乐。"这是那时士大夫社会中一种自觉精神之最好的榜样。②

这一精神高度的出现,来得又是那样的突兀:它承续的是一个"中国有史以来未有之惨境",一个"不堪言状的分裂与堕落"的时代。五代人物卑琐,如冯道、郑韬光之流,时论犹称美之,社会风尚中的节义廉耻的沦丧可见一斑。然而宋王朝建立以后,仅仅半个世纪,就迎来了中国文化史上一个光辉灿烂的时期,堪称奇迹。究竟是什么原因导致了北宋思想和文化的勃兴,是一个值得深入探讨的问题。

对于北宋文化兴起的原因,邓广铭先生归结为如下几点:其一,是

---

① 王夫之:《宋论》,中华书局,1964年,第95—96页。
② 钱穆:《国史大纲》,第558页。

经济的因素,"士族地主势力之消逝,庶族地主之繁兴,以及与此密切相关的农业生产的大发展,交通运输工具的日益完备,商品经济的日益发达";其二,是技术的因素,"刻版印书事业之由创始而渐盛行,造纸技术日益普及、提高,这都使得书籍的流通量得以增广扩大。到宋初,大部头的儒书和佛道典籍都能结集刊行,则一般乡塾所用的启蒙通俗读物的大量印行流传自可想见";其三,是科举制度的影响;其四,则是文化政策的作用,"北宋的最高统治者们没有对文化实行专制主义。"①而北宋文化的兴盛即是这些因素相互作用的结果。

上述外缘性的因素无疑与北宋文化的兴起以及士大夫精神的自觉有密切的关联,但此种外缘性要素要造成某种内在的精神展开,必须以某种一贯的精神趋向为枢纽。换言之,正是某种一以贯之的精神趋向,才使得这些杂多的外缘性要素转化为单质性的力的关系,进而凝塑积淀为内在精神世界的提升以及由此而来的文化和思想成就。而在我看来,这一起枢纽作用的精神趋向,就是北宋士大夫精神气质里独有的"忧"。惟其忧积弱之时局,故能详于天下国家之利病,而有种种变革的企图和构想;惟其忧道德之不振,故能深于礼俗之兴弊,而对释老的蠹蚀有深刻的醒觉;惟其忧华夷之淆乱,故欲为中国之固有生活方式立一形上学基础;惟其忧价值之沦亡,故欲于六经中找寻重构价值信念的泉源。正是这个"忧",引领历史主体深入其时代的困境,使得时代的种种有形的困扰实实在在地撞入他们无形的精神世界,并进而凝结为真正的思想和文化上的问题,凝结为种种精神上的创造和积累。

范仲淹的家国天下之忧可谓无所不至。宋仁宗宝元二年(1039)西夏事起,范仲淹受命宣抚延州、庆州等地,与韩琦等一道鼎持危局。举凡备边攻守所需,靡不殚精竭虑以筹划之。奖荐人才,一时名将如

---

① 邓广铭:《宋代文化的高度发展与宋王朝的文化政策》,载《邓广铭治史丛稿》,北京大学出版社,1997年,第66—70页。

种世衡、狄青等,皆蒙其拔举推致。① 其间所建攻守之策,深谋远识,令人叹服。如其《乞修京城札子》云:

> 今京师无备,寇或南牧,朝廷必促河朔诸将出兵截战,万一不胜,则有天宝之患,朝廷将安往乎?昔炀帝盘游淮甸,远违关中,唐祖据之,隋室遂倾。明皇出幸西蜀,非肃宗立于朔方,天下岂复为唐矣?……臣请陛下速修东京,高城深池,军民百万,足以为九重之备。乘舆不出,则圣人坐镇四海,而无顺动之劳;銮舆或出,则大臣居守九重,而无回顾之忧矣。彼或谋曰:边城坚牢,不可卒攻;京师平坦,而可深犯。我若修完京师,使不可犯,则是伐彼之谋,而沮南牧之志矣。寇入之浅,则边垒已坚;寇入之深,则都城已固。彼请割地,我可弗许也;彼请决战,我可勿出也。进不能为患,退不能急归,然后因而挠之,返则追之,纵有抄掠,可邀可夺,彼衰我振,未必不大胜也。此陛下保社稷、安四海之全策矣。②

这短短的一段议论,几乎勾勒出了后来靖康之乱的图景:从宋徽宗宣和七年(1125)十月金人入寇,至钦宗靖康二年(1127)正月徽钦二帝被掳,十四个月内两围京城,与范仲淹所言"京师平坦,而可深犯"若合符节。而如果按范仲淹的建言"修完京师",使北方之势力面临"入之浅,则边垒已坚;入之深,则都城已固"的两难处境,那么,至少不会出现"女真……败盟南侵以来,驰突于无人之境,至一城则一城溃,一城溃则一路莫不溃"的局面。③ 而修完京城之议竟因"京师王者之居,高城深池,恐失其体"的议论而沮,臆见之祸国,信不虚也。对于西夏,范仲淹虽曾建攻守二策,④ 其实是力主守势的。这与他对整个时局的判断,

---

① 参见范仲淹:《奏边上得力材武将佐等第姓名事》《举种世衡知环州奏》《奏雪滕宗谅张亢》《再奏辩滕宗谅张亢》《东染院使种君墓志铭》等,载《全宋文》第9、10册。
② 范仲淹:《乞修京城札子》,《全宋文》第9册,第478—479页。
③ 王夫之:《宋论》,第160页。
④ 见范仲淹:《上攻守二策》,《全宋文》第9册,第578—582页。

以及对北宋藉以立国的所谓"家法"的深刻理解不无关联。①

庆历三年,范仲淹入为参知政事。仁宗皇帝特开天章阁,召对赐坐,给笔札,令范仲淹、富弼等面陈疏奏,由是而有著名的《答手诏条陈十事》疏。其中提出了"明黜陟"、"抑侥幸"、"精贡举"等十项政见,为变法张本。然而,庆历新政只维持了不到一年时间,便告夭折。②《十事》疏之议论,皆切中时弊,无疑是范仲淹的家国天下之忧的结果。从表面上看,《十事》疏所论颇有法家的意味,然深究其背后的精神趣向,则与申韩刑名法术之学有着根本的区别,③可以视为儒家政治思想在北宋的新发展。

除《十事》疏外,范仲淹还有变革官制的建议:

> 周制,三公分兼六官之职,汉以三公分部六卿,唐以宰相分判六曹。今中书,古天官冢宰也,枢密院,古夏官司马也;四官散于群有司,无三公兼领之重。而二府惟进拟差除,循资级,议赏罚,检用条例而已。上非三公论道之任,下无六卿佐王之职,非治法也。臣请仿前代,以三司、司农、审官、流内铨、三班院、国子监、太常、刑部、审刑、大理、群牧、殿前马步军司,各委辅臣兼判其事。凡官吏黜陟、刑法重轻、事有利害者,并从辅臣予夺;其体大者,二府佥议奏裁。④

以三公兼领六官的建议,是对宋代以来相权之削弱的调整和校正。而这一建议虽然切中时弊,但却从根本上触动了北宋立国以来的政治权力制衡原则,而这恐怕是庆历新政夭折的深层原因。

---

① 关于北宋的家法,参见邓广铭:《宋朝的家法和北宋的政治改革运动》,《邓广铭治史丛稿》,第126—127页。
② 邓广铭以为,此亦与触动北宋之家法有关,参见《邓广铭治史丛稿》,第126—127页。
③ 实际上,分判儒法,关键看议论的最终目的。法家的种种施设,其归指皆在于功利;而儒家的刑政考虑,则总是从属于道义的诉求。不能因治理技术层面的近似,遂生混淆。
④ 《宋史》,第10275页。

第二节　论近名

范仲淹的政治生涯,始终伴随着朋党的非议。《宋史·范仲淹传》说:"每感激论天下事,奋不顾身,一时士大夫矫厉尚风节,自仲淹倡之。"①范仲淹以为,士大夫当以名节为重,故反道家之说而有《近名》之论:

> 《老子》曰"名与身孰亲",《庄子》曰"为善无近名",此皆道家之训,使人薄于名而保其真。斯人之徒,非爵禄可加,赏罚可动,岂为国家之用哉!我先王以名为教,使天下自劝。……孔子作《春秋》,即名教之书也。善者褒之,不善者贬之,使后世君臣爱令名而劝,畏恶名而慎矣。夫子曰:"疾没世而名不称。"《易》曰:"善不积,不足以成名。"然则为善近名,岂无伪邪?臣请辩之。《孟子》曰:"尧舜性之也,三王身之也,五霸假之也。"后之诸侯,逆天暴物,杀人盗国,不复爱其名者也。人臣亦然。有性本忠孝者,上也;行忠孝者,下也;假忠孝而求名者,又次也。至若简贤附势,反道败德,弑父叛君,惟欲是从,不复爱其名者,下也。人不爱名,则虽有刑法干戈,不可止其恶也。武王克商,式商容之闾,释箕子之囚,封比干之墓,是圣人敦奖名教,以激劝天下。如取道家之言,不使近名,则岂复有忠臣烈士为国家之用哉!②

道家强调避名、远名,固然有其敦朴保真的用意,然而,对于一个社会共同体来说,这样的论调无疑是有害的。范仲淹在此明确地指出了名的社会功能,对名誉的爱惜对于每个人行为都构成某种约束的力量。

---

① 《宋史》,第10267页。
② 《全宋文》第9册,第767页。

而先王之所以"以名为教",正是要发挥名的这种功能。对于由爱名而产生的伪善,范仲淹也做了深刻的分析。他援引《孟子·尽心上》五霸"假"仁义之名的论述,进而指出五霸虽"假"仁义之名,但较之后世那些"不复爱其名"的诸侯来说,还是要高尚得多。同样,"假忠孝而求名"的人,虽然不是真的有忠孝之心,但总还有所忌惮。而一旦人"不复爱其名",那也就真的无所畏惮,只要有足够的力量,就可以"反道败德,弑父叛君",无所不为了。这一论辩,与欧阳修的《朋党论》实为殊途同归之论。

第三节 《易义》的解易

与北宋的大多数儒者一样,范仲淹也非常重视《周易》。他的《易》学思想,主要集中在《易义》中。北宋易学家,如欧阳修、张载、程颐等,大都深受王弼《周易注》的影响,[①]尤其是在分析模式上。而范仲淹的易学在解释范式上却自成统系。在对《乾》卦的讨论中,他陈说了自己对《易》的理解,并对流行的解析方式提出了批评:

> 《乾》上《乾》下,内外中正,圣人之德位乎天之时也。德内也,位外也。九二,君之德;九五,君之位。成德于其内,充位于其外。圣人之德,居乎诚而不迁。有时舍之义,故曰"见龙在田";德昭于中,故曰"利见大人","天下文明",君德也。圣人之位,行乎道而不息。有时乘之义,故曰"飞龙在天";位正于上,故曰"利见大人","乃位乎天德",于是乎位矣。或者泥于六位之序,止以五为

---

① 余敦康在《易学今昔》一书中如是说道:"他(即程颐)对王弼易学的看法,一方面站在儒学传统的立场,批评'王弼注《易》元不见道,但都以老庄之意解说而已';另一方面在思维模式上却对王弼作了很高的评价,把王弼置于义理派易学的首位,教人读《易》须先读王弼、胡瑗、王安石三家。"广西师范大学出版社,2005年,第242页。

君,曾不思始画八卦,三阳为《乾》,君之象也,岂俟于五乎?三阴
为《坤》,臣之象也,岂俟于四乎?《震》为长子,岂俟重其卦而始见
于长子乎?明夫《乾》,君之象,既重其卦,则有内外之分。九二居
乎内,德也。九五居乎外,位也。余爻则从其进退安危之会而言
之,非必自下而上,次而成之也。如卦言六龙,而九三不言龙而言
君子,盖龙无乘刚之义,则以君子言之。随义而发,非必执六龙之
象也。故曰易无体,而圣人之言岂凝滞于斯乎?①

与王弼依爻与位的关系解析《周易》的方式不同,②范仲淹的《易义》主要是依内外卦的关系来把握卦爻辞的内涵。而在他看来,内卦象征的是德,外卦象征的则是位。《乾》卦是"君之象",因此,内卦指涉的是君德,而外卦指涉的则是君位。内外卦中起主导作用的是居中的爻位,即二和五。他不赞成那种"泥于六位之序"的作法,因为在那样的模式里,只以五为君位,那样就无法解释"始画八卦"时只有三个爻位的状况。只要把握了内外的关系,了解了二位和五位的意义,其余各爻就要从具体的进退安危的遭际来谈了,而不必一定要依循从下而上的顺序。

《易义》既建立起了以内外卦关系解《易》的一般原则,在具体的解析中,又着眼于内外卦的象征义来加以引申和展开。如论《萃》卦:

> 《萃》,泽处于地,《兑》为泽,《坤》为地。其流集矣。上说下顺,其义亲矣。物情和聚之时也。上以说临下,下以顺奉上,上下莫不聚乎。

又如《升》卦:

> 《升》,地中生木,其道上行,君子位以德升之时也。夫高以下

---

① 《全宋文》第9册,第756页。
② 在爻与位的关系上,王弼认为"二、四为阴位,三、五为阳位,柔爻居阴位,刚爻居阳位,谓之当位,否则为不当位"。余敦康:《易学今昔》,第213页。

为基,木始生于地中,其举远矣。圣人日跻其德,而至于大宝;贤者日崇其业,而至于公圭。①

前一卦以泽在地中之象,来强调汇聚之义,又以上卦《兑》的本义"说"(即悦)与下卦《坤》的本义"顺",强调居上位者的和悦及在下位者的承顺所带来的亲和之情,由此来解释此卦人物上下聚集之义。后一卦则以"地中生木"(《升》上坤下巽,而巽为木)之象,来比喻有德之人地位的上升。

上下卦的关系,在《易义》中常常象征在上位者与居下位者的关系。如其解《损》卦曰:

《损》,山泽通气,《艮》为山,《兑》为泽。其润上行,取下资上之时也。夫阳实也,阴虚也。下卦二阳,上卦二阴,取阳资阴,以实益虚者也。虚者反实,则实者反虚矣。然则下者上之本,本固则邦宁。今务于取下,乃伤其本矣,危之道也。损之有时,民犹说也。《兑》为说。损之无时,泽将竭焉。《兑》为泽。故曰:"川竭必山崩",此之象也。②

在此卦的解释中,范仲淹首先用山泽的象征关系,指明此卦喻指的是"取下资上"的状况。接下来,他就将上下卦的关系直接等同为君主与臣民的关系,解释了此卦之所以为"损"的原因,在于"务于取下,乃伤其本"。进一步又用下卦《兑》所具有的"泽"的象征义,将其与取下无时与枯竭民泽联系起来。③

北宋儒者解《易》,多突显其中所包含的仁民爱物之义,从而在根本上区别于王弼之以老庄说《易》。《易义》也是这方面的杰出代表。如其中论《兑》卦说:

---

① 《全宋文》第9册,第760—761页。
② 《全宋文》第9册,第759页。
③ 在对《益》卦的解释中,范仲淹指出:"夫益上则损下,损下则伤其本也,是故谓之损。损上则益下,益下则固其本也,是故谓之益。"《全宋文》第9册,第760页。

> 《兑》，泽重润而上下皆说，君子推恩敷惠之时也。夫说万物者，莫说乎泽。今复重之，民说而无疆者也。劝天下者，莫大乎推恩而敷惠，则顺乎天、应乎人而王道亨；不然者反此。……然则说之为德，其失也佞。上下皆说之时，必内存其刚正，然后免佞之情。①

范仲淹解析此卦时，主要强调的是泽的蕴意，强调"推恩敷惠"。对于《象传》中所说的"刚中"，则以"说"往往失之于佞，故需刚正来加以校正来解说。而王弼在注解此卦时，则有意回避"泽"这一重要概念，显然与他反对"立善行施"的政治理念有关。②

第四节　兼容释老

从国家财政的角度，范仲淹也主张对僧道有所沙汰。在其早年的《上执政书》中，对此有较为详尽的论述：

> 夫释道之书，以真常为性，以清净为宗，神而明之，存乎其人。智者尚难于言，而况于民乎！君子弗论者，非今理天下之道也。其徒繁秽，不可不约。今后天下童行，可于本贯陈牒，必诘其乡党。苟有罪戾，或父母在，鲜有供养者，勿从其请。如已受度，而父母在，别无子孙，勿许方游，则民之父母鲜转死于沟壑矣。斯亦养惸独、助孝悌之风也。其京师寺观，多招四方之人。宜给本贯凭由，乃许收录。斯亦辨奸细、复游散之要也。其天下寺观，每建殿塔，蠹民之费，动逾数万，止可完旧，勿许创新。斯亦与民阜财

---

① 《全宋文》第 9 册，第 764 页。
② 参见王弼著，楼宇烈校释：《王弼集校释》，中华书局，1980 年，第 505—507 页。

之端也。①

值得注意的是,范仲淹并不是从根本上否认释老之道,而是强调"缁黄"之徒过多所带来的社会经济问题,如僧徒剃度后父母的赡养问题、修建寺观蠹费财用的问题等。这与当时的大多数儒者的见解并无不同。

不仅如此,范仲淹的个人生活还颇受释老的影响。比如,他曾给韩琦写信,指点其养生祛疾之方:

> 人之生也,分天地之气,不调则其气不平,气不平则疾作,此理之必然矣。今人于十二时中,寝食之外,皆徇外事,无一时调气治身,安得而不为疾耶?请那十日之功,看《素问》一遍,则知人之生可贵也。气须甚平也,和自此养,疾自此去矣。爱重爱重!《素问》奇书,其精妙处三五篇,恐非医者所能言也。《书序》云"三坟言大道也",此必三坟之书。宜少服药,专于惜气养和,此大概养生之说也。道书云"积气成真",是也。惟节慎补气咽津之术可行之,余皆可怪。贪慕神仙,心未灰而意必乱,宜无信矣。②

从此信看,范仲淹并不怀疑道家"节慎补气咽津"等养生术的效用,而对神仙之说,则持根本上否定的态度。"贪慕神仙",自属有心有欲,因此不可能做到心如死灰,自然也就不可能有任何信验了。他把《素问》与传说中的"三坟五典"联系起来,显然也并不简单地将此书视为道家的经典。

范仲淹对佛教也有向慕之意,曾专门撰写《十六罗汉因果识见颂序》:

> 余尝览释教《大藏经》,究诸善之理,见诸佛菩萨施广大慈悲力,启利益方便门,自天地山河,细及昆虫草木,种种善谕,开悟迷

---

① 《全宋文》第9册,第648页。
② 《与韩魏公书》第九,《全宋文》第9册,第708页。

徒。……圣人爱民恤士,命余宣抚河东沿边居民将士。途中寓宿保德水谷之传舍,偶于堂簷罅间得故经一卷,名曰《因果识见颂》。其字皆古隶书,乃《藏经》所未录,而世所希闻者也。……总一百一十二颂,皆直指死生之源,深陈心性之法,开定慧真明之宗,除烦恼障毒之苦,济生戒杀,诱善祛邪,立渐法,序四等功德;说顿教,陈不二法门。分顿渐虽殊,合利钝无异。使群魔三恶,不起于心;万法诸缘,同归于善。余一句一叹,一颂一悟,以至卷终,胸臆豁然,顿觉世缘大有所悟。[①]

这样一种对待释老的态度,也决定了范仲淹无法在思想层面为北宋儒学复兴运动做出真正实质性的贡献。

[①] 《全宋文》第9册,第752页。

第二章
欧阳修的儒学思想

欧阳修(1007—1072),字永叔,号醉翁,晚更号六一居士,吉州庐陵人。四岁而孤。家贫,其母以荻画地,教之以书。进士及第后,为西京推官。与尹洙、梅尧臣等相过从,以文章之名冠天下。后入朝为馆阁校勘。范仲淹因言事获贬,欧阳修以书责司谏高若讷,称其"不复知人间有羞耻事",因而被贬为夷陵令。庆历三年,起知谏院。参与了范仲淹推动的庆历新政。后因朋党之议,为奸邪所陷,出知滁州、扬州等地。复为翰林学士,主持修撰《新唐书》。嘉祐二年知贡举,排抑被称为"太学体"的险怪奇涩文风,使场屋风气为之一变。此年贡举,程颢、张载、二苏、三曾皆在选中。在翰林八年,累迁至参知政事。后因诬罔,自请出守亳州,改知青州。守青州时,因上书请止青苗钱,为王安石所诋。熙宁四年,以太子少师致仕。熙宁五年卒。

欧阳修在北宋儒学复兴运动中发挥了极为重要的作用。其行谊文章,不仅为同代推服,亦为后世景仰。苏轼说他"论大道似韩愈,论事似陆贽,记事似司马迁,诗赋似李白",是很恰切的评价。

第一节　论本末

欧阳修自幼喜读韩文,其《记旧本韩文后》云:

> 予少家汉东,汉东僻陋无学者,吾家又贫无藏书。州南有大姓李氏者,其子尧辅颇好学。予为儿童时,多游其家,见有弊筐贮故书在壁间,发而视之,得唐《昌黎先生文集》六卷,脱落颠倒无次序,因乞李氏以归。读之,见其言深厚而雄博,然予犹少,未能悉究其义,徒见其浩然无涯,若可爱。是时天下学者杨、刘之作,号为时文,……未尝有道韩文者。①

北宋尊韩之风起于仁宗天圣年间,欧阳修与身其间,其推助之功,实不可没。② 而韩愈尊儒排佛的思想,更对欧阳修产生了关键性的影响。

与韩愈一样,欧阳修也将释氏视为当世的主要患害之一:

> 昔孔子叹为俑者不仁,盖叹乎启其渐而至于用殉也。然则为佛者,不犹甚于作俑乎!……今佛之法,可谓奸且邪矣。盖其为说,亦有可惑人者。③

欧阳修甚至将排击佛法提高到尊王攘夷的高度。在这里,华夷之辨的根本分野在于中国文化独有的价值形态及生活方式。

释氏的危害不仅体现在文化和精神价值上面,还影响到当世的社会经济生活。在《原弊》一文中,欧阳修指出:

---

① 《欧阳修全集》,中华书局,2003年,第1056页。
② 参顾永新:《欧阳修学术研究》,人民文学出版社,2003年,第48—56页。
③ 《本论下》,《欧阳修全集》,第292页。

> 今坐华屋享美食而无事者,曰浮图之民;仰衣食而养妻子者,曰兵戎之民。此在三代时,南亩之民也。……然民尽力乎南亩者,或不免乎狗彘之食,而一去为僧、兵,则终身安佚而享丰腴,则南亩之民不得不日减也。故曰有诱民之弊者,谓此也。①

民是国家财富的基础,"浮图之民"和"兵戎之民"不仅使本该用力于南亩的劳力大大减少,而且还因其不劳而食,极大地增加了国民财富的耗费。更严重的是,由于为僧为兵者可"终身安佚而享丰腴",而"尽力乎南亩"的本份之民却不免于饥寒,这等于是在诱导百姓从事虚无骄浮之事,从而在根本上削弱国本。

佛法之所以能"为中国患千余岁",其原因有二:

> 彼为佛者,弃其父子,绝其夫妇,于人之性甚戾,又有蚕食虫蠹之弊,然而民皆相率而归焉者,以佛有为善之说故也。②

> 佛为夷狄,去中国最远,而有佛固已久矣。尧、舜、三代之际,王政修明,礼义之教充于天下,于此之时,虽有佛无由而入。及三代衰,王政阙,礼义废,后二百余年而佛至乎中国。由是言之,佛所以为吾患者,乘其阙废之时而来,此其受患之本也。③

一方面,佛法自有感染百姓的力量,这一力量源自其"为善之说"。另一方面,佛法之所以有为患中国的可能,根本原因在于三代以降的政阙礼废。

既然释氏为患的根本原因在于政阙礼废,那么对治释氏之患的方法也应是从根本上入手:

> 然则将奈何?曰:莫若修其本以胜之。……然则礼义者,胜佛之本也。今一介之士知礼义者,尚能不为之屈,使天下皆知礼义,则胜之矣。④

---

① 《原弊》,《欧阳修全集》,第870页。
② 《本论下》,《欧阳修全集》,第291页。
③ 《本论中》,《欧阳修全集》,第288—289页。
④ 《本论中》,《欧阳修全集》,第290页。

对治释氏之患要在"修其本",而不是如韩愈所说的那样必欲"火其书"而"庐其居"。

对于道教的神仙长生之术,欧阳修也有明确的批评。其《删正黄庭经》序曰:

> 自古有道无仙,而后世之人知有道而不得其道,不知无仙而妄学仙,此我之所哀也。道者,自然之道也,生而必死,亦自然之理也。……后世贪生之徒,为养生之术者,无所不至,至茹草木,服金石,吸日月之精光。又有以谓此外物不足恃,而反求诸内者,于是息虑绝欲,炼精气,勤吐纳,专于内守,以养其神。其术虽本于贪生,及其至也,尚或可以全形而却疾,犹愈于肆欲称情以害其生者,是谓养内之术。故上智任之自然,其次养内以却疾,最下妄意而贪生。①

在欧阳修看来,生必有死,乃自然之理。道教信徒以长生为目的的种种造作,实本于贪生之谬惑。而欧阳修以"永和石本"校定《黄庭经》,即以强调养生之《黄庭外景经》为正本,取代当时流传的芜杂谬妄的《黄庭内景经》,其目的正在于使世人明晓神仙之说的虚妄。

儒者之道与道家诞妄虚托之论有着本质的区别:

> 君子之于学也务为道,为道必求知古,知古明道,而后履之以身,施之于事,而又见于文章而发之,以信后世。其道,周公、孔子、孟轲之徒常履而行之者是也;其文章,则六经所载至今而取信者是也。其道易知而可法,其言易明而可行。及诞者言之,乃以混蒙虚无为道,洪荒广略为古,其道难法,其言难行。②

道并非什么高妙虚玄的东西,不过是体现在人伦日用之中每日常行的

---

① 《欧阳修全集》,第950页。这一段论述,是托"无仙子"之口道出的。而此所谓"无仙子"当系虚托。《集古录跋尾·〈黄庭经〉四》记述殿中丞裴造曾赠之《黄庭经》传本,然所赠藏本非《删正黄庭经序》中所说的"永和石本",故知裴造与此"无仙子"无涉。

② 《与张秀才棐第二书》,《欧阳修全集》,第977页。

道理。孔子没后,"惟孟轲最知道,然其言不过于教人树桑麻,畜鸡豚,以谓养生送死为王道之本。"①

治理天下首在于明本末,除众弊:

> 天下之事有本末,其为治者有先后。尧、舜之书略矣,后世之治天下,未尝不取法于三代者,以其推本末而知所先后也。三王之为治也,以理数均天下,以爵地等邦国,以井田域民,以职事任官。天下有定数,邦国有定制,民有定业,官有定职。使下之共上勤而不困,上之治下简而不劳。财足于用而可以备天灾也,兵足以御患而不至于为患也。凡此具矣,然后饰礼乐、兴仁义之教以道之。是以其政易行,其民易使,风俗淳厚,则王道成矣。②

为治之本在于使天下、邦国、民、官皆有一定之规,使上下各安其位,各尽其职,然后才能"足食足兵"。在此基础之上,再制作礼乐来教化百姓,使风俗淳厚。这就是王道得以成就的根本原则。

以这一原则为标尺来衡量当世的状况,欧阳修也就找到了问题的症结以及对治的方法:

> 今之务众矣,所当先者五也。其二者有司之所知,其三者则未之思也。足天下之用,莫先乎财,系天下之安危,莫先乎兵,此有司之所知也。然财丰矣,取之无限而用之无度,则下益屈而上益劳。兵强矣,而不知所以用之,则兵骄而生祸。所以节财、用兵者,莫先乎立制。制已具备,兵已可使,财已足用,所以共守之者,莫先乎任人。是故均财而节兵,立法以制之,任贤以守法,尊名以厉贤,此五者相为用,有天下者之常务,当今之世所先,而执事者之所忽也。③

---

① 《与张秀才棐第二书》,《欧阳修全集》,第977页。
② 《本论上》,《欧阳修全集》,第860页。
③ 《本论上》,《欧阳修全集》,第861页。

财和兵对于一个国家的重要性是人人皆知的,但如何才能做到"足食足兵"却并不是仅仅着眼于丰财强兵就能做到的。建立起有效的制度,是节财和用兵的关键。而制度既已确立,还需有德才相应的人来贯彻和实施。欧阳修显然没有把制度看做最重要的因素,制度对于治理国家固然重要,但如果没有能领会制度的精神,进而能将制度真正地付诸实施的人,那么再好的制度也会成为空文。而要想得人而任,就必须"尊名以厉贤"。所谓"尊名以厉贤",就是要统治者崇尚名节,一方面,让贤德之人愿意为朝廷任使,另一方面,进而鼓励人们以追求德性、成德成贤为目标。节财、节兵、立制、任贤、尊名,是相互关联的,只有做到"五者相为用",才能真正从根本上解决当时北宋政权所面临的种种危机。

第二节 论朋党

北宋朋党之议起于宋仁宗景祐三年。是年,范仲淹以言事忤宰相,黜知饶州。廷臣多谏争,而司谏高若讷独以范为当黜。欧阳修遂贻书责之,斥其不复知人间有羞耻事。自此,朋党之论渐起。[①] 庆历三年,吕夷简罢相,范仲淹、韩琦等同为执政,欧阳修、余靖等为谏官,石介以此作《庆历圣德诗》,而朋党之论更盛。欧阳修因而作《朋党论》,以为"小人无朋,惟君子有之":

> 小人所好者禄利也,所贪者财货也。当其同利之时,暂相党引以为朋者,伪也。及其见利而争先,或利尽而交疏,则反相贼

---

① 《欧阳修年谱》"景祐三年丙子公年三十"条下载《制词》曰:"敕镇南军节度掌书记、宣德郎、试大理评事、兼监察御史、馆阁校勘欧阳某:……近者范仲淹树党背公,鼓逸疑众,自干典宪,爰示降惩。尔托附有私,诋欺罔畏,妄形书牍,移责谏臣。恣陈讪上之言,显露朋奸之迹,致其奏述,备见狂邪。"《欧阳修全集》,第2599页。

害,虽其兄弟亲戚不能相保。故臣谓小人无朋,其暂为朋者,伪也。君子则不然,所守者道义,所行者忠信,所惜者名节。以之修身,则同道而相益,以之事国,则同心而共济,始终如一。此君子之朋也。故为人君者,但当退小人之伪朋,用君子之真朋,则天下治矣。①

君子为朋,则同心尽力于王事,这非但不是朝廷的威胁,反而是治理的根源。欧阳修进而援引历代的史迹,来辅证其说:"夫前世之主,能使人人异心不为朋,莫如纣;能禁绝善人为朋,莫如献帝;能诛戮清流之朋,莫如唐昭宗之世。然皆乱亡其国。"②关键并不在于朝臣是否"更相称美",相与为朋,而在于明辨君子与小人。

欧阳修又上疏详论群小造为党论的目的:

> 自古小人谗言忠贤,其说不远。欲广陷良善,不过指为朋党;欲动摇大臣,必须诬以专权。其故何也？去一善人,而众善人尚在,则未为小人之利。欲尽去之,则善人少过,难为一一求瑕。唯是指以为朋,则可一时尽逐。至如自古大臣已被主知而蒙信任,则难以他事动摇,惟有专权是上之所恶,必须此语方可倾之。③

小人要想使君子一时尽去,惟有朋党、专权二事可以动人主之视听。而此时党论之起,无非欲杜衍、韩琦、范仲淹、富弼等人去位。欧阳修比小人为苍蝇,作《憎苍蝇赋》,其结篇曰:"呜呼！止棘之诗,垂之六经,于此见诗人之博物,比兴之为精。宜乎以尔刺谗人之乱国,诚可嫉而可憎。"④

君子小人之辨成为两宋政治话语的核心要素,与欧阳修等人的推

---

① 《朋党论》,《欧阳修全集》,第296页。
② 《欧阳修全集》,第298页。
③ 《年谱》,《欧阳修全集》,第2658页。
④ 《欧阳修全集》,第260页。

动实有莫大关系。① 君子小人之辨此后渐渐成为两宋时期居统治地位的政治话语,对于理解两宋政治的变局有着关键性的影响。《邵氏闻见录》卷九云:"元丰六年,富公疾病矣,上书言八事,大抵论君子小人为治乱之本。"② 南宋初年,高宗皇帝也曾对秦桧说:"朝廷惟要辨君子小人,君子小人既辨,则治道无不成。"③ 全祖望《元祐党案序录》云:

  元祐之学,二蔡、二惇禁之,中兴而丰国赵公弛之。和议后,秦桧又禁之,绍兴之末又弛之。郑丙、陈贾忌晦翁,又启之,而一变为庆元之锢籍矣。**此两宋治乱存亡之所关。**④

士大夫以议政之不同,而相互攻讦,致以道德人格相毁,如苏轼之于程颐。又相率以判然二分之君子小人剖划营垒,终致一代以"得君行道"为标榜之士风,挫为党禁,而北宋君臣相得之盛,终于靖康。这样的历史教训是值得我们深省的。

第三节　论正统

  欧阳修撰述《正统论》,"盖为宋初对五代之统绪如何继承之问题而发。"⑤ 按欧阳修《正统论序》所说,宋初薛居正等撰《五代史》,于梁立有帝纪,而李昉在编次前世年号时,却以梁为伪,"以梁为伪,则史不宜有帝纪",造成此种"与史官戾不相合"的状况的原因在于历家之不识

---

① 欧阳修主持修纂的《新唐书》特立"奸臣传",是正史立"奸臣传"的开始。而"奸臣传"之立,实与严于君子小人之辨有着相同的逻辑。
② 邵伯温:《邵氏闻见录》,中华书局,1983年,第93页。
③ 熊克:《中兴小历》卷二七,第316页。此书于1984年由福建人民出版社以《中兴小纪》为名重印。
④ 《宋元学案》,第3153页。
⑤ 饶宗颐:《中国史学上之正统论》,上海远东出版社,1996年,第39页。

古义。①

欧阳修对于当时盛行的历史论说,如"正朔"、"正闰"以及"五德终始"诸说,皆有明确的批评。而批评的根本理据和标准则归本于孔子。正朔之说出自董仲舒,《春秋繁露·三代改制质文》篇云:"王者必改正朔,易服色,制礼乐,一统于天下。"欧阳修并不否认"三代固尝改正朔"这一事实,但他认为孔子对这样的做法并不赞成。在他看来,孔子欲"行夏之时",其根本原因在于夏时为正时,为了"新民耳目"而"更易虚名",结果致使"四时与天不合",是完全没有必要的。至于"正闰"和"五德终始",则更是不知出于何人的"缪妄之说"。而自从秦因五行生胜之理以水德自名以来,历代无不循迹而行,从而"溺于非圣之学"。对于汉代以后"名年以为号"的做法,欧阳修以为比"三代之改岁"要方便得多。但由于后世多有"僭乱假窃"的状况,导致名号纷杂,不知所从。正统之论的直接起因,即在于此。②

然而,欧阳修之正统论虽与历史纪年不无关联,但其宗旨却并不在此。事实上,正统论既是欧阳修《春秋》学的一个不可分割的部分,又是其《春秋》学的运用和延伸。欧阳修以正统为可绝,而且认为正统之绝并不会对历史记事产生影响:

> 或曰:可绝,则王者之史何以系其年乎?
>
> 曰:欲其不绝而猥以假人者,由史之过也。夫居今而知古,书今世以信乎后世者,史也。天下有统,则为有统书之;天下无统,则为无统书之。然后史可法也。昔周厉王之乱,天下无君,周公、邵公共行其政十四年,而后宣王立。是周之统,尝绝十四年而复续。然为周史者,记周、邵之年,谓之共和,而太史公亦列之于《年表》。汉之中衰,王莽篡位,十有五年而败。是汉之统,尝绝十五年而复续。然为汉史者,载其行事,作《王莽传》。是则统之绝,何

---

① 《正统论序》,《欧阳修全集》,第267页。
② 饶宗颐认为,"'统'之观念与历法最为密切",《中国史学上之正统论》,第8页。

> 害于记事乎？正统，万世大公之器也；史者，一有司之职也。以万世大公之器假人，而就一有司之记事，惑亦甚矣。①

与作为"万世大公之器"的正统相比，历史著述只是"有司"的一种职事而已。如果为了迁就历史记事的方便，而无原则地将正统妄假于人，那就是本末倒置了。正统论的根本宗旨在于延续和发挥孔子作《春秋》的精神："正名以定分，求情而责实，别是非，明善恶。"②我们应该以欧阳修理解《春秋》的方式来把握他的《正统论》，从而领会其著述之目的是要像《春秋》那样"谨一言而信万世"。③

关于正统，欧阳修论曰：

> 正者，所以正天下之不正也；统者，所以合天下之不一也。④

评判正统的标准在于"德与迹"。"正"着眼于"德"，而"统"着眼于"迹"。值得注意的是，这里所论的德不是一般意义上的私德，而是得天下的根据。比如，欧阳修不赞同"谓秦为闰"的观点，认为秦之得天下，其来有自，并非全无根基。尽管"秦之兴，务以力胜"，德虽有所不足，但其功和力还是远优于魏晋等朝代。苏轼在其《正统论》中曾经深刻地指出："正统者，恶夫天下之无君而作也。故天下虽不合于一，而未至乎两立者，则君子不忍绝之于无君。"⑤欧阳修之所以不以三代之德来作为正统的标准，并不是因为他不知道"德与功不如德，功不如德与功，力不如功，弑不如力"（"德与功"等指得天下的根据），⑥而是因为他不忍轻易地以无君之名加于天下。换言之，天下之大恶，莫过于无君。再糟糕的君主统治，也胜过让天下陷于混乱和分裂的状况。这里，残唐五代之乱的历史记忆在欧阳修的思考中发生着深刻的影响。

---

① 《明正统论》，《欧阳修全集》，第 279 页。
② 《春秋论中》，《欧阳修全集》，第 307 页。
③ 《春秋或问》，《欧阳修全集》，第 311 页。
④ 《正统论上》，《欧阳修全集》，第 267 页。
⑤⑥ 苏轼：《正统论》，《苏轼文集》，中华书局，1986 年，第 121 页。

欧阳修论曰:"德不足矣,必据其迹而论之,所以息争也。"① 欧阳修当然希望统治者都能以德统一天下,但这显然是不可能的,所以他才不得已要退而求其次:只要能让天下统一,使战乱得以平息、百姓得以粗安,总比四方争战不息、百姓民不聊生要强得多。

由于正统论既涉及对既往历史的评判,又有规约将来的寓意。所以,欧阳修《正统论》一出,正统之辨遂成为北宋思想论争的主题之一。章望之著《明统》三篇,于正统之外更立"霸统"一名,来安置魏、梁等朝代。苏轼又著《正统论》三篇,来发明欧阳修未尽之旨。苏轼用名实的概念来区分正统,认为"欧阳子以名言而纯乎名"。在他看来,所谓正统,不过是在说"有天下"而已。也就是说,"正统"只是对"有天下"这一事实的追认而已,这只是一种空名,而并不包含道德的判断。正因为如此,苏轼才认为是否给予"正统"之名是一件无关紧要的事情。而他认为,这也是他与欧阳修的区别所在。这样一来,苏轼的讨论也就在某种程度上消解了欧阳修赋予正统论的重要意义。之所以会导致这样的结果,关键在于欧阳修之正统论并不是"纯乎名"的。换言之,欧阳修并没有试图抽空正统论中深寓的道德内涵。也正是在这个意义上,正统论才能作为欧阳修《春秋》学的发挥,在对既往历史的评判中,寓规约将来之意。

第四节 经 学

经学史上,欧阳修的影响恐怕首先来自于他的"疑古"精神。如疑《泰誓》为伪书,以《周礼》为"不完之书",否认子夏序《诗》说,② 以《春

---

① 《欧阳修全集》,第274页。
② 最早疑子夏序《诗》的是韩愈,他指出:"子夏不序《诗》有三焉:知不及,一也;暴扬中冓之私,《春秋》所不道,二也;诸侯犹世,不敢以云,三也。"参见顾永新:《欧阳修学术研究》,第209页。

秋》正"三传"之谬,认为《系辞》非孔子所作等等。而这种"疑古"精神,可以视为北宋士大夫精神中理性化倾向的一个突出个案。

欧阳修疑古的根本依据在于《论语》的"子不语怪、力、乱、神"。《泰誓》里有"白鱼赤乌"的记述,欧阳修以"奇书怪说"称之,其疑《泰誓》为伪,根本宗旨在于"破汉儒灾异五行之说"。① 《系辞》既讲"河出图,洛出书",又讲"包羲氏……始作八卦",欧阳修认为二说相互牴牾,显然不是孔子所作。这里,对河图、洛书的怀疑其实是关键所在。②

在欧阳修看来,经和传是有着本质区别的:

> 经简而直,传新而奇,简直无悦耳之言,而新奇多可喜之论,是以学者乐闻而易惑也。③

此论固然是就《春秋》与"三传"的关系而发,但也是关于经与传关系的一般论述。经言简而意深,传则"繁衍丛脞"。而之所以会有这样的区别,其原因在于经和传的作者在德性和智慧两方面都有着本质的不同:"孔子,圣人也,万世取法一人而已;若公羊高、穀梁赤、左氏三子者,博学而多闻矣,其传不能无失者也。"④ 作为圣人的孔子,是立法者,其立法的精神是后面所有世代的标尺。而传者则只是一些博学多闻的经师、学者而已,并不能完全领会圣人立法的精神实质。

欧阳修对经学史的贡献,主要还是在易学上。

欧阳修对王弼的《周易注》极为推重,他甚至将王弼在易学上的贡献与孔子相提并论。⑤ 当然,在他看来,王弼的《周易注》仍然是"善矣,而未尽"。⑥《周易》一书既有卦辞、爻辞,又有彖辞和象辞,如何在整体

---

① 顾永新指出:"欧指斥《泰誓》为伪书,是有着更深层的意思,那就是排谶纬。"《欧阳修学术研究》,第 205 页。
② 朱子亦曰:"欧作《易童子问》,正王弼之失数十事,然因图书之疑并《系辞》不信,此是欧公无见处。"参见《欧阳修学术研究》,第 223 页。
③④ 《春秋论上》,《欧阳修全集》,第 306 页。
⑤ 在《易或问中》,欧阳修指出:"文王无孔子,《易》其沦于卜筮乎?《易》无王弼,其沦于异端之说乎?"《欧阳修全集》,第 303 页。
⑥ 《易或问》(《居士外集》),《欧阳修全集》,第 877 页。

上理解这些不同层次的辞的关系,就成了理解《易》的一个根本问题。对这一问题,欧阳修有其独到的见解:

> 夫卦者,时也。时有治乱,卦有善恶。然以《彖》、《象》而求卦义,则虽恶卦,圣人君子无不可为之时。至其爻辞,则艰厉悔吝凶咎,虽善卦亦尝不免。是一卦之体而异用也。卦、《彖》、《象》辞常易而明,爻辞常怪而隐。是一卦之体而异用也。知此,然后知《易》矣。夫卦者,时也;爻者,各居其一位者也。圣人君子道大而智周,故时无不可为。凡卦及《彖》、《象》,统言一卦之义,为中人以上而设也。爻之为位有得失,而居之者逆顺六位,君子小人之杂居也。君子之失位,小人之得位,皆凶也。居其位而顺其理者吉,逆其理者亦凶也。六爻所以言得失顺逆,而告人以吉凶也。爻辞兼为中人以下而设也。是以论卦多言吉,考爻多凶者,由此也。卦、《彖》、《象》辞,大义也。大义简而要,故其辞易而明。爻辞,占辞也。占有刚柔进退之理,逆顺失得吉凶之象,而变动之不可常者也,必究人物之状以为言,所以告人之详也。是故穷极万物以取象,至于臀腓鼠豕皆不遗,其及于怪者,穷物而取象者也。其多隐者,究物之深情也。所以尽万物之理,而为之万事之占也。①

卦所论的是"时"。这里所说的"时",有时机、情势之意,即某个人或某个共同体所不可避免的逆顺穷通等种种际遇。而《周易》的卦辞、彖辞和象辞的主体是圣人君子,因此,"时无不可为",只要依据具体的时势出处进退,则无往而不利。而爻则是卦所象征的某一时势中的具体位置。在一具体时势中,总有有利、不利、主导、从属的位置。不同德性的人占据不同的位置,就有了逆顺之别。这里的逆顺涉及两个方面:其一,位之得失,比如,小人占据有利和主导的位置,而君子却处在不

---

① 《欧阳修全集》,第877—878页。此处引文中的标点有所校改。

利和从属的位置,会对整个时势发生根本的影响,造成某一共同体的整体的逆顺;其二,得位与否,当然也涉及个人的逆顺和吉凶。爻辞实际上是占筮之辞,着眼于个人之逆顺。圣人君子德全智周,无论处于何种时势,无论得位与否,都不会对他们的个人产生根本上不利的影响。对于他们而言,占筮的主要目的在于决定个人的出处进退之类的大节,而不在于预知祸福吉凶。因此,爻辞主要不是为圣人君子而设的,而是为"中人以下而设"。由于爻辞主要是为"中人以下而设",因此大多为不吉之辞。而爻辞既然以占筮为目的,所以要穷究人物之具体情状,广涉譬喻,方能将吉凶的具体情形详尽地展现出来。爻辞之所以"常怪而隐"的原因即在于此。而卦辞、彖辞和象辞只涉及某一具体时势下人之进退出处的大义,因此简要易明,而且大率为吉辞。

在《易童子问》中,欧阳修指出:"《易》非一体之书,而卦不为一人设也。"①在他看来,《周易》各卦不是只讲某一单一的道理,而且所针对的对象也各不相同。欧阳修对《周易》各卦的理解,一本于彖辞和象辞,因为彖辞和象辞是孔子所作。孔子之所以作《彖》、《象》,在于"惧文王之志不见于后世,而《易》专为筮占用也"。② 通过《彖》和《象》,孔子重新揭示了文王在《易》中寄寓的"治乱、盛衰、得失、吉凶之理"。《彖》、《象》"发明卦义,必称圣人、君子、王后以当其事",③使《易》成为引导生活的指针。因此,《易》的真正意义并不在于占筮,而在于其所系之辞中寓涵之义理。

《易》的卦爻辞都是用来说明人事的。④ 其中所述阴阳之理,主要是讨论君子与小人的关系。比如在解释《剥》之彖辞"君子尚消息盈虚"时,欧阳修说:"《剥》,阴剥阳也,小人道长,君子道消之时也,故曰'不利有攸往'。……剥者,君子止而不往之时也。"⑤君子之所为,当

---

① ⑤ 《易童子问》,《欧阳修全集》,第1110页。
② ③ 《易或问》(《居士集》),《欧阳修全集》,第302页。
④ 参见朱伯崑:《易学哲学史》中册,北京大学出版社,1988年,第74页。

顺时而动。一旦君子得其时位,其待小人之道也可于《易》中求得:

> 童子问曰:"'《夬》,不利即戎',何谓也?"曰:"谓其已甚也,去小人者不可尽,盖君子者养小人者也。小人之道长,斯害矣,不可以不去也,小人之道已衰,君子之利及乎天下矣,则必使小人受其赐而知君子之可尊也。故不可使小人而害君子,必以君子而养小人。"①

因为小人之道既已衰退,君子之道既已盛大,物极必反,君子不得不引以为惧。

圣人君子处于任何情势下,都可以有所作为,只是所为之事有所不同而已。在解释《需》之象辞"君子以饮食宴乐"时,欧阳修说:"《需》,须也。事有期而时将至也。云已在天,泽将施也。君子之时将及也,必待之焉。饮食以养其体,宴安和乐以养其志,有待之道。"②君子当不得时位之时,则涵养以待时。君子能顺时而进退,故无往而不利。而利与不利在根本上取决于正与不正:

> 事无不利于正,未有不正而利者。圣人于卦,随事以为言,故于《坤》则利牝马之正,于《同人》则利君子正,于《明夷》则利艰正,于《家人》则利女正。③

无论何种情势,皆有与此情势相应之正。君子能行其正,也就无需以占筮来预决悔吝吉凶了。《周易》之根本,还是在于卦辞、彖辞和象辞中所寓涵之大义。

---

① 《欧阳修全集》,第1114页。
② 《欧阳修全集》,第1108页。
③ 《欧阳修全集》,第1112页。

第三章

司马光的儒学思想

司马光(1019—1086),字君实,陕州夏县涑水人。自幼颖悟,七岁时闻讲《左氏春秋》,即了其大旨。手不释书,至不知饥渴寒暑。宝元元年(1038),中进士甲科。在仁宗朝,历任开封府推官、同知谏院等职。议交趾献麟之非、阻日当食未食之贺等,屡建直言。与范镇、韩琦等论立皇储,至欲以死争之。于当时西北边事,以不轻起边衅为本。神宗即位,擢为翰林学士。时王安石得政,行新法,司马光论列其利害,与王安石、吕惠卿等累争于朝。后因王安石求退,拜为枢密副使,力辞不就。后出知永兴军。以判西京御史台归洛,凡十五年。哲宗即位,拜门下侍郎,以尽去王安石新法为事。卒于元祐元年(1086)九月。《宋史》云:"光孝友忠信,恭俭正直,居处有法,动作有礼。……自言:'吾无过人者,但平生所为,未尝有不可对人言者耳。'"其心地之光明,由中可见。编著有《资治通鉴》、《切韵指掌图》、《潜虚》、《涑水记闻》等书。

第一节　疑孟论

与同时代的儒者多宗孟子不同,司马光更推重荀子和扬雄。早在其同知太常礼院期间,就曾与馆阁同仁上《乞印行荀子扬子法言状》。①宋英宗治平三年(1066),又撰写了《善恶混辨》一文,其中对孟子性善论与荀子性恶论都有所批评,而归本于扬雄的性善恶混论:

> 孟子以为人性善,其不善者,外物诱之也。荀子以为人性恶,其善者,圣人之教之也。是皆得其偏而遗其大体也。夫性者,人之所受于天以生者也,善与恶必兼有之。是故虽圣人不能无恶,虽愚人不能无善。其所受多少之间则殊矣。善至多而恶至少,则为圣人;恶至多而善至少,则为愚人;善恶相半,则为中人。……孟子以为仁义礼智皆出乎性者也,是岂可谓之不然乎?然不知暴慢贪惑亦出乎性也。……荀子以为争夺残贼之心,人之所生而有也,不以师法礼义正之,则悖乱而不治,是岂可谓之不然乎?然殊不知慈爱羞愧之心,亦生而有也。……如孟子之言,所谓长善者也,如荀子之言,所谓去恶者也;扬子兼之矣。②

在他看来,人性受命于天,必是善恶兼而有之的。孟子只知道善出乎人的本性,而没有看到恶同样出乎人性。荀子则正好相反。孟子的着眼点在于"长善",荀子的着眼点则在于"去恶"。二者都执著于一偏,而未能把握人性的整体。只有扬雄的性善恶混说是有关人性的正确论说。从对圣人、愚人和中人的本性中所禀受的善恶多少的论述看,一方面,司马光与韩愈一样,都没有意识到人性问题的讨论必须建立

---

① 见《全宋文》第27册,第527页。
② 《全宋文》第28册,第514页。

在一种普遍的人的定义的基础之上,换言之,他们并没有认识到一种真正有意义的有关人性的道说应该适用于所有人;另一方面,司马光又与韩愈不同,他强调没有纯善无恶的人,也没有纯恶无善的人。

司马光于宋神宗元丰五年(1082)又作《疑孟》一文,指摘《孟子》中可议之言凡十一处。这虽然体现了他的一贯倾向,但恐怕与当时的政争也不无关联。王安石一向推重《孟子》。司马光在熙宁三年(1070)的《与王介甫书》中曾强调"介甫……特好孟子与老子之言",并试图以《孟子》的言论说服王安石。① 而此后与王安石的公开对立,似乎更进一步强化了司马光对《孟子》的怀疑。《疑孟》中"孟子将朝王"一条,对《孟子》"天下有达尊三,爵一,齿一,德一"的论说提出了质疑:

> 孟子之德孰与周公,其齿之长,孰与周公之于成王?成王幼,周公负之以朝诸侯。及长而归政,北面稽首,畏事之,与事文、武无异也。岂得云彼有爵,我有德齿,可慢彼哉!……**余惧后之人挟其有以骄其君、无所事而贪禄位者,皆援孟子以自况,故不得不疑。**②

这样的议论,应该是有激而发的。

《宋元学案》完整地收录了《疑孟》全文,并附有余隐之《尊孟辩》及朱子《读余隐之〈尊孟辩〉》。③ 其中,朱子针对司马光的质疑所作的辨析,大都平正可取,但也有未能深入理解司马光本旨的地方。如《疑孟》中对"尧舜性之也"一段批评道:

> 所谓性之者,天与之也;身之者,亲行之也;假之者,外有之而内实亡也。尧、舜、汤、武之于仁义也,皆性得而身行之也,五霸则强焉而已。夫仁义者,所以治国家而服诸侯也,皇帝、王、霸皆用

---

① 《全宋文》第 28 册,第 373 页。
② 《全宋文》第 28 册,第 535 页。
③ 《宋元学案》,第 282 页。

之,顾其所以殊者,大小、高下、远近、多寡之间耳。假者,文具而实不从之谓也。文具而实不从,其国家且不可保,况能霸乎?虽久假而不归,犹非其有也。①

推详《孟子》此节的上下文义,所谓"性之",显然是指尧舜之于仁义,出于天性本然,而"身之"则有一个后天习得的过程,二者之间的区别与《中庸》"诚者,天之道"、"诚之者,人之道"的分别实相呼应。至于五霸,则仅仅是外托仁义之名而已。在司马光看来,仁义是"治国家""服诸侯"的共通道路,因此王道与霸道的区别仅在于所得仁义的多少。"五霸"对于仁义之道是"强焉",也就是说,五霸之所以能成其霸业,正是因为能勉强推行仁义所致。由此,他认为孟子对五霸的历史理解是错误的。这种质疑,完全建立在一种迥异的历史观之上。朱子似乎没有意识到这一点,因此才有"此正温公所惑,而反以病孟子,不亦误哉"的评断。在他看来,司马光是误解了孟子"久假不归,恶知其非有"的本意。

对孟子人性论的批评,在这些质疑中更为醒目。对于告子与孟子"性犹湍水"的辩论,司马光评论道:

> 告子云:"性之无分于善不善,犹水之无分于东西。"此告子之言失也。水之无分于东西,谓平地也。使其地东高而西下,西高而东下,岂决导所能致乎?性之无分于善不善,谓中人也。瞽瞍生舜,舜生商均,岂陶染所能变乎?孟子云:"人无有不善。"此孟子之言失也。丹朱、商均自幼及长,所日见者尧舜也,不能移其恶,岂人之性无不善乎?②

首先,他认为"水之无分于东西"这个比喻本身有问题,水是流向东还是流向西,取决于地的高下,而不是如告子所说,是决于东或决于西所

---

① 《全宋文》第28册,第539页。
② 《全宋文》第28册,第536页。

致；其次，他认为这只能用来比喻中人之性，而不适用于至圣和至愚。在这里，他的性善恶混的思想，更为明确地表现为性三品说。

对于告子与孟子"生之谓性"的辩论，司马光也做了自己的疏解：

> 孟子云："白羽之白，犹白雪之白。白雪之白，犹白玉之白。"告子当应之云："色则同矣，性则殊矣。羽性轻，雪性弱，玉性坚。"而告子亦皆然之。此所以来犬牛人之难也。孟子亦可谓以辩胜人矣。①

在这里，司马光看到了这一辩论中孟子辩论技巧的问题，指明了告子输掉辩论的原因，并给出了正确的回应方法。的确，在"生之谓性"一节的辩论中，孟子有运用"诡辩术"的嫌疑。但以为孟子是要"以辩胜人"则未免失之简单。正如张载所说："以生为性，既不通昼夜之道，且人与物等，故告子之妄不可不诋。"②告子之所以无法看到孟子的"诡辩"，其实是由他思想上的根本混淆所决定的，这一根本混淆就是张载所说的"人与物等"。而孟子在此处之所以要用"诡辩术"，并不仅仅是为了要赢得辩论，而是要借此放大告子思想的内在问题，从而指明其立论之谬。值得注意的是，司马光"色则同矣，性则殊矣"的回应，似乎在"色"与"性"之间建立起了区别。但接下来所说的"羽性轻，雪性弱，玉性坚"则表明，他仍然是在物的现成属性的层面理解"性"，而这其实也是司马光本人的人性论的问题之所在。

第二节　才德与举选

牟宗三对于中国古代"全幅人性的了悟之学问"有如是论述：

---

① 《全宋文》第28册，第537页。
② 《张载集》，中华书局，1978年，第22页。

说到中国全幅人性的了悟之学问，我们知道它是站在主流的地位，而且是核心的地位。这全幅人性的学问是可以分两面进行的：一、是先秦的人性善恶问题：从道德上的善恶观念来论人性；二、是"人物志"所代表的"才性名理"：这是从美学的观点来对于人之才性或情性的种种姿态作品鉴的论述。①

魏晋的才性名理与先秦的普适人性论探讨有着根本的区别。而魏晋有关才性名理的探讨之所以能够成为一时的风气，其实是与对普适人性论的悬置不可分割的。因此，汉代主流的人性论思想，如扬雄的性善恶混说和董仲舒的性三品说，实质上构成了魏晋才性名理的思想前提。因为性善恶混说和性三品说其实都在根本上否认了普适人性论的可能。而北宋的主流思想则基于对《孟子》的重新解释，亦即在某种普适人性论前提的基础上展开的。因此，人的殊异的性情和材质最终被纳入到气质之性这一笼统的范畴之中，不再是思想的重心所在。

司马光关于人的才德的思考，与魏晋思想中才性名理的探讨颇为契合，这与他的人性论思想是有着密切关系的。早在庆历五年(1045)，司马光就撰写了《才德论》一文，论曰：

> 世之所谓贤者，何哉？非才与德之谓邪？二者殊异，不可不察。所谓才者，存诸天；德者，存诸人。智愚勇怯，才也。愚不可强智，怯不可强勇，四者有常分而不可移。故曰存诸天。善恶逆顺，德也。人苟弃恶而取善，变逆而就顺，孰御之哉？故曰存诸人。譬之于物，金可以为钟，可以为鼎；玉可以为珪，可以为璧，此存诸人者也。玉不可以为钟鼎，金不可以为珪璧，此存诸天者也。存诸天者，圣人因而用之；存诸人者，圣人教而成之。②

---

① 牟宗三：《才性与玄理》，台北：学生书局，1983年，第47页。
② 《全宋文》第28册，第491页。

司马光将人的智愚勇怯等材质归于天赋自然,而将善恶逆顺等道德品性归于后天人为。认为前者"有常分而不可移",后者则是可以通过后天的努力来改变的。这种观念显然与司马光颇为推重的《中庸》的根本宗旨相抵牾,因为《中庸》里明确指出,如果人能真正做到"择善而固执",自然会"虽愚必明,虽柔必强"。而他似乎并没有意识到这中间的紧张。

至于才与德的关系,司马光强调以德为主:

> 有才者不必忠信,故以羁策御之,而为德者役也。然则,德者掌也,才者指也,掌亡则指不可用矣。①

他并不认为选才一定要选才德兼备的人,而是认为只要让有才者为有德者所控御,国家的治理也就顺理成章了。

在这一思想的引领下,司马光在嘉祐六年(1061)的《论举选状》中批评了当时的科举制度,明确提出了取士的一般原则:"以德行为先,其次经术,其次政事,其次艺能。"②关于举选的问题,司马光的思想前后虽有变化,但这一根本原则是贯穿始终的。

嘉祐六年的《论举选状》对科举制度的批评较为激烈,大有从根上颠覆隋唐以来的科举制度的意味:

> 窃以孝者,士之尊行;廉者,吏之首务。故汉世举士,皆用孝廉,行之最久,得人为多。③

他建议让各级别的在任官员每年按一定限额举荐孝廉。为了防止举荐人徇私舞弊,他建议凡被举荐者其后犯有严重罪行的,举荐者按罪行轻重受不同程度的连坐。这在某种意义上是一种恢复汉代乡举里选制度的举措。

---

① 《全宋文》第 28 册,第 492 页。
② 《全宋文》第 27 册,第 570 页。
③ 《全宋文》第 27 册,第 571 页。

到了熙宁二年(1069)的《议学校贡举状》,司马光对举选问题有了更为周详的考虑。在这份奏议里,司马光首先叙述了取士的历史,梳理了北宋科举制中的种种制度设计的来由。通过这些历史的分析,司马光不再像原来那样单纯地指摘科举制中的不合理之处,而是在充分肯定其历史合理性的基础上,试图有所改进。比如,对于"封弥誊录之法",他一方面沿承从前的思考,指出其中的弊病:"掩其姓名以考之,虽有颜、闵之德,苟不能为赋、诗、论、策,则不免于遭摈弃,为穷人";①另一方面,又指出单纯的废除"封弥誊录之法",等于"不绝其源而徒去其防",其结果必然是"爱憎互起,毁誉交作,请托公行,贿赂上流",非但不足以进贤,反而会导致更大的混乱。除了建议在任官员按限额荐举及连坐等措施外,司马光更进一步强调了地方学校在选拔人才中的作用。他首先指出,庆历以来各州所立学校大都未能发挥其应有的作用:

> 臣伏见自庆历以来,天下诸州虽皆立学校,大抵多取丁忧及停闲官员以为师长,籍其供给,以展私惠,聚在事官员及井市豪民子弟十数人,游戏其间,坐耗粮食,未尝讲习,修谨之士多耻而不入。……师长之人自谓能立教者,不过谨其出入,节其游戏,教以钞节经史,剽窃时文,以夜继昼,习赋、诗、论、策,以取科名而已。此岂先王立学之意邪?于以修明圣道,长育人材,化民成俗,固已疏矣。②

针对这种状况,司马光提出了自己的构想:首先,为各州学精择教授一名,以德学兼具者充任;其次,所有初入学的学生均划为外舍生,不许在学中宿食,由教授对其学行"置薄记录",考校其优劣,半年以后,犯过错少的方许升入内舍,成为初等生,然后由初等生依次晋为高

---

① 《全宋文》第28册,第129页。
② 《全宋文》第28册,第132页。

等生;最后,待朝廷下诏开放贡举之时,由在任地方官员考察晋为高等生半年以上的生员名单奏闻朝廷,让他们直接参加省试。司马光认为:"经术深浅,非程式所能知;行谊之美,非朝夕所能察。今使之处于学校,经二三年累经选择升至高等,又占解额,妨众人进取之路,若其行谊小有过差,必不为众人所容矣。由此观之,其高等生经术则讲说常通,文艺则屡入优等,过犯则全然轻少,行谊则为众所服,比之糊名、眷录,考其一日所试赋、诗、论、策,偶有所长而取之者,相去远矣。"①

司马光于元祐元年(1086)复奏《乞以十科举士札子》,建议分"行义纯固、可为师表"、"节操方正、可备献纳"、"智勇过人、可备将帅"、"公正聪明、可备监司"、"经术精通、可备讲读"、"学问该博、可备顾问"、"文章典丽、可备著述"、"善听狱讼、尽公得实"、"善治财赋、公私俱便"、"练习法令、能断请谳"等十科举士。这一奏札的开头一段阐述了其建言的理论根据:

> 臣窃惟为政之要,莫如得人,百官称职,则万机咸治。然人之才性,各有所能。或优于德而啬于才,或长于此而短于彼。虽皋、夔、稷、契,止能各守一官,况于中人,安可求备?是故孔门以四科论士,汉室以数路得人。若指瑕掩善,则朝无可用之人;苟随器授任,则世无可弃之士。②

人的材质各异,对于治理者来说,最重要的莫过于知人任人。一个理想的政治体并不需要由拥有完美人格的个体构成,而只需要将不同材质的人安置在恰当的职位上,让每个人都能充分发挥其长处。这与他早年的《才德论》中的思想遥相呼应。司马光虽然强调人的德性的优先地位,但却并不将如何养成个体德性作为自己思想的重心所在,与这里的思想前提是有着密切关联的。

---

① 《全宋文》第 28 册,第 133—134 页。
② 《全宋文》第 28 册,第 294 页。

第三节　中和说

中和是司马光思想的根基所在。元丰年间,他与范镇曾就乐和养生的问题往复论难,其核心观点即是"中和为养生作乐之本"。①

元丰七年(1084),司马光将自己累年来对中和问题的思考,总结为《中和论》一文。文章首论中和之义:

> 《中庸》曰:"喜怒哀乐之未发谓之中,发而皆中节谓之和。"君子之心于喜怒哀乐之未发,未始不存乎中,故谓之中庸。庸,常也。以中为常也。及其既发,必制之以中,则无不中节。中节,则和矣。是中、和一物也,养之为中,发之为和。②

司马光将"庸"释为"常",是取其恒常之义。在他看来,中是贯穿未发和已发的。当喜怒哀乐未发之时,存心于中;当喜怒哀乐既发以后,制心以中。和其实是中的自然结果,因此说"中、和一物"。

中既贯通已发、未发,为人行止之指南,又是贯通儒家经典的主线。在《中和论》中,举凡礼乐政刑,皆以中和之义疏释:

> 孔子曰:"智者乐,仁者寿。"盖言知夫中和者,无入而不自得,能无乐乎?守夫中和者,清明在躬,志气如神,能无寿乎?……孔子曰:"克己复礼为仁",盖言礼者中和之法,仁者中和之行,故得礼斯得仁矣,……《乐记》曰:"易直子谅之心生则乐,以至于不言而信,不怒而威。"盖言乐以中和为本,以钟鼓为末也。《商颂》曰:

---

① 《全宋文》第 28 册,第 406 页。
② 《全宋文》第 28 册,第 508 页。

"不竞不绿,不刚不柔。布政优优,百禄是遒。"盖言政以中和为美也。《大雅》曰:"惠此中国,以绥四方。无纵诡随,以谨无良。"盖言刑以中和为贵也。①

在司马光看来,仁、智、礼、乐、政、刑都以中和为根本。而人之修身养德,不过是"守中和之心,养中和之气"而已。

司马光撰成《中和论》后,曾在元丰八年与韩秉国就其中的问题有书信往还。从《答韩秉国书》的内容看,韩秉国是以"虚"来解释"中"的:"如秉国所论,则《中庸》应云'喜怒哀乐之未发谓之中,及其既发谓之外',不则云'喜怒哀乐之未发谓之虚,发而皆中节谓之和',乃相应也。秉国又云:'虚则明,暗则塞。'"②对此司马光答曰:

> 此诚如所谕,然所谓虚者,非空洞无物之谓也。不以好恶利害蔽其明是也。夫心,动物也,一息之间,升天沈渊,周流四海,固不肯兀然如木石也。惟贤者治之,能止于一。择其所止,莫如中庸。故《虞书》曰:"惟精惟一,允执厥中也。"凡人固有无喜怒哀乐之时,当此之际,其心必有所在。小人则追求嗜好,靡所不之。惟君子能自处于中庸之地,不动以待事也。③

这里,司马光又引申出了其中和思想的几层涵义:其一,他承认"中"有"虚"的一面,但这一虚只不过是"不以好恶利害蔽其明"而已。在这封信中,司马光特别引用了荀子"虚一而静"的思想,来证明虚并非"空洞无物";其二,心是变动之物,故须治之,使之止于一。而其所止之所,即是中庸。而能止于中庸之人,则能不为物欲利害所诱,而失去其自主性;其三,人有无喜怒哀乐之时,当此之时,应持心于中。因此,他劝韩秉国"试辍习静之心,以为习中之心"。司马光的中和思想,既肯定了未发之时静中涵养持中的工夫,又强调了已发之后以中制情

---

① 《全宋文》第 28 册,第 509 页。
②③ 《全宋文》第 28 册,第 415 页。

的作用,虽然没有展开为系统的哲学论述,但议论笃实平正,不失为有关中和问题的一种深刻周到的阐述。

第四节 格物说

对《大学》中"格物"概念的阐释,是宋明道学的一个核心问题。在某种程度上,对这一概念的不同理解,几乎可以用作区别道学派分的基本标准。司马光虽不属于道学中人,但与二程、邵雍和张载均过从甚密。因此,他对道学中的一些主要论题,也颇有关涉和思考。

司马光的格物观与二程、张载均不同。在元丰六年撰写的《致知在格物论》中,他提出了一种相当别致的格物观:

> 人之情莫不好善而恶恶,慕是而羞非。然善且是者盖寡,恶且非者实多。何哉?皆物诱之也,物迫之也。桀、纣亦知禹、汤之为圣也,而所为与之反者,不能胜其欲心故也。盗跖亦知颜、闵之为贤也,而所为与之反者,不能胜其利心故也。……不惟不思与不顾也,抑亦莫之知也。譬如逐兽者不见泰山,弹雀者不觉露之沾衣也。所以然者,物蔽之也。……《大学》曰:"致知在格物。"格,犹扞也,御也。能扞御外物,然后能知至道矣。郑氏以"格"为"来",或者犹未尽古人之意乎![1]

这一段论述分为三个层次:首先讨论人之所以一方面好善恶恶,另一方面又常为恶去善的原因。在司马光看来,之所以会有这样的状况,是因为人不能胜其利欲之心;进而指出利欲之心不仅能诱人迫人,而且还会遮蔽人的心智,混淆人的是非观念;最后,司马光在前述讨论

---

[1] 《全宋文》第28册,第506页。

的基础上,将"格物"之"格"训释为"扞"。这样一来,格物就成了抵制、防御外物诱惑胁迫的意思。

第五节　乐与养生

在司马光的学术和思想生涯中,也许没有哪个人比范镇与之更为密切了。而在他们的交往和讨论中,以关于乐和养生的一组书信往还最为重要。据司马光自己所说,他与范镇"自皇祐中论乐,迄今三十年"。① 按《宋史·乐志二》:"皇祐中,益州进士房庶论尺律之法,以为尝得古本《汉书》,言在《律历志》。范镇以其说为然,请依法作为尺律,然后别求古乐参考。"② 《全宋文》中的《与范景仁论乐书(一)》显然与这一背景有关。

北宋关于乐器制式的讨论,始于宋仁宗景祐元年(1034)。当时的判太常寺燕肃等上言曰:"大乐制器岁久,金石不调,愿以周王朴所造律准考按修治。"③ 由此引出了如何恢复古乐的种种讨论和努力。宋初三先生之一的胡瑗也参与了乐器的改制和讨论。司马光与范镇的辩论是这一讨论的延续。

针对范镇"度量权衡皆生于律者也。今先累黍为尺,而后制律,返生于度与黍,无乃非古人之意乎"的疑问,司马光提出了相当深刻周详的观点:

> 夫所谓律者,果何如哉?向使古之律存,则歙其声而知声,度其长而知度,审其容而知量,校其轻重而知权衡。今古律已亡矣,

---

① 《全宋文》第28册,第409页。
② 《宋史》,第2985页。
③ 《宋史》,第2948页。

> 非黍无以见度,非度无以见律,律不生于度与黍,将何从生邪?夫度量衡所以佐律而存法也。古人所为制四器者,以相参校,以为三者虽亡,苟其一存,则三者从可推也。又谓后世器或坏亡,故载之于书,形之于物。今四器皆亡,不取于黍,将安取之?凡物之度其长短则谓之度,量其多少则谓之量,称其轻重则谓之权衡。然量有虚实,衡有低昂,皆易差而难精。等之,不若因度求律之为审也。房生今欲先取容一龠者为黄钟之律,是则律生于量也。量与度皆非律也,舍彼用此,将何择焉?①

音律与度量衡在中国古代生活世界中有着紧密的关联。它们共同组建起古代共同体生活的基本节奏。在度量衡与音律的关系里,显然蕴涵着一种和谐世界的构想。而北宋的儒者则大都认为在周礼中,包涵着最具和谐性的理想节奏和尺度。而这样的理想节奏和尺度,则是共同体生活和谐的基本前提。正是在这样一种思路的左右下,范镇才如此热衷于恢复古音律的努力。然而,正如司马光指出的那样,古代的音律已经从根本上亡失了,无论是音律的高低,还是乐器的形制,都已无所依凭。好在音律与度量衡之间的比例关系,还有文献可依。而在司马光看来,"古人所为制四器"的目的正在于使它们之间能相互参校,在其中的某一标准亡失以后,可以经由其他三者推算出来。这是保证古代共同体生活的理想节奏得以延续的根本手段。在音律和度量衡四者之中,音律是容易随时代的变化或年代的久远而改变的。其次是量和权衡,因为"量有虚实",即所盛事物的量随充实度的不同而变化;"衡有低昂",物之轻重也会随平衡的高度不同而有所差异。最稳定的则是"度",即丈量长度的标准。但在司马光生活的时代里,儒者们面临的是"四器皆亡"的状况,也就是说,古代世界的理想标准都已亡失。在这种情况下,贯通古今的不变标准就只有"黍"的大小和

---

① 《全宋文》第28册,第397页。

轻重了,因此,"黍"是恢复古代理想尺度的最后基础。

除了根本观念的讨论外,两人主要的分歧还在于"累黍求尺"的具体方法。司马光对于是不是得到了"真黍",以及"累黍"的正确方法,就能真的做到"律吕""无忽微之差",是深表怀疑的。所以,在得知范镇"铸周鬴汉斛已成"后,司马光认为这是在"劳役心力",徒"费铜炭":

> 孔子云:"礼云礼云,玉帛云乎哉?乐云乐云,钟鼓云乎哉?"今先王之乐,余音遗文,既不可得而睹闻矣,盍亦返其本乎?《礼记》云:"礼乐不可斯须去身。致乐以治心,则易直子谅之心油然生矣。……乐也者,动于内者也;礼也者,动于外者也。乐极和,礼极顺。内和而外顺,则民瞻其颜色而弗与争也;望其容貌,而民不生易慢焉。"此乐之本、礼之原也。夫乐之用,不过于和;礼之用,不过于顺。①

在司马光看来,乐之根本并不在于器物,而在于人心之和。若人心不和,即使古代理想的器物形制俱在,也无法让理想的共同体生活再现。

对于范镇劝司马光读《素问》《病原》,以疗病养生的建议,司马光回应道:

> 内和则疾疹不生,外顺则灾患不至。疾疹不生则乐,灾患不至则安。既乐且安,志气平泰,精神清明,畅乎四支,浃乎百体。如此则功何以不若伶伦、师旷,寿何以不若召康、卫武?《医经》《病原》皆可焚,周鬴汉斛皆可销矣。

养生疗疾的根本在于中和,而非药物和导引。在这里,司马光体现出了较为一贯的儒者的姿态,与苏轼等人兼用释老的风格有着根本的区别。值得一提的是,司马光也有通贯儒释的思想,但主要是以儒解佛。其中最著名的,当属他的《解禅偈》:

---

① 《全宋文》第28册,第402页。

忿怒如列火,利欲如铦锋。终朝长戚戚,是名阿鼻狱。
颜回安陋巷,孟轲养浩然。富贵如浮云,是名极乐国。
孝弟通神明,忠信行蛮貊。积善来百祥,是名作因果。
言为百代师,行为天下法。久久不可掩,是名不坏身。
仁人之安宅,义人之正路。行之诚且久,是名光明藏。
道德修一身,功德被万物。为贤为大圣,是名佛菩萨。

这与其说是会通儒释,不如说是用儒家思想赋予佛教信仰以某种合理性。相较而言,司马光对佛教的态度,比二程和张载要宽容得多。

第六节 易 学

司马光的易学自成系统。与其他北宋儒者仅满足于注释《周易》不同,他更青睐扬雄造作《太玄》的方式。在《潜虚后序》中,他写道:

《玄》以准《易》,《虚》以拟《玄》。[1]

这里的"准"和"拟"都不是直接的阐释,而是通过自己构造的一套象和辞的系统,发挥《周易》的核心思想。在司马光看来,《太玄》是对《周易》的仿作,而他自己的《潜虚》则是对《太玄》的模拟。《潜虚》是司马光自创的一个系统:既有独特的筮法,又有一整套独特的名和象。[2] 这个系统的构造,与他对扬雄的仰慕和对《太玄》的研究是密不可分的。《潜虚》后世虽亦有解释,如张敦实《潜虚发微论》,但大体上已无从索解。

除了作《潜虚》来模拟《太玄》以外,司马光还为《太玄》作了注释。

---

[1] 《全宋文》第28册,第465页。
[2] 参见《宋元学案》,第295—344页。

司马光虽自幼即闻《太玄》之名,但直到庆历年间,始得其书而读之,并因而撰写了《读玄》一文,对《太玄》推崇备至:

> 观《玄》之书,昭则极于人,幽则尽于神,大则包宇宙,小则入毛发,合天地人之道以为一,括其根本,示人所出,胎育万物而兼为之母,若地履之而不可穷也,若海挹之而不可竭也。……乃知《玄》者所以赞《易》也,非别为书以与《易》角逐也,何歆、固知之之浅而过之之深也!①

此后司马光又访求各种注本,在研习古代注释的基础上作《说玄》一文。② 最后,在元丰五年撰《太玄集注》。司马光致力于《太玄》,"疲精劳神三十余年",而自谓"讫不能造其藩篱"。这固然是谦辞,但恐怕也在某种程度上反映了实际的状况。

在《说玄》中,司马光讲到了《太玄》与《周易》的关系:

> 《易》卦气起《中孚》,除《震》、《离》、《兑》、《坎》四正卦二十四爻主二十四气外,其于六十卦,每卦六日七分,凡得三百六十五日四分之一。《中孚》初九,冬至之初也。《颐》上九,大雪之末也,周而复始。《玄》八十一首,每首九赞,凡七百二十九赞,每二赞合为一日,一赞为昼,一赞为夜,凡得三百六十四日半,益以《踦》、《嬴》二赞,成三百六十五日四分日之一。《中》初一,冬至之初也,《踦》、《嬴》二赞,大雪之末也,亦周而复始。凡《玄》首皆以《易》卦气为次序,而变其名称,故《中》者《中孚》也,《周》者《复》也,《磁》、《闲》者《屯》也,《少》者《谦》也,《戾》者《睽》也,余皆仿此。③

《太玄》的理论基础实际上是《周易》的卦气说。各首的次序依据的是《易》的卦气次序,各首之首名也与《周易》各卦的卦名有对应的关

---

① 《太玄集注》,中华书局,1998年,第1—2页。
② 《全宋文》中亦载《说玄》一篇,但其内容实即《太玄集注》中所说的《读玄》。
③ 《太玄集注》,第4页。

系,如《太玄》的《周》相当于《周易》的《复》等等。

然而,司马光的《太玄集注》似乎也仅仅停留在这样约略仿佛的程度上,未能真正深探《太玄》的固有逻辑,从而建立起一套前后一贯的解释原则。比如,《太玄》各首皆"四重",即四画而成,而赞辞则为九赞,这与《易》每卦六爻,爻辞与卦画一一对应的状况是根本不同的。如何理解"四重"与"九赞"的关系,就是理解和把握《太玄》的一个根本问题。而在这个问题上,司马光的解释并不能让人有豁然开朗之感:

> 故《易》卦六爻,爻皆有辞,《玄》首四重,而别为九赞以系其下。然则首与赞分道而行,不相因者也。①

将首与赞的关系割裂开来,其实只是消解了上述困难,但同时也使得《太玄》每首九赞赞辞的依据变得晦暗不明。司马光围绕《易》的系统的种种写作,显然是有其雄心的,但这一雄心离开了诠释和创造技艺的支撑,便显得粗疏而空泛。这恐怕也是司马光的《易》学成就,远低于同时代的胡瑗、王安石和程颐等人的原因。

《太玄集注》更多地着眼于赞辞字面意义的解释,比如对于《周》的"次三"的赞辞"出我入我,吉凶之魁。《测》曰:出我入我,不可不惧也",他解释道:

> 夫外物之来,入乎思也,言行之动,出乎思也,得其宜则吉,失其宜则凶。三居成意之地,思之隆也,而当日之夜,故戒之曰:吉凶之出亦自我,吉凶之入亦自我,为吉凶之魁者,可不惧乎?一出一入,周之义也。②

这里的解释,主要侧重于字面意义的理解。对于《周》的首画结构与《周》的首名的关系,以及"次三"的具体所指,都未能给出具体的分析和阐发。又"三居成意之地"、"当日之夜"这些分析的依据,也颇为

---

① 《太玄集注》,第3页。
② 《太玄集注》,第8页。

含糊笼统。而这种含糊笼统在某种程度上也延续到了《温公易说》中。

《温公易说·四库全书总目提要》云：

> 盖光本撰次未成，如所著《潜虚》，转以不完者为真本，并非有所缺佚也。光《传家集》中，有答韩秉国书，谓"王辅嗣以老庄解《易》，非《易》之本旨，不足为据"。盖其意在深辟虚无玄渺之说，故于古今事物之情状，无不贯彻疏通，推阐深至，……大都不袭先儒旧说，而有得之言，要如布帛菽粟之切于日用。①

这里值得注意的有三点：其一，《温公易说》为未完之作；其二，司马光撰写《易说》，是在与王弼《周易注》的对话关系中进行的，这其实也是北宋《易》学家的共通处境；其三，《易说》的特点在于思想性，与王弼的虚无玄渺正相反，《易说》如"布帛菽粟之切于日用"。换言之，《四库全书总目》此条提要的撰者，并没有在《温公易说》中看到注释原则上的突破。

事实上，《温公易说》在解《易》的原则和方法上，也形成了某些独到的东西。只是这些独特的原则和方法没能建构起一套完整的解释学原则。《易说》对《周易》各卦的解释多不完整，有些卦甚至完全没有解说，比如《讼》卦、《随》卦。只有《乾》、《坤》二卦不仅完整，而且详尽。在对《乾》、《坤》各爻的解释中，司马光将爻位与音律和历法结合起来，比如"初九，阳之始也，于律为黄钟，于历为建子之月"、"六二者，于律为南吕，于历为建酉之月"，这样的解释思路，与其《太玄》的研究和《潜虚》的写作当不无关联。而在他对《坤》六三的爻辞和象辞的解说中，关于《乾》、《坤》之爻得位失位的一段阐发，可谓独到深透：

> 《乾》、《坤》之爻得位未必吉，失位未必凶，其故何也？曰：阳非阴则不成，阴非阳则不生，阴阳之道，表里相承，阴胜则消，阳胜则亢，是故《乾》、《坤》以阴居阳，以阳居阴，不皆为咎也。《乾》之九三

---

① 《温公易说》，上海古籍出版社，1989年，第2页。

以阳居阳而不中,故曰"夕惕若厉,无咎";《坤》之六四以阴居阴而不中,故曰"括囊,无咎无誉",皆刚柔太过,故须畏慎而后免咎也。然未失其正,故不凶也。九五、六二居中履正,其德最美。九二、六五,不失其中,德美次之。九三、六四不失其正,虽危无疑。九四、六三虽无中正之德,九四以阳处下,刚克而沈潜者也,故曰"在渊,无咎";六三以阴处上,柔克而高明者也,故曰"含章可贞"。①

在司马光那里,居中且当位的爻位最善,其次是失位而得中的爻,再次才是仅仅当位之爻。《易说》里对于中正之位的辨析,极为细致,如《艮》卦六五象辞为"艮其辅,以中正也",司马光解说道:"艮六五,文之误也。当云'以正中'也。'正中'者,正得其中,非既正又中也。"②这样的分析思路,似乎也影响了程颐的《程氏易传》。③

《温公易说》的另一个重要发明是反对对爻位的拘泥。在解说《系辞》"变动不居,周流六虚,上下无常,刚柔相易"时,司马光指出:

> 凡《易》之六位,刚柔迭居。二有君上用谦之象,五有臣子居盛位之象。五不必专于为君,故有箕子之《明夷》;二不必专于为臣,故有"王用享于帝"。④

这样富有弹性的把握思路,是完全有可能展开为一种与王弼《周易注》和程颐《程氏易传》都有明显不同的解释路向的。

在一些解释的细节上,《温公易说》也不乏精彩之处。如对《师》卦《彖》辞的解释中,关于仁、明、武的讨论。⑤ 而司马光对《师》六五的解说,也别具深意:

---

① 《温公易说》,第9—10页。
② 《温公易说》,第57页。
③ 当然,具体到《艮》六五象辞的解释,《程氏易传》与《温公易说》是有着明显不同的。与司马光以为"中正"为"正中"之误不同,程颐则以为"以中正"是"以得中为正"之义。因此,在程颐看来,这里的中正讨论的不是爻位,而是处此爻位之时的行事之理。
④ 《温公易说》,第87页。
⑤ 参见余敦康:《汉宋易学解读》,华夏出版社,2006年,第176页。

> 《师》六五,柔也。其为师之主奈何?古者人君之遣将也,跪而推毂曰:阃以内寡人制之,阃以外将军制之。进止之制,赏罚之权,皆决于外,不从中覆也。委任责成功而已矣。六五以柔居尊,下应于二,二以刚中,能任其事,是以动则有功,若田狩而获禽也。师出无名,事故不成,故曰:"利执言。"执者何?奉辞伐罪之谓也。举国家之众,而委之一人,此安危之机,存亡之端,不可以不谨。谨择其人,是人君之事守也。故曰:"长子帅师,弟子舆尸。""贞凶"者,虽正犹凶也。①

司马光历来主张慎动兵戎。他对王安石的保甲法极为反对,对神宗征讨辽夏的用心也持保留的态度。这背后实际上是以其对北宋立国方略的深刻洞察为基础的。在这一节解说里,司马光强调了将帅的专阃之权,指出人君择人而任,要做到"进止之制,赏罚之权,皆决于外,不从中覆"。只有这样,才会"动而有功"。而这正是北宋的"家法"所不能容的。②

但总体说来,《温公易说》还是有粗糙随意的弊病。比如释《蒙》卦《彖》辞:

> 夫蒙者,教人之象也。……夫人不求我,而强教之,则志不应而言不从矣。故君子之教,道而弗牵,强而弗抑,开而弗达也。初筮告,再三渎,渎则不告。孔子曰:"学而不思则罔",又曰:"举一隅不以三隅反,则不复也。"③

这里,在经典的引用上,未免过于随意了。"学而不思则罔"一句,虽然不能说与这里的上下文全无关联,但从经典原本的语境看,实在颇为牵强。而这其实也是司马光《中和论》等重要论文的通病。

---

① 《温公易说》,第17页。
② 参见邓广铭:《宋朝的家法和北宋的政治改革运动》,载《邓广铭治史丛稿》,第124—143页。
③ 《温公易说》,第13页。

第四章

王安石的儒学思想

王安石(1021—1086),字介甫,抚州临川(今属江西)人。二十二岁中进士,官至参知政事、同中书门下平章事。在任宰相期间,主持了熙宁变法。他的学术被称为"新学"。

十九岁以前,王安石基本上随父宦游。其父王益是个中下层官吏,做过几任地方官,学行为世所称道。据说,胡瑗《政范》,曾采王益事入编。王安石亦得与闻庭训,其要旨为"孝悌仁义之本,古今存亡治乱之所以然",①属典型的儒家教育。王安石本人也非常好学,据史传记载:"安石少好读书,一过目终身不忘。其属文动笔如飞,初若不经意,既成,见者皆服其精妙。"②而其志向则在"直造孔庭"。庆历二年壬午(1042),王安石入仕。入仕以前,他有过一段很特别的读书经历。王安石自述道:"某愚不识事务之变,而独古人是信。闻古有尧舜也

---

① 王安石:《先大夫述》,《临川先生文集》卷七十一,《四部丛刊》本。以下称《临川集》。
② 《王安石传》,《宋史》卷三二七,中华书局,1985年,第10541页。

者,其道大中至正,常行之道也。得其书闭门而读之,不知忧乐之存乎己也,穿贯上下,浸淫其中,小之为无间,大之为无崖岸,要将一穷之而已矣。"①此一闭门读书经历奠定了王安石以尧舜之道为宗归的儒学根基。

入仕以后直至晚年,王安石虽仕宦迁延跌宕,然从未中断对儒家经典的探讨,其目的在于发明儒家圣人之学。而这一学术经历及目的,则始终以一广阔的规模和心态为背景。

> 然世之不见全经久矣,读经而已,则不足以知经。故某自百家诸子之书至于《难经》、《素问》、《本草》、诸小说,无所不读,农夫女工,无所不问,然后于经为能知其大体而无疑。盖后世学者与先王之时异矣,不如是不足以尽圣人故也。②

这里,王安石讲到,因后世百家诸子杂出,世异时移,儒家经典也必然受到冲击;若一味就儒经论儒经,而不能博知百家诸子之学,则不能识得儒经之"大体",也就不能通解圣人之学。故王安石对于百家诸子之书及医药、养生、诸小说以至农夫女工之事,无所不学,无所不问,其用意正在于此。并且,王安石于佛道也表现出相当浓厚的兴趣,他注老论庄谈佛,甚至其晚年的精神生活中有明显崇佛的一面。但他对佛老既有吸收也有批评,与上述立场是一致的。他认为,老子"抵去礼乐刑政而唯道之称焉,是不察于理而务高之过矣";③庄子有意于矫天下之弊"而存圣人之道",是"孔子所谓隐居放言者";④在"养生修性"问题上,儒家以礼乐为本,释老否弃礼乐,但"老子之言近而易轻","浮屠直空虚穷苦、绝山林之间,然后足以善其身而已"。⑤ 对于杨墨,王安石也

---

① 《上张太博书一》,《临川集》卷七十七。
② 《答曾子固书》,《临川集》卷七十三。
③ 《老子》,《临川集》卷六十八。
④ 《庄子》,《临川集》卷六十八。
⑤ 《礼乐论》,《临川集》卷六十六。

有其独特看法："杨墨之道,得圣人之一而废其百者也。"①所有这些说明,王安石对于百家诸子以至释老既非固持成见一概排斥,亦非唯博杂是务,而是藉此明辨是非,推扬圣人之道。故此,传统以王安石学术为"杂学",②实则并无道理。且不说唐宋以来儒释道融合已是历史事实,而儒者往往浸淫其中,即就王安石而论,他之博涉百家更有一种自觉的广博平等的胸襟与心态,而其宗旨则在"学圣人而已,欲相扳以至乎中庸而后已"。③王安石晚年孜孜于"三经义"的斟酌修改,也可说明这一点。

王安石一生著述宏富,然大部分遭禁毁。其《诗义》、《书义》、《周礼义》合称"三经新义",仅存《周官新义》,中华书局1982年出版有邱汉生辑《诗义钩沉》。《字说》已失传,今有北京大学出版社1998年胡双宝辑《王安石字说辑佚》,载氏著《汉语 汉字 汉文化》;福建人民出版社2005年张宗祥辑录《王安石〈字说〉辑》。《老子注》仅有残存,今有中华书局刊行之《王安石老子注辑本》。其诗、文、书、启、表、奏、记、墓志等汇为一编,有《临川先生文集》一百卷。

第一节 儒学传承谱系之检讨

汉末至唐,儒学除受到佛道冲击之外,其自身也缺乏充分的反省和自觉,因而呈现出每况愈下的趋势。期间虽有部分儒者极力崇儒,甚至有韩愈力倡"道统",但终因势单助寡,绩效不彰。延及北宋,儒学发展仍是一异常艰难的课题。然北宋前期却涌现大批致力复兴儒学的学者,宋初三先生及范、欧诸公力主尊经学古,昌明儒学,一时蔚为

---

① 《杨墨》,《临川集》卷六十八。
② 《荆公新学略序录》,《宋元学案》卷九十八,第3237页。
③ 《同学一首别子固》,《临川集》卷七十一。

风气。继起者更以刷新儒学自任,以发明孔孟自命。传统概以周、张、二程为孔孟之道的直接承接者,为宋明理学的奠基人物。盖新儒学之确立与发展,此数子确乎功不可没。然而,在此一再造儒学之复兴运动中,王安石亦可谓匠心独运,竭尽心力,实为继往开来者之一。这首先表现在他检讨儒学发展历程,标举儒学传承系统上。

韩愈在《原道》中阐释了道德仁义之说,并以此作为尧、舜、禹、汤、文、武、周公、孔、孟相传之道。此即人所共知的"道统"说。此说影响很大,后来序道统者往往有所资鉴。王安石对于儒家圣人之道及其传承谱系的看法,亦与此有关联。他说:

> 万物待是而后存者,天也。莫不由是而之焉者,道也。道之在我者,德也。以德爱者,仁也。爱而宜者,义也。①
>
> 语道之全则无不在也,无不为也,学者所不能据也,而不可以不心存焉。道之在我者为德,德为可据也。以德爱者为仁,仁譬则左也,义譬则右也。德以仁为主,故君子在仁义之间所当依者,仁而已。……礼,体此者也;知,知此者也;信,信此者也。孔子曰"志于道,据于德,依于仁",而不及乎义礼智信者,其说盖如此也。……韩文公知道有君子有小人,德有凶有吉,而不知仁义之无以异于道德,此为不知道德者也。②

按,韩愈以"仁与义为定名,道与德为虚位",③将仁义与道德作虚实之分,在理解上确有悖戾之处,具体释义上也存在失当之处。故王安石以为韩愈"不知道德"。王安石认为,儒家道德学说的根本点就在于道德仁义存在意蕴上的逻辑联贯,从而构成为一个不可分割的整体:道是万物所共同遵循的原理、规律和规则,德是道在人的体现,或是人体认道之后的所得;仁是由德发出的爱,而不是无条件无根据的爱或博

---

① 《九变而赏罚可言》,《临川集》卷六十七。
② 《答韩求仁书》,《临川集》卷七十二。
③ 《原道》,《韩愈全集》,第120页。

爱；义是指仁德之爱合乎节度，表现为适宜、恰当。这是就道德仁义作为本原意义的伦理价值学说来讲的。就道德仁义作用于人或人修养进德的方式来讲，道不能为学者所直接据依，因为"道之全"的特点是"无不在也，无不为也"。换言之，道并不能说具体存在于何处，也不能说其作用就是怎样，故"古之圣人，其道未尝不入于神，而其所称止乎圣人者，以其道存乎虚无寂寞不可见之间；苟存乎人，则所谓德也"。①也就是说，道在全体的意义上只能是存在于"虚无寂寞不可见之间"，只有"入于神"的圣人可以把握它；道既无所不在，当然也包括"存乎人"，此体现为德。德方是人之"可据"者，德之主要义项就是仁义，而仁则更为根本，故实际上人"所当依者，仁而已"，而义礼智信不过是从不同的角度对于人之"依于仁"起到知解和扶持作用。基于上述理由，王安石认为道德仁义作为一个整体，有其宇宙论的根源，即是"天"，因为万物（包括道德仁义）都是由"天"才得以产生和存在；但相对讲，道在此一整体中又具本原意义，首先体现为德，德之节目为仁义礼智信，其尤为主要者为仁义。这可说是王安石道德仁义之说的一个基本要义。

上述道德仁义之说，也就是王安石所谓孔孟之道或圣人之道的基本内容。王安石认为，儒家圣人之道有其传承和发展的历程。他说：

> 昔者，道发乎伏羲而成乎尧舜，继而大成于禹汤文武。此数人者，皆居天子之位而使天下之道浸明浸备者也。而又有在下而继之者焉，伊尹、伯夷、柳下惠、孔子是也。……孟子曰"孔子集大成者"，盖言集诸圣人之事而大成万世之法耳。此其所以贤于尧舜也。②

> 万世莫不尊亲者，孔子也。故孟子曰："予未得为孔子徒也，

---

① 《大人论》，《临川集》卷六十六。
② 《夫子贤于尧舜》，《临川集》卷六十七。

予私淑诸人也。"①

扬雄者,自孟轲以来未有及之者,但后世士大夫多不能深考之耳。孟轲,圣人也。贤人则其行不皆合于圣人,特其智足以知圣人而已。②

从上述看,王安石对于儒家道统谱系有一个明确的表述,即由伏羲发之,尧、舜成之,经禹、汤、文、武、周公而传与孔、孟、扬雄。上述引文未列周公,然王安石对于周公有专论,以其为"为政于天下"之圣人,③亦即"在上"之圣人,因而周公实是与于道统。对于荀子,韩愈以为不得与于道统,程朱等理学家也将他排斥于道统之外。王安石也持同样看法,其理由是荀卿"好妄","不察理",并断言:"后世之士尊荀卿以为大儒而继孟子者,吾不信矣。"④韩愈因"不知道德",当然也就在王安石所说道统之外,理学家也不以韩愈为然。但王安石认为韩愈在某些方面可以与孟子相并匹,不失为一"真儒"。他说:"时乎杨墨,已不然者,孟轲氏而已。时乎释老,已不然者,韩愈氏而已。如孟韩者,可谓术素修而志素定也,不以时胜道也。惜也不得志于君,使真儒之效不白于当世,然其于众人也,卓矣。"⑤这即是以韩愈之辟释老,一如孟子之辟杨墨,皆有功于儒学,并有其共同的精神根基,就是"术素修而志素定"。尤其在体察"圣人作文之本意"方面,王安石认为,韩愈可谓"望圣人于百千年中卓然也"。⑥ 应当说,王安石对于韩愈的了解,是较切合实际的。

争议最大的可能就是扬雄。扬雄在政治和学术两方面都受到非议:一方面曾做莽大夫,被视为大节有亏;一方面学术上韩愈以其与荀子并为择焉不精,语焉不详,因而扬雄在儒学中的地位向来不受重视。

---

① 《答韩求仁书》,《临川集》卷七十二。
② 《答龚深父书》,《临川集》卷七十二。
③④ 《周公》,《临川集》卷六十四。
⑤ 《送孙正之序》,《临川集》卷八十四。
⑥ 《上人书》,《临川集》卷七十七。

对此，王安石却有不同看法，他认为"扬雄之仕，合于孔子无不可之义"，①因而无可非议。学术上，"自秦汉以来，儒者唯扬雄为知言。"②最为根本的有二点：一是与韩愈的不知道德形成鲜明对照，扬雄在道德性命这个决定道统的关键性问题上与孔孟之论意旨相合（详后文）；一是扬雄博涉墨、晏、邹、庄、申、韩等异学之书，而能够以儒者的立场和眼光作出"去取"，故能不为异学所乱，"惟其不能乱，故能有所去取者，所以明吾道而已。"③故此，王安石的结论是："孟扬之道未尝不同，二子之说非有异也。""今之学者是孟子则非扬子，是扬子则非孟子，盖知读其文而不知求其指耳，而曰我知性命之理，诬哉！"④由上述可知，在王安石的道统谱系中，扬雄是孟子之后的道统继承者，而非荀韩可比。

对于道统的谱系者来说，一个直接的问题就是谱系者本人是否应当有所担当，该如何担当？王安石是有所担当的，其具体举措就是以儒学为宗，博采百家之说。在王安石看来，处在"家异道，人殊德"的时代，不通贯诸子百家以至佛道，就不能真正理解和把握儒学的精髓。他也正是持一种开放的心态对待儒学之外的一切学术流派，以求融通和创新。而其指针则是"术素修而志素定"，所谓术就是指儒家圣人之学，所谓志就是"以圣人之道为己任"，以此心志发明和阐扬圣人之学。王安石的意图在于经过扬雄而又超越扬雄，上继孔孟。

---

① 《答龚深父书》，《临川集》卷七十二。
② 《答吴孝宗书》，《临川集》卷七十四。
③ 《答曾子固书》，《临川集》卷七十三。
④ 《扬孟》，《临川集》卷六十四。

第二节 天人关系论

天人关系问题是中国传统哲学的重要问题之一。儒家哲学对此问题也多有讨论，归结起来，大致有三种意见：一是天人合一，孟子为首发者，宋明理学亦多持此见；一是天人相分，以荀子为代表；一是天人感应，以董仲舒及谶纬学为代表。王安石对此问题从多个层面作了广泛探讨，然其理论似乎并不能划入哪一派，也即是说，王安石对此问题之解决有其独创性。

首先，在最高的原理（道）的意义上，王安石认为，天、人不同，各有其道，但二者又相联通，就是人道源自天道或是天道的表现。他说："始而生之者，天道也。成而终之者，人道也。""远而尊者，天道也。迩而亲者，人道也。"①这即是说，天道、人道的职能各有不同，天道是始生万物者，人道是终成万物者。因而相对讲，天道"远而尊"，人道"迩而亲"。但二者又并非全无关系。王安石说：

> 天道升降于四时，其降也与人道交，其升也与人道辨。冬日上天与人道辨之时也，先王于是乎以天道事之。秋则犹未辨乎人也，先王于是乎以人道事之。②

按，这一议论是王安石解释郊祀和宗祀为何不同的理论依据，因而可以看做王安石天人关系论的一个具有普遍意义的看法。这里，王安石以为天道和人道有"交"和"辨"的不同，交即是相交，辨即是相分。相交之时则以人道事天，相辨之时则以天道事天。这实际是对传统儒家天道和人道关系理论的某种综合，就是既讲到天人相分，又讲到天人

---

① ② 《郊宗议》，《临川集》卷六十二。

相交,而其特殊之处在于,提出了以天道事天和以人道事天的问题。

王安石还讨论到天人如何相交的问题,他说:

> 天下之物小大有彝,后先有伦。叙者,天之道;叙之者,人之道。天命圣人以叙之,而圣人必考古成己,然后以所尝学措之事业,为天下利。①

这即是说,天下万物有大小后先等常规和类别上的不同,这种不同是天然的,是天所自然展示出来的,此即"叙者,天之道"。而人道的本分和职责就是对此天道加以"叙之"。圣人受命于天,叙天道以成己,而后发为事业,成就天下之利。

据上所述,王安石认为天道和人道虽有不同,但并非对立,而是存在承接关系,即人道承接天道,而天道则是自然而然,本来如此的。从意蕴上讲,二者具有一致性。

其次,在道德原理的意义上,天是道德原理的决定者,是一切伦理道德的根源;儒家伦理道德也直接源自于天。这与上说人道承接天道密切相关。王安石说:

> 古之言道德所自出,而不属之天者,未之有也。尧者,圣人之盛也。孔子称之曰"惟天为大,惟尧则之",此之谓明天;"聪明文思,安安",此之谓明道德;"允恭克让",此之谓明仁义。……至后世则不然,仰而视之曰:"彼苍苍而大者,何也?其去吾不知其几千万里,是岂能知我者哉?吾为吾之所为而已,安取彼。"于是,遂弃道德,离仁义,略分守,慢形名,忽因任,而忘原省,直信吾之是非,而加人以其赏罚。于是天下始大乱,而寡弱者号无告。圣人不作,诸子伺其间而出,于是言道德者至于窈冥而不可考。②

在王安石看来,古代儒家不仅以天为圣人直接效法的对象,同时也将

---

① 《进洪范表》,《临川集》卷五十六。
② 《九变而赏罚可言》,《临川集》卷六十七。

道德仁义的根源归之于天,即是说儒家伦理道德学说具有形上的地位。后世那种以天为苍苍而大者,并且与人事了不相关的看法,不仅对天的认识有偏失,更主要的是使得道德仁义丧失了形上的根据,继而使得道德仁义在人生社会中的价值主导地位受到动摇,而其流变的结果则是"天下大乱",诸子异说因得乘间而起,道德学说也就愈益遥远模糊,而难于考求。

再次,从现实人事的角度阐述天人关系。王安石说:

> 君子之于人也,固常思齐其贤,而以不肖为戒。况天者,固人君之所当法象也;则质诸彼以验此,固其宜也。然则世之言灾异者,非乎?曰:人君固辅相天地以理万物者也,天地万物不得其常,则恐惧修省,亦其宜也。今或以为天有是变,必由我有是罪以致之;或以为灾异自天事耳,何豫于我,我知修人事而已。盖由前之说,则蔽而葸;由后之说,则固而怠。不蔽不葸,不固不怠者,亦以天变为己惧,不曰天之有某变必以我为某事而至也,亦以天下之正理考吾之失而已矣。此亦"念用庶征"之意也。①

这里,王安石以天为人君所应效法的对象,人君取天道以验视政事,是必要且合理的。因为人君是帮助天地来料理万物,天地万物有失常的表现,人君就应感到恐惧,主动检查和反省自己的行为和政事得失。但是,那种认为天一旦有异常变故,就必然地归因于人的行为过失,则不仅有失常理,而且将导致人的心智不明,进而畏缩不前。同样,那种认为灾异自是天变之事,与人无关,人只要知道"修人事而已",则将导致固执己见,而怠慢失检。王安石认为,在对待天人关系问题上,应持一种不蔽不葸、不固不怠的理性态度,既能够因天变而引起人的必要的畏惧和警醒,又能够不因为天变而丧失人的独立意识,甚而消极无所作为。

---

① 《洪范传》,《临川集》卷六十五。

王安石所批评的两种看法，在儒学史上都有相当的影响，前一种看法以汉唐时期的天人感应论和谶纬学说为代表，后一种看法以荀子、柳宗元等为代表。流风所及，二者在宋初依然有相当的影响力。王安石批评此二说，在直接的意义上，是为了纠正天人关系问题上的不同偏见；而在更深层的意义上，则是为了更好地解决天人关系问题，即在现实人事当中，如何理性地而不是偏执地看待这一问题。

最后，在对待人生贵贱祸福的问题上，王安石也从天人关系的角度作了阐释。他说：

> 夫贵若贱，天所为也；贤不肖，吾所为也。吾所为者，吾能自知之；天所为者，吾独懵乎哉。吾贤欤，可以位公卿欤，则万钟之禄固有焉；不幸而贫且贱，则时也。吾不贤欤，不可以位公卿欤，则箪食豆羹无歉焉；若幸而富且贵，则咎也。此吾知之无疑，奚率于彼者（按，指推命者）哉？且祸与福，君子置诸外焉。君子居必仁，行必义，反仁义而福，君子不有也。由仁义而祸，君子不屑也。……夫天之生斯人也，使贤者治不肖，故贤者宜贵，不贤者宜贱，天之道也。择而行之者，人之道也。天人之道合，则贤者贵，不肖者贱；天人之道悖，则贤者贱而不肖者贵也；天人之道悖合相半，则贤不肖或贵或贱。①

上引文字表述了一种基于儒学伦理价值观念的命运观。王安石所看重的是增进自我修养和道德理性，反映在命运观上，就是将人的贤不肖和贵贱祸福作内外的区分，而以内在的贤不肖即道德理性作为外在的贵贱祸福的评判原则和取舍依据。就正常状态讲，贤者固当富贵，不肖者固当贫贱，贤者应治不肖者，这就是"天之道"。而能够顺应这个规则，让贤者处贵并治不肖者，则是"人之道"。但是相反的情况也并非没有，此即贤者反而贫贱，不肖者反而富贵，这种情况于贤者是

---

① 《推命对》，《临川集》卷七十。

"时"之制约,于不肖者则是侥幸取得。君子只须照仁义而行,即使因此而得祸也不改移,反此而得福却并不值得拥有。王安石进一步总结出某种规律,就是天人之道相合,则贤者贵,不肖者贱;天人之道相悖,则贤者贱,不肖者贵;天人之道悖合相半,则贤不肖或贵或贱。应当说,依据仁义学说来判识和对待贵贱祸福,是儒学的一贯传统。王安石在这一观念上对传统儒学有所继承,其独特之处在于以天人关系及其悖合之不同作为人生命运的规律性认识的依据,从而于个体可以合理解释"时"与"幸"的不同,于社会可以起到某种警示和规导作用。

综上所述,王安石对于天人关系问题有四个方面的阐述。从最高的原理(道)的角度讲天人关系,所要解决的是人生社会的根本的原理、规律的形上依据,即人道承接天道,是天道的反映。从道德原理的角度讲天人关系,实质是将儒家伦理道德观念和原则提升到形上的地位。从现实人事的角度讲天人关系,是为了确立对待天变和人事关系的理性态度和合理法则。从人生命运的角度讲天人关系,是要解释人之贤不肖与贵贱祸福之间的实际冲突,并以道德价值理性作为协调这种冲突的观念依据。合起来看,王安石对天人关系问题的阐释,不同于传统的天人合一和天人相分的说法,而走的是另一条路子,就是既看到天、人之间的不同,又看到二者之间存在某种统一。这个理路提供了一种不同的看法,丰富了传统天人关系论的内容。

第三节 性命学说

中国哲学史关于人性问题的讨论,一个根本的论题就是人性善恶之辨。先秦孟子主性善论,荀子主性恶说,汉扬雄以人性为善恶混,唐韩愈以三品论性,李翱则以性善情恶说取代人性问题上的善恶之争。至宋代,人性问题仍是儒者关注的一个焦点,但解决这一问题的方法已发生重大转变,就是人性论已演变为一种性命或性理学说,而并非仅停留于善恶之争。儒者多并不直接判定人性之善或恶,而是从性(理)气关系、性情关系来讨论人性之本质与善恶问题,张载和二程(及朱熹)所谓天地之性与气质之性的论述就是如此。在这个理论转变过程中,王安石的看法也十分值得重视,突出的表现在两个方面,一是明确提出"道德性命"的论说,一是以此论说为依据,系统批评传统人性论,并通过这种批评显现出其个人的思想主张。

何谓道、德、性、命,其得以提出的根据何在?王安石说:"道者,万物莫不由之者也。命者,万物莫不听之者也。"①道就是万物生成的根源和存在的依据,也是万物所应当遵循的原理和规律。命就是万物存在状态的决定者。德是道在人的体现,或人对道的禀得。性之一词,在王安石有着较复杂的含意,他首先提出好恶为性,并以其根源在天。他说:"好恶者,性也。天命之谓性。作者,人为也,人为则与性反矣。《书》曰:'天命有德,五服五章哉!天讨有罪,五刑五用哉!'命有德,讨有罪,皆天也。则好恶者,岂可以人为哉?所谓示之以好恶者,性而已矣。"②王安石从"天命之谓性"这一命题出发,对性之根源、含意作出阐释,认为性有其形上的来源和根据,这个来源和根据就是"天";又以《尚书·皋陶谟》"天命有德,五服五章哉!天讨有罪,五刑五用哉"来说明天有好恶的本性。就人来讲,天的好恶本性反映到人事上就是天命,因而天命的实质也就是好恶。王安石这里是基于解释《洪范篇》"无有作好,无有作恶"而提出好恶为性,但这种阐释背景的特殊性并不妨害其中包含普遍性的意蕴,此即强调性与天相通,也即是说性有其形上的根据。

在王安石,不仅性有其形上根据,道德性命作为一联贯之整体亦有其形上根据。王安石说:

---

①② 《洪范传》,《临川集》卷六十五。

> 盖五行之为物也,其时,其位,其材,其气,其性,其形,其事,其情,其色,其声,其臭,其味,皆各有耦,推而散之,无所不通。一柔一刚,一晦一明,故有正有邪,有美有恶,有丑有好,有凶有吉,性命之理,道德之意,皆在是矣。①

水火木金土五行是构成万物的五种基本物质元素,这在《尚书·洪范》已被看做一个基本事实。以后五行学说不断发展和完善,王安石《洪范传》就以五行为天生万物的生成质料,此即"天所以命万物者",而五行本身又具有相生相继、相克相治的运动变化的性能,五行自身的这种运动变化构成为一个"成变化而行鬼神,往来乎天地之间而不穷"的过程。在这个无穷的变化过程中,不仅五行之间互相为耦,并且五行在时、位、材、气、性、形、事、情、色、声、臭、味诸方面也是"皆各有耦",此即是"耦之中又有耦焉"。五行之间这种不同层次的多样的耦的关系推散开来,就演生出无限纷繁的客观世界。此无限纷繁之客观世界受其固有的刚柔晦明的激荡推移,就有了正邪、美恶、好丑、吉凶诸价值,此诸价值又构成为一个意义世界。而儒学所推重的"道德之意"和"性命之理"皆出自此意义世界,也是对此意义世界的提升。归结起来,道德性命固然首先是人生社会的本质内涵,但又并不仅仅是来自人生社会,而是客观世界演生的产物;也就是说,道德性命有其宇宙论的根源,其发生和存在的根据可以追溯到宇宙发生之初。故此,道德性命有着形而上的宇宙论的根据,因而是必然的。

道德性命既有共同的宇宙论根源,则其为一整体应属无疑。王安石也特别强调这一点,他说:

> 道德性命,其宗一也。道有君子有小人,则命有顺有逆,性有善有恶,固其理。又何足以疑也。伊尹曰:"兹为不义,习与性成。"出善就恶谓之性亡,不可谓之性成,伊尹之言何谓也?召公

---

① 《洪范传》,《临川集》卷六十五。

曰"惟不恭厥德,乃早坠厥命"者,所谓命凶也。命凶者固自取,然犹谓之命。若小人之自取或幸而免,不可谓之命,则召公之言何谓也?是古之人以无君子为无道,以无吉德为无德,则出善就恶谓之性亡,非不可也。虽然,可以谓之无道,而不可谓之道无;小人可谓之无德,而不可以谓德无凶;可以谓之性亡,而不可以谓之性无恶。孔子曰:"性相近也,习相远也。"言相近之性以习而相远,则习不可以不慎,非谓天下之性皆相近而已矣。①

此段文字体现出王安石对道、德、性、命诸概念的总括性看法。其中"道德性命,其宗一也"一句,尤为紧要。王安石还讲到:"先王所谓道德者,性命之理而已。"②这就是说,儒学所谓道德,落实到人,就是"性命之理";而儒学所说人之性命,究其根底,就是道德。合言之,道德性命在根本意旨上是相同的。这个观念,是王安石人性学说的总纲,也是他讨论性情关系、性命关系的理论依据。这里,所谓道有君子小人,德有吉凶,性有善恶,命有顺逆,从观念上讲是对传统儒学的继承,其特殊意义在于对"道德性命,其宗一也"这个总纲的分疏。王安石虽然对道、德作有进一步的解说,但更为关注的是对性、命的理解。在其思想系统中,性命学说是一个十分突出的课题。王安石对于上述性有善恶、性与习之关系及命有顺逆、命凶固为自取、幸免亦为命诸观念都有详细的分疏。

先讨论性的问题。性既有其形上的根据,并与天命相通,则不难推知,物应有物之性,人应有人之性。这一点,在王安石思想中有所表现。但关于物性谈得不多,突出的有一例:"水曰润下。""润者,性也。……冬,物之性复。复者,性之所。故于水言其性。"③这讲的是物(水)性。但这一方面在王安石的性论中并不占主要地位,他所着重的是对人性的探讨。例如,"夫人之性,心充体逸则乐生,心郁体劳则

---

① 《再答龚深父论语孟子书》,《临川集》卷七十二。
②③ 《虔州学记》,《临川集》卷八十二。

思死。"①此"性"指一般的生活习性,而不是本质意义上的人性。对于本质意义上的人性,王安石从性之善恶及性情关系诸方面作了阐释。值得注意的是,王安石对于物性与人性是否相通及作为天命表现的性如何体现于人、物,并没有明确阐释。这大概是王安石与理学家在性论上的一个很大的不同。

王安石论性主要是从性情关系切入,围绕性情关系问题展开。他说:

> 夫太极者,五行之所由生,而五行非太极也。性者,五常之太极也,而五常不可以谓之性。此吾所以异于韩子。且韩子以仁义礼智信五者谓之性,而曰天下之性恶焉而已。五者之谓性,而恶焉者,岂五者之谓哉?孟子言人之性善,荀子言人之性恶。夫太极生五行,然后利害生焉,而太极不可以利害言也。性生乎情,有情然后善恶形焉,而性不可以善恶言也。此吾所以异于二子。……且诸子之所言,皆吾所谓情也,习也,非性也。扬子之言为似矣,犹未出乎以习而言性也。②

> 性情一也。世有论者曰:"性善情恶。"是徒识性情之名,而不知性情之实也。喜怒哀乐好恶欲未发于外而存于心,性也;喜怒哀乐好恶欲发于外而见于行,情也。性者,情之本;情者,性之用。故吾曰性情一也。彼曰性善,无它,是尝读孟子之书而未尝求孟子之意耳。彼曰情恶,无它,是有见于天下之以此七者而入于恶,而不知七者之出于性耳。故此七者,人生而有之,接于物而后动焉,动而当于理则圣也,贤也;不当于理则小人也。③

按上引文字,就本来意义讲,性无所谓善恶,"不可以善恶言",就是说不能直接以善或恶来定义性。性与五常的关系犹如太极与五行的关

---

① 《风俗》,《临川集》卷六十九。
② 《原性》,《临川集》卷六十八。
③ 《性情》,《临川集》卷六十七。

系,但又并不对等,五行由太极所派生是一必然命题,而五常由性所派生则是一或然命题。因为性可能派生出五常,但并不必然派生出五常,而也可能派生出恶,此即"性可以为恶也"。性与善恶之间不能直接联通,其间起关键作用的是"情",也就是说,只有通过情,性与善恶之间才可以产生联系,因为所谓善恶只是"情之成名"而已。故而性情关系在王安石性论中是一个非常紧要的问题。王安石认为,性情本来统一,是一个整体,在此整体中,性是情的本质和根源,情是性的作用和表现。所谓情,一指与性相违背的情欲,如:"欲易发而性难知,此情性之所以正反也。""去情却欲以尽天下之性。"①一指与性合为一体的喜怒哀乐好恶欲之实际表现的情。前者不涉及性之本质,而是人性修养中所当排去者,故不足与论性。后者才是王安石所要着重讨论的。性和情的统一,具体说就是:"喜怒哀乐好恶欲未发而存于心",就是性;"喜怒哀乐好恶欲发于外而见于行",就是情。这实际是以未发、已发判别性和情。喜怒哀乐好恶欲本身是人生而俱有的,就其作为人所共有这一点讲,并没有善恶之分,而是作为人性的共有内涵而存于心,同时又是情之根源所在,即当这七者"接于物而后动",才有了情,才有善恶之分,也才有圣贤与小人之别。其间的区别依据在于是否"当于理",当于理就为圣贤,不当于理就为小人。

根据上述,王安石对历史上言性的各种学说都作出了评判。在他看来,韩愈以五常界定性的内涵或者可通,但据五常来判定善恶则悖谬难通,因为五常是纯善无恶的。纯善无恶的五常即使照韩愈讲的"反于一而悖于四",也不能据以界定性之恶的问题,而只能解释为此意义上的性(恶)与五常无关。而孟荀之言性,则说的是情,是习,而不是性。孟子主性善说,根本的一点是以恻隐之心人皆有之;荀子主性恶说,根本的一点是以善者伪也。如果孟子之说要能成立,必须要证明"怨毒忿戾之心,人皆无之";如果荀子之说要能成立,必须要证明

---

① 《礼乐论》,《临川集》卷六十六。

"恻隐之心,人皆无之"。① 而事实上,二者都不能给予证明,因为恻隐之心与怨毒忿戾之心都有其共同的内在根源,只是感物而动之后的表现方式各异而已。这个共同的内在根源就是喜怒爱恶欲,喜怒爱恶欲感于外而后出乎中者为善,"然后从而命之曰仁也,义也";反之,"然后从而命之曰不仁也,不义也"。② 孟荀直接以性为善或恶,实际上是说的"情之成名",即喜怒爱恶欲感物而动之后的实际表现,而并不是指喜怒爱恶欲存于心的原始状态,即未发状态。喜怒爱恶欲与喜怒哀乐好恶欲所表达的意思一致,前者盖为后者之略称。王安石既以喜怒哀乐好恶欲存于心的未发状态为性,而已发状态为情,则自然不存在性善情恶的问题,或至少是不能把性情关系等同于善恶关系。李翱虽说过"情有善有恶,而性无不善",③这是从成圣之可能性上讲性情关系;而从性情关系的本来意义讲,则主张性善情恶,强调二者的对立。李翱所谓情,指喜怒哀惧爱恶欲的决定者和发生者,即"喜怒哀惧爱恶欲七者,皆情之所为也"。④ 王安石所谓情,指喜怒哀乐好恶欲发于外而见于行的表现。二者所说情之所指有很大不同,一指与性对立,而发生并表现为喜怒哀惧爱恶欲,一指与性同源,而只是此同一之源即喜怒哀乐好恶欲的外在表现。王安石认为,李翱一类的看法,其错误之处在于强调性情对立,而没有看到性情有相同的本质,二者原为一体。

综上所述,王安石以性情一体,性是情之本,情是性之用,性情所同者为喜怒哀乐好恶欲(或喜怒爱恶欲)。喜怒哀乐好恶欲为人所共有,其本身并没有善或恶的属性。当这七者存于内(心),就是性;当这七者发于外而见于行,就是情。在性的层面,这七者无所谓善恶,因而性也无所谓善恶,此即"性不可以善恶言";但又既可能导出善,也可能导出恶,因而"性可以为恶也"。其原因在于,在情的层面,喜怒哀乐好

---

① ② 《原性》,《临川集》卷六十八。
③ 李翱:《复性书》,《李文公集》,影印文渊阁《四库全书》本,第10页。
④ 《李文公集》,第6页。

恶欲于感于物而动之后,亦即发于外而见于行之时,既可能是善,也可能是恶。而孟荀所说性,照王安石的理解,其实并非本原本来之性,而都是就情说性,都是以情之一端(或善或恶)来规定性。李翱则片面强调性情的对立,而没有看到性情本源同一。不难看出,王安石以性情一体,强调二者之本质一致及先后关联,并不表明情之可以实际表现为善或恶与性之非善非恶之间没有冲突,即由性到情及善恶之间如何转换? 对此,王安石解释说:"盖君子养性之善,故情亦善;小人养性之恶,故情亦恶。"①养性就是对未发之喜怒哀乐好恶欲加以涵养体察,因涵养体察的价值指向(善恶)不同,故有情之善恶的不同,有君子小人之分。反过来讲,说到善恶或君子小人,就是指情而言,而不是性分之内的事,"故君子之所以为君子,莫非情也;小人之所以为小人,莫非情也。"②也就是说,人之有君子小人,有善有恶,其直接决定者是情,而不是性。

在性的本来意义上,王安石以性并不就是善或恶,只是可以导出善或恶,故而以孟荀之性善、性恶论为就情和习言性,而以扬雄性善恶混说为"近似"。扬雄性论的问题在于以实际的善恶相混为性之内涵,即性中实有善恶,而并非从性的本来意义上以性为可能善或可能恶,实质仍是以习、情言性,故而只能说"近似"。而在由性到善恶之间的可有之现实性这一意义上,王安石站在儒学伦理价值的立场,明确主张对性加以"习"和"养"而转出善,但这并不等于可以排除恶的存在,或者说恶就不存在。正是基于这一点,王安石以孟子所说性善为正性,而以扬雄所说性善恶混为兼性,即"兼性之不正者言之也"。在此意义上,性与善恶又是有紧密联系的。而且,作为善、恶的实际代表的贤与不肖,究及根本,都确可以于性中寻得其根据。故王安石说:

> 贤之所以贤,不肖之所以不肖,莫非性也。……夫人之生,莫

---

① ② 《性情》,《临川集》卷六十七。

不有羞恶之性。有人于此,羞善行之不修,恶善名之不立,尽力乎善以充其羞恶之性,则其为贤也孰御哉?此得乎性之正者而孟子之所谓性也。有人于此,羞利之不厚,恶利之不多,尽力乎利以充羞恶之性,则其为不贤也孰御哉?此得乎性之不正而扬子之兼所谓性者也。……今乎羞利之不厚,恶利之不多,尽力乎利而至乎不肖,则扬子岂以谓人之性而不以罪其人哉?亦必恶其失性之正也。①

这里,王安石认为人生而有"羞恶之性"。"羞恶"之意与未发之喜怒哀乐好恶欲在性质上并无不同,即都有朝着善或恶发展的两种可能性。而现实中有的人羞善行之不修,恶善名之不立,因而致力于善以扩充其羞恶之性;有的人则羞利之不厚,恶利之不多,因而致力于利以扩充其羞恶之性。前者是"得乎性之正者",即实现了正性;后者是"得乎性之不正"者,即发展了性的不正的一面。但不论是正性还是不正之性,都是源出于性,实质的根源只有一个(此处即是指"羞恶之性")。正是基于这个意思,王安石认定,贤与不肖都有其内在的本质决定者,即都是受性支配的。进一步说,贤不肖之所以有实际的不同,并非性的不同,而是由于此有着不同发展可能的同一之性在转为现实之后的结果不同。进而,王安石申述其个人立场,就是以羞恶之性转化出善而为贤的路向为正性,而以羞恶之性转化出利(指私利)而为不肖的路向为不正之性。这反映出王安石性论在价值指向上,主张为善去恶。仅就上段文字看,体现在以扬雄之兼性说也有恶不肖者"失性之正"的意思。

王安石还以性与善恶的关系来解释智愚何以不同的问题。他说:

孔子曰:"性相近也,习相远也。"吾是以与孔子也。……然则孔子所谓"中人以上可以语上,中人以下不可以语上","惟上智与

---

① 《扬孟》,《临川集》卷六十四。

下愚不移",何说也？曰：习于善而已矣,所谓上智者；习于恶而已矣,所谓下愚者；一习于善一习于恶,所谓中人者。上智也,下愚也,中人也,其卒也命之而已矣。有人于此,未始为不善也,谓之上智可也；其卒也,去而为不善,然后谓之中人可也。有人于此,未始为善也,谓之下愚可也；其卒也,去而为善,然后谓之中人可也。惟其不移,然后谓之上智；惟其不移,然后谓之下愚。皆于其卒也命之夫,非生而不可移也。①

按通常理解,孔子所谓上智下愚不移和中人以上及以下,应属知性范畴的问题,而未必与道德的善恶有直接关系。王安石也有这种看法,认为性与善恶的关系不同于智愚的关系,恶者改过迁善,并坚持习于善,可以"性失而复得",然"愚者之于智也,或不可强而有也"。② 而从上引文字,毋宁说王安石更倾向于以善恶言智愚,具体说就是,所谓上智、中人和下愚,是从其习于善抑或习于恶及其最后结果而言,并不是说有所谓天生不移的上智者和下愚者存在。如果有人从未为不善,可称之为上智者；如果有人从未为善,可称之为下愚者；如果有人"一习于善一习于恶",可称之为中人。这三种情况都是存在的,并且都是从最后的结果作出的判断,而不是在人生之初就先定的。也正是在始终一贯的习于善或始终一贯的习于恶的意义上,才可以说上智与下愚不移。故此王安石认同于孔子"性相近也,习相远也"之说。这里,王安石从习与善恶的关系来理解孔子上智下愚之说,是以道德的善恶来理解知性上的智愚问题,其目的在于使人慎习并由相近之性转向善,转为善。

以上是对性的讨论,接下来讨论命。王安石说：

> 知我者,其天乎！此乃《易》所谓知命也。命者,非独贵贱死

---

① 《性说》,《临川集》卷六十八。
② 《原性》,《临川集》卷六十八。

生尔,万物之废兴皆命也。①

显然,这是对命所作的广义的理解,即不单指贵贱死生有命,并且"万物之废兴皆命也"。这个广义之命,换一种方式表述,就是把"非人力之所及者"和"人之所为"都看做命。一般往往以非人力所能控制者方称作命,譬如,人之才德当处贱得祸者反而处贵得福,而才德当处贵得福者反而处贱得祸。这其中多有非人力因素的作用。至于人之才德可以成为圣贤还是成为不肖,则是"在我者",即可以由人力的自我选择和控制,因而往往不称之为命。王安石则认为,不仅人的贵贱祸福是有命在起作用,并且"凡人之圣贤不肖,莫非命也"。② 其理由是:

> 然孟子曰:"仁之于父子也,义之于君臣也,礼之于宾主也,知之于贤者也,圣人之于天道也,命也,有性焉,君子不谓命也。"由此而言之,则圣贤之所以为圣贤,君子虽不谓之命,而孟子固曰命也已。不肖之所以为不肖,何以异于此哉?③

这即是说,仁义礼智及天道通过父子、君臣、宾主、贤圣而得以体现。孟子所谓"命也,有性焉,君子不谓命也",当从两方面理解:从父子、君臣、宾主、贤者应有的内在本质规定性来讲,仁义礼智就是性,是应然地存在于此诸主体之中,圣人作为天道的体现,也反映了圣人的本性;从父子、君臣、宾主、贤圣所应当且必然承当的道德义务来讲,仁义礼智就成为内在之命,天道之于圣人也是如此。但在君子,仁义礼智并不仅仅是命,而更是人之为人的内在之性。王安石引孟子之说,当然并不反对孟子以仁义礼智为性,他本来就以孟子之性善为正性。王安石所强调的是,就人之应有的道德义务来讲,孟子以仁义礼智圣为命,固有其理,固得其当。故王安石以圣贤之所以为圣贤可谓命,不肖之

---

① 《答史讽书》,《临川集》卷七十五。
② 《对难》,《临川集》卷六十八。
③ 《对难》,《临川集》卷六十五。

所以为不肖当然也是受命的决定使然。

关于命,扬雄谓:"命者,天之命也,非人为也。人为不为命。"①孟子谓:"莫非命也,顺受其正。"②扬雄所说命指天命,排除了人为因素的作用。孟子所说命则兼天命和人为而言之,更具广泛义。王安石以孟子所谓命为兼命(兼命之不正者),以扬雄所谓命为正命。对此二说,王安石并不执持一面,而是以其言"各有所当",并据此二说分析人之贤不肖及死生贵贱与才德之关系。他说:

> 扬子之所谓命者,正命也。孟子之所谓命者,兼命之不正者言之也。……有人于此,才可以贱而贱,罪可以死而死,是人之所自为也。此得乎命之不正者,而孟子之兼所谓命者也。有人于此,才可以贵而贱,德可以生而死,是非人之所为也。此得乎命之正者,而扬子之所谓命也。……才可以贱而贱,罪可以死而死,则孟子岂以谓人之命而不以罪其人哉?亦必恶其失命之正也。③

所谓正命就是指"非人之所为"者,也就是指事情的结果非人力人为所能决定和控制,像才可以贵而贱,德可以生而死一类;所谓兼命就是兼指"命之不正者",也就是说,除正命以外,也强调"人之所自为"即人为人力的作用,像才可以贱而贱,罪可以死而死一类。王安石认为,孟子虽持兼命说,然并非就以"才可以贱而贱,罪可以死而死"为然,而是必然要"恶其失命之正"。以上关于命的论述,综合起来,就是"贤而尊荣寿考,不肖而厄穷死丧,莫非命也"。④

总之,王安石的性命学说不仅从总体上对道德性命的来源作了探讨,而且从性情关系、性命关系诸方面对性之本义、性与善恶之关系及命之诸义都有系统阐述。如果从道德性命之学为北宋前期儒学复兴运动的一大共同课题来考虑,周、张、二程对此课题所作之研讨对于儒

---

① 《法言·问明》。
② 《孟子·尽心上》。
③④ 《扬孟》,《临川集》,卷六十四。

学发展固然有继往开来之功,对于儒学在有宋一代形成为居学术主流地位的理学确有奠基意义,而王安石的性命学说于理学之形成未必有直接的关系,然以其卓然一家之说,于此一儒学复兴运动及其未来走向却是不仅不容轻忽,且其影响当是极为深远的。

第四节　圣王之道与儒者修身

儒学讲求成圣,而儒学史上为儒者所普遍尊崇的圣人并非只有一个两个,也就是说不同的时期可能有不同的圣人。那么,圣人之同处是什么,又因何而异？王安石认为,圣人的共同之处就是"圣之为名,道之极,德之至也"。①"夫圣者,至乎道德之妙而后世莫之增焉者之称也。"②即是说,圣人就是道德的极致。具体讲,圣人以道而言称为神,以德而言称为圣,以事业而言称为大人。王安石说：

> 孟子曰："充实而有光辉之谓大,大而化之之谓圣,圣而不可知之之谓神。"夫此三者,皆圣人之名,而所以称之之不同者,所指异也。由其道而言,谓之神；由其德而言,谓之圣；由事业而言,谓之大人。③

这也就是说,圣人是道、德、事业的集合体和最高表现。因为"道之至在于神","神非圣则不显,圣非大则不形"。④故此,"圣人之言行,岂苟而已,将以为天下法也。"⑤

以上叙述可看做关于圣人的共性描述。而问题在于,作为个体的圣人总是有所不同的。孟子就以伯夷为圣之清者,伊尹为圣之任者,

---

① ⑤ 《三圣人》,《临川集》卷六十四。
② 《夫子贤于尧舜》,《临川集》卷六十七。
③ ④ 《大人论》,《临川集》卷六十六。

柳下惠为圣之和者,孔子为圣之时者,为集大成者,并下断语云:"伯夷隘,柳下惠不恭。隘与不恭,君子不由也。"①王安石接着孟子说:"圣人之所以能大过人者,盖能以身救天下之弊耳。""是故使三圣人者,当孔子之时,则皆足以为孔子也。然其所以为之清,为之任,为之和者,时耳。岂滞于此一端而已乎!""孟子之所谓'隘与不恭,君子不由'者,亦言其时尔。"②这即是说圣人本质上是一致的,但由于"时"即时势的不同,不同时期的圣人,其具体表现必然不同,如果处在相同的历史环境中则必有相同的表现。王安石认为,伯夷和柳下惠正是由于"因时救弊"而使其自身现出隘与不恭的弊端。表面看,这个表述仅仅是对孟子之说所作的解释;而实际上,在王安石,是要解决作为共性一般的圣人与作为个性特殊的圣人如何统一的问题。

"时"是先圣后圣为何不同的原因,也是先圣后圣相继以身救弊的客观根据。由此出发,王安石虽终身致力古学,但坚决反对食古不化,反对盲目崇古。他断言,"太古之道不可行于今",若一味以治乱之术"归之太古,非愚则诬"。③因为天下之事"固有迹同而实异者",若不知"权时之变",只是一味追求合于古之礼义,则往往"所同者古人之迹,而所异者其实也。事同于古人之迹,而异于其实,则其为天下之害莫大矣"。④故此,王安石说:"圣人所以贵乎权时之变者也。"⑤意谓圣人之所以高出众人,就在于能够权"时之变",因时制宜。这些观念也是王安石批评时政、力主变法的思想基础。嘉祐三年戊戌(1058),王安石向仁宗进言:"臣以谓今之失,患在不法先王之政者,以谓当法其意而已。"⑥所谓"法其意",就是事求合于古人之实,实质是要求趋时变

---

① 《孟子·公孙丑上》。
② 《三圣人》,《临川集》卷六十四。
③ 《太古》,《临川集》卷六十九。
④ 《非礼之礼》,《临川集》卷六十七。
⑤ 《非礼之礼》,《临川集》卷六十七。
⑥ 《上仁宗皇帝言事书》,《临川集》卷三十九。

法。六年辛丑,又进言:"以古准今,则天下安危治乱尚可以有为,有为之时莫急于今日。过今日,则臣恐亦有无所及之悔矣。"①王安石的疾首恳切之言,以北宋中前期"内则不能无以社稷为忧,外则不能无惧于夷狄,天下之财力日以困穷,而风俗日以衰坏"②之现实考之,绝非耸人听闻。惜乎当时未被采纳,而后来者行之不笃。

圣人以身救弊既是出于"时"之需要,则其中蕴含另一层意思,就是"圣人之心不求有为于天下,待天下之变至焉,然后吾因其变而制之法耳"。③与此相应,圣人在事功上则行王者之道。王安石说:"王者之道,其心非有求于天下也,所以为仁义礼信者,以为吾所当为而已矣。"④就其初心讲,圣人与王者是一致的,就是并非心求有为于天下;但一旦时势需要,则能应天下之变化而为世间立法,推行仁义礼信于天下。就道术讲,王者与霸者都遵循和运用仁义礼信(此为"天下之达道"),然二者"心异而已。其心异则其事异,其事异则其功异,其功异则其名不得不异也"。具体讲,王者之道"以仁义礼信修其身而移之政,则天下莫不化之也。是故王者之治,知为之于此,而不知求之于彼,而彼已化矣"。霸者之道则不然,其心未尝怀有仁义礼信,却患天下恶其不仁不义不礼不信,"故霸者之心为利,而假王者之道以示其所欲。其有为也,惟恐民之不见而天下之不闻也,故曰其心异也。"由于王者和霸者之心不同,故其事功也必异。"王者无所劳于天下,而天下各得其治。虽得其治,然而莫知其为王者之德也。"霸者则如世之惠人,"寒而与之衣,饥而与之食,民虽知吾之惠而吾之惠亦不能及乎广也。"故此,王安石说:

夫王霸之道则异矣,其用至诚以求其利,而天下与之。故王

---

① 《上时政疏》,《临川集》卷三十九。
② 《上仁宗皇帝言事书》,《临川集》卷三十九。
③ 《夫子贤于尧舜》,《临川集》卷六十七。
④ 《王霸》,《临川集》卷六十七。以下所引未注明者皆出此篇。

者之道虽不求利,而利之所归(引者按,"而利之"据宋本《王文公文集》补)。霸者之道必主于利(引者按,"必",《临川集》作"不",此据宋本),然不假王者之事以接天下,则天下孰与之。①

此即是说,王霸之道皆可以求得天下之利,然王者之道不以利为心,而天下之利归之;霸者之道则专主于利,但只有假借王者之事来应付天下之人,才可以实现其利,否则无从获利。显然,这里所谓利是有所分别的,王者之利指天下之公利,霸者之利则指个己之私利。王安石对王霸之分辨是以公利之心和私利之心的对立为基准,王者之心是以公利为心,霸者之心是以私利为心。由此不同,因有事、功、名的不同。上述看法是对传统儒学王霸义利之辨的继承和发展,而与理学家以理欲(公私)别王霸亦有一致之处。并且,就王安石一生的居官主政看,他所谋所求之利无疑是建立在此王霸之辨的基础上,因而以言利攻王安石者,可谓未得其旨。

在王安石看来,实现王者之道,成就圣人之事功,当然是儒者的应有使命。但若未得其"时",也并不意谓儒者的价值有所降低,而是仍有其可为之域。王安石说:"夫所谓儒者,用于君则忧君之忧,食于民则患民之患,在下而不用,则修身而已。"②所谓忧君之忧,患民之患,可以说是儒学一贯强调的社会忧患意识和伦理责任。这与曾主持庆历新政的范仲淹所说"先天下之忧而忧,后天下之乐而乐"意旨相通。所谓修身,在王安石具有修养论和知识论双重意义。下面对此作一讨论。

王安石说:

> 五事(貌言视听思)以思为主而貌最其所后也,而其次之如此,何也?恭其貌,顺其言,然后可以学而至于哲。既哲矣,然后

---

① 《王霸》,《临川集》卷六十七。
② 《子贡》,《临川集》卷六十四。

能听而成其谋。能谋矣,然后可以思而至于圣。思者,事之所成终而所成始也;思所以作圣也。既圣矣,则虽无思也,无为也,寂然不动,感而遂通天下之故,可也。①

这里所说貌、言、视、听、思五事就是作为修身的内容来讲的。王安石以此五事为"修身之序",也就是以此五事为通向圣人的阶梯。此五事是人身之最切近者,王安石特别强调用礼乐予以规范和陶化,认为礼乐用以养人之性,一如衣食用以养人之形气,都是不可或缺的。他说:"衣食所以养人之形气,礼乐所以养人之性也。"又说:"礼者,天下之中经。乐者,天下之中和。礼乐者,先王所以养人之神,正人气而归正性也。"这即是说,礼乐的作用在于养人神,正人气,并使人归于正性(即善)。这也是王安石主张用礼乐修身的根本价值指向。王安石认为,人之形体是"有生之本",养形就在于"育气",而"气之所禀命者,心也"。② 即是说,心是气得以运行和生成出具体形态的决定者。王安石进而提出,育气在于宁心,宁心在于致诚;又由育气达于宁心、致诚、尽性;尽性就能体现神。这里,气、神、性是最根本的环节。王安石主张以礼乐作为修养身心的根本法则。而礼乐作为法则,主要是针对人的性情起到规范和陶化作用,同时在人的感官层面又具有"养生"作用。既是这样,则具体到人的视听言动,当然应以礼乐为准则。这当中,颜渊之问,非礼勿视听言动具经典意义。王安石认为,非礼勿视听言动既不是将视听言动的标准诉诸他人,也不是要人为地掩耳、掩目、止口、止躬以回避天下之物,而是指礼融入人之性,使得人"不听之时,有先聪焉。不视之时,有先明焉。不言之时,有先言焉。不动之时,有先动焉"。也就是说,视听言动有其内在的所以然的决定者,此即是"聪明者,耳目之所能为,而所以聪明者,非耳目之所能为"。③ 这个所以然的决定者就是礼乐。王安石说:

---

① 《洪范传》,《临川集》卷六十五。
②③ 《礼乐论》,《临川集》卷六十六。

> 圣人之遗言曰：大礼与天地同节，大乐与天地同和。盖言性也。大礼，性之中；大乐，性之和。中和之道，通乎神明。故圣人储精九重，仪凤凰，修五事而关阴阳。是天地位而三光明，四时行而万物和。①

所谓大礼、大乐，其特点是"极简而无文"，"极易而希声"。这正是"先王建礼乐之本意"。大礼、大乐是基于人性之中和而建立，当然也应成为养生修性的大经大法。故此，王安石之礼乐论首在确立礼乐之宇宙本体地位，所谓"与天地同节"，"与天地同和"，即有此意。就人而言，大礼大乐合乎人性之中，则运用礼乐来规范陶化人之感官及性情，当然也就非常必要。一方面运用礼乐来养气修身，一方面通过此修养使人归于正性。王安石推重礼乐，不仅仅是出于养生修性的需要，也有转化社会风俗，确立儒家礼乐在社会生活中的主导作用的现实考虑。这从他明确批评跟随释老之养生修性为"顺流俗而已"，也可以看出。

从上述看，在直接的意义上，礼乐对人的外在的感官及行为起规范和引导作用。而就人的精神和知识修养来说，则还须另有方法。王安石说：

> 万物莫不有至理焉，能精其理则圣人也，精其理之道在乎致其一而已，致其一则天下之物可以不思而得也。《易》曰"一致而百虑"，言百虑之归乎一也。苟能致一以精天下之理，则可以入神矣；既入于神，则道之至也。夫如是，则无思无为，寂然不动之时也。虽然，天下之事固有可思可为者，岂可以不通其故哉？此圣人之所以又贵乎能致用者也。致用之效，始见乎安身。盖天下之物，莫亲乎吾之身，能利其用以安吾之身，则无所往而不济也。无所往而不济，则德其有不崇哉？故《易》曰："精义入神以致用，利用安身以崇德。"此道之序也。……夫身安德崇而又能致用于天

---

① 《礼乐论》，《临川集》卷六十六。

下,则其事业可谓备也。事业备而神有未穷者,则又当学以穷神焉。能穷神,则知微知彰,知柔知刚。夫于微彰、刚柔之际皆有以知之,则道何以复加哉?圣人之道至于是而已也。且以颜子之贤而未足以及之,则岂非道之至乎!圣人之学至于此,则其视天下之理皆致乎一矣。天下之理皆致乎一,则莫能以惑其心也。……语道之序,则先精义而后崇德;及喻人以修之之道,则先崇德而后精义。盖道之序则自精而至粗,学之之道则自粗而至精。此不易之理也。①

上述文字讲到两层意思,一是"道之序则自精而至粗",也就是"先精义而后崇德"。这是就圣人而言。圣人"精"于万物之理,并将万物之理会归于"一",又据此"一"反观天下万物之理。圣人可谓入于神而合于道者,虽无思无为,寂然不动,却又感而遂通天下之故。故圣人是"精义入神以致用,利用安身以崇德"的表征。二是"学之之道则自粗而至精",也就是"先崇德而后精义"。就是说,先有身安德崇,而后致用于天下,发为事业。若于"神"有所未穷,则当从学以穷神。穷神意指知微知彰,知柔知刚。能穷神,则近于道,也就是归于"一"。这两层意思有一个共同的学理根据或来源,就是"一"。道由精至粗,就是此"一"散发为万物之理;学由粗至精,就是以安身崇德为基点,穷知"天下之理",并致天下之理于"一"。王安石强调"一"的重要性,其着眼点在于为安身崇德确立终极的根据和归宿,同时也为成就圣人事业寻得学理上的支撑点。而"一"无论是作为道之至的基础,还是作为为学的目标,都依赖于能否"精"天下万物之理。精在王安石同时具有认识方法和修养方法的意义,上引文中反复讲到"精其理"、"精义",就有这个意思。王安石对于"精"还有进一步的阐述:"不失色者,容貌精也。不失口者,语默精也。不失足者,行止精也。"这即是说精对于言貌行止的

---

① 《致一论》,《临川集》卷六十六。

修养既是一种方法,又是一种衡量标准。精甚至具有本体的意义:"精者,天之所以高,地之所以厚,圣人所以配之。"①惟其如此,故王安石以"精"为圣人修养成就的标志,也是众人知命达道的方法。他说:"志致一之谓精,唯天下之至精为能合天下之至神。精与神一而不离,则变化之所为,在我而已。是故能道万物而无所由,命万物而无所听也。"②这里讲到所谓"精",就是"志致一",也就是心志专一。这是大凡人都有可能做到的。而只有圣人才能达到"至精",因而"能合天下之至神",也就能够"道万物而无所由,命万物而无所听"。无疑,精之方法是具普遍意义的方法,只是并非每个人都能实际做到,正如造父号称善驾,羿号称善射,并非由于车马和弓矢不同,而是造父、羿能精,而众人不能精而已。故王安石于神宗即位初年就进言道:"不淫耳目于声色玩好之物,然后能精于用志。能精于用志,然后能明于见理。能明于见理,然后能知人。……则法度之行,风俗之成,甚易也。"③也就是说,"精"关系到推行法度、转移风俗这样的治国平天下的头等大事。

从上述看,精之方法侧重修身的内在方面,以安身崇德为始发,而以归致天下万物之理于"一",达于平治天下、德配天地为归宿。就修身之外在方面讲,着重从貌、言、视、听、思五事着手,以颜子之非礼勿视听言动为根本范式,强调礼乐对人之行为和情性的规范和陶化作用。而内、外两方面又是交互作用,内在方面必然指向外在之行事,外在方面也涵有化礼成性,或者说以礼乐化导人而归于正性的意思。而这,也就是王安石所说儒者修身的基本内容。

---

① 以上内容见《致一论》,《临川集》卷六十六。
② 《洪范传》,《临川集》卷六十五。
③ 《进戒疏》,《临川集》卷三十九。

第五节 小 结

王安石自早年即"欲与稷契遐相希",①立志发扬"孔子大道",与同志之士誓约:"晤言相与入圣处,一取万古光芒回。"②百年之后,陆九渊评价说:"扫俗学之凡陋,振弊法之因循,道术必为孔孟,勋绩必为伊周,公之志也。"③综观王安石平生之学术与事业,可谓无负其志。

王安石学术根基于儒学,也以发明儒学为职志。就上面所述看,其儒学思想包括检讨儒学传承谱系,探究天人之际,创立道德性命学说,体认圣王(即内圣外王)之道并开掘修(身)养(性)理论。对儒学传承谱系的检讨,表现出王安石对孔孟儒学的特别推崇,也反映出王安石对儒学自身先后相承的自我检讨、自我批评传统的继承,及儒学至有宋之世所具有的自我觉醒和创新趋向。对天人之际问题的探讨一方面是对天人相分和天人感应二说的批评,另一方面肯定天、人之间在最高原理(道)、道德伦理及现实人事诸方面有着承接或对应关系,但并不以为人只能消极地应天而行,尤其在对待人生命运问题上,王安石将命运的主宰权诉诸主体自我,而其间的价值标准就是儒家伦理道德价值观念,也就是将人之贤不肖归之于主体自我,而将人生之富贵贫贱归之于天。所以,尽管王安石说过:"齐明其心,清明其德,则天地之间所有之物,皆自至矣。……变化之应,天人之极致也。"④但我们不能简单地将其与天人感应或天人合一之论等同起来,而是继承孟子思想的同时对于主体自身又有所规限,这恰恰是为了破除天人感应论

---

① 《忆昨诗示诸外弟》,《临川集》卷十三。
② 《寄王逢原》,《临川集》卷七。
③ 《荆国王文公祠堂记》,《陆九渊集》卷十九,第 232 页。
④ 《礼乐论》,《临川集》卷六十六。

的束缚而给人心保留自由、能动的空间。

最能体现王安石创造性的是其道德性命学说，它不仅一般地解释了道、德、性、命诸概念的意义，而且特别地阐释了道德性命作为一个整体的形上根据及性情关系、性命关系等问题。值得一提的是，王安石反对以五常论性，而陆心源从《圣宋文选》辑得王安石《性论》一文，则明确地以五常为性："性者，五常之谓也。才者，愚智昏明之品也。……性者，生之质也，五常是也。虽上智与下愚，均有之矣。盖上智得之之全，而下愚得之之微也。夫人生之有五常，犹水之趋乎下，而木之渐乎上也。谓上智者有之，而下愚者无之，惑矣。"①这里，以五常为性之本质内涵，以上智下愚为才之不同，在思想观念和论证逻辑上都直接源自孟子，所反对的是韩愈"混才与性而言之"。然而，这些观念与前述以未发、已发论性情毕竟有重大的不一致之处。这个不一致是否就表明王安石思想存在矛盾？深究起来，恐怕未必。王安石在性论上有正性、兼性之说，这里接孟子之绪而径以五常为性，其隐含的所指可能就是正性。总之，王安石的道德性命思想表明儒学已开始发生主题转换和新统趋于建立。尤其是王安石在人之为人的层面将道德性命之根源归诸人心："先王之道德出于性命之理，而性命之理出于人心。"②确乎能让人联想起后来的心学。

贺麟先生指出，王安石的基本思想"在哲学上和陆象山最接近"，"王安石开陆王先河"。③冯友兰先生则以程颢为陆象山心学的源头。二说或可参互而观。就全部上述内容来看，王安石是否直接影响到陆九渊心学，或需另作讨论，但以王安石之儒学思想为有宋儒学之重要一家并对后来儒学之发展起着重要影响，则大概是不易之论。

---

① 《临川集补遗·性论》，《临川先生文集》，中华书局上海编辑所，1959年，第1064页。
② 《虔州学记》，《临川集》卷八十二。
③ 贺麟：《文化与人生》，商务印书馆，1988年，第285、293页。

第五章

周敦颐的儒学思想

周敦颐(1017—1073),字茂叔,原名惇实,后因避英宗旧讳改名惇颐,亦作敦颐。道州营道县(今湖南道县)人。十五岁丧父,随母移居京师开封舅氏龙图阁直学士郑向家,郑向旋守杭州,因以入杭。大约二十四岁,因龙图公的叙例关系,开始步入仕途。周敦颐一生只在江西、湖南、四川、广东一带作过地方官,没有直接参与上层政治活动,然政声颇佳,分宁之狱、南安抗谏、端州惩贪皆表现出不同凡响的治事能力。尽管如此,周敦颐仍是以一个境界高远和富于创新的学者身份而倍受推崇。他有着超越的精神境界,身在宦途,却雅好山林,时人称他"人品甚高,胸怀洒落,如光风霁月"。[①] 周敦颐学无师授,广览博识,儒佛道均有涉猎,而以对儒道的研讨为尤精,一生从未停止讲学和著述,二程就曾不止一次问学于周敦颐。周敦颐的主要哲学著作有《太极图

---

① 黄庭坚:《濂溪词并序》,见《周子全书》卷十九,台湾商务印书馆印清董榕辑本,1978年,第317页。

说》和《通书》。后人将他的著述编为《周子全书》。晚年,周敦颐定居庐山,堂前有小河流经,因远在道州的老家处于濂溪之上,便称庐山新居旁的小河为濂溪,名其书堂为濂溪书堂,以志乡关于目中。后世学者便称他为濂溪先生,称其学术思想为濂学。

周敦颐的著作在当时影响并不大,未能广传。到了南宋,道学兴盛,周敦颐被尊为"道学宗主",他的著作受到普遍重视,引起的争议也非常多,主要有两个问题:一是周敦颐是否理学开山,一是《太极图》及图说是否周敦颐自作。归结起来,《太极图》问题是全部争议的焦点。自南宋初年至清代初期以至当代,许多学者针对这些问题作了广泛的考证。值得指出的是,所谓《道藏》所载《上方大洞真元图》是唐代作品并构成周敦颐《太极图》直接来源的说法,似乎并不能成立,[①]而由朱震发其端,清初考据学家黄宗炎、朱彝尊、毛奇龄诸氏续其后的种种考论,似乎并没有提供《太极图》不是周敦颐自作的充分证据;并且,北宋以后,道教领域出现大量直接套用《太极图》或将此图改为《无极图》及其近似图式的作品。因此,在承认周敦颐受到道家道教某些观念影响的前提下,将《太极图》及图说归之周敦颐自作并对北宋以后的儒道二家产生了同样广泛的影响,是可以成立的。[②] 或者有一个问题倒是长期未引起足够重视,就是最先认为《太极图说》与《通书》"不类"的陆九韶曾提出一种意见,以《太极图说》为周敦颐"学未成时所作",[③]即是说,《太极图说》是周敦颐早年的作品。然究为何时之作,待考。

仅就《通书》而论,以周敦颐道继孔孟,纯然儒家学者,是毫无疑义的。但相比较而言,《太极图说》在理学(指与心学相对的理学)中的实际意义和重要性当更为突出,表现在几乎所有的理学家对《太极图说》都格外推崇,其中尤以朱熹《太极图说解》、曹端《太极图说述解》的论

[①] 参见李申:《太极图渊源辨》,《周易研究》1991年第1期。
[②] 〔日〕吾妻重二:《太极图的形成》,《日本中国学报》第46集,东京:日本中国学会,1994年;并见杨柱才博士论文《周敦颐哲学研究》第一、二、三章,北京大学,1996年。
[③] 《濂溪学案》下,《宋元学案》卷十二,第500页。

述最为详尽,儒学立场也更为彻底。然而值得注意的是,南宋以至元明时期道教领域对于《太极图说》同样表现出十分浓厚的兴趣,许多道教徒据以阐述炼精化气,炼神化虚,证道成仙的理论。元初李道纯所作《太极图》及《太极图颂》、《太极图解》可谓其中的特出者。尽管儒道二家的阐释在价值取向和运思方式上明显不同,但就各自的观念系统而言,都做到了自圆其说。这无疑说明周敦颐的《太极图说》存在着不同解释的可能性。从这个意义上讲,朱熹决然以《太极图说》发圣人之精蕴,并据以推周敦颐为道学宗师,的确显得有些勉强。

所谓理学开山问题,当从两方面考虑:一方面,从理学系统的发展看,自朱熹首定周敦颐为道学宗师以后,宋明时期的理学家大都响应和遵从了这一说法。也就是说,以周敦颐为理学(即朱熹所谓道学)开山,在理学范围内是逻辑上一致的,因而是可以说得通的。至于朱熹的这一主张是否合理,则又是另一个问题。事实上,反对周敦颐《太极图说》的学者如陆九渊等,实质上都是反对朱熹。另一方面,就周敦颐学术思想本身言,《太极图说》和《通书》是否宗旨一致,即《太极图说》在思想宗旨和价值根基上是儒学的抑或道家道教的?毫无疑问,是儒学的。理由有二:一是"立人极"和"无极而太极"在观念意蕴上是相贯通的,体现了周敦颐对于儒学的重要创新;一是李道纯等道教学者对于《太极图说》的阐释,与理学一派的分歧主要是在前半节,尤其集中在"无极而太极"一句,朱熹释作"无此形状而有此道理",①李道纯则训为"不可极而极之谓也",②"莫知其极而极";③而对于后半节尤其"立人极"之说则基本没有分歧。这也就是说,道教学者承认《太极图说》的儒学理念,而理学家则始终维护《太极图说》的儒学立场。综合上述两个方面,不难看出,周敦颐的《太极图说》是极具原创性的,《太极图

---

① 《周子全书》卷一,第5页。
② 李道纯:《中和集》卷一,《正统道藏》第七册,上海书店,1987年,第5224页。
③ 李道纯:《全真集玄秘要》,《正统道藏》第七册,第5295页。

说》和《通书》一起构成了一个以儒学价值理念为根本取向的学术思想系统。

综上所述,周敦颐的学术思想代表了中国哲学的某种新的发展方向,在某种意义上直接影响到宋明理学的发生和形成。他本人当可视作理学的先驱,但还不是理学的开山,理学真正的奠基和开山者是二程。[1] 本文正是在这个基点上来讨论周敦颐的儒学思想。

第一节 《太极图说》

《太极图说》和《通书》应当是一个整体。朱熹说:"盖先生之学之奥,其可以象告者,莫备于太极之一图。若《通书》之言,盖皆所以发明其蕴,而《诚》、《动静》、《理性命》等章为尤著。"[2] 主张将《太极图说》和《通书》结合起来进行理解。应当说,这一看法是符合周敦颐本意的,同时对理解周敦颐思想也不失方法论的意义。周敦颐的儒学思想主要是通过《太极图说》和《通书》而得以体现出来。

从根本的观念系统讲,周敦颐的儒学思想主要以"无极而太极"、"诚"和"立人极"等概念为支撑。其中,"无极而太极"和"诚"是相贯通的,而这又取决于对《太极图说》的理解。兹录《太极图说》全文于下:

> 无极而太极。太极动而生阳,动极而静;静而生阴,静极复动。一动一静,互为其根;分阴分阳,两仪立焉。阳变阴合而生水火木金土,五气顺布,四时行焉。五行一阴阳也,阴阳一太极也,太极本无极也。五行之生也,各一其性。无极之真,二五之精,妙合而凝。乾道成男,坤道成女。二气交感,化生万物,万物生生而

---

[1] 冯友兰:《中国哲学史新编》第五册第51、52章,人民出版社,1988年。
[2] 《太极图说通书书后》,《周子全书》卷十一,第206—207页。

变化无穷焉。惟人也,得其秀而最灵,形既生矣,神发知矣,五性感动而善恶分,万事出矣。圣人定之以中正仁义(自注:圣人之道,仁义中正而已矣)而主静(自注:无欲故静),立人极焉。故圣人与天地合其德,日月合其明,四时合其序,鬼神合其吉凶。君子修之吉,小人悖之凶。故曰:立天之道曰阴与阳,立地之道曰柔与刚,立人之道曰仁与义。又曰:原始反终,故知死生之说。大哉易也,斯其至矣。①

对上引文字,论者多判作两节,分别作解释,以前半节即自"无极而太极"至"万物生生而变化无穷焉"讲宇宙论,而以后半节即自"惟人也得其秀而最灵"至末尾"大哉易也,斯其至矣"讲人生论或修养论。做这样的理解不免肢解了《太极图说》,很容易因论者的各取所需而导致重大分歧。应当说,《太极图说》自始至终都同时包含宇宙论和价值形上学两方面的意思,应当从宇宙论和价值形上学相结合的角度对《太极图说》作统贯一体的解析。具体说,宇宙论讲天地万物之来源和演化过程,是对宇宙化生过程的客观性描述,主要范畴有太极、动静、阴阳、五行万物等。价值形上学讲宇宙人生的意义问题,其中儒家的伦理价值占主导地位,表明周敦颐不仅仅要为现实的社会人生寻找价值安立之处,确立人的生存价值和意义,更试图建立一个完满的意义世界,其主要范畴有诚、人极、中正仁义、无欲故静、原始反终等。宇宙论表述的主要是有形且可见的客观世界,价值形上学表述的主要是无形但可感的意义世界。客观世界和意义世界并不是绝然分立的两个世界,而是圆融为一的。因而,宇宙论和价值形上学并不是各自孤立的,而是紧密相联,相互融通。宇宙论具有伦理价值的意义,价值形上学不离生生不息的运动性。下面,对此作一分疏。

太极—诚 历来对"无极而太极"一语的解释众说纷纭,归结起

---

① 《周子全书》卷一、卷二,第2—32页。下引《太极图说》不再出注。

来,主要有两种意见:一是以朱熹为代表的"无形而有理"说;一是陆九渊以"无极而太极"合于老氏宗旨,①及至后世学者直以"从无而为有,有生于无"②释之。然则,按《太极图说》和《通书》为一个整体,"无极而太极"和"诚"当是相贯通的,"无极而太极"就是"太极—诚"。"太极—诚"既是宇宙论的根源,又是宇宙万物尤其是人生的价值和意义的根源。"太极—诚"从最初状态演生出具体的动静过程、阴阳二气和五行万物,表现了宇宙论的生化过程,同时也是价值形上学逐步展开的过程。

"无极而太极"在《太极图》中对应最上一圈,在《太极图说》中是周敦颐哲学的最高范畴。无极和太极虽用语不同,意义则一致,二者本然一体,并非太极之上复有无极,或者无极演生出太极。从宇宙化生论看,无极而太极侧重于追寻客观世界的生化根源。"无极"一词出自《老子·知其雄章》,"太极"一词出自《易传》。对于"太极"之义,汉唐时期多解作"气",张载指为"太虚"。邵雍则说:"心为太极。又曰道为太极。"③朱熹释作"理"。在周敦颐,太极并没有这样的确切所指,而是含具动、静两种性能,太极因动而彰显其生化功能,因静而保持其自身同一性。动静两种性能是太极作为宇宙万物的根源所具有的内在规定性,也就是说,太极并不具有明显的质的规定性,而是性能的规定。当动静两种性能处于隐伏状态,即潜在的动静时,二者统一于太极;当二者进入显发状态,即动静性能表现为具体的动静形式和过程,太极便衍生出阴阳二气,此二气是形质之气。阴阳二气内含太极,也具有动静的属性。阴虽主静,但含动之机能;阳虽主动,但含阴之根性。具有这样的性质和功能的阴阳二气交互作用,便衍生出金木水火土五行。五行也具有阴阳二气所含具的功能和属性,即包含太极和动静。所以

---

① 《陆九渊集》卷二,中华书局,1980年,第24页。
② 侯外庐等主编:《宋明理学史》上卷,第61页。
③ 《观物外篇上》,《观物篇》卷三,上海古籍出版社,1992年,第48页下。

《太极图说》云:"五行一阴阳也,阴阳一太极也,太极本无极也。"就是说,五行同一于阴阳,阴阳同一于太极,太极也就是无极。这里所谓"同一于"是指抽去了具体形质和过程,是指功能和属性而言。

二气五行都含有太极,都处于具体的包含了太极的动静变化过程之中,因而也就不仅仅是机械的静止之物,而是活动的有机联系的运动之物。随着其运动过程的展开,二气五行便产生出具有阴阳属性的世界万物,此即"无极之真,二五之精,妙合而凝。乾道成男,坤道成女"。这里,"男女"既指性别上的人的男女,也是世界万物的阴阳两部分的代称。分属阴阳的世界万物随着太极、阴阳二气和五行的运行变化而生生不已,变化无穷。所以说:"二气交感,化生万物,万物生生而变化无穷焉。"人作为宇宙万物的一份子,也是由二气五行生化演变而来,同时又是万物中独得灵秀之气、最具神识能力者。故《太极图说》云:"惟人也,得其秀而最灵,形既生矣,神发知矣,五性感动而善恶分,万事出矣。"人与万物一起构成了富于生机活力的现实世界,此世界主要的是指客观存在的世界,然而又是充满意义的世界。

"无极而太极"又具有价值形上学的意义。在程朱,先确立最高的范畴"理",以宇宙化生过程为理气的演化过程,而世界万物皆有其理,自然存在的世界并不是纯粹客观性具有优先性,而是理本身具有绝对优先性,实际是伦理价值意义的绝对优先性。朱熹说:"未有天地之先,毕竟也只是理。有此理,便有此天地;若无此理,便亦无天地,无人无物,都无该载了。"又说:"且如万一山河大地都陷了,毕竟理却只在这里。"[①]在周敦颐,并没有这样明确的理的设定,太极并不直接是理。太极范畴已如上述,是动静两种性能的合一状态的表征。然而,进入意义领域,即周敦颐通过对客观世界生化过程的描述而力图建立意义世界,赋予客观世界以价值意义时,太极便是天道性命的代称,实际与"诚"一致。

---

① 《朱子语类》卷一,中华书局,1994年,第1、4页。

《通书》的"诚"的范畴,从价值形上学看,既是意义世界的终极根源,也是意义世界的高度集中的表现。就客观世界和意义世界的一体联贯而言,太极可以"诚"释之,以"诚"解太极能够说明周敦颐哲学的一贯纲领。诚和太极是同质、同体并同用的。

　　首先,诚和太极是同质的。所谓同质,是指二者的性能和状态相同。太极作为宇宙万物的根源,是动静两种性能合一的原始存在状态,是无形质无方所的,故亦称无极。太极的本真状态是"厥彰厥微,匪灵弗莹"①的,也就是说,太极既是精微不可见的,又在宇宙化生过程中随处彰显,只有通灵妙应的人心可以察知。而能够始终自觉察知太极之义的,只有圣人。《通书》说:"圣希天,贤希圣,士希贤。"②此所谓天,非谓形体之天,而是近似性情之天,实则是太极之别称。与此相应,诚作为价值形上学的核心范畴和意义世界的极至状态,其性状和特点是"寂然不动者,诚也",③"诚,无为"。④ 诚的这种性状和特点近似太极的本真状态。显然,诚的儒家伦理道德内涵在这种状态中是潜隐的、悬置的,但不是不存在,只是没有被普遍地觉察到,只有圣人能够自觉觉察。因为圣人在价值认知和精神境界上与诚始终完全同一。《通书》说:

　　　　诚者,圣人之本。
　　　　圣,诚而已矣。⑤

据此,太极和诚同处本真状态时是对等的,都具有本原意义,二者在传统儒家的圣人那里得到充分证实和表现,也从而达到结合。《通书》说:"无思而无不通,为圣人。"⑥圣人思、通的对象就是诚和太极。通过

---

① 《通书·理性命第二十二》,《周子全书》卷九,第168页。
② 《通书·志学第十》,《周子全书》卷八,第146页。
③ 《通书·圣第四》,《周子全书》卷八,第135页。
④ 《通书·诚几德第三》,《周子全书》卷七,第126页。
⑤ 《周子全书》卷七,第116、123页。
⑥ 《周子全书》卷八,第145页。

圣人,太极和诚的同质性的结合也正体现了客观世界和意义世界的相互结合。《太极图说》云:"故圣人与天地合其德,日月合其明,四时合其序,鬼神合其吉凶。"所谓天地、日月、四时和鬼神,是对客观世界的表述,而德、明、序、吉凶则是对意义世界的分疏。这里,客观世界和意义世界的结合反证了太极和诚具有同质性,故可以诚解太极。随着客观世界和意义世界的结合在宇宙生化过程的各个阶段的展开,太极和诚相结合的各种可能形态也不断显现出来。

其次,诚和太极是同体的。所谓同体,是指太极和诚同时并以等同的方式存在于宇宙生化发展过程的各个阶段,如动静阴阳、五行万物和人群社会。也就是说,太极和诚同时处于相同的过程之中,而不是说太极和诚同属于另外的某个实体或个体。从前述宇宙论看,太极作为宇宙之根源是没有具体质的规定性的一种性能状态,价值形上学的诚在现实的人生社会表现出道德伦理的意义,而在宇宙的原初状态并不具有明确显现的实际内容,是寂然不动、无思无为的。太极通贯、内蕴于宇宙生化的全部过程,同时又是生化的主体。诚也具有这种地位和性能,只是较多地表现出价值意义。《通书》说:"大哉乾元,万物资始,诚之源也。乾道变化,各正性命,诚斯立焉。"[1]乾元和乾道,在周敦颐,即是指宇宙万物产生之初的太极以及太极演生宇宙万物的流行变化过程。"诚之源",在于"乾元",亦即天,意谓诚跟太极一样,是"万物资始"的根源,而不是在"万物资始"之后才有了诚的出现。"诚斯立"是说在作为宇宙根源的太极不断演生天地万物的流行过程中,天地万物虽同源于太极,却因流变而形成了各自特有的内在规定性(即性命),诚的价值意义于此得到确立和彰显,价值形上学的意义世界也便充分展开。

第三,诚和太极是同用的。所谓同用,是指诚和太极在宇宙万物的演生变化过程中具有相同的功能和作用,且二者不可分割。在客观世

---

[1] 《周子全书》卷七,第116页。

界,太极因内在的动静性能的变化而产生出阴阳二气,又因二气而产生五行,以至万物,而太极又同时内蕴于二气、五行和万物之中。诚也具有太极的发生功能。《通书》说:"诚,五常之本,百行之源也。……五常百行,非诚非也,邪暗塞也。"[1]五常指仁义礼智信,百行指世间的种种人事。正如太极能演生宇宙万物,诚也能演生宇宙万物,尤其赋予万物以价值意义。在意义世界,诚的价值形上学意义得到充分的分化和显现,通贯于天地、日月、四时和鬼神。人生社会因性情杂染而有了善恶之分,诚便成为人们为善去恶的准则,此即"君子修之吉,小人悖之凶"。诚也是成圣成贤的范则,此即"性焉安焉之谓圣,复焉执焉之谓贤"。[2] 宇宙论的太极在这里也有诚的意义和作用,表现为在天地人三分的格局中容纳诚的价值意义。《太极图说》云:"故曰立天之道曰阴与阳,立地之道曰柔与刚,立人之道曰仁与义。"天道、地道和人道实际上都是由太极与诚所共同分化出来的,阴阳、刚柔和仁义是太极和诚的价值意义的同时显现。这三者并立,说明太极和诚在宇宙生化及其价值意义呈现的过程中具有同等的功能和作用。因此,从同用这一点看,以诚解太极是符合《太极图说》所表达的逻辑的。

综合上述,"无极而太极"这一范畴可以表述为"太极—诚"。太极作为宇宙论上的万物根源,是动静性能合一的状态表征,这个意义上的诚是寂然不动、无思无为而又无所不通的,其仁义中正的道德伦理含义是潜隐的,然而同太极一样,又贯通万物过程的始终。太极产生阴阳二气、五行万物和充满意义的人生世界,诚在这一过程中逐渐展开、扩充和彰显。人的生存意义在于,在获得生成过程的同时,获得了价值和意义世界,人的使命就在于通过对现实的宇宙人生的客观过程和图景的了解而领悟其中生生不息、普遍流行的"太极—诚"所彰显的意义世界,从而把生命积极地投向对最高的"太极—诚"境界和状态的

---

[1] 《周子全书》卷七,第123—124页。
[2] 《通书·诚几德第三》,《周子全书》卷七,第127页。

体悟与趋近。儒家圣人与"太极—诚"的境界和状态的完全合一,是周敦颐关于人生价值理想的终极设定。

立人极 "立人极"讨论意义世界的根本价值问题,与"太极—诚"相联通,是基于《太极图》最下一圈"万物化生"展开,在《太极图说》对应于后半节文字,即自"惟人也,得其秀而最灵,形既生矣,神发知矣,五性感动而善恶分,万事出矣"到最末一句"大哉易也,斯其至矣"。这与前半节所表达的意思有所区别,但并不是说《太极图说》的两节文字之间存在隔膜,事实上两节文字是前后一贯的。前节文字虽侧重客观世界的描述,然蕴含着对宇宙根源和最高价值根源的开掘。后节文字揭明人生过程的价值真实性,即宇宙之源便是人生价值之源;同时,作为对意义世界的表述,又是客观世界的延伸,是客观世界最终根源和价值源头——"太极—诚"的充分显现。所谓立人极,是说圣人通过对宇宙人生意义的通达了悟而将人生的终极价值意义以最高原则的方式给以肯定,将"太极—诚"之精蕴实现于人间世,为社会人生立法。立人极的核心内容就是中正仁义。

《太极图说》云:"圣人定之以中正仁义而主静,立人极焉。"中正仁义是传统儒家的道德精神,周敦颐用以表达人极的道德内容。其中"仁义"是沿袭传统儒家的义项。"中正"在周敦颐有着特殊的含义,有必要作一分疏。

"中"出自《中庸》:"喜怒哀乐之未发谓之中,发而皆中节谓之和。"中与和相对,中指喜怒哀乐之情的未发状态,和指喜怒哀乐之情既发后符合适当节度的状态。中、和是对情感状态的描述和规限,周敦颐也直接沿用了这两个概念。周敦颐说:

> 古者圣王制礼法,修教化,三纲正,九畴叙,百姓太和,万物咸若。乃作乐以宣八风之气,以平天下之情。故乐声淡而不伤,和而不淫。入其耳,感其心,莫不淡且和焉。淡则欲心平,和则躁心释。优柔平中,德之盛也;天下化中,治之至也。是谓道配天地,

古之极也。后世礼法不修，政刑苛紊，纵欲败度，下民困苦。谓古乐不足听也，代变新声，妖淫愁怨，导欲增悲，不能自止。故有贼君弃父，轻生败伦，不可禁者矣。呜呼！乐者古以平心，今以助欲；古以宣化，今以长怨。①

这里，将中、和与乐联系起来。乐的功效在于使八风之气得到宣发，使天下之情得到平定。乐声应当淡雅而不伤情，平和而不湎溺，淡雅平和的乐声入人耳，感人心，也就能产生淡雅平和的效果。因为淡雅之乐能平抑人心的杂欲，平和之声能化解人心的躁乱。和淡之乐感化人心，教化社会，使之达到优柔平中，进入中和状态，社会即趋于大治之世。这既是圣人之道参合天地的表征，也是上古盛世的极至。此处"中"专就乐声对人生社会的教化而论，意指人的情感欲望达到中和状态。

"中"在周敦颐还有另一更重要的含义，就是人性论的"中"。《通书》载：

> 刚善刚恶，柔亦如之，中焉止矣。②

> 曰："性者，刚柔、善恶、中而已矣。""不达。"曰："刚善，为义，为直，为断，为严毅，为干固；恶，为猛，为隘，为强梁。柔善，为慈，为顺，为巽；恶，为懦弱，为无断，为邪佞。惟中也者，和也，中节也，天下之达道也，圣人之事也。故圣人立教，俾人自易其恶，自至其中而止矣。③

这里，把人性分为五种：刚善、刚恶、柔善、柔恶和中。刚恶和柔恶都属恶一类；刚善和柔善虽属善，但都有偏失，刚善失之峻刻，柔善失之迁纵。只有"中"之性，是纯善无恶，且刚柔兼济而无偏失。把人性分为

---

① 《通书·乐上第十七》，《周子全书》卷九，第161—162页。
② 《通书·理性命第二十二》，《周子全书》卷九，第168页。
③ 《通书·师第七》，《周子全书》卷八，第140—141页。

五等,在周敦颐,既是对现实的人生作出深入考察后得出的结论,又具有理论建构的意义。尤其"中"之性是五性的最高标准,也是社会走向完满性的标准。换言之,"中"就是人性和社会的全面和谐。这即是天下的达道,圣人的职事也正在于此。

显然,"中"的第二方面即人性论的含义比第一方面即乐教论的含义更为深刻全面,也更为重要。但二者还是有联系的,针对善恶分立和情感杂伪而倡导"中"即性情的符合节度和整体和谐,是二者的共通之处。可以说,"中"在周敦颐,是人性论的核心准则,也是人生价值意义的核心内容之一。

"正"主要指道德意义上的公正、公明和正当。"正"首先是公正,即对事理的明达和对人事的公明态度。《通书》载:

> 公于己者公于人,未有不公于己而能公于人也。明不至则疑生。明,无疑也。谓能疑为明,何啻千里。①
>
> 圣人之道,至公而已矣。或曰:"何谓也?"曰:"天地至公而已矣。"②

公而无私,明而无疑,才称得上"正"。圣人之道是至公至明的,因为天地生物载物是至公无私的。"正"与人的行为有直接关系。周敦颐说:

> 动而正曰道,用而和曰德。匪仁,匪义,匪礼,匪智,匪信,悉邪矣。邪动,辱也;甚焉,害也。故君子慎动。③

动、用两字在这里很晦涩,难确知其所指。但可以肯定,是指人的行为和活动,且主要是指道德性的活动。从非仁、非义、非礼、非智、非信则邪辱害甚这一反面的判断,可以见出这一点。正如道和德总是联称,"正"与"和"也存在某种关联。行为活动既正当且和谐,便合于道德。

---

① 《通书·公明第二十一》,《周子全书》卷九,第167页。
② 《通书·公第三十七》,《周子全书》卷十,第196页。
③ 《通书·慎动第五》,《周子全书》卷八,第137—138页。

可见,正不仅指人事的公正、公明,更因其与伦理道德相关而含有人生存在的价值意义,还因其与"和"相对应而表现出与"中"有着内在相关性。

综合上述,"中正仁义"在周敦颐有着宽泛而又明确的道德内涵,构成"人极"的主体义项,并表现出高度自觉的道德理性功能。周敦颐说:

> 圣人之道,仁义中正而已矣。守之贵,行之利,廓之配天地。岂不易简!岂为难知!不守,不行,不廓尔。[1]

圣人立人极,就是确立中正仁义在人生中的价值主导地位,并自觉地执守和践行中正仁义,进而将其推扩至宇宙万物,与天地相参配。中正仁义作为道德理性精神和道德伦理观念及原则的概称,是"太极—诚"在意义世界的显发,亦即圣人代生民所立的道德极则。

在周敦颐,"太极—诚"既有宇宙论意义,又有本体论特征。就宇宙之根源意义说,"太极—诚"是动静性能的合一状态,同时又蕴含了价值发生功能。《中庸》说:"诚者,天之道也;诚之者,人之道也。"所谓天之道,就是说"诚"无思无为而又具有生化万物并赋予其意义的功能。所谓人之道,也就是以天道之诚作为人的生存价值之源和意义归宿。周敦颐《通书》的"诚"也是这个意思。"太极—诚"也就是宇宙论和价值形上学双重义项的合一,"太极—诚"演生出阴阳二气和五行万物,阴阳二气具有刚柔、仁义的价值意义,五行与仁义礼智信五常相关联,也表现出突出的价值意义。作为天地、日月、男女、鬼神等总汇的万物,其价值意义表现为健顺、明暗、刚柔、吉凶等。如果说在宇宙论所表述的客观世界,"太极—诚"的价值意义内涵尚不明显,那么进入人生社会领域即意义世界之中,"太极—诚"的价值性能则得到了充分的彰显。"太极—诚"是"人极"的宇宙论根据,也是其本体论依据。人

---

[1] 《通书·道第六》,《周子全书》卷八,第138—139页。

极是圣人为人生社会确立的最高道德范则,其内涵是儒家的道德理性原则的中正仁义,实际上既源于"太极—诚",又是"太极—诚"的具体表现;宇宙生成及其意义的最终根源的"太极—诚"与表现为中正仁义的最高价值原则的"人极"具有内在的开启和相承的关系。这实际是从本体论的高度表达了道德价值原则的必然依据,也表达了人生道德价值的必然性。作为认知和实践主体的人,是以"无欲故静"的方式保障对人极的遵循和对道德价值的获取,又通过"原始反终"和"知死生之说"来确立积极的生命态度和道德价值的实现途径。站在为宇宙和人生社会寻求道德理性原则的角度看,周敦颐儒学思想的由"太极—诚"、"立人极"等观念范畴构成的理论系统,对于消除道德人格和理性精神普遍荒诞堕落的五代残习,对于北宋社会步入稳定有序的状态和建立知识分子的独立人格都不失其积极意义。从某种意义上讲,宋儒"为天地立心,为生民立命"的历史使命感在周敦颐已开其端。

第二节　孔颜乐处

据《年谱》,庆历六年丙戌(1046),周敦颐三十岁,任南安军司理参军,时程珦知虔州兴国县,假倅南安,二人因以相识。程珦视周敦颐之气貌,即觉非同寻常,"与语,果知道者",于是结为友,并令二子颢、颐师事之,当时大程年十五,小程年十四。《宋史·程颢传》载,程颢"自十五六时,与弟颐闻汝南周敦颐论学,遂厌科举之习,慨然有求道之志"[1]。可见,二程从学周敦颐确有所获。程颢说:

> 昔受学于周茂叔,每令寻颜子、仲尼乐处,所乐何事。[2]

---

[1] 《宋史》,第12716页。
[2] 《程氏遗书》卷二上,《二程集》,中华书局1981年,第16页。

这即是宋明理学家普遍感兴趣的孔颜乐处的由来。

周敦颐对于孔颜之学与乐确有独到的理解,认为孔子道德高厚,教化无穷,颜子之学即是学做圣人。周敦颐说:

> 道德高厚,教化无穷,实与天地参而四时同,其惟孔子乎!①
>
> 圣希天,贤希圣,士希贤。伊尹、颜渊大贤也,伊尹耻其君不为尧舜,一夫不得其所,若挞于市。颜渊不迁怒,不贰过,三月不违仁。志伊尹之所志,学颜子之所学。过则圣,及则贤,不及则亦不失于令名。②

以孔子为圣人,以伊尹、颜渊为大贤。圣人希天,贤者希圣,士子则希贤。这实际是指明人的道德精神境界的进展方向和人生价值的实现途径。周敦颐具体解释说,伊尹之志是致君尧舜,致力于治理国家。这可以说代表了传统儒家所谓外王之道。颜子之学是积极加强自我道德修养,不迁怒于人,有过则改且止,勤勉践行仁德。这可以说代表了传统儒家所谓内圣之学。普通的"士"应志伊尹之所志,即以伊尹为榜样,致力于治理国家和为社会民众谋福利。同时,学颜子之所学,即是效法颜回,加强道德修养,追求圣人的精神境界。对此志和学的践行,超过伊尹、颜子就是圣人,达到伊尹、颜子的水准就是贤人,即使没有达到伊尹、颜子的水准,只要真诚地践行了,也不失令名。可见,周敦颐所谓孔颜乐处,是以内圣外王为具体内涵,其根本基础则在于内圣之学,即道德伦理观念和道德人格精神的培养与扩充。

周敦颐说:

> 颜子一箪食,一瓢饮,在陋巷,人不堪其忧,而不改其乐。夫富贵,人所爱也。颜子不爱不求,而乐乎贫者,独何心哉?天地间有至贵至爱可求,而异乎彼者,见其大而忘其小焉尔。见其大则

---

① 《通书·孔子下第三十九》,《周子全书》卷十,第197页。
② 《通书·志学第十》,《周子全书》卷八,第146—147页。

心泰,心泰则无不足。无不足则富贵贫贱处之一也,处之一则能化而齐。故颜子亚圣。①

这即是说,爱慕富贵是人之常情,但天地间有比富贵更值得爱慕和追求的。就人生价值而言,富贵只是"小",超过富贵的是"大"。见此"大"则心泰,即心体安泰,意境高远。心泰也就无所谓富贵贫贱,而能处之一如。能处之一如,便能在道德操守和精神境界上发生转化而齐于圣。颜子因为见其"大"而心泰,既不贪图富贵,也不厌憎贫贱,而能够在富贵贫贱面前处之一如,因而在陋巷,箪食瓢饮,居此人不堪其忧之境却能始终不改其乐。所以说,颜子是亚圣。这里,"见其大"、"心泰"、"处之一"等词实际是对精神境界的描述,是一种经过道德修养而达到的超道德的精神境界。颜子之"乐"也正是来自"见其大",这个"见其大"实质是见儒家圣人之道。周敦颐说:

> 君子以道充为贵,身安为富。故常泰无不足,而铢视轩冕,尘视金玉,其重无加焉尔!②

以身安道充为富贵,是摆脱了物质欲求束缚之后的高远精神境界。常能如此,则常安泰而无不足不适之感,也就能保持长久的精神快乐,金玉轩冕也就无足轻重。这里所谓"道"即是儒家圣人之道,有这种心泰见道的精神境界,便能蕴为德行,发为事业。周敦颐说:

> 圣人之道,入乎耳,存乎心,蕴之为德行,行之为事业。彼以文辞而已者,陋矣!③

照周敦颐的意思,圣人之道重在道德培养和切实践行,也即是内圣和外王相统一,而不当以文辞为尚,如停留于文辞之表,则只是陋儒而已。

---

① 《通书•颜子第二十三》,《周子全书》卷九,第 171—172 页。
② 《通书•富贵第三十三》,《周子全书》卷十,第 191 页。
③ 《通书•陋第三十四》,《周子全书》卷十,第 191 页。

周敦颐所谓"孔颜乐处"是要恢复传统儒家的圣人之学,并从中获取超越的道德精神境界和人生之乐,为当时的知识阶层确立人生的价值目标。因此,就其动机而言,孔颜乐处也是针对五代以来文人以至整个知识阶层崇尚文辞、沉溺于词章之学的陋习而发,是对浮华的词章之学的直接批判和有力回应。胡瑗在太学以"颜子所好何学论"的论题试诸生,也有这个意思,与周敦颐建立新儒学的立场遥相呼应。而周敦颐的议论更为直截明快,他说:

> 文,所以载道也。轮辕饰而人弗庸,徒饰也,况虚车乎!文辞,艺也;道德,实也。笃其实,而艺其书之,美则爱,爱则传焉。贤者得以学而至之,是为教。故曰:"言之无文,行之不远。"然不贤者,虽父兄临之,师保勉之,不学也;强之,不从也。不知务道德,而第以文辞为能者,艺焉而已。噫!弊也久矣。①

指出不知务求道德,而只是崇尚文辞的弊端流行已久。此弊不除,则文辞只是徒饰虚车,文人只是艺匠。周敦颐认为,文辞应是用以载道的,文辞是形式,道是实质。可以说,这是对北宋初期古文运动关于文与道关系讨论的理论总结,将文学规限到对圣人之道作表述的轨道上来。周敦颐在这里表现出坚持儒家道德伦理价值优先的一贯立场,与其思想重心是一脉相承的。

反对徒尚文辞,提倡文以载道,在周敦颐只是保障儒家圣人之道不被淡化甚或曲解的手段之一。要全面实现儒家道德学说,使个体的生命价值和精神境界确立在孔颜之学的根基上,还必须有积极的方法和措施,此即周敦颐所谓改过迁善和师友之道。周敦颐说:

> 人之生,不幸不闻过;大不幸,无耻。必有耻,则可教;闻过,则可贤。②

---

① 《通书·文辞第二十八》,《周子全书》卷十,第180—181页。
② 《通书·幸第八》,《周子全书》卷八,第144页。

> 实胜,善也;名胜,耻也。故君子进德修业,孳孳不息,务实胜也。德业有未著,则恐恐然畏人知,远耻也。小人则伪而已!故君子日休,小人日忧。①

"无耻"是指德业不修,名胜于实,却偏贪图虚名,伪诈邀誉。无耻之人是不可教的,有羞耻之心者则可以教化。能够虚心听取他人批评,积极进德修业,务求实胜,则可以至于贤人。周敦颐很赞赏子路勇于闻过的精神,他说:"仲由喜闻过,令名无穷焉。今人有过,不喜人规,如护疾而忌医,宁灭其身而无悟也。噫!"②子路喜闻过,见善则迁,故享有令名。如果有过而不能接受他人规谏,则必"不闻过",而终至"无耻",也就心性泯灭而不自觉。在周敦颐看来,改过迁善、进德修业是道德修养的重要方法,必须落到实处,此即尊师重友;师友之道是通向孔颜之乐的必要条件。周敦颐说:

> 天地间,至尊者道,至贵者德而已矣。至难得者人,人而至难得者,道德有于身而已矣。求人至难得者有于身,非师友则不可得也已!③

> 道义者,身有之则贵且尊。人生而蒙,长无师友则愚。是道义由师友有之,而得贵且尊。其义不亦重乎!其聚不亦乐乎!④

韩愈说:"师者,所以传道授业解惑也。"⑤师的职能是传道、授业、解惑,引导学生在学问人品诸方面得到发展。在周敦颐看来,师是"先觉"者,代表"天下善",教导后觉者"自易其恶,自至其中",⑥成为善人。《论语》载曾子语:"君子以文会友,以友辅仁。"朋友间相互切磋,使各自在道德修养上有进步。朱熹解释说:"讲学以会友,则道益明;取善

---

① 《通书·务实第十四》,《周子全书》卷九,第154页。
② 《通书·过第二十六》,《周子全书》卷十,第178页。
③ 《通书·师友上第二十四》,《周子全书》卷九,第175页。
④ 《通书·师友下第二十五》,《周子全书》卷十,第177页。
⑤ 《师说》,《韩愈全集》,上海古籍出版社,1997年,第130页。
⑥ 《通书·师第七》,《周子全书》卷八,第141页。

以辅仁,则德日进。"①师友不仅能帮助启蒙发智,还能在道德修养上进行辅导。有了师友的教导,便能积极培养德性,富有道义,因而贵且尊。周敦颐推重师友之道对宋初讲学之风是积极的肯定,对宋明时期书院式讲学风气的发展也起到一定的推动作用。

综上,周敦颐所谓"孔颜乐处"包括志伊尹之所志,学颜子之所学,见其大则心泰,身安道充,笃其实而去文辞之陋,闻过迁善,进德修业和师友之道等相互关联的内容,其中前半部分主要讲人生价值和精神境界,后半部分讲保障这一价值和境界得以实现的方法和途径。这即是说,超越而持久的愉悦的精神境界并不是空中楼阁,而是有其内在基础和外在手段。前者是指以道德理想和价值关怀为核心内容的生命展开与境界提升,后者是指主体的人主动去除消极的杂染因素,并凭借师友的辅助以确保价值生命朝向最高的精神境界,进而打通日常生活之我与精神境界之我的分隔,使二者合一,从而保持同一的人格气质和精神境界。这两方面的统一也可以说就是精神境界和修养工夫的统一。当然,在周敦颐,修养工夫并不仅指外在方式,更重要的是指内在德性修养。

周敦颐关于"孔颜乐处"的思想在当时就产生了较大的影响,张载的"四为"之志可以说是对周敦颐"志伊尹之所志,学颜子之所学"的发展,二程则心悦诚服地接受了周敦颐"孔颜乐处"的教导。程颢说:"某自再见茂叔后,吟风弄月以归,有'吾与点也'之意。"②"吟风弄月"和"吾与点也"都是对超越的精神境界的描述,表现出洒脱的胸怀。程颐对这一愉悦的精神境界也有着深切的体会,大约二十岁游太学,胡瑗以"颜子所好何学论"试诸生,程颐作成一篇令胡瑗大为惊赞的论文。在此论中,程颐说:

> 颜子所独好者,何学也?学以至圣人之道也……天地储精,

---

① 《论语集注·颜渊篇》,《四书章句集注》,中华书局,1983年,第140页。
② 《程氏遗书》卷三,《二程集》,第59页。

得五行之秀者为人。其本也真而静,其未发也五性具焉,曰仁义礼智信。形既生矣,外物触其形而动于中矣。……凡学之道,正其心,养其性而已。中正而诚,则圣矣。①

又,《外书》载:

> 鲜于侁问伊川曰:"颜子何以能不改其乐?"正叔曰:"颜子所乐者何事?"对曰:"乐道而已。"伊川曰:"使颜子而乐道,不为颜子矣。"②

从上引文字不难看出,程颐在诸多观念上接受了周敦颐的影响。此外,"孔颜乐处"对于心学也发生了影响。王阳明把孔颜之乐解释为人心的本来状态,即"乐是心之本体",寻孔颜乐处也就是回复到心的本来状态。③

总之,孔颜乐处由周敦颐首次提出后,便成为了宋明理学所讨论的重大课题之一。

第三节 周敦颐的地位及影响

周敦颐儒学思想中关于宇宙万物及其价值意义的根源和依据的理论集中体现在"太极—诚"范畴,"立人极"作为实际的人生社会的最高道德价值原则,一方面是源于和本于"太极—诚",另一方面又通过"孔颜乐处"说得到具体印证和普遍推行。就个体而言,如何获得和保持这种贯通,不能不是一个重大问题。周敦颐的"主静"和"一为要"的理论就是针对这一问题而发。

---

① 《程氏文集》卷八,《二程集》,第577页。
② 《二程集》,第395页。
③ 陈来:《有无之境》,人民出版社,1991年,第78页。

周敦颐对"主静"所下的注释是"无欲故静",静即是虚静。从前文所述看,静是"太极—诚"的本来存在状态,"太极—诚"的存在和演化过程具有寂然不动、无思无为的特点。圣人正是因感悟"太极—诚"的"静无而动有"的特性而为人间世建立中正仁义之人极范则。周敦颐说:

> 圣,诚而已矣。诚,五常之本,百行之源也。静无而动有,至正而明达也。五常百行,非诚非也,邪暗塞也。故诚则无事矣。至易而行难。果而确,无难焉。故曰:一日克己复礼,天下归仁焉。①

这里,虽然谈的是诚的本来状态及其宇宙生化功能,以及圣人在道德知性和道德践履上与诚的合一性,但是也揭示了诚的性状表现,此即静时没有具体的实质性内容,而动时则能演生出五常百行。所谓"静无"并不是虚无虚空,而是对诚的没有显现出具体内容及过程的虚静状态的表述。与此相对,"动有"也不是说诚作为实物而存在,而是对诚的具有能够生发出五常百行的功能和过程的表述。因为圣人"至正而明达",也就能够与诚合一,故无须造作,此即"诚则无事矣"。就现实人群而言,作为诚之表现的五常百行虽简易却难于践行,若能识其理并果断坚确,也就易于依诚之原则行事。因此,能在日常生活中坚持克己复礼,天下也就归于仁,此即是"太极—诚"所顺导的理想结果。不难看出,此处关于静的了解具有宇宙论和价值形上学的意义。从方法论上说,"静"便是"守"、"行"中正仁义并"廓之"以与天地参,达到"太极—诚"的有效途径。照周敦颐的意思,对个体的精神修养来说,要实现"静"的心理状态,就必须排除一切感性欲求和杂染。故此,周敦颐对孟子的"寡欲"说持有异议,而提出"无欲"说。嘉祐五年庚子(1060),周敦颐四十四岁,在合州为张宗范书养心亭并作《养心亭

---

① 《通书·诚下第二》,《周子全书》卷七,第124—125页。

说》云：

> 孟子曰："养心莫善于寡欲，其为人也寡欲，虽有不存焉者，寡矣；其为人也多欲，虽有存焉者，寡矣。"予谓养心不止于寡而存耳，盖寡焉以至于无。无则诚立明通。诚立，贤也；明通，圣也。是贤圣非性生，必养心而至之。养心之善，有大焉如此，存乎其人而已。①

在周敦颐看来，无欲"则诚立明通"，达于圣贤。圣贤非天生天定，可由养心而达到，养心的要诀就是无欲。能长存无欲之心，则心体虚静明通，臻于诚之境界。这样的看法在《通书》有更明晰的表述：

> "圣可学乎？"曰："可。"曰："有要乎？"曰："有。""请闻焉。"曰："一为要。一者，无欲也。无欲则静虚、动直。静虚则明，明则通；动直则公，公则溥。明通公溥，庶矣乎！"②

周敦颐以"一为要"作为学至圣人的根本方法。所谓"一"，是指心体专一，排除一切欲念和杂染，专一于圣学。此就"一"之旨归言。就"一"之常态言，便是"无欲"，即没有丝毫私心念虑，这与周敦颐强调动机之善的主张是一致的。《通书》说："诚，无为。几，善恶。"③即是说从动机上区别善恶，进而排除欲念，在精神境界上达于无为之诚。人能无欲，心便澄明，则静时虚寂无为，此即"静虚"；动时公明正直，此即"动直"。静虚和动直不是各自孤立的，而是心体存在状态（即"无欲"）的两种表现，是一体之两面，无欲便能静虚动直。静虚是动直的内在精神依据和最终归趣，动直是静虚之心随事感应而引发的当然行为。静虚则疑虑尽消，明彻无滞，也就通达宇宙万物和人生社会之演变过程，了悟"太极一诚"这一宇宙人生的最终根源和最高价值之源。此即"静虚则

---

① 《周子遗文并诗》，《周子全书》卷十七，第334页。
② 《通书·圣学第二十》，《周子全书》卷九，第165页。
③ 《周子全书》卷七，第126页。

明,明则通"。动直则公正廉明,对人对物没有私意偏失,也就能够周遍万物而不遗。此即"动直则公,公则溥"。而能做到明通公溥,也就接近于圣人。

值得注意的是,"无欲"之说,从观念来源讲,的确与《老子》有关联。《老子》说:"故常无欲,以观其妙。""常使民无知无欲。""我无欲而民自朴。"合起来讲,这些说法是以"无欲"为观照"道"的方法和治民之术。周敦颐沿用"无欲"一说,并不表明他以道家价值原则立场为旨归,相反,是站在儒家立场以"无欲"为"学圣"的方法。尽管如此,周敦颐还是因"无欲故静"一说不时受到儒学内部包括曾受学于他的二程的指摘。然而,周敦颐的儒学思想的形成,可以肯定地说,至少不晚于三十岁,是年周敦颐令来学的二程兄弟"寻孔颜乐处"即是明证。而且,作《养心亭说》之后,周敦颐于嘉祐八年癸卯写了著名的《爱莲说》,更鲜明地表明了他的儒学立场。《爱莲说》全文如下:

> 水陆草木之花,可爱者甚蕃。晋陶渊明独爱菊,自李唐来,世人盛爱牡丹。予独爱莲之出淤泥而不染,濯清涟而不妖。中通外直,不蔓不枝;香远益清,亭亭静植。可远观而不可亵玩焉。予谓菊,花之隐逸者也。牡丹,花之富贵者也。莲,花之君子者也。噫,菊之爱,陶后鲜有闻。莲之爱,同予者何人?牡丹之爱,宜乎众矣。①

既不做隐逸者,也不图谋富贵,而是以君子自期。此实是儒家所追求的独立的道德人格精神,其中蕴含着超迈境界和济世情怀。

从上述看,"主静"和"一为要"是为学成圣的修养方法。就其作用讲,侧重于人生价值和意义的提升,直接地以意义世界的核心价值即中正仁义作为修养的目标。所谓"寻孔颜乐处",实际上也离不开这一方法理论。故此,周敦颐的修养方法的理论也影响到后来的理学家。

---

① 《周子全书》卷十七,第333页。

直接受到周敦颐为学方法影响的当然是二程。二程多次讲到"诚",其中就有周敦颐的启益作用。《程氏外书》卷二云:

> 荀子曰:"养心莫善于诚。"周茂叔谓:"荀子元不识诚。"伯淳曰:"既诚矣,心焉用养邪?荀子不知诚。"①

又,《程氏遗书》卷二上云:

> 孟子言"养心莫善于寡欲",欲寡则心自诚。荀子言"养心莫善于诚",既诚矣,又何养?此已不识诚,又不知所以养。②

于此可见,二程接受了周敦颐关于"诚"的看法,却仍然认同于孟子的"寡欲"说,似乎并不接受周敦颐的"无欲"说。在周敦颐,"无欲"是"主静"的根本要义,二者密不可分。程颐则明确提出异议,他说:"才说静,便入于释氏之说也。不用静字,只用敬字。才说着静字,便是忘也。"③认为周敦颐的主静说是释氏理论,提出以"敬"字取代"静"字。但是,程颐又借鉴了周敦颐的"一为要"说。程颐说:

> 敬只是主一也。主一,则既不之东,又不之西,如是则只是中;既不之此,又不之彼,如是则只是内。存此,则自然天理明。④

> 所谓敬者,主一之谓敬;所谓一者,无适之谓一。且欲涵泳主一之义,一则无二三矣。⑤

程颐以"主一"解释敬,认为一则无二三,是指心的专一。这与周敦颐以无欲为"一"之义又有所不同。

应当说,周敦颐的修养方法论虽未展开,也没有完全得到理学家的认同,但他提出的问题却带有普遍意义,后来的理学家都非常重视

---

① 《二程集》,第365页。
② 《二程集》,第18页。
③ 《程氏遗书》卷十八,《二程集》,第189页。
④ 《程氏遗书》卷十五,《二程集》,第149页。
⑤ 《程氏遗书》,《二程集》,第169页。

对为学和修养方法的讨论,某种意义上说与周敦颐是有着直接关系的。

  毫无疑问,周敦颐的儒学思想在北宋的儒学复兴运动中是一个富有创造性的思想系统。一方面,周敦颐承继了欧阳修、范仲淹等首倡的尊经学古、高扬儒家人格精神和宋初三先生广开讲学之风、推扬儒家伦理道德学说的基本格调,将儒学的发展纳入思想转型和观念创新的轨道,提出并初步解决了儒学发展的前沿课题。他的《太极图说》和《通书》,狭义地讲是对《周易》的综合阐释,对义理派易学的发展起到重要作用;广义地讲是对儒学的整体创新,表现为已着手建立儒学宇宙论和本体论。"太极—诚"和"立人极"作为观念系统,反映了周敦颐将对宇宙发生之源的探讨和对儒家道德价值之源的探讨合而为一,实际是把儒家伦理道德观念的存在依据追溯到宇宙万物的总根源,从而使得以道德理性精神为重要表征的整个儒家学说具有了宇宙论的意义,同时又有着本体论的意义,以中正仁义为基本内容的"人极"作为现实社会的根本的也是最高的道德价值观念和道德伦理原则,实际就是"太极—诚"这一本体的体现或显发。所谓"孔颜乐处",就是通过对传统儒学的个别问题(当然是意义重大的问题)的探究以获取新的体认和阐释,从而开展出新儒学。在周敦颐,寻孔颜乐处无可回避地是要指向"太极—诚"和"立人极"所构成的观念系统。而"主静"和"一为要"则是达到这一目标和实现个人精神境界(即成圣)的方法保障。

  另一方面,周敦颐的儒学思想对整个宋明理学尤其程朱一系的理学产生了广泛影响。姑不论宋明诸儒对周敦颐学术思想系统所持态度和评议如何,至少"太极"、"诚"、"孔颜乐处"等观念范畴成为了宋明理学普遍关注和议论最多也是最为集中的议题。宋明诸儒所普遍看重的圣贤气象,实际是由周敦颐的"孔颜乐处"发其端。而"太极"一词,自朱熹始,释之以"理"几成定谳。对"诚"的理解则基本上沿用了周敦颐的意思。尽管如此,也应当看到,宋明诸儒对周敦颐儒学思想的或继承或发展或非议,可以说并没有完全遵循周敦颐的本意。从这个意义上说,本章也只能算作对周敦颐学术思想的尝试性理解,能否成立,则有赖学界的批评指正。

第六章

张载的儒学思想*

张载,字子厚,凤翔郿县(今陕西眉县)横渠镇人,生于宋真宗天禧四年(1020),卒于神宗熙宁十年(1077)。仁宗嘉祐二年(1057)登进士第,曾任丹州云岩县令等职。为政以敦本善俗为先务。熙宁初召为崇文院校书,寻即辞归,居乡讲学。据《宋史》记载,张载归乡后,"终日危坐一室,左右简编,俯而读,仰而思,有得则识之,或中夜起坐,取烛以书。其志道精思,未始须臾息,亦未尝须臾忘也。"①熙宁十年春,复召还馆,同知太常礼院,因与有司议礼不合,复以疾归,返乡途中,病卒于临潼。因张载长期在横渠镇讲学,当时学者称其为横渠先生。

张载的思想,前后经历了几番变化。他少年时喜好谈兵,甚至计划

---

* 关于张载的哲学,现有的研究已展开得相当充分。因此,本章将重心放在那些或者争议较多、或者尚未得到足够重视的问题上。而对于既有研究中关注较多且殊少异论的方面,如心性论,则略而不谈。这样的考虑,主要是由于篇幅的限制。

① 《张载集》,中华书局,1978年,第386页。

"结客取洮西之地"。① 后上书谒见时任陕西招讨副使的范仲淹,而范仲淹则鼓励他以儒家名教为志业,并劝他读《中庸》。② 这是张载思想上的第一次转折。张载读《中庸》后,虽有所获,然以为未足,于是又参访释老之书,累年尽究其说,亦尽知其蔽,遂反而求之于六经。嘉祐初,张载见程颢、程颐兄弟于京师,讲论道学之要,更涣然自信于儒者之道,"尽弃异学,淳如也"。③ 这是张载思想上的第二次转折。此时张载的思想,当与程氏兄弟较为接近。而熙宁年间居乡讲学,则是张载思想展开和成熟的时期,而成熟的标志则是其《正蒙》一书的著成。范育《正蒙序》曰:

> 子张子校书崇文,未伸其志,退而寓于太白之阴,横渠之阳,潜心天地,参圣学之源,七年而道益明,德益尊,著《正蒙书》数万言而未出也,间因问答之言,或窥其一二。熙宁丁巳岁,天子召以为礼官,至京师,予始受其书而质问焉。其年秋,夫子复西归,殁于骊山之下,门人遂出其书,传者浸广,至其疑义独无从取正,十有三年于兹矣。④

由是可知,作为张载思想成熟标志的《正蒙》,是在他去世的当年才传给其及门弟子的。而通过书信与程颐讨论《正蒙》中的思想,也当在此前后。⑤ 此时张载的思想已与程氏兄弟相去甚远,也与他自己此前的思想颇为不同。因未能与门人弟子从容讲论,故即使是苏昞、范育等也未能深解其真意。二程对《正蒙》的批评,与未能深入其思理有关。

---

① 《张载集》,第 386 页。

② 《宋史·张载传》曰:"年二十一,以书谒范仲淹,一见知其远器,乃警之曰:'儒者自有名教可乐,何事于兵。'"此段记述与吕大临《横渠先生行状》略有不同。

③ 《横渠先生行状》,《张载集》,第 381 页。张载思想之形成,与二程的影响当不无关联。据《宋元学案》载:"吕与叔作《行状》,有'见二程,尽弃其学'之语。伊川语和靖曰:'表叔平生议论,谓颐兄弟有同处则可,若谓学于颐兄弟,则无是事。顷年属与叔删去之,不谓尚存,几于无忌惮矣。'"(第 772 页)但此种影响,显然不是具体思想内涵上的,而是某种思想方向上的进一步明确。

④ 《张载集》,第 4 页。

⑤ 《河南程氏文集》卷九载《再答横渠先生书》,曰:"况十八叔大哥皆在京师,相见且请熟议,异日当请闻之。内一事,云已与大哥议而未合者,试以所见言之。"由此可知,张载至京师后,曾与程颢就《正蒙》中的思想有过认真地讨论,而意见不合。见《二程集》,第 596 页。

《正蒙》的写成,可以视为张载最后的思想转变的结果。

在道学的展开中,张载有其独特的贡献。尤其是在为儒家生活方式奠立形上根基这一方面,张载走出了一条迥异于程氏兄弟的道路。而且,无论是思想的内容,还是表达的形式,都从根本上摆脱了释老二氏的影响。在真正儒学话语的建构上,张载在某些方面所达到的高度甚至超过了二程和朱子。

第一节 气 本

一、论形

《正蒙·太和篇》云:

> 气聚则离明得施而有形,气不聚则离明不得施而无形。方其聚也,安得不谓之客?方其散也,安得遽谓之无?故圣人仰观俯察,但云"知幽明之故",不云"知有无之故"。盈天地之间者,法象而已;文理之察,非离不相睹也。方其形也,有以知幽之因,方其不形也,有以知明之故。①

有形与无形是分判宇宙间万物的标尺。宇宙间只有两种存在,即有形者和无形者。形由气聚而成,并非恒常的东西,因此只能称之为"客";而一旦由气聚而成的形因气的消散而消失,也并不意味着绝对的空无。因此,严格说来,是不能说"有无",而只能说"幽明"的。"大易不言有无,言有无,诸子之陋也。"②气聚而成形,则"离明"可以施光于其上。《横渠易说》于《离》卦"九三,日昃之离"云:"明正将老,离过

---

① 《正蒙·太和篇》,《张载集》,第8页。
② 《横渠易说》,《张载集》,第182页。

于中"，①即是说日过中天而渐落。由此知"离明"是指阳光。

形不同于象：

> 有变则有象，如乾健坤顺，有此气则有此象可得而言；若无则直无而已，谓之何而可？是无可得名。故形而上者，得辞斯得象，但于不形中得以措辞者，已是得象可状也。今雷风有动之象，须天为健，虽未尝见，然而成象，故以天道言；及其法也则是效也，效著则是成形，成形则地道也。若以耳目所及求理，则安得尽！如言寂然湛然亦须有此象。有气方有象，虽未形，不害象在其中。②

这里，象和形是以天道和地道来分别的。《正蒙·参两篇》云："地所以两，分刚柔男女而效之，法也；天所以参，一太极两仪而象之，性也。"将两条材料结合起来，可以得到分别对应天道和地道的两组语汇：参、性、象和两、效、法、形。天与象、地与法的关联根据于《系辞下》"包羲氏之王天下也，仰则观象于天，俯则观法于地"。而法、效、形之间关联的根据，则见于《系辞上》"在天成象，在地成形"以及"成象之谓乾，效法之谓坤"。从"及其法也则是效也，效著则是成形"这样的表述看，法和形似乎是成形过程中的不同阶段，法还不显著，"效著"则显为成形。形的出现在于"分刚柔男女而效之"。这里，使"形"成为可能的"分"，与前面气聚成形的叙述似乎构成了某种紧张。

"盈天地之间者，法象而已；文理之察，非离不相睹也"。法和象在张载的哲学话语里可以转译为形和象，而"非离不相睹也"，这里的"离"与上文的"分"正可互释。《横渠易说》里的一则材料对此有更为明晰的阐发：

> 天文地理，皆因明而知之，非明则皆幽也，此所以知幽明之

---

① 《张载集》，第123页。
② 《张载集》，第231页。

故。万物相见乎离,非离不相见也。①

这里"明"和"离"并见,似乎与上文"离明得施而有形"中的"离明"意义相同,然而细加参校,则会发现并非如此。当"离明"与"施"关联在一起时,表明它必是指某种施予的存在者。而这里与"幽"相对的"明",就成了与被动的不可见相对的被动的可见。"明"这种被动的可见性,则源于万物的"离"。这里,离显然是分离之意。事实上,分与聚之间的紧张是不存在的,对于气化而言,气聚的过程同时就是此物之气与彼物之气相分离的过程。而作为天地之间物的规定性的天文地理,正是此种分离的结果。

天地之间,只有法和象这两种存在样态,而二者间的区别在于形与不形。

形与不形又是分别形上、形下的标准:

> "形而上者"是无形体者,故形而上者谓之道也;"形而下者"是有形体者,故形而下者谓之器。无形迹者即道也,如大德敦化是也;有形迹者即器也,见于事实即礼义是也。②

> 凡不形以上者,皆谓之道,惟是有无相接与形不形处知之为难。须知气从此首,盖为气能一有无,无则气自然生,气之生即是道是易也。③

"象"是未形者,故是"形而上者"。与"象"的存在样态相应的是道,而与"形"相应的则是器。这里,关键是要领会"有无相接"、将形未形的体段。"须知气从此首",是说正是这有无相接之处,是气生生之始。《横渠易说》解"复其见天地之心"曰:"剥之与复,不可容线,须臾不复,则乾坤之道息也,故适尽即生,更无先后之次也。此义最大。临卦'至于八月有凶',此言'七日来复',何也?刚长之时,豫戒以阴长之事,故

---

① 《张载集》,第182页。
②③ 《张载集》,第207页。

言'至于八月有凶';若复则不可须臾断,故言'七日'。七日者,昼夜相继,元无断续之时也。"剥复之际,正是"有无相接与形不形处",是"适尽即生"的,而没有断绝之无。而这一"适尽即生"就是道。

形属于气,固不待言。而"象"同样是气:

> 所谓气者,非待其郁蒸凝聚,接于目而后知之;苟健顺、动止、浩然、湛然之得言,皆可名之象尔。然则象若非气,指何为象?时若非象,指何为时?世人取释氏销碍入空,学者舍恶趋善以为化,直可为始学遣累者薄乎云尔,岂天道神化所可同语也哉!①

因此,气是统贯法(形)和象,同时也是统贯形上和形下的。

二、参两

我们再看看"地所以两"与"天所以参"的问题。《正蒙·参两篇》云:

> 地,物也;天,神也。物无逾神之理,顾有地斯有天,若其配然尔。②

相对于天道,地只是物这个层面的存在。此种存在层次,显然低于神和天的层次。然而,在表面看来,似乎反倒是有了地才有天,天反而成了从属。

而事实上,天这种表面上的从属地位,是有其逻辑上的必然性的:

> 两不立则一不可见,一不可见则两之用息。两体者,虚实也,动静也,聚散也,清浊也,其究一而已。有两则有一,是太极也。**若一则[有两],有两亦[一]在,无两亦一在。然无两则安用一?不以太极,空虚而已,非天参也。**③

---

① 《张载集》,第 219 页。
② 《正蒙·参两篇》,《张载集》,第 11 页。
③ 《横渠易说》,《张载集》,第 233 页。

有两的存在,一的作用在逻辑上才有着落。如果有一才有两,那么,不管是否有两,都不防碍一的存在。但是,如果没有两,又何必要一呢?这里,张载揭示出天道与地道、神与物关系的二重性:在思理和逻辑层面,物和地道是优先的,而神和天道从属于前者的存在;而在实然层面,神和天道又高于物和地道,是后者所无法超越的。

"地所以两",在于"分"和"离",由分离而获得有具体规定性的有限的物的存在。而"天所以参",则在于以太极之"一"贯通划然两分的阴和阳。《正蒙·参两篇》云:

> 一物两体者,气也。一故神,(自注:两在故不测。)两故化,(自注:推行于一。)此天之所以参也。①

从上下文义看,这里所说的"一物两体",讲的其实是气的通贯性,而这一通贯性就是"天所以参"的根本所在。牟宗三以为:"'一物'即太极、太虚神体之为圆为一,**'两体'即昼夜、阴阳、虚实、动静等,此是属于气。**……即气之通贯以见天德神体之'参和不偏'、'兼体无累'也,**并非说太极、太虚、天德神体亦是气也。**"②这里,以昼夜、阴阳、虚实、动静归属于气,并无疑问。问题在于,能否以太虚为所谓"天德神体"?从具体文义看,这里的气指的应该是"一物两体"的能动过程;换言之,"兼体无累"的主体正是气之氤氲不息,而这一氤氲不息亦即张载所说的"天道神化"的作用。一贯通两,并不是以消灭两为代价的,恰恰是两之间的贯通,才具有神的"不测"的特性;两的存在,有其相对的固定性,但即使在这相对固定的分立状态中,实质上也有"推行于一"的"化"的作用,与神的"不测"相应,化的特点是"难知"。③

《正蒙·太和篇》云:

---

① 《正蒙·参两篇》,《张载集》,第10页。
② 牟宗三:《心体与性体》,上海古籍出版社,1999年,第388页。
③ 《正蒙·神化篇》云:"形而上者,得辞斯得象矣。神为不测,故缓辞不足以尽神,缓则化矣;化为难知,故急辞不足以体化,急则反神。"《张载集》,第16页。

> 气坱然太虚,升降飞扬,未尝止息,《易》所谓"氤氲",庄生所谓"生物以息相吹"、"野马"者与! 此虚实、动静之机,阴阳、刚柔之始。浮而上者阳之清,降而下者阴之浊,其感通聚结,为风雨,为雪霜,万品之流形,山川之融结,糟粕煨烬,无非教也。

"坱然"即"尘埃广大之貌"。① "坱然太虚"这一表述,虚实并举,气则贯通虚实。"氤氲"、"野马"强调了气"升降飞扬、未尝止息"这一不已的能动性格,而这也是"太和所谓道"的实质。

三、虚与气

在前面讨论的基础上,我们可以进一步来检讨张载哲学中虚与气的关系。《正蒙·太和篇》云:

> 知虚空即气,则有无、隐显、神化、性命通一无二,顾聚散、出入、形不形,能推本所从来,则深于《易》者也。若谓虚能生气,则虚无穷,气有限,体用殊绝,入老氏"有生于无"自然之论,不识所谓有无混一之常;若谓万象为太虚中所见之物,则物与虚不相资,形自形,性自性,形性、天人不相待而有,陷于浮屠以山河大地为见病之说。此道不明,正由懵者略知体虚空为性,不知本天道为用,反以人见之小因缘天地。明有不尽,则诬世界乾坤为幻化。幽明不能举其要,遂躐等妄意而然。不悟一阴一阳范围天地、通乎昼夜、三极大中之矩,遂使儒、佛、老、庄混然一途。语天道性命者,不罔于恍惚梦幻,即定以"有生于无",为穷高极微之论。入德之途,不知择术而求,多见其蔽于诐而陷于淫矣。

这一段材料一直是理解张载思想的关键文献,同时也是解释上分歧极大的文本。问题主要在于对"虚空即气"的理解。"虚空即气"这样的表达亦见于《正蒙·太和篇》的另一段文字"气之聚散于太虚,犹冰凝释

---

① 《说文解字段注》,成都古籍书店影印本,1981年,第731页。

于水,知太虚即气,则无无",由此可知,"即气"这一表达是张载精心措辞的结果,而非漫不经心之笔。① 对于太虚与气的关系,陈来师论曰:"太虚之气聚而为气,气聚而为万物;万物散而为气,气散而为太虚。"② 其中,"即"显然被解读为"是",为等同义。与此相反,牟宗三则指出:"'虚空即气',顺横渠之词语,当言虚体即气,或清通之神即气。言'虚空'者,乃是想以一词顺通佛老而辨别之也。……是以此'即'字是圆融之'即',不离之'即','通一无二'之即,非等同之即,亦非谓词之即。"③这两种截然相反的解释的是非得失,既不能靠悬空立一张载思想大旨来解决,也不能仅依同类表述的有限语境来诠定,而应当将其置入张载哲学话语的整体中来检讨和解释。

首先要看到的是,在张载的论述中,显然有与有形的存在者并存的"太虚":

> 凡圜转之物,动必有机;既谓之机,则动非自外也。古今谓天左旋,此直至粗之论尔,不考日月出没、恒星昏晓之变。愚谓在天而运者,惟七曜而已。恒星所以为昼夜者,直以地气乘机左旋于中,故使恒星、河汉因北作南,日月因天隐见,**太虚无体,则无以验其迁动于外也。**④

又:

> 阴性凝聚,阳性发散;阴聚之,阳必散之,其势均散。阳为阴累,则相持为雨而降;阴为阳得,则飘扬为云而升。**故云物班布太**

---

① 张载对文字非常在意:"学者潜心略有所得,即且志之纸笔,以其易忘,失其良心。若所得是,充大之以养其心,立数千题,旋注释,常改之,改得一字即是进得一字。始作文字,须当多其词以包罗意思。"《经学理窟》,《张载集》,第275页。
② 陈来:《宋明理学》,第59页。
③ 牟宗三:《心体与性体》,第393页。晚近的张载研究中,也多有依牟氏之论而特加发挥的,参见丁为祥:《虚气相即:张载哲学体系及其定位》,人民出版社,2000年。
④ 《正蒙·参两篇》,《张载集》,第11页。

虚者,阴为风驱,敛聚而未散者也。①

这两条材料可以视为张载的自然哲学论。其中所说的"太虚"似乎有我们今天所说的空间的意思。但实际上,即使在这一上下文中,这样的理解也是成问题的。"太虚无体,则无以验其迁动于外也",这就是说,太虚是有其自身的迁动的,只是这一迁动无法察知验证而已。而经典物理学意义上的绝对空间,则是使运动成为可能,而自身无所谓运动。因此,"虚空并非像普通人所了解的那样,它并不是一个绝对的空间,不是一个中间一无所有的大柜子,而是在它中间充满着一种无法直接感知的极为稀薄的气。"②

其次,则要弄清张载立论所针对的各种歧见:

> 若谓虚能生气,则虚无穷,气有限,体用殊绝,入老氏"有生于无"自然之论,不识所谓有无混一之常;若谓万象为太虚中所见之物,则物与虚不相资,形自形,性自性,形性、天人不相待而有,陷于浮屠以山河大地为见病之说。③

> 太虚不能无气,气不能不聚而为万物,万物不能不散而为太虚。循是出入,是皆不得已而然也。然则圣人尽道其间,兼体而不累者,存神其至矣。彼语寂灭者往而不反,徇生执有者物而不化,二者虽有间矣,以言乎失道则均焉。④

两条材料都是针对释老二道的,但着眼点颇为不同。第一条,针对的是释老二道对虚与气关系的误解。老氏之"有生于无",或"虚能生气",其问题在于虚之无穷与气之有限的"殊绝"。因为,如果虚为体,而气为用,体无穷,用亦当无穷。体之无穷与用之有限,就构成了某种体用之间的不相通贯。因此,必须看到,"气有阴阳,屈伸相感之

---

① 《张载集》,第12页。
② 陈来:《宋明理学》,第59页。
③ 《正蒙·太和篇》,《张载集》,第8页。
④ 《正蒙·太和篇》,《张载集》,第7页。

无穷,故神之应也无穷;其散无数,故神之应也无数。"①而要同时达到气亦无穷、虚亦无穷,结果就只能是虚即是气。而释氏的问题在于"以山河大地为见病",即以世间万物为幻相。"万象为太虚中所见之物"这一说法所要表达的无非是太虚为实而万象为幻的意思。太虚是万物的真性,而万物的具体有形存在所构成的本质,却不是它们的自性。这样一来,万物的物性与其真性之间的关系就被割裂了,从而形与性、天与人无法贯通。与此相反,正确的看法就是要看到形性、天人之间的一贯。万物虽形,而不碍其虚体;虚体常在,而不以万形为幻。所谓"气之为物,散入无形,适得吾体;聚为有象,不失吾常",②也就是说,气是通贯于无形与有形的。第二条,针对的是释老二道在无与有问题上的各执一偏。释氏但知寂灭,不知剥复之际"适尽即生"之理;而老氏则拘滞于客形,不识"形溃反原"之道。与此相反,张载要人们领会的是这样的至理:"至虚之实,实而不固;至静之动,动而不穷。实而不固,则一而散;动而不穷,则往且来";③**物虽是实,本自虚来,故谓之神;变是用虚,本缘实得,故谓之鬼。**"④万物"本自虚来",同时又不是"有生于无",因此,只能理解为太虚聚而为气、气聚而为万物的结果。

综合上面的分析可知,太虚与气的关系就是无形之气与有形之气的关系。然而,由无形的太虚聚为有形的气和万物,以及反向的消散过程不是整齐划一,而是"屈伸相感无穷"的。世间万物在一刻不停地生生,同时也在一刻不停地消散反原。因此也就有了太虚与有形的物并存的状况。

最后,我们还有必要来看看太虚与前面讨论的形及象的关系。

《横渠易说·系辞下》云:

---

① 《正蒙·乾称篇》,《张载集》,第66页。
② 《正蒙·太和篇》,《张载集》,第7页。
③ 《正蒙·乾称篇》,《张载集》,第64页。
④ 《横渠易说》,《张载集》,第184页。

> 故形而上者,得辞斯得象,但于不形中得以措辞者,已是**得象可状**也。……如言寂然湛然亦须有此象。有气方有象,虽未形,不害象在其中。①

凡"不形以上",只要是可以"措辞"的,就已经有了可以被描述的"象"。这类"可状"的象,张载提到的有"健"、"顺"、"动"、"止"、"浩然"、"湛然"和"寂然"。太虚应当属于虽无形但有"可状"之象的气。这里,"得以措辞"和"可状"向我们暗示出,太虚仍是某种对象性的存在者。在这个意义上,太虚虽然也是形而上者,但它与有形之气的并存关系,仍是"地道"的"两"的关系。

还有更高的形而上者:

> 散殊而可象者为气,清通而不可象者为神。②

> 形而上者,得意斯得名,得名斯得象;不得名,非得象者也。**故语道至于不能象,则名言亡矣。**③

这里,"可象者"显然是兼有形无形而言的,其中既包括有形之气,也包括无形之太虚,而神则是"不可象"的。④ 神超越地道之两,而成就天道之参。"释氏元无用,故不取理。彼以有为无,吾儒以参为性,故先穷理而后尽性。"⑤天道之参,正是儒释分判的根本所在。

神是"不可象"的。但上文又说,"得名斯得象"。难道"神"不是名吗?在这里,我们必须看到"名言"是一种定义性的语言,此种定义性的语言用于讨论终极实体上的局限性,在王弼的著述中早已有了极为充分的讨论,如在注释《老子》第一章"同谓之玄"时,王弼写道:"玄者,

---

① 《张载集》,第231页。
② 《正蒙·太和篇》,《张载集》,第7页。
③ 《正蒙·天道篇》,《张载集》,第15页。
④ 张载有的时候也将形与象混在一处说。如说"若谓万象为太虚中所见之物,则物与虚不相资,形自形,性自性,形性、天人不相待而有,陷于浮屠以山河大地为见病之说"。这里,形和象就是混用的。但"不可象"这一表达里,"象"恰恰是无法以"形"来置换的,这一点单从语法上就可以看出来。
⑤ 《横渠易说·说卦》,《张载集》,第234页。

冥默无有也,始、母之所出也。不可得而名,故不可言同名曰玄。而言同谓之玄者,取于不可得而谓之然也。[不可得而]谓之然,则不可以定乎一玄而已。"① 而张载对王弼《老子注》是相当了解的,② 不仅定义性的"名言"无法用于"神",描状性的"辞"③ 也同样无力。然而张载又说:

> 形而上者,得辞斯得象矣。神为不测,故缓辞不足以尽神,缓则化矣;化为难知,故急辞不足以体化,急则反神。④

直接从字面上看,这段话是在说,有可以"尽神"的辞,但这样的辞一定不能是缓辞;同样,也有可以"体化"的辞,而这样的辞一定不能是急辞。

《横渠易说》这样来解说"鼓之舞之以尽神":

> 天下之动,神鼓之也,神则主[乎]动,故天下之动,皆神[之]为也。辞不鼓舞则不足以尽神,辞谓《易》之辞也。于象固有此意矣,又系之以辞,因而驾说,使人向之,极尽动之义也。歌舞为巫风,言鼓舞之[以]尽神者,与巫之为人无心若风狂然,主于动而已。故以好歌舞为巫风,犹[云]巫也。巫主于动,以至于鼓舞之极也,故曰尽神。⑤

"于象固有此意矣"中的"此意"当是指神鼓天下之动。这是说易象中已含有"神主乎动"的意旨。"又系之以辞,因而驾说,使人向之,极尽动之义",是说用《易》之辞来使人向着神存在,从而穷极神所鼓之动。这里,张载引入了巫的比喻。巫在歌舞中为动所主,是鼓舞之极

---

① 楼宇烈:《王弼集校释》,中华书局,1999 年,第 2 页。
② 《正蒙·有德篇》云:"谷神能象其声而应之,……王弼谓'命吕者律',语声之变,非此之谓也。"《张载集》,第 46 页。
③ 《横渠易说》云"辞谓易之辞也",《张载集》,第 205 页。
④ 《正蒙·神化篇》,《张载集》,第 16 页。
⑤ 《横渠易说》,《张载集》,第 205 页。

的状态。而《易》之辞则必需有使人鼓之舞之的作用,只有这样才能"尽神"。

上面的分析似乎表明,张载是认为神是可以用辞来充分表达的。而"得辞斯得象",这样一来,神岂不是"可象"的了? 那么,"清通而不可象者为神"又如何理解呢?《系辞》曰:"系辞焉,以尽其言。"又曰:"鼓天下之动者存乎辞。"由此可见,这里所说的"辞",并非是"湛然"、"浩然"这类分别指称某种单一的象的辞,而是《易》之辞的整体。而作为整体的《易》之辞,一方面可以鼓之舞之以尽神,另一方面又是无具体的象与之对应的。

牟宗三常以"太虚神体"立论,①而实际上,"太虚神体"这一表述本身就已经是对张载思想的误解了。因为在张载的哲学论述中,太虚无形而有象,神则清通而不可象,这分明是两个层次,是不可混为一谈的。

综上所述,在张载的形上形下之别中,有如下几个层次:其一,有形的气和万物;其二,无形而有象的太虚;其三,清通而不可象的神。而神并不在气外:"气之性本虚而神,则神与性乃气所固有,此鬼神所以体物而不可遗也。"神鼓"天下之动",②为气所固有的能动本性。析而言之,则有气、虚和神的分别;若统而言之,则尽收于太和之"野马"、"氤氲"当中了。

四、兼体无累

牟宗三对张载"兼体无累"的思想做了极为重要的阐发。③ 但在具体论述上,仍不无可议之处。牟氏立论的主要依据出自《正蒙·乾称篇》:

---

① 牟宗三:《心体与性体》,第 409 页。
② 《正蒙·神化篇》,《张载集》,第 16 页。
③ 参见牟宗三:《心体与性体》,第 384—386 页。

体不偏滞，乃可谓无方无体。偏滞于昼夜阴阳者物也，若道则兼体而无累也。以其兼体，故曰"一阴一阳"，又曰"阴阳不测"，又曰"一阖一辟"，又曰"通乎昼夜"。语其推行故曰"道"，语其不测故曰"神"，语其生生故曰"易"，其实一物，指事而异名尔。[1]

首先，牟氏对"兼体"二字的解释颇成问题："此文可助解'兼体'之意。详此，则'兼体'之兼即不偏滞义，'体'则无实义，非本体之体。兼体者即能兼合各相而不偏滞于一隅之谓。《诚明篇》第六有云：'天本参和而不偏'。此'兼体'之兼即'参和不偏'之意也。所参和之体即昼夜、阴阳、动静、聚散等之相体或事体，故此'体'字无实义，乃虚带之词。"[2]这里对"兼"字的解释没有问题。问题出在"体"字上。从牟氏的具体论述看，他似乎是将"兼体"的"体"当成了名词，因此才会有"非本体之体"的说法。即使仅从语法上看，我们也可以确知这里的"体"应当读为动词，在这段文字中，与"兼体"相对的是"偏滞"，其中"兼"与"偏"相对，"体"与"滞"相对。在张载的文字中，"体"有动词的用法，如说"鬼神亦体之而化"（《神化篇》），其中的"体"，应当是内在于某物并发挥作用的意思。一旦明了了"体"的动词义，"兼体"所说的就是同样地内在于并作用于昼夜、阴阳、动静、聚散等两体之中，就是贯通义，而非牟氏所说的兼合义。牟氏之所以要做这样的解释，根源在于他对虚与气关系的理解。由于他将虚与气的关系理解为相即不离的体用关系，"兼体"的贯通义也就全无着落。而实际上，从"昼夜"这样"兼体"的对象看，显然是在时间中有体段分别的。而"昼夜"这一说法又显非偶然之笔，在指示儒者之道与释老的不同时，张载说："不悟一阴一阳范围天地、**通乎昼夜**、三极大中之矩，遂使儒、佛、老、庄混然一途。"[3]而昼夜，其实就是幽明，因而也就分别对应虚和气。

---

[1] 《张载集》，第66页。
[2] 牟宗三：《心体与性体》，第384页。
[3] 《正蒙·太和篇》，《张载集》，第8页。

儒者之道"通知"昼夜幽明之道：

> 见者由明而不见者非无物也，乃是天之至处。彼异学则皆归之空虚，盖徒知乎明而已，不察夫幽，所见一边耳。①

与释老偏滞于幽明之一边不同，儒者之道正在于兼体通知。而昼夜显然是时间中交替出现的体段，而非在所有时间里都相即不离的不同层次的存在。昼夜的关系，正是幽明之间关系的明确表现，同时也清楚地道出了张载对虚与气关系的理解。正因为在张载那里虚与气不是牟氏所说的相即不离的关系，他才会有这样的表述："方其形也，有以知幽之因，方其不形也，有以知明之故。"②"方其形"、"方其不形"这样的表达，显然是指气化的过程中，既有有形的体段，又有不形，亦即虚的体段。如果是着眼于同一存在的不同层面，正确的表达应是"由其形"、"由其不形"。③

由此，牟氏所说"'兼体'之兼即'参和不偏'之意"，正确的说法应该是"'兼体'即'参和不偏'之意"。"参和"和"兼体"，都是指"一"对"两"体的贯通。

第二节 神　化

一、神与化

神和化是张载哲学话语中的一对核心概念，也是理解张载哲学建构的关键所在：

> 气有阴阳，推行有渐为化，合一不测为神。其在人也，智义利

---

① 《横渠易说》，《张载集》，第182页。
② 《正蒙·太和篇》，《张载集》，第8页。
③ 张载用词上的精确，与对王弼的熟悉不无关联。有关这一点，我们将专题讨论。

用,则神化之事备矣。德盛者,穷神则智不足道,知化则义不足云。①

化是阴阳二气渐进推行的过程,神则是二者之间不测的合一。作为神的本质特征的不测,从直接的表现上看,是无过程的。

神、化与关于"两一"之间复杂关系的讨论有关:

> 一物两体,气也;一故神,两在故不测。两故化,推行于一。此天之所以参也。②

我们在前面讨论"参两"问题时曾指出,在张载的思想里,"两一"的复杂关系之所以成立,首在于"两"在逻辑功能上的优先性,因为"若一则[有两],有两亦[一]在,无两亦一在。然无两则安用一? 不以太极,空虚而已,非天参也"。③ 只有在"两在"的基础上,本一之神才是不测的;而"两在"又必是不断地向合一推进的,否则就是僵化孤立的两体,从而凝滞不化了。这就是所谓"两不立则一不可见,一不可见则两之用息"。④

在张载的一般论述中,神与化在一种并列的关系中指向物之间不同的关联状态,而这两种不同的关联状态又与"感"的观念联系起来:

> 有所感则化。感亦有[不速],难专以化言,感而遂通者神,又难专谓之化也。⑤

这一则材料在文本上有不可尽通之处。《张载集》的点校者依古逸丛书本《周易系辞精义》在"感亦有"之后增"不速"二字。⑥ 这一添加的结果,反倒将"不速"当成了感的特殊状态,这与"化言其渐"正相抵牾,明

---

① 《正蒙·神化篇》,《张载集》,第16页。
② 《正蒙·参两篇》,《张载集》,第10页。
③ 《横渠易说》,《张载集》,第233页。
④ 《正蒙·太和篇》,《张载集》,第9页。
⑤ 《横渠易说》,《张载集》,第201页。
⑥ 参见《张载集》,第201页,校勘记[四]。

显不通。而且正如校勘记中所指出的那样,《精义》本作"感亦不速",无"有"字。一字之差,意义迥别。虽然文本中有不可复原的窜乱,但统观这条材料,其大义还是相当清楚的:感的常态是"不速",属于渐进的化,但也有感而遂通的神的状态,所以,不能把所有感的效用都归结为渐进的化。这样一来,"化"所描述的就是相对独立的物之间虽"有所感",却未能因此"感"而达到无碍的清通合一,尚处于渐进地"推行于一"的阶段的状态;而"神"则指"感而遂通"的清通合一,张载用人身之四体来比喻这一状态:"一故神,譬之人身,四体皆一物,故触之而无不觉,不待心使至此而后觉也,此所谓'感而遂通,不行而至,不疾而速'也。"①

然而,在并列关系中分别指称不同感通状态的神和化的概念,并不能涵盖张载哲学中所有相关的论述:

> 神,天德;化,天道。德,其体,道,其用,一于气而已。②

在体用关系中,神和化被分置于两个不同的层面。神是本体层面的,而化则是神的作用。这里,化即气化,兼两一而成天之参。化是对宇宙间氤氲不息的生灭过程的实然把握,而神则是其内在根据。化总是处于"两在"之中,总是在"推行于一"的过程里,而这一过程是不会终结的;神则是两体的"本一",而正是因为两体的"本一",故能合能感,从而能"推行于一"。神是天下所有变化的内在根源:"惟神为能变化,以其一天下之动也。人能知变化之道,其必知神之为也。"③

张载又将神化与《中庸》的"至诚无息"联系起来:

> 至诚,天性也;不息,天命也。人能至诚则性尽而神可穷矣,不息则命行而化可知矣。学未至知化,非真行也。④

---

① 《横渠易说》,《张载集》,第201页。
② 《正蒙·神化篇》,《张载集》,第15页。
③ 《张载集》,第18页。
④ 《正蒙·乾称篇》,《张载集》,第63页。

神对应的是至诚和天性,而化则对应不息和天命。穷神即是尽性,从而达到至诚如天的阶次。至诚不动,而"唯天下之至诚为能化"(《中庸》),而这一至诚之化,张载称之为"神而化",即所谓"'不动而变',神而化也"。①

二、神化与虚实

与太虚和气的关系同样,历来的研究对于神化的关系也殊多误解,而且,这些误解又往往相互关联。我们在前面曾特别指出牟宗三"太虚神体"这一表达对张载哲学的误解。由于牟氏将太虚与神在同一层次上等同起来,这使得他不仅错解了虚与气的关系,也影响了他对神化这一关键范畴的理解。晚近出版的张载哲学研究专著——《虚气相即》一书受牟氏影响甚巨,在对相关问题的分析上,也完整地秉承了牟氏的误解:

> 张载论神最多,……显然,要在这诸多的"神"中概括出一条普遍适应的定义是比较难的。不过,我们仍可以作出以下分析:从提出角度来看,有的是实体义的神,有的是作用义的神;有的是从太虚角度提出的神,有的则是从气的角度提出的神。显然,所谓从气的角度提出的神正是作用义的神,而从太虚角度提出的神则是实体之神。如果再进一步归类,那么,作用义的神正是实体之神的气化表现,或者说张载正是着眼于太虚在气化中的表现才提出神这一概念的,因为神本身是无方体的。**这样,结合"天德"的规定以及与"用"对应的"体"来看,神也就应当是太虚本体的气化表现或"妙应之目";就其自体而言,也可以说就是太虚本体之"清通而不可象"自身。**②

对于这一段论述,首先要指出的是其方法论上的问题。从张载众

---

① 《正蒙·天道篇》,《张载集》,第14页。
② 丁为祥:《虚气相即》,第83页。

多关于神的论述中,概括出一个普适的神的概念,当然既无必要,也无可能。但在具体语境中明确张载哲学话语中各种神的用法,则是绝对必要的。离开了细致的文本解读和分疏,有关张载哲学的种种讨论也就只能停留在语焉不详的程度上了。而这一语焉不详在该书的这一段关键论述中有充分的体现。如说"神也就应当是太虚本体的气化表现或'妙应之目'",这一论述显然是以《正蒙·太和篇》的"神者,太虚妙应之目"为根据的。但正如我们前面指出的那样,将此处的"太虚"读为太虚本体,进而将这句话理解为本体论命题,是一种典型的误读。《太和篇》这句话的前一句是"圣者,至诚得天之谓",这两句话紧密关联,都是就人道立言的。这里所说的"太虚",是指圣人不囿于闻见的虚明妙应之心。其次,就具体的结论看,由于没有注意到张载哲学中有形、无形而有象以及"清通而不可象"这三个层次的分别,而将无形而有象的"虚空"或"太虚"与"不可象"的神体混为一谈了。

虚实是并立的两体:

> 两体者,虚实也,动静也,聚散也,清浊也,其究一而已。①

这里,我们显然不能将虚与实的关系理解为相即不离的体用的关系。宇宙间既有相对独立的太虚之气,也有太虚之气凝聚而成的有形有质的"万物形色"。

太虚固是气的本然之体,同时也是氤氲不息的气化过程的一个过渡的阶段:

> 至虚之实,实则不固;至静之动,动而不穷。实而不固,则一而散;动而不穷,则往且来。②

太虚是真实的存在,这一真实的存在并不凝固僵化,而是"一而散"的。这里的"散",当读作"散殊而可象"之散,是指作为一的太虚散

---

① 《正蒙·太和篇》,《张载集》,第9页。
② 《正蒙·乾称篇》,《张载集》,第64页。

裂区别为具体的万物形象。《正蒙·太和篇》中被广为征引的"太虚无形,气之本体,**其聚其散,变化之客形尔**",其实是强调聚散皆"客"的,也就是说,聚散都只是气化的暂时状态。

只有在这一讨论的基础上,我们才能更为准确地理解下面这一重要论述:

> 凡天地法象,皆神化之糟粕尔。①

在张载的哲学话语中,法、形、效与象、性构成两组相对的范畴。以天地法象为糟粕,则性也在糟粕之列了。由此,张载突显了神化的至真至精。而正是至真至精的神与化,才使得法象、形性不至沦为构成宇宙的"质料性"的存在。换言之,在张载看来,如果我们仅仅看到法象、形性之间静态的对立状态,而没有看到贯穿其间的神化作用,那么,即使性与象这一层面的形上者,也会沦为僵死粗质的糟粕。而这也正是"不如野马、氤氲,不足谓之太和"这一论述的重心所在。

当然,将太虚与神等同起来,在张载的论述中似乎也可以找到根据:

> 太虚为清,清则无碍,无碍故神;反清为浊,浊则碍,碍则形。②

但如细加解析,则会发现,这里所讲的神,实际上是着眼于"感而遂通"这一物之间的关联状态的,是与"碍则形"的感而未通的关联状态相对的。这显然可以归入并列关系的神化概念。而太虚与这样的神等同,倒恰恰证明了太虚与形是并立的两种存在样态。

三、小结

牟宗三对张载的具体理解一直围于他对张载哲学的整体判断:"然圆融之故极,常不能令人无滞窒之解,而横渠之措辞亦常不能无令

---

① 《正蒙·太和篇》,《张载集》,第9页。
② 《张载集》,第9页。

人生误解之滞辞。当时有二程之误解,稍后有朱子之起误解,**而近人又误解为唯气论**。然细会其意,并衡诸儒家天道性命之至论,**横渠决非唯气论**,亦而非误以形而下为而上者。误解自是误解,故须善会以定之也。"①他将"太虚即气"解释为太虚与气相即不离,即是承这一理路而来。

而所谓"气",在牟氏看来,即是构成宇宙的质料:"此则仍是属于气之观念,材质之观念(material),而不能说是神。"②这里特别用英文 material 强调出对气的质料性的理解,同时也暗含着亚里士多德的质料因(material cause)这一理解背景。牟氏晚年曾于香港新亚研究所讲授亚里士多德四因说,并以之"论衡"中国哲学。③而质料,"其基本涵义为未定形的材料",④"被设定为被动者"。⑤如果气只能在这个意义上来理解,那么牟氏以为张载"非唯气论"是不无道理的。然而事实上,张载哲学中的气显然不能理解为未定形的、被动的质料因。作为"野马"、"氤氲"的气本身就包涵"纯粹的、本质的活动性"。⑥作为纯粹质料的气,显然无法安顿价值,我们的仁爱本性就并不根源于肉身构成质料的同质性,就如沙土并不因构成成分的相同而有关爱的能力一样。但具有本质的活动性的气,则有可能为道德性的善奠立根基。⑦

如果严格以亚里士多德的四因说来衡度横渠的气本论,我们会发现,**"一物两体"的气化之道主要强调了动力因和质料因**。与此对照,亚里士多德的四因说,则主要强调的是形式因和质料因。在亚里士多德那里,动力因和目的因是可以归结为形式因的。而他所说的形式,

---

①② 牟宗三:《心体与性体》,第 403 页。
③ 牟宗三:《四因说演讲录》,上海古籍出版社,1998 年。
④ 亚里士多德:《形而上学》"译后记",吴寿彭译,商务印书馆,1991 年,第 376 页。
⑤ 黑格尔:《哲学史演讲录》第二卷,贺麟、王太庆译,商务印书馆,1995 年,第 296 页。
⑥ 黑格尔:《哲学史演讲录》,第 296 页。
⑦ 张载的气本论思想,经由明代气论思想的发展,到王船山那里形成明确的气善论的哲学表达。当然,张载由气本而确立道德价值的路向,与船山并不相同。有关船山的气善论,参见陈来:《诠释与重建:王船山的哲学精神》,北京大学出版社,2004 年。

则根源于柏拉图的理念。陈康先生认为"理念"这种译法不妥,而主张译为"相"。他指出:"……的意义是'看'。由它所产生出的名词即指所看的。所看的是形状,……但这只是外形,由此复转指内部的性质。……中文里的字可译这外表形状的是'形'和'相'。但'形'太偏于几何形状,'相'即无此弊病;又'形'的意义太板,不易流动,'相'又无这毛病。"①这里,我们可以清楚地看到,柏拉图的理念以及亚里士多德的形式与物的外观形象之间的密切关联。又质料与形式的分别,在亚里士多德那里,同时又是潜能和现实的分别:"一个事物成长以后,它就实现了它的意义、目的或形式。形式是它的真正的存在,它的实现或完成。……物质(质料)采取形式。例如,橡子变成橡树,橡子是潜在的橡树,橡树是它的潜能性的实现,是被变得明显、实在和现实的形式。因此,亚里士多德把物质(质料)称为可能性的元质,形式为实在或现实性的元质。"②换言之,在亚里士多德那里,质料获得形式(包括可见的外形)是其自我实现的过程。而这样的实现过程,只有在一个指向终极善因的目的论框架内,才能获得道德上的价值和意义。与此相比,在张载的气论中"形"并不具有任何优先地位。"形聚为物"与"形溃反原"在实质上并无等级上的高下之别,"形聚"、"形散"都是自我实现的过程,是自我实现不可或缺的两个环节:"散入无形,适得吾体;聚为有象,不失吾常。"③当然,也不能将"形"视为某种缺陷,必待无形而后有清通之神。如果拘滞于一偏,则聚散、虚实皆客;只有兼体无累,才能既不"往而不反",又不"物而不化"。在张载这里,道德上的价值首先在于对执滞于"客形"的超越:一方面,要不为客形所拘蔽,从而体贴到自己与他人乃至万物之间的感通一体,进而在对他者的关切中,成就道德的人生;另一方面,要看到客形的暂寄性质,从而不恋生

---

① 陈康:《巴曼尼得斯篇译注》,商务印书馆,1982年,第41页。
② 〔美〕梯利:《西方哲学史》,葛力译,商务印书馆,1995年,第87页。
③ 《正蒙·太和篇》,《张载集》,第7页。

畏死。当然,客形的暂寄性质并不意味着不真实,不能以此为依据幻化人生。而对于"客形"的超越之所以可能,则在于通贯虚实、清浊的太极之神。

神鼓天下之动,可以视为动力因,而天下之动,无非是屈(形散)伸(形聚)以及屈伸之间的相感。在这个意义上,客寄的"天地法象",皆"神化之糟粕"。虚实皆客,都是天道神化的阶段。无论是有形之气,还是太虚之气,都贯通和体现着神化的不息的作用,因此,如果能正确地体察,二者都是神化作用的体现。正是在这个意义上,"糟粕煨烬,无非教也"这一论断,才有了具体的指向。①

第三节　感与性

一、物与感

《正蒙·乾称篇》曰:

> 天地生万物,所受虽不同,皆无须臾之不感,所谓性即天道也。

"感"是世界中未尝须臾止息的真实作用。

"感"发生在因气聚而有形的物之间,"感亦须待有物,有物则有感,无物则何所感。"②有气聚之"客形",方有"客形"间的"客感"。

然而"感"的发生之所以可能,并不仅仅有聚而成形这一个条件。物之间能"感"的前提还在于物之间的相异:

> 造化所成,无一物相肖者,以是知万物虽多,其实一物;无无

---

① 《正蒙·太和篇》,《张载集》,第 8 页。
② 《张载集》,第 313 页。

阴阳者,以是知天地变化,二端而已。①

然而,如果万物之间的差异被绝对化,则万物之间的相感也就无从谈起。因此,张载对异的突出强调,实质上是"一能合异"的"感"的观念环节:"若非有异则无合。"②

《正蒙·乾称篇》中的另一则材料颇值得注意:

> 天包载万物于内,所感所性,乾坤、阴阳二端而已,无内外之合,无耳目之引取,与人物蕞然异矣。人能尽性知天,不为蕞然起见则几矣。③

这里,张载明确区分天之"所感所性"与人物之"感"的不同:天的所感,只是乾坤、阴阳二端之间的相感,没有人和物那样的内外分别,也无需耳目等感官的引领和作用,因而也就不是人和物之间的那种类型的"感"。"蕞然"这个词指出人与物之间"感"的狭隘。在个殊的人物中间,只有能"尽性知天"的圣人,其所感与天相近(几)。于是我们看到,"感"被分成了三类:其一,天的乾坤、阴阳的"二端"之"感",此种"感"是周普无私的;其二,人与物之间的合异之"感",此种"感"是"蕞然"拘蔽的;其三,能"尽性知天"的圣人之感,而圣人之"感"即是由人的"蕞然"之"感"向天之"感"的复归。

对于圣人之"感",《正蒙·太和篇》中有这样的论述:

> 至静无感,性之渊源,有识有知,物交之客感尔。客感客形与无感无形,惟尽性者一之。④

---

① 《正蒙·太和篇》,《张载集》,第10页。张载对物与物之间差异的强调,在《张子语录》的另一段议论中有更为详尽发挥:"人与动植之类已是大分不齐,于其类中又极有不齐。某尝谓天下之物无两个有相似者,虽则一件物亦有阴阳左右。譬之人一身中两手相似,然而有左右,一手之中五指复有长短,直至于毛发之类亦无有一相似。至如同父母之兄弟,不惟其心之不相似,以至声音形状亦莫有同者,以此见直无一同者。"
② 《正蒙·乾称篇》,《张载集》,第63页。
③ 《张载集》,第63页。
④ 《张载集》,第7页。

圣人之"感"是渊源于太虚的"无感无形"与人物之间的"客感客形"的统一。而这一统一就是向天之"感"的复归。"大率天之为德,虚而善应,其应非思虑聪明可求,故谓之神,老氏况诸谷以此。"①一方面,天本太虚"无感无形"之德;另一方面,"上天之载,有感必通",又是虚而善应的。

作为世界中真实的作用,物之间的感是多种多样的:

> 感之道不一:或以同而感,圣人感人心以道,此是以同也;或以异而应,男女是也,二女同居则无感也;或以相悦而感,或以相畏而感,如虎先见犬,犬自不能去,犬若见虎则避之;又如磁石引针,相应而感也。若以爱心而来者自相亲,以害心而来者相见容色自别。"圣人感人心而天下和平",是风动之也;圣人老吾老以及人之老,而人欲老其老,此是以事相感也。感如影响,无复先后,有动必感,咸感而应,故曰咸速也。②

这些"感"之中,只有圣人的感是正感。圣人之感的实质在于同,"能通天下之志者为能感人心,圣人同乎人而无我,故和平天下,莫盛于感人心。"③

二、感与通

"感"的结果是"通"。《正蒙·太和篇》曰:

> 感而后有通,不有两则无一。故圣人以刚柔立本,乾坤毁则无以见易。④

由"感"至"通",是由"两"而至于"一"的过程。彼此相异的物,由"感"的合异的作用,而建立起相通的关联。

---

① 《张载集》,第66页。
② 《横渠易说·咸》,《张载集》,第125页。
③ 《正蒙·至当篇》,《张载集》,第34页。
④ 《张载集》,第9页。

与"通"相对的是"碍"和"壅":

> 太虚则清,清则无碍,无碍故神;反清为浊,浊则碍,碍则形。①

这里,我们可以看到,"虚"、"清"、"神"和"通"(无碍),与"形"、"浊"和"碍"构成了存在状态的两个极端。在这一论述中,"通"的根据在于"太虚","通"可以看做是对由"形"而生的"碍"的超越。然而,这样一来,就引生出一个问题,为形气所限的具体的事物是否有与其"客感"相应的"通"呢?

《正蒙·太和篇》云:

> 凡气清则通,昏则壅,清极则神。故聚而有间则风行,风行则声闻具达,清之验与!不行而至,**通之极与**!②

首先,"清"、"通"与"昏"、"壅"的对立,是"清"、"通"与"碍"、"浊"对立的另一种表述。其次,"通之极与"这一表达,透露出在张载的思考中,"通"是有一个等级序列的。

在另一段广为征引的论述中,我们可以更清楚地看到"通"这个观念在张载思考中的组建作用:

> 凡物莫不有是性,由通蔽开塞,所以有人物之别,由蔽有厚薄,故有智愚之别。③

人与物的分别和差等,正是以"通"和"蔽"的程度为依据的。而人的德性养成的实质,正是一个由"蔽"而"通"的过程。而"通"是"感"的结果,因此,"感"就成了超越"壅""蔽"的作用。反过来说,"壅""蔽"也就意味着"感"的缺失。

一般说来,"感"作为超越个体与他者建立关联的作用,其本身即是对自身有限形气的超越。然而,物都有其特定的"感"。正如我们在

---

① ② 《张载集》,第9页。
③ 《性理拾遗》,《张载集》,第374页。

前面的讨论中指出的那样,并非所有的"感"都是正当的。张载《横渠易说》中论及《咸》卦时说:"咸,感也,其爻虽相应而词多不吉,**顾其时如何耳**。"在张载看来,《咸》卦诸爻之所以大都不吉,其原因在于"失时"。"时"成了判定"感"的正当性的标准。"时"的概念不可以凭空理解,而应将其放在张载自己的经典解读的话语系统中寻求理解。在解释《孟子》"圣之时"的论断时,张载说:"'圣之时',当其可之谓时,取时中也。可以行,可以止,此出处之时也。至于言语动作皆有时也。"①这里,"时"意味着依具体情况而变的正当性。因此,"圣之时"既是对有所限定的具体情况的正确把握,将自己置于具体状况的约束之下,同时又是对一切具体状况的超越。这里呈示给我们的,正是一种真正的、具体的普遍性,与我们通常理解的形式逻辑意义上的种属之类的抽象的普遍性有别。这样一来,"失时"就意味着在某种程度上为有限的状况拘蔽,从而部分地丧失了自己的超越的普遍性。事实上,在张载的思考中,这种真正的普遍性正是圣人之所以为圣人的本质:"谷之神也有限,故不能通天下之声;圣人之神惟天,故能周万物而知。"②由此,人物之间的"客感"及与之相应的"通",表面上构成了对自身有限性的超越,而实质上倒恰是其"壅""蔽"的表征。

真正的"感"必是普遍性的:

> 咸之为言皆也,故语咸则非事。③

这里,"皆"应读作"都",是无所不包之意。"语咸则非事",事与理相对,因此,只要说到咸,就落到了理的层面,而理必是普遍性的。

与"壅""蔽"相对的超越的普遍性,只有到了"大人"这一成德的阶段,才能真正达到:

---

① 《语录》,《张载集》,第309页。
② 《正蒙·天道篇》,《张载集》,第15页。
③ 《横渠易说》,《张载集》,第125页。

> 性者万物之一源，非有我之得私也。惟大人为能尽其道，是故立必俱立，知必周知，爱必兼爱，成不独成。**彼自蔽塞而不知顺吾理者**，则亦末如之何矣。

与"蔽塞而不知顺吾理者"相对的，是"立必俱立，知必周知，爱必兼爱，成不独成"，而后者无疑是"通"的具体表达。圣人"用感"，[1]以"通天下之志"，[2]从而达到"俱立"咸"成"。圣人所以感人心的根据在于"天理"，而"所谓天理也者，能悦诸心，能通天下之志之理也"。[3]

三、感与性

在上述有关"感"与"通"的讨论的基础上，我们可以进一步考察张载关于"性"的思考。《正蒙·乾称篇》中有这样一个颇费思量的论述：

> 感者性之神，性者感之体（自注：在天在人，其究一也）。惟屈伸、动静、终始之能一也，故所以妙万物而谓之神，通万物而谓之道，体万物而谓之性。[4]

"感者性之神，性者感之体"这一表达，向我们指明了"感"与"性"这两个概念在张载思想中的本质关联。材料的第二句为第一句的理解提供了视野。第二句指出那将屈伸、动静、终始统一起来的东西不可以定义（名之），而只能权宜地指称（谓之）。在这一视野里，"感"与"性"也就成了对同一东西的不同侧面的称谓。在前述"神"与"体"的考察的基础上，我们可以给出对此句的更为确切的解释。"所以妙万物而谓之神"，这里"妙万物"就是"鼓""天下之动"的意思；"体万物而谓之性"，"体万物"就是内在于万物而又能引生内而见诸外的作用。这样一来，"感者性之神"，指的就是"感"是"性"的鼓动万物的作用；而"性

---

[1] 《张载集》，第107页。
[2] 《张载集》，第202页。
[3] 《正蒙·诚明篇》，《张载集》，第23页。
[4] 《张载集》，第63页。

者感之体",指的就是"性"内在于"感"、引生"感",同时自身又是静的。"性"和"感"指称的正是超越万物自身有限的形气的作用。

《正蒙·诚明篇》曰:

> 性其总,合两也;命其受,有则也;不极总之要,则不至受之分,尽性穷理而不可变,乃吾则也。**天所自不能已者谓命,[物所]不能无感者谓性**。虽然,圣人犹不以所可忧者而同其无忧者,有相之道存乎我也。①

这一段在文本上有歧异。"物所"二字是《张载集》的编者依《朱子语类》增补的。② 牟宗三《心体与性体》所用文本,无"物所"二字。③《正蒙·诚明篇》有"天所性者通极于道"和"天所命者通极于性"④这样的表述,从文句结构上的关联看,文本中应无"物所"二字。我们注意到,在"天所性者"和"天所命者"这样的表达中,"性"和"命"均用作动词。而"天所自不能已者"是对"天所命者"的进一步解释,由此,后一句"不能无感者"也就是对"天所性者"的解释。这样一来,我们可以确定"不能无感者谓性"实际上是承上句的文势而省略了"天所自"三个字的结果。"天所自"标明的是"性"和"命"的形上根源。因此,"不能无感者谓性"所说的就是人性是从天禀受而来的"不能无感"这一本质的倾向和可能性。

《正蒙·诚明篇》又说:

> 天所性者通极于道,气之昏明不足以蔽之;天所命者通极于性,遇之吉凶不足以戕之;不免乎蔽之戕之者,未之学也。性通乎气之外,命行乎气之内,气无内外,假有形而言尔。故思知人不可

---

① 《张载集》,第22页。
② 《张载集》,第22页,校勘记[一]。
③ 牟宗三:《心体与性体》,第422页。
④ 《张载集》,第21页。

不知天,尽其性然后能至于命。①

在《正蒙·乾称篇》中有另一段类似的论述:"性通极于无,气其一物尔;命禀同于性,遇乃适然焉。人一己百,人十己千,然有不至,犹难语性,可以言气;行同报异,犹难语命,可以言遇。"②"人一己百,人十己千"云云,表明此节所论说的"性"是天命之性,是"性"的本然之体。"天所性者通极于道"与"性通极于无"是同一思想的不同表达。这里,"道"和"无"当指作为"性"的形上根源的太虚本体。"性通乎气之外",而"气无内外",这里所说的气是在说人和物的具体而有限的形气,假此而言,故有内外之别。"性"是超越人的有限形气(或形气之私)的根源性的倾向。正是这一根源性的倾向,使人能从形气的拘蔽中通达出来,超越由一己的形气之私所造成的隔阂,从而建立起与他者的关联。"性"作为超越自身有限形气的本质倾向,自然"不能无感",也自然会感而遂通。

四、余论

张载对"感"的强调,是与北宋儒学的思想氛围息息相关的。

二程对于"感"也极为重视,如说:

> 天地之间,只有一个感与应而已,更有甚事?③

虽然这一论述与张载对"感"的系统深入的讨论不可同日而语,但"感"的重要性仍得到了充分的突显。

《二程集》卷十一"明道先生语一"有这样一条:

> 天地万物之理,无独必有对,皆自然而然,非有安排也。每中夜以思,不知手之舞之,足之蹈之也。④

---

① 《张载集》,第21页。
② 《张载集》,第64页。
③ 《二程集》卷十五"入关语录",第152页。
④ 《二程集》,第121页。

"无独必有对"这样的道理,何以能让程颢如此兴奋呢?这恐怕也只能与前述二程对"感""应"的强调联系起来考虑,才能得到解答。"无独必有对"的"对",与张载思想中的"二端"大体相同,而张载的"二端"正是"感"之所以可能的不可或缺的观念环节。因此,真正令程颢兴奋的,其实是万物之间不曾或已的感通。

《横渠易说·咸卦》有这样一条论述:

> **释氏以感为幻妄**,又有憧憧思以求朋者,皆不足道也。①

这一论述从某个侧面向我们透露出对"感"的突出强调背后潜藏着的冲动:从思理上对治释氏之"以感为幻妄"。

北宋儒学复兴运动是以恢复和重建一种根源性的儒家生活态度为核心指向的:

> 今异教之害,道家之说则更没可辟,唯释氏之说衍蔓迷溺至深。今日是释氏盛而道家萧索。方其盛时,天下之士往往自从其学,自难与之力争。**惟当自明吾理,吾理自立,则彼不必与争**。②

在这样的考量下,张载和二程对"感"的重视,表明了"感"对于此种根源性的儒家生活态度的重要性。"释氏以感为幻妄",其教理"大概且是绝伦类",③是要斩断伦常间的关联感通。而"感"的真实且普遍的存在,则在根本上构成了对儒家生活方式的确认。在这个意义上,张载之以"感"释"性",程颢之以"通"言"仁",实为殊途同归之论。

---

① 《张载集》,第126页。
② 《二程集》,第38页。
③ 《二程集》,第24页。

第四节 礼 乐

在儒家的生活方式中,礼乐始终处于核心地位。张载的礼乐思想,在既有的儒学传统上,有自己更进一步的发挥:

> "礼反其所自生,乐乐其所自成"。礼别异,不忘本而后能推本,为之节文;乐统同,乐吾分而已。礼天生自有分别,人须推原其自然,故言"反其所自生";乐则得其所乐即是乐也,更何所待!是"乐其所自成"。①

张载这段话是对《礼记·乐记》的解释。这里的"礼反其所自生,乐乐其所自成",在《乐记》里写作"乐乐其所自生,而礼反其所自始"。《乐记》是一篇非常重要的儒学文献,它以礼、乐为两个基本哲学范畴,以之来思考和把握世界,与此同时,建构起对作为儒家生活方式的骨干的礼和乐的生存论理解。其中,"礼别异"、"乐统同"和"乐由中出"、"礼自外作"是两对关键的命题。张载在承继了这些重要的思想之外,又进一步指出,礼之别异正是本于人之自然,"反其所自生"这一命题中所包含的礼根于人之本性的思想,被张载进一步明确地揭示出来。"不忘本而后能推本,为之节文",即礼之节文实为人之本原自然外化的结果。在某种意义上,礼的观念实质可以理解为自我将自身外化为非我的他者,并经由此他者展现和实现自身,因此,尽管礼在表面上是约束性的,甚至是否定性的,其实质则是肯定性,是以成就为目的的约束和否定。而乐则根源于在世的直接性,"乐吾分而已"。

礼根源于人的本性,要达到成性,必须以礼来持性:

---

① 《张载集》,第261页。

> 礼所以持性,盖本出于性,持性,反本也。凡未成性,须礼以持之,能守礼已不畔道矣。
>
> 礼非止著见于外,亦有无体之礼。盖礼之原在心,礼者,圣人之成法也,除了礼天下更无道矣。①

这里的"无体之礼"是指外在的礼义节文的内在根据。圣人因人之本性,而立节文为成法。人须依礼持性,从而反本成性。

礼不仅源出于人性,亦根源于天地自然:

> 礼不必皆出于人,至如无人,天地之礼自然而有,何假于人?天之生物便有尊卑大小之象,人顺之而已,此所以为礼也。学者有专以礼出于人,而不知礼本天之自然,告子专以义为外,而不知所以行义由内也,皆非也,当合内外之道。②

天地生物有其自然之秩序,而这一秩序就是礼的根源。这里,张载指出了两种错误的思想倾向:其一,认为礼完全出于人,而不知礼亦根源于天地自然;其二,告子之流的"以义为外"。

礼有因时制宜之礼,亦有恒常不变之礼:

> 时措之宜便是礼,礼即时措时中见之事业者,非礼之礼,非义之义,但非时中者皆是也。……时中之义甚大,须是精义入神以致用,[始得]观其会通以行[其]典礼,此则真义理也;行其典礼而不达会通,则有非时中者矣。礼亦有不须变者,如天叙天秩,如何可变!③

由于伦理处境之复杂,"典礼"既无法穷尽所有境况,又不能完全符合每一特殊境况的要求。所以要"观其会通以行[其]典礼"。然而,礼中也有不可变通的,比如四季之变等。

张载对乐的思考,基本上承袭了《乐记》"乐不极音"的思想:

---

①②③ 《张载集》,第264页。

> 古乐不可见,盖为今人求古乐太深,始以古乐为不可知。只此《虞书》"诗言志,歌永言,声依永,律和声"求之,得乐之意盖尽于是。诗只是言志。歌只是永其言而已,只要转其声,合人可听,今日歌者亦以转声而不变字为善歌。长言后却要入于律,律则知音者知之,知此声入得何律。古乐所以养人德性中和之气,后之言乐者止以求哀,故晋平公曰:"音无哀于此乎?"哀则止以感人不善之心。歌亦不可以太高,亦不可以太下,太高则入于噍杀,太下则入于啴缓,盖穷本知变,乐之情也。①

在张载的理解里,古乐必是朴素的,以言志为目的,其声调不以繁复华丽为善,而以"转其声,合人可听"为准。这与《乐记》以降的中国古代音乐观是一脉相承的。②

在这样的理解之下,张载还进一步讨论了郑卫之音出现的原因:

> 郑卫之音,自古以为邪淫之乐,何也?盖郑卫之地滨大河,沙地土不厚,其间人自然气轻浮;其地土苦,不费耕耨,物亦能生,故其人偷脱怠惰,弛慢颓靡。其人情如此,其声音同之,故闻其乐,使人如此懈慢。其地平下,其间人自然意气柔弱怠惰;其土足以生,古所谓"息土之民不才"者此也。若四夷则皆据高山溪谷,故其气刚劲,此四夷常胜中国者此也。③

这里的解释有地理环境决定论的意味。不同之处在于,张载将郑卫之声的原因归诸在某种特定的地理环境之下易于形成的生活态度和节奏。正是某种"偷脱怠惰"的生活态度和节奏,导致了郑卫之音这样使人懈慢的乐音。

---

① 《张载集》,第262页。
② 嵇康《声无哀乐论》亦云:"具其八音,不渎其声,绝其大和,不穷其变。……若夫郑声,是音声之至妙。妙音感人,犹美色惑志,耽槃荒酒,易以丧业。自非至人,孰能御之。"
③ 《张载集》,第263页。

第五节　井田与封建

张载认为,井田制是治天下的不易之方:

> 欲养民当自井田始。①
>
> 治天下不由井地,终无由得平。周道止是均平。②

这里对井田制的推崇,既是对孟子思想的继承,又是对北宋时期的土地问题的一种思考。由于晚唐五代以来施行的两税法所造成的"势官富姓,占田无限,兼并冒伪,习以成俗"③的状况,改革田制和税制成为北宋士人的一般共识。北宋儒者往往以复兴三代之治为目标,因此大都不以权宜之计谋求对时下问题的暂时解决。张载对井田制的提倡,与这样的思想氛围不无关系。

在张载看来,"井田至易行,但朝廷出一令,可以不笞一人而定。"④至于具体的施行:

> 井田亦无他术,但先以天下之地棋布画定,使人受一方,则自是均。前日大有田产之家,虽以田授民,然不得如分种、如租种矣,所得虽差少,然使之为田官以掌其民。使人既喻此意,人亦自从,虽少不愿,然悦者众而不悦者寡矣,又安能每每恤人情如此!其始虽分公田与之,及一二十年,犹须别立法。始则因命为田官,自后则是择贤。⑤

---

① 《张载集》,第264页。
② 《张载集》,第248页。
③ 《宋史·食货志》,中华书局,1977年,第4164页。
④ 《张载集》,第249页。
⑤ 《张载集》,第251页。

在他的井田构想中,充分考虑到了来自富户地主的阻力:在将"大有田产之家"的土地分授于民之后,让这些人暂时充任田官。只有这样,才能将全国的土地统一为一体,然后"棋布画定"。待井田施行既久后,就不再以原本之家世产业为选择田官的根据,而是"择贤"而任了。井田制能否施行,关键在于君主的品质,张载说:"人主能行井田者,须有仁心,又更强明果敢及宰相之有才者。"①

而井田制必配以封建制,才能最终实现:

> 井田卒归于封建乃定。封建必有大功德者然后可以封建,当未封建前,天下井邑当如何为治?必立田大夫治之。今既未可议封建,只可守令终身,亦可为也。所以必要封建者,天下之事,分得简则治之精,不简则不精,故圣人必以天下分之于人,则事无不治者。……而后世乃谓秦不封建为得策,此不知圣人之意也。②

封建虽是最终的解决之道,但在当时的情况下,并没有施行的条件。所以张载以"田大夫"终身制作为权宜的措施。

作为国家整体方略的封建制虽暂时不能推行,但作为封建制基础的宗法制却是可能而且必须恢复的:

> 宗子之法不立,则朝廷无世臣。且如公卿一日崛起于贫贱之中以至公相,宗法不立,既死遂族散,其家不传。宗法若立,则人人各知来处,朝廷大有所益。或问:"朝廷何所益?"公卿各保其家,忠义岂有不立?忠义既立,朝廷之本岂有不固?今骤得富贵者,止能为三四十年之计,造宅一区及其所有,既死则众子分裂,未几荡尽,则家遂不存,如此则家且不能保,又安能保国家!③

宗法之重要,在于为国本的巩固奠立一个稳固的基础。有世家方有世臣,而世臣尽忠义,方能保其家世之长兴。在张载看来,仅仅依靠个人

---

① ② 《张载集》,第251页。
③ 《张载集》,第259页。

内在德性的忠义,是不够的,还需要将国运与家世紧密联系起来。

宗法除了有巩固国本的作用外,还与风俗之厚薄有关:

> 管摄天下人心,收宗族,厚风俗,使人不忘本,须是明谱系世族与立宗子法。①

而风俗之淳薄又与人的自我理解以及个体的德性养成密不可分。

张载的宗法思想并不以培养权势和财富上的新贵族阶层为目标:

> 卿大夫采地、圭田,皆以为永业,所谓世禄之家。然古者世禄之家必不如今日之官户也,必有法。盖舍役者惟老者,疾者,贫者,贤者,能者,服公事者,舍此,虽世禄之家,役必不免也明矣。②

在张载那里,宗族的意义更多的是精神上的。即使是世禄之家,除其中的老者、疾者、贫者、贤者、能者和服公事者,也必须为国家尽各种各样臣民应尽的义务。

第六节 经 学

经学在儒学史上有其重要的地位。一个时代的儒学话语建构,是与同时代的经典诠释学密不可分的。张载在经学方面的独特贡献,同时也构成他在儒学话语建构方面的独特贡献。

在宋代儒者中,张载对文字和书写的重视是格外突出的。而他在儒学话语建构上的成就,也与此有关。《横渠易说》云:

> 人言命字极难,辞之尽理而无害者,须出于精义。《易》有圣人之道四,曰以言者尚其辞,必至于圣人,然后其言乃能无蔽,盖

---

① 《张载集》,第259页。
② 《张载集》,第250页。

由精义所自出也,故辞不可以不修。①

对于思想而言,书写和文字是至关重要的。只有圣人能做到言而无蔽。而且圣人对言辞也格外重视:"《易》有圣人之道[四焉],而曰'以言者尚其辞',辞者,圣人之所重。"②

张载对书写和文字的重视,是对孟子"知言"思想的承继和发展:

> 故未识圣人心,已谓不必求其迹;未见君子志,已谓不必事其文。此人伦所以不察,庶物所以不明,治所以忽,德所以乱,异言满耳,上无礼以防其伪,下无学以稽其弊。自古诐、淫、邪、遁之词,翕然并兴,一出于佛氏之门者千五百年,自非独立不惧,精一自信,有大过人之才,何以正立其间,与之较是非,计得失。③

文辞不仅与思想有关,而且还对世之治乱、德之兴废有根本的影响。在张载看来,后世的积弊,很大程度上是儒学话语为"异言"淆乱的结果。而其中尤以佛氏之言为甚。

文字与书写不仅关乎世之治乱、德之废兴,亦与个人心性之养成密不可分:

> 学者潜心略有所得,即且志之纸笔,以其易忘,失其良心。若所得是,充大之以养其心,立数千题,旋注释,常改之,改得一字即是进得一字。始作文字,须当多其词以包罗意思。④

心中所得之义理,须以文字记录和固定下来,否则会因忘却而失去其"良心"。这里我们已经可以隐约地看到这样的可能性:文字影响甚至左右人们感受世界的方式及结果。这种对待书写和文字的态度,与程氏兄弟颇为不同。据《宋元学案》载:"横渠著《正蒙》时,处处置笔砚,得意即书。明道云:'子厚却如此不熟。'"⑤又载:"(明道)又曰:《西

---

① ② ③ 《张载集》,第198页。
④ 《张载集》,第275页。
⑤ 《宋元学案》,第770页。

铭》,某得此意,只是须得子厚如此笔力,他人无缘做得。孟子以后,未有人及此。"①在程颢看来,心中之义理与文字之间可以存在距离,文字未尽并不一定意味着心中义理有未明未尽之处。而张载则认为文字未到,实际上是心中之义理不明的结果,故须时时改进文字,以此养心。

正因为文字与个人心性之养成有关,所以须读书以进德:

> 读书少则无由考校得精义,盖书以维持此心,一时放下则一时德性有懈,读书则此心常在,不读书则终看义理不见。书须成诵精思,多在夜中或静坐得之,不记则思不起,但贯通得大原后,书亦易记。所以观书者,释己之疑,明己之未达,每见每知所益,则学进矣,于不疑处有疑,方是进矣。②

读书方能维持此心,使德性无懈。此种对书籍和文字的理解,如能得到发扬,则后来鹅湖之会上朱子与象山关于进德是否需要读书的论辩,将无从落脚。

在上述对书写及文字的关切基础上,张载格外重视儒家经典文本之间的贯通。通过经典文本之间的贯通来解释经义,所关涉的不止是一般意义上的经典解释,还是当下之儒学话语建构以及与之相关的心性义理之养成的要务。

由于张载的经学思想专注于儒学话语的建构,而非对某一具体经典的解释,所以,他没有撰写完整的经典解释著作。《横渠易说》只是对《周易》的部分语句所做的理解性诠释。然而,我们同时又必须看到,张载的思想都是在贯通和解释经典的基础上展开的,比如:

> "日月相推而明生,寒暑相推而岁成"。神易无方体,"一阴一

---

① 《宋元学案》,第770页。
② 《张载集》,第275页。

阳","阴阳不测",皆所谓"通乎昼夜之道"也。①

> 气有阴阳,推行有渐为化,合一不测为神。其在人也,[智]义利[用],则神化之事备矣。德盛者穷神则[智]不足道,知化则义不足云。天之化也运诸气,人之化也顺夫时;非气非时,则化之名何有?化之实何施?《中庸》曰"至诚为能化",孟子曰"大而化之"。②

前一条材料将《系辞》中的几句话关联贯通在一个新的语境中,在为每一句话提供解释的同时,也道出张载所要传达的哲学洞见。后一条材料中则将《系辞》的"阴阳不测之谓神""穷神知化"、《中庸》的"至诚为能化"和《孟子》的"大而化之"关联在他自己的气本论发挥中。《正蒙》中很多条目都是以解释经典为归旨的,如《三十篇》主要的内容是对《论语》的解释,《大易篇》是对《易》的诠解,《乐器篇》则以解释《诗经》为主。③

在儒家典籍中,张载于《中庸》用力最深,他曾经说过:

> 某观《中庸》义二十年,每观每有义,已长得一格。六经循环,年欲一观。观书以静为心,但只是物,不入心,然人岂能长静,须以制其乱。④

这与他个人的思想历程是息息相关的。但其思想及著述中对《中庸》的发挥和运用,却远不及《周易》,特别是《系辞》。这与张载思想构建的主要目标是为儒家生活方式奠立形上根基有关。由于张载最重要的思想论说大都以《系辞》为依据,因此在某种程度上,我们可以将他的儒学思想归入"易学"的范畴。

---

① 《张载集》,第9页。
② 《张载集》,第16页。
③ 据《正蒙·苏昞序》,《正蒙》本无篇次,今本的篇目是后来苏昞编辑整理的结果。见《张载集》,第3页。
④ 《张载集》,第277页。

在张载对《周易》的解释中,我们可以看到王弼的某些影响。张载显然对王弼的著述有过深入的阅读:

> 谷神能象其声而应之,非谓能报以律吕之变也,犹卜筮叩以是言则报以是物而已,《易》所谓"同声相应"应是也。王弼谓"命吕者律",语声之变,非此之谓也。①

> 王弼于此无咎又别立一例,只旧例亦可推行,但能嗟其不节有过之心则亦无咎也。②

> 辅嗣所解,似未失其归也。③

第一条材料表明张载读过王弼《老子注》。④ 第二条材料出自《横渠易说》"节卦"注,材料似乎是说王弼在解释此卦时又创立了新的解释原则,而张载认为依王弼原本的解释原则也是可以解释通的。王弼在解释《节》卦六三"不节若,则嗟若,无咎"时说:"若,辞也。以阴处阳,以柔乘刚,违节之道,以至哀嗟。自己所致,无所怨咎,故曰'无咎'。"⑤在王弼的解释原则中,"以阴处阳,以柔乘刚"是典型的致凶之道,如对《师》卦六三、《履》卦六三的解释都是如此。可见,张载质疑的不是王弼的一般解释原则,而是此处的具体解释:此爻不必一定要释为凶爻,依爻辞的字面义解释即可。张载在解释此爻时说:"处非其位,失节也",这显然是接受了王弼对爻德与爻位关系的基本把握。

尽管在把握爻位的基本原则上,张载深受王弼的影响,但对《周易》的具体解释,更多地还在于由卦辞、爻辞等构成的一个基本的语境,而对这一语境中的各要素的贯通和关联则在根本上取决于解释者

---

① 《正蒙·有德篇》,《张载集》,第46页。
② 《横渠易说》,《张载集》,第170页。
③ 《张载集》,第184页。
④ 详此材料,似乎是在说王弼以"命吕者律"来解释谷神之能象其声而应。"谷神"一词见于《老子》第六章,然而,今本王弼《老子注》的这一章中没有"命吕者律"这句话。或者张载所见之本与今本不同。
⑤ 《王弼集校释》,第512页。

的哲学视野。比如,对《乾》卦《文言》"潜龙勿用,……终日乾乾,与时偕行;……亢龙有悔,与时偕极",王弼的注释只有"与天时俱不息"、"与时运俱终极"这两句话。而张载于此则特加发挥:

> 《易》虽以六爻为次序而言,如此则是以典要求也。乾初以其在初处下,况圣修而未成者可也。上以居极位画为亢,圣人则何亢之有!若二与三皆大人之事,非谓四胜于三,三胜于二,五又胜于四,如此则是圣可阶也。三四与二,皆言所遇之时。二之时平和,见龙在田者则是可止之处也。时舍,时止也,以时之和平,故利见不至于有害。三四则皆时为危难,又重刚,又不中,至九五则是圣人极致处,不论时也。飞龙在天,况圣人之至若天之不可阶而升也。……故尝谓大可为也,大而化之不可为也,在熟而已。盖大人之事,修而可至,化则不可加功,加功则是助长也,要在乎仁熟而已。①

张载认为乾之初爻可以用来比拟修德而未至于成性的阶段,比如颜子之徒;而九五则用来比喻圣人不可以经由人为的阶梯而渐至。这与张载对《论语》相关段落的解释也有关联。《正蒙·中正篇》云:

> 学者中道而立,则有[仁]以弘之。无中道而弘,则穷大而失其居,失其居则无地以崇其德,与不及者同,此颜子所以克己研几,必欲用其极也。未至圣而不已,故仲尼贤其进;未得中而不居,故惜夫未见其止也。②

这段话是对《论语·子罕》中"子谓颜渊曰:惜乎!吾见其进也,未见其止也"的论述。已往的解释大都将此句理解为孔子对颜渊进德不息的赞叹和惋惜,如《论语集解》:"马曰:孔子谓颜渊进益未止,痛惜之

---

① 《张载集》,第76—77页。
② 《张载集》,第27页。

甚。"①而张载的解释,则将这里的"止"字读作"知止于至善"的"止",这种解释又与他对德性养成的整体思考密不可分。② 由此,可以窥见张载思想的重心所在。

对于易道的本质,张载论曰:

> 易一物而[合]三才:阴阳气也,而谓之天;刚柔质也,而谓之地;仁义德也,而谓之人。
>
> 一物而两体,其太极之谓与! 阴阳天道,象之成也;刚柔地道,法之效也;仁义人道,性之立也。三才两之,莫不有乾坤之道。③

易之道,亦即"太极之道",是通贯天地人的终极之道,世间的万事万物皆范围其中。而儒家的生活方式,正是立于这一易道的根基之上的。

而作为易道之载体的《周易》一书,则是:

> 尚辞则言无所苟,尚变则动必精义,尚象则法必致用,尚占则谋必知来,四者非知神之所为,孰能与于此?
>
> 《易》非天下之至精则词不足[以]待天下之问,非深不足[以]通天下之志,非通变极数,则文不足以成物,象不足以制器,几不足以成务,非周知兼体,则其神不能通天下之故,不疾而速,不行而至。

《周易》一书"尚辞"、"尚变"、"尚象"、"尚占",这决定了它的基本特点:必至精至深,通变极数。而这些,只有"周知兼体"、"知神之所为"的圣人才能做到。

---

① 程树德:《论语集释》,中华书局,1990年,第614页。
② 另见《横渠易说》"革卦"关于"大人虎变"、"君子豹变"的解释。
③ 《张载集》,第48页。

第七章

程颢的儒学思想*

程颢(1032—1085),字伯淳,世称明道先生。自幼聪慧,年数岁,已有成人之度,尝赋《酌贪泉》诗:"中心如自固,外物岂能迁。"年十五六时,"闻汝南周茂叔论道,遂厌科举之业,慨然有求道之志。"① 宋仁宗嘉祐二年(1057),中进士第。历任京兆府等地,为官时,凡坐处皆书"视民如伤"四字,并且常说:"颢常愧此四字。"熙宁二年(1069),因御史中丞吕公著的举荐,升任太子中允、权监察御史里行。对于王安石新法,程颢并不从根本上反对,只是劝王安石要做"顺人心事",而王安石对他也一直抱有好感,即使在斥逐旧党之时,仍称道他的忠信。程颢因屡次谏阻新法而不为神宗采纳,遂自请去职。此后长期在地方任

---

* 程氏兄弟的哲学思想虽有相当大的不同,但在众多关乎儒学本质的方面,却是极相契合的。正是基于这样的考虑,本书在处理二程的儒学思想时,将其中的结构性问题均放在程颢的名下,加以讨论。而对程颐的儒学,则集中探讨他的《伊川易传》。本章在引证材料时,也并不在程颢和程颐之间做过多强调性的区分。当然,在大多情况下,是以程颢的言论为主的。

① 《宋史·程颢传》,第12716页。

职,晚年主要在洛阳附近为官,广收门徒,从事讲学。元丰八年(1085),神宗去世,哲宗即位,司马光、吕公著等旧臣被重新起用,开始全面废除新法。程颢被升为宗正寺丞,但此时已染重病,未赴而卒。

程颢是北宋儒学复兴运动的关键人物。他的思想不仅为整个道学运动的发展规定了方向,而且为道学话语的构建和展开奠定了基础。他的立身行事,更为后世的儒者树立了一个辉耀的典范。

第一节　辨　佛

佛教自汉代传入中国开始,经数百年的浸润积累,至宋时已经渗透到日常生活的所有层面,这在日常生活礼仪以及士大夫精神旨趣中的体现尤为明显。在日常生活层面,以"佛礼治葬者,相沿成习,乃至若有人不用佛礼,则成为可注意之特例。如《宋史·穆修传》即特别记载穆修'母死,自负榇以葬,日诵《孝经》、《丧记》,不饭浮屠为佛事'"。① 而士大夫精神趣味中的佛教影响,也甚为显著。《二程集》中有这样一段议论:

> 昨日之会大率谈禅,使人情思不乐,归而怅恨者久之。此说,天下已成风,其何能救?古亦有释氏盛时,尚只是崇设像教,其害至小。今日之风,便先言性命道德,先驱了智者。才愈高明,则陷溺愈深。在某,则才卑德薄,无可奈何它。然居今日次第,便有数孟子亦无如之何。只看孟子时,杨墨之害能有甚?况之今日,殊不足言。此事,盖亦系时之污隆。清谈盛而晋世衰。然清谈为

---

① 参见周晋:《道学与佛教》,北京大学出版社,1999年,第2页。对于世俗丧葬仪式中的佛教要素,程颐曾有这样的批评:"某家治丧,不用浮图。在洛,亦有一二人家化之,自不用释氏。道场之用螺钹,盖胡人之乐也,今用之死者之侧,是以其乐临死者也。天竺之人重僧,见僧必饭,因使作乐于前。今乃以为之于死者之前,至如庆祷,亦杂用之,是甚义理?如此事,被他欺谩千百年,无一人理会得。"《二程集》,第114页。

害，却只是闲言谈，又岂若今日之害道？①

在程颢看来，佛法之影响比杨墨之言为害尤甚。一方面，先将士大夫中才识卓异者引诱过去，而且往往才识越高明，陷溺就越深；另一方面，佛法又不是魏晋的清谈，魏晋清谈大率以"闲言谈"为主，不似佛法之近理而害道。二程曾感慨说："今日卓然不为此学者，惟范景仁与君实尔，然其所执理，有出于禅学之下者。"②与二程同时代的儒者，极少有完全不受佛法浸染的；少数像司马光那样不为佛法陷溺的人，其所倚恃的义理基础又往往在佛法之下。在这种情形下，"惟当自明吾理，吾理自立，则彼不必与争。"③自立吾理，才是克服佛法之影响的根本。正是这一根本方向的建立，使得北宋道学真正有了深入开展的可能。

在程颢看来，佛教的问题根源于立心之初：

> 佛学只是以生死恐动人。可怪二千年来，无一人觉此，是被他恐动也。圣贤以生死为本分事，无可惧，故不论死生。佛之学为怕死生，故只管说不休。下俗之人固多惧，易以利动。至如禅学者，虽自曰异此，然要之只是此个意见，皆利心也。籲曰："此学，不知是本来以公心求之，后有此蔽，或本只以利心上得之？"曰："本是利心上得来，故学者亦以利心信之。"④

李籲怀疑佛教立教的宗旨本是出于公心，其后才渐生畏怖生死之蔽，对此程颢明确指出，佛教从一开始就是从自利之心上起见的。而之所以会有这样的自利之心，是因为没有看到"万物一体"的道理："释氏以不知此，去它身上起意思，奈何那身不得，故却厌恶；要得去尽根尘，为

---

① 《二程集》，第23页。未注明是谁的话。牟宗三认为"自系明道语无疑"，参见《心体与性体》，第76页。
② 《二程集》，第25页。
③ 《二程集》，第38页。
④ 《二程集》，第3页。未注明是谁的话。牟宗三认为"自系明道语无疑"，参见《心体与性体》，第74页。

心源不定,故要得如枯木死灰。……释氏其实是爱身,放不得,故说许多。"①而如果能将"这一个身公共放在天地万物中一般看",②就不会有此弊病。正因为其根本归于"自私自利之规模",所以才会"苦根尘",要"免死生,齐烦恼"。而实际上,"天地之间,有生便有死,有乐便有哀",③如果能本着天理自然的公心去看,顺天理而行,便不会以之为苦,从而要刻意谋个免除、解脱之道。

对于儒佛二道心同迹异的说法,④程颢也提出了明确的批评:

> 禅者曰:"此迹也,何不论其心?"曰:"心迹一也,岂有迹非而心是者也? 正如两脚方行,指其心曰:'我本不欲行,他两脚自行'。岂有此理?"⑤

心是迹的主脑,迹是心的外在表现,有其迹必有其心。因此,迹上出现问题,根本上还是心上已经错了。

从体用方面看,佛教有体而无用:

> 彼释氏之学,于"敬以直内"则有之矣,"义以方外"则未之有也,故滞固者入于枯槁,疏通者归于肆恣,此佛之教所以为隘也。⑥

程颢并不认为佛教的道理全无是处,在向内养心这方面,佛教颇有其殊胜之处。"他有一个觉之理",这个"觉之理",用在"敬以直内"上,还是有其效用的。⑦ 佛教之所以无"义以方外"之用,是因为"其术,大概且是绝伦类","不可以治天下国家"。而如此佛徒知道其理不能"周遍",只去"自私独善,枯槁山林,自适而已",那也"不过世上少这一个

---

① 《二程集》,第34页。
② 《二程集》,第30页。
③ 《二程集》,第152页。另参见周晋:《道学与佛教》,第16—23页。
④ 儒释心同迹异之说由来已久,二程举而廓清之,是北宋儒学转变的一大关节。相关讨论参见周晋:《道学与佛教》,第11—13页。
⑤ 《二程集》,第3页。
⑥ 《二程集》,第74页。
⑦ 关于儒释之间言觉的不同,参见周晋:《道学与佛教》,第40—41页。

人"。但佛教偏又强要"周遍"。虽然释氏之教在"敬以直内"方面有可取之处,但"其直内者,要之其本亦不是"。①

由于释氏之教从自利上起见,故"于道体自不足",并非真正普遍性的道理:

> 佛氏不识阴阳昼夜死生古今,安得谓形而上者与圣人同乎?②

在程颢看来,真正的道必是贯通形上形下、阴阳昼夜的,而释氏之教则终究是"有间断"的。"释氏谈道,非不上下一贯,观其用处,便作两截。"③佛教的道理在论说上是可以贯通周遍的,但到了用的层面,就分裂为两截。这说明它在根本上,还不是真正普遍的道理。这一在用的层面上打作两截的道理,强推其理以求"周遍",遂至人物无别:"如释氏说蠢动含灵,皆有佛性,如此则不可。"④

佛法并不是全无所见,"释氏之学,正似用管窥天,一直便见,道他不是不得,只是却不见全体。"⑤而正因为其不无所见,且"尽极乎高深",⑥故比申、韩、扬、墨之学危害更大:

> 杨、墨之害,甚于申、韩;佛、老之害,甚于杨、墨。杨氏为我,疑于仁。墨氏兼爱,疑于义。申、韩则浅陋易见。故孟子只辟杨、墨,为其惑世之甚也。佛、老其言近理,又非杨、墨之比,此所以害尤甚。⑦

因此,学者对于释氏之教,切忌深研:"今穷其说,未必能穷得也,比至

---

① 《二程集》,第24页。
② 《二程集》,第140页。
③ 《二程集》,第417页。
④ 《二程集》,第29页。
⑤ 《二程集》,第375页。
⑥ 《二程集》,第152页。
⑦ 《二程集》,第138页。

穷得,自家已化而为释氏矣。"①二程对佛教是有深入研究的,②但他们在关涉佛教的讨论中,绝少正面引述其具体思想和论说,这样的姿态显然是以上述思考为基础的。学者对于释氏之教,"直须如淫声美色以远之,不尔,则骎骎然入于其中矣"。③

第二节 新 法

与司观光等从根本上反对变法的政治主张不同,二程是支持更张北宋既有的政治格局的。在后来的回忆中,他们明确指出:"当时天下,岌岌乎殆哉!"而王安石之所以推行新政,正是要对治这样的时世。程颢《上殿札子》云:

> 惟在以圣人之训为必当从,先王之治为必可法,不为后世驳杂之政所牵制,不为流俗因循之论所迁惑,自知极于明,信道极于笃,任贤勿二,去邪勿疑,必期致世如三代之隆而后已也。④

作为君主,一定要有政治理想——以回复三代之治为己任,而不能因循苟且。

但对于王安石新法的具体构想和实施细节,程颢提出了明确的批评:

> 臣近累上言,乞罢预俵青苗钱利息及汰去提举官事,朝夕以觊,未蒙施行。……伏见制置条例司疏驳大臣之奏,举劾不奉行之官,徒使中外物情,愈致惊骇,是乃举一偏而尽沮公议,因小事

---

① 《二程集》,第149页。
② 参见周晋:《道学与佛教》,第6页。
③ 《二程集》,第25页。
④ 《二程集》,第447页。

而先失众心。……与其遂一失而废百为,孰若沛大恩而新众志?外汰使人之扰,丞推去息之仁。①

对于青苗等新法的问题,程颢并没有做过多的分析,而是更多地着眼于新政推行中的操作性问题。首先,在新法推行中,"辅弼大臣人各有心,睽戾不一致,国政异出,名分不正",②没有营造一种同心勠力的氛围;其次,王安石为了克服种种阻力,指使"制置条例司疏驳大臣之奏","沮废公议",则尤为有害。程颢特别指出,王安石的做法将"在朝异己"消除殆尽,而"在古,虽大恶在上,一面诛杀,亦断不得人议论,今便都无异者"。③

而之所以造成这样一种局面,也并不是王安石一个人的责任:"新政之改,亦是吾党争之有太过,成就今日之事,涂炭天下,亦须两分其罪可也。"④程颢亲历了熙宁变法初期的政局,对之有自己独到的理解:

> 熙宁初,王介甫行新法,并用君子小人。君子正直不合,介甫以为俗学,不通世务,斥去。小人苟容谄佞,介甫以为有才,知变通,适用之。君子如司马君实不拜副枢以去,范尧夫辞修注得罪,张天祺以御史面折介甫被责。介甫性很愎,众人以为不可,则执之愈坚。君子既去,所用小人争为刻薄,故害天下益深。使众君子未与之敌,俟其势久自缓,委曲平章,尚有听从之理,则小人无隙可乘,其害不至如此之甚也。⑤

由于王安石个性强毅,因此,司马光等持重君子的面折力争,非但不能动摇其心,反而益坚其心志。结果,朝廷中持重的大臣纷纷去位,从而使锐意功名的轻进之士乘隙得权,不仅未能使变法的方向得到适当的

---

① 《二程集》,第 456—457 页。
② 《二程集》,第 457—458 页。
③ 《二程集》,第 51 页。
④ 《二程集》,第 28 页。
⑤ 《二程集》,第 423 页。即使对于"青苗法"这样的新法举措,二程也认为不必过分纠缠:"至如青苗,且放过,又且何妨。"《二程集》,第 28 页。

校正和调整,反而使新政中的问题被极端地放大了。①

在程颢眼中,比新法更为有害的是王安石的新学:"如今日,却要先整顿介甫之学,坏了后生学者。"②新法之害容易消除,而新学之害,则影响深远:

> 如介甫之学,他便只是去人主心术处加功,故今日靡然而同,无有益者,所谓一正君而国定也。此学极有害。以介甫才辩,遽施之学者,谁能出其右? 始则且以利而从其说,久而遂安其学。今天下之新法害事处,但只消一日除了便没事。其学化革了人心,为害最甚,其如之何! 故天下只是一个风,风如是,则靡然无不向也。③

王安石之学在君主的心术上施加影响,并以此"化革"人心,因此,危害尤其显著。

第三节 风习与教化

古今之不同,不仅体现在制度和器物层面,也体现在风习当中。④尧、舜之时,风习最为淳厚,因此,无论是国家的治理状况,还是人的道德风貌,都是后世无可企及的:

> 后世虽有作者,虞帝不可及也。犹之田也,其初开荒莳种甚

---

① 这样的情况在元祐元年司马光执政以后,进一步恶化了。程颐曾与侯仲良谈及牛、李事,"因言温公在朝,欲去尽元丰间人。程子曰:'作新人才难,变化人才易。今诸人之才皆可用,且人岂甘为小人,在君相变化如何耳。若宰相用之为君子,孰不为君子? 此等事教他们自做,未必不胜如吾曹。'"(《二程集》,第392页)而司马光不仅尽除新法,并元丰年间所用能臣亦一举斥逐,是后来元祐党人案的根由。
② 《二程集》,第38页。
③ 《二程集》,第50页。
④ 程颢云:"古今异宜,不惟人有所不便,至于风气亦自别也。"《二程集》,第122页。

盛,以次遂渐薄,虞帝当其盛时故也。其间有如夏衰、殷衰、周衰,有盛则有衰,又是其间之盛衰,推之后世皆如是也。如一树,方其荣时,亦有发生,亦有凋谢。桑榆既衰矣,亦有发生,亦有凋谢。①

虞舜之时的天下,就仿佛方经开垦的土地,其地力肥沃,此后则渐渐贫薄。尽管这样理想的治世不可复现,但通过努力重新达到某种曾经有过的高度,如三代之治,却是完全可能的:"若三代之治,后世决可复。不以三代为治者,终苟道也。"②

在程颢的思想中,风习并不能等同于我们通常所说的风俗。风习是一种如物一般"客观实在的"的文化土壤。在论及关中风气的衰败时,程颢说:

> 观秦中气艳衰,边事所困,累岁不稔。昨来馈边丧亡,今日事未可知,大有可忧者;以至士人相继沦丧,为足妆点关中者,则遂化去。吁!可怪也。凡言王气者,实有此理。生一物须有此气,不论美恶,须有许大气艳,故生是人。至如阙里,有许多气艳,故此道之流,以至今日。昔横渠说出此道理,至此几乎衰矣。只介父一个,气艳大小大。③

与后世人往往将"王气"之类的说法,简单地视为荒诞不经的迷信不同,程颢用他的气化观念将其理性化了。在他看来,随着地域和时代的不同,化育人物的土壤也会有相应的变化。这一土壤既孕育人文之灵,又化生自然之灵。

作为文化土壤的风习,与人内心中和气的多少有关,因而在根本上受到教化的影响:

> 古人虽胎教与保傅之教,犹胜今日庠序乡党之教。古人自幼

---

① 《二程集》,第55页。
② 《二程集》,第129页。
③ 《二程集》,第26页。

> 学,耳目游处,所见皆善,至长而不见异物,故易以成就。今人自少所见皆不善,才能言便习秽恶,日日消铄,更有甚天理。须人理皆尽,然尚以些秉彝消铄尽不得,故且怃过,一日之中,起多少巧伪,萌多少机阱。据此薰蒸,以气动气,宜乎圣贤之不生,和气之不兆也。寻常间或有些时和岁丰,亦出于幸也。不然,何以古者或同时或同家并生圣人,及至后世,乃数千岁寂寥?①

后世风习的败坏与教化的缺失有关。人自幼便习于秽恶,日日消铄其内在固有的善性,久而久之,心中所存,率多巧伪机诈之事。人内心的恶浊之气,与贫薄的文化土壤交互影响,结果只能是"和气之不兆"、"圣贤之不生"。②

对于任何一个时代,文化土壤都首先是作为一种给定的现实出现的。每一个个体都生长在这样的土壤当中,因此,只能在这一既定的前提下有所作为。与此相应,不论何等贫薄的时代,人都是可以有所作为的:"天地生一世人,自足了一世事。但恨人不能尽用天下之才,此其不能大治。"③除了各尽其才、各尽其分以外,通过教化以养成风习则更是关键所在。而风习之培养,还是要从个人成德上入手。然而,与古代的教化相比:

> 今之学者,惟有义理以养其心。若威仪辞让以养其体,文章物采以养其目,声音以养其耳,舞蹈以养其血脉,皆所未备。④

古代世界里身心的全面修养已经不复存在,学者只能透过心性义理的

---

① 《二程集》,第35页。
② 人心与风气的互动,与汉儒的天人感应之论,是有着本质不同的。一方面,要明了"天人之理,自有相合"的道理;另一方面,又要注意不要落入汉儒的窠臼,"汉儒之学,皆牵合附会,不可信。"(《二程集》,第374页)二者之间的最大不同在于,汉儒的天人感应思想,强调的是有人格意志的天;而在程颢的思想中,天是没有欲望和意志的自然之天,天变并不是为呼应人事而出现的,但天变之所以能带来灾害,则全在于人事上出了问题。当然,人心与风习之间的互动,并不能完全归入天人关系的主题。
③ 《二程集》,第2页。
④ 《二程集》,第21页。

考究,来自成其德了。

第四节　物理与天理

程颢非常注意对物理的体会和观察,并曾写下"万物静观皆自得,四时佳兴与人同"这样的诗句。① 他时时考索万物之理,思有所得,常常兴奋得"不知手之舞之,足之蹈之"。程颢对物理的考察,范围是极其广泛的。如居长安时,见长安西风而雨,与其阴阳观念不合,便推断是山势使然。而其对物理的考究,根本目的则在于明天理。

在程颢的思想中,"理"涵括的范围比我们今天的"物理"要宽泛得多。如"善卜之人知人姓名",在程颢看来,也是合乎常理的。对于我们今天视为荒渺无稽的卜筮与祭祀,程颢也纳入到他的物理范畴中来加以考察:

> 卜筮之能应,祭祀之能享,亦只是一个理。蓍龟虽无情,然所以为卦,而卦有吉凶,莫非有此理。以其有是理也,故以是问焉,其应也如响。若以私心及错卦象而问之,便不应,盖没此理。今日之理与前日已定之理,只是一个理,故应也。至如祭祀之享亦同。鬼神之理在彼,我以此理向之,故享也。不容有二三,只是一理也。如处药治病,亦只是一个理。此药治个如何气,有此病服之即应,若理不契,则药不应。②

在他看来,卜筮之所以有效,即在于易卦里有一个吉凶之理,而现实情境中也有一个吉凶之理,彼理与此理因"无情"之蓍龟而相互呼应,故能有问即应。"祭祀之能享"也是同样的道理。从"若以私心及错卦象

---

① 他甚至还讲过"物理最好玩"这样的话。《二程集》,第39页。
② 《二程集》,第52页。

而问之,便不应"这样的论述看,理必是公共的、普遍的。私心之所以无应,在于其起念处根于幻相错觉,与"平铺放着"的公共之理无涉。这也是后面讲"不容有二三,只是一理"的意义所在。也正是以此为标准,程颢将鬼神为厉之类的事情归为虚诞。除了公共性和普遍性之外,理又必是自然而然的,不是人为安排而成的。①

在明确了程颢思想中的理的形式标准以后,我们接下来进一步探求他如何从对物理的考索中,体贴出有伦理意味的天理来。

程颢对于万物之间的感应之理极为关切,他曾经说过:"天下事只是感与应耳。"②在他对物理的考索中,这是一个极为重要的方面,如说:

> 杨定鬼神之说,只是道人心相感通。如有人平生不识一字,一日病作,却念得一部杜甫诗,却有此理。天地间事,只是一个有,一个无,既有即有,无即无。如杜甫诗者,却是世界上实有杜甫诗,故人之心病及至精一有个道理,自相感通。以至人心在此,托梦在彼,亦有是理,只是心之感通也。死者托梦,亦容有此理。有人过江,其妻堕水,意其为必死矣,故过金山寺作佛事。方追荐次,忽其婢子通传堕水之妻,意度在某处作甚事,是诚死也。及三二日,有渔人撑舟,以其妻还之,乃未尝死也,盖旋于急流中救活之。然则其婢子之通传是何也?亦是心相感通。既说心有感通,更说甚生死古今!③

程颢当然不相信鬼神之说,因此,这一段议论应视为他对种种神异传说所做的理性化解释。在他看来,心与理、心与心之间的相互感通,乃是不容质疑的实理。上述种种神异之事,不过是此种感通之理的体现。不仅心与理、心与心之间,万物之间的感通亦无处不在,甚至万物

---

① 程颢说:"天地万物之理,无独必有对,皆自然而然,非有安排也。"《二程集》,第121页。
② 《二程集》,第440页。
③ 《二程集》,第46页。

的名字,也"自与音义气理相通"。① 天地万物之间感通的无处不在,正在根本上为其天地万物一体之仁的思想提供了支点。理解了这一点,我们才能明白,当程颢发现"天地万物之理,无独必有对"这一道理时何以会那样的兴奋:因为"无独必有对"其实是感通之所以可能的必要的逻辑环节。②

天地化生万物,自然千差万别:

> 命之曰易,便有理。若安排定,则更有甚理?天地阴阳之变,便如两扇磨,升降盈亏刚柔,初未尝停息,阳常盈,阴常亏,故便不齐。譬如磨既行,齿都不齐,既不齐,便生出万变。故物之不齐,物之情也。而庄周强要齐物,然而物终不齐也。……尧夫却皆有理,万事皆出于理,自以为皆有理,故要得纵心妄行总不妨。③

"物之不齐,物之情也",是孟子的著名论断,也是儒家思想的一个重要原则。万物不同,故有身份的差异,这一差异既是礼的根本所在,也是儒家爱有差等的观念基础。④

生生之理是天地的根本,程颢说:"静后,见万物自然皆有春意。"⑤ 这里所说的春意,即是天地生生不已的一团暖意:

> "生生之谓易",是天之所以为道也。天只是以生为道,继此生理者,即是善也。善便有一个元底意思。"元者善之长",万物皆有春意,便是"继之者善也"。"成之者性也",成却待他万物自成其性须得。⑥

天地只是一个生生不已之理,善根源于这一生意,是生生之理的实现。

---

① 《二程集》,第9页。
② 万物之间无所不在的感通之理,正好对治释氏断绝人伦的教法。
③ 《二程集》,第33页。
④ 万物差异之理的确立,除了对治墨子的兼爱思想,似也指向佛教的众生平等观。
⑤ 《二程集》,第84页。
⑥ 《二程集》,第29页。

这一自然的生生之理,同时也是仁的本质。

然而,万物有生便有死,阴阳有长便有消。阴阳消长相继,无断绝之时:

> 冬至一阳生,而每遇至后则倍寒,何也?阴阳消长之际,无截然断绝之理,故相攙掩过。如天将晓,复至阴黑,亦是理也。大抵终始万物,莫盛乎《艮》,此尽神妙,须尽研穷此理。①

阴阳消长相继之理,遥遥地指向了程颢思想中儒家对生死问题的安顿。

在程颢的绝大多数论述中,理都是客观的,不因人的存在而改变的。如说:"天理云者,这一个道理,更有甚穷已?不为尧存,不为桀亡。人得之者,虽大行不加,穷居不损。这上头来,更怎生说得存亡加减?是他元无少欠,百理具备。"②然而,他在某些地方似乎又强调人对天地的分判作用:

> 然而唯人气最清,可以辅相裁成,"天地设位,圣人成能",直行乎天地之中,所以为三才。天地本一物,地亦天也。只是人为天地心,是心之动,则分了天为上,地为下,兼三才而两之,故六也。③

在人出现之前,天地本是浑沦不分的一体。天地尚且未分,万物之理自然也处于晦暗遮蔽之中。由于人是"天地之心",此心发动,才有了天上地下之别,万物之理也才真正进入澄明之境。这有点类似黑格尔的客观精神通过孕育主观精神,从而完成对自身的认识的过程。天地孕育出作为"天地之心"的人,并在这"天地之心"中显现自身。作为主观精神的"天地之心"一旦孕育出来,就进一步指向了主观精神与客观

---

① 《二程集》,第47页。
② 《二程集》,第31页。
③ 《二程集》,第54页。

精神的统一:"心所感通者,只是理也。"①在这样的思想中,我们已经可以看到后来心学开展的雏形了。

第五节 气化与生死

程颢批评佛教是从自私自利的规模上起见,以生死恐动人。这样的批评如果不能导出一种儒家独有的安顿生死问题的路径,其意义将是极为有限的。

众所周知,二程对于张载的气学思想,有着诸多的批评,而这些批评所针对的问题,又往往不甚明了。其中确有某些批评,是出自二程对张载的误解,或彼此间基本哲学架构的不同,但更多批评则是因为在二程看来,张载的哲学思考不能真正与释氏之教区别开来,从而实现为儒家生活方式奠定形上学根基这一终极目标。《近思录》卷一收入程颐一段极为重要的论述:

> 近取诸身,百理皆具。屈伸往来之义,只于鼻息之间见之。屈伸往来只是理。不必将既屈之气,复为方伸之气。生生之理,自然不息。如《复》卦言七日来复,其间元不断续,阳已复生。物极必返,其理须如此。有生便有死,有始便有终。②

朱子指出:"此段为横渠形溃反原之说而发也。"③据此,程颐这一段议论,显然是针对《正蒙》中"气之为物,散入无形,适得吾体;聚为有

---

① 《二程集》,第56页。
② 《近思录》,上海古籍出版社,1994年,第16页。《宋元学案·伊川学案》中载有一段相近的论述:"出入之息者,阖辟之机而已,所出之息非所入之气,但真元自能生气,所入之气正当辟时随之而入,非假此气以助真元也。若谓既反之气复将为方伸之气,必资于此,则殊与天地之化不相似。天地之化,自然生生不穷,更复何资于既毙之形、既返之气,以为造化。"《宋元学案》,第592页。
③ 《近思录》,第16页。

象,不失吾常。太虚不能无气,气不能不聚而为万物,万物不能不散而为太虚"①这样的论述而发。从最后"有生便有死,有始便有终"这样的表述看,此段关于气化的讨论,其落脚点仍在于生死问题。② 在二程以及后来的朱子看来,张载虚空即气的气化思想对于生死问题的解决,未能在根本上与释氏之教区别开来。如朱子所说:"横渠辟释氏轮回之说。然其说聚散屈伸处,其弊却是大轮回。盖释氏是个个各自轮回,横渠是一发和了,依旧一大轮回。"③

在二程看来,张载"形聚为物,形溃反原"的思想,将天地生生之理拘限在了循环往复的气中,从而使气化的生生不已的过程,把握为某种有限的东西。而在此基础上对于生死问题的解决,虽然超越了个体的形气之私,将"散入无形"的死看做回复本原、适得真体的过程,但在某种程度上仍为人"死后"的存续留下了余地。这其实也是朱子指出横渠的着眼点在于"死而不亡"的根据所在。

与张载要对治释氏的寂灭不同,二程对个体的寂灭是持肯定态度的:"鬼是往而不反之义。"④个体的死亡,就是往而不反的寂灭。只是这寂灭并不是宇宙的终结,而正是天地生生之理充分实现自身的环节。因为如果不从一己的形气之私上起见,我们将会发现每一个个体生命无非是天地生生之理的体现。而天地生生之理,如果不是每一刻都在创生着全新的生命,而是要"资于既毙之形,既返之气",那么生生之理就有断绝灭息的可能。这在二程看来,是不可理解的。在这个意

---

① 《张载集》,第7页。
② 朱子对此有更为明确的批评:"问:'横渠说:天性在人,犹水性之在冰,凝释虽异,为理一也。又言:未尝无之谓体,体之谓性。先生皆以其言为近释氏。冰水之喻,有还元反本之病,云近释氏则可,未尝无之谓体,体之谓性,盖谓性之为体本虚,而理未尝不实,若与释氏不同。'曰:'他意不是如此,亦谓死而不亡耳。'"《朱子语类》,中华书局,1986年,第2536页。
③ 《朱子语类》,第2537页。朱子这一批评是否谛当,是可以讨论的。牟宗三在《心体与性体》一书中,即对此类批评持否定的意见,参见《心体与性体》,第416页。事实上,张载对佛教生死观的批评,并非如朱子所说的那样,着眼于轮回之说。《正蒙》里对佛教批评的是"彼语寂灭者往而不反",也就是说,佛教生死观的真正问题并不在于轮回,而在于其主张寂灭,是往而不反之理。
④ 《二程集》,第81页。

义上,个体生命的往而不反的寂灭,才成就了生生之理的不息。换言之,当一个人在充分实现了上天赋予他的存续天地生生之意的使命后死去,同时也意味着生生之理在另一个全新的生命里更为鲜活的实现。因此,从每一个终将寂灭的个体的角度看,对待自己的死亡,除了那些不可避免的长别的余哀外,更多的应该是内心中至深的大欢喜。在这个意义上,我们才能充分理解明道的这句话:

> 死生存亡皆知所从来,胸中莹然无疑,止此理尔。孔子言"未知生,焉知死",盖略言之。死之事即生是也,更无别理。①

死不是别的,只是个体生命的结束。既然是生命的终结,从个体角度看,也就没有所谓"死后"。"死后"这回事只是在生者眼中存在,只对尚且在世的人有意义。既然没有所谓"死后",而死又不过是生命的终结,因此说,"死之事即生是也",人只需知道如何去生活也就够了,关于死的任何悬想,无非是幻妄之见,都既无必要,也无意义。

第六节 道学话语建构

程颢在道学话语建构方面的贡献是最为突出的。

首先是衡量各种哲学话语的基础判准的建立。程颢从儒家经典中体贴出了两条根本的原则,即普遍性的原则和"一本"的原则。关于普遍性的原则,程颢论述得较多,如说:

> 道之外无物,物之外无道,是天地之间无适而非道也。②

在程颢看来,正确的思想必然是周普的,凡不能周普的道说,就有弊

---

① 《二程集》,第17页。
② 《二程集》,第73页。

病。从这个角度看,勉强将不能周普的道理推至普遍,正是佛教的病征之一。

"一本"的观念出自《孟子》。在程颢思想中被进一步提升为一个根本的哲学判准:

> 道,一本也。或谓"以心包诚,不若以诚包心;以至诚参天地,不若以至诚体人物",是二本也。知不二本,便是笃恭而天下平之道。①

所谓一本,即万事万物皆出于一以贯之的天理。凡是不能用一以贯之的原则通贯始终的道说,在根本上都是错误的。

普遍性的原则和一本的原则,对后来的道学发展产生了相当大的影响,是儒学讨论中被以各种不同的方式不断回溯的准则。

其次是对道学基本概念的贡献。

程颢对"天理"这一概念的提点和发显构成了北宋儒学发展的分水岭。正是以此概念为基础,宋代儒学才得以在一个全新的高度上开展。《宋元学案》于"吾学虽有授受,'天理'二字却是自家体贴出来"条下有黄百家的一段案语:

> 《乐记》已有"灭天理而穷人欲"之语,至先生始发越大明于天下。盖吾儒之与佛氏异者,全在此二字。吾儒之学,一本乎天理。而佛氏以理为障,最恶天理。先生少时亦曾出入老、释者几十年,不为所染,卒能发明孔、孟正学于千四百年无传之后者,则以"天理"二字立其宗也。②

"天理"二字为儒家生活方式找到了确定不移的哲学基础。如果没有这一关键概念的拈出和发明,整个宋明理学的构建是根本无从谈起的。

---

① 《二程集》,第117—118页。引述时标点有细微的调整。
② 《宋元学案》,第569页。

对于儒家的根本价值——"仁"的深入阐发和诠解是程颢对于道学话语的构建所做的另一重要贡献。陈来先生指出:"程颢的仁说之主要思想有三:以一体论仁;以知觉论仁;以生意论仁。"①其中以天地生生之意言仁,更是将先秦儒家就人道立言的概念与天道通贯起来:

> "天地之大德曰生","天地絪缊,万物化醇","生之谓性",万物之生意最可观,此元者善之长也,斯所谓仁也。②

以天地之生意释仁,就为"仁"这一根源性价值建立了明晰的宇宙论基础。

形上和形下、道和器的区分,则为儒家的本体论建构提供了基础的概念框架:

> "形而上者谓之道,形而下者谓之器"。若如或者以清虚一大为天道,则乃以器言而非道也。③

凡是作为宇宙的质料层面的构成要素,都属于器和形下的层面。只有天理才是真正的形上者。

在道德涵养上,程颢突显了"敬"的重要性,他说:"诚者天之道,敬者人事之本。敬则诚。"④又说:"敬胜百邪。"⑤当然,程颢在讲敬的时候,往往失之浑沦圆融。"敬以直内"之道,实在是到了程颐那里方始达到深切明白的地步。

---

① 陈来:《论宋代道学话语的形成和转变》,《中国近世思想史研究》,商务印书馆,2003年,第54页。
② 《二程集》,第120页。
③ 《二程集》,第118页。
④ 《二程集》,第127页。
⑤ 《二程集》,第119页。

第八章

程颐的儒学思想

　　程颐(1033—1107),字正叔,世称伊川先生。自幼就克己自守,非礼不动。宋仁宗皇祐二年(1050),年十八,上书仁宗皇帝,劝仁宗"以王道为心,生灵为念,黜世俗之论,期非常之功"。① 后游学太学,为胡瑗所器重,处以学职。嘉祐四年(1059),程颐应进士第,廷试不中,从此便不再应考。他后来说自己"自少不喜进取,以读书求道为事",因为"做官夺人志"。事实上,程颐虽未中进士,但他父亲官至太中大夫,屡有恩荫子孙做官的机会,而他每一次都把机会让给族人。熙宁五年(1072),程颐随父归洛,程颢此时也罢归,于是兄弟二人开始在洛阳聚徒讲学。自此,门徒日众。元丰八年(1085),神宗去世后,司马光等一辈旧臣被重新起用,程颐被举荐为崇政殿说书。程颐素来严毅,即使对哲宗也不稍有宽假,而从实际的教育结果看,这种一味的"尊严师

---

① 《二程集》,第515页。

道"似乎并不成功。元祐二年(1087),程颐被外放。元祐八年,高太后去世,旧党失势,程颐被削职为民。绍圣四年(1097),程颐被遣关涪州编管。在此期间,程颐潜心《周易》,撰成《周易程氏传》。崇宁二年(1103),"有旨追毁出身以来文字,其所著书,令监司觉察"。由于程颐名列元祐党人碑中,所以"朝廷下河南府尽逐学徒"。在这种情况下,他迁居龙门之南,禁止学生上门,要求门徒"尊所闻、行所知可矣,不必及门"。此后杜门家居,专心于《周易程氏传》的改定。宋徽宗大观元年(1107)九月,程颐卒于洛阳。

程颐对于宋代儒学的深入开展起到了关键作用,在各种相关的哲学史和思想史著作中都受到了极大的关注。为了避免不必要的重复,我们这里只着眼于他在儒家经典解释学方面的贡献。

第一节 《周易程氏传》

与北宋的大多数易学家相同,程颐的《周易》注释也是在与王弼《周易注》的对话关系中展开的。对于程颐而言,要想真正超越王弼以老庄为根柢的易学解释、重建属于儒家的易学系统,关键在于能否构建起一套与王弼的释《易》体例有着本质区别的解《易》原则。

在根本的解释学姿态上,程颐继承了王弼的立场。同王弼一样,他并不试图全无凭籍地解释《周易》,而是自觉地将自己的解释学视野内置于一个由《彖》、《象》、《文言》和《序卦》构成的前视野。这种解释学态度首先关注的并不是如何解释《周易》的卦爻辞,而是把握和揭示《彖》、《象》等文本解释《周易》的原则和方法。换言之,后世的易学诠释不是为了揭示《周易》的"本义",而是以理解和揣摩孔子的释《易》原则为目标。① 有所不同的是,王弼只关注《彖》、《象》和《文言》,而程颐则在《彖》、《象》和《文言》之外,又增加了《序卦》。《序卦》的引入,对于程颐解《易》原则的确立有着至为关键的影响。本节将以此为重心,探明《程传》中种种创设的立意所在。

一、论卦才

在《周易程氏传》中,"卦才"是程颐用来解释卦辞和彖辞的重要概念。而既有的易学研究对于这个概念的理解和把握往往失之笼统,没有呈显出这个概念在《周易程氏传》中的复杂内涵。

"卦才"这一概念与所谓"成卦之由"的问题并无直接关联。关于《周易》各卦名的"成卦之由",程颐在《贲》卦彖辞的注释中做了全面的阐述:

> 凡卦,有以二体之义及二象而成者,如《屯》取动乎险中,与云雷《讼》取上刚下险与天水违行是也。有取一爻者,成卦之由也,柔得位而上下应之,曰《小畜》;柔得尊位,大中而上下应之,曰《大有》是也。有取二体,又取消长之义者,雷在地中《复》,山附于地《剥》是也。有取二象兼取二爻交变为义者,风雷《益》兼取损上益下,山下有泽《损》兼取损下益上是也。有既以二象成卦,复取爻之义者,《夬》之刚决柔,《姤》之柔遇刚是也。有以用成卦者,巽乎水而上水《井》,木上有火《鼎》是也,《鼎》又以卦形为象。有以形为象者,山下有雷《颐》,颐中有物曰《噬嗑》是也。此成卦之义也。……卦之变,皆自《乾》、《坤》。②

"成卦之由"讨论的是卦象与卦名之间的关系,即《周易》为每一卦象给出相应卦名的根据。这是王弼《周易注》未能真正提出和面对的问题。

---

① 当然,在王弼和程颐那里,这样一种基于我们今天的解释学理念的区分并不存在。在他们看来,孔子在《易传》中所揭示的,正是《周易》的本义。
② 《周易程氏传》,《二程集》第三册,第808—809页。

对此,程颐根据《彖传》总结出了七种情况:有的卦,如《屯》和《讼》,依据的是上下卦的卦义和卦象的关系;有的卦,如《小畜》和《大有》,则是取六爻中某一爻的爻位关系为卦名来由;有些卦,如《复》和《剥》,用的是上下卦的卦义以及阴阳的消长关系;有些卦,如《益》和《损》,则是兼取上下卦和卦变为根据;此外,还有兼取上下卦和某一爻爻位的(如《夬》),有依据上下卦的实际用途的(如《井》),有由卦象的外形而得名的(如《颐》和《噬嗑》)。与王弼的另一显著不同是,程颐并不排斥卦变的理论。①

值得注意的是,在《周易程氏传》中,"成卦之由"和"卦义"同样不能混淆。《程传》注解《讼》卦彖辞曰:

卦有更取成卦之由为义者,此是也。卦义不取成卦之由,则更不言所变之爻也。②

这里,"成卦之由"与"卦义"的区别是显而易见的。就《讼》卦而言,九二和九五这两个居中的阳爻是成卦的主要根据。而《彖》辞以"有孚,窒惕,中吉"为卦义,在程颐看来,就是"取成卦之由为义"。而这并非《彖》的通例,更常见的则是"卦义不取成卦之由"这种情况。

在《程传》中,"卦才"主要有两种典型的用法,两种用法分别有其固定的句式:其一是"如卦之才……可以"或"卦之才……可以",其二是"以卦才言也"。两者分别针对不同的问题。

"如卦之才……可以"这一用法,讨论的都是卦辞和彖辞之所以言"吉"言"亨"的问题。③《程传》释《大有》卦辞"大有:元亨"云:

卦之才可以元亨也。凡卦德,有卦名自有其义者,如《比》吉、

---

① 王弼的《周易注》完全摈弃卦变说,如《周易略例·明象章》云:"互体不足,遂及卦变,变又不足,推致五行。"参见《王弼集校释》,第609页。
② 《二程集》,第728页。
③ 这一问题的产生,实际上源于程颐对《乾》《坤》二卦的独特地位的强调,《程传》释《乾》卦卦辞云:"惟《乾》《坤》有此四德,在他卦则随事而变焉。"(《二程集》,第695页)又释《大有》彖辞云:"诸卦具元亨利贞,则《彖》皆释为大亨,恐疑与《乾》《坤》同也。"(《二程集》,第768页)

《谦》亨是也;有因其卦义便为训戒者,如《师》贞丈人吉、《同人》于野亨是也;有以其卦才而言者,《大有》元亨是也。①

程颐注意到,《周易》各卦卦辞中的"吉""亨"不可一概而论。有些是卦名本身就有"吉""亨"之义,如《比》和《谦》。有些则必须"如卦之才"才可以致"吉""亨",如《大有》。而具体的区划标准,则是以程颐个人对儒学价值的理解为依据的。比如《谦》之"亨"之所以不论卦才,是因为在儒家思想中,"谦"道本身就足以致亨。而《大有》等卦的"亨"义,则必须有相应的"才德"。就《大有》卦来说,"卦之德,内刚健而外文明",正是这样的"才德",方能带来"元亨"的结果。

在晚近的易学研究中,有学者将卦德与卦才当作《程传》中的两个相对立的范畴,这样的分疏恐怕难以成立。《程传》释《大畜》彖辞云:"以卦之才德而言也,乾体刚健,艮体笃实。"②又释《大有》彖辞:"卦之德,内刚健而外文明。……其德如此,是以元亨。……非大有之义便有元亨,**由其才故得元亨**。"③在这两段注释中,前者是卦之"才""德"并用,后者是卦之"才""德"互换,都可以证明"卦德"与"卦才"的一致性。由此,"人能如卦之才,可以致元亨",④意即"人能有卦象中体现出的'才'和'德',方能有'元亨'的结果"。在程颐看来,"吉""亨"与人的德行是密不可分的。

"以卦才言也"这一用法,讨论的则是一部分《彖辞》的立说根据和原则。《程传》释《益》卦彖辞"益,损上益下,民说无疆,自上下下,其道大光"云:

　　以卦义与卦才言也。⑤

而对于后面一句"益,动而巽,日进无疆"则说:

---

① ③ 《二程集》,第 768 页。
② 《二程集》,第 828 页。
④ 《鼎》卦彖辞注,《二程集》,第 958 页。
⑤ 《二程集》,第 912 页。

> 又以二体言卦才。①

在程颐看来，"损上益下"这句彖辞是依据"卦义"和"卦才"来解释的，而"动而巽"一句则是在以《益》的上下卦（巽上震下）解释"卦才"。"以卦才言也"是《程传》对彖辞的注释中常见的一种表达，与此同类的表达还有"以卦变及二体之义而言"②等。

王弼在《周易略例》中提出了把握《彖辞》的一般原则：

> 凡《彖》者，通论一卦之体者也。一卦之体必由一爻为主，则指明一爻之美以统一卦之义，《大有》之类是也。卦体不由乎一爻，则全以二体之义明之，《丰》卦之类是也。③

卦被分成两类，一类是以一爻为主的卦，对于这类卦，《彖辞》就着眼于为主的这一爻的特点来申说整个卦象的意义；另一类是没有为主之爻的卦，对于这些卦，《彖辞》就根据上下卦的特点和关系来加以解说。与之相较，《程传》的解释系统要复杂得多。除了继承王弼一爻为主和二体之义这两个原则外，又引入了卦变说，并创立了"卦才"的体例。有时还会直接以卦名所涵之义来理解部分彖辞。

在了解了"卦才"在《程传》中的用法以后，我们有必要进一步探讨"卦才"的具体内涵：

> 以卦才言之，五居君位，为需之主，有刚健中正之德，而诚信充实于中，中实有孚也。④

> 以卦才言也，内健而外巽，健而能巽也。二五居中，刚中也。阳性上进，下复乾体，志在于行也。……以卦才言，则阳为刚中。⑤

---

① 《二程集》，第913页。
② 《蛊》卦彖辞注，《二程集》，第789页。
③ 《王弼集校释》，第615页。
④ 《需》卦注，《二程集》，第723页。
⑤ 《小畜》彖辞注，《二程集》，第745页。

> 以卦之才德而言也。乾体刚健，艮体笃实。①
> 言卦才之善也。刚虽过，而二五皆得中，是处不失中道也。②
> 又以二体言卦才。下动而上巽，动而巽也。③
> 健而说，决而和，以二体言卦才也。④

从上述引文看，"卦才"显然不只是"六爻在此组合关系中所具有的功能"。对于某些卦来说，卦才的内容来源于爻位，比如引文中的《需》卦。而对于另外一些卦，卦才显然出自上下卦的卦德。当卦才的内容来源于爻位时，它常常强调爻的质性的"刚健"以及爻位的"中正"；而当卦才根据的是上下二体时，则主要强调上下卦的"健"、"说"、"巽"之类的卦德。由此看来，"卦才"指的是爻位或上下卦中体现的应对某一卦的卦"时"所应有的德性和品质。这里，卦"时"所象征的是人生的种种情势和处境。

二、卦序与时义

对《序卦》传的重视，是《程传》与王弼易学体例的又一个重要区别。而程颐引入《序卦》的用意所在，则更有进一步发掘的必要。

《程传》在《易序》之后，特立《上下篇义》，专论《周易》卦序安排之义：

> 《乾》、《坤》，天地之道，阴阳之本，故为上篇之首；《坎》、《离》，阴阳之成质，故为上篇之终。《咸》、《恒》，夫妇之道，生育之本，故为下篇之首；《未济》，《坎》、《离》之合，《既济》，《坎》、《离》之交，合而交则生物，阴阳之成功也，故为下篇之终。二篇之卦既分，而后推其义以为之次，《序卦》是也。⑤

---
① 《大畜》彖辞注，《二程集》，第828页。
② 《大过》彖辞注，《二程集》，第839页。
③ 《益》卦彖辞注，《二程集》，第913页。
④ 《夬》卦彖辞注，《二程集》，第919页。
⑤ 《二程集》，第692页。

在程颐看来,上篇从"阴阳之本"至"阴阳之成质",下篇则由"生育之本"至"阴阳之成功"。总体说来,上篇是由天道渐推至人事,而下篇则是由人道反归于天道。而《序卦》正是将《周易》各卦作为这样的"时义"演进的展开环节,"推其义以为之次"。

除了卦序的次递推演关系外,程颐还强调了上下篇的区分在卦之阴阳质性上的根据:

> 卦之分则以阴阳。阳盛者居上,阴盛者居下。所谓盛者,或以卦,或以爻。卦与爻取义有不同。如《剥》:以卦言,则阴长阳剥也;以爻言,则阳极于上,又一阳为众阴主也。①

以阳盛者居上,阴盛者居下,是对阴阳尊卑地位的强调。程颐对王弼"一阴为之主"的观念,也持反对意见:"卦一阴五阳者,皆有乾也,又阳众而盛也,虽众阳说于一阴,说之而已,非如一阳为众阴主也。王弼云'一阴为之主',非也。"②当然,这样的区分原则不免碰到例外情况。而《上下篇义》则对这些看似例外的情况,做了详细的解释,以贯通"阳盛者居上,阴盛者居下"的分篇原则。

卦序之间的承转,有时是顺承关系。比如《屯》、《蒙》、《需》、《讼》、《师》这一顺序,就体现了物之始生、幼弱、长养,进而因长养所需而致争讼,最后由争讼而兴师的过程。又如《姤》、《萃》、《升》,物相遇而后聚,聚而后渐次高大上升。有时则是反转关系。比如《泰》和《否》,《剥》和《复》,《损》和《益》,《既济》和《未济》。处于这种关系中的卦象既是义理上相互否定的关系,又是时势和际遇之间相互转换的关系。

除前两种典型关系外,还有一种卦序比较特殊,如《大有》、《谦》、《豫》这一卦序。对于《谦》之所以接续《大有》,《程传》以《序卦》为基础解释道:

---

① 《二程集》,第692页。
② 《二程集》,第693页。

>《谦》,《序卦》:"有大者不可以盈,故受之以谦。"其有既大,不可至于盈满,必在谦损,故大有之后,受之以谦也。①

由此可知,《谦》之所以安排在《大有》之后,是因为谦损是人处于大有的境况下应有的品质和态度。《豫》位于《谦》之后,则是因为:

>《豫》,《序卦》:"有大而能谦必豫,故受之以豫。"承二卦之义而为次也,有既大而能谦,则有豫乐矣。②

《豫》有"安和悦乐"之义,是处大有之时而能谦损自持的结果。

六十四卦之间相互承转,构成了某种或许可以称为"时义的辩证法"的义理和时势系统。

这一时义系统总体说来是相当完备的,但也有需要曲为解释之处。如关于《蛊》之所以承续《随》,《程传》云:

>《蛊》,《序卦》:"以喜随人者必有事,故受之以蛊。"承二卦之义以为次也。夫喜悦以随于人者,必有事也。无事,则何喜,何随?③

前面《豫》是处《大有》之时而持《谦》道的结果,这里变成了因"有事"而"喜悦以随于人",其中《豫》的意义被悄然改变了。而"无事,则何喜,何随"的解说,也有失之牵强之处。

《程传》对卦序的强调,是以对《易》的本质的理解为基础的。在《易序》中,程颐指出:

>时固未始有一,而卦亦未始有定象。……以一时而索卦,则拘于无变,非《易》也。④

在程颐看来,对于任何一个卦象,如果仅仅依卦象所象征的时义来把

---

① 《二程集》,第 773 页。
② 《二程集》,第 778 页。
③ 《二程集》,第 788 页。
④ 《二程集》,第 690 页。

握,就成了拘滞无变,也就从根本上违背了《易》的精神。卦的时义是相互依存,相互转变的,而这种转变又有一个整体的系统,并非任意和偶然的。这样一来,任何一个卦象也就不再是一个相对封闭的时势,它所表征的时义本身就包含着扬弃自身、超越自身的可能。

与卦序的引入相同,程颐对"时义"的分析和讨论,也指向了对王弼易学的超越。王弼《周易略例》云:

> 夫卦者,时也;爻者,适时之变者也。①

对于《周易》的功用,王弼强调的是"寻名以观其吉凶,举时以观其动静"。卦象所象征的是人生的各种"时"遇和情境。各卦之"时"是彼此孤立的,没有一定的依存转变关系。"犯时之忌,罪不在大;失其所适,过不在深",人的作为只有依时适遇,才能免咎。正是由于这样的出发点,王弼《周易注》才完全不关注《豫》、《坎》等卦象辞中"时义"、"时用"等概念,仅对《姤》卦象辞"姤之时义大矣哉"中的"义"字,做了笼统的解释:"凡言义者,不尽于所见,中有意谓者也。"②在这一解释中,"时义"的"义",只是卦象中无法直接呈显的未尽之意。而对于《睽》卦象辞"睽之时用大矣哉",则说:"睽离之时,非小人之所能用也。"③由此可知,"睽之时用"之大,在王弼看来,是指唯大人能用此一卦时之义。总的说来,王弼更强调的是对卦所象征的"时"的被动的适应。

程颐对《彖辞》中的"时义"极为重视。在《豫》卦注中,他讨论道:

> 时义,谓豫之时义。诸卦之时与义用大者,皆赞其大矣哉,《豫》以下十一卦是也。《豫》、《遯》、《姤》、《旅》言时义,《坎》、《睽》、《蹇》言时用,《颐》、《大过》、《解》、《革》言时,各以其大者也。④

---

① 《王弼集校释》,第604页。
② 《王弼集校释》,第439页。
③ 《王弼集校释》,第405页。
④ 《二程集》,第779页。

《彖辞》中赞"时义"、"时用"或"时"之大者,共有十一卦。而之所以有"时义"、"时用"和"时"的不同,是因为各卦可以称扬其大的侧重点不同:《豫》等四卦是"时""义"皆大,《坎》等三卦是"时"和"用"大,而《颐》等三卦则是"时"大。

在《程传》中,"时"、"义"和"用"是彼此区别的概念。《随》卦彖辞"随时之义大矣哉"注云:

> 凡赞之者,欲人知其义之大,玩而识之也。此赞随时之义大,与《豫》等诸卦不同,诸卦时与义是两事。①

《随》与《豫》等诸卦的不同,就在于《随》卦的时与义相一致,而《豫》等诸卦之时与义是相区别的。

近来有学者将"时义"与"时用"的关系跟"卦才"与"卦德"的关系等同起来,这在《程传》中,是没有明确的根据的。这样的把握,非但不能揭示出"时"、"义"和"用"之间的区别和联系,反而在某种简单化的处理中,将其掩盖了。

对于《彖传》赞时义之大的四卦,程颐强调的重心也有所不同。在他看来,《彖传》之所以赞《豫》的时义之大,是因为豫顺之道,"旨味渊永,言尽而意有余",因此通过赞辞引导读者深味其义理之余蕴。《遁》卦为阴长之时,圣贤"虽知道之将废",而不"肯坐视其乱而不救",因此要为时势寻找"可变之道,可亨之理"。这样一来《遁》的时义之大的重心就落在"处遁时之道"上。《程传》对《姤》时义的把握,颇耐人寻味:

> 赞姤之时,与姤之义至大也。天地不相遇,则万物不生;君臣不相遇,则政治不兴;圣贤不相遇,则道德不亨;事物不相遇,则功用不成。姤之时与义,皆甚大也。②

《姤》所蕴涵的相遇之义及其所象征的相遇之时,对于一切事物的成就

---

① 《二程集》,第784页。
② 《二程集》,第925页。

都至关重要,因此说其"时与义,皆甚大"。这里又一次暗示出时与义在概念上的区别。一般说来,当卦的时与义相一致时,对时义的强调提示的是对未尽的义理的深入体会;而当卦的时与义相背离时,时义强调的就是以义救时,即用正确的人事上的努力,匡正时势的废乱倾向。

《坎》、《睽》、《蹇》的彖辞皆言"时用之大"。《程传》于《坎》卦则云:

> 高不可升者,天之险也。山川丘陵,地之险也。王公,君人者。观坎之象,知险之不可陵也,故设为城郭沟池之险,以守其国,保其民人,是有用险之时,其用甚大,故赞其大矣哉!山河沟池,设险之大端也。若夫尊卑之辨,贵贱之分,明等威,异物采,凡所以杜绝陵僭,限隔上下者,皆体险之用也。①

险之时用,主要指在需要用险的时势下设险的用处。城郭沟池的建立与尊卑贵贱的限隔,都是用险的具体体现。这里,用险显然不是用《坎》的卦时,而是用其卦义。值得注意的是,在《程传》中,时用并不只是对卦时或卦义的运用。在《蹇》彖辞的注释中,程颐论曰:"处蹇之时,济蹇之道,其用至大,故云大矣哉!天下之难,岂易平也?非圣贤不能,其用可谓大矣。顺时而处,量险而行,从平易之道,由至正之理,乃蹇之时用也。"②很显然,《蹇》卦的时用,不能理解为"用蹇",而只能理解为"处蹇之道"。这与上面提到的《遁》卦的时义,有其相通之处。

至于《颐》、《大过》、《解》、《革》四卦彖辞中的"时大",《程传》在诠释方向上虽有细微差别,但大旨基本上是相同的。如《解》卦注云:

> 既明处解之道,复言天地之解,以见解时之大。天地之气开散,交感而和畅,则成雷雨;雷雨作而万物皆生发甲坼。天地之功,由解而成,故赞解之时大矣哉!王者法天道,行宽宥,施恩惠,

---

① 《二程集》,第845页。
② 《二程集》,第896页。

养育兆民,至于昆虫草木,乃顺解之时,与天地合德也。①

《解》的时势促成天地之功,因此赞其时大。而在这样的时势面前,正确的姿态是顺应,从而"法天道","与天地合德"。与讲"时义"和"时用"的卦相比,在这类卦时之下,人的主体性、能动性作用不再突显。

程颐对王弼《周易注》的批评,主要着眼于王弼《注》的老庄气味:"王弼注《易》,元不见道,但却以老、庄之意解说而已。"这其实是北宋易学的共识。② 但王弼《周易注》的"老、庄之意"的具体体现是什么,却并不明确。实际上,这种老庄倾向集中体现在王弼将《易》卦完全理解为"时"的诠释取向之中。由于《周易》各卦象征着人生的种种时遇,而这些时遇之间又相对独立,人处在其中,只能顺应外在的境遇来调整自己的行为,藉此免于悔吝凶咎而已,至于匡时救弊,是根本谈不上的。这种对时遇的被动顺应,正是老庄因任无为思想的体现,同时也是程颐要在根本上加以反对的。在程颐看来,有些时遇当然要顺应,如《解》、《革》等卦,不仅要被动的顺应,还要主动的效法。而对于《遁》这样小人道长、君子道消的卦,则不能一味简单顺应,遁而去之,须谋有所匡正,以补时弊。③ 在这样的考量之下,如何克服和超越王弼《周易注》就成了《程传》的重要课题。而王弼《周易注》在解释学上所达到的高度,使得这一目标显得无比艰难。《程传》种种体例的创设,如"卦才"、"卦序"和"时义"等,均与此有关。

我们前面已经指出,"卦才"在《程传》中的主要用法之一是处理卦辞中常见的"亨"义。其通常表达是:"如卦之才","可以元亨"。比如《大有》卦,与王弼将卦辞中的元亨理解为卦时和卦义本身所固有的质

---

① 《二程集》,第902页。
② 《二程集》,第8页。司马光也有类似见解,他在元丰八年所作《答韩秉国书》中说:"常病辅嗣好以老庄解《易》,恐非《易》之本指,未足以为据也。"《全宋文》第28册,第416页。
③ 《遁》卦注云:"圣贤之于天下,虽知道之将废,岂肯坐视其乱而不救?必区区致力于未极之间,强此之衰,艰彼之进,图其暂安,苟得为之,孔、孟之所屑为也,王允、谢安之于汉、晋是也。"《二程集》,第866页。

性不同,程颐认为《大有》卦义本身并不具备元亨之义,即使是处大有之时,人们也需要有该卦所强调的德性,才能得到元亨的结果。而且,即使是《比》、《谦》这些卦义中本具亨义的卦,亨通之义也主要来自义而非时。在程颐看来,时遇本身并不能给人以元亨之利,人的品质和原则才是超越种种人生际遇的根本。

卦序中所蕴涵的"时义的辩证法",则强调每一卦卦义和卦时本身都包含着超越自身的要素和倾向。这种倾向有时体现为顺承和发展,有时则体现为对自身的否定。卦序的"辩证"展开,为人的主体性的发挥设定了客观前提。比如,人如果处身于《遁》的时遇之中,需知阴长阳消的客观情境,并在此情境下谋求补时救弊之道。既不能简单消极地退避,无所作为;又不能不考虑客观条件,依己意妄作。只有正确的处遁之道,才能让《遁》向《大壮》的转化顺利地实现。

而"时义"、"时用"和"时"的细致区别和讨论,则进一步强调了对待不同的卦时,人的主观姿态的变化和调整。总体说来,在《程传》的解释中,对"时义之大"的赞辞强调的是"处时"的重要性,如《遁》和《旅》;"时用之大"强调的是"用时"的重要性,如《坎》;而"时大"则强调"顺时",如《解》和《革》。"处时"强调的是"应时"和"救时",即慎处之中有所补救;"用时"强调的是"设时"和"造时",即人为的创造出所需的现实情势;而"顺时"则强调"适时"和"效时",即顺适卦所象征的时遇、效法卦所蕴涵的义理。针对不同的卦时,人的主体性的发挥方式和程度,各有不同。任何一种一成不变的态度,都将是对易道的背离。

经由上述种种解释学上的创发,程颐也就从根本超越了王弼以道家精神为根柢的注释原则和方法,成功地构建起了真正属于儒家的易学系统。

三、释爻

《程传》对于诸爻爻辞的解释,在继承王弼的解释原则的同时,提出了许多重要的修正。在《易序》中,程颐给出释爻的根本原则:

> 事固未始有穷,而爻亦未始有定位。……以一事而明爻,则窒而不通,非《易》也。①

与王弼将爻理解为"适时之变"有所不同,程颐认为爻所对应的是时遇中的具体事件。但爻位不可执泥,事件无法穷尽,因此,想要用一件事来讲明爻义,就会窒碍不通。相较而言,程颐的注释比王弼《周易注》更强调一般的原则和体例与具体卦时的结合。王弼也注重卦时对于诸爻的影响,比如"《比》《复》好先,《乾》《壮》恶首,《明夷》务暗,《丰》尚光大"。②但总体说来,对卦时的结合往往只是对爻位一般原则的补充。换言之,当爻位的一般原则足以解释某一爻爻辞的意义和吉凶时,该爻所处卦时时义的影响完全可以忽略不计,比如,《解》之上六。而《程传》则总是在卦时的具体语境中,解释每一爻的意义和吉凶。

在对某些爻辞的解释上,《程传》与王弼《周易注》基本一致,如《需》卦初九和《师》卦初六,只是《程传》更加详密。而对于王弼的释爻原则,《程传》在具体运用上不仅更为灵活,而且也多所修正。与王弼一样,程颐也强调爻的得位与失位,如《讼》之九四言"四以阳刚而居健体,不得中正",《履》之六三言"三以阴居阳",都以阴爻阳爻是否居于正位为论说的根据。以阴爻居于阴位、阳爻居于阳位为正,反之为不正。位之正与不正,对于某一爻吉凶的影响并不是决定性的。《程传》《震》之六五注曰:

> 六五虽以阴居阳,不当位为不正,然以柔居刚,又得中,乃有中德者也。不失中,则不违于正矣,所以中为贵也。诸卦:二五虽不当位,多以中为美;三四虽当位,或以不中为过,中常重于正也。盖中则不违于正,正不必中也。③

---

① 《二程集》,第690页。
② 《王弼集校释》,第604页。
③ 《二程集》,第966页。

一般来说,爻位是否得中比是否得正重要。凡得中之爻,即使不得正位,也必然不会违背正理。此外,即使是二、五之外未得正位的爻,也并不一定凶咎,比如对于《同人》之九四爻辞"乘其墉,弗克攻,吉",《程传》解释道:"四刚而不中正,其志欲同二,亦与五为仇者也。……三以刚居刚,故终其强而不能反。四以刚居柔,故有困而能反之义,能反则吉矣。"①阳爻居阴位,虽非正位,但往往有谦下自省之义。

王弼在《周易略例·辨位》中指出,"初上无阴阳本位","是终始之地"。也就是说,每一卦的初爻和上爻没有阴位阳位之分,只是该卦所象征的时遇的终始。程颐对此提出了明确批评,《噬嗑》初九注曰:

> 初与上无位,为受刑之人,余四爻为用刑之人。初居最下,无位者也。上处尊位之上,过于尊位,亦无位者也。王弼以为无阴阳之位,阴阳系于奇偶,岂容无也?然诸卦初上不言当位不当位者,盖初终之义为大。《临》之初九,则以位为正。②

在程颐看来,初爻和上爻并非如王弼认为的那样无阴阳定位,只是对于绝大多数卦象而言,这两个爻位所涵的终始之义更强些。《临》卦初九是一个例外,《程传》《临》卦初九注曰:"初得正位,与四感应,……是以吉也。他卦初上爻不言得位失位,盖初终之义为重也。临则以初得位居正为重。"③《临》卦初九爻辞更强调"以九居阳"的爻位之正,而非卦时的开端。

《程传》中,爻位的涵义较为确定,比如五为君位,二为臣位,四为近君之位等等。当然也有例外的情况,比如《旅》卦之六五就不以君义为言,因为:"五,君位,人君无旅,旅则失位,故不取君义。"④《旅》卦的卦时决定了此卦六五爻与君主之义无涉。

---

① 《二程集》,第766页。
② 《二程集》,第804页。
③ 《二程集》,第795页。
④ 《二程集》,第992页。

在爻与爻的关系上,程颐虽然也取一四、二五和三六等爻位的阴阳对应关系,但他更强调这种关系在具体卦时中的变化。比如对于《睽》卦,程颐认为:"在睽,诸爻皆有应。夫合则有睽,本异则何睽?"①又如《困》卦和《小畜》卦,"诸卦二五以阴阳相应而吉,惟《小畜》与《困》,乃厄于阴,故同道相求:《小畜》,阳为阴所畜;《困》,阳为阴所掩也。"②这些都是二五位同为阳爻或同为阴爻,但彼此之间有呼应关系的特例。此外,相邻爻位之间的相互影响,在《程传》中也有着重要作用。如《豫》卦之六五注,强调的就是六五与九四之间的相互关系:

> 六五以阴柔居君位,当豫之时,沈溺于豫,不能自立者也。权之所主,众之所归,皆在于四。……六居尊位,权虽失而位未亡也,故云贞疾恒不死,言贞而有疾,常疾而不死,如汉、魏末世之君也。人君致危亡之道不一,而以豫为多。在四不言失正,而于五乃见其强逼者,四本无失,故于四言大臣任天下之事之义,于五则言柔弱居尊,不能自立,威权去己之义,各据爻以取义,故不同也。③

六五与九四为相邻之爻,在《豫》这一卦时之内,便象征着柔弱耽豫之君与权臣的关系。从六五的爻位看,九四就有了强逼之义,而在九四本身,则并无失正之处。在这种爻位关系里,程颐强调"各据爻以取义",即站在不同爻位的角度上来理解彼此间的关系。某一爻的性质放在不同的关系里,会产生相应的改变,这种改变并不完全取决于该爻的本质。

四、政治哲学

《周易程氏传》虽亦以程颐的形上学思考(天道)为基础,但其更主

---

① 《二程集》,第890页。
② 《二程集》,第943页。
③ 《二程集》,第782页。

要的关注点则在于道德哲学和政治哲学(人事)。在《易传序》中,程颐明确地阐发了其撰述宗旨:

> 《易》有圣人之道四焉:"以言者尚其辞,以动者尚其变,以制器者尚其象,以卜筮者尚其占。"吉凶消长之理,进退存亡之道,备于辞。推辞考卦,可以知变,象与占在其中矣。君子居则观其象而玩其辞,动则观其变而玩其占。得于辞,不达其意者有矣;未有不得于辞而能通其意者也。至微者理也,至著者象也。体用一源,显微无间。观会通以行其典礼,则辞无所不备。故善学者,求言必自近。易于近者,非知言者也。**予所传者辞也**,由辞以得其意,则在乎人焉。①

程颐并不否认《周易》的占筮功能,但他本人的着眼点则在于文本的解释。而且在他看来,通过"推辞考卦",《易》的其他三个方面,即"变"、"象"和"占"自然而然就包含其中了。"得辞"是为了"达意",但程颐将其《易传》更严格地限制在"辞"的层面。至于能否通过对"辞"的解释,体会到更深入的易理,则有待读者自己领悟。如果我们用"至微者理"、"至著者象"这一区别来表达,那么,《程传》的目标在于通过注解《周易》将个人及共同体生活中那些最明白显著的道理讲清楚,而至微至妙之理其实也就涵蕴其中了。

对于程颐来说,《周易》各卦更主要是在讲作为政治共同体的国家的整体处境。其中当然涉及个人的生存际遇问题,但这类问题总是在特定的整体中被加以理解和讨论的。这也是在《程传》中,爻位的象征义(如五为君位)相对而言更为确定的原因之一。

就一个政治共同体而言,其整体处境有时着眼于逆顺,有时着眼于事会。不同处境的由来以及不同事会的性质,都会对居于特定地位的人的生存处境发生影响,同时,也要求居于不同地位的人有相应的

---

① 《二程集》,第689页。

超克或顺适之道。

《周易》中具备逆境涵义的卦很多,其中比较有代表性的有《屯》、《否》、《剥》、《蹇》、《困》等。虽然这些卦都象征政治共同体处于逆境之中,但逆境的根由不同,对于政治结构中不同位置的影响亦有甚大差别。

处《屯》之时,天下之事初兴而郁结,因此"勿用有攸往",即不要主动施为,而应守贞固之道。而济屯之道,需赖刚明之才。然而从《屯》的卦象看,初九有刚明贞固之才,但居于下位;六二得位,又有九五在上呼应,但本身却是阴柔之质,自济尚且不能,何况济举世之屯？此时"居尊得正"的九五,也就成了无刚明之贤为其辅佐的君主,因此其恩泽无法及于下民,也就是爻辞中所说"屯其膏"的意思。而恩泽不能及于下民,则君主的威权也就失去了。当此之时,只能"小贞",即"渐正之"。在这样的时势下,应当像盘庚和周宣王那样,自修明德,进用贤臣,渐复先王之故政。而既不应像鲁昭公和高贵乡公那样,急于重获威权,反而危及自身；也不应像唐僖宗和唐昭宗那样,完全无所作为。

居《否》之世,为君子道消、小人道长之时。在这种情势下,九四"以阳刚健体,居近君之位",是既有"济否之才",又居于高位之人。其德其位,都足以辅佐君主济否之世。但在整体上君子道消之时,身处嫌疑之地,所以切忌居功。应该让一切施为出于君命,使威权归于君主,这样才能保其无咎,且能行道于天下。九五既有"阳刚中正之德",又居于尊位,因此能缓解否的局面,但并没有真正超克否的时势。在这种情况下,居于尊位的君子,要有"安而不忘危,存而不忘亡"的戒惧之心,才能让天下渐返于泰。

与《否》相比,《剥》象征的是更深的危局。小人道长,且剥落去除君子。当此之时,君子所应做的就只剩下"巽言晦迹"、"顺时而止"。待"正道消剥既极",而人心思治之时,则有"阳刚"之德的君子自然会受到百姓推戴。

《蹇》象征着天下陷于艰厄蹇难之时。九五当蹇之时势,又处上卦坎险之中,象征刚阳中正之君,陷身蹇难深重之际。六二虽有中正之德,在下为正应,但处"大蹇"之中,"非得刚阳中正之臣相辅之,不能济天下之蹇也"。从历史的教训看,"自古圣王济天下之蹇,未有不由贤圣之臣为之助者,汤、武得伊、吕是也。中常之君,得刚明之臣而能济大难者则有矣,刘禅之孔明,唐肃宗之郭子仪,德宗之李晟是也。虽贤明之君,苟无其臣,则不能济于难也。"这在爻位关系上的体现为,"凡六居五、九居二者,则多由助而有功,《蒙》、《泰》之类是也;九居五、六居二,则其功多不足,《屯》、《否》之类是也。"①这是因为,如果臣贤于君,就能辅君所不能,而如果臣不如君,则充其量只能有所襄赞而已。

同样是险难之际,《困》的情势比《蹇》要明朗许多。之所以如此,就是因为九二与九五志同道合,而且都有刚中之才,故可以共济天下之困。总的说来,当共同体处于逆境时,要想济渡危局,最需要的就是刚明中正贞固之才,因为只有弘毅勇毅之人,才能在危难之时承担大任。

《周易》中有顺境意味的卦相对较少,其中比较典型的是《泰》、《大有》。

《泰》象征君子道长、小人道消之时。天地交泰,阴阳和畅,万物茂遂,这是积极的一面。其消极的一面则表现为,"人情安肆,则政舒缓而法度废弛,庶事无节。"在这一卦象中,为六五柔顺得中的君主所倚任的九二,以其刚中之才,为治泰之主。而九二爻辞的"包荒,用冯河,不遐遗,朋亡",《程传》理解为"处泰之道"。所谓"包荒",是说要有"包含荒秽之量",而不能以忿疾之心,暴扰天下,从而导致"深弊未去"、"近患已生"的结果;而所谓"冯河",则指刚断果毅之德,足以任事革弊;"不遐遗"指能深思远虑,"周及庶事",无论"事之微隐",还是侧陋遗贤,皆能无所遗逸;"朋亡"则指能"绝去其朋与之私",立法制事,约

---

① 《二程集》,第899页。

正人情。卦象中的九三,处于诸阳爻之首,为泰盛之象。而泰久必否,因此要"艰危其思虑",不可安逸。

当《大有》之时,天下盛大丰有。在卦象上,除六五一阴爻外,其余都是阳爻。六五以柔居尊位,又能以孚信待其臣下,因此,有刚明之才的臣下也能尽其诚信。但大有之时,"人心安易",不能一味柔和,必须辅之以威仪,否则久而久之,臣下会渐生凌慢之心。九二则以阳居阴,有刚健之才,而又能居柔谦顺,因此可以任重行远。上九则处大有之极,而能不居其有。因此《系辞》说:"履信思乎顺,又以尚贤也,是以自天佑之,吉无不利也。""思顺"强调的是谦退不居。一般而言,处于顺境之时,更需戒惧之心和谦退之德。

此外,还有一些涉及具体事会的卦,比如《师》和《噬嗑》。

《师》为国家用兵之时。从卦象上看,除九二一个阳爻外,其余五爻都是阴爻。九二为《师》之主,"为众阴所归","专制其事"。然而二为臣子之位,身为臣子,"居下而专制其事",只有在用兵这一特殊的场合下,才有其正当性。六五与九二相应,是君主任将授师之象。在伊川看来,爻辞一方面强调师出有名,不可"轻动以毒天下";另一方面则强调任将以专。

《噬嗑》涉及刑狱之事。初九和上九都是无位者,因此象征受刑之人。其他四爻则是用刑之人。六二居中得正,象征用刑能得其中正,因此,为恶之人易于服罪。六五居尊乘势,又能执守中道,更有九四辅之以刚,因此,即使再难决之狱,也能克而刑之。然而六五毕竟是阴爻,质本柔弱,因此必须"正固危厉",才能最终免于祸患。

经由程颐解释,《周易》各卦也就成了政治共同体的整体处境和事会。在不同的处境和事会中,政治权力结构中的具体关系和位置,都有相应的调整。一方面,处境和事会是既存的政治权力结构关系的结果;另一方面具体的时势又对现实的政治结构提出了新的警示和要求。在这样的政治哲学思考中,普遍的政治结构体现为具体的权力关系,并进一步与政治共同体的具体情势相结合,从而导向某种更贴近现实的力的关系的政治实践。

第二节 四书阐释

一、《论语》

程颐极其重视《论语》、《孟子》,在回答弟子"圣人之经旨,如何能穷得"的问题时,他指出:

> 以理义去推索可也。学者先须读《论》、《孟》,自有个要约处,以此观他经,甚省力。《论》、《孟》如丈尺权衡相似,以此去量度事物,自然见得长短轻重。某尝语学者,必先看《论语》、《孟子》。今人虽善问,未必如当时人。借使问如当时人,圣人所答,不过如此。今人看《论》、《孟》之书,亦如见孔、孟何异?①

《论语》、《孟子》中所蕴涵的义理,既是理解其他经典的基础,也是修身进德的准则。他曾谈及自己阅读《论语》的体会:"某自十七八读《论语》,当时已晓文义,读之愈久,但觉意味深长。《论语》,有读了后全无事者,有读了后其中得一两句喜者,有读了后知好之者,有读了后不知手之舞之足之蹈之者。"②

而读《论语》,不仅要关注其中的义理,还要深入体贴孔子每一句话的用心所在:

> 《论语》问同而答异者至多,或因人材性,或观人之所问意思而言及所到地位。③

---

① 《二程集》,第205页。
② 《二程集》,第261页。
③ 《二程集》,第246页。

> 圣人之语，因人而变化；语虽浅近处，即却无包含不尽处。如樊迟于圣门，最是学之浅者，及其问仁，曰"爱人"，问知，曰"知人"，且看此语有甚包含不尽处？他人之语，语近则遗远，语远则不知近，惟圣人之言，则远近皆尽。①

孔子在回答弟子提问时，往往会根据提问者的资质高下及其性情中的偏胜处，给出有针对性的回答。但即使此类因人而异的回答，也都周详正大，言近旨远。

关于读《论语》的方法，程颐认为读书要寻个受用处，否则与不读无异：

> 今人不会读书。如"诵《诗》三百，授之以政，不达；使于四方，不能专对；虽多，亦奚以为"？须是未读《诗》时，授以政不达，使四方不能专对；既读《诗》后，便达于政，能专对四方，始是读《诗》。"人而不为《周南》、《召南》，其犹正墙面而立"。须是未读《周南》、《召南》，一似面墙；到读了后，便不面墙，方是有验。大抵读书，只此便是法。如读《论语》，旧时未读是这个人，及读了后又只是这个人，便是不曾读也。②

对《论语》的阅读和体会必须能给个人的心智和德性带来相应的成长和改变。而这样的阅读追求，无疑要求阅读者在读书的过程中结合贯注个人的身心证验。这与程颢读书切忌"循行数墨"的告诫，是完全一致的。

在对《论语》的具体解释上，程颐有相当多的发明。

首先是对文理脉络的疏通和具体情境的体贴。比如在解释《论语·述而篇》"陈司败问：'昭公知礼乎'"一节时，程颐论曰：

> 彼国人来问君知礼否，不成说不知礼也？如陈司败数昭公失

---

① 《二程集》，第176页。
② 《二程集》，第261页。

礼之事而问之,则有所不答,顾左右而言他。及巫马期来告,正合不答,然孔子答之者,以陈司败必俟其反命,故须至答也。①

鲁昭公于孔子,义属先君。显斥先君之非,于情于理皆有不合,因此以"知礼"答之。待到陈司败向巫马期指出昭公不知礼的事实、巫马期以之转告孔子时,程颐认为孔子完全可以不回答。他推测孔子之所以作答,是因为陈司败一定在等巫马期的答复。而在回答时,既不能否定陈司败指出的事实,又不能直言昭公之恶,所以自承其过。经由这样的疏通和体贴,此一节对话的深层意味就被揭示出来了。

又如解释《论语·雍也篇》"子华使于齐,冉子为其母请粟"一节:

> 子华使于齐,冉子为其母请粟。子曰:"与之釜。"请益,曰:"与之庾。"冉子与之粟五秉。夫子之使子华,子华之为夫子使,义也,而冉子乃欲资之而为之请粟。夫子曰"与之釜"者,所以示冉求以不当与也。求不达而请益,则"与之庾"。求犹未达夫子之意,故自与之粟五秉,故夫子非其继富。盖赤苟至乏,则夫子必周之矣。原思为之宰,则与之粟九百,思辞其多,故谓之曰:苟有余,则分诸邻里乡党。夫子之使子华,义也;原思为宰,有常禄也。②

由于《论语》过于简约,如不能深入体贴对话中所涉人物的具体位置和关系,是无法把握其中深蕴的意味的。一般读者阅读此节时,往往只会注意"君子周急而不继富"这样的箴言,似乎孔子的做法只是一般意义上的"损有余"、"补不足",从而错失了其中潜藏的公道与宽容。

其次是对字义和句义的把握。如对《论语·八佾篇》"八佾舞于庭"一节,程颐的解释就自成一格:

> 孔子谓季氏八佾舞于庭,"是可忍也,孰不可忍也"?忍为是,

---

① 《二程集》,第178页。
② 《二程集》,第1141页。

则何所不能为也?①

与通常将"忍"字训释为"容忍"不同,程颐将其解读为"忍心"之忍。一字之转,不仅意味全别,而且义理的阐释空间也迥乎不同了。季氏用八佾之舞,其失本在于非礼。而将"忍"读作"忍心"之忍,就自然而然地与《孟子》的"不忍人之心"关联起来,从而将"仁"的观念引入到这一语境当中,而非礼与不仁之间的关联也就呼之欲出了。

又如《论语·述而篇》"子在齐闻《韶》"一节:

> "子在齐闻《韶》,三月不知肉味,曰:'不图为乐之至于斯也。'"曰:"圣人不凝滞于物,安有闻《韶》虽美,直至三月不知肉味者乎?三月字误,当作音字。此圣人闻《韶》音之美,当食不知肉味,乃叹曰:'不图为乐之至于斯也。'"门人因以记之。②

以为"三月"字是传写之误,本应写作"音",这在训诂学上是缺乏根据的。③ 在没有传本支持的情况下,做这样的推断,的确有武断之嫌。事实上,此处的训读是建立在"圣人不凝滞于物"这一理解的基础之上的。而"不凝滞于物"则与程颢《定性书》中所描述的那种"廓然而大公,物来而顺应"的心灵的本然状态一脉相承。因此,这一训读虽然未免牵强,但从对儒家精神的整体把握上看,也不为无据。

最后,当然也是最为重要的,是程颐对《论语》中所涵义理的解释和阐发。

如何理解《论语》中最为核心的概念——"仁",是儒学历来关注的重要问题,二程对这一概念的解释和阐发,在两宋道学思想的展开中具有奠基性的作用。在回答弟子关于仁的提问时,程颐说:

---

① 《二程集》,第 1135 页。
② 《二程集》,第 107 页。
③ 实际上,程颐在考据方面,有相当高的造诣。如《遗书》卷二十二为宰予洗冤:"先生曰:'《史记》载宰予被杀,孔子羞之。尝疑田氏不叛,无缘被杀。若为齐君而死,是乃忠义。孔子何羞之有?及观《左氏》,乃是阚止为陈恒所杀,亦字子我,谬误如此。'"《二程集》,第 279 页。

> 此在诸公自思之，将圣贤所言仁处，类聚观之，体认出来。孟子曰："恻隐之心，仁也。"后人遂以爱为仁。恻隐固是爱也。爱自是情，仁自是性，岂可专以爱为仁？孟子言恻隐为仁，盖为前已言"恻隐之心，仁之端也"，既曰仁之端，则不可便谓之仁。退之言"博爱之谓仁"，非也。仁者固博爱，然便以博爱为仁，则不可。①

这里，程颐不仅指出了理解"仁"这一概念的一般方法，而且对用恻隐和爱来解释"仁"提出了质疑。

与程颢主要以"生意"和"知觉"言仁不同，②程颐更强调"仁"这一概念中"公"的涵义：

> 仁之道，要之只消道一公字。公只是仁之理，不可将公便唤做仁。公而以人体之，故为仁。只为公，故物我兼照，故仁，所以能恕，所以能爱，恕则仁之施，爱则仁之用也。③

> 孔子曰："仁者己欲立而立人，己欲达而达人，能近取譬，可谓仁之方也已。"尝谓孔子之语仁以教人者，唯此为尽，要之不出于公也。④

"公"是仁之理。公之理落实和体现在人身上，便是仁。正因为公，才能同时兼顾自我和他者，因此才有所谓仁。而恕只是行仁的方法，爱只是仁的具体作用。在解释《论语·颜渊篇》"仲弓问仁"一节时，程颐以"公"这一概念将"敬"与"仁"关联起来："'出门如见大宾，使民如承大祭'，只是敬也。敬则是不私之说也。才不敬，便私欲万端，害于仁。"⑤

对于《论语》中的礼乐观，程颐也有深入的抉发：

> 问："穷神知化，由通于礼乐，何也？"曰："此句须自家体认。

---

① 《二程集》，第182页。
② 参见陈来：《论宋代道学话语的形成和转变》，《中国近世思想史研究》，第54页。
③⑤ 《二程集》，第153页。
④ 《二程集》，第105页。

人往往见礼坏乐崩,便谓礼乐亡,然不知礼乐未尝亡也。如国家一日存时,尚有一日之礼乐,盖由有上下尊卑之分也。除是礼乐亡尽,然后国家始亡。虽盗贼至所为不道者,然亦有礼乐。盖必有总属,必相听顺,乃能为盗,不然则叛乱无统,不能一日相聚而为盗也。礼乐无处无之,学者要须识得。"①

"礼云礼云,玉帛云乎哉?乐云乐云,钟鼓云乎哉?""此固有礼乐,不在玉帛钟鼓。先儒解者,多引'安上治民莫善于礼,移风易俗莫善于乐'。此固是礼乐之大用也,然推本而言,礼只是一个序,乐只是一个和。只此两字,含畜多少义理。"②

所有的共同体中都有礼、乐的存在。不仅如此,我们甚至可以在所有物的关系中,识辨出礼、乐精神来:"且置两只椅子,才不正便是无序,无序便乖,乖便不和。"③而"序"与"和"正是礼、乐的精神实质。

二、《孟子》

程颐强调研读《孟子》要讲究方法。既不能撇开文义,又不可拘泥于文义:

> 学者不泥文义者,又全背却远去;理会文义者,又滞泥不通。如子濯孺子为将之事,孟子只取其不背师之意,人须就上面理会事君之道如何也。又如万章问舜完廪浚井事,孟子只答他大意,人须要理会浚井如何出得来,完廪又怎生下得来,若此之学,徒费心力。④

而最好的方法莫过于孟子本人强调的"以意逆志":"孟子言舜完廪浚井之说,恐未必有此事,论其理而已。尧在上而使百官事舜于畎亩之中,岂容象得以杀兄,而使二嫂治其栖乎?学孟子者,以意逆志可

---

① ② ③ 《二程集》,第225页。
④ 《二程集》,第205页。

也。"①只有通过"以意逆志",读者才能透过文义领会孟子的宗旨。②程颐本人对《孟子》的解说,可以视为这一方法和精神的具体展现。

对于《孟子·公孙丑上》中的养气一节,程颐十分重视:

> 《孟子》养气一篇,诸君宜潜心玩索。须是实识得方可。勿忘勿助长,只是养气之法,如不识,怎生养?有物始言养,无物又养个甚么?浩然之气,须见是一个物。如颜子言"如有所立卓尔",孟子言"跃如也"。卓尔跃如,分明见得方可。③

程颐之所以强调这一节,主要是着眼于其中的涵养工夫。而正因为此节在工夫论上的重要意义,程颐对其文句和义理,都做了详尽而深切的发挥。

"不动心"是此节枢纽性的概念,整个养气一节都围绕其展开。对此,程颐论曰:

> 不动心有二:有造道而不动者,有以义制心而不动者。此义也,此不义也,义吾所当取,不义吾所当舍,此以义制心者也。义在我,由而行之,从容自中,非有所制也,此不动之异。④

> 勇者所以敌彼者也,苟为造道而心不动焉,则所以敌物者,不赖勇而裕如矣。⑤

这里,程颐更多地着眼于义理的阐释和发挥。他分别了两种"不动心"的类型:其一是所谓"造道"者。"造道"者义与己一,故不需计较把持,自然能达"不动心"之境;其二是"以义制心"者。"以义制心"者未能让义在自己心中完全彰显和实现,所以仍然义在己外,故需时时以义理来把持和制约。

---

① 《二程集》,第71页。
② 字义的把握必须放到文本的具体语境中去:"凡观书,不可以相类泥其义,不尔则字字相梗,当观其文势上下之意。如'充实之谓美'与《诗》之美不同。"《二程集》,第246页。
③ 《二程集》,第205页。
④⑤ 《二程集》,第273页。

对于"吾尝闻大勇于夫子"一节,程颐也提出了自己独到的见解:

> 亨仲问:"'自反而缩',如何?"曰:"缩只是直。"又问曰:"北宫黝似子夏,孟施舍似曾子,如何?"曰:"北宫黝之养勇也,必为而已,未若舍之能无惧也。无惧则能守约也。子夏之学虽博,然不若曾子之守礼为约,故以黝为似子夏,舍似曾子也。"①

这里,将"缩"训读为"直"是程颐的发明,这一解读也为朱熹《四书章句集注》所采纳。而以"博"和"约"来理解北宫黝与子夏、孟施舍与曾子之间的相似,在文义和义理两方面,都颇为深切透辟。

"浩然之气"的提出,是养气一节的重心所在。与通常将此句读作"其为气也,至大至刚,以直养而无害"不同,程颐将其读为"其为气也,至大至刚以直,养而无害":"'至大至刚以直',不言至直,此是文势。如'治世之音安以乐','怨以怒','粗以厉','噍以杀',皆此类。"②对于其中的义理,程颐做了深入的阐发:

> 同伯温见,问:"'至大','至刚','以直',以此三者养气否?"曰:"不然。是气之体如此。"又问:"养气以义否?"曰:"然。"又问:"'配义与道',如何?"曰:"配道言其体,配义言其用。"又问:"'我知言,我善养吾浩然之气',如何?"曰:"知言然后可以养气,盖不知言无以知道也。此是答公孙丑'夫子乌乎长'之问,不欲言我知道,故以知言养气答之。"③

> "配义与道",谓以义理养成此气,合义与道。方其未养,则气自是气、义自是义。及其养成浩然之气,则气与义合矣。本不可言合,为未养时言也。如言道,则是一个道都了。若以人而言,则人自是人,道自是道,须是以人行道始得。④

---

① 《二程集》,第282页。
② 《二程集》,第165页。
③ 《二程集》,第289页。
④ 《二程集》,第206页。

"浩然之气"从形态上看,是至大、至刚、至直的。而此至大、至刚、至直之气,需以义理来养成。之所以说"配道言其体"、"配义言其用",是因为道是形上者,在具体的涵养工夫中无从把捉。故强调以义养气,从而让道体在个人的言行气质中充分实现。

对于"必有事焉而勿正心"一段,程颐的读法也较为独特:"侯世与云:某年十五六时,明道先生与某讲《孟子》,至'勿正心,勿忘勿助长'处,云:'二哥以必有事焉而勿正为一句,心勿忘勿助长为一句,亦得。'"①在文义的把握上,程颐以"必有事焉"释"勿忘",以"勿助长"释"勿正":

> "必有事焉",有事于此也。"勿正"者,若思此而曰善,然后为之,是正也。"勿正",则是必有事也。"勿助长",则是勿正也。②

而"必有事焉",其要在于集义:

> 问:"必有事焉,当用敬否?"曰:"敬只是涵养一事。必有事焉,须当集义。只知用敬,不知集义,却是都无事也。"……问:"敬义何别?"曰:"敬只是持己之道,义便知有是有非。顺理而行,是为义也。若只守一个敬,不知集义,却是都无事也。且如欲为孝,不成只守著一个孝字?须是知所以为孝之道,所以侍奉当如何,温凊当如何,然后能尽孝道也。"③

在道德修养中,敬、义是缺一不可的。人需要以敬持己,以义明善。仅仅持敬,是不够的。而这与程颐"涵养需用敬,进学则在致知"的为学之道,是一致的。

程颐对《孟子》中有关心的讨论也做了重要的澄清:

> 问:"'舍则亡',心有亡,何也?"曰:"否。此只是说心无形体,

---

① 《二程集》,第12页。
② 《二程集》,第150页。
③ 《二程集》,第206页。

才主著事时，便在这里，才过了便不见。如'出入无时，莫知其乡'，此句亦须要人理会。心岂有出入？亦以操舍而言也。'放心'，谓心本善，而流于不善，是放也。"①

程颐在"心"、"意"和"欲"之间做了明确区分："（伯温）又问：'凡运用处是心否？'曰：'是意也。'楺问：'意是心之所发否？'曰：'有心而后有意。'又问：'孟子言心"出入无时"，如何？'曰：'心本无出入，孟子只是据操舍言之。'伯温又问：'人有逐物，是心逐之否？'曰：'心则无出入矣，逐物是欲。'"②与通常将心之"舍则亡"理解为心逐物而去不同，程颐认为心是无所谓出入的，人不可能因逐物而丢失此心。逐物而去的是欲，不是心。心只有沉睡与醒觉的区别，人如果不能以敬持心，③心便麻木，从而流于不善，而这才是《孟子》讲"舍则亡"的本意。

在人性论上，程颐与程颢、张载同样，都禀承孟子性善论的立场。因此，对于《孟子》有关人性论的讨论，程颐也做了深入的阐发。其中关于才性关系的讨论，最为重要：

> 性出于天，才出于气，气清则才清，气浊则才浊。譬犹木焉，曲直者性也，可以为栋梁、可以为榱桷者才也。才则有善与不善，性则无不善。"性上智与下愚不移"，非谓不可移也，而有不移之理。所以不移者，只有两般：自暴自弃，不肯学也。使其肯学，不自暴自弃，安不可移哉？④

程颐认为"才"是根源于气的，而性则根源于天和理。才与性的区别，基本上等同于张载气质之性与天地之性的区别。将才与性区别开来，以为才有善有恶，性则无不善，这样的理解在《孟子》中并没有明确的文本根据，因此颇受质疑，比如，有学生问："先生云：性无不善，才有善

---

① 《二程集》，第207—208页。
② 《二程集》，第297页。
③ 敬是持心的根本方法："伯温又问：'心术最难，如何执持？'曰：'敬。'"《二程集》，第279页。
④ 《二程集》，第252页。

不善,杨雄、韩愈皆说著才。然观孟子意,却似才亦无有不善,及言所以不善处,只是云:'舍则失之。'不肯言初禀时有不善之才。如云:'非天之降才尔殊'。是不善不在才,但以遇凶岁陷溺之耳。"对于这样的质疑,程颐回避了具体文句的举证和解释,而是着眼在孟子立言的本意上:"上智下愚便是才,以尧为君而有象,以瞽瞍为父而有舜,亦是才。然孟子只云'非才之罪'者,盖公都子正问性善,孟子且答他正意,不暇一一辨之,又恐失其本意。"①而这样的回答,正是其"以意逆志"的解释学方法的具体体现。

在运用经典来理解和评判历史人物时,程颐特别强调对人情事理的透达,而不是对文句的拘泥。因此,他的评判里绝无腐儒气味:

> 或问:"诸葛孔明亦无足取。大凡杀一不辜而得天下,则君子不为,亮杀戮甚多也。"先生曰:"不然。所谓杀一不辜,非此之谓。亮以天子之命,诛天下之贼,虽多何害?"②

在这一解释和评价中,《孟子》所说的"行一不义、杀一不辜而得天下,皆不为也",就不再是某种根于理义的悬想,而成了有其真实的历史可能性的原则。

三、《大学》

二程认为《大学》是"初学入德"之门,因此对其十分重视:

> 棣初见先生,问:"初学如何?"曰:"入德之门,无如《大学》。今之学者,赖有此一篇书存,其他莫如《论》、《孟》。"③

对于初学者来说,除了《论语》、《孟子》,可以凭藉的只有《大学》这一篇了。

---

① 《二程集》,第252—253页。
② 《二程集》,第296页。
③ 《二程集》,第277页。

而在二程看来,当时通行的《大学》传本袭讹踵谬,所以他们对文本的前后次序做了调整和改动。① 这是中国思想史上《大学》改本的开端。② 据李纪祥研究,二程的《大学》改本有如下几个方面的意义:其一,首次将"三纲、八目"作为整篇结构的主体;其二,注意到了"诚意章"的错简问题,"二程均视古本诚意章后半'诗云瞻彼'、'诗云于戏'、'康诰曰克明德'、'汤之盘铭曰'、'诗云邦畿'、'子曰听讼'等节为错简,且均以'康诰曰克明德'、'汤之盘铭曰'、'诗云邦畿'三节为释三纲之文";其三,将"亲民"改作"新民";其四,从程颐改本的安排看,已经暗寓经传分离的意味;其五,将"子曰听讼……此谓知之至也"视为"格致"释文。③

在对《大学》的解释上,程颐也做出了很重要的贡献。首先是对"格物致知"的解释:

> 或问:"进修之术何先?"曰:"莫先于正心诚意。诚意在致知,'致知在格物'。格,至也,如'祖考来格'之格。凡一物上有一理,须是穷致其理。穷理亦多端:或读书,讲明义理;或论古今人物,别其是非;或应接事物而处其当,皆穷理也。"或问:"格物须物物格之,还只格一物而万理皆知?"曰:"怎生便会该通?若只格一物便通众理,虽颜子亦不敢如此道。须是今日格一件,明日又格一件,积习既多,然后脱然自有贯通处。"④

将"格"训解为"至",是一个重要的发明。这一训解,对朱子的《四书章句集注》产生了关键性的影响。而整段解释与朱子"格物致知补传"之间的关联,也是显而易见的。经由这样的解释,"格物"也就成了整个宋明理学的方法论基石。

---

① 程颐曾说:"修身当学《大学》之序。《大学》,圣人之完书也。其间先后失次者,已正之矣。"《二程集》,第311页。
② 参见李纪祥:《两宋以来〈大学〉改本之研究》,台北:学生书局,1988年,第44页。
③ 李纪祥:《两宋以来〈大学〉改本之研究》,第50—52页。
④ 《二程集》,第188页。

其次,将"亲民"改作"新民",并在此基础上强调,所谓"新民"就是"以明德新民"①之意:

> 《大学》"在明明德",先明此道;"在新民"者,使人用此道以自新;"在止于至善"者,见知所止。②

> 问:"日新有进意,抑只是无敝意?"曰:"有进意。学者求有益,须是日新。"③

《大学》之所以重要,不仅在于它的方法论,还在于它所提出的修身进德的纲领和目标。通过明道来自新,则是其根本纲领。

除了上述两个方面,在一些具体的诠释上,程颐也提出了自己独到的见解:

> 问:"'有所忿懥、恐惧、忧患,心不得其正'。是要无此数者,心乃正乎?"曰:"非是谓无,只是不以此动其心。学者未到不动处,须是执持其志。"④

在程颐看来,"有所忿懥"一段不是要人从根本上去除忿懥、恐惧、忧患等情绪,因为这既不必要,也无可能。只要能不为其牵动本然心体,自然就做到了正心。

四、《中庸》

《中庸》的重要性是北宋儒者的共识。程颐对这篇经典更是格外推重:"善读《中庸》者,只得此一卷书,终身用不尽也。"⑤正因为如此,对《中庸》的文本以及其中所涵义理的解释和发挥,成为程颐思想的一个极为重要的方面。

程颐对"中"、"庸"这两个重要概念的训释,是一个了不起的贡献:

---

① ③ ④ 《二程集》,第247页。
② 《二程集》,第22页。
⑤ 《二程集》,第174页。

> 不偏之谓中,不易之谓庸。中者天下之正道,庸者天下之定理。①
>
> 中者,只是不偏,偏则不是中。庸只是常。犹言中者是大中也,庸者是定理也。定理者,天下不易之理也,是经也。孟子只言反经,中在其间。②

这一诠释对朱子的《中庸章句》产生了至关重要的影响。以恒常不易之定理来解释"庸",从而将贯穿物之终始的"诚"引入进来,是这一解释最值得注意的地方。

对于"率性之谓道",程颐解释道:

> "率性之谓道",率,循也。若言道不消先立下名义,则茫茫地何处下手?何处著心?③

将"率"训解为"循",亦为朱子《中庸章句》所继承。

在解释《中庸》第十章"南方之强"、"北方之强"时,程颐指出:

> "北方之强",血气也;"南方之强",乃理强,故圣人贵之。④

以理、气来区别"南方之强"和"北方之强",尽管是理学视野下的阐释,但对于疏通此节的文义,也有相当大的帮助。

《中庸》第十二章引《诗经》"鸢飞戾天,鱼跃于渊"句,对此,二程发挥道:

> "鸢飞戾天,鱼跃于渊,言其上下察也。"此一段子思吃紧为人处,与"必有事焉而勿正心"之意同,活泼泼地。会得时,活泼泼地;不会得时,只是弄精神。⑤

---

① 《二程集》,第100页。
② 《二程集》,第160页。
③ 《二程集》,第151页。
④ 《二程集》,第12页。
⑤ 《二程集》,第59页。

将这一段与《孟子·公孙丑上》"必有事焉而勿正心"联系起来,从而指明它与活泼泼的本然心体之关联。

程颐对《中庸》第三十章"大德敦化""小德川流"的解释,也值得关注:

> "小德川流,大德敦化",只是言孔子川流是日用处,大德是存主处。"敦"如俗言敦礼义敦本之意。①

> "大德敦化",于化育处敦本也;"小德川流",日用处也。此言仲尼与天地同德。②

在程颐看来,"小德川流"是指孔子在日用流行之中的德行表现,而"大德敦化"则指孔子以敦本厚俗来参赞化育。

对于《中庸》的文句,程颐也通过义理的内涵和上下文的关系,提出了合理的订正。如对第二章"小人之中庸"一句,程颐指出:

> "小人之中庸,小人而无忌惮也",小人更有甚中庸?脱一反字。小人不主于义理,则无忌惮,无忌惮所以反中庸也。亦有其心畏谨而不中,亦是反中庸。语恶有浅深则可,谓之中庸则不可。③

小人无中庸可言。我们可以说恶有程度深浅的不同,但不能说恶有所谓中庸。因此,可以推知"小人之中庸"当作"小人之反中庸"。

程颐没有专门注解过《中庸》。他对《中庸》的解释往往只着眼于一些关键的点,所以,大都是片断式的。但也有整段的解释和发挥,比如《中庸》第二十三章:

> "诚者自成",如至诚事亲则成人子,至诚事君则成人臣。"不诚无物,诚者物之终始",犹俗说彻头彻尾不诚,更有甚物也。"其

---

① 《二程集》,第145—146页。
② 《二程集》,第151页。
③ 《二程集》,第160—161页。

次致曲",曲,偏曲之谓,非大道也。"曲能有诚",就一事中用志不分,亦能有诚。且如技艺上可见,养由基射之类是也。"诚则形",诚后便有物。如"立则见其参于前,在舆则见其倚于衡","如有所立卓尔",皆若有物,方见。其无形,是见何物也?"形则著",又著见也。"著则明",是有光辉之时也。"明则动",诚能动人也。君子所过者化,岂非动乎?①

这一段话先解释了《中庸》第二十五章"诚者自成"和"诚者物之终始,不诚无物",后面则详细解释了第二十三章"其次致曲"到"明则动"这一整段。在程颐看来,这一段讨论的是人通过涵养道德,渐次让自己德性的光辉由内向外发挥出来的过程。

对于《中庸》首章"喜怒哀乐之未发谓之中,发而皆中节谓之和"的理解和把握,是程颐和他的弟子们讨论最多的一个问题:②

> 苏季明问:"中之道与喜怒哀乐未发谓之中,同否?"曰:"非也。喜怒哀乐未发是言在中之义,只一个中字,但用不同。"或曰:"喜怒哀乐未发之前求中,可否?"曰:"不可。既思于喜怒哀乐未发之前求之,又却是思也。既思即是已发。才发便谓之和,不可谓之中也。"又问:"吕学士言:'当求于喜怒哀乐未发之前。'信斯言也,恐无著摸,如之何而可?"曰:"看此语如何地下。若言存养于喜怒哀乐未发之前,则可;若言求中于喜怒哀乐未发之前,则不可。"又问:"学者于喜怒哀乐发时固当勉强裁抑,于未发之前当如何用功?"曰:"于喜怒哀乐未发之前,更怎生求?只平日涵养便是。涵养久,则喜怒哀乐发自中节。"或曰:"有未发之中,有既发之中。"曰:"非也。既发时,便是和矣。发而中节,固是得中,只为将中和来分说,便是和也。"③

---

① 《二程集》,第203页。
② 程颐曾就这个问题,与吕大临往复论难。参见《蓝田吕氏遗著辑校》。
③ 《二程集》,第200—201页。

在程颐看来，"喜怒哀乐未发"之中与"中道"之中不同，前者只是"在中"（亦即"在内"）之义。在这里，"中"不是一个实体，无可寻求。因为寻求已是思虑，而有思虑即属已发，只能言和而不能言中。程颐对吕大临"求中于喜怒哀乐未发之前"的提法并不赞同，他认为，只能说在未发之前存养，而不能说于未发之前求"中"。通过在未发之前存养，久而久之，自然能使喜怒哀乐发而中节。而发而中节之"和"在表现上，是符合中道的。但从《中庸》首章对"中""和"之间的区分的强调看，这种已发之和在严格意义上是不能说成"中"的。程颐关于概念之间分际的强调，对朱子有关中和问题的思考，产生了至为深刻的影响。

第九章
苏轼的儒学思想

苏轼(1036—1101),北宋眉州眉山(今属四川)人,字子瞻。苏洵之子。在中国文化史上,苏洵、苏轼、苏辙并称"三苏",无论是文章还是思想,都发挥了巨大的影响。苏轼幼时随母亲读书,对于历史之成败,皆能有所会心。长而博通经史,好贾谊、陆贽之文。嘉祐二年(1057),进士及第。英宗时为直史馆。宋神宗熙宁初,推行新法,苏轼上书驳论,与王安石相忤,遂自请外放,为杭州通判。因言官摘其诗句,指为讪谤朝廷,被逮赴台狱。贬为黄州团练副使。居黄州时,与田父野老相从于溪山之间,且筑室于东坡,以"东坡居士"自号。哲宗元祐初(1086)起为翰林学士,端明殿侍读。及绍圣之初(1094),再次外放。宋徽宗建中靖国元年(1101)卒于常州。其文章浑涵光芒,雄视百代;其诗飘逸不群;其词豪放爽达;复精于书画。除诗文外,还著有《易传》、《论语说》和《书传》。

苏氏父子的"蜀学"在北宋儒学史上有着极为重要的地位,与二程

"洛学"、王安石"新学"并立。虽在思想的系统性和深刻性上,苏轼与张载、二程等人相比尚有距离,但仍能卓然独立,自成一家。

第一节　性与道

苏轼对于人性论的思考在中国思想史上虽未能产生像张载和二程那样的广泛影响,但其独到的理致,是值得我们认真体贴和深入考索的。

在总结历史上的人性论争时,苏轼指出:

> 昔三子之争,起于孟子。孟子曰:"人之性善。"是以荀子曰:"人之性恶。"而扬子又曰:"人之性,善恶混。"孟子既已据善,是故荀子不得不出于恶。人之性有善恶而已,二子既已据之,是以扬子亦不得不出于善恶混也。为论不求其精,而务以为异于人,则纷纷之说,未可以知其所止。①

孟子立性善之说以后,荀子、扬雄之流欲立新说,则不得不以异于孟子为务。故立论纷然,而不知归止。在苏轼看来,荀、扬求异之论,与孟子不善于立论有关:"子思之书,皆圣人之微言笃论,孟子得之而不善用之,……故夫二子之为异论者,皆孟子之过也。"②

与子思相比,孟子之不善为论昭然可见:

> 子思论圣人之道出于天下之所能行。而孟子论天下之人皆可以行圣人之道。此无以异者。而子思取必于圣人之道,孟子取必于天下之人。故夫后世之异议皆出于孟子。而子思之论,天下同是而莫或非焉。然后知子思之善为论也。③

---

① 《子思论》,《苏轼文集》,第95页。
②③ 《苏轼文集》,第95页。

子思用天下之人的所知所能来约束圣人之道的内容,圣人之道必寓于愚夫愚妇的生活之中;而孟子则是用圣人之道来约束天下之人,以为天下之人都可以行圣人之道,只是没有真正地实行而已。前者从现实性上立论,后者则着眼于可能性。尽管二者的思想实质是相同的,但立论的取向却截然不同。

在先秦诸子中,苏轼对孟子的推尊显而易见,据晁补之记述,苏轼"尝自谓学出于孟子"。① 在其《孟子论》中,苏轼指出:

> 自孔子没,诸子各以所闻著书,而皆不得其源流,故其言无有统要,若孟子,可谓深于《诗》而长于《春秋》者矣。其道始于至粗,而极于至精。充乎天地,放乎四海,而毫厘所有所必计。至宽而不可犯,至密而可乐者,此其中必有所守,而后世或未之见也。②

苏轼对孟子虽有所辨,而正如王水照、朱刚在《苏轼评传》中指出的那样:"其辨孟与尊孟实相统一。"③

而对于荀子,则驳辩甚严:

> 天下之人,如此其众也;仁人义士,如此其多也。荀卿独曰:"人性恶。桀、纣,性也。尧、舜,伪也。"由是观之,意其为人必也刚愎不逊,而自许太过。彼李斯者,又特甚者耳。……其父杀人报仇,其子必且行劫。荀卿明王道,述礼乐,而李斯以其学乱天下,其高谈异论有以激之也。孔、孟之论,未尝异也,而天下卒无

---

① 晁补之:《再见苏公书》,《济北晁先生鸡肋集》卷五十一,《四部丛刊》本。此处引文转引自王水照、朱刚:《苏轼评传》,南京大学出版社,2004 年,第 151 页。
② 《苏轼文集》,第 97 页。
③ 《苏轼评传》一方面正确地指出了苏轼之辨孟实为尊孟,另一方面,又在人性论的讨论中,以"对'性善'论的驳斥"为题,将苏轼对孟子性善论的辨析当作单纯的反驳。尤其不可理解的是,为了强化苏轼对人性论的"驳斥"姿态,甚至引用苏辙的《孟子解》以为佐证,并以这样的话来自圆其说:"我们研究苏轼这样一个思维敏捷,文字又极富跳跃性的思想家,得有苏辙的文字以备印证,真是一件很幸运的事,因为他的表述是那样平淡造理,解读上最无困难,不致误会其意。"(《苏轼评传》,第 195 页)然而,详细对比苏辙《孟子解》中的相关论述与苏轼《论语说》中的相关辨析,我们会发现二者在人性论上是有着本质区别的。

> 有及者。苟天下果无有及者,则尚安以求异为哉!①

苏轼对孟子之性善论辨析甚详,而于荀子之性恶论却未尝深论,这恐怕是因为在他看来,荀子的相关思想并没有深入阐发的必要。而倡性善以启荀子性恶之说,则是苏轼对孟子的主要批评之一。②

苏轼的人性论思想集中阐述于嘉祐六年应制科所上《中庸论》等二十五篇中,其中尤为重要的是《扬雄论》和《韩非论》。其时苏轼只有二十六岁。而在元丰四年(1081)苏轼四十六岁时,又完成《易传》和《论语说》,其中对人性问题有更深刻的见解。

讨论人性问题,首先要辨明性与才之不同:

> 夫性与才相近而不同,其别不啻若白黑之异也。圣人之所与小人共之,而皆不能逃焉,是真所谓性也。而其才固将有所不同。③

人性必须是所有人共有的本性,无论对圣人还是小人,都是普适性的。而才则是各有不同的。苏轼认为孔子中人以上、中人以下,以及上智下愚等说法,都是就才而言,并非言性。

孔子未曾论断人性之善恶,只说过"性相近也,习相远也"而已。自孟子道性善以后,才有种种不同的议论:

> 人生而莫不有饥寒之患,牝牡之欲,今告乎人曰:饥而食,渴而饮,男女之欲,不出于人之性也,可乎?是天下知其不可也。圣人无是,无由以为圣;而小人无是,无由以为恶。圣人以其喜怒哀惧爱恶欲七者御之,而之乎善;小人以是七者御之,而之乎恶。**由此观之,则夫善恶者,性之所能之,而非性之所能有也。**④

---

① 《荀卿论》,《苏轼文集》,第101页。
② 《邵氏闻见后录》载苏轼《论语说》云:"故荀卿之所谓性恶者,盖生于孟子。"中华书局,1983年,第91页。
③ 《扬雄论》,《苏轼文集》,第110页。
④ 《苏轼文集》,第111页。

在苏轼看来,人性不能有善恶,而只能趋向于善恶。① 食色之欲,以及喜怒哀惧之情,是圣人与小人共有的,因而符合苏轼对人性之普遍性的诉求。食色之欲,喜怒之情,本无所谓善恶,却能导致善恶的结果。这与告子的思想很接近。而所谓善恶,区别只在于善是"天下之所同安",而恶则是"一人之所独乐"。② 这里,苏轼将可否普遍化作为善与恶的标准。

作于同一时期的《韩非论》,有另一段值得深味的论述:

> 仁义之道,起于夫妇、父子、兄弟相爱之间;而礼法刑政之原,出于君臣上下相忌之际。相爱则有所不忍,相忌则有所不敢。夫不敢与不忍之心合,而后圣人之道得存乎其中。③

这一段论述让我们联想起霍布斯的人性论洞见。列奥·施特劳斯在《霍布斯的政治哲学》一书中指出,霍布斯的人性理论归结为"两条最为确凿无疑的人性公理",一条是所谓"自然欲望公理",而另一条则是所谓"自然理性公理"。前者强调的是人的欲望本身的无穷尽,后者则在"教导每一个人,逃避反自然的死亡",因暴力造成的死亡是世间最大的和首要的恶。根据霍布斯的学说,对凶暴横死的恐惧,在起源上先于理性,却发挥了理性的作用。全部正义以及随之而来的全部道德都根源于这一恐惧。在这里,霍布斯构造了一个对立,人的全部善的可能性都奠立在这一对立之上。这一对立的实质,是要为欲望的无节制提供一个制衡的支点。在霍布斯这里,善的可能性有其内在的人性论基础,并非悬空的创造。④ 霍布斯的人性理论的问题,也许在于对凶暴横死的恐惧无法为世间所有的善提供合理的解释,比如从容就义、

---

① 此处所论,已与苏辙《孟子解》不同。《孟子解》曰:"譬如水火,能下者水也,能上者亦水也,能熟物者火也,能焚物者亦火也。……夫是四者非水火也,水火之所有事也,奈何或以为是,或以为非哉!"苏辙仍然将善恶视为人性之"所有",这与苏轼"善恶者,非性之所能有"的论断是完全不同的。
② 《扬雄论》,《苏轼文集》,第111页。
③ 《韩非论》,《苏轼文集》,第102页。
④ 参见〔美〕列奥·施特劳斯:《霍布斯的政治哲学》,译林出版社,2001年。

慷慨赴死。苏轼这里将"相爱则有所不忍"、"相忌则有所不敢"作为人性的两条基本的公理，从而为善的可能性找到了人性论上的基础。这里，"相爱则有所不忍"其实是仁的根源，而"相忌则有所不敢"则是义的根源。尽管在思想的直接表达上，苏轼始终并不赞同性善论。但在此处的论述中，他却明确指出"相爱则有所不忍"、"相忌则有所不敢"这样两种内在于人性的驱迫性的冲动。这不仅为善的可能性奠定了人性论的基础，同时，也暗含了人性中善的倾向的优先性。在这个意义上，苏轼的人性思考是有其性善论色彩的。

如果我们将这一时期的这两种关于人性的重要论述结合起来，即一方面，食色之欲为圣人与小人共有，另一方面，"相爱则有所不忍"、"相忌则有所不敢"这一人性的内在倾向构成了对食色之欲的无节制的自然约制。比较前述霍布斯的人性论，苏轼此一时期的思考，非但毫不逊色，反而更要完善和周全得多。

元丰四年，苏轼在黄州任上继述其父苏洵之志，完成了《东坡易传》一书，又依己意作《论语说》。①《论语说》中有一段关于人性的讨论，较嘉祐六年应制科所上诸论又增新义：

> 子曰："性相近也，习相远也。"又曰："唯上智与下愚不移。"性可乱也，而不可灭。可灭，非性也。人之叛其性，至于桀、纣、盗跖至矣。然其恶必自其所喜怒，其所不喜怒，未尝为恶也。故木之性上，水之性下，木抑之可使轮囷。抑者穷，未尝不上也。水激之，可使瀵涌上达。激者衰，未尝不下也。此孟子之所见也。孟子有见于性，而离于善。《易》曰："一阴一阳之谓道，继之者善也，成之者性也。"成道者性，而善继之耳，非性也。性如阴阳，善如万物，万物无非阴阳者，而以万物为阴阳，则不可。……为善而善非性也，使性而可以谓之善，则孔子言之矣。②

---

① 苏轼《论语说》已经散佚，邵博《邵氏闻见后录》卷十一、十二有节录。
② 《邵氏闻见后录》，第91页。

在这一段论述中,苏轼仍然承续了前期性不能有善恶的观点,但与前期论述不同的是,他以《易》为基础,对自己的见解给出了深入的论证和解释。性之所以不能"有善恶",是因为性与善属于完全不同的概念层次。在《系辞》"一阴一阳之谓道"的注释中,苏轼对此有更为详尽的解说:"夫善,性之效也。孟子不及见性,而见夫性之效,因以所见者为性。性之于善,犹火之能熟物也。吾未尝见火,而指天下之熟物以为火,可乎?夫熟物,则火之效也。"①苏轼这一时期对孟子的批评,颇有些含混之处,《论语说》里指出孟子"有见于性,而离于善",而《东坡易传》又说孟子是"不及见性,而见夫性之效"。事实上,我们不必纠缠于此种细节上的不一致,而应该透过此类表达,看到苏轼真正反对的是将性与善等同起来。在苏轼看来,性与善有本质的关联,但并不因此而将性视为善。从"性可乱也,而不可灭"以及"人之叛其性"这样的表述看,苏轼显然将善视为人的本质倾向。② 因此,人为善就是诚其性,反之,即是叛其性。苏轼之所以要对孟子之性善论做出如此刻意深求的辨析,根本原因在于他认为正是孟子将性与善等同起来,从而间接地导致了荀子的性恶论。而这才是苏轼真正无法容忍的。在这种意义上,苏轼的人性论其实是对孟子性善论的补充和修正。

苏轼这一时期的人性论思想与他关于阴阳和道的思想紧密关联。《东坡易传》云:

> 阴阳果何物哉?虽有娄旷之聪明,未有得其仿佛者也。阴阳交,然后生物,物生然后有象,象立而阴阳隐矣。凡可见者,皆物也,非阴阳也。然谓阴阳为无有可乎?虽至愚知其不然也。物何自生哉?是故指生物而谓之阴阳,与不见阴阳之仿佛而谓之无有

---

① 《东坡易传》,上海古籍出版社,1989年,第125页上。
② 这与苏辙《孟子解》和司马光《善恶混辨》中的人性论思想之间的区别甚为明显。司马光说:"孟子以为仁义礼智皆出乎性者也,是岂可谓之不然乎?然不知暴慢贪惑亦出乎性也。"这与苏轼将善视为人的本质倾向,而以恶为"叛其性"的结果,是有着根本区别的。参见《全宋文》第28册,第513页。

> 者,皆惑也。圣人知道之难言也,故借阴阳以言之,曰:"一阴一阳之谓道。"一阴一阳者,阴阳未交而物未生之谓也。喻道之似,莫密于此。……若夫水之未生,阴阳之未交,廓然无一物,而不可谓之无有,此真道之似也。阴阳交而生物,道与物接而生善,物生而阴阳隐,善立而道不见矣。①

阴阳不同于任何具体的物,是不可见的,但并不能因此而认为阴阳不是真实的存在。在苏轼看来,具体事物尚未产生之时的阴阳,是与道最近似的存在。因此,圣人以"一阴一阳"喻道体。但阴阳还不是道,只是"道之似"。阴阳相交而产生万物,万物产生以后,阴阳就隐去了。"物生而阴阳隐"这样的说法,颇有些含糊其辞,它没有明确告诉我们,在万物产生以后,阴阳是否仍寓于万物之中。而后面"道与物接而生善"这样的表达,更易于让人产生这样的理解:有不与道接的物,道在物之外。朱子对此一论述的批评,不为无因。② 从整段注释的上下文看,此种依照字面的直接理解,似乎并不能把握苏轼的本意。从下文中"善者,道之继"这一表述看,"道与物接而生善"应当理解为"道为物所继而生善"。但即使如此理解,道与物之间的关系,还是有割裂过甚之嫌。这与苏轼一定要在孟子的性善论外另立新说的宗旨密切相关。因为若道始终寓于物之中,并作为物之所以为物的根据,则性也应该始终寓于善之中,而为善之所以成善的根据。如此,则割裂了性与善之间的关系,使性自性,善自善,如苏轼一直所主张的那种人性论也就失去了其充分的根据。

在注释《系辞》"生生之谓易"时,苏轼论述了道与易的关系:

---

① 《东坡易传》,第124页。
② 朱子曰:"一阴一阳,往来不息,举道之全体而言,莫著于此者矣。而以为借阴阳以喻道之似,则是道与阴阳各为一物,借此以况彼也。阴阳之端,动静之机而已,动极而静,静极而动,故阴中有阳,阳中有阴,未有独立而孤居者,此一阴一阳所以为道也。今曰:'一阴一阳者,阴阳未交,而物未生','廓然无一物,不可谓之无有者,道之似也',然则,道果何物乎? 此皆不知道之所以为道,而欲以虚无寂灭之学,揣摹而言之,故其说如此。"见《宋元学案》,第3291页。

> 相因而有谓之生生。夫苟不生,则无得无丧,无吉无凶。方是之时,易存乎其中而人莫见,故谓之道而不谓之易;有生有物,物转相生而吉凶得丧之变备矣。方是之时,道行乎其间而人不知,故谓之易而不谓之道。①

当万物未生之时,既无得丧吉凶,则易虽存于其中,而人无从见易,因此只能称为道而不能称为易;在万物既生之后,得丧吉凶既生,则人只见其易,而不知道运行于其中。苏轼在这里又明确指出,道贯穿和运行于万物之中,只是此时道已不能称为道,而只能称为易。

至于性与道的关系,苏轼也有明确阐述:

> 敢问性与道辨?曰:难言也。可言其似,道之似则声也,性之似则闻也。有声而后有闻邪?有闻而后有声邪?是二者,果一乎?果二乎?孔子曰:人能弘道,非道弘人。又曰:神而明之存乎其人。性者,其所以为人者也,非是无以成道矣。②

以声和闻来比喻道和性,是极富意趣的:一方面,声是某种客观的存在;另一方面,没有闻这一人的主观接受性的参与,声也不成其为声。道和性的关系也是如此。道必须经由人的主体性,才能得到成就和实现。性是人之所以为人的根本,同时也是道之成就和实现的根本。

苏轼的人性论思想,可以最终归结在他对《系辞》"成性存存,道义之门"这句话的注释中:

> 性所以成道而存存也。尧舜不能加,桀纣不能亡。此真存也。是则道义所从出也。③

性是成道的基础,也是人的真存,而这一真存则是道义的根源。这一时期,尽管苏轼更强调性与善之间的分别,但其人性论思想的性善论

---

① 《东坡易传》,第126页。
② 《东坡易传》,第125页。
③ 《东坡易传》,第127页。

色彩,非但没有因此而减弱,反而更为鲜明了。

第二节 论礼乐

礼乐是苏轼思想的核心要素之一,同时也是他藉以理解孔子的重要线索。在《学士院试春秋定天下之邪正论》中,苏轼论曰:

> 夫《春秋》者,礼之见于事业者也。孔子论三代之盛,必归于礼之大成,而其衰,必本于礼之渐废。君臣、父子、上下,莫不由礼而定其位。至以为有礼则生,无礼则死。故孔子自少至老,未尝一日不学礼而不治其他。以之出入周旋,乱臣强君莫能加焉。知天下莫之能用也,退而治其纪纲条目,以遗后世之君子。……凡《春秋》之所褒者,礼之所与也,其所贬者,礼之所否也。《记》曰:礼者,所以别嫌、明疑、定犹豫也。而《春秋》一取断焉。故凡天下之邪正,君子之所疑而不能决者,皆至于《春秋》而定。非定于《春秋》,定于礼也。①

礼是衡量一切人事的根本标准和尺度。天下大治,原因在于"礼之大成";而天下混乱,则是由于"礼之渐废"。孔子之所以作《春秋》,正是要以礼的标准来衡度天下的邪正。礼的作用在于"别嫌、明疑、定犹豫"。

礼固然根植于人的内在本质,同时也是圣人制作的结果。而圣人之所以要制作礼乐,根本原因在于"物不可以苟合"。因为只要行事作为以便利为目的,希图一时的苟且之功,即使侥幸成功,其功业也必然短暂而易散。因此,圣人之所为必"详于其始"。② 秦始皇"废诸侯、破

---

① 《苏轼文集》,第38页。
② 《物不可以苟合论》,《苏轼文集》,第41页。

井田",其背后的政治哲学逻辑正是"凡所以治天下者,一切出于便利"。① 古代圣王并非不知此种便利,而是因为有更深远的考虑才制作礼义,以之作为君臣、父子、夫妇、朋友之间关系的标尺:

> 坐而治政,奔走而执事,此足以为君臣矣。圣人惧其相易而至于相陵也,于是为之车服采章以别之,朝觐位著以严之。名非不相闻也,而见必以赞。心非不相信也,而出入必籍。此所以久而不相易也。杖屦以为安,饮食以为养,此足以为父子矣。圣人惧其相亵而至于相怨也,于是制为朝夕问省之礼,左右佩服之饰。族居之为欢,而异宫以为别。合食之为乐,而异膳以为尊。此所以久而不相亵也。②

至于夫妇、朋友之际,莫不如此。正因为圣王为治,不希图一时之便利,不以苟且之功为目标,才能使天下维持恒久的秩序。

从表面上看,礼在社会生活中发挥的作用是强制性的。但如果能反其本而思之,则此种强制性不仅有其必要性,而且在根源上其实是每个人都不可缺少的内在需求:

> 今夫五常之教,惟礼为若强人者。何则?人情莫不好逸豫而恶劳苦,今吾必也使之不敢箕踞,而磬折百拜以为礼;人情莫不乐富贵而羞贫贱,今吾必也使之不敢自尊,而揖让退抑以为礼;用器之为便,而祭器之为贵;亵衣之为便,而衮冕之为贵;哀欲其速已,而伸之三年;乐欲其不已,而不得终日;此礼之所以为强人而观之于其末者之过也。盍亦反其本而思之?今吾以为磬折不如立之安也,而将惟安之求,则立不如坐,坐不如箕踞,箕踞不如偃仆,偃仆而不已,则将裸袒而不顾,苟为裸袒而不顾,则吾无乃亦将病之!夫岂独吾病之,天下之匹夫匹妇,莫不病之,则是其势将必至

---

① 《秦始皇帝论》,《苏轼文集》,第 80 页。
② 《物不可以苟合论》,《苏轼文集》,第 42 页。

于磬折而百拜。由此言也,则是磬折而百拜者,生于不欲裸袒之间而已也。①

人固然以便利为安,但如果以便利为唯一的目标,最后得到的将是一个人人都不想看到的结果。而对这样的后果的厌弃,也就成为人们对"便"和"安"的追求的必要约制。这一约制的结果就是礼的出现。因此,仅仅将礼看做强制性的,其实是由"观之于其末"所导致的偏见。

礼之本旨,在于"明天下之分,严君臣、笃父子、形孝悌而显仁义"。②如果牵滞于繁文,拘泥于末节,必欲分毫不差地复原古礼,"论明堂者,惑于《考工》、《吕令》之说;议郊庙者,泥于郑氏、王肃之学",③其结果将是礼制的愈加废顿。复兴礼乐是北宋儒学复兴运动的一个重要的方面。对于当时"冠古之冠,服古之服,而御古之器皿"的复古主义者,苏轼提出了尖锐的批评。他认为,"三代之器,不可复用",而圣人"制礼之意",则是可以作为准则来效法的。④

第三节　论朋党与养士

在北宋政治话语中至为关键的朋党问题上,苏轼承继了欧阳修的论题。但与欧阳修相比,他对君子和小人之间关系的理解无疑更具弹性。在《大臣论》中,苏轼分析了君子在对待小人时常会出现的问题:

> 以义正君而无害于国,可谓大臣矣。天下不幸而无明君,使小人执其权,当此之时,天下之忠臣义士莫不欲奋臂而击之。夫

---

① 《中庸论》,《苏轼文集》,第62页。
② 《礼以养人为本论》,《苏轼文集》,第49页。
③ 《苏轼文集》,第49页。
④ 《礼论》,《苏轼文集》,第58页。

> 小人者,必先得于其君而自固于天下,是故法不可击。击之而不胜身死,其祸止于一身。击之而胜,君臣不相安,天下必亡。……世之君子,将有志于天下,欲扶其衰而救其危者,必先计其后而为可居之功,其济不济则命也,是故功成而天下安之。今夫小人,君不诛而吾诛之,则是侵君之权,而不可居之功也。夫既已侵君之权,而能北面就人臣之位,使君不吾疑者,天下未尝有也。国之有小人,犹人之有瘿。人之瘿,必生于颈而附于咽,是以不可去。有贱丈夫者,不胜其忿而决去之,夫是以去疾而得死。①

当君主为群小所惑时,忠臣义士奋而击之,其结果要么是因挫败而危及自身,要么因"侵君之权"而自处危疑之地,从而给整个国家带来更大的危害。因此,"凡天下之患,起于小人,而成于君子之速之。"②在这个意义上,真正大臣的作用不在于汲汲于去除小人,而在于"以义正君"。君主之心既正,则小人自然远遁。

除了"以义正君"外,君子对待小人,需根据小人的特点采取相应的策略:

> 今夫小人急之则合,宽之则散,是从古以然也。见利不能不争,见患不能不避,无信不能不相诈,无礼不能不相渎,是故其交易间,其党易破也。而君子不务宽之以待其变,而急之以合其交,亦已过矣。君子小人,杂居而未决,为君子之计者,莫若深交而无为。苟不能深交而无为,则小人倒持其柄。③

小人见利则争、见患则避,彼此间相诈相渎,情谊难以持久。如能以宽缓之策待之,久而久之,自然离散。因此,对于君子来说,最好的策略莫过于"深交而无为"。世上纯粹的君子和纯粹的小人,并没有那么多。很多人之所以沦为小人,其实是因为"才智之士,锐于功名而嗜于

---

① 《苏轼文集》,第125页。
②③ 《苏轼文集》,第127页。

进取"，为人利用的结果。因此，除极少数首恶外，对于绝大多数人都不宜轻易冠以小人之名而斥逐之，而应该做到"使才者不失富贵，不才者无所致憾"，①这样一来，不仅能尽众人之才智，而且减少了不必要的敌对和阻碍。

苏轼认为，天下要想长治久安，就必须养士：

> 国之有奸，犹鸟兽之有鸷猛，昆虫之有毒螫也。区处条理，使各安其处，则有之矣，锄而尽去之，则无是道也。吾考之世变，知六国之所以久存，而秦之所以速亡者，盖出于此。不可以不察也。夫智、勇、辩、力此四者，皆天民之秀杰也。类不能恶衣食以养于人，皆役人以自养者也。故先王分天下之富贵，与此四者共之。此四者不失职，是民靖矣。……六国之君，虐用其民，不减始皇、二世，然当是时，百姓无一人叛者，以凡民之秀杰者，多以客养之，不失职也。②

从"六国之所以久存"、"秦之所以速亡"的历史教训中，苏轼体会到养士的重要性。每个世代都会有"智、勇、力、辩"之人，这些人的才智和能力迥出于众人之上，因此，不可能安于困窘平庸的生活。如果统治者不给这些人以适当的安顿，他们就会起来作乱。因此，明智的帝王一定会"分天下之富贵，与此四者共之"。而一旦智、勇、辩、力之士得到了安顿，即使有一时的暴政，国家也不致陷于危亡。这些思考，虽然不免有权谋诈智之嫌，但其深刻处也还是不容忽视的。③

---

① 《朋党论》，《苏轼文集》，第129页。
② 《论养士》，《苏轼文集》，第140页。
③ 这些思考里，显然有苏洵的影响。王夫之对苏洵有近乎诋毁的批评："而远处蜀山闻风跃起之苏洵，且以权谋憯险之术，习淫逦之文章，售其尉缭、孙膑之诡遇。"参见《宋论》，中华书局，1964年，第83页。

第四节　论释老

在北宋儒者中,苏轼与释老二教的关系是比较密切的。这样一种融和的姿态,与北宋儒学发展的时代课题,是有些背道而驰的。这也决定了苏氏"蜀学"无法成为宋代儒学的真正主流。

苏轼早年对佛教是持批评态度的。其《中和胜相院记》云：

> 佛之道难成,言之使人悲酸愁苦。其始学之,皆入山林,践荆棘蛇虺,袒裸雪霜。……茹苦含辛,更百千万亿年而后成。……吾尝究其语矣,大抵务为不可知,设械以应敌,匿形以备败,窘则推堕滉漾中,不可捕捉,如是而已矣。吾游四方,见辄反覆折困之,度其所从遁,而逆闭其涂。往往面颈发赤,然业已为是道,势不得以恶声相反,则笑曰：'是外道魔人也。'吾之于僧,慢侮不信如此。①

中年以后,渐至笃信,且于佛理,所造甚深。仅举其《观世音菩萨颂》,即可见一斑："慈近乎仁,悲近乎义,忍近乎勇,忧近乎智。四者似之,而卒非是。有大圆觉,平等无二。无冤故仁,无亲故义,无人故勇,无我故智。彼四虽近,有作有止。此四本无,有取无匱。有二长者,皆乐檀施。其一大富,千金日费。其一甚贫,百钱而已。我说二人,等无有异。吁观世音,净圣大士。遍满空界,挈携天地。大解脱力,非我敢议。若其四无,我亦如此。"②对于这一转变,《宋元学案》认为是他在政治上受人排挤,于郁抑无聊之际,转而逃入于禅。③

---

① 《苏轼文集》,第 384 页。
② 《苏轼文集》,第 586 页。
③ 《宋元学案》,第 3287 页。

除沉溺于释氏之教，苏轼还笃信道教的长生之术。他在《续养生论》中，对于当时道徒中盛行的内丹术，有相当深入的解说：

> 真人教之以逆行，曰："龙当使从火出，虎当使从水生也。"其说若何？孔子曰："思无邪。"凡有思皆邪也，而无思则土木也。孰能使有思非邪，无思而非土木乎？盖必有无思之思焉。夫无思之思，端正庄栗，如临君师，未尝一念放逸。然卒无所思。如龟毛兔角，非作故无本性，无故是之谓戒。戒生定，定则出入息自住，出入息住则心火不复炎上。火在易为离。离，丽也。必有所丽，未尝独立，而水其妃也，既不炎上，则从其妃矣。水火合则壬癸之英，上流于脑，而益于玄膺，若鼻液而不碱，非肾出故也，此汞龙之自火出者也。长生之药，内丹之萌，无过此者矣。……汞龙之出于火，流于脑，溢于玄膺，必归于根心，火不炎上，必从其妃，是火常在根也。故壬癸之英，得火而日坚，达于四支，洽于肌肤而日壮，究其极，则金刚之体也。此铅虎之自水生者也。龙虎生则内丹成矣。故曰顺行则为人，逆行则为道，道则未也，亦可谓长生不死之术矣。①

苏轼晚年尤其注意各种丹方的收集，其《文集》中收有《大还丹诀》、《阳丹阴炼》、《阴丹阳炼》、《符陵丹砂》、《松气炼砂》、《龙虎铅汞说》等修丹炼丹之方。其中如《阳丹阴炼》云："冬至后，斋居常吸鼻液漱炼，令甘，乃咽入下丹田。以三十瓷器，皆有盖，溺其中，已，随手盖之，书识其上。自一至三十。置净室，选谨朴者掌之。满三十日开视，其上当结细砂，如浮蚁状，或黄或赤，密绢帕滤取。新汲水净淘澄，无度，以秽气尽为度，净瓷瓶合贮之。自至后，取细研枣肉，为丸如桐子大，空心酒吞下，不限数，三五日内服尽。夏至后，仍依前法采取，却候冬至后服。

---

① 《苏轼文集》，第1984页。

此名阳丹阴炼,须尽绝欲,若不绝,砂不结。"①以文章雄视百代的苏东坡,竟至沉迷到从尿溺之中求长生的地步,着实令人慨叹。

对于生死,苏轼亦有基于儒家立场的理解。《东坡易传》对"精气为物,游魂为变"的一段解释,颇值深味:

> 物,鬼也。变,神也。鬼常与体魄俱,故谓之物。神无适而不可,故谓之变。精气为魄,魄为鬼;志气为魂,魂为神,故《礼》曰:"体魄则降,知气在上。"郑子产曰:"其用物也宏矣,其取精也多矣。"古之达者已知此矣。一人而有二知,无是道也。然而有魄者,有魂者,何也?众人之志,不出于饮食男女之间,与凡养生之资,其资厚者其气强,其资约者其气微,故气胜志而为魄。圣贤则不然,以志一气,清明在躬,气志如神,虽禄之天下,穷至匹夫,无所损益也,故志胜气而为魂。众人之死为鬼,而圣人为神,非有二致也,志之所在者异也。②

将鬼与物、精气、魄、饮食男女之欲关联起来,从而构成了一组与神、变、魂、志气相对的范畴。同时又将《孟子》中志与气的讨论引入进来。当人听命于自己的感官欲望,即是气胜志,如《礼记·乐记》所说"人化物而灭天理",这样的人活着时只是体魄,死后则为鬼;而当人听命于自己的心志时,则是志胜气,生时为魂,死后为神。这里的志可以理解为能动的超越性,失去了这样的超越性,人就沦为完全被动的物的存在。而在苏轼看来,这样的超越性,是可以在死后继续延续下来的。

---

① 《苏轼文集》,第 2329 页。
② 《宋元学案》,第 3294 页。

第十章

吕大临的儒学思想

吕大临(1046—1092)[①],字与叔,号芸阁。京兆蓝田(今属陕西)人以恩荫入仕,不复事科举。自少师从张载。宋神宗熙宁十年(1077)张载去世后,赴洛阳向二程问学。与谢良佐、游酢、杨时并称"程门四先生"。《宋史·吕大防传》附吕大临小传,称他"通六经,尤邃于《礼》。每欲掇习三代遗文旧制,令可行,不为空言以指世骇俗"。[②] 朱熹对吕大临评价很高:"吕与叔惜乎寿不永!如天假之年,必所见又别。程子称其'深潜缜密',可见他资质好,又能涵养。某若只如吕年,亦不见得到此田地矣。"[③] 著有《礼记解》、《易章句》、《论语解》、《孟子解》等。[④] 吕

[①] 关于吕大临的生卒年,学术界尚有争议。此处取陈俊民《关于蓝田吕氏遗著的辑校及其〈易章句〉之思想》中的考证。参见吕大临等撰,陈俊民辑校:《蓝田吕氏遗著辑校》,中华书局,1993年,第6—7页。
[②] 《蓝田吕氏遗著辑校》,第610页。
[③] 《朱子语类》,中华书局,2004年,第2560页。
[④] 关于吕大临著述的传世情况,参见陈俊民《关于蓝田吕氏遗著的辑校及其〈易章句〉之思想》中的相关讨论。

大临之学兼有"关学"和"洛学"的影响,在许多问题上形成了自己独有的识见。① 本章主要讨论他的《礼记解》,并对《吕氏乡约乡仪》(吕大钧著)的主要内容做概要阐述。

第一节 《礼记解》

吕大临在经学上的贡献是相当可观的,其中尤以《礼记解》为著。晁公武《郡斋读书志》说:"与叔师事程正叔,礼学甚精博,《中庸》、《大学》尤所致意也。"②据陈俊民考证,此书的早期刻本均已散佚无存,但其主要内容被收入到宋代卫湜编纂的《礼记集说》中,从而幸运地存留下来。③

一、《曲礼》

"曲礼"与"经礼"相对。关于二者的区别,吕大临做了简明扼要的概括:

> 曲礼,礼之细也。《礼》云:"经礼三百,曲礼三千,其致一也。"《中庸》云:"礼仪三百,威仪三千,待其人而后行。"然则曲礼者,威仪之谓,皆礼之细也。布帛之有经,一成而不可变者也,故经礼象之。经礼三百,盖若祭祀、朝聘、燕飨、冠昏、乡射、丧纪之礼,其节文之不可变者,有三百也。布帛之有纬,其文曲折有变,而不可常者也,故曲礼象之。曲礼三千,盖大小尊卑,亲疏长幼,并行兼举,屈伸损益之不可常者,有三千也。今之所传《仪礼》者,经礼也。

---

① 如《论中书》与程颐往复辩难。但牟宗三所言"辩至最后,与叔不耐,不欲与辩之意已露于言外矣",未免过于偏颇。参见牟宗三:《心体与性体》,第369页。
② 转引自《蓝田吕氏遗著辑校》,第15页。
③ 《蓝田吕氏遗著辑校》,第15—17页。

> 其篇末称"记"者,记礼之变节,则曲礼也。汉兴,高堂生传《礼》十七篇,今《仪礼》是也。戴圣传《礼》四十九篇,今《礼记》是也。《礼记》所载,皆孔子门人所传授之书,杂收于遗编断简者,皆经礼之变节也。特以此篇名"曲礼"者,盖他篇稍各以类相从,此篇杂记诸礼曲折之文者也。①

吕大临首先对一般意义上的"曲礼"做了界定,在他看来,"曲礼"是指仪式化的生活空间中的那些细节上的礼仪规范。"曲礼"与"经礼"之间是"不可常"和"不可变"的区别。这里的"不可常",不是指这些细节上的规定可以任意变改,而是指不可执泥不知变通。这些细节性的礼仪规范因具体情境的不同而有相应的变化。比如《曲礼》说"贫者不以货财为礼,老者不以筋力为礼",吕大临对此解释说:"君子之于礼,不责人之所不能备,……不责人之所不能行。……礼者,敬而已矣。心苟在敬,财力之不足,非礼之訾也。潢汗行潦,可荐于鬼神,瓠叶兔首,不以微薄废礼,此不以货财者也。五十杖于家,至一坐再至,此不以筋力者也。"②因为如果对用来祭祀的物品的整洁和样式做一成不变的规定,那么,贫困之家就不可能致敬尽礼;如果给仪式的外在动作强加硬性的标准,那么身体衰弱的人就只能废礼而不行了。《礼记·曲礼篇》并没有囊括所有作为"礼之变节"的"曲礼",只是较为集中地汇集了"诸礼曲折之文"。在《仪礼》篇末的"记"及《礼记》各篇中,都有"曲礼"的内容。

从内容看,《曲礼》几乎涉及了生活的各个方面,举凡饮食、待客、事亲、敬长,都有一些非常明确的细节性规范。而吕大临的注释在阐明这些细节规定的同时,更关注对这些规范在人情事理上的根据的阐发。

《曲礼》于敬长极为重视,如说"谋于长者,必操几杖以从之。长者

---

① 《蓝田吕氏遗著辑校》,第187页。
② 《蓝田吕氏遗著辑校》,第206页。

问,不辞让而对,非礼也",吕大临解释说:

> 二者,皆敬长之义也。坐有几,所以凭之也;行有杖,所以策之也,皆优老之具也。"操几杖以从之",敬之至也。问者,皆以不能问能、以寡问多,则少当问长者也。今长者反问之,不辞让而对,则敬不足也。①

这里提到的两条对待长者的态度,都根源于内心的敬。中心的恭敬必表达在行为的细节中,而行为细节上的不逊,如"不辞让而对",实质上是因为恭敬之心的懈怠不足。

又"凡为长者粪之礼,必加帚于箕上,以袂拘而退。其尘不及长者,以箕自乡而扱之",吕大临解曰:

> 粪除布席,役之至亵者也,然古之童子未冠,为长者役,而其心安焉。盖古教养之道,必本诸孝弟,入则事亲,出则事长;事亲孝也,事长弟也;孝弟之心,虽生于恻隐恭敬之端,孝弟之行,常在于洒埽应对、执事趋走之际。盖人之有血气者,未有安于事人者也,今使知长者之可敬,甘为仆御之役而不辞,是所以存其良心,折其傲慢之气,然后可与进于德矣。加帚箕上,执之以从事也。以袂拘而退,其尘不及长者,虽粪除之际,不敢忘敬也。②

这里谈论的是打扫尘垢之礼。在这样的生活琐事里,也要在细节上注意对长者的恭敬:不能把尘埃扬在长者的身上。除了讲明这一细节性礼仪规定的具体内涵外,吕大临还特别申论了让未成年人为长者从事"至亵"之役的教化意义。孝弟固然源于人本有的恭敬之心,但离开了洒埽应对之类行为细节,这样的恭敬之心既无从表现,也无法得到真正的实现。有血气心性的人,没有人会自动地安于服侍他人这样的"至亵"之役;而之所以会自觉地事奉长者,是因为知道长者的可敬。

---

① 《蓝田吕氏遗著辑校》,第195页。
② 《蓝田吕氏遗著辑校》,第201—202页。

在这种"仆御之役"中,可以约束人的傲慢之气,从而真正地让自己内在的恭敬之心得到充养。

饮食是公共生活中不可或缺的部分,有一些基本礼仪规范也是人人需要谨守的。《曲礼》说:"共食不饱,共饭不泽手。毋抟饭,毋放饭,毋流歠,毋咤食,毋啮骨,毋反鱼肉,毋投与狗骨,毋固获,毋扬饭,饭黍毋以箸,毋嚺羹,毋絮羹,毋刺齿,毋歠醢。客絮羹,主人辞不能亨;客歠醢,主人辞以窭。濡肉齿决,干肉无齿决,毋嘬炙。"吕大临释曰:

> 共食者,所食非一品也。共饭者,止饭而已。凡与人共者,必先人而后己,厚人而薄己,则不争矣。共食而求饱,非让道也。古之饭者以手,与人共饭,摩手而有泽,人将恶之而难言也。食言放,羹言流,皆贪肆饮食而无容也。……"毋扬饭",恶欲速也。毋饭黍以箸,恶用非所宜也。"毋刺齿",取齿间之余也。"毋絮羹",絮,读如"漂絮"之"絮"。玩之而不食,必调饪失其节,故"主人辞不能亨"也。[①]

这里,《曲礼》关于共食的种种忌讳从以下几个方面得到了解释:其一,不能失辞让之心;其二,不能因贪肆饮食而失掉仪容;其三,必须珍惜主人提供的饮食,不能对主人失礼;其四,不能浪费食物,暴殄天物。

在居住空间的营造和生活器具的安置上,《曲礼》强调:"君子将营宫室,宗庙为先,厩库为次,居室为后。凡家造,祭器为先,牺赋为次,养器为后。无田禄者,不设祭器;有田禄者,先为祭服。君子虽贫,不粥祭器;虽寒,不衣祭服;为宫室,不斩于丘木。"吕大临对此做了详尽解释:

> 君子之行,莫先于敬鬼神,诚不欺于鬼神,则于天下也何有?故言礼者,必以祭祀为先;营宫室者,必以宗庙为先;造器者,必以

---

① 《蓝田吕氏遗著辑校》,第210页。

祭器为先；有田禄者，先为祭服，示有尊也。言营宫室者，虽大夫有宗庙皆然，非独诸侯也；言家造者，虽士有田禄者皆然，非独大夫也。宗庙祭器，事吾先也；厩库牺赋，待吾众也；居室养器，奉吾私也，此先后之序也。……有田禄，则牲杀、器皿、衣服，皆不可不备。祭器所以事其先，鬻之则无以祭，无以祭，则不仁也；祭服所以接鬼神，衣之则亵，亵之，不敬也；丘木所以庇其宅兆，为宫室而斩之，是慢其先而济吾私也，是亦不敬也。①

以舒适为追求的生活目标，在真正体现儒家精神的生活世界里，是从属于庄重敬畏的。宗庙、祭器被放在首位。即使再贫困，也不应该卖掉用来祭祀祖先的祭器，否则即为不仁；再寒冷，也不应该以祭服来御寒，否则即为不敬。

在《曲礼》中，连仁者之忧也体现在具体的生活细节中："岁凶，年谷不登，君膳不祭肺，马不食谷，驰道不除，祭事不县，大夫不食粱，士饮酒不乐。"对此，吕大临解释道：

> 仁者，以天下为一身者也，疾痛疴痒，所以感吾惨怛怵惕之心，非有知力与乎其间也。以天下为一身者，一民一物，莫非吾体，故举天下所以同吾爱也；故岁凶，年谷不登，民有饥色，国君大夫士均与其忧。君非不能玉食，大夫士非无田禄，仁人之心，与民同之，虽食不能饱也。马不食谷，则刍秣而已，……夺人食而食马与牲，仁人所不为也。凡此，皆与民同忧，自贬之道也。及乎有九年之蓄，虽凶旱水溢，民无菜色，然后天子食日举以乐，则与之同其忧者，无不同其乐也。②

在这一段解释中，我们可以清楚地看到张载《西铭》的影响。仁者之怀，无一物不在其关爱之中。因此百姓的疾痛疴痒，自然会深深触动

---

① 《蓝田吕氏遗著辑校》，第231页。
② 《蓝田吕氏遗著辑校》，第233页。

其惨怛恻隐之心。而正因为仁人君子有此不忍人之心,故当饥年凶岁,必与万民同其忧患始能心安。

二、《中庸》

吕大临对《中庸》的诠释,在北宋儒学史上有着相当大的影响。而围绕《中庸》的解释引出的与程颐的中和讨论,更是北宋思想史上一则有名公案。① 吕大临对《中庸》的理解,似乎受张载影响更大,而与程颐的思理系统不甚相契。在注释"天命之谓性,率性之谓道,修道之谓教"一句时,吕大临说:

> "天命之谓性",即所谓中;"修道之谓教",即所谓庸。中者,道之所自出;庸者,由道而后立。②

在他看来,中是道的根源。③"所谓中者,性与天道也",④这就是说,中是属于性与天道这一层面的,是本体;而"道之为言,犹道路也,凡可行而无不达,皆可谓之'道'也",⑤道则是实然层面的具体发用。这样一种对道的理解,与张载的本体论中道不是最高的形上者,是很接近的。

在吕大临看来,中就是此心未着于私意的本然状态:

> "回也其庶乎,屡空",唯空然后可以见乎中,空非中也,必有事焉。喜怒哀乐之未发,无私意小知挠乎其间,乃所谓空,由空然后见乎中,实则不见也。⑥

---

① 参见《论中书》,《蓝田吕氏遗著辑校》,第 495—500 页。
② 《蓝田吕氏遗著辑校》,第 271 页。
③ "中者,道之所自出"一语,受到了程颐的批评。在程颐看来,说道出于中,就等于是说道在中之外另为一物了。参见《论中书》。
④ 《蓝田吕氏遗著辑校》,第 273 页。对于吕大临将中与性等同起来,程颐也有批评。在他看来,中是"所以状性之体段",性之中,仿佛天之圆和地之方。我们不能以方圆为天地,同样也不能以中为性。
⑤ 《蓝田吕氏遗著辑校》,第 272 页。
⑥ 《蓝田吕氏遗著辑校》,第 273—274 页。

这一"无私意小知"的本心,就是《孟子》所说的"赤子之心"。这里的"空"不是如释氏的禅定那样要断离一切意念,而只是要抛却各种从躯壳上兴起的私念。一旦私心净尽,人自然无所偏倚、无所执滞,从而使心体保持在持中平正的状态。吕大临认为这样一种持中平正的本然心体,就是《中庸》所讲的"中"。对此,程颐指出:"赤子之心,发而未远于中,若便谓之中,是不识大本也。"①在程颐看来,只要落在心的层面,即使是尚未着一点意念的心之本体,也已经属于"已发"。既属"已发",则不能再讲中,而只能言和了。吕大临以心的本然状态为未发之中,以本心的发用为已发之和,这样的解释中,已有了较为明确的心学取向。

对于"庸",前面引述过的"庸者,由道而后立"的说法,不易索解。仅从字面文义看,吕大临似乎认为"庸"是由道而生的结果。而这与对"君子之道费而隐"一章注释中的论"庸"之语,并不一致:

> 此已上论中,此已下论庸。此章言常道之终始。费,用之广也。隐,微密也。圣人有所不知不能,所谓隐也。费则常道,隐则至道。唯能尽常道,乃所以为至道。②

这里,费和隐分别对应着"常道"和"至道"。常道"易知易能",至道"难知难能"。③ 但常道与至道之间,不是截然分开的。"能尽常道",即能充分地实现常道,也就达到了至道。而所谓庸,也就是常道的贯彻始终。由此看来,"庸者,由道而后立",就是说若能始终由道而行,庸也就自然立于其中了。

而实现中庸的根本则在于诚:"唯诚所以能中庸。"④关于诚,吕大

---

① 《蓝田吕氏遗著辑校》,第497页。
② 《中庸解》,《蓝田吕氏遗著辑校》,第483页。《礼记解》中的《中庸解》比误收入《二程集》中的《中庸解》详细得多,但文本错误似乎也较多。比如这一段中的"唯能尽常道"的"尽"字,在《礼记解》传本中就误作"进"字。
③ 《蓝田吕氏遗著辑校》,第280页。
④ 《蓝田吕氏遗著辑校》,第284页。

临有这样的论述：

> 诚者，理之实然，致一而不易者也。天下万古，人心物理，皆所同然，有一无二，虽前圣后圣，若合符节，是乃所谓诚，诚即天道也。①

所谓诚，就是物理人心之实的通贯如一。人之本心与物之实理，通一无二，能够让这无二之理贯彻始终就是诚。由此，也就分别出了"诚"与"诚之"两种境界："圣人诚一于天，天即圣人，圣人即天。由仁义行，何思勉之有？故从容中道而不迫。诚之者，以人求天者也，思诚而复之，故明有未究，于善必择，诚有未至，所执必固。"②圣人是不劳思勉、从容中道的"诚一于天"；而普通人则不免与实理为二，因此只能以择善固执的方式渐复于一。

只有"至诚"之人，才能充分实现实理之极，从而参赞天地之化育。其他人则只能"致曲"。对于"其次致曲，曲能有诚"，吕大临注释道：

> 致曲者，人之禀受存焉，未能与天地相似者也。人具有天地之德，自当致乎中和，然禀受之殊，虽圣贤不能免乎偏曲，清者偏于清，和者偏于和，皆以所偏为之道。不自知其偏，如致力于所偏，用心不二，亦能即所偏而成德。故致力于所偏，则致曲者也；用心不二，则曲能有诚者也。③

由于人的气禀不同，所以不能将自己本有的天地之德、中和之性充分实现出来，从而陷于个殊的偏曲表现中。这样的偏曲，即使圣贤也往往不能避免。但如能将自己禀性中突出的一面，如伯夷之清、柳下惠之和做到极致，"用心不二"，也能从自己的所偏成就道德。当然，仅仅用心于自己的偏曲之性是不够的，通过"用心不二"达至的一曲之

---

① 《蓝田吕氏遗著辑校》，第285页。
② 《蓝田吕氏遗著辑校》，第295页。
③ 《蓝田吕氏遗著辑校》，第299页。

诚,更重要的方面是能够让人"舍其曲而趋其至",即渐渐超越自己的偏曲,达到"复之初"、"一于理"的高度,从而与至诚者同一。

诚不仅贯通于人的成德过程中,也是万物化成的枢纽。对于"诚者物之终始,不诚无物",吕大临注曰:

> 实有是理,乃有是物。有所从来,有以致之,物之始也;有所从亡,有以丧之,物之终也。皆无是理,虽有物象接于耳目,耳目犹不可信,谓之非物可也。①

这里,吕大临的论述体现出了程颐思想的影响。在某种意义上,"实有是理,乃有是物"这个命题已经有了理在事先的意味。物的创生,必有其理由;它的消失,也有其原因。因此,物之成始成终,都有道理贯穿其中。在同一段注释中,吕大临对此有更详尽的解释:"夫诚者,实而已矣。实有是理,故实有是物;实有是物,故实有是用;实有是用,故实有是心;实有是心,则实有是事。是皆原始要终而言也。箕不可簸扬,则箕非箕矣。斗不可以挹酒浆,则斗非斗矣。种禾于此,则禾之实可收也。种麦于此,则麦之实可收也。如未尝种而望其收,虽莨稗且不可得,况禾麦乎?所谓'诚者物之终始,不诚无物'也。"②无论人造的器物的成就和功用,还是禾麦等自然作物的收获,都必以实理为前提。这里的实理,与人所生活的意义世界密切关联。在某种意义上,人的生活世界中的一切物,都源于人的意义赋予。这也是儒家强调人的参赞化育之功的根据所在。

三、《大学》

吕大临对《大学》的解释,与其《中庸解》相比要简略得多。但其中也有一些别具一格的精到解释。比如论"致知在格物":

---

① 《蓝田吕氏遗著辑校》,第300页。
② 《蓝田吕氏遗著辑校》,第301页。

> "致知在格物",格之为言至也,致知,穷理也。穷理者,同至于一而已,所谓"格物"也。合内外之道,则天人物我为一;通昼夜之道,则生死幽明为一;达哀乐好恶之情,则人与鸟兽鱼鳖为一;求屈伸消长之变,则天地山川草木人物为一。……故知天下通一气,万物通一理。此一也,出于天道之自然,人谋不与焉。故《大学》之序,必先致知,致知之本,必知万物同出于一理,然后为至。一物之不至,则不能无疑,疑存乎胸中,欲至于诚,不啻犹天壤之异,千万里之远,欲卒归于道而无惑,难矣!知万物同出于一理,知之至也,故曰"物格而后知至"。①

这里,以"至"释"格",在道学史上,是一个极大的贡献,对朱熹的《大学章句》产生了重要影响。朱子在解释"格物"时说:"格,至也。物,犹事也。穷至事物之理,欲其极处无不到也。"②当然,朱子的格物观念要完善周全得多:"朱熹所理解的'格物'有三个要点:第一是'即物',就是接触事物;第二是'穷理',即研究物理;第三是'至极',朱熹用以训格的'至'即指'极至'。"③而吕大临将"格"训为"至",则主要是取至极之义,而这里的至极也就是将万物之理推而归至于一理。格物穷理,就是"同至于一而已"。而一旦真切地了解了"万物同出于一理",也就达到了"知至"。

又如,以《中庸》"喜怒哀乐之未发谓之中"解释"修身在正其心":

> 大人者,不失其赤子之心。赤子之心,良心也。天之所以降衷,民之所以受天地之中也,寂然不动,虚明纯一,与天地相似,与神明为一。传曰"喜怒哀乐之未发谓之中",其谓此欤!此心自正,不待人正而后正,而贤者能勿丧,不为物欲之所迁动。如衡之平,不加以物;如鉴之明,不蔽以垢,乃所谓正也。唯先立乎大者,

---

① 《蓝田吕氏遗著辑校》,第373页。
② 《四书章句集注》,第4页。
③ 参见陈来:《宋明理学》,第180页。

则小者不能夺。如使忿懥恐惧、好恶忧患一夺其良心，则视听食息从而失守，欲区区修身以正其外，难矣！①

在吕大临看来，只有"虚明纯一"的赤子之心才是心的本然之正。而这一赤子之心也就是未发之中。持守住这一未发的本心，而不为物欲所迁，不为忿懥恐惧、好恶忧患所夺，就是正心。而这样的正心工夫，则是修身之本。

第二节 《吕氏乡约乡仪》

《吕氏乡约乡仪》是由吕大钧订立的。② 从今天留存下来的《乡约》末尾所附相关书信看，《吕氏乡约》在最初受到了相当多质疑。这些质疑主张集中在以下几个方面：其一，它没有朝廷政令的根据，完全出自吕大钧以儒者之道自任的志愿；其二，这种起自民间社会的自治组织，似有结党的嫌疑；其三，有"强人所不能"的倾向。尽管在创立之初，《吕氏乡约》受到了种种非议，但却得到了朱子的推重。《吕氏乡约》对南宋以降的中国民间社会的组织理念，产生了极为深刻的影响。

从根本指向上看，《乡约》是以敦厚风俗为目的的。吕氏兄弟素以《礼》学称著，《宋史·吕大防传》云："关中言《礼》学者推吕氏。"③而《乡约》的创立，其归旨正在于以其《礼》学的精神化民成俗。事实上，对风俗的强调是把握和理解儒家政治哲学的关键。在儒家的政治哲学思考中，风俗作为基础性的文化土壤，对于个人德性的养成和国家政治

---

① 《蓝田吕氏遗著辑校》，第377页。
② 吕大钧，字和叔。嘉祐二年进士。初受学于张载。张载去世后，又与其弟吕大临一道师事二程。程颐称他"任道担当，其风力甚劲"。关于《乡约》的作者，朱子说："此篇旧传吕公进伯所作，今乃载于其弟和叔文集，又有问答诸书如此，知其为和叔所定不疑。篇末著进伯名，意以其族党之长而推之，使主斯约故尔。"《蓝田吕氏遗著辑校》，第570页。
③ 《蓝田吕氏遗著辑校》，第607页。

的完善都有至关重要的影响。然而,在传统的儒家思想中,风俗从根本上源于统治者个人道德的典范作用、源于自上而下的提倡。而《吕氏乡约》则为风俗找到了其在民间社会本身的自主性基础。

在思想的根源上,《乡约》可以视为张载"民胞物与"、程颢"仁者浑然与万物同体"的具体化。其主体由"德业相劝"、"过失相规"、"礼俗相交"、"患难相恤"四个部分构成,每一大的纲目之下,皆有详细的内容规定。如"过失相规"一条之下,列出了"犯义之过"、"犯约之过"和"不修之过"三大类。"患难相恤"一条之下,明确列举出七种同约者应该救济的状况:"一曰水火,二曰盗贼,三曰疾病,四曰死丧,五曰孤弱,六曰诬枉,七曰贫乏。"①对于同约者来说,"过失相规"、"患难相恤"等不再属于一般道义上的倡导,而变成了必须履行的义务:

> 凡同约者,财物、器用、车马、人仆,皆有无相假。若不急之用,及有所妨者,亦不必借。可借而不借,及逾期不还,及损坏借物者,皆有罚。②

乡约重建起乡里之间人与人关系的基本纽带,从而使儒家的仁爱原则真正落到了实处。当然,其中仍有远近亲疏之别:"凡遇庆吊,……所助之事,所遗之物,亦临时聚议,各量其力,裁定名物及多少之数。若契分浅深不同,则各从其情之厚薄。"③

除《乡约》外,吕大钧还编写了《乡仪》。《乡仪》更充分地体现出了吕氏兄弟的《礼》学旨趣。在《乡仪》中,乡里生活的所有方面都有具体明确的规范。如长少关系:"长者,谓长于己十岁以上者;敌者,谓与己上下不满十岁;少者,谓少于己十岁以上者。"④有了这样明确的长少关系的界定,在交往中彼此间的态度和方式就可以依儒家敬长的原则明确下来。比如"请召","请召长者饮食,必亲往面致其意,……召敌

---

① ② 《蓝田吕氏遗著辑校》,第 566 页。
③ 《蓝田吕氏遗著辑校》,第 565 页。
④ 《蓝田吕氏遗著辑校》,第 572 页。

者以书简,……召少者以客曰,或传言。"①这样详尽明确的规定,不仅会使乡里生活井然有序,而且也使每个人都能找到符合其身份的行为方式和表达方式。在这个意义上,《乡仪》让我们更清楚地体会到了礼为生活赋形的力量和作用。

① 《蓝田吕氏遗著辑校》,第575页。

第十一章

谢良佐的儒学思想

谢良佐(1050—1103),字显道,寿春上蔡(今属河南)人,后人称其为上蔡先生。程颢知扶沟时,谢良佐往从问学。元丰八年(1085)登进士第,做过几任州县官吏。徽宗曾有意任用他,召对,忤旨。去监西京竹木场。后因言论获罪,逮入诏狱,废为平民。著有《论语解》,另有《上蔡语录》三卷传世。

在二程的弟子中,谢良佐和杨时是最有影响的。黄宗羲和全祖望均以之为"洛学"之魁。① 谢良佐对二程的思想有着极深的契入,并在很多重要问题上发展出了自己独特的论说。

---

① 见《宋元学案》,第916—917页。

第一节 儒佛异同

谢良佐对佛教的理解,深受程颢的影响。对于儒释之间的分别,他指出:"释与吾儒有非同非不同处。盖理之精微处,才有私意便支离了。"①这一论述,其实是对程颢思想的发挥。在另一则语录里,谢良佐曾引用程颢的话,阐说儒佛异同:"明道有言:'以吾儒观释氏,终于无异,然而不同。'"②而认为佛教的根本出发点在于一己私意,则更是程颢批评释氏的重心所在。

然而,在儒佛之间细致的分疏上,谢良佐还是有其独到见识的:

> 余问:"佛说直下便是,动念即乖,如何?"谢子曰:"此是乍见孺子已前底事。乍见孺子底,吾儒唤做心,他便唤做前尘妄想,当了。是见得大高。吾儒要就上面体认做工夫,他却一切扫除,却那里得地位进步?佛家说大乘顿教,一闻便悟。将乍见孺子底心一切扫除,须是他颜雍已上底资质始得。颜子欲要请事斯语。今资质万倍不如他,却便要一切扫除,怎生得?且如乍见孺子底心,生出来便有,是自然底天理,怎生扫除得去?佛大概自是为私心。学佛者欲脱离生死,岂不是私?只如要度一切众生,亦是为自己发此心愿。且看那一个不拈香礼佛?儒者直是放得下,无许多事。"③

这里,谢良佐将佛教所追求的无念,比拟为"乍见孺子已前底事",也就是作为四端之心的深层根据的性和天理。《上蔡语录》中还有另一则语录,可与此条材料相互发明:"释氏所谓性,乃吾儒所谓天;释氏以性

---

① 《上蔡语录》卷二,影印文渊阁《四库全书》本。
②③ 《上蔡语录》卷一。

为日,以念为云,去念见性犹披云见日。释氏之所去,正吾儒之当事者。"①在他看来,佛教对于形而上的天道,还是不无所见的。儒佛之所以殊途,其关键在于对心的理解。儒家认为四端之心是形上的天理(或本性)的具体显现,而释氏则认为心念并非源出于本性,而生自前尘妄想,要想见性,必须去念。②而佛教要去除的,正是儒家用工夫的所在。在他看来,佛教的问题出在两个方面:其一是"见得太高"。在儒家的传统里,即使像颜回那样高的资质,也要从"克己复礼"的具体工夫上做起。而佛教则不论资质如何,概要"一切扫除";其二是"私心"。正因为有私心,才要脱生死;也正因为有私心,才要将"乍见孺子底心"也一并扫除。然而恻隐之心是天理自然,无论如何也去除不了的。在谢良佐看来,即使是"度一切众生"这样的大悲心,也是为自己而发。

除见理之不同外,儒佛在具体的修为侧重上也有区别:

> 吾儒以名利关为难透,释氏以声色关为难透。③

而之所以有此区别,主要是因为二家对声色的理解有异。在儒家看来,"血气之属有阴阳牝牡之性",是自然的道理。因此,不强调断绝声色,④而只是以礼义引导、约束而已。而释氏则要彻底断绝,所以以透达声色一关为难。儒家以淑世为己任,精进于道德之域,易生矜伐好名的弊病,因此强调透名利关。

---

① ③ 《上蔡语录》卷一。
② 在这个问题上,谢良佐也有难以贯通的表述。如说:"佛之论性,如儒之论心。佛之论心,如儒之论意。"(《上蔡语录》卷二)这里,佛教关于性的讨论,又与儒学中有关心这个层次的讨论等同起来。其中恐有记录传写上的问题。
④ 关于色欲的问题,《上蔡语录》卷一中有这样一段议论:"'色欲想已去多时。'曰:'伊川则不绝。某则断此二十来年矣。所以断者,当初有为之心多。欲有为则当强盛方胜任得,故断之。又用导引吐纳之术,非为长生,如道家也,亦以助养吾浩然之气耳。气强则胜事。然色、欲自别,当作两般理会。登徒子不好色而有淫行。色出于心,去不得。淫出于气。'"

第二节　鬼　神

在生死和鬼神的问题上,谢良佐延续了二程和张载的理性主义态度:

> 余问死生之说。谢子曰:"人死时气尽也。"曰:"有鬼神否?"谢子曰:"余当时亦曾问明道先生。明道曰:'待向你道无来,你怎生信得及?待向你道有来,你但去寻讨看。'"谢氏曰:"此便是答底语。"又曰:"横渠说得来别。这个便是天地间妙用。须是将来做个题目,入思议始得。讲说不济事。"曰:"沉魂滞魄影响底事,如何?"曰:"须是自家看得破始得。张亢郡君化去,尝来附语。亢所知事,皆能言之。亢一日方与道士围棋,又自外来。亢欲接之。道士封一棋子,令将去问之。张不知数,便道不得。乃曰:'许多时共你做夫妇,今日却信一道士胡说,我今后更不来。'又如紫姑神,不识字底把着写不得,不信底把着写不得。推此可以见矣。"曰:"先生祭享鬼神则甚?""只是他意思别。三日斋五日戒,求诸阴阳四方上下,盖是要集自家精神。所以格有庙,必于《萃》与《涣》言之。如武王伐商,所过名山大川致祷,山川何知?武王祷之者以此。虽然如是,以为有亦不可,以为无亦不可。这里有妙理,于若有若无之间,须断置得去始得。"曰:"如此却是鹘突也。"谢子曰:"不是鹘突,自家要有便有,自家要无便无始得。鬼神在虚空中辟塞满,触目皆是。为他是天地间妙用。祖考精神便是自家精神。"①

---

① 《上蔡语录》卷一。

鬼神是天地间妙用。而从古至今，人的精神传续不绝。如果不是从个体的私我上起念，则此精神亘古如一。因此说"祖考精神是自家精神"。而之所以祭享鬼神，其实质目标是要凝聚自己的精神，使之专静精一。流俗传说中种种有关"沉魂滞魄"的事，其实是与自己的精神作用有关的。

对于鬼与神的细致分别，谢良佐更做了深入的哲学思考：

> 动而不已，其神乎？滞而有迹，其鬼乎？往来不息，神也；摧仆归根，鬼也。致生之故，其鬼神；致死之故，其鬼不神。何也？人以为神则神，以为不神则不神矣。知死而致生之不智，知生而致死之不仁。圣人所以神明之也。①

神是天地间乾健不息的能动作用，而鬼则是此能动作用留下的滞碍凝浊的印迹。这里，谢良佐似乎受到了张载有关神化的思想的影响。由于天地间不断有新的生命创生，从中可以看到鬼神的妙用；又由于天地间不断有生命消逝，似乎这妙用又不存在。在谢良佐看来，关键在于人如何去体贴和把握。知道物之将死，而强求"致生"，是为不智；知道生命尚存，而忍欲"致死"，便是不仁。

谢良佐对命的理解，颇具神秘主义的色彩：

> 知命虽浅近，也要信得及，将来做田地，就上而下工夫。余初及第时，岁前梦入内庭，不见神宗而太子涕泣。及释褐时，神宗晏驾，哲庙嗣位。如此事，直不把来草草看却。万事真实有命，人力计较不得。吾平生未尝干人，在书局亦不谒执政。或劝之。吾对曰：他安能陶铸？我自有命。若信不及，风吹草动便生恐惧忧喜，枉做却闲工夫，枉用却闲心力。信得命及，便养得气不折挫。②

但这种神秘主义色彩实源自其个人的生命体验，且有其道德实践上的

---

① ② 《上蔡语录》卷一。

价值。在谢良佐看来,一个人若能真正相信"万事真实有命,人力计较不得",自然不会患得患失,去枉费劳攘奔竞的工夫。对于培养中立不倚的正大之气,是有利的。

第三节　天　理

谢良佐继承了二程的天理观念。在他看来,格物致知就是穷理,亦就是通过体认来识辨天理的过程:

> 所谓有知识,须是穷物理。只如黄金,天下至宝,先须辨认得他体性始得。不然被人将鍮石来唤作黄金,辨认不过,便生疑惑,便执不定。故经曰"物格然后知至,知至然后意诚"。所谓格物穷理,须是识得天理始得。所谓天理者,自然底道理。无毫发杜撰。今人乍见孺子将入于井,皆有怵惕恻隐之心。方乍见时,其心怵惕,所谓天理也。要誉于乡党朋友,内交于孺子父母兄弟,恶其声而然,即人欲耳。天理与人欲相对,有一分人欲,即灭却一分天理;存一分天理,即胜得一分人欲。人欲才肆,天理灭矣。任私用意,杜撰做事,所谓人欲肆矣。①

但是,"谢良佐所理解的'穷理',主要还不是像辨别黄金一类研究事物性质及其规律的活动,他说的'理'主要也不是指黄金的属性等'物理'。……穷理的目的是认识天理。"②在这里,谢良佐将天理与孟子的四端等同起来。

在他看来,天理实际上就是人的真我:

---

① 《上蔡语录》卷一。
② 见陈来:《宋明理学》,第130页。

> 学者且须是穷理。物物皆有理,穷理则能知天之所为。知天之所为则与天为一。与天为一无往而非理也。穷理则是寻个是处。有我不能穷理,人谁识真我?何者为我?理便是我。穷理之至,自然不勉而中,不思而得,从容中道。曰:"理必物物而穷之乎?"曰:"必穷其大者,理一而已。一处理穷,触处皆通。恕其穷理之本欤?"①

穷理的过程就是一个克去私我,从而回复到本然真我的过程。只要还有私意存在,人就无法真正做到穷理。而如能克尽私意,则我与天、理为一:"天,理也。人亦理也。循理则与天为一。与天为一,我非我也,理也;理非理也,天也。"②这里,谢良佐的天理观与后来陆王心学的本心即理的观念,似乎更为契合。至于穷理的具体方法,谢良佐并不认为需要"物物而穷",而应该"穷其大者"。因为根本的理是一致的,所以"一处理穷,触处皆通"。而穷理的根本方法则是"恕"。③

第四节 论 仁

谢良佐"以觉言仁"的思想在道学的发展中产生了很大的影响。而这无疑是对程颢"医家以手足痿痹为不仁"的阐说的继承和深化。④对于仁,谢良佐有这样一段精到的论说:

> 心者何也?仁是已。仁者何也?活者为仁,死者为不仁。今人身体麻痹不知痛痒谓之不仁。桃杏之核可种而生者谓之桃仁

---

①② 《上蔡语录》卷二。
③ 关于忠恕的关系,谢良佐也有深入的讨论。《上蔡语录》卷二载:"问忠恕之别。曰:'犹形影也。无忠做恕不出来。恕,如心而已。恕,天道也。'"以形影喻忠恕,是一个非常有趣的表述。在谢良佐看来,尽己之忠是推己之恕的基础。
④ 见陈来:《宋明理学》,第132页。

> 杏仁,言有生之意。推此仁可见矣。学佛者知此谓之见性,遂以为了,故终归妄诞。圣门学者见此消息,必加功焉。故曰"回虽不敏,请事斯语矣""雍虽不敏,请事斯语矣"。仁,操则存,舍则亡。故曾子曰:"动容貌,正颜色,出辞气。"出辞气者,从此广大心中流出也。以私意发言,岂出辞气之谓乎?夫人一日间,颜色容貌,试自点检,何尝正?何尝动?怠慢而已。若夫大而化之,合于自然,则正、动、出不足言矣。①

仁是宇宙间不息的生意。这体现在人的身上,就是人心的知痛知痒的感通知觉:"仁是四肢不仁之仁。不仁是不识痛痒,仁是识痛痒。曾氏本此下云:'儒之仁,佛之觉。'"②桃核、杏核中被称为桃仁、杏仁的部分,正是其生意潜藏的所在。而求仁的工夫,则在于曾子所说的"动容貌,正颜色,出辞气"。当一个人处在麻木沉睡中时,体现生意的心之知觉也就不再能贯注到自己的"容貌"、"颜色"、"辞气"当中了。而一个对自己的存在状态都恍惚懵懂的人,又怎么能体知他人的疾苦呢?

人要想始终保持心灵的醒觉,就必须始终将心灵顿放于自己的当下。如程颢所说"心要在腔子里"。③ 因此,对于具体的求仁之方,谢良佐说:

> 如颜子视听言动上做亦得,如曾子颜色、容貌、辞气上做亦得。出辞气者,犹佛所谓从此心中流出。今人唱一喏,不从心中出,便是不识痛痒。古人曰:"心不在焉,视而不见,听而不闻,食而不知其味。"不见不闻不知味,便是不仁,死汉不识痛痒了。又如仲弓"出门如见大宾,使民如承大祭",但存得如见大宾、如承大祭底心在,便是识痛痒。④

---

① ④ 《上蔡语录》卷一。
② 《上蔡语录》卷二。
③ 《二程集》,第96页。

无论是如颜子那样在"非礼勿视,非礼勿听,非礼勿言,非礼勿动"上下工夫,还是像曾子那样从"动容貌,正颜色,出辞气"上入手,强调的都不是人的外表和行为的外在修饰,而是心灵的醒觉。只要能存得"出门如见大宾,使民如承大祭"的敬畏之心,则心灵自然醒觉,顿放在自己的腔子里。由此可见,敬畏是心灵醒觉的前提,也是求仁的切实工夫。

第五节 论 敬

在谢良佐那里,敬是求仁的工夫。在继承程颐主敬思想的基础的同时,他也提出了自己的独特主张:

> 或问:"吕与叔问:'常患思虑纷扰。'程夫子答以'心主于敬则自然不纷扰',何谓敬?"谢子曰:"事至应之,不与之往,非敬乎?万变而此常存,奚纷扰之有?夫子曰'事思敬',正谓此耳。"①

正如陈来先生指出的那样,"谢良佐对'诚敬'的理解是结合了大程的'物来顺应'与小程的'有主则实'。他特别提出'敬是常惺惺法',对后来的理学有很大的影响。所谓'常惺惺'是吸取了佛教禅宗'主人翁常惺惺'的修养方法,意谓要常常提醒、警觉自己,时时收敛而不放纵,使意识始终保持一种警戒的状态。朱熹的主敬思想后来吸收了谢良佐的这一思想,并将之表述得更为清楚了。"②

敬要在事上体认,而不能只在静坐时存养:

> 端立问:"畅论敬云:'正其衣冠,端坐俨然,自有一般气象。'

---

① 《上蔡语录》卷一。
② 见陈来:《宋明理学》,第134页。

某尝以其说行之,果如其说。此是敬否?"曰:"不如执事上寻,便更分明。'事思敬','居处恭,执事敬'。若只是静坐时有之,却只是'坐如尸'也。"①

这里,谢良佐用《论语》的"事思敬"、《礼记》的"居处恭,执事敬"指应接事物时的动中之敬,与《礼记》的"坐如尸"的静中之敬区别开来。他当然不是要否认静处存养的作用,而是强调持敬工夫要贯通生活的各个侧面。而且,在他看来,在应接事物时体认敬,是更为有效的方法。

他甚至认为,在具体实践上,敬就是全身心投入到自己正在经营的事上:

"敬只是与事为一,未论得是不是。"问:"此有存主,不逐彼去,是敬之理否?"曰:"先有存主,然后视听言动却汗漫了。且只认取与事为一时便是敬。其他说各是一理。从容中道,圣人也,方做一事,忘了其他,亦不免。颜子闻一知十人之才,犹自请事斯语。"②

"敬只是与事为一"这一表述,在宋明理学关于心体的讨论中,是颇为独特的。自程颢《定性书》标举出"动亦定,静亦定"、"廓然而大公,物来而顺应"的心灵境界以后,以明镜的物来则照、去而不留来比喻心体,在理学话语中一直居于主流地位。而谢良佐却认为,"此有存主,不逐彼去"虽然道理上没错,但在实践上是难以做到的。即使是"从容中道"的圣人,也不免在专注于一件事情上的时候,忽忘了其他。"且只认取与事为一时便是敬"的主张,对于道德涵养中流于高妙空疏的倾向,无疑是有约制作用的。

当然,在事上专一,也并不是要人矜持过当:

问:"敬之貌如何?"曰:"于'俨若思'时,可以见敬之貌。"问

---

①② 《上蔡语录》卷三。

曰:"学为敬,不免有矜持如何?"曰:"矜持过当却不是。寻常作事用心过当便有失。要在勿忘勿助长之间耳。"曰:"初学莫未能和乐否?"曰:"虽不能便和乐,亦须以和乐养之。"①

做事专一,也不是要用心过当,这中间还是有一个合分寸的度。而这个度,就是孟子所说的"勿忘、勿助长"。初学者体认持敬工夫的时候,往往不能做到从容和乐,但"以和乐养之"仍是必须的。"须以和乐养之"这一表述,在理学有关敬畏与和乐关系的讨论中,也是极具特色的。在谢良佐这里,和乐不只是心灵的境界,也是涵养的工夫,从而具有了方法论的意义。

第六节 去 矜

在谢良佐个人的道德修养实践中,如何克服矜夸之心,既是其为学用力之处,又是其真实受用的所在:

谢子与伊川别一年,往见之。伊川曰:"相别又一年,做得甚工夫?"谢曰:"也只是去个矜字。"曰:"何故?"曰:"子细检点得来,病痛尽在这里。若按伏得这个罪过,方有向进处。"伊川点头。因语在坐同志者曰:"此人为学,切问近思者也。"余问:"矜字罪过何故恁地大?"谢子曰:"今人做事,只管要夸耀别人耳目,浑不关自家受用事。有底人食前方丈便向人前吃,只蔬食菜羹却去房里吃。为甚恁地?"②

矜夸之心,是个体私我的表现。而私我的存在,则是穷理的最大障碍。

---

① 《上蔡语录》卷二。
② 《上蔡语录》卷一。

要做到人与理为一,克服矜夸之心是最难透过的关节。而"克己须是从性偏难克去处克将去。克己之私则心虚见理矣"。①

对去矜的强调,也并非只是谢良佐个人的身心体验。在他看来,这本来就是儒家道德修养的重要内容之一:

> 或曰:"矜夸为害最大。"先生曰:"舜传位与禹,是大小大事,只称他不矜不伐。若无矜伐,更有甚事?人有己便有夸心,立己与物,几时到得与天为一处?须是克己。才觉时便克将去。从偏胜处克。克己之私则见理矣。"曰:"独处时未必有此心,多是见人后如此。"曰:"子路衣敝缊袍与衣狐貉者立而不耻。许大子路,孔子却只称其如此。只为他心下无事。此等事打迭过,不怕此心因事出来。正好着工夫。不见可欲,却无下工夫处。"②

矜伐好胜之心,是私意最根深蒂固的体现。因此,能否做到不矜不伐,正是衡量人是否有自私之心的标准。如果能真正做到无矜夸之心,则心中的天理自能彰显。这里,去矜成了穷理的关键环节。

---

① 《上蔡语录》卷三。
② 《上蔡语录》卷二。

第十二章

杨时的儒学思想

杨时(1053—1135),字中立,福建南剑将乐人,号龟山。熙宁九年(1077)中进士第。历知浏阳、余杭、萧山等地。迁为迩英殿说书、右谏议大夫兼侍讲、国子祭酒。宋高宗即位后,除工部侍郎,兼侍讲。晚年以龙图阁直学士提举杭州洞霄宫。

杨时早期师事程颢。程颢对他十分欣赏,在目送他回乡时,曾有"吾道南矣"之叹。① 程颢去世后,杨时又前往洛中向程颐问学。《宋史》以"程氏正宗"称之。② 有《龟山集》传世。

---

① 《二程集》,第429页。
② 《宋史·道学二》,第12738页。

第一节　新学驳议

围绕王安石"新学"和新政的争议,是北宋后期思想的重心所在。二程开启的"洛学"传统,无疑是批判和清理王安石的政治和学术影响的中坚立量。其中,杨时的作用是不可或缺的。

与司马光、苏轼等人一样,杨时对王安石的批评,也首先集中在新政的具体措施上。对于新政中的青苗法,杨时在《神宗日录辨》中给出了极为深刻的分析:

> 《周官》"平颁其兴积",《新义》曰:"无问其欲否,概与之也,故谓之平。"则俵粟不取情愿,盖其本旨也。故台谏言广渊,不惟不以广渊为罪,乃更以为尽力。夫《周官》所谓平者,岂概与之谓哉?谓无偏陂而已。为是说者,特矫诬先王之法以为己资耳。泉府凡民之贷者与其有司辨而授之,以国服为之息。盖贷民所以助不给,田不耕,宅不毛,犹使之出屋粟里布,则游惰之民自致困乏。与夫实非不给而妄冒称贷者,有司辨之,宜若弗授也。又以国服为之息,则民不轻贷矣。莘老所谓欲民勤生节用不妄称贷,未为过论也。今兼并之家能以其资困细民者,初非能抑勒使之称贷也。皆其自愿耳。然而其求之艰,其出息重,非迫于其急不得已,则人孰肯贷也。今比户之民概与之,岂尽迫于其急不得已哉。细民无远虑,率多愿贷者,以其易得而息轻故也。以易贷之金资不急之用,至期而无以偿,则荷校束手为囚虏矣。乃复举贷于兼并之家,出倍称之息以还官逋。明年复贷于官,以还私债,岁岁转易无穷已也。欲摧兼并,其实助之。兴利之源,盖自兹始。而莘老之比作俑者,亦不为过论也。**余以为青苗利害不在愿与不愿,正**

在官司以轻息诱致之也。 孟子曰:"徒善不足以为政,徒法不能以自行。"青苗其意乃在取息而已。行周公之法而无仁心仁闻,是谓徒法。然则周公法、今法安得不为异。①

此前关于青苗法的争议,往往围绕着贷款是否出于百姓自愿的问题。不问是否自愿而普遍施以青苗钱的问题,苏轼等人在新法推行之初即已明确指出。② 在政策的实际推行过程中,"不许抑配"的原则基本上徒具空文。而且,从王安石新法的立意初衷看,"不许抑配"的原则倒像是某种权宜之计。因为正如杨时指出的那样,《周官新义》中将"平颁其兴积"解释为"无问其欲否,既与之也,故谓之平",表明"不取情愿"正是青苗法的本旨。而在杨时看来,是否自愿并不是问题的关键。与民间"兼并之家"的高利贷相比,青苗法的问题恰在于利息之轻。贷款易得且利息甚轻,愿意称贷的人自然较多。但获取贷款以后,一般的百姓非但不知如何以之生利,反倒用来"资不急之用",等到了偿还本息的期限时,不得已又要"举贷于兼并之家"。第二年再从官司贷款,来偿还私债。如此恶性循环,终致破荡家产而后止。因此,"轻息诱致"才是青苗法的根本问题。除此而外,杨时还讨论了获取贷款的成本问题:"又青苗虽名取二分之息,其实亦与民间无异。盖小民既有非不得已而请者,又有非不得已而用之,且如请钱千,或遇亲旧于州县间,须有酒食之费,不然亦须置小小不急之物。只使二百钱,已可比民间四分之息。又请纳时往来之用,与官中门户之赂遗,至少亦不下百钱。"③

对于市易法,杨时也有切要的分析。《神宗日录》中记有宋神宗与王安石关于"市易卖果子烦细,且令罢却"的议论,针对王安石"《周官》固已征商,然不云几钱以上乃征之。泉府之法,物货之不售,货之滞于

---

① 《杨龟山集》卷六,《丛书集成初编》本,中华书局,1985年。
② 苏轼《上神宗皇帝书》指出:"乃知青苗不许抑配之说,亦是空文。"《苏轼文集》,第735页。
③ 《语录三》,《杨龟山集》卷十二。

民用者,以其价买之,以待不时。而买者亦不言几钱以上乃买卖"的辩白,杨时论曰:

> 《周官》泉府敛市之不售、货之滞于民用,以其价买之,以待不时之买者。所以与通货贿也。若果子非有不售而滞于民用者,而官皆敛之,此与贱丈夫登龙断而罔市利者何异哉? 以是为政体不亦谬乎?①

王安石市易法强调商业的官营,将已有的茶盐等特殊商品的国家专利,扩大到了其他货物之上。甚至连水果这样的东西,也由市易司经营。王安石在回应宋神宗的质疑时,引《周官》以为支持,认为市易司的做法是在收聚销售不畅、滞于民用的货物,从而在货物稀缺时平物价、周民用。然而,正如杨时指出的那样,水果这类商品在当时并不具备长期储存的条件,因此,市易司垄断水果经营就根本起不到"通货贿"的作用,而只是一种"罔市利"的手段。实际上,市易法与青苗法一样,都违背了儒家"藏富于民"的原则。

王安石创立新法是以富国强兵为其目的的。然而施行以后,效果并不明显。苏轼在新政之初即已指出:"君臣宵旰,几一年矣,而富国之效,茫如捕风,徒闻内帑出数百万缗,祠部度五千余人耳。"②通过售卖祠部度牒来增加国家岁入,是极受非议的举措。《神宗日录》中即记录了相关的议论:"上问程颢言不可卖祠部添常平本钱事如何。余曰:'颢所言,以为王道之正。臣以为颢所言,未达王道之权。男女授受不亲,礼也。嫂溺援之以手,权也。嫂溺不援,是豺狼也。今祠部所可致粟四五十万,若凶年人贷三石,可全十五万性命。今欲为凶年计,当以凶岁为之,而国用有所不暇。故卖祠部所剃三千人头,而所可救活者十五万人性命。若以为不可,是不知权也。'"③对于王安石的辩白,杨

---

① ③ 《神宗日录辨》,《杨龟山集》卷六。
② 《苏轼文集》,第732页。

时论曰：

> 鬻祠部三千,盖六十余万缗。固非三千人所能自具也。取之于力本之民而已。由是得以不蚕而衣,不耕而食,亦取赀于力本之民而已。故其徒益繁,则其害益甚。是未及赈饥而先困吾民,以资游手也。先王之时,三年耕必有一年之积。故凶年饥岁,民免于死亡。以其豫备故也。不知为政,乃欲髡其人而取其赀,以为赈饥之术。正孟子所谓虽得禽若丘陵弗为也。以是为王道之权,岂不谬哉？《诗》云："谁生厉阶,至今为梗。"①

国家岁入的根本来源还在于百姓的生产。祠部卖度牒所得的收入,从根本上讲,也是"取之于力本之民"。而每年多度三千人,也就意味着额外减少了三千农业劳动力。因此,从根本上讲,仍是对国家经济基础的损害。

在杨时看来,新法的根本问题还是在于以谋利为本旨。而王安石在义利问题上的混淆,则是导致这一错误倾向的根本原因。关于理财,王安石曾有这样的议论："理财诚方今所先,然人主当以礼义成廉耻之俗为急。凡利者,阴也。阴当隐伏。义者,阳也。阳当宣著。此天地之道,阴阳之理也。若宣著为利之实,而礼义廉耻之俗坏,则天下不胜其弊,恐陛下不能得终于逸乐无为而治也。"对此,杨时批评道：

> 取之有艺,用之有节,先王所以理财也。故什一天下之中制,自尧舜以来未之有改也。取其所当取,则利即义矣。故曰："国不以利为利,以义为利。"则义利初无二致焉。何宣著隐伏之有？若夫宣著为善之名而阴收为利之实,此五霸假仁义之术,王者不为也。故青苗意在于取息,而以补助为名；市易欲尽笼商贾之利,而以均济贫苦为说,皆此意也。②

---

① ② 《杨龟山集》卷六。

第十二章 杨时的儒学思想

在杨时看来,王安石在义利问题上是在以义为标榜来掩盖其根柢里的谋利之实。此中阳义阴利的思想,与新政的具体施行是一致的。杨时还指出了王安石这一思想的来源:"荆公云:'利者阴也,阴当隐伏。义者阳也,阳当宣著。'此说源流发于董仲舒。然此正王氏心术之蔽,观其所为,虽名为义,其实为利。"①

除了对新政的反思和批评外,杨时还对王安石的"新学"做了学术上的清理。其中最为突出的是对王安石《字说》的批评。《字说》一书今已散佚。不过,从杨时《王氏字说辨》中引用的一些条目看,此书对于字义的发挥虽然展开了一个极大的语义解释空间,从而将各种思想要素融会起来,但也确有穿凿附会之弊。比如,在解释"空"字时,《字说》云:"空。无土以为穴,则空无相;无工以穴之,则空无作。无相无作,则空名不立。"对此,杨时辩曰:

> 作相之说,出于佛氏,吾儒无有也。佛之言曰:"空即无相,无相即无作,则空之名不为作相而立也。"工穴之为空,是灭色明空,佛氏以为断空,非真空也。太空之空,岂工能穴之耶?色空,吾儒本无此说。其义于儒佛两失之矣。②

王安石以佛家"相""作"的概念解释"空",但又未能穷达佛家思想的真义。因此,这一解释无论从儒家的立场还是佛家的立场看,都说不通。

《字说》对"同"的解释,问题更为突出:"同。彼亦一是非也,此亦一是非也,物之所以不同。冂一口,则是非同矣。"此处杨时的批评显然更有针对性:

> 此亦一是非,彼亦一是非,非冂其一口所能同也。防民之口,甚于防川,川壅必溃矣,何同之有?唯君子为能通天下之志,乃能同也。同异之名不为是非而有也。如乐统同,礼辨异,同姓异姓

---

① 《语录二》,《杨龟山集》卷十一。
② 《杨龟山集》卷七。

之类,何是非之有。①

在杨时看来,王安石对"同"字的解释,其实是其一贯的思想和行为风格的体现。程颢亦曾指出王氏个性的"狠愎"。而在推行新政的过程中排除异见,恐怕是熙丰变法中王安石最突出的问题之一。

《字说》释"童"曰:"童。始生而蒙,信本立矣;方起而稚,仁端见矣。"杨时论曰:

> 四端皆根于人心,与生俱生也,非特信仁而已。以蒙为信本,稚为仁端,皆无是理也。②

以人初生时的本心作为信本、仁端,是对孟子人性思想的误解。恻隐、羞恶、辞让、是非等四端,是人生而具备的,同时也是人的一生中未尝或离的。

在杨时看来,王安石学术上的杂驳和思想上的无根基,其实正是其新政的种种问题的根由所在。

第二节 儒 佛

在儒佛关系的问题上,杨时基本上承续了二程的立场。在一封规劝友人的信中,他这样写道:

> 且佛之言曰:吾之道足以断轮回,出死生。故溺其说者争趋之。彼以死生为足厌苦而求免之,果足为道耶?……世之为佛之徒者,将以为道耶?则废人伦、逆天理,非所以为道也;将以求福田利益,则与世之行谒公门、以微名逐利者,无以异也,尚何足

---

① ② 《杨龟山集》卷七。

道哉！①

这一论述，完全是以二程的相关思想为依据的。

然而在《宋元学案》中全祖望的一段按语，颇值得留意："祖望谨按：慈溪黄氏曰：'龟山气象和平，议论醇正，说经旨极切，论人物极严，可以垂训万世，使不间流于异端，岂不诚醇儒哉！乃不料其晚年竟溺于佛氏。'"②

指杨时溺于佛氏，主要是针对他以佛老之理解释儒家经典的问题。如以庵摩罗识释孟子之性善：

> 《通总老言经》中说十识，第八庵摩罗识，唐言白净无垢。第九阿赖邪识，唐言善恶种子。白净无垢即孟子之言性善是也。言性善可谓探其本，言善恶混，乃是于善恶已萌处看。③

以"白净无垢"种子对应孟子性善，以"善恶种子"（即阿赖耶识）释善恶混，其中会通儒释的取向是十分明显的。

又如论直：

> 康子馈药，孔子既拜而受之矣，乃曰："丘未达，不敢尝。"此疑于拂人情，然圣人慎疾，岂敢尝未达之药。既不敢尝，则直言之，何用委曲。微生高乞邻醯以与人，是在今之君子，盖常事耳，顾亦何害？然孔子不以为直。以所以辞康子之言观之，信乎其不直也。《维摩经》云"直心是道场"，儒佛至此，实无二理。学者必欲进德，则行己不可不直。盖孔子之门人皆于其师无隐情者，知直故也。如宰我短丧之问之类。④

取《维摩经》的"直心是道场"与儒家之直合观，并进而强调"儒佛至此，

---

① 《与陆思仲》，《杨龟山集》卷三。
② 《宋元学案》，第951页。
③ 《语录四》，《杨龟山集》卷十三。
④ 《语录一》，《杨龟山集》卷十。

实无二理",显然已与二程对佛教的态度有了明显的不同。

与二程强调远离释氏之学说不同,杨时认为对佛家的道理也有详细探究的必要,而不能简单地加以否定:

> 《正蒙》谓:"万象为太虚中所见物,则物与虚不相资,卒陷于浮图以山河大地为见病之说。"山河大地正指物言之也。若谓指物言之可也,则浮图见病之说不足非矣。此与佛氏以心法起灭天地,更当究观。所谓心法起灭天地之旨,未易以一言攻之也。更详味之如何,或有未尽,无惜疏示。①

在杨时看来,佛家的义理并不是轻而易举就能攻驳的。没有深入的体究,即使是批评,也不能切中肯綮。

杨时不仅强调儒佛之间一定程度上的相容,而且也看到了儒道之间的会通关系:

> 圣人以为寻常事者,庄周则夸言。庄周之博,乃禅家呵佛骂祖之类是也。如《逍遥游》、《养生主》,曲譬广喻,张大其说。论其要则《逍遥游》一篇乃子思所谓无入而不自得,而《养生主》一篇乃孟子所谓行其所无事而已。②

《庄子·逍遥游》一篇讲述的不过是《中庸》的一个道理,而《养生主》也只是孟子某个思想片断的展开。庄子只不过把这些平实的道理加以夸大罢了。

尽管杨时对佛道二家的思想,皆有深入的研习和体会,但并没有因此而动摇其根本的儒家信念:

> 儒佛深处,所差杪忽耳。见儒者之道分明,则佛在其下矣。今学之徒曰儒者之道在其下,是不见吾道之大也。为佛者既不读

---

① 《与杨仲远三》,《杨龟山集》卷十六。
② 《语录一》,《杨龟山集》卷十。

儒书,或读之而不深究其义,为儒者又自小也,然则道何由明哉?①

虽然儒佛二家在思想的深微处相去无几,但终究儒家之道既明且大。儒者如能不自小其道,见自家之道分明,则自然识得儒佛之间的高下。

第三节　理一分殊

杨时曾认为张载的《西铭》有混同于墨家"兼爱"的嫌疑,而程颐以"《西铭》明理一而分殊,墨氏则二本而无分"开释之。② 自此,"理一分殊"遂成为杨时思想的归旨之一。他在一封书信中如是写道:

> 天下之物,理一而分殊。知其理一,所以为仁;知其分殊,所以为义。权其分之轻重,无铢分之差则精矣。③

这一段议论,与程颐《论西铭书》"分殊之蔽,私胜而失仁;无分之罪,兼爱而无义"的论述是完全一致的。

道理之一与人心之公是关联在一起的:

> 朝廷作事,若要上下小大同心同德,须是道理明。盖天下只是一理,故其所为必同。若用智谋,则人人出其私意,私意万人万样,安得同?因举旧记正叔先生之语云:"公则一,私则万殊,人心不同犹面,其蔽于私乎!"④

持公心则理一,用私意则万殊。这里强调的是理的客观性和普遍性。

---

① 《杨龟山集》卷十。
② 《答杨时论西铭书》,《二程集》,第609页。杨时回复程颐的书信中说道:"《西铭》之旨,隐奥难知,固前圣所未发也。前书所论窃谓过之者,特疑其辞有未达耳。今得先生开论丁宁,传之学者,自当释然无惑也。"(《龟山集》卷十六《答伊川先生》)由此可知,杨时最初的质疑也主要是着眼于《西铭》的文字表述,而非其义。
③ 《答胡康侯一》,《杨龟山集》卷二十。
④ 《语录四》,《杨龟山集》卷十三。

而落实到人的道德生活中,理一就意味着统一的行为准则和是非标准。理一同时又是仁的根源,因此才有"知其理一,所以为仁"的论述。由此,我们对于程颐之所以强调"公"与"仁"的相近,①有了更为切近的理解。

"分殊"并不意味着对"理一"的不同把握,而是在不同环境和条件下"理一"的具体实现。杨时对"中"和"权"的关系的讨论,可以视为其"理一分殊"思想的另一重要侧面:

> 问:"或曰中所以立常,权所以尽变。不知权则不足以应物,知权则中有时乎不必用矣。是否?"曰:"知中则知权。不知权是不知中也。"曰:"既谓之中,斯有定所,必有权焉。是中与权固异矣。"曰:"犹坐于此室,室自有中。移而坐于堂,则向之所谓中者,今不中矣。堂固自有中,合堂室而观之,盖又有堂室之中焉。若居今之所,守向之中,是不知权,岂非不知中乎?又如以一尺之物,约五寸而执之,中也。一尺而厚薄小大之体殊,则所执者轻重不等矣。犹执五寸以为中,是无权也。盖五寸之执,长短多寡之中,而非厚薄小大之中也。欲求厚薄小大之中,则释五寸之约,唯轻重之知,而其中得矣。故权以中行,中因权立。《中庸》之书不言权,其曰'君子而时中',盖所谓权也。"②

这里,"中"即理一,"权"即分殊。"权"与"中"是不能割裂开来的,"中"寓于"权","权"则是"中"的具体实现。

---

① 程颐说:"仁道难名,惟公近之,非以公便为仁。"《二程集》,第63页。
② 《语录一》,《杨龟山集》卷十。

第四节　知仁与体验未发

杨时曾特别提到自己的读书法：

> 语仲素曰："某尝有数句教学者读书之法，云：'以身体之，以心验之，从容默会于幽闲静一之中，超然自得于书言象意之表'，此盖某所为者如此。"①

读书要透过文字的表面，用身心体会其中的义理。而儒家义理的要妙之处，总是以最为平易的方式表达出来的："如六经中自有妙理，却不深思，只于平易中认了。曾不知圣人将妙理只于寻常事说了。"②因此，如不以身心体验默会，是无从见得此种精义的。

而读书存养，无非是要明了自家的心体：

> 仲素问："'尽其心者知其性'，如何是尽心底道理？"曰："未言尽心，须先理会心是何物？"又问曰："心之为物，明白洞达，广大静一，若体会得了然分明，然后可以言尽。未理会得心，尽个甚？能尽其心，自然知性，不用问人。大抵须先理会仁之为道，知仁则知心，知心则知性，是三者初无异也。横渠作《西铭》亦只是要学者求仁而已。"③

尽心是知性的前提。要想尽心，须先知心。而知心的入手处在于"先理会仁之为道"。

知仁、求仁是为学的目标。④ 至于求仁的方法，则与他体验未发的思想相贯通：

---

① ③　《语录三》，《杨龟山集》卷十二。
②　《语录二》，《杨龟山集》卷十一。
④　《求仁斋记》，《杨龟山集》卷二十四。

> 《中庸》曰:"喜怒哀乐未发谓之中,发而皆中节谓之和。"学者当于喜怒哀乐未发之际,以心体之,则中之义自见。执而勿失,无人欲之私焉,发必中节矣。发而中节,中固未尝亡也。孔子之恸,孟子之喜,因其可恸可喜而已,于孔孟何有哉?其恸也,其喜也,中固自若也。鉴之照物,因物而异形,而鉴之明未尝异也。庄生所谓"出怒不怒,则怒出于不怒;出为无为,则为出于不为",亦此意也。若圣人而无喜怒哀乐,则天下之达道废矣。①

于静中默会,体验未发之中。而一旦得此未发之体,"执而勿失",则自能消去个人的私欲,使各种情绪的显发皆有其恰当的分寸。体验到了这一贯通始终的中体,也就体证到了天地一体之仁的大公境界。

杨时的格物思想也与其求仁之方有关:

> 明善在致知,致知在格物。号物之多至于万,则物将有不可胜穷者。反身而诚,则举天下之物在我矣。《诗》曰"天生烝民,有物有则",凡形色具于吾者无非物也,而各有则焉;反而求之则天下之理得矣。②

> 知其体物而不可遗,则天下之理得矣。天下之理得,则物与吾一也。③

陈来先生指出:"他认为格物功夫不是追求外物,主要是反身诚意;反身诚意便'天下之理得',天下之理得则可达到'物与吾一也'的境界。可见他的格物说也是以其仁说为基础的。"④

---

① 《答学者一》,《杨龟山集》卷二十一。
② 《答李杭》,《杨龟山集》卷十八。
③ 《题肖欲仁大学篇后》,《杨龟山集》卷二十六。
④ 陈来:《论宋代道学话语的形成和转变》,《中国近世思想史研究》,第71页。

第十三章

胡宏的儒学思想

宋代是儒学发展的一个高峰时期,不仅名家辈出,而且诸家往往提出了非凡的原创思想,尤其是形成了先后呼应而又影响深远的道学流派。推其渊源,道学始自周敦颐、张载和二程(明道程颢、伊川程颐),而二程则可谓道学的主要源头所在。由于战乱引起社会剧变,道学亦全面南移。在南移过程中,道学出现诸多的分支,湖湘学派便是其中之一。所谓湖湘学派,是指以胡安国、胡宏、胡寅、胡宁为首发,张南轩为中坚,胡氏家学胡实、胡大时、胡大原和湘中学者彪虎臣、彪居正、吴翌、彭龟年、游九言等为后继的一个学术思想群体。[①] 湖湘学派在为学宗旨和为学之方等方面都有其独到之处。这里,对胡宏和张栻这二位有代表性的湖湘学者的儒学思想作一研讨。

[①] 参见《宋元学案》卷三十四《武夷学案》、卷四十二《五峰学案》、卷四十一《衡麓学案》、卷五十《南轩学案》。

胡宏(1105—1161)①,字仁仲,建州崇安(今属福建)人,以荫补右承务郎,然终身不仕。"优游衡山下二十余年,玩心神明,不舍昼夜"。②晚寓居衡岳五峰山,躬亲稼穑,著述讲学。学者称五峰先生。

两宋之际,社会剧变,许多怀抱伟志的学者往往行止不宁,流离播迁,求学之志亦不能不受到影响。胡宏尝自道:"愚晚生于西南僻陋之邦,幼闻过庭之训,至于弱冠,有游学四方,访求历世名公遗迹之志,不幸戎马生于中原,此怀不得伸久矣。"③胡宏之父胡安国(1074—1138),字康侯,谥文定,二十四岁中进士,官至宝文阁直学士。胡安国平生精研《春秋》,积三十余年之功著成《春秋传》,其书与朱子《四书集注》在南宋以后成为科举考试的定本。胡安国服膺河南程氏之学,早年即与程氏之友朱长文等过从甚密,又与程门杨时、谢良佐、游酢交游颇深。自谓:"吾于游、杨、谢三公,皆义兼师友。"而"自得于《遗书》者为多",成为"私淑洛学而大成者"。④ 胡宏从幼年起,受其父影响甚大,⑤终身

---

① 关于胡宏的生卒年,目前有二说,一为1105—1161年,见吴仁华《胡宏的生平、著作及思想》,《胡宏集》卷首,中华书局,1987年;一为1105—1162年,见向世陵《善恶之上:胡宏·性学·理学》,中国广播电视出版社,2000年,第8—9、26—27页。前说影响较大,新近诸多论著皆持此说。由于史传对于胡宏生卒年未有明确记载,导致说法不一。而此二说之分歧,乃是缘于对朱熹《跋胡五峰诗》(《朱文公文集》卷八十一,《四部丛刊初编》缩本)的理解不同。朱熹跋中讲到,绍兴三十年庚辰(1160)朱子曾作两诗,胡宏获知后作诗以箴警之。明年,胡子卒。又四年,朱熹始见张栻,而获闻胡宏之诗。按,此所谓明年,为绍兴三十一年辛巳(1161),又四年指隆兴二年甲申(1164)。隆兴二年,张栻之父张浚病故,张栻扶柩归潭州,朱熹尝追至豫章,于舟中哭祭张浚,并送至丰城,与张栻"得三日之款"(《答罗参议》,《朱文公文集·续集》卷五,第1838页)。这也是朱子与张栻首次晤谈。据此,则上面第一说为是。第二说以胡宏卒于绍兴三十二年,向氏提出的理由是,"胡宏对朱熹作出评价(按,指"其言有体而无用")是在与张栻会面之时",张栻拜见胡宏则在绍兴三十一年,而这其中还有个千里传邮的时间差,故胡宏卒年应从绍兴三十一年算起,明年即是绍兴三十二年。其实,此说并不严密,因为不排除这样一种可能,即胡宏在获闻朱熹诗后即作出回应,而与张栻言及朱熹诗则是后来的事情,况且朱熹跋中"明年"、"又四年"二说不可能一是一非,故意造成误解,而张栻作为胡宏弟子竟亦隐默不言。故,关于胡宏生卒年问题,当以第一说为是。

② 《胡子知言序》,《南轩集》卷十四,影印文渊阁《四库全书》第一一六七册(下引《南轩集》皆出自此书,不再出注),第540页。

③ 《题司马傅公帖》,《胡宏集》,第190页。

④ 《武夷学案》,《宋元学案》卷三十四,第1173、1170页。

⑤ 侯外庐等主编《宋明理学史》(上卷)从论治道、论《春秋》、论治学、论形而上之道诸方面阐述了胡安国对胡宏的影响。人民出版社,1984年,第289—290页。

倾心于二程之学,奉河南二先生为"万夫之望,百世师表"。① 年二十,尝于京师拜谒太学祭酒杨时,杨时教读《论语》。靖康元年(1126)及建炎初(1127),胡宏随父兄居荆州,侯师圣自三山避乱来荆州,胡宏兄弟从之游,"议论圣学,必以《中庸》为至"。② 张栻说,胡宏"自幼志于大道,尝见杨中立先生于京师,又从侯师圣先生于荆门,而卒传文定公之学"。③ 这个说法是符合实际的。胡宏还曾研求程门尹和靖的学术,对谢良佐的"仁敬"之说亦特别崇奉。故此,胡宏终能超出绍兴诸儒之上,而"卒开湖湘之学统"。④

胡宏在乱离之中成年,亦于乱离之中研求学术,形成其思想。到绍兴六年(1136),始与父兄定居衡山,此后度过了相对稳定的二十余年时光。绍兴十七年,位居宰辅的秦桧通过胡寅透露希望胡宏能够出仕的意思,胡宏回信明确表示富贵非所愿,其志向在于"继古人之后尘,而为方来之先觉"。⑤ 其后,胡宏执掌碧泉书院,聚徒讲学。又于晚年亲作稼圃,日亲圃事,过着"锄罢归来又读书"⑥的生活。个中真趣,胡宏别有一番体会:"悠然种植得佳趣,春意生生自无已。"⑦这种生生之春意,大概也是胡宏为学的真趣所在。胡宏说:"默契天地心,谁能泥青编。"⑧"读书不贵苟有说,离得语言才是真。"⑨胡宏于讲学、种植、读书过程中所体会到的默契天地生生之心的诸多妙趣,是一个儒者生命体贴、学术造诣与日用常行浑融一体的体现。

---

① 《与曾吉甫书三》,《胡宏集》,第 116 页。按,曾吉甫,《五峰集》(商务印书馆影印乾隆四库珍本,1935 年)卷二、《胡宏集》皆作僧吉甫,误。曾几,字吉甫,别称茶山,谥文清,河南人。《宋元学案》卷三十四列为武夷(胡安国)门人,卷二十列为元城(刘安世)门人,卷二十九列为震泽(王信伯)门人,卷四十二列为五峰学侣。《五峰学案》和《震泽学案》援引胡宏此书皆作曾吉甫。故此处径改正。
② 《题吕与叔中庸解》,《胡宏集》,第 189 页。
③ 《胡子知言序》,《南轩集》卷十四,第 540 页上。
④ 《五峰学案序录》,《宋元学案》卷四十二,第 1366 页。
⑤ 《与秦会之书》,《胡宏集》,第 105 页。
⑥ 《和伯氏》,《胡宏集》,第 63 页。
⑦ 《圃景大吟呈伯氏》,《胡宏集》,第 52 页。
⑧ 《简彪汉明》,《胡宏集》,第 51 页。
⑨ 《绝句二首》之二,《胡宏集》,第 72 页。

虽然胡宏终其一生以探求学术为职志,但他始终关注现实,关注国运。绍兴五年,胡宏向高宗上万言书,认为金人夺去大宋半壁江山,囚质徽、钦二帝,实乃"万世不磨之辱,臣子必报之仇",希望高宗"蓄乾元之德,施刚果之用","反求诸心,神而明之,施于有政,灭仇雠,诛叛逆,恢复中原,仁覆天下,乃其功矣。"①并假汉代陆贾之言,说古讽今,希望高宗能立大本,行大法,正三纲,与天下之贤士共商国是,"革弊起度","以新天下"。② 然而,现实政治的变幻使得像胡宏这样深望国家中兴的建言献策沦为空言。

胡宏毕生倾注于继承先儒,开启后学。当两宋之际,道学一方面随时势而播迁,另一方面又受到官方压制。胡宏热切呼吁:"道学衰微,风教大颓,吾徒当以死自担,力相规戒,庶几有立于圣门,不沦胥于污世也。"③这种"以死自担"的决心和精神正是胡宏成为"绍兴诸儒"之冠的根本动力,也是胡宏毕生学术历程的真实写照。

胡宏一生著述颇丰,现存的著作有《知言》,《五峰集》五卷,《皇王大纪》八十卷。近年中华书局印行的《胡宏集》,乃汇《知言》和《五峰集》为一书。

第一节　儒学经典及经史关系

儒家的五经一直受到儒者的推崇,胡宏也推崇儒学经典,但有一个重要的不同。他说:

　　《易》、《书》、《诗》、《春秋》,今有其名耳,其道未尝知也。知

---

① 《上光尧皇帝书》,《胡宏集》,第 86、91、103 页。
② 《知言·复义》,《胡宏集》,第 39 页。
③ 《与谈子立书》,《胡宏集》,第 147 页。

之,然后德进业修,而天下可平耳。

《易》、《书》、《诗》、《春秋》者,圣人之道也。圣人之道若何?

曰:圣人者,以一人理亿兆人之德性,息其争夺,遂其生养者也。[①]

认为《易》、《书》、《诗》、《春秋》是圣人之书,其中蕴含了圣人之道。这个圣人之道就是圣人用以教化万民,成就其德性,止息其争夺,从而使万民生养顺遂的大道。如果能深入了解这些经典所蕴含的圣人之道,就能够使人"德进业修",从而可以平治天下。从通常对于儒学经典的崇尚来讲,作为一个儒者,胡宏此说带有很大的普遍性,与历代儒者所说并无殊异之处。值得注意的是,胡宏这里唯独排除了《礼》这一重要的儒学经典。其原因在于,"《周礼》之书颠倒人伦,不可以为经也。"而更根本的原因还在于,胡宏认定《周礼》成于汉孝武之时,因为杂乱而藏之秘府,未列于学官,到了刘歆"校理秘书,始序列为经,众儒共排其非,惟歆以为是"。也就是说,《周礼》成为一部完书,并被列为儒家经典,实在是出于刘歆之手。而刘歆其人,在胡宏看来,简直是"残贼本宗,以趋荣利"的小人,是"叛父背君,不祥之人也"。[②] 胡宏的结论是:"刘歆颠倒鬼神,其书(《周礼》)不得与《易》、《诗》、《书》、《春秋》比也。"故此,《周礼》也就被胡宏排斥于经典之外。

胡宏之所以持这种看法,除了有其历史考察的缘由之外,还有其现实的针对性。我们知道,王安石变法所依据的主要经典就有《周礼》。按,《三经新义》为"新学"的学术标志,而出自王安石之手者则是《周官新义》。胡宏既对《周礼》持上述看法,则贬及王安石亦非意外,甚至附和时议,将中原失陷的"祸乱之本"归咎于王安石,谓:"王安石乃确信乱臣贼子伪妄之书,而废大圣垂死笔削之经,弃恭俭而崇汰侈,舍仁义而营货财。不数十年,金人内侵,首足易位,涂炭天下,未知终

[①] 《知言·中原》,《胡宏集》,第144页。
[②] 以上并见《皇王大纪论》,《胡宏集》,第253、259、254页。

始。原祸乱之本,乃在于是。"①

胡宏的这些看法,关系到《周礼》一书的性质(真伪)及成书时间等问题。这里不可能对此作专门讨论。但可以说明的是,据现代学者的研究,《周礼》成书于战国中晚期,到王莽时列于学官,后汉郑玄注解之后列为儒经之一。但历代都有人斥其为伪书,清末康有为亦谓《周礼》为歆、莽所为,然康氏所言虚而不实。②胡宏根据他个人的理解,断然否弃《周礼》在儒学中的经典地位,虽然批判的矛头指向的是刘歆、王安石,但此举适构成对儒经的肢解。因为如果没有礼作为现实的安置和支撑手段,儒学所谓仁义知信,所谓道德性命,岂非无从落实,无从见诸行事,而只是少数人的安身立命之所好与所乐?而且,胡宏因为刘歆、王安石的缘故,便否弃《周礼》,则不仅是因人废言,而是因人废经了。还有一点值得一提,胡宏对于史书很表示看重,却偏偏贬斥司马迁《史记》,这可能与《史记·封禅书》称引《周官》有关联,或者在胡宏看来,封禅与《周官》同属伪妄,故《史记》为"谬妄"之书。这也未免过于偏激。

剔除《周礼》之后,胡宏所谓儒经,就由传统的五经变成了"四经",即《易》、《书》、《诗》、《春秋》。而对于史书,胡宏则弃《史记》,崇《春秋》,并慨叹:"君天下者,奈何信史迁而不信孔圣乎?"③故此,胡宏所说的经史关系也就变成"四经"与史书的关系。他说:

> 诸家载记,所谓史也。史之有经,犹身之支体有脉络也。《易》、《诗》、《书》、《春秋》,所谓经也。经之有史,犹身之脉络附支体也。支体具,脉络存,孰能得其生乎?夫生之者,仁也。人仁,则生矣。生,则天地交泰,乾坤正,礼乐作,而万物俱生矣。是故

---

① 以上并见《皇王大纪论》,《胡宏集》,第253、260页。
② 参见钱穆:《两汉经学今古文平议》,商务印书馆,2001年,第319—493页;杨向奎《周礼的内容分析及其成书年代》、顾颉刚"周公制礼"的传说和《周官》一书的出现》,收入陈其泰等编:《二十世纪中国礼学研究论集》,学苑出版社,1998年,第173—226页。
③ 《皇王大纪论》,《胡宏集》,第234页。

万物成于性者也,万事贯于理者也。万化者,一体之所变也。万世者,一息之所累也。若太极不立,则三才不备,人情横放,事不贯,物不成,变化不兴,而天命不几于息乎?……此《皇王大纪》之所以书也。①

胡宏把经和史的关系,比作人身的支体和脉络的关系,史如同支体,经如同脉络。只有肢体和脉络相互联结,人才能活动,才有生气。而经与史的结合,则构成一个世界,一个充满生意,万物万事生生不息变化万端的宇宙世界。而《皇王大纪》所记述和演示的就是这个宇宙世界的早期阶段,即从上古洪荒之世的盘古时代到周报王时代,凡二千零三十年间的宇宙演变,人世兴衰。胡宏此书,其所述史实未必皆属真实,但以其体制之弘大、命意之新颖得到了陈亮的高度重视,也为朱子所肯定。而尤其值得注意的是,胡宏此书具有经史合一的特点,他所推重的"四经"基本都贯穿其中,而《易》则在其中具有演化之道的地位和作用。胡宏之所以如此重视历史及史书,尤其是推崇《春秋》,显然是受到其父影响的结果。这一点,胡宏在《皇王大纪序》中说得很明白。

胡宏的经史合一的观念是一个值得肯定和重视的思想,而他在这个观念支配下所叙述的早期历史,则决不仅仅是史实的罗列而已,而是通过宇宙历史的演化来展现仁之生意和性理之成立。这体现了胡宏在北宋以来的道学语境下对于宇宙万物和历史人生的生命体贴和人文关怀。

---

① 《皇王大纪序》,《四库全书》第三一三册,第8页。

第二节 《知言》关于天命心性仁敬的学说

《知言》是胡宏的一部深具创见性的哲学著作，是对先秦儒学和北宋以来的道学的继承和发展，在宋明理学中有着重要的思想价值和影响。吕祖谦认为《知言》胜于《正蒙》，张栻认为是书"诚道学之枢要，制治之蓍龟也"。① 朱子则针对吕氏之说，认为《知言》"盖后出者巧也"，其书"固有好处，然亦大有差失"，因作《知言疑义》，提出《知言》之失，"大端有八：性无善恶，心为已发，仁以用言，心以用尽，不事涵养，先务知识，气象迫狭，语论过高。"② 今人牟宗三则全力为胡宏回护，认为朱子所疑八端无一可成立者，而张栻则随朱子脚跟转，未有切实体认，其所言"枢要"、"蓍龟"不过是浮赞而已。③ 牟氏对《知言》亦作有解说，其说颇与胡宏言旨相合，然亦有矫枉而过正之处。可见，对于胡宏《知言》，有必要就其主旨再做讨论。

《知言》所论甚广，其要旨则在儒学的天命、心性、仁敬诸主题。其云：

> 诚者，命之道乎！中者，性之道乎！仁者，心之道乎！惟仁者为能尽性至命。④

> 诚，天命。中，天性。仁，天心。理性以立命，惟仁者能之。委于命者，失天心。失天心者，兴用废。理其性者，天心存。天心存者，废用兴。达乎是，然后知大君之不可以不仁也。⑤

---

① 《胡子知言序》，《南轩集》卷十四，第540页下。
② 《朱子语类》卷一百一，中华书局，1994年，第2582、2588页。
③ 牟宗三：《心体与性体》，中册第三章。
④ 《知言·天命》，《胡宏集》，第1页。
⑤ 《知言·汉文》，《胡宏集》，第41页。

这里所列述的命(或天命)、性、心,是胡宏思想的核心范畴。所谓天命,从道的意义上讲,就是诚。这是指诚的运行无息,全体真实,这个全体意义的诚也就是理(或理之全体),从运行不息来讲就是天命之道,是必然如此生生不已的。所谓中为性之道或中为天性,这是借用程颐的说法:"中也者,所以状性之体段。(小注:若谓性有体段亦不可,姑假此以明彼。)"①也就是说,中不是指性本身,而是用以描述、规定性的状态,即喜怒哀乐之未发的状态。就性的含义来讲,胡宏指的是与天命密切相关的全体之理,亦即诚的全盘显现,而诚之全体亦即全体之理随着天命之道的展开便成为现实世界(宇宙万物)的存在本质、本体。所谓仁者心之道或仁即天心,也是在全体(非仅指人)的意义上讲,仁是一个整体之理,是具有活力生机的宇宙之心,此心也就是人之心,故曰"仁者,心之道"。这个意义上的仁,实际说的是全体、本体意义上的仁。仁者尽性至命或理性以立命,则是从现实生命、现实活动的立场讲"仁者"的工夫,即人惟有充尽全体之性,心为性理所全面无遗地充实,而又能宰制行为(敬在其中),反溯天命之全体,顺应天命之流行,则人即是仁者,即是"尽性至命"。总之,这两段文字可谓胡宏天命心性仁敬学说的总括性表述,具有提纲挈领的意义。接下来逐一略作分析。

一、天命无息

在胡宏儒学思想中,天命是一个用得很频繁的观念,与天道、乾道诸语汇有着指意上的一致性。《知言》云:

> 诚,天道也。……天道至诚,故无息。②
> 皇皇天命,其无息乎! 体之而不息者,圣人也。③

---

① 《与吕大临论中书》,《二程集》,第 606 页。
② 《知言·一气》,《胡宏集》,第 28 页。
③ 《知言·义理》,《胡宏集》,第 30 页。

> 天命之谓性,流行发现于日用之间。患在学道者未见全体,窥见一斑半点而执认己意,以为至诚之道如是。如是,欲发而中节,与天地相似也,难矣哉!①
>
> 乾者,天之性情也。乾道变化,各正性命,命之所以不已,性之所以不一,物之所以万殊也。万物之性,动殖、小大、高下,各有分焉,循其性而不以欲乱,则无一物不得其所。非知道者,孰能识之。②

上列四条可以较清楚地体现胡宏关于天命的看法。此外,《知言》谈及天命者所在多有,但大多牵涉性、心、仁等问题,不若此四条之较有相对的独立性,可作较系统的阐释。据上引四条,胡宏所谓天命,有一个突出的特点,就是"流行"、"无息",而在流行无息的意义上,天命就是至诚之道,也就是天道。胡宏说:"天之所以为天者,至诚无息而已。君子不息,所以法天也。"③这个"天"非仅仅指苍苍之天,自然存在之天,更显明的是指运化不息而又悠久无疆之天。在后者的意义上,天也就是天命,也就是至诚无息之道,至诚无息是天或天命的根本特点,也是天命流行不息这个全体过程的本质性的内涵总括。所谓"命之所以不已","天之所以为天",其中"所以"二字,其意蕴当从天命无息这个全体过程的内在实质和运化动力方面作了解。从文字上讲,天命也就是天之命,直接来自早期儒学经典《中庸》(天命之谓性。诚者,天之道也)、《大学》(引《诗》"维天之命,于穆不已")等,即是指天之命令。④但从整体之道的意义上讲,胡宏强调的是天命的流行无息,天命即是至诚之道。因此,天命也就是道或天道。而天命之道的流行无息,必然演生和展现出一个现实的宇宙世界,万物俱存俱生,这个过程又可

---

① 《知言·复义》,《胡宏集》,第39页。
② 《知言·汉文》,《胡宏集》,第41页。
③ 《与毛舜举书》,《胡宏集》,第148页。
④ 朱熹:《四书集注》,中华书局,1983年,第17页。

以归结为一句话:"乾道变化,各正性命。"此乾道变化可以解释命(天命)为什么及如何运化不已,流行无息,乾道变化演生出宇宙万物,宇宙万物以元亨利贞四个阶段的形式往复无穷地生生不息,变化无穷,在这种不息和无穷的过程中,万物始终有各自的性命,此性是指万物各自的主体本质,此命则是指此性之实现方式和实现程度。只要万物各按其主体本质(性)而存在和活动,对人来讲,如果能不以欲乱性,那么,现实的世界就可以"无一物不得其所"了。

万物之生成是天命之道或乾道变化,流行不息的结果,而反过来也是讲得通的,此即《知言》所说:"万物生于天"①,"人事之不息,天命之无息也"。② 也就是说,万物自身变化不息即是天命无息的一部分,是天命无息的一种表现方式,而不管是天命流行不已导致万物生成,还是万物自身的变化不已,万物总是有其性的,这个性又是与天命直接相关的。

根据上述,性是来源于天命,天命流行无息导致宇宙万物的生成,而性亦寓于其中。在胡宏,天命这个范畴,也相当于天道或乾道。因而有学者以天道为主词讨论胡宏思想中的心性以上(也即心性之来源)的问题,③这也是可以成立的。对于天命、天道及诚(或至诚)诸概念,胡宏往往交替使用,似并不特别专主其中之某一概念,此点似亦可进一步讨论。但如果从工夫的层面考虑,胡宏明确讲到仁者"为能尽性至命",仁者"理性以立命",强调命(天命)为终极的人生道德价值根源,亦为终极的人生道德价值目标。故,这里倾向于"天命"一说。

二、气主乎性,性无定体

由天命之流行无息,而有万物之生成与演化,性亦因此确立。所

---

① 《知言·修身》,《胡宏集》,第6页。
② 《知言·义理》,《胡宏集》,第30页。
③ 牟宗三:《心体与性体》中册,第358—360页。又参见辛冠洁主编:《中国古代著名哲学家评传》续编三,齐鲁书社,1982年,第372—374页。

谓"诚成天下之性",即此之谓。性一经建立,胡宏便赋予其特别的意义。

> 气之流行,性为之主。性之流行,心为之主。
> 非性无物,非气无形。性,其气之本乎!①
> 大哉性乎!万理具焉,天地由此而立矣。世儒之言性者,类指一理而言之尔,未有见天命之全体者也。
> 万物皆性所有也。圣人尽性,故无弃物。②
> 万物万事,性之质也。③

胡宏这里讲的"气之流行",与前面讲的"天命之流行",是从两个层次上说,后者着重于揭示天地万物既生之前的根源及其流行,前者侧重于表述天地万物的生化过程本身。但两者又不是绝然割裂的,事实上,天命之流行与气之流行在"流行"的意义上有部分的重合,天命在气之流行过程中仍然存在,仍然发生着作用,这种存在和作用的方式是以"性"的形式主宰、主导着气之流行的全部过程。如果说天命之流行侧重于表达宇宙万物的创生根源及过程,那么气之流行则侧重于表示宇宙万物自身的生成和演化过程,而天命则转以"性"的形式在宇宙万物自身的生成和演化过程中,亦即气之流行过程中,作为根源性的本体而存在并发生作用。这个意义的"性",相对于天命之道或天命之诚来讲,就是"万理",或"天命之全体"的形式兑换。相对于气或气之流行来讲,此性又是"气之本",是"气之流行"之"主",亦即气之所以存在并得以流行的内在的根据和主导者,此主导又带有动力和势必的意味。而天地之"立"(形成和建立),也是由于有包含万理的"性"为之"主"(根本、本体)的缘故。相对于实际存在的万物来讲,此包含万理的性有一个外在的表露和展开,一切物的本质皆不出性之范围(万物

---

① 《知言·事物》,《胡宏集》,第22页。
② 《知言·一气》,《胡宏集》,第28页。
③ 《知言·往来》,《胡宏集》,第14页。

皆性所有),而一切物从其本质来讲,不过是性的具体实现、外现的样式而已。所谓"万物万事,性之质也",此质为形质,非本质。

总之,胡宏所谓"性",所针对的是现实世界及其万物,而不是超乎万物及现实世界之上的根本和本体,因为超乎万物之上即属于万物之先的状态,那是天命直接起作用的领域。在存在论的意义上,物是性与气相结合的产物,性为物之内在本质,气之流行造成物成其为实物。

由于性本身具万理,是"天命之全体",故而胡宏也称性为"天下之大本"。他说:

> 天命之谓性。性,天下之大本也。①
>
> 形而上者谓之性,形而下者谓之物。性有大体,人尽之矣。一人之性,万物备之矣。论其体,则浑沦乎天地,博浃于万物,虽圣人,无得而名焉。论其生,则散而万殊,善恶吉凶百行俱载,不可掩遏。论至于是,则知物有定性,而性无定体矣,乌得以不能自变之色比而同之乎?②

这里所谓性为天下之大本,是从与物相对的意义上讲。而作为天下之大本,性也就具有形而上的特点,与形而下的物相对。性作为形而上的大本,含具万理,充塞天地之间,又存在于万物之中,而为物之性。在形而上的意义上,性是天下之大本、大体,是一个整体,可以说包有万理,但无从具体地作分别,也就是说这个意义上的性是不可以分别和剖判的。所谓圣人无得而名,当主要指的这个意思。"性无定体"也是说的这个意思。但从形而下的物这方面看,则物各有性,善恶吉凶百行无不是性的具体表现,这种物各不同的性实质是形而上的大本、大体之性分散后的具体表现,此物性是不变的。所谓"物有定性",说的即是这个意思。从总体的大本、大体之性来讲,相当于二程所谓理

---

① 《知言疑义》,《胡宏集》附录一,第328页。
② 《释疑孟·辨》,《胡宏集》,第319页。

或天理,而大本大体之性的散而万殊,则颇有理一分殊的意味。胡宏说:"观万物之流行,其性则异;察万物之本性,其源则一。"①这个看法,成为朱熹提出理一分殊之说的思想来源之一。②

综上,从来源上讲,性出于天命之诚;从现实存在来讲,性是万物成其为物的根据。故胡宏说:"诚成天下之性,性立天下之有。"③从万物的生成过程来讲,性又为气之主;但从性具万理,性为天命之全体来讲,则是"性无定体"。可见,胡宏所谓性,有着较复杂的含义,可从三个层次作了解。首先,天命流行不已,有创生和始生的意义,宇宙万物的始生根源在此,而性之根源亦在此。此性即是"天命之全体",含具万理,是无定体的。但这只是从其内涵来讲,并不是意谓性可以取代天命而成为绝对的形而上者,而具有所谓宇宙本体的意思。宇宙本体、本源,只能是天命或天道。其次,气化流行即是意谓宇宙万物的实际化生及其过程,在这个层面,性又具本体的含意,相对于整个气化过程和万物之殊性来说,此性是本体,是可以有定性的本体。再次,具体存在的万物各有其性,这个性是一种特殊性,是一种"定性",即不可改变的性。此性是本体之性的"散殊",与本体之性存在一本万殊的关系。所以,那种笼统地称胡宏所谓性是宇宙本体,胡宏属于程朱理本体和陆王心本体之外的性本体论者,并表现出偏离正宗理学的倾向的看法,④是有失偏颇的。

胡宏关于性的论述,还具体地讨论到人性善恶及与之相关的天理人欲问题。

《知言》载:

> 或问性。曰:"性也者,天地之所以立也。"曰:"然则孟轲氏、

---

① 《知言·往来》,《胡宏集》,第14页。
② 参见陈来:《宋明理学》,第151—153页。
③ 《知言·事物》,《胡宏集》,第21页。
④ 参见侯外庐等主编:《宋明理学史》上卷,第291—295页。

荀卿氏、扬雄氏之以善恶言性也,非欤?"曰:"性也者,天地鬼神之奥也,善不足以言之,况恶乎?"或者问曰:"何谓也?"曰:"宏闻之先君子曰:'孟子所以独出诸儒之表者,以其知性也。'宏请曰:'何谓也?'先君子曰:'孟子道性善云者,叹美之辞也,不与恶对。'"①

这里,所谓性者天地之所以立,上面已作分析,其意蕴与"性立天下之有",天地由性而立,性为天下之大本等,并无二致。这里所谈的性之善恶的问题,实际上与天地之所以立的性有一定的差距,并不完全等同。可以这样说,孟子所言性善,主要是指人而言,至于物是否亦性善,孟子并未明言,甚至可以说物性的问题在孟子在早期儒学并不是一个突出的问题。宋代从二程和张载以来,论性必不限在人性,而是立足于全部宇宙万物来论性,在此前提下再论物性与人性之别及人性善恶之不同。张载说:"性者万物之一源,非有我之得私也。"②程颢说:"人生而静以上不容说,才说性,便已不是性也。"③程颐说:"性即理也,所谓理性是也。"④这些说法皆是说形而上之性,说一种具本体意义的性。胡宏所说大本大体之性,当是渊源于此。然张、程(颐)又言,性有天命(天地)与气质之不同。此可解释人物何以性殊,人性何以有善恶,但此说却未为胡宏所注意。故胡宏由形上本体之性转入现实人生之性时,似反不如张、程之较能圆满地解释人性之善恶问题。

胡宏以本体之性与万物及人之殊性之间存在直接关系,主张"性外无物,物外无性",⑤这个性是指天地之大本大体的性,人性亦不外是。在这个意义上,性是不与恶对的,是超越具体善恶之上的。所以,胡宏说孟子言性善乃是"叹美之词,不与恶对",是并不错的。朱熹以

---

① 《知言疑义》,《胡宏集》附录一,第333页。
② 《正蒙·诚明篇》,《张载集》,第21页。
③ 《程氏遗书》卷一,《二程集》,第10页。此条语录,《程氏遗书》未说明谁氏语,《近思录》、《宋元学案》皆作程颢语,可从。
④ 《程氏遗书》卷二十二上,《二程集》,第292页。此句标点从《宋元学案》卷十五,第614页。周晋最先注意到二本标点不同,见周氏著《道学与佛教》,北京大学出版社,1999年,第26—27页。
⑤ 《知言·修身》,《胡宏集》,第6页。

"性无善恶"指摘胡宏,实有不当。可是,如果从孟子性善论本身来看,胡宏此说难免有曲解孟子之嫌,因为孟子明确讲仁义根诸心,此亦人性之本质,是天赋之善,怎么能说这也是"叹美之词"呢?胡宏此说的问题在于,只接受了张、程有关本体之性的论述,而未采纳张、程关于实存的事物之性的判定。程颢所说"人生而静以上不容说",意指超越善恶,或纯善无恶的状态,不可以实际的善恶论之。但接着又讲道:"凡人说性,只是说继之者善也,孟子言人性善是也。"①并进一步对"继之者"以水为喻,而导出善恶之殊。这也即是说,程颢即使在超越了现实的因"水之流"而有善恶的形上层次上,也仍然坚持实现世界的发端之性是善,也即孟子所说"人性善"。而张、程(颐)所谓天命之性则无疑亦是指善。这个思想的大背景,从逻辑上讲,本应成为胡宏性论的一个理论来源,而胡宏未加接受和运用,这大概确实与胡宏的性无善恶论得之其父胡安国,而胡安国得之杨时,杨时得之常总有关。②而朱熹以"性无善恶"概括胡宏性论,并作出批评,则显然是接受北宋诸子尤其是程颐性论之后所作出的必然反应。

按照朱子的归类,《知言》尚有"好恶,性也","天理人欲同体而异用"二说,③与"性无善恶"属同一类。在胡宏,此二说未必有十分密切的关联,"好恶,性也"直接讲的是性与情的关系,好恶属于情,胡宏所谓好恶为性,当是指情之未发的状态,而所谓"小人好恶以己,君子好恶以道",当是指情(即好恶)之已发的状态,在情已发动之际,是循一己之欲,还是循普遍之道,其结果当然是不一样的。这个思想当是源自《中庸》关于未发、已发的论断,与性无善恶不一定有直接关系。但由于胡宏既然主张性无善恶,朱子也就把二者联系在了一起。至于"天理人欲同体而异用"一说,其完整的表达是:

---

① 《程氏遗书》卷一,《二程集》,第10页。
② 《朱子语类》卷一百一,第2585—2588页。
③ 《知言疑义》,《胡宏集》附录一,第330、329页。

> 天理人欲同体而异用,同行而异情。进修君子宜深别焉。

胡宏这里所说的不是性或人性的问题,而是说在实存的现实世界,天理人欲是人本身所本有的,也就是人的存在和活动所本然具有的。所谓天理,与二程的意思并无不同。所谓人欲,胡宏用以指人的原初的正当的欲求,不是指出于私心的利欲、物欲,更不是那种泛滥无节制的欲求。此说与二程及后来的朱子所理解的与天理绝然对立的人欲有所不同。胡宏说:

> 夫妇之道,人丑之者,以淫欲为事也;圣人安之者,以保合为义也。接而知有礼焉,交而知有道焉,惟敬者为能守而勿失也。《语》曰"乐而不淫",则得性命之正矣。谓之淫欲者,非陋庸人而何?[①]

夫妇之道本来是男女交接、阴阳保合的正道,只要"乐而不淫",就可维护"性命之正"。但如果把它看做淫欲之事,则将贬损夫妇之道,失去"性命之正",这是一种庸陋之见。这段文字可以看做是"天理人欲同体而异用"一说的一个注脚,而"天理人欲同体而异用"一说也应当从这个意义上来理解。这个"体"非指性体,也非指心体,而是说人生的现实存在这个实体;这个"用"不是直接指此"体"之用,而是指天理人欲的各自之"用",也就是天理人欲在人生现实存在之体中可以有不同的表现。所谓"同行而异情"是说人生行为的差异导致本来并行不悖的天理人欲出现实际的差别,甚至尖锐对立。其原因就在于人在天理人欲关系问题上的看法和做法有根本差异。故胡宏说"进修君子宜深别焉","惟敬者为能守而勿失也"。而朱子将胡宏此说概括为"性无善恶",实际不是站在胡宏的出发点,而是从天理这个宇宙本体出发来看问题,这就必然导致排斥胡宏之说。所以,不是胡宏的见解有误,而是朱子对胡宏的理解有误。

[①] 《知言·阴阳》,《胡宏集》,第 7 页。

三、心无死生，心以成性

胡宏所谓心，所指有二，一曰天心，一曰人心。天心的特点是生生不穷，人心的特点是知天地宰万物以成性。《知言》往往将二者对举，形成关于心的较系统的看法。

《知言》云：

> 仁者，天地之心也。心不尽用，君子而不仁者有矣。①
> 天地之心，生生不穷者也。②
> 天下莫大于心，患在不能推之尔。③

天地之心包藏万物，至大无比，又有着无尽的生化动力。前面曾讲到天命流行不息，这是从天或天命可以生化出实际的存在物和实际的过程来讲。这里所谓天地之心生生不穷，是指天或天地之所以能生出万物的动力来讲的。这种生生不穷的动力是无穷无尽，无间断无止息，自然而又必然的，这也即是"仁"。此"仁"是总体之仁，而具体的德目如仁义礼智等都蕴含其中，仁的特点就是生，就是生意、生理，就是生生不穷。这个思想是二程反复说到的。胡宏关于天心或天地之心的看法，无疑与二程有关。就人而言，应当推扩一己之心，以达于天心，做到"心与天地同流"，④这即是张载所说的"大心"的境界。在此基础上，胡宏明确主张"心无死生"。

> 或问："心有死生乎？"曰："无死生。"曰："然则人死，其心安在？"曰："子既知其死矣，而问安在邪？"或曰："何谓也？"曰："夫惟不死，是以知之，又何问焉！"或者未达。胡子笑曰："甚哉！子之

---

① 《知言·天命》，《胡宏集》，第4页。
② 《知言·修身》，《胡宏集》，第6页。
③ 《知言·纷华》，《胡宏集》，第25页。
④ 《知言·好恶》，《胡宏集》，第12页。

蔽也。子无以形观心，而以心观心，则知之矣。"①

这里，胡宏提出了如何理解"心无死生"的方法问题，即"无以形观心，而以心观心"。以形观心，即是拘于人之肉身观照人的有形之心，这当然是有死生的。以心观心，是指摆脱肉身的桎梏，从大其心（大心）的立场来观照天地之心，天地之心生生不穷，统制万物，运化不已，是无古无今，无始无终的。此心万世不竭，超越死生。胡宏说："乾元统天，健而无息，大明终始，四时不忒，云行雨施，万物生焉。察乎是，则天心可识矣。"②这说的就是天心的具体运化过程。而从"大心"而言，因其与天地之心合一，实际也就是天地之心的体现，也具有生生不穷，统制万物，运化不已的特点。圣人之心就是这样，而人能大其心，合于天心，同样也就具此心。个人虽有死，而人之类无穷，所以说"心无死生"。胡宏所说的无死生的心实质是超个体、超经验的本体之心，与一般经验的、认识意义上的心有明显差别。此心在某种意义上近似于陆九渊所说的本心。而朱子从经验意义上的"犹耳目之有见闻"的知觉之心出发，批评胡宏此说"几于释氏轮回之说"，实在是误解了胡宏的意思。

胡宏关于心的独特思想，还体现在他对于心性关系的看法。《知言》说：

> 万物生于天，万事宰于心。性，天命也。命，人心也。③
> 心也者，知天地，宰万物，以成性者也。④
> 有而不能无者，性之谓欤！宰物而不死者，心之谓欤！⑤
> 性定，则心宰。心宰，则物随。⑥

---

① 《知言疑义》，《胡宏集》附录一，第 333 页。
② 《知言·复义》，《胡宏集》，第 38 页。
③ 《知言·修身》，《胡宏集》，第 6 页。
④ 《知言疑义》，《胡宏集》附录一，第 328 页。
⑤ 《知言·一气》，《胡宏集》，第 28 页。
⑥ 《知言·义理》，《胡宏集》，第 30 页。

事物属于性,君子不谓之性也,必有心焉,而后能治;裁制属诸心,君子不谓之心也,必有性焉,然后能存。①

上列五则,第一则从来源方面说明心性关系,性是天命生物之后在物(包括人)的存在形式,心能宰制万事,而其所以能宰制,则在于人心能察知天命、天心。实质上,心性在本质上有相通之处,此相通之处就是天命。但二者的意义和功能不同。这在第二、三、四则表达得很明白,性是万物的内在本质,万物因为有性而得以存在,心则有察知万物、宰制万物的作用,这种作用包括对性的察知和自觉维护、存养。所谓心"宰物而不死",如上面所述,也是说心无死生,心既与天命相通,则有无穷无息的宰制、运化功能,又因其有知、宰的特性,故能使万物按其性之内在要求顺遂生长,万物自身亦不失其性。这里,有《易传》、《中庸》所说的参赞天地之化育,致中和而天地位、万物育的意思。所谓心以成性,心宰物随,当主要是这个意思。不过,这是从全部的天地万物来讲。如果就人而言,心性关系则又有另一层含义,第四条性定心宰,性如果指物性,似乎没有说"性定"的必要,因为万物之性本来是确定不移的,无所谓定不定的问题,当然人性也是如此。但是,人之性还有个发不发、中不中的问题,这属于另一侧面的问题。就所谓"性定"而言,可能是源自程颢《定性书》"动亦定,静亦定"之说,也就是说,"性定"实质是指心定,而且是指人心之中的理性、意志的静定。所谓"性之流行,心为之主",②此性本身是不动的,所谓流行当是指感物而动,而性之所指当亦是程颢所说的心。③

第五则所说的心性关系,具有工夫论的特点。"万物属于性"指万物都为性所统制,亦以性为主导。只有心能察知、管摄、运化此性。心具有裁制万物及其"性"的功能,但不是边缘的、外在的裁制,而是性之

---

① 《知言·纷华》,《胡宏集》,第25页。
② 《知言·事物》,《胡宏集》,第20页。
③ 参见陈来:《宋明理学》,第155—156页。

全体为心所涵摄,心能于裁制事物过程中存养事物之性,即主动而不是被动地全面知解、观照性,并转而以性为心之内质,从而心与性达到本质上的一致,心之动静完全合乎性的义理原则,性存在于并起准则作用于心之动静过程,心之动静皆以性为依据和准则。胡宏说:"心无不在,本天道变化,为世俗酬酢,参天地,备万物。"①这种无所不在、无所不能的心,实际是以性为根本内质的。在这个意义上,可以说"心以成性",即心的知察、观照和能动涵摄使得性不仅仅是一种与人心相对待的客观本质和客观原则,而成为心自身的内在本质,也就是客观不动的性内在于主动主观的心,性随心之能动而发生作用,在心的发动过程中性作为客观本质和准则得以运行不息,起到规导心在实际发动之后的作用趋向和自我判断的作用。就此而论,性已不仅仅是天命落实于物的"天理之贞",而是随心之运行可以反过来制约、规导实际的人事活动,性也就不仅仅是原初之性,而是在现实世界全面实现其本质和原则的完整的性。

胡宏还讨论到性之未发、已发与心之寂感的关系。胡宏说:

> 窃谓未发只可言性,已发乃可言心,故伊川曰"中者,状性之体段",而不言状心之体段也。心之体段,则圣人无思也,无为也,寂然不动感而遂通天下之故是也。未发之时,圣人与众生同一性;已发,则无思无为,寂然不动感而遂通天下之故,圣人之所独。夫圣人尽性,故感物而静,无有远近幽深,遂知来物;众生不能尽性,故感物而动,然后朋从尔思,而不得其正矣。②

未发、已发出自《中庸》,寂然不动感而遂通天下之故出自《易·系辞》,本来属于两个系统。前者言性,后者言心。胡宏认为,未发只可以言性,已发才可以言心。未发即是中,中是对性之体段的描述,而性之未

---

① 《知言疑义》,《胡宏集》附录一,第331页。
② 《与曾吉甫书二》,《胡宏集》,第115页。

发之中又是先天的,圣人与众生皆有。已发则有个和的问题,这其中有心的作用,故可以言心。关于心之体段,完整的描述就是无思无为,寂然不动,感而遂通天下之故,按照胡宏的理解,心的这个体段是不可以作未发、已发之分的,只可以说有动静之分。从动静关系来看,心性关系就是一种体用关系。胡宏说:"圣人指明其体曰性,指明其用曰心。性不能不动,动则心矣。"①心性的这种体用关系实际就是上面引文所谓未发与已发的关系。圣人由于尽性,故圣人动静一如,即无论是静还是动,圣人都始终保持寂然不动感而遂通之心,众人则由于不能尽性,所以感物而动之后,本心走作,为外物及人欲所累,也就不得其正,也即是不能做到动静一如。这里,所谓尽性不尽性的问题,实质是说心性能否做到并保持完全的一致,圣人与众生的区别也就在于此。胡宏关于心性的这些看法,不论从经典来源来看,还是从义理诠释方面来看,都是成立的,与前述关于心性的理解也存在一致性。

从未发只可言性,不可言心,心有动静之殊,然其体未尝有异这一立场出发,胡宏回应了出自程门的关于心性问题的若干看法。杨龟山《中庸解》云:"中也者,寂然不动之时也。"②胡宏起初对此说也是"信受奉行",但经过"反覆究观",认为如果以未发为寂然不动,已发为感而遂通,则圣人也只是静时不动,而动时不静,动静相分,体用隔绝,与众人无异。又,尹和靖提出"未发为真心"。胡宏认为,若果真如此,而以已发非真心,那么圣人成就天下之大业,确立绝世之至行,岂不都不是出自真心了?应当说,胡宏的这些看法是很有见地的。虽然杨、尹都有程颐的说法为据,但实际如胡宏所言:"伊川指性指心,盖有深意,非苟然也。"③胡宏的这个识别是审慎的。

---

① 《知言疑义》,《胡宏集》附录一,第 336 页。
② 《与曾吉甫书二》引,《胡宏集》,第 115 页。
③ 《与曾吉甫书三》,《胡宏集》,第 116 页。

四、识仁与居敬

前面已述及,胡宏以仁为天心或天地之心,仁为心之道。这个观念在道学中可以追溯到二程,程颐有云:"天心所以至仁者,惟公尔。"还可以上溯到汉代董仲舒:"天,仁也。""仁,天心。"胡宏受到这些说法的影响,而提出其主张。① 在胡宏,仁作为天心或心之道,实质具有创生和生生不息的含义。从这个方面来看,人可以通过体仁而获得察知并体验到天地创生不息的"机要",从而在精神上实现与天地上下同流的境界。胡宏说:"仁者,人所以肖天地之机要也。"②把握了"肖天地之机要",也就进而可以察知天地大化,体验到仁之体。胡宏说:

> 若直守流行于世数卷纸上语,而不得其与天地同体、鬼神同功之妙,则非善学矣。其合于天地,通于鬼神者,何也?曰:仁也。人而克仁,乃能乘天运,御六气,赞化工,生万物,与天地参,正名为人。③

> 万物备而为人,物有未体,非仁也。万民合而为君,有一民而不归吾仁,非王也。④

引文前一段是说,体仁仅从书卷上入手是不可取的,应当有内在生命的体验,从精神生命上达到"与天地同体,鬼神同功",才是有实体实得,这才是"仁"。人有了这种仁的体验,就能在精神上与天地大化、万物生生相贯通,也就是上下与天地同流。有了这种仁的体验,也就能无物不体,无民不包,万物万民皆在吾仁之中。上引后一段文字即此之谓。胡宏的这个思想有张载"大心"说的影响在,也显然受到了程颢《识仁篇》"仁者浑然与物同体"的影响。

---

① 参见陈来:《中国近世思想史研究》,第74页。
② 《知言·纷华》,《胡宏集》,第25页。
③ 《邵州学记》,《胡宏集》,第150页。
④ 《知言·天命》,《胡宏集》,第4页。

在胡宏看来,体仁绝不仅仅是人的精神境界和道德价值之所在,而是应当了解到仁本身就是圣人之道。他说:

> 夫圣人之道,本诸身以成万物,广大不可穷,变通不可测,而有一言可以蔽之者,曰仁而已。仁也者,人也。人而能仁,道是以生。生则安,安则久,久在(引者按,"在"字疑当作"则"。)天,天以生为道者也。人之于道,下学于己而上达于天,然后仁可言矣。①

圣人之道归结起来就是仁。从人自身来看,道也即仁,发端于人身,由成己而成物,充扩于整个宇宙世界,道本身具有广大无穷、变通不测的特点。从仁这方面来看,仁的内在特性是生,人而能仁,道也就有了生的特性,道之"生"是一个必然而又自然的过程,历久而与天之生生不息相合。总之,圣人之道即是仁之道,也即是天人合一之道,其中所蕴涵的契合点就是"生"。

仁的特性是生,仁(即圣人之道)的发端在人自身。这即是说,人自身的合于仁的某些基础行为可以作为仁的起点,作为仁道的生长点。胡宏说:"孝者,仁之基也。仁者,道之生也。义者,仁之质也。"②孝是仁的根基,孝本身又是事亲的行为,而绝不仅仅是一种观念。这即是说,对父母的孝行是仁的开端。因为孝行当中有仁有义,仁就是道的发生、生长之所在,义就是仁的实际表现。胡宏又说:"忠恕者,天地之心也。人而主忠行恕,求仁之方也。施诸己而不愿,亦勿施于人,即主忠行恕之实也。"③忠恕是孔子的一贯之道,也即是求仁之方。可见,忠恕也是人之为仁的基础行为之一。

胡宏还讲到如何在纷纭繁杂的现实当中,因"良心之苗裔"而培蓄成宏大之仁体。《知言》载:

---

① 《求仁说》,《胡宏集》,第196页。
② 《知言·修身》,《胡宏集》,第4页。
③ 《论语指南》,《胡宏集》,第305页。

第十三章 胡宏的儒学思想 / 311

彪居正问:"心无穷者也,孟子何以言尽其心?"曰:"惟仁者能尽其心。"居正问为仁。曰:"欲为仁,必先识仁之体。"曰:"其体如何?"曰:"仁之道弘大而亲切,知者可以一言尽,不知者虽设千万言亦不知也;能者可以一事举,不能者虽指千万事亦不能也。"曰:"万物与我为一,可以为仁之体乎?"曰:"子以六尺之躯,若何而能与万物为一?"曰:"身不能与万物为一,心则能矣。"曰:"人心有百病一死,天下之物有一变万生,子若何而能与之为一?"居正竦然去。他日某问曰:"人之所以不仁者,以放其良心也。以放心求心,可乎?"曰:"齐王见牛而不忍杀,此良心之苗裔,因利欲之间而见者也。一有见焉,操而存之,存而养之,养而充之,以至于大,大而不已,与天地同矣。此心在人,其发现之端不同,要在识之而已。"①

这段文字涉及两个方面的问题,一是仁之体,一是仁之端。仁之体即是全体之仁,也即仁道或圣人之道,此点上面已有详述。胡宏在形而上的仁体的意义上,坚持为仁必须先识仁体,而圣人之所以圣,就在于圣人识仁体,而亦以仁为体,与仁体合一。那么,他为何又要批评彪居正所说"万物与我为一可以为仁之体"呢?胡宏的用意在于,在良心已放,利欲已涨的现实社会,人怎么可能直接达到与万物为一,直接求得仁之体,何况人心本身有百病一死,而万物有一变万生。因此,必须依据现实社会中的人心之动来求得达到仁体的切入点,此即"良心之苗裔"(或称"良心发现之端"),也即仁之端。即使在良心已放,利欲杂陈的情形下,良心之苗裔亦并不灭绝,而是始终存在,如乍见孺子入井,人皆有恻隐之心。此处所谓"齐王见牛而不忍杀",亦即是指齐王有恻隐之心,齐王已现其良心之苗裔。人只要对"良心之苗裔"能够操存充养,则此苗裔可以至于大,并且大而化之,从而"与天地同矣",也即仁

---
① 《知言疑义》,《胡宏集》附录一,第334—335页。

体充现。这里,隐含了一个重大的创见,即良心之苗裔是仁之体的具体而微,仁之体是良心之苗裔的大而化之,也即仁之端蕴含了仁之体,仁之体是仁之端的充现。基于这个思想,胡宏的上述看法也就可以得到合理的解释。胡宏说:"仁之道大,须见大体,然后可以察已之偏而习于正。乍见孺子入井之时,孟子举一隅耳。"①这个"举一隅",在胡宏看来,就是以此一隅为仁体之初机,并据以评判令尹子文之忠、陈文子之清何以不得许之以仁,而亦可据以"察已之偏而习于正"。

在上面关于"良心之苗裔"的问答中,胡宏提出了操存充养的问题。这个说法,实际就是讲如何"察识",如何"先识仁之体"。狭义地讲,操而存之就是敬;广义地讲,操存充养皆有"敬"行乎其中。《知言》云:

> 行吾仁,谓之恕。操吾心,谓之敬。敬以养吾仁。②
> 敬则人亲之,仁则民爱之,诚则鬼神享之。③
> 是故明理居敬,然后诚道得。天道至诚,故无息;人道主敬,所以求合乎天也。孔子自志学至于从心所欲不逾矩,敬道之成也。敬也者,君子之所以终身也。④

上引前二条,敬与仁对言,敬的目的在于"养吾仁"。而第一条侧重于心,所谓"操吾心谓之敬",与程颐"主一之谓敬"相近;第二条侧重于行为,与程颐"整齐严肃"相近。第三条则提到两个概念,一是"明理居敬",表明居敬不离明理,也即居敬可以涵养所明之"理";一是"敬道",圣人之所以圣就在于圣人始终持敬,为人间世确立了"敬道",而人之求合于天,其道亦在于"敬"。这两条,一则不离明理,故胡宏说:"君子居敬,所以精义也。"⑤一则为圣人所立而君子赖以终身不失的"敬道",

---

① 《与张敬夫》,《胡宏集》,第130页。
② 《知言·事物》,《胡宏集》,第22页。
③ 《知言·纷华》,《胡宏集》,第26页。
④ 《知言·一气》,《胡宏集》,第28页。
⑤ 《知言·汉文》,《胡宏集》,第41页。

故胡宏说:"敬者,圣门用功之妙道也。"①用以精义之敬和圣门妙道之敬,在胡宏实际上不是有所分别,而是相互一致,交互起作用的。胡宏说:

> 夫事变万端,而物之感人无穷。格之之道,必立志以定其本,而居敬以持其志。志立于事物之表,敬行乎事物之内,而知乃可精。②

胡宏把居敬持志看做格物之道,而居敬的作用在于持其志。但又说"敬行乎事物之内",实际是说敬贯穿于人的格物活动的全部过程,而其目的在于求知之精。尽管胡宏也讲格物穷理,但远远不如讲居敬之多,而居敬在胡宏始终具有精义和妙道两方面意义。由于胡宏讲居敬是建立在先察识仁体的基础上,后来湖南学者便将胡宏的这种思想概括为"先察识后涵养",而这又深为朱熹所不满。然胡宏"居敬说"却又为朱子所激赏,并加以吸收。

胡宏是绍兴时期道学的著名代表,其思想属于道学的一部分,也是道学发展过程的重要一环。胡宏广泛吸收、借鉴了北宋"关学"及"洛学"门人的思想,在此基础上形成了较系统和较深刻的思想,某些方面表现出了超迈前人的新创造。由于时局动荡及思想自身逻辑发展的条件制约,胡宏未能实现对北宋以来道学的总体消化,这个任务历史地落在了后起的朱熹身上。

---

① 《知言·大学》,《胡宏集》,第34页。
② 《复斋记》,《胡宏集》,第152页。

第十四章

张栻的儒学思想

张栻(1133—1180),字敬夫(一作钦夫),一字乐斋,号南轩,汉州绵竹(今属四川)人。以荫补右承务郎,年轻时随父张浚宦游。三十一岁时,辟宣抚司都督府书写机宜文字,除直秘阁,于其父幕府"内赞密谋,外参庶务,其所综画,幕府诸人皆自以为不及也",①表现出卓越的才能。以后历知严州、袁州、静江、江陵诸州府,官至右文殿修撰。卒于淳熙七年(1180)春二月,年仅四十八岁。由于张浚长期居长沙、永州,死后葬于潭州,张栻遂家于潭州,在学术思想上成为湖湘学派的核心人物。

张栻生有异质,颖悟夙成,深得其父钟爱。张栻幼小时,"浚爱之,自幼常令在旁,教以忠孝仁义之实",②接受的是正统的儒学思想教育。

---

① 《右文殿修撰张公神道碑》,《朱文公文集》卷八十九,第1578页上。张栻参赞幕府系年,见胡宗楙编《张宣公年谱》,《北京图书馆藏珍本年谱丛刊》第31册,北京图书馆出版社,1999年,第132—133页。以下涉及张栻学行系年,多据胡谱。
② 《张左司传》,《诚斋集》卷一百十六,《四部丛刊》集部。

第十四章　张栻的儒学思想

张浚(1097—1164)是南宋初期抗金重臣,主战派的主要代表,官至宰相,学术思想上主程氏之学,曾受学于程氏门人谯定,著有《紫岩易传》十卷、《中兴备览》四十一篇,另有《论语春秋中庸解》等。在力主恢复和学宗程氏两个方面,张栻受其父影响甚深,坚决主张"誓不言和,专务自强",①又力尊程氏理学,于居敬穷理诸方面多所发明。绍兴三十一年(1161),张栻二十九岁,遵父命往衡山拜胡宏为师,然仅得一再见,而胡宏卒。在拜见之前,张栻已多次作书向胡宏请益,并寄所编《希颜录》质正于胡宏。故此,二人一见倾心。胡宏称赞"敬夫猛勇精进,诸人有未到处,他日当自见"。②并特别讲到敬夫拜谒一事:"敬夫特访陋居,一见真如故交,言气契合,天下之英也。见其胸中甚正且大,日进不息,不可以浅局量也。河南之门,有人继起,幸甚!幸甚!"③可见,胡宏对张栻非常器重。而张栻对于受学于胡宏,也感触颇深:"某顷获登门,道义之诲,浃洽于中。"④胡宏在学术思想上对张栻的影响,突出在"求仁之方",具体地说,包括识仁之体,居敬涵养,先察识后涵养等。尤其先识仁体而后涵养,成为湖湘学派的一个共同主张。后来,张栻与朱熹曾就此展开辩论,张栻也转而主张二者相兼并进。

问学胡宏之后,张栻学术日益走向成熟,形成了较系统的理学思想,成为乾淳间著名的大儒之一,与朱熹、吕祖谦并称为"东南三贤"。吕祖谦评价张栻议论"纲举领挈,明白严正"。⑤朱熹评价张栻说:"盖公为人,坦荡明白,表里洞然,诣理既精,信道又笃。其乐于闻过,而勇于徙义,则又奋厉明决,无毫发滞吝意。以至疾病垂死而口不绝吟于天理人欲之间,则平日可知也。""公之教人,必使之先有以察乎义利之间,而后明理居敬以造其极。其剖析开明,倾倒切至,必竭两端而后

---

① 《右文殿修撰张公神道碑》,《朱文公文集》卷八十九,第1578页下。
② 《与张敬夫》,《胡宏集》,第134页。
③ 《与孙正儒书》,《胡宏集》,第147页。
④ 《胡子知言序》,《南轩集》卷十四,第541页上。
⑤ 《祭张荆州文》,《东莱集》卷八,《四库全书》第一一五〇册,第73页上。

已。"这些评述,说明了张栻其人其学的主要特点。

在为政方面,张栻也表现出以儒学为本的思想特色和施政策略。面对宋金对峙的局势,张栻始终反对屈节议和,主张"明复仇之义",甚至临终前仍然进劝孝宗:"亲君子,远小人,信任防一己之偏,好恶公天下之理,以清四海,克固丕图。"乾道六年(1170)十二月至七年春夏间,张栻兼侍讲,除左司员外郎,于经筵讲《诗》,因《葛覃》之篇,向孝宗进言:"治常生于敬畏,乱常起于骄淫,使为国者每念稼穑之劳,而其后妃不忘织纴之事,则心之不存者寡矣。周之先后勤俭如此,而其后世犹有以休蚕织而为厉阶者,兴亡之效,于此见矣。"①希望最高统治者能够保持敬畏之心,戒除骄淫之习,常念稼穑之艰难,不忘织纴之事,这样,百姓才能生活安宁,国家才能稳定复兴。张栻在各地任地方官期间,很注意体察民情,关心百姓疾苦,打击地方奸恶。同时,张栻每到一地,必大兴学校,吸纳年轻学子,相与讲学论道,其所讲论往往以濂溪及程氏之学为主要内容。张栻还很注意转移地方风俗,淳熙元年诏除知静江府,明年二月到任,三月作《谕俗文》。在此文中,张栻讲到这样几个方面的问题,一,安葬祖先,不得听巫师邪说,以父祖坟墓不吉而妄自发掘取棺,栖寄他处,限一月改正。二,禁止丧葬不遵法度,务为华饰;宣扬丧葬之礼以哀敬为主。三,婚姻不得专尚财物,相互攀比。四,禁止生而不育的弃婴行为。五,凡民生病当问医用药,亲戚之间当以孝慈之心相互照管,禁止有病不服药,妄听师巫淫祀诡祷,既破损钱物,亦反误人性命。六,严惩贩卖妇女的恶劣行径,保护百姓家室安宁。以上六条,涉及丧葬、婚姻、生育、疾病及妇女人身安全等,其总的目的在于"善风俗"。张栻所列诸条款,其出发点和归宿都是儒家的伦理道德和保民淑世的思想。

张栻一生勤于著述,其著作流传下来的有《论语解》十卷,《孟子

---

① 以上并见《右文殿修撰张公神道碑》,《朱文公文集》卷八十九,第 1581 页下、1579 页。

说》七卷,①《南轩易说》三卷(一本作五卷),其诗、书、表、记、序、答问、墓志等由朱熹汇编为《南轩集》四十四卷。清人将《论语解》、《孟子说》、《南轩集》合编为《张宣公全集》六十一卷。

第一节　继承程氏解经思想

宋儒诠解儒学经典,特别重视《论语》、《孟子》、《大学》、《中庸》及《周易》,尤其程氏理学形成以后,这几部经典日益受到推崇,到朱子那里便形成了"四书"学系统。而其他的经典如《书》、《诗》、《春秋》、《礼》等,虽也受到理学家的普遍重视,但哪一部也未被看做入德之门的经籍。程门后学,几乎无人不论"四书"及《周易》,而其他的经典,只有个别特出的诠解之作,如胡文定《春秋传》、蔡沈《书经集传》等,而《诗》、《礼》的集传还是以朱熹所作为特出。道学内部的这种解经倾向显然与程氏学的导向有关,而诠解经典的理路亦往往是对于程氏的解经理路及理学思想的继承和发展。张栻对于《论语》、《孟子》及《周易》的注解,在总体原则和思想方法上,也是继承程氏而来。

张栻《论语解序》云:

> 然则声气容色之间,洒扫应对进退之事,乃致知力行之原也,其可舍是而他求乎！顾栻何足以与明斯道,辄因河南余论,推以己见,辑《论语说》,为同志者切磋之资,而又以此序冠于篇首焉。②

这里所谓"河南",张栻于此序中又称"河南君子",就是指河南程氏兄弟。张栻所谓"河南余论",在此序中特别指明为"穷理居敬之方"。这

---

① 张栻《论语解》、《孟子说》二书,皆成于乾道九年癸巳(1173),故又称《癸巳论语解》、《癸巳孟子说》。

② 《癸巳论语解自序》,《丛书集成新编》第十七册,第588页下。

一点被张栻看做理解并践履"圣人之道"的根本方法,而遵循穷理居敬的方法,也就是一方面穷理致知,一方面行著习察,于声气容色、洒扫应对进退之事上实下"致知力行"之功,由此下学而上达圣人之道,即既知之,又行之。

张栻对《孟子》的理解,也同样遵循了程氏的理路。张栻说:

> 嗟乎,自孟子而后千有余岁间,学士失其本宗,未有能究其大道而明其传者,其天道邪,抑人事也。至伊洛君子出,其于孔孟之传,实闻而知之。然自伊洛以来,至于今未百载,当时见而知之者,固不为无人,其风采议论犹接于耳目也,然而今之学者岂无有乎尔哉,然则可不勉之哉!①

所谓"本宗",在张栻看来,也就是孔子之后,由孟子所独身承担的"夫子之道"。

> 夫子之道至矣,微孟子其孰能发挥之。方战国之际,在上者徒知以强大威力为事,而在下者则异端并作,充塞仁义。孟子独以身任道,从容乎其间,其见于用则进退辞受,无往而不得,见于言则精微曲折无一之不尽。盖其笃实辉光,左右逢原,莫非天理之所存也。使后之人知夫人皆可以为圣人,而政必本于王道,邪说暴行无所遁其迹,而人之类免于夷狄禽兽之归,其于圣门,岂小补哉!今七篇之书广大,包含至深至远,而循求有序,充扩有方,在学者笃信力行何如尔。②

孟子不仅发挥孔子之道,而且当战国仁义充塞之际能够独力以身任道,其言曲尽精微,其用见于进退辞受,无往而不得。张栻认为,孟子之言与用之所以达到这样的境地,是由于孟子得孔子之道,根本深固,外显辉光,见诸行事则左右逢其原,而这又表明,孟子之言行正是内蕴

---

① 《孟子说》卷七,《四库全书》第一九九册,第551页。
② 《孟子说序》,《四库全书》第一九九册,第322页下。

天理,是天理之所在。后来者如果能遵从孟子"人皆可以为圣人(尧舜)"的教导,则为政必本于王道,邪说(异端)暴行(强大威力)无处可施,人类也就生活于王道盛行之世。《孟子》七篇就是讲圣人之道,讲人如何可以成为尧舜及在现实政治中推行王道的问题,而孟子也就是孔子之道在战国时期的代表。紧接着的问题就是,后来者应当对于《孟子》七篇"循求有序,充扩有方",此"序"和"方",实质就在于"笃信力行"。

所谓"笃信力行",也就是《论语解序》所谓"穷理居敬之方",这是二程尤其程颐的根本教旨。伊洛君子(二程)之成其为得孔孟之传者,是由于他们创发并始终遵循了"穷理居敬之方"。二程以其笃信力行,穷理居敬,探得圣学之"本宗",从而使儒家圣人之道复倡于千有余年之后。张栻认为,从二程至今未百年,程学传人不曾间歇,今之学者固当依从二程之教旨,勉力探求圣人之道。实际上,张栻之解说《论语》、《孟子》,其用意亦正在于此。

张栻还有《南轩易说》,也是承继《周易程氏传》,亦补《程传》之不足。按《周易程氏传》,程颐未曾定稿即已于学者间有所流传,迨程颐殁后,广为流布,成为道学系统注解《周易》的经典著作,北宋末以后,学者注《易》几无不受程氏传之影响。然《周易程氏传》详于经而略于传,此或启后学欲弥而缝之,《南轩易说》或即是为此而作。元代赣州学正胡顺父作有《南轩易说序》,中云:

> 至元壬辰,鲁人东泉王公分司廉访章贡等路,公余讲论,因言:"辞谢衰病,家食数年,从事于《易》,尝诵伊川《易传》,特阙《系辞》,留心访求,遂得南轩解说《易系》,缮写家藏,好玩如宝。圣人之言,如有师保,如临父母,钦哉!钦哉!傥合以并传,斯为完书。"乃出示知事吴将仕及路学宿儒,议若命工刻之学官以补遗阙,使与《周易程氏传》大字旧本并行于世,可乎?将仕泊诸儒复命曰:"斯文也,盖有待于今日也,后之学者幸莫大焉。"顺父承命

校正,敬录以付匠氏,并序其概于后。①

按《南轩易说》卷一、卷二解《系辞》,卷三解《说卦》、《序卦》、《杂卦》,正可补《周易程氏传》之阙。胡序引王氏之言,称程颐《易传》特阙《系辞》,得张栻解说《易系》,合为完书。此盖为简略之说。现存《南轩易说》关于《系辞》之解说,乃始于"天一地二"章,当是其书于流传中已有佚失所致。尽管张栻自己并没有就其作《易说》之意图作出明确说明,但从胡序所说来看,张栻当是有所为而作的。

总之,张栻解经,意在承继程氏解经之理路,借此探求圣人之道,同时阐发程氏理学,推动程氏之学的进一步发展。

第二节　太极体性

张栻在其《易说》和《太极图解》中讨论到太极之道。《南轩易说》卷一:

> 易有太极,函三为一,此中也。如立天之道曰阴与阳,而太极乃阴阳之中者乎;立地之道曰柔与刚,而太极乃刚柔之中者乎;立人之道曰仁与义,而太极乃仁义之中者乎。此太极函三为一,乃皇极之中道也。是以圣人作《易》,所谓六爻者,乃三极之道,故三才皆得其中,是乃顺性命之理也。②

此所解太极,是针对《系辞》"易有太极,是生两仪,两仪生四象,四象生八卦"说的。而所谓太极"函三为一",胡宏亦有此说,③说明张栻倾向

---

① 《南轩易说序》,《四库全书》第十三册,第 626 页下。
② 《四库全书》第十三册,第 636 页。
③ 《皇王大纪》卷二:"太极函三为一,始动于子,参之于丑,得三。"《四库全书》第三一三册,第 22 页上。

于胡宏之说。但此说最早为汉儒提出，刘歆《三统历》云："太极元气，函三为一。"这是指一元含三统，也即太极元气含有天地人。[①] 张栻所谓太极"函三为一"，在含义上与汉儒说有所不同，与胡宏亦有异，"三"虽然也指天地人，但更具体地指天之阴阳，地之刚柔，人之仁义；"一"不是指元气，而是指"中"，即阴阳、刚柔、仁义之中。而所谓太极函三为一，即是"皇极之中道"。

张栻关于"太极"较详细、亦较能体现其思想的解释，见诸其《太极图解》：

> 太极之体至静也，冲漠无朕而无不遍该焉。某所谓至静，盖本体贯乎已发与未发而无间者也。然太极不能不动，动极而静，静极复动。此静，对动者也。有动静则有形器，故动则生阳，静则生阴，一动一静，互为其根。盖动则有静，而静所以有动也，非动之能生静，静之能生动也。动静者，两仪之性情，而阴阳者，两仪之质也。分阴分阳，两仪立矣。有一则有两，一立则两见矣。两故，所以为一之用也；一不可见，则两之用或几乎息矣。[②]

这即是说，太极自身之体是可以独存的，也就是无对，是一种绝对之体，其存在特性是"至静"。太极至静之体也即是冲漠无朕的理体，这是从纯粹形而上的理世界来讲。从形而下的器物世界来讲，太极之体又是"无不遍该"，也就是无所不在。这两方面结合，则是本体贯乎已发与未发之间，也即至静的太极之体并非绝对之静，而是静中有动，动中含静，动静不离。所以说"太极不能不动"，此动即是至静的太极之体的自动。太极动而生阳，动极而静，静而生阴，静极复动，动静互为其根，互相转化。此意义的动静即是形而下的"形器"意义上的动静，是相互对待的，即所谓"此静，对动者也"。此动静是两仪的内在特性，

---

① 参见朱伯崑：《易学哲学史》第一卷，华夏出版社，1995年，第169页。
② 《元公周先生濂溪集》，《北京图书馆古籍珍本丛刊》第88册，书目文献出版社，1998年，卷三，第70页下—71页上。

而阴阳则是两仪的形质表现。阴阳两仪的分立及其动静都是受制于太极之体,太极存在于阴阳动静过程之中,即"无不遍该",而阴阳在太极即冲漠无朕的至静之体的作用下展开其动静过程。张栻这里所说两一关系,吸收了张载的说法。

上引文有两点可注意,一是"太极不能不动",这个动当是指太极之体自动。南轩《太极图解序》谓"《通书》之说大抵皆发明此(《太极图》)意",太极可看做诚,而太极之动,近似于"乾道变化,各正性命,则是本体之流行发现者"。① 此说亦可理解为太极自动。然而,张栻又说:"太极所以明动静之蕴也。极乃枢极之义,圣人于《易》特名太极二字,盖示人根柢,其义微矣。"②"易也者,生生之妙也。太极者,所以生生者也。"③太极为枢极根柢,与前说"皇极之中道"盖可相通,又是"所以生者","所以明动静静之蕴也",则太极自身似又并不自动。看来,张栻对于周敦颐《太极图》的理解也未能完全处理好太极动静问题。

另一点是,张栻讲到太极"本体贯乎已发与未发而无间",这又具有论人之性情的意义,而不是完全限定在太极自身动静与否的问题。张栻说:"太极,所以形性之妙也。"④"太极,性也。惟圣人能尽其性,人极之所以立也。"⑤太极为性,也就是以理为性。由此,张栻讨论到性之未发与已发的问题。

> 性之本,一而已矣。而其流(行)发现,则人物所禀有万不同焉。盖何莫而不由于太极,亦何莫而不具于太极,是其本之一也。然有太极,则有二气五行绸缊交感,其变不齐,故其发现于人物者,未尝不各具于其气禀之内。故原其性之本一,而察其流行之

---

① 《元公周先生濂溪集》卷一,第31页下。
② 《答吴晦叔一》,《南轩集》卷十九,第580页下。
③ 《答吴晦叔五》,《南轩集》卷十九,第582页下。
④ 《本论上》,《欧阳修全集》,第860页。
⑤ 《元公周先生濂溪集》卷三,第70页上。

各异,知其流行之各异,而本之一者,初未尝不究也,而后可与论性矣。故程子曰:"论性不论气,不备;论气不论性,不明。"盖论性而不及气,则昧夫人物之分,而太极之用不行矣;论气而不及性,则迷失大本之一,而太极之体不立矣。①

这里,张栻从太极本体与太极之流行的关系来揭示性之本一与人物各具其性的关系。性之本一是从本原上说,性也即是太极,是万物之性的总根源,其流行发现便形成万物之性。万物之性无不源于太极,亦无不具备太极。这种关系,张栻认为,就是程颐所说的性与气之间的关系,即性之本一,而其流行则各异,此即既论性又论气;万物之性各异(即太极流行各异的表现),而其本原则一,此即既论气又论性。如果割裂开来,或只看到其中一面,则要么只强调太极之性的本一,而不能认清人物之不同,从而太极只是一无用之体;要么只看到人物差异,而不能认定其性之本原为一,从而太极之体无从显立,人物只是一堆杂乱无统的存在物而已。

由性气关系,张栻进一步讨论到未发与已发。其《太极图解后序》云:

> 先生(周敦颐)诚通诚复之论,其至矣乎!圣人与天地同用,通而复,复而通。《中庸》以喜怒哀乐未发已发言之,又就人身上推寻,至于见得大本达道处又衮同,只是此理。此理就人身上推寻,若不于未发已发处看,即何缘知之。盖就天地之本源与人物上推来,不得不异。此所以于动而生阳,难为以喜怒哀乐已发言之,在天地只是理也。②

从纯粹的形而上,也即"天地之本源"的立场来看,太极本体只是理,是"至静"的。此太极及太极动而生阳,难以喜怒哀乐已发言之。对于

---

① 《元公周先生濂溪集》卷三,第70页。
② 《元公周先生濂溪集》卷一,第32页。

《太极图》,之所以能以《通书》之"诚通"、"诚复",《中庸》之喜怒哀乐未发、已发言之,乃是"就人身上推寻",即是说,从形而下的"器物"的立场来看,喜怒哀乐未发、已发即是性之中,性之和,这个未发、已发也就可以对应于太极之体的动静,故云太极"本体贯乎已发与未发而无间"。张栻此说不是假借之说,而是实证之说,即从未发、已发来体察太极动静,从本原与分殊来体察性之本一(即太极)与人物之性各异的关系。

总之,张栻所说太极为"皇极之中道",乃是相对于天地人三才而言,具有枢极之义,其本质内涵则是天理。从纯粹形而上的理世界言之,太极之体至静。从流行发现言之,太极之动静生阴阳、五行、万物,此意义之太极贯乎动静,存乎万物,而万物各有气禀,故太极与万物之间又有着性之本一与性之万殊的关系。从人身上推寻言之,太极本体(也即性之本体)的动静,可以从人的喜怒哀乐未发、已发的角度来理解。

第三节 仁兼该体用,贯通动静

孔门之学,以仁学为最重要。宋儒言必称仁,且于仁字之解常有歧见。此正可见宋儒对于仁学之重视,而各家亦皆有切实体察。然宋儒言仁之盛,实肇始于二程,程门后学关于仁之各种见解,如一体言仁,以觉言仁,以公言仁等,实皆导源于程颢和程颐。张栻于仁之一题亦致力极深,绍兴三十一年受学胡宏,即问以"为仁之方",乾道六年作《洙泗言仁录》(已佚),乾道九年改定自撰《仁说》,又于诸多序、记、答问中反复论仁,从而形成一种以仁为兼该体用,贯通动静的思想。

张栻《仁说》如下:

人之性，仁义礼智四德具焉，其爱之理则仁也，宜之理则义也，让之理则礼也，知之理则智也。是四者，虽未形见，而其理固根于此，则体实具于此矣。性之中只有是四者，万善皆管乎是焉。而所谓爱之理者，是乃天地生物之心，而其所由生者也。故仁为四德之长，而又可以兼包焉。

惟性之中有是四者，故其发见于情，则为恻隐、羞恶、是非、辞让之端。而所谓恻隐者，亦未尝不贯通焉，此性情之所以为体用，而心之道则主乎性情者也。人惟己私蔽之，以失其性之理，而为不仁，甚至于为忮为忍，岂人之情也哉？其陷溺者深矣。是以为仁莫要乎克己。己私既克，则廓然大公，而其爱之理素具于性者无所蔽矣。爱之理无所蔽，则与天地万物血脉贯通，而其用亦无不周矣。故指爱以名仁则迷其体（小注：程子所谓"爱是情，仁是性"，谓此。），而爱之理则仁也；指公以为仁则失其真（程子所谓"仁道难言，惟公近之，不可便指公为仁"，谓此。），而公者人之所以能仁也。

夫静而仁义礼智之体具，动而恻隐、羞恶、辞让、是非之端达。其名义位置固不容相夺伦，然而惟仁者为能推之而得其宜，是义之所存者也；惟仁者为能恭让而有节，是礼之所存者也；惟仁者为能知觉而不昧，是智之所存者也。此可见其兼能而贯通者矣。是以孟子于仁统言之曰"仁，人心也"，亦犹在《易》乾坤四德，而统言乾元坤元也。然则学者其可不以求仁为要，而为仁其可不以克己为道乎。①

这是张栻关于"仁"的系统表述，可从四个方面作理解。其一，仁为性之体。人性本具仁义礼智四德，仁即爱之理，义即宜之理，礼即让之理，智即知之理，这是分别从本原上作字义的解释，也是从"体"而非

---

① 《南轩集》卷十八，第570页下—571页上。

"形见"上作解释,但此四者之"形见"则是渊源于此四者之"体"。此体归结起来,就是人之性体。四德是万善之总名,性先验地具此四德。而爱之理即是天地生物之心,也即生生之理,其他可以"形见"的仁义礼智皆导源于此生物之心。故仁为四德之长,而可以兼包四者。(此为程颐之说)仁既可包四者,也就可以说,仁为性之理,仁为性之体。这是从未"形见"之前的"体"上说。

其二,仁兼该体用。性本具四德,其发现于情则为恻隐、羞恶、是非、辞让之端,这个"端"也即是性动之端,情现之端。既然仁为四德之长,可以包四者,那么自然地,恻隐也就贯通于羞恶、是非、辞让之中。此即所谓"恻隐者未尝不贯通焉"。恻隐于未动之前即是仁之体,即是性之本善,恻隐既发则为爱之情,为天下之公。而从未发与已发相对来讲,性情之间存在一种体用关系,但不是说性是情之体,情是性之用,而是说恻隐之心的未发与已发决定了性情之间的体用关系,亦即是说体用的主体乃是仁之端的恻隐之心。此恻隐之心即是爱之理,而不是指已现实际作用的心。恻隐之心未发即是性之体,是全体之仁,已发则为情之用,为仁之实。故,从恻隐之心的未发、已发构成并决定了性情之间的体用关系来说,仁确实兼该体用,而心则主宰性情。

张栻以恻隐贯通于羞恶、是非、辞让,对恻隐的特别强调,着实是受了胡宏的影响。胡宏以恻隐为"良心之苗裔",为仁之体的具体而微,顺此操存养充,即可达至仁者与万物一体,与天地上下同流的境界。张栻秉承了胡宏这一思想,故而特别强调恻隐,强调"良心之苗裔"。其与人论"仁之说",就明确主张"只于日用间,更因其发见苗裔而深察默求之,勿舍勿弃,当的然见其枢机之所由发者矣"。① 或者正是有见于此,朱子因云:"敬夫说(按,指反复论仁)本出胡氏。胡氏之说,惟敬夫得之,其余门人皆不晓,但云当守师之说。"② 朱子此说可谓

---

① 《答范主簿》,《南轩集》卷二十七,第 646 页下。
② 《朱子语类》卷一百三,第 2606 页。

的然之论。

其三,仁贯通动静。仁包四德,是静态地从本原上说,此仁也即是性。而性之发动,则"恻隐、羞恶、辞让、是非之端达",达即是充分显现。而"惟仁者能推之",即只有仁者能顺恻隐之端而达到推之得其宜,恭让而有节,知觉而不昧,使内在于静存于性的四德转化为外在流变世界的仁义礼智四种伦理道德行为和准则。从这个意义上讲,仁可谓贯通动静。

张栻说,仁者"兼能而贯通",直接指的是仁具有兼包四德,贯通恻隐、羞恶、辞让、是非四端的特点。但从性情之未发、已发关系来讲,又可说仁兼该体用,贯通动静。从这一点来讲,上面第二、第三两层所指可以说存在某种一致性。张栻说:"探其本,则未发之前,爱之理存乎性,是乃仁之体者也。察其动,则已发之际,爱之施被乎物,是乃仁之用者也。体用一源,内外一致,此仁之所以为妙也。"①这个表述更为明晰,仁有体有用,体用一源,贯通动静,内外一致。

其四,仁既可兼体用、贯动静,则仁者自可以廓然大公,与天地万物血脉贯通。(此说得之程颢)而人之所以不仁,之所以不能达此境界,其根本原因不在人心,也非关人之性情,而在于人之"己私蔽之",即己私蒙蔽人心,淆乱性情,使人"陷溺者深"。故此,人之为仁,根要就在于克己,克去己私,则性情无所蔽,人心亦廓然大公,与天地万物为一体。根据这个思想,张栻明确反对以爱为仁,以公为仁之说,认为此二说实质上迷失了仁之本体之真,没有从"爱之理"和"所以能仁"处体察仁之究竟。附带一提,张栻也明确批评过知觉言仁说。他说:"谢上蔡之言("心有知觉之谓仁"),固是要指,其发见以省学者,然便断杀知觉为仁。故切以为未免有病。伊川先生所谓'觉不可训仁'者,正谓仁者必觉,而觉不可以训仁。"②可见,谢良佐以知觉言仁,确有偏处。

---

① 《答朱元晦秘书九》,《南轩集》卷二十,第588页下。
② 《答胡伯逢》,《南轩集》卷二十九,第663页下。

张栻《仁说》,是对二程仁学思想的继承和发展,表明理学家关于仁的思考日趋成熟和深入。朱子也有《仁说》,①与张栻《仁说》几乎作于同一时间,其思想主张与张栻有所不同,张栻从性情动静入手论仁,朱子则从心性入手论仁,然而关于仁兼体用、贯动静一义,则二者并无二致。可见,如何识仁是道学的一个重大主题,而其间思想的同异则反映出仁之主题的复杂性,也表明了道学思想的深入发展。

第四节　居敬穷理

上面讲到,为仁必须克去己私。己私也就是"利",与"义"是正相反对的。义利之辨在先秦儒学就是一个十分重要的课题,在宋代儒学也同样如此。二程就非常强调义利、公私、理欲之辨,认为这些对立面是不可调和的,必须做彻底的决断。张栻也非常重视此一问题。他说:"学者潜心孔孟,必得其门而入。愚以为莫先于义利之辩,盖圣学无所为而然也。无所为而然者,命之所以不已,性之所以不偏,而教之所以无穷也。凡有所为而然者,皆人欲之私,而非天理之所存。此义利之分也。……学者当立志以为先,持敬以为本,而精察于动静之间,毫厘之差,审其为霄壤之判,则有以用吾力矣。"②这即是说,义利之辨是学者探寻孔孟之学的入门之端。张栻认为,"无所为而然"就是义,"有所为而然"就是利,这是义利的分际所在。无所为而然即是"无所为而为之",也即无任何私心功利目的,是王者之政。有所为而然即是"莫非有为而然",也即出于个人私心功利的目的,是霸者之政。前者即是"天理,义之公也",后者即是"人欲,利之私也"。③ 总之,义利之分

---

① 《朱文公文集》卷六十七,第 1244 页下—1245 页下。
② 《孟子讲义序》,《南轩集》卷十四,第 539 页下。
③ 《史论·汉家杂伯》,《南轩集》卷十六,第 557 页下—558 页上。

是必须首先辨明的,只有这样才能立志。

张栻认为,在"立志以为先"的同时,学者还应当"持敬以为本",并加精察之功,这样为学才有用力之地。所谓持敬精察,也就是张栻所强调的居敬穷理。居敬穷理本来出自二程,张栻认为,河南程氏以穷理居敬教学者,使学者循之可入尧舜之道,然而"近岁以来,学者又失其旨","其所知特出于臆度之见,而无以有诸其躬",[①]实在堪忧。故有必要对居敬穷理之说详加阐发。

张栻说:

> 窃考二先生所以教学者,不越于居敬穷理二事,取其书反复观之,则可以见。盖居敬有力,则其所穷者益精;穷理寖明,则其所居者益有地,二者盖互相发也。为人之要,孰尚于此。[②]

> 所谓持敬,乃是切要工夫。然要将个敬来治心,则不可。盖主一之谓敬,敬是敬此者也。(原注:只敬便在此。)若谓敬为一物,将一物治一物,非惟无益,而反有害,乃孟子所谓必有事焉而正之,卒为助长之病。……故欲从事于敬,惟当常存主一之意。[③]

张栻继承程氏居敬穷理的思想,强调二者"互相发",也即互相促进。而所谓敬,就是主一。这是程颐之说。程颐还主张从外在方面持敬,即从容色辞气上持敬。这一点也为张栻所接受,他说:"某详程子教人居敬,必以动容貌、整思虑为先,盖动容貌、整思虑,则其心一,所以敬也。"[④]也就是说,动容貌、整思虑即是居敬的表现,而其目的则在于达到"心一"。这个心一,也就是主一。张栻认为,主一不是说敬别为一物,而心又为一物,从而将一物(敬)治一物(心),其结果只能造成强力把捉,一味助长,这不但无益,反而有害。敬也就是心常主一,即心自

---

① 《论语说序》,《南轩集》卷十四,第538页下。
② 《答陈平甫》,《南轩集》卷二十六,第635页上。
③ 《答曾致虚》,《南轩集》卷二十六,第635页下。
④ 《答朱元晦》,《南轩集》卷三十,第671页上。

身"常存主一之意"。对此,张栻有进一步的解释:主一"须是思此事时只思此事,做此事时只做此事,莫教别底交互出来,久久自别"。① 这个说法将程颐所说主一无适作了非常浅白的解释,颇便学者体认实行。

张栻又提出敬为格物之道。他说:

> 格,至也。格物者,至极其理也。此正学者下工夫处。……格物有道,其惟敬夫。是以古人之教有小学,有大学,自洒扫应对而上,使之循循而进,而所谓格物致知者,可以由是而施焉。故格物者,乃大学之始也。②

张栻关于格物的解释,吸收了程颐之说,其进一步的主张在于,以敬为格物之道。这大概是基于两点考虑,一是格物为大学之事,而其基础则是小学,小学主要是洒扫应对进退之节,这主要是实行而不仅仅是知见的问题,敬则正有实行的特点。一是大学之教,虽是格物致知,而此格致必须有敬贯穿其中,才不致乍有乍无,成为虚浮不实之见。故此,张栻特别强调"格物有道,其惟敬夫",倒不是说敬可以取代格物。而这个说法,显然得之胡宏。

居敬穷理与格物致知,在程颐那里就是并行不悖,而且是互相发明的,张栻也主张格物之道在于敬,而穷理则与致知密切相关。故此,张栻很自然地讨论到致知与力行,也即知行关系的问题:

> 考圣人之教人,固不越乎致知力行之大端,患在人不知所用力耳。莫非致知也,日用之间,事之所遇,物之所触,思之所起,以至于读书考古,苟知所用力,则莫非吾格物之妙也。其为力行也,岂但见于孝悌忠信之所发,形于事而后为行乎?自息养瞬存以至于三千三百之间,皆合内外之实也。行之力则知愈进,知之深则

---

① 《答潘叔昌一》,《南轩集》卷二十七,第648页下。
② 《答江文叔》,《南轩集》卷二十六,第636页下—637页上。

行愈达,区区诚有见乎此也。①

这里,张栻对知和行分别作了非常广泛的解释,知既包括日用常行中的耳目感官对于外物之感触,心官之思,也包括读书考古。行不仅指见诸具体行为的孝悌忠信一类伦理道德的活动,还包括人的心思念虑、容色辞气这类微细的活动,以至礼仪三百威仪三千这类显著而繁复的社会活动。而知行的关系则是互相发明,互相促进。"行之力则知愈进,知之深则行愈达",几可视作关于知行并进关系的一个经典表述。张栻认为,遵循知行的这种并进关系,则人既可明达天理,又可变化气质。②

从总体上讲,知行存在着"互相发"的并进关系。但若分先后,则是知在先,而随之以行,最终则仍是知行并进。张栻说:

> 知有精粗,行有浅深,然知常在先。固有知之而不能行者矣,未有不知而能行者也。……且以孝于亲一事论之,自其粗者知有冬温夏清,昏定晨省,则当行温清定省。行之而又知其有进于此者,则又从而行之。知之进则行愈有所施,行之力则知愈有所进。……盖致知力行,此两者工夫,互相发也。③

> 始则据其所知而行之,行之力则知愈进,知之深则行愈达。是知常在先,而行未尝不随之也。知有精粗,必由粗以及精。行有始终,必自始以及终,内外交正,本末不遗,条理如此,而后可以言无弊。④

此所谓"知常在先",是从知行关系中的行必有其所行者和所以行者而言,而不是凭空冥行来说的。也就是说,在知行关系这个特定问题内,

---

① 《答陆子寿》,《南轩集》卷二十六,第639页下—640页上。
② 《送钟尉序》云:"致知力行,互相发也。盖致知以达其行,而力行以精其知,工深力久,天理可得而明,气质可得而化也。"《南轩集》卷十五,第550页下。
③ 《寄周子充尚书一》,《南轩集》卷十九,第577页下—578页上。
④ 《论语说序》,《南轩集》卷十四,第538页下。

应当是先有知。但知常在先,并不等于行一定在后,而是行紧随于知,也就是有知即有行,知行不可割裂,而是紧密相关,相互并进。在这个意义上,张栻所说知行关系已带有明显的知行合一的倾向。

总之,张栻早年从其父受学,后又问学胡宏,对于孔孟儒学,形成了较系统的理解,对北宋以来的道学尤其是程氏之学做出了较全面的继承和推进,确乎是一代儒宗。黄宗羲评曰:"南轩之学,得之五峰。论其所造,大要比五峰更纯粹,盖由其见处高,践履又实也。""五峰之门,得南轩而有耀。从游南轩者甚众,乃无一人得其传。故道之明晦,不在人之众寡尔。"①就对张栻学术造诣的评价来说,黄氏此说确乎不虚。然谓"道之明晦,不在人之众寡",如果指张栻独出诸儒之表,为湖湘学派之核心中坚,而与朱子难分轩轾,则其言盖有为而发。然而,张栻早逝,其学不传,而湖湘一派竟亦趋于消歇,以此而言,则黄氏"众寡"之说亦属合理。

---

① 《南轩学案》,《宋元学案》卷五十,第 1635—1636 页。

第十五章

朱熹的儒学思想

第一节 绪　言

朱熹(1130—1200)是宋代儒学的集大成者,其儒学思想是宋代儒学发展的高峰。从儒学史的角度来看,朱熹对儒学发展所作的一个最重要的贡献,就是他花费了毕生时间致力完成并不断加以修改的《四书章句集注》。朱熹对四书所作的研究,集中地体现在他对四书的集结、章句、注释、解说,事实上,他一生的学术精力,大部分都投入在对于四书的研究之上,死而后已。①

朱熹的四书研究是理学化的四书体系的集中代表。其研究,是在整理、编辑北宋以来儒家(主要是道学,也包括与道学亲缘接近的其他儒者)对四书的解释的基础之上,以二程道学思想为主轴,并经过对北

---

① 有关朱熹的四书学及思想,可参看钱穆先生《朱子新学案》。

宋以来各家四书解释的全面反思和批判继承,所建立起来的解释体系。由二程在北宋开创的注重四书的学术运动,到朱熹手中真正定型和兴起,并借助后来朱子学派的努力发扬,使四书成为宋元明清儒学思想的新的经典体系。

朱熹早年就对北宋和南宋初期儒学关于《论语》、《孟子》的解释做过整理和编辑,在四十多岁时写成了《四书集注》初稿,此后一直不断修改。朱熹在晚年守漳州任上把"四书"合刊为一。他对《论语》、《孟子》的注释称为"集注",对《大学》、《中庸》的注释称为"章句",所以后来统称"四书章句集注",简称"四书集注"。在《四书集注》外,他还著有《四书或问》,对《四书集注》中的义理论点和素材取舍加以说明和发挥。本章以《四书集注》为主,论述朱熹儒学思想的特色;但主要不是从解经学的角度观察《四书集注》,而是力图展示朱熹是如何通过《四书集注》阐发其儒学思想的,当然,朱熹在《集注》中阐发的儒学思想体现了新儒学的思想特色,即道学话语形态的儒学思想。

今本《四书集注》首列有《读论语孟子法》,是朱熹摘录二程关于读《论语》和《孟子》的语录,也表达了朱熹关于阅读《论语》、《孟子》的看法:

> 程子曰:"学者当以《论语》《孟子》为本。《论语》《孟子》既治,则六经可不治而明矣。读书者当观圣人所以作经之意,与圣人所以用心,圣人之所以至于圣人,而吾之所以未至者,所以未得者。句句而求之,昼诵而味之,中夜而思之,平其心,易其气,阙其疑,则圣人之意可见矣。"

> 程子曰:"……若能于《语》《孟》中深求玩味,将来涵养成甚生气质!"

> 程子曰:"凡看《语》《孟》,且须熟读玩味。须将圣人言语切

己,不可只作一场话说。人只看得二书切己,终身尽多也。"①

朱熹在《集注》中也引程子曰:"凡看《论语》,非但欲理会文字,须要识得圣贤气象。"②可见,朱熹赞同二程的解释主张,读书是为了理解,不是为了诠释,理解的要点是经典所表达和蕴涵的圣人之心与意,即圣人为什么作经,圣人要达到什么目的。其次是通过经典了解圣人所达到的境界,及常人与圣人境界的差距所在。理解要"思",而且要"味",味就是玩味和体会。这种玩味不是浅尝辄止,而是在熟读的基础上深切玩味,玩味要结合切身的体会。最后,玩味的目的是识得圣人的气象,涵养自己的气质。在这个意义上,对四书的阅读和理解是体验的,是实践的。

朱子关于《论语》和《孟子》的《集注》的叙述特点是:先训读,次解释大意,次引程子及程门谢氏、游氏、杨氏、尹氏等说,其中引程子最多,而后以"愚谓""愚按"补足之。与二程不同,朱熹注释以字的音读和字义为基础,这不仅继承了汉唐经学注重训诂的长处,也有助于科举时代知识人对于经典音读的统一,更便于初学。所以朱熹的《集注》可以说做到了学术性与实用性的统一,这也是它能够被作为教本广为流传的原因之一。同时很明显,朱子《集注》在训读后的解释大意中,加进了自己的哲学发挥。

第二节　朱熹《大学章句》的解释特点

一、《大学章句序》:知其性与全其性

在朱子的四书著作中,对《大学》的研究和阐发,最具有代表性,也

---

① 朱熹:《四书章句集注》,第44—45页。
② 《四书章句集注》,"公冶长",第5、83页。

最集中地表达了朱子的儒学思想。让我们先来看《大学章句序》：

> 《大学》之书，古之大学所以教人之法也。盖自天降生民，则既莫不与之以仁义礼智之性矣。然其气质之禀或不能齐，是以不能皆有以知其性之所有而全之也。一有聪明睿智能尽其性者出于其间，则天必命之以为亿兆之君师，使之治而教之，以复其性。此伏羲、神农、黄帝、尧、舜，所以继天立极，而司徒之职、典乐之官所由设也。
>
> 三代之隆，其法寖备，然后王宫、国都以及闾巷，莫不有学。人生八岁，则自王公以下，至于庶人之子弟，皆入小学，而教之以洒扫、应对、进退之节，礼乐、射御、书数之文；及其十有五年，则自天子之元子、众子，以至公、卿、大夫、元士之嫡子，与凡民之俊秀，皆入大学，而教之以穷理、正心、修己、治人之道。此又学校之教、大小之节所以分也。
>
> 夫以学校之设，其广如此，教之之术，其次第节目之详又如此，而其所以为教，则又皆本之人君躬行心得之余，不待求之民生日用彝伦之外，是以当世之人无不学。其学焉者，无不有以知其性分之所固有，职分之所当为，而各俛焉以尽其力。此古昔盛时所以治隆于上，俗美于下，而非后世之所能及也！
>
> 及周之衰，贤圣之君不作，学校之政不修，教化陵夷，风俗颓败，时则有若孔子之圣，而不得君师之位以行其政教，于是独取先王之法，诵而传之以诏后世。若《曲礼》、《少仪》、《内则》、《弟子职》诸篇，固小学之支流余裔，而此篇者，则因小学之成功，以著大学之明法，外有以极其规模之大，而内有以尽其节目之详者也。三千之徒，盖莫不闻其说，而曾氏之传独得其宗，于是作为传义，以发其意。及孟子没而其传泯焉，则其书虽存，而知者鲜矣！
>
> 自是以来，俗儒记诵词章之习，其功倍于小学而无用；异端虚无寂灭之教，其高过于大学而无实。其他权谋术数，一切以就功

名之说，与夫百家众技之流，所以惑世诬民、充塞仁义者，又纷然杂出乎其间。使其君子不幸而不得闻大道之要，其小人不幸而不得蒙至治之泽，晦盲否塞，反复沉痼，以及五季之衰，而坏乱极矣！

天运循环，无往不复。宋德隆盛，治教休明。于是河南程氏两夫子出，而有以接乎孟氏之传。实始尊信此篇而表章之，既又为之次其简编，发其归趣，然后古者大学教人之法、圣经贤传之指，粲然复明于世。虽以熹之不敏，亦幸私淑而与有闻焉。顾其为书犹颇放失，是以忘其固陋，采而辑之，间亦窃附己意，补其阙略，以俟后之君子。极知僭踰，无所逃罪，然于国家化民成俗之意、学者修己治人之方，则未必无小补云。[1]

《大学章句序》是《大学章句》的要领，也是朱子学的重要文献之一。此文写于朱子六十岁时，是在朱子整个思想成熟定型之后，也是在他《大学章句》初稿完成十几年之后，所以颇能代表其主要思想。其中包括：

第一，论大学作为教育制度建立的人性论根据。朱子肯定，人人都具有天所赋予的仁义礼智之性，但并不是人人都能知其性、都能全其性。所谓"知其性而全之"，知其性是指对天赋的道德本性能有自觉的了解，全其性是指能完全地保有自己的本性并把它实现出来。为什么人人都有道德本性，却不能知其性、全其性？这主要就是"气质之禀"所发生的影响，气质的驳杂使得人往往偏离了自己的本性。由于在圣人以外，大多数人都受到气质不纯的影响，从这里便产生了人的教育的必要性，以改变和去除气质的这种影响。教育在起源上就是气质纯粹的圣人主持教化教育，以使得人人能够恢复其本性，这就是"复其性"。可见，此篇序文一开始就通过"知其性"、"全其性"、"复其性"这样一些概念，说明了人性的本质内容和现实状态，说明了教育与人

---

[1] 朱熹：《四书章句集注》，第1—2页。

性的关系。

在这种人性论里,以"性"和"气"对举,二者都是个体人与生俱来的内在要素,也是影响人道德自觉和道德实践的主要因素。性是人的本质,而气质则会造成对于本性的蒙蔽、遮蔽。人必须通过修身而去除气质的消极影响,使本性回复到不受蒙蔽和遮蔽的原初状态。这是朱子《大学》解释的基本哲学框架和出发点,其他具体的解释和发挥都是在此基点上展开的。朱子针对大学教育指出,复其性不是仅仅由个人所能决定和完成的,"君师治教"(君之治、师之教)是一般人得以复其性的重要条件。教化、引导和学校的作用是非常重要的。

第二,指出古代学校之教,分为小学和大学两个阶段。古人八岁入小学,十五岁入大学;小学的教育内容是"教之以洒扫、应对、进退之节,礼乐、射御、书数之文",大学的教育内容是"教之以穷理、正心、修己、治人之道"。庶人子弟皆入小学,故小学是全民教育;民之俊秀,皆入大学,故大学是精英教育。以此说明大学以小学为基础,是小学的发展和提高;小学更多是实践性的教育,大学更多是理论性的教育。西周以来的古代教育是否确如朱子所说,自然并不一定,但从这些说法可以看出朱子对于教育的理解。

第三,指出化民正俗的重要性。在序文中朱子明白表达出,不仅学校教育应着眼于全民,所谓"当世之人无不学";而且即使是大学,也并非只与君子精英有关。他强调大学之教不仅与"学者修己治人"有关,也与"国家化民成俗"有关;不仅与"治隆于上"有关,也与"俗美于下"有关。因为就教育和学习内容而言,儒家的学校教育与佛教不同,对士大夫来说是"本之人君躬行心得之余",对普通民众则是"不待求之民生日用彝伦之外"。所以,其教育的结果为:"其学焉者,无不有以知其性分之所固有,职分之所当为,而各俛焉以尽其力。"受教育者经过学习,不会脱离人伦日用,而能够更加理解自己的性分和职分,在其本职位置上尽伦尽职、尽力尽心。每个人都在其社会职位上尽其力,国家自然就得化民成俗之效了。"性分"指个人命定的社会地位和活动限度,"职分"是指对所处社会地位承担的责任和义务,性分的概念本出自郭象,朱子则由此阐明儒家教育具有积极的社会功能,即:使人安其性分,尽其职分。

第四,说明《大学》的作者和思想归属。朱子根据二程"《大学》孔氏之遗书"的说法,认为孔子既非尧、舜这样的"君",也不是司徒、乐正这样的"师",无法施行君师之政教;所以孔子在当时只能把古代小学、大学的先王之法"诵而传之"于后,《大学》一篇就是对于古代大学明法的阐扬。《大学》对古代大学的阐发,无论是从"规模"之大,还是"节目"之详,都已无余蕴。经的部分是孔子所述,传的部分是曾子所作,前者称圣经,后者称贤传。《大学》思想由孔子传之曾子,再传之孟子;孟子以后,虽然此篇还在,但这个思想便失传了。直到北宋,二程兄弟才开始重视和表彰大学,从《大学》本文中接续了孟子后失传的大学思想,而朱子自己则是继承了二程,为了时代的需要,阐明"国家化民成俗之意、学者修己治人之方",著成《大学章句》。

二、《大学》经一章的解释:明德与明明德

《大学》开篇的文字为:

> 大学之道,在明明德,在亲民,在止于至善。知止而后有定,定而后能静,静而后能安,安而后能虑,虑而后能得。物有本末,事有终始,知所先后,则近道矣。古之欲明明德于天下者,先治其国;欲治其国者,先齐其家;欲齐其家者,先修其身;欲修其身者,先正其心;欲正其心者,先诚其意;欲诚其意者,先致其知;致知在格物。自天子以至于庶人,壹是皆以修身为本。其本乱而末治者否矣,其所厚者薄,而其所薄者厚,未之有也![1]

---

[1] 《四书章句集注》,第3—4页。

朱子将这一段视为"经",把"康诰曰克明德"以后直至结束的文字视为解释和发明"经"的"传"。先秦文献有经传体,经阐述本旨,传是对经的发挥、解说。朱子认为,掌握了经、传的分别,才能理解《大学》的结构。

上面所引的这段,在《大学章句》书中被称为"经一章","康诰曰克明德"以后的文字被分为"传一章"到"传十章"。由于此书把原无分章的《大学》本文加以分章排序,所以称为"章句"。

经是最重要的,故朱子把上引的经一章分成若干句,分别进行了审慎的注释。其解释可分为两大部分,第一部分是从"大学之道"至"则近道矣";第二部分是从"古之欲明明德"至"未之有也"。照朱子的了解,每一部分各含两节和一个小结。

先看第一部分:

大学之道,在明明德,在亲民,在止于至善。 程子曰:"亲,当作新。"大学者,大人之学也。明,明之也。明德者,人之所得乎天,而虚灵不昧,以具众理而应万事者也。但为气禀所拘,人欲所蔽,则有时而昏;然其本体之明,则有未尝息者。故学者当因其所发而遂明之,以复其初也。新者,革其旧之谓也,言既自明其明德,又当推以及人,使之亦有以去其旧染之污也。止者,必至于是而不迁之意。至善,则事理当然之极也。言明明德、新民,皆当至于至善之地而不迁。盖必其有以尽夫天理之极,而无一毫人欲之私也。此三者,大学之纲领也。①

《大学章句》一开始便提出了对"大学"的著名解释:"大学者,大人之学也。"这里的大人,其意义是生理的还是道德的,在这里并没有说明。而是在《大学或问》中得到说明:"或问大学之道,吾子以为大人之

---

① 《四书章句集注》,第3页。引文中的黑体字为《大学》原文,其他为朱子注文。下皆仿此,不再注明。

学,何也？曰：此对小子之学言之也。"小子之学为小学,可见这里的大人是就年龄而言,大学亦是对小学而言。

然后朱子开宗明义地宣明,《大学》开篇的一句话中提出了大学之道的三个重要观念,即"明明德"、"亲民"、"止于至善",朱子将其称之为"大学之纲领",简称"三纲领"。"明明德"的"明德"指心,心有三个特点,一是虚灵不昧,二是心具备众理,三是心能应接事物。就人得乎天的本心而言,是光明不昧的,这就是明德。明德的"明",既是心知的功能,也是德性的状态。但由于人生而后有气质的偏重,有人欲的蒙蔽,使得本来光明的心变为昏昧的心,本来的光明就被遮蔽了。即便如此,本来的光明还是存在的,虽然部分被遮蔽了,还是会个别地发显的。如同明镜沾染了灰尘,便昏而不明。但明镜虽然沾染了灰尘,它本来的明亮并没有消失,只要擦去灰尘,就能回复其本来的明亮。如果是一块木板,即使把它沾染的灰尘擦去,也不会呈现明亮,因为木板没有"本体之明"。人只要根据在日常生活中发显的光明,加以"明"的功夫,就可以回复到元初的光明。可见明德所指的心,是指本心,"明明德"就是明其本心。本心也称为心之本体。所谓"明明德",具体说,即用明的功夫,去除气质的影响,恢复心之本体的光明。可见,朱子的解释是把"明明德"解说为复其本心之明,这一把"明明德"加以心性化的诠释,构成了他整个《大学》解释的基础,也是理学家《大学》诠释的基本特点。

"亲民"的"亲",朱子根据二程的意见,参考传文中对"新"的强调,认为当作"新",即新民。新和明一样,都是动词,朱子以新为除旧之意,就是说,一个经过大学教育的人,不仅要自己明明德,还要新民；新民意味着使人民都能够去其本心的染污而明其明德。其具体意义当是指教化民众,使人民能够自新自明。

"止于至善"是指"明明德"和"新民"应该达到的目的和境界,"至善,则事理当然之极也",指出至善是根本的价值原则。由于用"事理当然"解释善,使得朱子得以把"理"和"天理"的观念引入其中,把"天理——人欲"的对比引入对"止于至善"的界定和解释,从而,"止于至善"就是最充分地实现天理,最完全地去除人欲。

以下解释定、静、安、虑、得:

> **知止而后有定,定而后能静,静而后能安,安而后能虑,虑而后能得。**……止者,所当止之地,即至善之所在也。知之,则志有定向。静,谓心不妄动。安,谓所处而安。虑,谓处事精详。得,谓得其所止。①

定、静、安、虑、得都是指心而言,定是心志有定向,静是心无妄动的状态,安是从容安详,虑是思考周密,得是能得其所止。由于"知止"是接着"止于至善"讲的,所以这五者应当是"止于至善"的道德意识所带来的各种心理状态和境界。

> **物有本末,事有终始,知所先后,则近道矣。**明德为本,新民为末。知止为始,能得为终。本始所先,末终所后。此结上文两节之意。②

朱子认为"本末"、"终始"这两句,是对前两节的小结,"物有本末"是指"三纲领"而言,"明德"和"新民"相对,则"明明德"为根本,"新民"为枝末。而"事有终始"是指定、静、安、虑、得五者,其中"知止"是开始,"能得"是终结。这样,在朱子的解释,"明德"在"三纲领"中更为突出,"知止"在五者中更被强调。

来看经文的第二部分,先解释"八条目":

> **古之欲明明德于天下者,先治其国;欲治其国者,先齐其家;欲齐其家者,先修其身;欲修其身者,先正其心;欲正其心者,先诚其意;欲诚其意者,先致其知;致知在格物。**治,平声,后放此。明

---

① ② 《四书章句集注》,第3页。

明德于天下者,使天下之人皆有以明其明德也。① 心者,身之所主也。诚,实也。意者,心之所发也。实其心之所发,欲其一于善而无自欺也。致,推极也。知,犹识也。推极吾之知识,欲其所知无不尽也。格,至也。物,犹事也。穷至事物之理,欲其极处无不到也。此八者,大学之条目也。**物格而后知至,知至而后意诚,意诚而后心正,心正而后身修,身修而后家齐,家齐而后国治,国治而后天下平。**治,去声,后放此。物格者,物理之极处无不到也。知至者,吾心之所知无不尽也。知既尽,则意可得而实矣,意既实,则心可得而正矣。修身以上,明明德之事也。齐家以下,新民之事也。物格知至,则知所止矣。意诚以下,则皆得所止之序也。②

朱子把格物、致知、诚意、正心、修身、齐家、治国、平天下八项,称为"此八者,大学之条目也","八条目"与"三纲领"相对,成为掌握《大学》重点的方便法门。在朱子的解释中,重点放在格物、致知、诚意、正心四项上,"心者,身之所主也。诚,实也。意者,心之所发也。实其心之所发,欲其一于善而无自欺也。致,推极也。知,犹识也。推极吾之知识,欲其所知无不尽也。格,至也。物,犹事也。穷至事物之理,欲其极处无不到也。"在这四项功夫中,涉及心论的几个基本概念,即心、意、知、物,对此朱子做了明确的解释:心是身之主,意是心之发,知即是识,物即是事。在这四项功夫中,正心的解释比较简单,而诚意、致知、格物的解释更复杂也更重要。格、致、诚涉及传文的发挥,我们将在下面论及传文时一并讨论。

以下解释"修身为本":

自天子以至于庶人,壹是皆以修身为本。壹是,一切也。正心以上,皆所以修身也。齐家以下,则举此而措之耳。**其本乱而**

---

① 按朱子对"明明德于天下"的解释,与对"亲民"的解释相同,似不合理。
② 《四书章句集注》,第3—4页。

末治者否矣,其所厚者薄,而其所薄者厚,未之有也! 本,谓身也。所厚,谓家也。此两节结上文两节之意。

右经一章,盖孔子之言,而曾子述之。凡二百五字。其传十章,则曾子之意而门人记之也。旧本颇有错简,今因程子所定,而更考经文,别为序次如左。凡千五百四十六字。凡传文,杂引经传,若无统纪,然文理接续,血脉贯通,深浅始终,至为精密。熟读详味,久当见之,今不尽释也。①

"所以修身"是指"格物、致知、诚意、正心"都是修身的内在功夫,"举而措之"是指"齐家、治国、平天下"都是把修身的结果投入社会政治实践的外在过程。内者为本,外者为末,这并不是说外者不重要,而是说就内外的逻辑关系而言,两者间是本末的关系。照朱子把明德和新民的关系看成"物有本末"的关系的看法,实际上,正心以上和齐家以下这两者的关系,与明德和新民的本末关系是一样的。朱子认为,在"八条目"中,"修身"是贯穿前后的中心,这正如"止于至善"是"三纲领"的要归一样。

在经一章的最后,朱子指出,《大学章句》的处理是:经文为一章,二百零五字,孔子之言,曾子述之;传文共十章,一千五百四十六字,曾子之意,门人记之。《章句》中传文的次序参照了二程的意见和经文的结构而有所调整。

三、对格物、致知的解释

众所周知,朱子对于《大学》的解释,特别注重其"格物致知说",以作为自己儒学思想的基本功夫论。在经一章中朱子对"格物致知"作了明确的训释:

致,推极也。知,犹识也。推极吾之知识,欲其所知无不尽

---

① 《四书章句集注》,第4页。

也。格,至也。物,犹事也。穷至事物之理,欲其极处无不到也。

朱子以推扩训致,以至极训格,以知为识,以物为事,解释既合古训,又简明清晰。朱子认为"致知"就是把自己的知识推广至极,"格物"就是彻底穷究事物之理。

朱子在传文的解释中进一步发挥其说:

> **此谓知本**,程子曰:"衍文也。"**此谓知之至也**。此句之上别有阙文,此特其结语耳。
>
> 右传之五章,盖释格物、致知之义,而今亡矣。此章旧本通下章,误在经文之下。间尝窃取程子之意以补之曰:"所谓致知在格物者,言欲致吾之知,在即物而穷其理也。盖人心之灵莫不有知,而天下之物莫不有理,惟于理有未穷,故其知有不尽也。是以大学始教,必使学者即凡天下之物,莫不因其已知之理而益穷之,以求至乎其极。至于用力之久,而一旦豁然贯通焉,则众物之表里精粗无不到,而吾心之全体大用无不明矣。此谓物格,此谓知之至也。"①

朱子认为,传文的"此谓知本"是衍文,而"此谓知之至也"则是解释"致知""格物"的传文的结尾,因传文大部分遗失,故今本只剩下这结尾的一句。为了使得文本和解释完整呈现给读者,朱子便根据二程(主要是程颐)的思想,作一补传。这一补"格物致知"传,在后来儒学史上影响甚大,也引起众多的讨论。

补传首先把"格物"解释为"即物而穷其理",又把"格物"作了更全面的界定,即"即凡天下之物,莫不因其已知之理而益穷之,以求至乎其极"。在这个说法里,即物、穷理、至极,成为把握"格物"的三个要素。"即物"强调儒者的功夫不能脱离伦常事物,这就与佛教和受佛教影响的功夫主张区分开来。"穷理"是掌握格物概念的核心,穷理的概

---

① 《四书章句集注》,第7页。

念本出自《易传》,用"穷理"解释"格物",就使历来对"格物"的模糊解释有了确定的哲学内涵,不仅强调了理性研究与学习的意义,也和理学重视"理"的思想结合起来了。

关于"致知",补传认为,人心之灵莫不有知识,但一般人不能穷理,所以其知识是不充分的,只有经过格物穷理的反复过程,才能使人的知识扩大至极。格物的最终目的是"众物之表里精粗无不到",事物的道理无论精粗都穷究透彻了,这就是经文所说的"物格"。致知的最终境界是"吾心之全体大用无不明",自己心灵的明德本体和知觉发用皆洞然光明,这就是经文所说的"知至"。

补传中涉及格物的过程,这个过程即"用力之久,而一旦豁然贯通焉"。这是说,格物的最终境界不是一天一事就可以达到的,要通过用力之久的功夫,用朱子在别的地方的表达,就是"今日格一物,明日格一物",要经过积久的努力。通过长期的格物努力,就会达到"一旦豁然贯通"的境界,这个豁然贯通的境界不是没有内容的神秘体验,而是标志着达到了"众物之表里精粗无不到,而吾心之全体大用无不明"的物格知至的阶段。

四、对诚意的解释

《大学章句》对"诚意"的解释也占有重要地位,朱子临死之前还在修改"诚意章"的解释,表明他从未忽视此章。《大学章句》在经一章中对"诚意"的解说是:

> 诚,实也。意者,心之所发也。实其心之所发,欲其一于善而无自欺也。①

把诚解释为实,照顾了"诚"字在训诂上的根据,以此为基础来解释"诚意"。意就是作为心之活动的意念,"诚意"就是使意念要实。朱子在

---

① 《四书章句集注》,第4页。

这里用的"一于善"、"无自欺"的解释都与传文本身的提法有关,表明朱子的解释都是与传文本来的解释相照应的。

传文和朱子对传文的解说如下:

所谓诚其意者:毋自欺也,如恶恶臭,如好好色,此之谓自谦,故君子必慎其独也! 恶、好上字,皆去声。谦读为慊,苦劫反。诚其意者,自修之首也。毋者,禁止之辞。自欺云者,知为善以去恶,而心之所发有未实也。谦,快也,足也。独者,人所不知而己所独知之地也。言欲自修者知为善以去其恶,则当实用其力,而禁止其自欺。使其恶恶则如恶恶臭,好善则如好好色,皆务决去,而求必得之,以自快足于己,不可徒苟且以殉外而为人也。然其实与不实,盖有他人所不及知而己独知者,故必谨之于此以审其几焉。**小人闲居为不善,无所不至,见君子而后厌然,揜其不善,而著其善。人之视己,如见其肺肝然,则何益矣。此谓诚于中,形于外,故君子必慎其独也。** 閒,音闲。厌,郑氏读为黡。闲居,独处也。厌然,消沮闭藏之貌。此言小人阴为不善,而阳欲揜之,则是非不知善之当为与恶之当去也;但不能实用其力以至此耳。然欲揜其恶而卒不可揜,欲诈为善而卒不可诈,则亦何益之有哉!此君子所以重以为戒,而必谨其独也。**曾子曰:"十目所视,十手所指,其严乎!"** 引此以明上文之意。言虽幽独之中,而其善恶之不可揜如此。可畏之甚也。**富润屋,德润身,心广体胖,故君子必诚其意。** 胖,步丹反。胖,安舒也。言富则能润屋矣,德则能润身矣,故心无愧怍,则广大宽平,而体常舒泰,德之润身者然也。盖善之实于中而形于外者如此,故又言此以结之。[①]

右传之六章。释诚意。经曰:"欲诚其意,先致其知。"又曰:"知至而后意诚。"盖心体之明有所未尽,则其所发必有不能实用

[①] 《四书章句集注》,第7页。

其力,而苟焉以自欺者。然或已明而不谨乎此,则其所明又非己有,而无以为进德之基。故此章之指,必承上章而通考之,然后有以见其用力之始终,其序不可乱而功不可阙如此云。

朱子的注释,对音读、训诂都不忽略,但重在义理。在对"诚意"的解释中,他努力把传文发挥的"毋自欺"和"实"结合一起,认为人皆知当好善恶恶,但见善不能真正像好美色那样从心里去喜好,见恶不能像恶恶臭那样从心里去厌恶,这就是不实,就是自欺了。因此,毋自欺就是"使其恶恶真如恶恶臭,好善真如好好色",知与行合一,这就是"实"了。所以"诚意"就是使人的意念所发,与本心之知实实在在的一致,这样人心才能感到充实满足。另一值得注意的地方是,朱子往往用"实用其力"来进一步表达"实"的涵义。

朱子对"诚意章"的注释,另一重点是"慎独"。朱子对"独"的解释是:"独者,人所不知而己所独知之地也。"对"慎独"的解释是:"盖有他人所不及知而己独知之者,故必谨之于此以审其几焉。"这一解释是依据后面的传文,因为传文说,小人在别人看不见的时候,无所不为,看到君子,则掩饰自己的内心,作出君子能接受的行为。君子则不论别人看见看不见,都能端正自己的行为,尤其在他人看不见的场合,更警惕自己内心的活动不要超出道德之外。因此,独就是独处之时,此时人的内心,他人所不得而知,仅有自己明白。慎就是特别注意在独处时谨慎地把握内心的活动。内心的活动属于意,所以"慎独"放在"诚意章"中来加以强调。在这个意义上,慎独是诚意功夫的一种形式。

朱子最后强调,照经一章表达的次序,"知至而后意诚",因此诚意必须以致知(致知在朱子这里统指格物致知)为前提。脱离格物致知的单独的诚意,是不正确的。不以格物致知为基础和前提去诚意,在为学次序上是不正确的。先格物致知,而后诚意,这个次序是不可乱的。这应当是针对佛教的影响和陆学的偏向而发的。

五、总论《大学》诠释

朱子在《大学章句》之外,又作《大学或问》,以详细说明《大学章句》立言命意的理由。在《大学或问》中,朱子有一段较长的文字,以"明德"的讨论为中心,围绕着"三纲领",表达了他在《大学》诠释总体上的哲学和思想:

> 曰:天道流行,发育万物,其所以为造化者,阴阳五行而已。而所谓阴阳五行者,又必有是理而后有是气。及其生物,则又必因是气之聚而后有是形。故人物之生,必得是理,然后有以为健顺仁义礼智之性。必得是气,然后有以为魂魄五脏百骸之身。周子所谓"无极之真,二五之精,妙合而凝"者,正谓是也。
>
> 然以其理而言之,则万物一原,固无人物贵贱之殊。以其气而言之,则得其正且通者为人,得其偏且塞者为物。是以或贵或贱而不能齐也。彼贱而为物者,既梏于形气之偏塞,而无以充其本体之全矣。唯人之生,乃得其气之正且通者,而其性为最贵。故其方寸之间,虚灵洞彻,万理咸备。盖其所以异于禽兽者,正在于此。而其所以可为尧舜而能参天地以赞化育者,亦不外焉。是则所谓明德者也。
>
> 然其通也,或不能无清浊之异。其正也,或不能无美恶之殊。故其所赋之质,清者智而浊者愚,美者贤而恶者不肖,又有不能同者。必其上智大贤之资,乃能全其本体,而无少不明。其有不及乎此,则其所谓明德者,已不能无蔽而失其全矣。况乎又以气质有蔽之心,接乎事物无穷之变,则其目之欲色,耳之欲声,口之欲味,鼻之欲臭,四肢之欲安佚,所以害乎其德者,又岂可胜言也哉。二者相因,反复深固。是以此德之明,日益昏昧,而此心之灵,其所知者,不过情欲利害之私而已。是则虽曰有人之形,而实何以远于禽兽。虽曰可以为尧舜而参天地,而亦不能有以自充矣。然

而本明之体，得之于天，终有不可得而昧者。是以虽其昏蔽之极，而介然之顷，一有觉焉，则即此空隙之中，而其本体已洞然矣。

是以圣人施教，既已养之于小学之中，而后开之以大学之道。其必先之以格物致知之说者，所以使之即其所养之中，而因其所发，以启其明之之端也。继之以诚意，正心，修身之目者，则又所以使之因其已明之端，而反之于身，以致其明之之实也。夫既有以启其明之之端，而又有以致其明之之实，则吾之所得于天而未尝不明者，岂不超然无有气质物欲之累，而复得其本体之全哉。是则所谓明明德者，而非有所作为于性分之外也。

然其所谓明德者，又人人之所同得，而非有我之得私也。向也俱为物欲之所蔽，则其贤愚之分，固无以大相远者。今吾既幸有以自明矣，则视彼众人之同得乎此而不能自明者，方且甘心迷惑没溺于卑污苟贱之中而不自知也，岂不为之恻然而思有以救之哉。故必推吾之所自明者以及之，始于齐家，中于治国，而终及于平天下，使彼有是明德而不能自明者，亦皆有以自明，而去其旧染之污焉。是则所谓新民者，而亦非有所付畀增益之也。

然德之在己而当明，与其在民而当新者，则又皆非人力之所为。而吾之所以明而新之者，又非可以私意苟且而为也。是其所以得之于天而见于日用之间者，固已莫不各有本然一定之则。程子所谓"以其义理精微之极，有不可得而名"者。故姑以至善目之。而传所谓君之仁，臣之敬，子之孝，父之慈，与人交之信，乃其目之大者也。众人之心，固莫不有是，而或不能知。学者虽或知之，而亦鲜能必至于是而不去。此为大学之教者，所以虑其理虽粗复而有不纯，己虽粗克而有不尽，且将无以尽夫修己治人之道，故必指是而言，以为明德、新民之标的也。欲明德而新民者，诚能求必至是，而不容其少有过不及之差焉，则其所以去人欲而复天理者，无毫发之遗恨矣。

> 大抵《大学》一篇之指,总而言之,不出乎八事。而八事之要,总而言之,又不出乎此三者。此愚所以断然以为《大学》之纲领而无疑也。然自孟子没而道学不得其传。世之君子,各以其意之所便者为学。于是乃有不务明其明德,而徒以政教法度为足以新民者。又有爱身独善,自谓足以明其明德,而不屑乎新民者。又有略知二者之当务,顾乃安于小成,狃于近利,而不求止于至善之所在者。是皆不考乎此篇之过,其能成己成物而不谬者鲜矣。①

朱子首先说明了造化的本源和材料。这里"所以为造化者"指自然造化赖以进行的材料、质料,即阴阳五行。但阴阳五行并不是宇宙的本源,理才是本源,所以说有理而后才有阴阳五行之气。

其次说明人和物的产生。造化以阴阳五行之气聚集为人和物的形体。一切人和物的生成都来自理、气两方的要素,人和物在生成的过程中禀受得到理,而成为他的本性,禀受得到气而构成他的身体。在这个说法中,实际上把宇宙和一切存在归于理和气的二元结构。

第三,阐明人与物的差别。人和物生成时都从天地间禀受了理,所禀受得到的理没有差别。人和物生成时都从天地间禀受了气,气却千差万别。大体上说,禀受了正而通的气,便成为人;禀受了偏而塞的气,便成为物,包括动物、植物。物所禀受的理本来是全的,但因为物禀受的气是偏塞的,所以物就不能"充其本体之全",不能充分体现其本体之全。惟独人禀受的气正而通,故人的心虚灵洞彻,具备众理,这就是明德。

第四,说明人自身的差别。人都禀受了正且通的气,但人与人之间所禀的气又有差异,"其通也,或不能无清浊之异。其正也,或不能无美恶之殊。"人所禀受的气有清有浊,于是人在生来的气质上就有智愚贤恶的不同。上智大贤如圣贤,能全其本体,不失其明德之明;而其

---

① 朱熹:《大学或问》,载《朱子全书》六,上海古籍出版社、安徽教育出版社,2001年,第507页。

余一般的人,"其所谓明德者,已不能无蔽而失其全矣",一般人的明德都受到气质的遮蔽,使明德在作用上、功用上不能全体朗现。一般人不仅在气质的先天因素上限制了明德,使之无法全体朗现,而且由于用这样受遮蔽的心去接交外物,人欲受不到控制,使得人欲进一步伤害了明德。于是本来光明的明德日益昏昧,心之所知,也只是情欲利害。

第五,指出明明德的可能。人生而禀受的明德不会全部被蒙蔽,总有发显的空隙,所以即使是昏蔽之极的人,其本然的明德也会在一个短暂的时间里,乘着空隙,发出自己的光明。若能由此而自觉,从格物致知入手,加以诚意正心修身,其明德就能超越气质的限制,就能够恢复其全体。从这点来说,格物、致知、诚意、正心都是"明"其明德的具体功夫。

第六,论述了新民的意义。士君子的新民,不是追求居高临下的教训,而是出于对俗民的道德陷溺和迷惑的同情,"为之恻然而思有以救之"。如果一个士君子自己从事于明明德,却看着百姓不能去明明德,而听任之,则必然会如同见死不救一样自责。所以新民是士君子拯救万民于陷溺的责任。

最后,阐明了至善的价值意义。明德、新民都隐含了道德的价值意义,止于至善则将此点拈出,至善不是人可主观随意的选择,也不超越人伦日用,而是"见于日用之间的本然一定之则"。至善所指示的价值主要就是儒家推崇的基本人伦的道德价值:"君之仁,臣之敬,子之孝,父之慈,与人交之信。"所以明德不是空洞的本体,天理也不是价值中立的原则,至善是根本性的价值标准。

总的看来,《大学章句》的特点是:以明德——气禀——复其明德为基本结构,以明德为心的本然之体,赋予《大学》一种心性论的诠释,而突出心性的功夫,这种高度心性化的经典诠释为道学的发展提供了经典理解的依据。而在朱子的《大学》解释中,一方面,格物和诚意居于核心的地位;一方面,对为学次序的关注成为朱子基本的问题意识。简言之,人之为学,必须遵照《大学》以格物为起点的顺序,一切功夫以存天理、去私欲的道德修养为中心,循序渐进,不能躐等,才能最终明其明德,止于至善,治国而平天下。

第三节　朱熹《中庸章句》及其儒学思想

在朱熹的《四书集注》中,《中庸章句》占有特殊的地位,这不仅因为其前期思想的"中和说"出自《中庸》,并深刻影响了他后来心性论体系的主要结构,而且《中庸》也是其修身功夫论的基本依据。

一、《中庸章句序》:道统与道学

《中庸章句》的体裁和《大学章句》相同,同时,与《大学章句序》一样,《中庸章句序》也是朱子学的重要文献。由于这篇文字的理解近年颇受注意,我们需要细加讨论。① 以下是序文:

> 《中庸》何为而作也? 子思子忧道学之失其传而作也。盖自上古圣神继天立极,而道统之传有自来矣。其见于经,则"允执厥中"者,尧之所以授舜也;"人心惟危,道心惟微,惟精惟一,允执厥中"者,舜之所以授禹也。尧之一言,至矣,尽矣! 而舜复益之以三言者,则所以明夫尧之一言,必如是而后可庶几也。
>
> 盖尝论之:心之虚灵知觉,一而已矣,而以为有人心、道心之异者,则以其或生于形气之私,或原于性命之正,而所以为知觉者不同,是以或危殆而不安,或微妙而难见耳。然人莫不有是形,故

---

① 余英时先生在其近著《朱熹的历史世界》(三联书店,2004年)中,对《中庸章句序》的道统、道学观念提出了新的理解,本文则仍以传统理解为基础而讨论之。

虽上智不能无人心，亦莫不有是性，故虽下愚不能无道心。二者杂于方寸之间，而不知所以治之，则危者愈危，微者愈微，而天理之公卒无以胜夫人欲之私矣。精则察夫二者之间而不杂也，一则守其本心之正而不离也。从事于斯，无少间断，必使道心常为一身之主，而人心每听命焉，则危者安、微者著，而动静云为自无过不及之差矣。

夫尧、舜、禹，天下之大圣也。以天下相传，天下之大事也。以天下之大圣，行天下之大事，而其授受之际，丁宁告戒，不过如此。则天下之理，岂有以加于此哉？自是以来，圣圣相承：若成汤、文、武之为君，皋陶、伊、傅、周、召之为臣，既皆以此而接夫道统之传，若吾夫子，则虽不得其位，而所以继往圣、开来学，其功反有贤于尧舜者。然当是时，见而知之者，惟颜氏、曾氏之传得其宗。及曾氏之再传，而复得夫子之孙子思，则去圣远而异端起矣。

子思惧夫愈久而愈失其真也，于是推本尧舜以来相传之意，质以平日所闻父师之言，更互演绎，作为此书，以诏后之学者。盖其忧之也深，故其言之也切；其虑之也远，故其说之也详。其曰"天命率性"，则道心之谓也；其曰"择善固执"，则精一之谓也；其曰"君子时中"，则执中之谓也。世之相后，千有余年，而其言之不异，如合符节。历选前圣之书，所以提挈纲维、开示蕴奥，未有若是之明且尽者也。

自是而又再传以得孟氏，为能推明是书，以承先圣之统，及其没而遂失其传焉。则吾道之所寄不越乎言语文字之间，而异端之说日新月盛，以至于老佛之徒出，则弥近理而大乱真矣。然而尚幸此书之不泯，故程夫子兄弟者出，得有所考，以续夫千载不传之绪；得有所据，以斥夫二家似是之非。盖子思之功于是为大，而微程夫子，则亦莫能因其语而得其心也。惜乎！其所以为说者不传，而凡石氏之所辑录，仅出于其门人之所记，是以大义虽明，而微言未析。至其门人所自为说,则虽颇详尽而多所发明,然倍其师说而淫于老佛者,亦有之矣。

熹自蚤岁即尝受读而窃疑之,沉潜反复,盖亦有年,一旦恍然似有以得其要领者,然后乃敢会众说而折其中,既为定著《章句》一篇,以俟后之君子。而一二同志复取石氏书,删其繁乱,名以辑略,且记所尝论辩取舍之意,别为《或问》,以附其后。然后此书之旨,支分节解、脉络贯通、详略相因、钜细毕举,而凡诸说之同异得失,亦得以曲畅旁通,而各极其趣。虽于道统之传,不敢妄议,然初学之士,或有取焉,则亦庶乎行远升高之一助云尔。

淳熙己酉春三月戊申,新安朱熹序。①

与《大学章句序》一样,这篇序文也是写于朱子六十岁时,可以代表他晚年成熟的思想。

什么是"道统之传"? 道统之传当然是指道统的传承。如果说"道统"和"道学"在概念上有什么区别的话,可以说道统是道的传承谱系,道学是道的传承内容。照朱子在这篇序文所说,道统之传始自尧舜,这是根据《论语·尧曰》篇:"尧曰:'咨! 尔舜! 天之历数在尔躬。允执其中。四海困穷,天禄永终。'舜亦以命禹。"②《论语》的这段是追述尧禅让于舜时对舜说的话。照《论语》此段最后一句的说法,舜后来禅让于禹的时候也对禹重复了这些话,但没有具体记述舜说的话。古文《尚书·大禹谟》篇里记述了舜将要禅让给禹时所说的话:"天之历数在汝躬,汝终陟元后。人心惟危,道心惟微,惟精惟一,允执厥中。"③因此朱子认为,尧、舜、禹三代是以"允执其中"的传承而形成道统的。以后,圣圣相传,历经汤、文王、武王、皋陶、伊尹、傅说、周公、召公,传至孔子,孔子"继往圣",即继承了尧、舜至周、召"圣圣相承"的这个道统;

---

① 朱熹:《四书章句集注》,《朱子全书》,第17—19页。以下引此书只注书名、页码。
② 《四书章句集注》,第227页。
③ 古文《尚书》虽后出,但其素材亦多为先秦古书散见流传于后者,并非魏晋人所伪造。

孔子以后，则有颜子、曾子，再传至子思，子思即是《中庸》的作者；孟子是子思的再传弟子，亦能"承先圣之统"，即承继了此一古圣相传的道统。这就是朱子所肯认的道统早期相传的系谱。而道统相传的内容，就是以"允执其中"为核心的思想，这就是道学。朱子认为《中庸》便是子思对这一道学思想的发挥和展开。

关于儒学道统的谱系，由唐至宋，已有不少类似的说法，但朱子首次使用"道统"的概念，[1]而且其重要发明是把"人心惟危，道心惟微，惟精惟一，允执厥中"作为道学的内容。[2] 实际是把"人心惟危，道心惟微"当作古圣相传的道学内容。所以，《中庸章句序》的重心是对道心人心说的阐明。在这种解释下，道统的重点"中"被有意无意地转移为"道心"、"人心"之辨。

心具有虚灵的知觉能力，但为什么人会形成不同的意识和知觉，意识为什么会有道心和人心的差别？朱子认为这是由于不同的知觉其发生的根源不同，"或生于形气之私，或原于性命之正"。人心根源于形气之私，道心根源于性命之正，也就是说人心根源于人所禀受的气所形成的形体，道心发自于人所禀受的理所形成的本性。"人心惟危"是说根于身体发出的人心不稳定而有危险，"道心惟微"是说根于本性发出的道心微妙而难见。人人都有形体、有本性，所以人人都有道心、有人心。照朱子在其他许多地方所指出的，道心就是道德意识，人心是指人的生命欲望。这一思想可谓从身体的性—气二元分析引申出道心—人心的二元分析。

如果人的心中道心和人心相混杂，得不到治理，那么人欲之私就会压倒天理之公，人心就变得危而又危，道心就更加隐没难见。所以

---

[1] 陈荣捷先生指出，朱子首次使用"道统"之名词，而朱子道统观念乃根于新儒家哲学的需要，凡以新儒家道统观念与佛家祖师传灯相似的说法，皆属皮相之见。见其书《朱学论集》，台北：学生书局，1982年，第18页；《新儒学论集》，"中研院"中国文哲所，1995年，第103页。

[2] 此处所说的道学是朱子《中庸章句序》中所谓"子思子忧道学之失其传"的道学，指古圣相传的心法，与作为理学的同义词的"道学"意义不同。

正确的功夫是精细地辨察心中的道心和人心,"必使道心常为一身之主,而人心每听命焉"。也就是,要使道心常常成为主宰,使人心服从道心的统领,这样,人心就不再危险,道心就会发显著明,人的行为就无过无不及而达到"中"。

朱子认为,子思所作的《中庸》,和上面他所阐发的古代道心人心说是一致的,《中庸》里面讲的"天命率性"就是道心,"择善固执"就是精一,"君子时中"就是执中,《中庸》所说与尧、舜、禹相传,若合符节,高度一致。而孟子则继承和发扬了《中庸》的思想,继承了先圣以来相传的道统。在孟子之后,道统中断了,道学没有再传承下去。《大学章句序》中也说《大学》思想在孟子以后失传,但《中庸章句序》则整个论述道统的传承和中断,更具有代表新儒家文化抱负的意义。北宋以来的理学之所以称为道学,也是因为他们一开始就以接续孟子以后中断了的道统自命。朱子甚至认为,二程得孟子之后的不传之学,主要是依据和有赖于对《中庸》的考究。他还指出,《中庸》在宋代以来的道学中具有与佛老抗衡的理论作用。

朱子的友人石子重把二程和二程后学对《中庸》的解释集结一起,而朱子认为其中颇有杂佛老之说者,故他经过多年的研究体会,"会众说而折其中,既为定著章句一篇",即会通北宋以来道学的《中庸》解释,著成了他自己的《中庸章句》。

二、"中"与"庸"

朱子首先定义"中庸",他在篇首辨其名义曰:

> 中者,不偏不倚、无过不及之名。庸,平常也。
>
> 子程子曰:不偏之谓中,不易之谓庸。中者,天下之正道,庸者,天下之定理。此篇乃孔门传授心法,子思恐其久而差也,故笔之于书,以授孟子。其书始言一理,中散为万事,末复合为一理,放之则弥六合,卷之则退藏于密,其味无穷,皆实学也。善读者玩

索而有得焉,则终身用之,有不能尽者矣。①

朱子的开篇所引述的"子程子曰",是杂引《遗书》、《外书》中二程论及"中庸"的话,如"不偏之谓中,不易之谓庸。中者,天下之正道,庸者,天下之定理",出自《遗书》卷七;"中庸乃孔门传授心法",见于《外书》卷十一;"《中庸》始言一理,中散为万事,末复合为一理",出自《遗书》卷十四;"《中庸》之书,其味无穷"见于《遗书》卷十八;"如《中庸》一卷书,自至理便推之于事,如国家有九经,及历代人物之迹,莫非实学也",出自《遗书》卷一;"善读《中庸》者,只得此一卷书,终身用不尽也",见于《遗书》卷十七。

在这些二程的论述中,朱子最重视的,是对于"中"和"庸"的解释。但朱子也结合了二程门人如吕大临的说法。如"中"字,吕氏以"盖中之谓义,无过不及而立名"。② 朱子便吸收其说。所以朱子对"中"的解释,结合了二程的"不偏不倚"说和吕大临的"无过不及"说。至于"庸"字,二程本来解释为"不易之谓庸"、"庸者天下之定理",但朱子却解释为"庸,平常也"。《中庸或问》里对此作了说明:

> 曰:庸字之义,程子以不易言之,而子以为平常,何也?曰:惟其平常,故可常而不可易。若惊世骇俗之事,则可暂而不得为常矣。③

朱子强调"庸"的平常义,除了照顾训诂的根据外,主要是认为平常的东西才是实践中能长久的,诡异高难的东西无法长久,强调道理不能离开人伦日用,也隐含了对佛教离开人伦日用去追求高明境界的批评。朱子说《中庸》是"实学",也是强调中庸的道理不离事事物物。

---

① 《四书章句集注》,第 20 页。
② 《蓝田吕氏遗著辑校》,第 496 页。
③ 《四书或问》卷三,《朱子全书》第六册,第 549 页。

三、戒惧与慎独

以下我们逐段地对朱子的《中庸》首章诠释进行分析和说明：

> **天命之谓性，率性之谓道，修道之谓教。** 命，犹令也。性，即理也。天以阴阳五行化生万物，气以成形，而理亦赋焉，犹命令也。于是人物之生，因各得其所赋之理，以为健顺五常之德，所谓性也。率，循也。道，犹路也。人物各循其性之自然，则其日用事物之间，莫不各有当行之路，是则所谓道也。修，品节之也。性道虽同，而气禀或异，故不能无过不及之差，圣人因人物之所当行者而品节之，以为法于天下，则谓之教，若礼、乐、刑、政之属是也。盖人之所以为人，道之所以为道，圣人之所以为教，原其所自，无一不本于天而备于我。学者知之，则其于学知所用力而自不能已矣。故子思于此首发明之，读者所宜深体而默识也。①

所谓"犹命令也"，是把古代思想中的"天命"说诠释为自然主义的造化过程。造化赋予万物气和理，这种赋予好像是天的命令，其实是造化的自然过程，并没有一个主宰者在下命令。天之造化以阴阳五行为材料，生成万物，在这个生成过程中，一方面阴阳五行之气聚合而成万物的形体，另一方面在形体生成的同时，理也赋予了事物，成为事物的本性。天把理赋予了事物而成为其本性（所谓"天命之谓性"），所以性即是理。朱子在这里把二程"性即理也"的思想与《中庸》联结起来，既阐明了性非空虚之性，而以理为性，又从性的天道来源说明了性与理的同一。

人与物都禀受了天赋的理，理在天是阴阳五行之理，禀受到人物之身，成为健顺五常之性。人与物循其本性去作，就是道，道就是行为的当然之则。人的性各个相同，但气禀各个不同，从而对阴阳五行之

---

① 《四书章句集注》，第20页。

气的禀受有过有不及,有清浊厚薄,这就使得人之本性的表现受到气的影响、遮蔽。性的表现受到蒙蔽,如此率性之道也就有所乖戾,于是需要修整规范。圣人根据人物本来的性制定各种制度规范,规范就是所当行,所当行是对所行而言,以使人的行为过者不过,不及者能及,都可以达到中,这就是教。

朱子指出,《中庸》首章的前三句话,是要人知道性、道、教都是"本于天而备于人"的。本于天是指根源于天,来源于天;备于人是指完全地具备于人身之内。用当代新儒家的话来说,就是超越而内在。天道是客体,内在是主体,《中庸》认为这二者是关联着的。

道也者,不可须臾离也,可离非道也。是故君子戒慎乎其所不睹,恐惧乎其所不闻。 离,去声。道者,日用事物当行之理,皆性之德而具于心,无物不有,无时不然,所以不可须臾离也。若其可离,则为外物而非道矣。是以君子之心常存敬畏,虽不见闻,亦不敢忽,所以存天理之本然,而不使离于须臾之顷也。①

道是日用常行之理,但道不是外在的、与性无关的,日用常行之理亦即本性所有之德,具备于人的内心。从文本来说,"不可须臾离也,可离非道也"是就规范、当然而言,不是就存在、实然而言,即不是说在存在上无时无处不相离,而是说要注意不使它离开,由此才合理地引出戒慎恐惧的功夫,以使之须臾不离。但朱子顺其"率性之谓道"的说法,一方面把不离说成实然上的不离,一方面从当然功夫上说不离。用功夫的不离来保存实理本然的不离。

无论如何,朱子更重视的其实是戒慎、恐惧。他解释说,为了使当行之理不离于心,一个要成为君子的人必须常常心存敬畏,不能有顷刻的间断,即使没有接触事物的时候,也必须如此,这样才能保存内心本然的天理。照"戒慎乎其所不睹,恐惧乎其所不闻"的说法,特别强

---

① 《四书章句集注》,第20—21页。

调在不睹不闻时保持心的敬畏。人心的意念活动一般是因接触外物而起,《中庸》则强调在不接触外物时也要警惕意念的活动,心也要有所修养。这种修养方法就是未发的功夫。

莫见乎隐,莫显乎微,故君子慎其独也。见,音现。隐,暗处也。微,细事也。独者,人所不知而己所独知之地也。言幽暗之中,细微之事,迹虽未形而几则已动,人虽不知而己独知之,则是天下之事无有著见明显而过于此者。是以君子既常戒惧,而于此尤加谨焉,所以遏人欲于将萌,而不使其滋长于隐微之中,以至离道之远也。①

但是在朱子看来,慎独和戒慎恐惧是不同的,戒慎恐惧于不睹不闻,是指自己没有接触外物的见闻知觉活动时,慎独是指别人看不见自己时。用本章结尾的说法,戒慎是未发的存养功夫,慎独是已发的省察功夫。莫见乎隐,莫显乎微,是说隐暗之处最明现,微细之事最显著,《中庸》认为人心正是如此。一个人在幽暗的房间里,别人看不见,自己的行为只有自己清楚知道;一个人不在幽暗之处,别人看得见的行为,但不能看到你的内心,你的内心你自己清楚了解。有时你并没有行为,但内心在活动,这种内心的活动情况也只有你自己明白知道。这些都是"人虽不知而己独知"。内心有所活动,便是已发。所以无论如何,君子必须特别谨慎地审查自己的内心活动,把人欲遏止在将要萌芽的时候,不让它在隐微中滋长。

喜怒哀乐之未发,谓之中;发而皆中节,谓之和。中也者,天下之大本也;和也者,天下之达道也。乐,音洛。中节之中,去声。喜、怒、哀、乐,情也。其未发,则性也,无所偏倚,故谓之中。发皆中节,情之正也,无所乖戾,故谓之和。大本者,天命之性,天下之理皆由此出,道之体也。达道者,循性之谓,天下古今之所共由,

---

① 《四书章句集注》,第21页。

道之用也。此言性情之德，以明道不可离之意。①

朱子认为，这一段是讲性情关系的。喜怒哀乐的发动是情，喜怒哀乐未发是性，用他在其他地方的说法，性是未发，情是已发。在这个讲法中，"中"是指性，强调性未发作为情时的不偏不倚。"和"是指情，指情发作的合乎节度。"中"所代表的性是"天命之谓性"的性，是天所赋予人的性，是天下之理的根源，所以说是天下之大本。率天命之性而达到和，这是最通达的大路，故云"天下之达道"。中是道之体，和是道之用，体是静，用是动，有体而后有用，体立而后用有以行。这样，朱子就以性情、已发未发、体用的结构疏解了这一段，并把"中"与天命之性联结起来了。

致中和，天地位焉，万物育焉。 致，推而极之也。位者，安其所也。育者，遂其生也。自戒惧而约之，以至于至静之中，无少偏倚，而其守不失，则极其中而天地位矣。自谨独而精之，以至于应物之处，无少差谬，而无适不然，则极其和而万物育矣。盖天地万物本吾一体，吾之心正，则天地之心亦正矣，吾之气顺，则天地之气亦顺矣。故其效验至于如此。此学问之极功、圣人之能事，初非有待于外，而修道之教亦在其中矣。是其一体一用虽有动静之殊，然必其体立而后用有以行，则其实亦非有两事也。故于此合而言之，以结上文之意。②

照朱子这里的讲法，戒慎是与中有关的功夫，慎独是与和有关的功夫。因为戒慎是不睹不闻的功夫，不睹不闻是静的状态，推到至静，就是不偏不倚的中，如果能存守住这个状态，就是极其中。慎独是自己的独知，是有知有觉，不是静，而是意念发动，此时要精细辨察，存天理去人欲；从自己的独知，推到应接事物时，都能保守这样的状态，就是极其和。但中和不能分开为两事，须合而言之，故曰"致中和"。照《中庸》

---

①② 《四书章句集注》，第21页。

的说法,人如果能把中和发挥到极致,就能参与宇宙的化育,有助于宇宙的化育。朱子对此的解释是,因为天地万物与人是一体相通的,人心正则天地之心亦正,人之气顺,则天地之气亦顺。这种万物一体的思想也成为理学思想体系的重要部分。

最后朱子写道:

> 右第一章。子思述所传之意以立言:首明道之本原出于天而不可易,其实体备于己而不可离;次言存养省察之要,终言圣神功化之极。盖欲学者于此反求诸身而自得之,以去夫外诱之私,而充其本然之善,杨氏所谓一篇之体要是也。[①]

也就是说,朱子认为,"天命之谓性"至"可离非道也",是讲"道"出于天而备于己,讲道的"本原"和"实体";本原即来自天的根源性,实体即体现在人心的内在性。"是故君子戒慎恐惧"至"君子慎其独也",是讲君子存养、省察的要法。"喜怒哀乐未发"至"万物育焉",是讲修养功夫达到极致的功效及其对宇宙的影响。整章的宗旨是要学者反求于身,去除因外诱而产生的私欲,充实并发挥其本然的善性。这样的人及其行动,既合于天命,又能参赞化育。

《中庸章句序》重点讲心,而《中庸章句》的首章重点在性情,特别是性;讲性本于天,备于人,发为情。这是两者的差别。尤其是,由于朱子强调气禀对人的影响,所以认为人在现实上不能率性,而必须修道,重点要落实在存养省察的功夫。

《中庸章句》最后一章中有一节论内省,与上面所讲慎独功夫有关,一并在这里讨论:

> **《诗》云:"潜虽伏矣,亦孔之昭!"故君子内省不疚,无恶于志。君子之所不可及者,其唯人之所不见乎。**恶,去声。《诗·小雅·正月》之篇。承上文言"莫见乎隐、莫显乎微"也。疚,病也。无恶于

---

① 《四书章句集注》,第22页。

志,犹言无愧于心,此君子谨独之事也。《诗》云:"相在尔室,尚不愧于屋漏。"故君子不动而敬,不言而信。相,去声。《诗·大雅·抑》之篇。相,视也。屋漏,室西北隅也。承上文又言君子之戒谨恐惧,无时不然,不待言动而后敬信,则其为己之功益加密矣。故下文引《诗》并言其效。①

朱子认为此节是呼应首章中的慎独思想,君子的可贵就在于人所不见的时候仍能内省,不仅内省,而且无疚于心,无愧于心,这是接着首章"莫见乎隐、莫显乎微,君子慎其独也"讲而且与之一致的,以此也证明他把慎独解释为别人所看不见时的功夫是有根据的。他更指出,接下来所引的《诗》"不愧于屋漏",也是承接着首章"戒慎恐惧"的思想的。

四、诚身与明善

以下再引述《中庸章句》其他章中的一些解释,以见朱子诠释《中庸》的特点。先看朱子对"君子之道费而隐"章中的解释:

君子之道,近自夫妇居室之间,远而至于圣人天地之所不能尽,其大无外,其小无内,可谓费矣。然其理之所以然,则隐而莫之见也。……子思引此诗以明化育流行,上下昭著,莫非此理之用,所谓费也。②

事事物物是费,是显而可见的;理是事物的所以然,是隐,即微而不可见的。朱子用理事显微的分析解释《中庸》的费隐之说,认为化育流行的万物万事都是理的"用",即理的表现,这是理学的理事观的运用。

在下位不获乎上,民不可得而治矣;获乎上有道,不信乎朋友,不获乎上矣;信乎朋友有道,不顺乎亲,不信乎朋友矣;顺乎亲有道,反诸身不诚,不顺乎亲矣;诚身有道,不明乎善,不诚乎身

---

① 《四书章句集注》,第46页。
② 《四书章句集注》,第26页。

矣**。此又以在下位者,推言素定之意。反诸身不诚,谓反求诸身而所存所发,未能真实而无妄也。不明乎善,谓未能察于人心天命之本然,而真知至善之所在也。诚者,天之道也;诚之者,人之道也。诚者不勉而中,不思而得,从容中道,圣人也。诚之者,择善而固执之者也。**中,并去声。从,七容反。此承上文诚身而言。诚者,真实无妄之谓,天理之本然也。诚之者,未能真实无妄,而欲其真实无妄之谓,人事之当然也。圣人之德,浑然天理,真实无妄,不待思勉而从容中道,则亦天之道也。未至于圣,则不能无人欲之私,而其为德不能皆实。故未能不思而得,则必择善,然后可以明善;未能不勉而中,则必固执,然后可以诚身,此则所谓人之道也。不思而得,生知也。不勉而中,安行也。择善,学知以下之事。固执,利行以下之事也。①

《中庸》注重修身、反身、诚身,反身是反求于己,自我批评,反身必须以诚为标准和原则,以诚为标准和原则去反身所达到的境界就是诚身。在朱子的解释中,以真实无妄解释诚,以反求所存所发说明诚身的用力之地;所存是未发,所发是已发,这就与戒慎和慎独联系起来了。关于明善,朱子解释为明察人心所具的天命之性,并且真正认识到天命之性是至善。

朱子把"诚"释为真实无妄,把"天之道"释为天理,把"诚者天之道"解释为诚乃天理之本然,这就是把诚理解为天理的本然状态。而"诚之"是人仿效天理本然的真实无妄,尽力达到那种真实状态的努力。圣人不勉而中,自然真实无妄,与天道的本然真实"诚"相同,所以圣人的境界同于天道,都是真实无妄。一般的人有人欲私心,不能像圣人一样自然真实无妄,所以要做到真实无妄,就需要择善,以达到明善;择善后必须坚定地实行,以达到诚身。经过努力去达到真实无妄,

---

① 《四书章句集注》,第36页。

这是人道的特点,这就是"诚之"。

> **博学之,审问之,慎思之,明辨之,笃行之。**此诚之之目也。学、问、思、辨,所以择善而为知,学而知也。笃行,所以固执而为仁,利而行也。程子曰:"五者废其一,非学也。"**有弗学,学之弗能弗措也;有弗问,问之弗知弗措也;有弗思,思之弗得弗措也;有弗辨,辨之弗明弗措也;有弗行,行之弗笃弗措也;人一能之己百之,人十能之己千之。**君子之学,不为则已,为则必要其成,故常百倍其功。此困而知,勉而行者也,勇之事也。**果能此道矣,虽愚必明,虽柔必强。**明者择善之功,强者固执之效。吕氏曰:"君子所以学者,为能变化气质而已。德胜气质,则愚者可进于明,柔者可进于强。不能胜之,则虽有志于学,亦愚不能明,柔不能立而已矣。"①

朱子认为,诚之的具体方法就是博学、审问、慎思、明辨、笃行,其中学、问、思、辨属于前面说的"择善",行属于"固执"。按《中庸》三知三行的说法,朱子认为博学、审问、慎思、明辨、笃行统属于"学知利行";如果再细分,这五者中,学、问、思、辨属于学而知之,笃行属于利而行之,至于人一己百的努力,则属于"困知勉行"了。

> **自诚明,谓之性;自明诚,谓之教。诚则明矣,明则诚矣。**自,由也。德无不实而明无不照者,圣人之德。所性而有者也,天道也。先明乎善,而后能实其善者,贤人之学。由教而入者也,人道也。诚则无不明矣,明则可以至于诚矣。②

为了对应于《中庸》所说的诚和明,朱子以德和明两者作为分析的基点,认为圣人德无不实,这是诚;圣人明无不照,这是明。德是道德的

---

① 《四书章句集注》,第37页。按,吕氏原文见其《礼记解》,载《蓝田吕氏遗著辑校》,第297页。朱子所引,与吕氏原文略有不同。
② 《四书章句集注》,第37页。

德性,明是理性的能力,天命之性人人都有,但率性为道只有圣人能之,圣人是天然如此,与天道本然相同;贤人以下都是修道为教,由教而入,不是自然,而必须用各种功夫。先从学知明善入手,然后去实在地践行善,这是人道的特点。朱子这个讲法,先明乎善,而后实其善,就是以一种先知后行的知行观来说明贤人由明至诚的方法。

五、尽性之功:存心与致知

《中庸章句》最后论及尽性:

> **唯天下至诚,为能尽其性;能尽其性,则能尽人之性;能尽人之性,则能尽物之性;能尽物之性,则可以赞天地之化育;可以赞天地之化育,则可以与天地参矣。**天下至诚,谓圣人之德之实,天下莫能加也。尽其性者德无不实,故无人欲之私,而天命之在我者,察之由之,巨细精粗,无毫发之不尽也。人物之性,亦我之性,但以所赋形气不同而有异耳。能尽之者,谓知之无不明而处之无不当也。赞,犹助也。与天地参,谓与天地并立为三也。此自诚而明者之事也。①

尽人物之性则可以赞天地之化育,这和首章所说致中和则天地位、万物育,是一致的,朱子解释说,尽人之性,是指没有丝毫人欲之私,德性真实无妄;尽物之性,是指充分明了事物的性质而处理妥当。这样的人可以协助化育流行,就可以与天地并立为三了。

《中庸章句》又说:

> **其次致曲,曲能有诚,诚则形,形则著,著则明,明则动,动则变,变则化,唯天下至诚为能化。**其次,通大贤以下凡诚有未至者而言也。致,推致也。曲,一偏也。形者,积中而发外。著,则又加显矣。明,则又有光辉发越之盛也。动者,诚能动物。变者,物

---

① 《四书章句集注》,第38页。

从而变。化,则有不知其所以然者。盖人之性无不同,而气则有异,故惟圣人能举其性之全体而尽之。其次则必自其善端发见之偏,而悉推致之,以各造其极也。曲无不致,则德无不实,而形、著、动、变之功自不能已。积而至于能化,则其至诚之妙,亦不异于圣人矣。①

朱子在《中庸》的诠释中始终贯穿其人性论,认为人与物的性是相同的,只是禀受的气不同而形成人和物的差别;人的性是各个相同的,都是理,都是善的,而人的气则各有差异。气的作用很重要,气能遮蔽本性的作用。圣人的气禀纯粹而清,本性不受遮蔽,性的作用可以全体显现。贤人以下的人,气质有所不纯,性的作用只能部分显现,或在隙缝中发见。因此一般人要学习圣人,必须从本性发见的一些善的萌芽入手,加以推拓,如果能把它推扩一直到极致,使性的全体充分显现,那就成为圣人了。《中庸》认为,一个人内心达到诚,在形体上也有所表现,能够感动、改变其他人。不过朱子章句对此点并没有加以强调。

诚者自成也,而道自道也。道也之道,音导。言诚者物之所以自成,而道者人之所当自行也。诚以心言,本也;道以理言,用也。**诚者物之终始,不诚无物。是故君子诚之为贵。**天下之物,皆实理之所为,故必得是理,然后有是物。所得之理既尽,则是物亦尽而无有矣。故人之心一有不实,则虽有所为亦如无有,而君子必以诚为贵也。盖人之心能无不实,乃为有以自成,而道之在我者亦无不行矣。**诚者非自成己而已也,所以成物也。成己,仁也;成物,知也。性之德也,合外内之道也,故时措之宜也。**知,去声。诚虽所以成己,然既有以自成,则自然及物,而道亦行于彼矣。仁者体之存,知者用之发,是皆吾性之固有,而无内外之殊。

---

① 《四书章句集注》,第38页。

既得于己,则见于事者,以时措之,而皆得其宜也。①

在这里朱子再次显示出他的理本论思想,他认为天下一切事物都是理所决定的,有理而后有物的存在,事物的理尽了,事物也就不复存在。朱子认为这里说的道指人伦规范,而规范本于诚心,心诚而行则自然成道。

> **故君子尊德性而道问学,致广大而尽精微,极高明而道中庸。温故而知新,敦厚以崇礼。** 尊者,恭敬奉持之意。德性者,吾所受于天之正理。道,由也。温,犹燖温之温,谓故学之矣,复时习之也。敦,加厚也。尊德性,所以存心而极乎道体之大也。道问学,所以致知而尽乎道体之细也。二者修德凝道之大端也。不以一毫私意自蔽,不以一毫私欲自累,涵泳乎其所已知,敦笃乎其所已能,此皆存心之属也。析理则不使有毫厘之差,处事则不使有过不及之谬,理义则日知其所未知,节文则日谨其所未谨,此皆致知之属也。盖非存心无以致知,而存心者又不可以不致知。故此五句,大小相资,首尾相应,圣贤所示入德之方,莫详于此,学者宜尽心焉。②

《中庸章句》中这一段的阐发在全书中与首章同样重要。德性就是人所禀受于天的理,也就是性即理的性。尊德性就是敬持自己的道德本性。道,朱子解释为由,道问学就是通过博学审问,以达到尊德性。尊德性的功夫是存心,道问学的功夫是致知。存心包括完全扫除私意私欲,涵泳已经知道的道理,加强自己道德实践的能力。致知包括明析义理没有差错,处事待物无过不及,不断认识以前所不认识的义理,不断改进对具体道德规范遵守的情形。朱子认为,没有存心的功夫,就无法致知;而存心又必须不离开致知。存心和致知相比,存心有优先

---

① 《四书章句集注》,第39页。
② 《四书章句集注》,第41页。

性,但存心和致知的功夫互相促进,不能分离。朱子认为这里讲的尊德性和道问学,是圣贤对入德之方最详明的指示。

朱子在《中庸章句》中也发挥了他根于周敦颐、二程的理一分殊说:

> **万物并育而不相害,道并行而不相悖,小德川流,大德敦化,此天地之所以为大也。**悖,犹背也。天覆地载,万物并育于其间而不相害;四时日月,错行代明而不相悖。所以不害不悖者,小德之川流;所以并育并行者,大德之敦化。小德者,全体之分;大德者,万殊之本。川流者,如川之流,脉络分明而往不息也。敦化者,敦厚其化,根本盛大而出无穷也。此言天地之道,以见上文取辟之意也。①

在这一段解说中,朱子从宏观的宇宙论的角度阐发了他对统一性和多样性的看法。他认为,小德是指宇宙全体的各个具体部分,大德是指各具体事物的共同宇宙本源。万物不相害不相悖,其原因是小德川流,即万物各按其自己的方向道路发展,互不相害。万物并育并行,共同生长,共同发展,其原因是大德敦化,意味万物所以能如此,是因为万物同出于一个根源,这个根源越盛大,万事万物就越生生不息,这就是大德敦化。全体有分殊,万殊有一本,一本万殊的互相联结,这就是天地之道。

与朱子对"四书"中其他三种的注释方法一样,《中庸章句》以发挥理学义理为主,但也未忽视训诂。如首章的注释中,"率,循也","道,犹路也","乐,音洛";二章中的"王肃本作小人之反中庸也";五章中"夫,音扶";八章中"拳拳,奉持之貌";十章中"抑,语辞。而,汝也","衽,席也";十二章中"察,著也";十三章中"则,法也","违,去也";十四章中"画布曰正,棲皮曰鹄";十六章中"齐,侧皆反","明,犹洁也",

---

① 《四书章句集注》,第43—44页。

"格,来也。矧,况也。射,厌也",等等。这些音读和训诂都来自《礼记正义》,说明朱子解经很重视吸收汉唐经学的名物训释,力求在字义训诂的基础上展开理学思想的诠释。

总体来看,《中庸章句》与《大学章句》基本思想一致,但由于两书的文本不同,从而使诠释必然依托和结合文本而各有其特殊的表述。《大学章句序》讲性,《大学章句》本身则以明德为基础,强调心。《中庸章句序》讲心,但《中庸章句》本身以天命之性为基点,而强调性。《中庸章句》以性一气二元论为基点,以道心、人心对应于性命、形气,但同时突出性即理,强调人之性受之于天之理,天之理备具于人之性,所以人性即是天命之性。由于人的气禀使得人之本性的表现受到气的影响和遮蔽,所以人不能自然而无所修为,必须修道立教,以戒慎恐惧和慎独的功夫,在未发和已发的时候都用力修养,强力人为,通过明善致知和诚身存心两方面同时努力,以全其性之本体,渐入于中和圣域。在这种解释中,天命之性是起点,但最后落实在修道之教的功夫,而修道功夫需诚明两进,不能偏废。在《中庸章句》中,理学的理气论、天理论、心性论、功夫论都得到了全面的贯彻,成功地借助对于经典的系统解释展示了新儒学的理论建构,对理学思想的传播起了关键性的作用。

第四节　朱熹《论语集注》的儒学思想

在《四书》之中,朱子对于《论语》下功夫最早,整理工作也做的最多。早在青年时代,他就对于北宋以来道学的《论语》解释用力研读,他最早完成的著作也是《论语》的集释。朱子三十四岁编成《论语要义》,四十三岁编成《论语精义》,四十八岁作成《论语集注》及《或问》,此后亦不断讨论修改。

一、《集注》特点：以道学之说发《论语》义理之精微

《论语集注》与《大学章句》不同，章句极少引用他人的解释，而集注的特色就是精选前人的解释而会聚之，以帮助人们理解《论语》的文义。《论语集注》的叙述特点是：先训读，次解释大意，次引程子及程门谢氏、游氏、杨氏、尹氏等说，其中引程子最多，最后以"愚谓""愚按"补足之。以下略举几个例子来说明。

> **子曰："学而时习之，不亦说乎？"** 说、悦同。学之为言效也。人性皆善，而觉有先后，后觉者必效先觉之所为，乃可以明善而复其初也。习，鸟数飞也。学之不已，如鸟数飞也。说，喜意也。既学而又时时习之，则所学者熟，而中心喜说，其进自不能已矣。①

正如我们在前面提到过的，朱子在字的音读和训解上继成了汉唐经学注重训诂的优点，同时也很明显，朱子《集注》在训读后的解释大意中，加进了自己的哲学发挥，从性善和复性的角度来讲解"学"的意义。同时也可表达出，性善和复性，一为起点，一为终点，构成了朱子儒学思想的大旨。由此可见，朱子的《论语集注》是义理派的解释学风，在重视训诂、音读的同时，力求通过注释阐发其哲学思想，或者说自觉地用其哲学思想解释本文。

> **"君子务本，本立而道生。孝弟也者，其为仁之本与！"** 与，平声。务，专力也。本，犹根也。仁者，爱之理，心之德也。为仁，犹曰行仁。与者，疑辞，谦退不敢质言也。言君子凡事专用力于根本，根本既立，则其道自生。若上文所谓孝弟，乃是为仁之本，学者务此，则仁道自此而生也。程子曰："孝弟，顺德也，故不好犯上，岂复有逆理乱常之事。德有本，本立则其道充大。孝弟行于家，而后仁爱及于物，所谓亲亲而仁民也。故为仁以孝弟为本。

---

① 《四书集注》，"学而第一"，中华书局，1983年，第47页。

论性,则以仁为孝弟之本。"或问:"孝弟为仁之本,此是由孝弟可以至仁否?"曰:"非也。谓行仁自孝弟始,孝弟是仁之一事。谓之行仁之本则可,谓是仁之本则不可。盖仁是性也,孝弟是用也,性中只有个仁、义、礼、智四者而已,曷尝有孝弟来。然仁主于爱,爱莫大于爱亲,故曰孝弟也者,其为仁之本与!"①

在这一段的解释大意中,朱子明确把他在《仁说》中确立的思想"仁者心之德、爱之理"加了进来。仁是心之德性,是爱的感情的根源。仁作为人性,其主要作用表现为爱的感情,而最大的爱是人对于双亲的爱,因此孝悌是仁性的表现。他还引用了程颐的说法,孝悌是"为仁"之本,而不是"仁"之本;区分本性的仁、行仁的实践、作为行仁开始的孝悌。仁的本性是孝悌实践的根源,而孝悌是实践仁的本性的开端。

> **子曰:"吾十有五而志于学,**古者十五而入大学。心之所之谓之志。此所谓学,即大学之道也。志乎此,则念念在此而为之不厌矣。**三十而立,**有以自立,则守之固而无所事志矣。**四十而不惑,**于事物之所当然,皆无所疑,则知之明而无所事守矣。**五十而知天命,**天命,即天道之流行而赋于物者,乃事物所以当然之故也。知此则知极其精,而不惑又不足言矣。**六十而耳顺,**声入心通,无所违逆,知之至,不思而得也。**七十而从心所欲,不逾矩。"**从,如字。从,随也。矩,法度之器,所以为方者也。随其心之所欲,而自不过于法度,安而行之,不勉而中也。程子曰:"孔子生而知之也,言亦由学而至,所以勉进后人也。立,能自立于斯道也。不惑,则无所疑矣。知天命,穷理尽性也。耳顺,所闻皆通也。从心所欲,不逾矩,则不勉而中矣。"又曰:"孔子自言其进德之序如此者,圣人未必然,但为学者立法,使之盈科而后进,成章而后达耳。"胡氏曰:"圣人之教亦多术,然其要使人不失其本心而

---

① 《四书集注》,"学而第一",第48页。

已。欲得此心者,惟志乎圣人所示之学,循其序而进焉。至于一疵不存、万理明尽之后,则其日用之间,本心莹然,随所意欲,莫非至理。盖心即体,欲即用,体即道,用即义,声为律而身为度矣。"又曰:"圣人言此,一以示学者当优游涵泳,不可躐等而进;二以示学者当日就月将,不可半途而废也。"愚谓圣人生知安行,固无积累之渐,然其心未尝自谓已至此也。是其日用之间,必有独觉其进而人不及知者。故因其近似以自名,欲学者以是为则而自勉,非心实自圣而姑为是退托也。后凡言谦辞之属,意皆放此。①

这一章的注释也是训读、解释大意,然后引程子、胡氏之说,最后以"愚谓"结束。在对大意的解说中发挥了朱子自己的哲学观点。如对天命的解释是从朱子哲学出发的,天命不是神的命令,而是指天道流行过程中赋予万物的东西,天道流行赋予万物的东西也就是事物所以然之理和所当然之理。所以他引二程的话,说明《论语》讲的"知天命"就是《易传》讲的"穷理尽性"。他引二程和胡氏的解释,都强调孔子的这句话是指出为学的次序,为学者立法,要学者不要超越次序,而要循序渐进。

以上通过几个例子说明《集注》的叙述特点,以下来看《集注》的思想。

二、天,即理也

天理的思想是宋代道学的基本思想,创立于二程,朱子则在他的著作中大力加以发展和运用,《论语》集注也不例外:

> 王孙贾问曰:"与其媚于奥,宁媚于灶,何谓也?"王孙贾,卫大夫。媚,亲顺也。室西南隅为奥。灶者,五祀之一,夏所祭也。凡祭五祀,皆先设主而祭于其所,然后迎尸而祭于奥,略如祭宗庙之

---

① 《四书集注》,"为政第二",第54页。

仪。如祀灶，则设主于灶陉，祭毕，而更设馔于奥以迎尸也。故时俗之语，因以奥有常尊，而非祭之主；灶虽卑贱，而当时用事。喻自结君，不如阿附权臣也。贾，卫之权臣，故以此讽孔子。**子曰：" 不然，获罪于天，无所祷也。"** 天，即理也；其尊无对，非奥灶之可比也。逆理，则获罪于天矣，岂媚于奥灶所能祷而免乎？言但当顺理，非特不当媚灶，亦不可媚于奥也。谢氏曰："圣人之言，逊而不迫。使王孙贾而知此意，不为无益；使其不知，亦非所以取祸。"①

"天即理也"，这里明确继承二程的思想，把《论语》中原本带有古代宗教意味的"天"解释为"理"，这正是理学解经思想的基点。这个理是宇宙的普遍法则，所以其尊无对，人只能顺理而动，不可逆理而行。

定公问："君使臣，臣事君，如之何？"孔子对曰："君使臣以礼，臣事君以忠。" 定公，鲁君，名宋。二者皆理之当然，各欲自尽而已。②

理在社会人事中是指社会规范的原则，也就是当然之理。这就把《论语》里面的德行论的言说，用"理"学的思想加以概括，把"德"转化为"理"来论述。这也是理学经典诠释的一个重要特点。把德行解释为自尽，即各自发挥和实现自己的本性。

孔子曰："君子有三畏：畏天命，畏大人，畏圣人之言。" 畏者，严惮之意也。天命者，天所赋之正理也。知其可畏，则其戒谨恐惧，自有不能已者。而付畀之重，可以不失矣。大人圣言，皆天命所当畏。知畏天命，则不得不畏之矣。③

天把理赋予人和物，这一施发的过程称为天命。人从天接受了理作为

---

① 《四书集注》，"里仁第四"，第 65 页。
② 《四书集注》，"里仁第四"，第 66 页。
③ 《四书集注》，"季氏第十六"，第 172 页。

自己的性，要谨慎地、敬畏地保有它，不要把天赋的珍贵东西失去。

子贡曰："夫子之文章，可得而闻也；夫子之言性与天道，不可得而闻也。" 文章，德之见乎外者，威仪文辞皆是也。性者，人所受之天理；天道者，天理自然之本体，其实一理也。①

命是天所赋之天理，性是人所受之天理；命是从施发之赋而言，性是从禀接之受而言。所以，天命和天性是同一过程的两个方面。而天道则是指天理的本来存在和状态。天道流行，发育万物，就天把理赋予人和物来说，叫做天命；就人物接受了天所给予的理作为自己的性来说，叫做性。天道是自然的天理流行，性是禀受在人身上的天理，都是理。通过这些对《论语》的解释，朱子把他的天理论思想都明确表达出来了。

三、道者，事物当然之理

在理学思想体系中，与理有关的另一个概念是"道"。一般来说理学是以"理"解释"道"。在《论语集注》中：

子曰："君子食无求饱，居无求安，敏于事而慎于言，就有道而正焉，可谓好学也已。" 好，去声。不求安饱者，志有在而不暇及也。敏于事者，勉其所不足。慎于言者，不敢尽其所有余也。然犹不敢自是，而必就有道之人，以正其是非，则可谓好学矣。凡言道者，皆谓事物当然之理，人之所共由者也。②

在朱子的解释中，"道"的基本含义是事物当然之理，也就是事物的规范原则，这些规范是社会中人人都必须共同遵守的。当然就是指人伦规范。在这个意义上，这里的道主要是指人道而言。

子曰："志于道， 志者，心之所之之谓。道，则人伦日用之间所

---

① 《四书集注》，"公冶长第五"，第79页。
② 《四书集注》，"学而第一"，第52页。

当行者是也。如此而心必之焉,则所适者正,而无他歧之惑矣。**据于德**,据者,执守之意。德者,得也,得其道于心而不失之谓也。得之于心而守之不失,则终始惟一,而有日新之功矣。**依于仁。"**,依者,不违之谓。仁,则私欲尽去而心德之全也。功夫至此而无终食之违,则存养之熟,无适而非天理之流行矣。"①

在这里,朱子就明确地指出,所谓"事物当然之理"即是人伦日用所当行者,也就是人在社会生活中的人伦道德规范。另一方面,朱子又把德解释为"心得其道"。按古代以"德者,得也"为常训,在朱子哲学中,性是所得之理,德是心得之道;性是所得之理,这在天理论中是清楚的,而德是心得之道,心如何得道,朱子却没有讲清楚。照其天理论来说,心之德应当是性之理所发现,而不是由对道的认识而形成的。

子曰:"朝闻道,夕死可矣。" 道者,事物当然之理。苟得闻之,则生顺死安,无复遗恨矣。朝夕,所以甚言其时之近。程子曰:"言人不可以不知道,苟得闻道,虽死可也。"又曰:"皆实理也,人知而信者为难。死生亦大矣!非诚有所得,岂以夕死为可乎?"②

朱子一方面把道解释为事物当然之理,一方面引用二程的话,把人伦之道说成是"实理",实理既是就理的实在而言,也是指理作为真理而言。这个真理不仅是宇宙的真理,也是人生的真理。

子曰:"参乎!吾道一以贯之。"曾子曰:"唯。" 参,所金反。唯,上声。参乎者,呼曾子之名而告之。贯,通也。唯者,应之速而无疑者也。圣人之心,浑然一理,而泛应曲当,用各不同。曾子于其用处,盖已随事精察而力行之,但未知其体之一尔。夫子知其真积力久,将有所得,是以呼而告之。曾子果能默契其指,即应之速而无疑也。**子出。门人问曰:"何谓也?"曾子曰:"夫子之道,**

---

① 《四书集注》,"述而第七",第94页。
② 《四书集注》,"里仁第四",第71页。

忠恕而已矣。"尽己之谓忠，推己之谓恕。而已矣者，竭尽而无余之辞也。夫子之一理浑然而泛应曲当，譬则天地之至诚无息，而万物各得其所也。自此之外，固无余法，而亦无待于推矣。曾子有见于此而难言之，故借学者尽己、推己之目以著明之，欲人之易晓也。盖至诚无息者，道之体也，万殊之所以一本也；万物各得其所者，道之用也，一本之所以万殊也。以此观之，一以贯之之实可见矣。或曰："中心为忠，如心为恕。"于义亦通。程子曰："以己及物，仁也；推己及物，恕也，违道不远是也。忠恕一以贯之：忠者天道，恕者人道；忠者无妄，恕者所以行乎忠也；忠者体，恕者用，大本达道也。此与违道不远异者，动以天尔。"又曰："'维天之命，于穆不已'，忠也；'乾道变化，各正性命'，恕也。"又曰："圣人教人各因其才，吾道一以贯之，惟曾子为能达此，孔子所以告之也。曾子告门人曰：'夫子之道，忠恕而已矣'，亦犹夫子之告曾子也。《中庸》所谓'忠恕违道不远'，斯乃下学上达之义。"①

在这里朱子用道的体用来发挥《论语》忠恕一贯之道的思想。首先朱子把圣人的一贯之道从人生最高境界上加以解说，认为一贯之道是指圣人之心浑然一理，而其应用，各有所当。圣人之心浑然一理，这是"体一"；随时随事，各有所用，这是"用殊"。曾子在道德实践上能随事精察，在应用上已经不错，但还没有达到体一的最高境界，也就是只完成了具体，还没有达到一贯。故孔子欲点化之。其次朱子指出，这种一贯的人生境界和天地之化是一致的，天地万物也具有这种万殊和一贯的关系。夫子境界的浑然一理，相应于天地总体的至诚无息；夫子的泛应曲当，相应于万物各得其所。天地至诚无息的总体运动，是道之体；万物各得其所，是道之用。道之体是万物统一性的本源和根据，即一本；道之用是统一性的个别的、具体的表现，是万殊。这就用理学

---

① 《四书集注》，"里仁第四"，第72页。

的理一分殊的思想对一贯之道进行了诠释。朱子特别引用二程的话指出,一贯之道、理一分殊的思想有其为学功夫上的意义,一贯不能离开分殊,分殊需要上升到一贯,下学才能上达。

> **子在川上,曰:"逝者如斯夫！不舍昼夜。"** 夫,音扶。舍,上声。天地之化,往者过,来者续,无一息之停,乃道体之本然也。然其可指而易见者,莫如川流。故于此发以示人,欲学者时时省察,而无毫发之间断也。程子曰:"此道体也。天运而不已,日往则月来,寒往则暑来,水流而不息,物生而不穷,皆与道为体,运乎昼夜,未尝已也。是以君子法之,自强不息。及其至也,纯亦不已焉。"又曰:"自汉以来,儒者皆不识此义。此见圣人之心,纯亦不已也。纯亦不已,乃天德也。有天德,便可语王道,其要只在谨独。"愚按:自此至篇终,皆勉人进学不已之辞。[1]

为了解释孔子川上之叹,朱子发挥了二程"道体"的观念来作说明,在二程,认为"逝"是指道体运行不已而言,天地万物的运动变化"皆与道为体",即万物的运动变化都是道的载体。朱子进一步认为,生生不息、流行不已的天地变化过程,就是本然的道体,意即自然变化就是道的真实的、本来的实体,道并不是抽象的实体。当然朱子这里所强调的还不是道的实体,而是强调道体的流行不息,他在"愚按"中,明确指出人应当学习道体的不停息的运动,进德不息、进学不已。

道虽然重要,但人的努力,人发扬道的努力,更为重要:

> **子曰:"人能弘道,非道弘人。"** 弘,廓而大之也。人外无道,道外无人。然人心有觉,而道体无为;故人能大其道,道不能大其人也。张子曰:"心能尽性,人能弘道也;性不知检其心,非道弘人也。"[2]

---

[1] 《四书集注》,"子罕第九",第 113 页。
[2] 《四书集注》,"卫灵公第十五",第 167 页。

朱子以"人心有觉,道体无为"来说明孔子的话,强调人心有意识,有能动性,而道体没有意识,没有能动性;所以人可以能动地发扬道,但道无法帮助提升人的境界。所以,人的精神境界的提高,必须依靠自己的努力,依靠发挥自己的主体的能动性。

四、仁者,心之全德

子曰:"若圣与仁,则吾岂敢?抑为之不厌,诲人不倦,则可谓云尔已矣。"公西华曰:"正唯弟子不能学也。" 此亦夫子之谦辞也。圣者,大而化之。仁,则心德之全而人道之备也。①

最高的仁是全部德性的代表,也是完备的人道的标志,所以对这样的仁,连孔子也称"吾岂敢"。

颜渊问仁。子曰:"克己复礼为仁。一日克己复礼,天下归仁焉。为仁由己,而由人乎哉?" 仁者,本心之全德。克,胜也。己,谓身之私欲也。复,反也。礼者,天理之节文也。为仁者,所以全其心之德也。盖心之全德,莫非天理,而亦不能不坏于人欲。故为仁者必有以胜私欲而复于礼,则事皆天理,而本心之德复全于我矣。归,犹与也。又言一日克己复礼,则天下之人皆与其仁,极言其效之甚速而至大也。又言为仁由己而非他人所能预,又见其机之在我而无难也。日日克之,不以为难,则私欲净尽,天理流行,而仁不可胜用矣。程子曰:"非礼处便是私意。既是私意,如何得仁?须是克尽己私,皆归于礼,方始是仁。"又曰:"克己复礼,则事事皆仁,故曰天下归仁。"谢氏曰:"克己须从性偏难克处克将去。"**颜渊曰:"请问其目。"子曰:"非礼勿视,非礼勿听,非礼勿言,非礼勿动。"颜渊曰:"回虽不敏,请事斯语矣。"** 目,条件也。颜渊闻夫子之言,则于天理人欲之际,已判然矣,故不复有所疑问,而

---

① 《四书集注》,"述而第七",101页。

直请其条目也。非礼者,己之私也。勿者,禁止之辞。是人心之所以为主,而胜私复礼之机也。私胜,则动容周旋无不中礼,而日用之间,莫非天理之流行矣。事,如事事之事。请事斯语,颜子默识其理,又自知其力有以胜之,故直以为己任而不疑也。程子曰:"颜渊问克己复礼之目,子曰,'非礼勿视,非礼勿听,非礼勿言,非礼勿动',四者身之用也。由乎中而应乎外,制于外所以养其中也。颜渊事斯语,所以进于圣人。后之学圣人者,宜服膺而勿失也,因箴以自警。其视箴曰:'心兮本虚,应物无迹。操之有要,视为之则。蔽交于前,其中则迁。制之于外,以安其内。克己复礼,久而诚矣。'其听箴曰:'人有秉彝,本乎天性。知诱物化,遂亡其正。卓彼先觉,知止有定。闲邪存诚,非礼勿听。'其言箴曰:'人心之动,因言以宣。发禁躁妄,内斯静专。矧是枢机,兴戎出好,吉凶荣辱,惟其所召。伤易则诞,伤烦则支,己肆物忤,出悖来违。非法不道,钦哉训辞!'其动箴曰:'哲人知几,诚之于思;志士励行,守之于为。顺理则裕,从欲惟危;造次克念,战兢自持。习与性成,圣贤同归。'"愚按:此章问答,乃传授心法切要之言。非至明不能察其几,非至健不能致其决。故惟颜子得闻之,而凡学者亦不可以不勉也。程子之箴,发明亲切,学者尤宜深玩。①

朱子在《论语》开始的地方已经申明:"仁者,爱之理,心之德也。"这里他又作了定义式的解释:"仁者,心之全德。"这就说明,在他看来,仁不仅是心之德,而且是心之全德。即,狭义的仁和义、礼、智一样只是心之一德,而广义的仁则代表心的全部德性,包涵了义、礼、智,是道德境界的全体。心之全德的仁也就是天理。这是朱子对仁学思想的发展。

关于"克己复礼",朱子以礼为体现天理的具体规则。他对克己复礼的解释是,战胜了私欲以复归于天理。这就是说,人人本来皆有心

---

① 《四书集注》,"颜渊第十二",第131页。

之全德,心中本来都是天理,但易被私欲所破坏,只有通过"为仁"的实践功夫,也就是在事事物物的实践中战胜私欲,才能恢复心之全德,复归于天理。而恢复了心之全德、复归于天理,就是仁。朱子把这样达到的仁的境界表达为"私欲净尽,天理流行,而仁不可胜用矣"。这在后来理学史上影响很大。所谓"天理流行",就人道来说,是说天理不受阻碍地充满人的内心,全面支配人的行为。

关于克己复礼之目,朱子把非礼解释为心中的私欲,可见他始终把"天理—人欲"的对立作为儒家道德思想的基础,也作为《论语》解释的基本分析框架。他认为这一章的主旨是,克服了私欲,人在行为举止上就能符合礼则,天理就能处处主宰人的日常生活。朱子高度重视此章,强调此章孔子所说是"传授心法切要"。他还详细引述了二程对此章的解释,特别是程颐的四箴,认为程颐的思想正确解决了内外功夫的关系,即内心的存养和行为的端正是互相作用的,相辅相成的,缺一不可。

朱子又指出:

> **"克、伐、怨、欲不行焉,可以为仁矣?"** 此亦原宪以其所能而问也。克,好胜。伐,自矜。怨,忿恨。欲,贪欲。**子曰:"可以为难矣,仁则吾不知也。"** 有是四者而能制之,使不得行,可谓难矣。仁则天理浑然,自无四者之累,不行不足以言之也。程子曰:"人而无克、伐、怨、欲,惟仁者能之。有之而能制其情使不行,斯亦难能也。谓之仁则未也。此圣人开示之深,惜乎宪之不能再问也。"或曰:"四者不行,固不得为仁矣。然亦岂非所谓克己之事,求仁之方乎?"曰:"克去己私以复乎礼,则私欲不留,而天理之本然者得矣。若但制而不行,则是未有拔去病根之意,而容其潜藏隐伏于胸中也。岂克己求仁之谓哉?学者察于二者之间,则其所以求仁

之功,益亲切而无渗漏矣。"①

在朱子看来,克己复礼为仁,并不是指在某些方面克制自己、强制自己,而是彻底去除了私欲,使得心中充满天理。仅仅克制自己不去作某些表现,虽然是难得的道德境界,但还不是仁的境界。仁的境界是更高的境界,更高的道德觉悟,仁是天理浑然、自然没有私欲的状态,这就把朱子对克己复礼的理解更全面地表达出来了。

> **"夫仁者,己欲立而立人,己欲达而达人。**夫,音扶。以己及人,仁者之心也。于此观之,可以见天理之周流而无间矣。状仁之体,莫切于此。**能近取譬,可谓仁之方也已。"**譬,喻也。方,术也。近取诸身,以己所欲譬之他人,知其所欲亦犹是也。然后推其所欲以及于人,则恕之事而仁之术也。于此勉焉,则有以胜其人欲之私,而全其天理之公矣。程子曰:"医书以手足痿痹为不仁,此言最善名状。仁者以天地万物为一体,莫非己也。认得为己,何所不至;若不属己,自与己不相干。如手足之不仁,气已不贯,皆不属己。故博施济众,乃圣人之功用。仁至难言,故止曰:'己欲立而立人,己欲达而达人,能近取譬,可谓仁之方也已。'欲令如是观仁,可以得仁之体。"②

天理周流无间,即天理流行充满,所以朱子所谓"天理流行",一是强调充满,一是强调无间。充满是强调空间的普遍性,无间断是强调时间的普遍性,所以天理流行,就天道来说,就是强调天理的时间和空间的普遍性。

五、乐:天理流行,胸次悠然

> 子曰:"贤哉,回也! 一箪食,一瓢饮,在陋巷。人不堪其忧,

---

① 《四书集注》,"宪问第十四",第149页。
② 《四书集注》,"雍也第六",第92页。

回也不改其乐。贤哉,回也!" 食,音嗣。乐,音洛。箪,竹器。食,饭也。瓢,瓠也。颜子之贫如此,而处之泰然,不以害其乐,故夫子再言"贤哉回也"以深叹美之。程子曰:"颜子之乐,非乐箪瓢陋巷也,不以贫窭累其心而改其所乐也,故夫子称其贤。"又曰:"箪瓢陋巷非可乐,盖自有其乐尔。其字当玩味,自有深意。"又曰"昔受学于周茂叔,每令寻仲尼颜子乐处,所乐何事?"愚按:程子之言,引而不发,盖欲学者深思而自得之。今亦不敢妄为之说。学者但当从事于博文约礼之诲,以至于欲罢不能而竭其才,则庶乎有以得之矣。①

北宋理学已提出孔颜乐处的精神境界,这是宋代儒学发展的重要方向,朱子在注释中列引了二程关于颜子之乐的论述,把道学对这一问题的关注带入《论语》的解释,开辟了《论语》解释的新视野。不过,朱子在这里虽然引述了二程的思想,但也以"愚按"强调了他自己的立场,即不能悬空去追求乐,必须从博文的学习和约礼的功夫下手。

子贡曰:"贫而无谄,富而无骄,何如?"子曰:"可也。未若贫而乐,富而好礼者也。" 乐,音洛。好,去声。谄,卑屈也。骄,矜肆也。常人溺于贫富之中,而不知所以自守,故必有二者之病。无谄无骄,则知自守矣,而未能超乎贫富之外也。凡曰可者,仅可而有所未尽之辞也。乐则心广体胖而忘其贫,好礼则安处善,乐循理,亦不自知其富矣。②

心广体胖是"乐"的效应和结果,但乐不是空空洞洞的乐,乐应当是"乐循理",乐于遵循理的原则规范,朱子这个讲法意在防止把乐和道德意识分开,说明朱子对于乐始终是用理来加以补充的。

子曰:"知者乐水,仁者乐山;知者动,仁者静;知者乐,仁者

---

① 《四书集注》,"雍也第六",第87页。
② 《四书集注》,"学而第一",第52页。

寿。"知,去声。乐,上二字并五教反,下一字音洛。乐,喜好也。知者达于事理而周流无滞,有似于水,故乐水;仁者安于义理而厚重不迁,有似于山,故乐山。动静以体言,乐寿以效言也。动而不括故乐,静而有常故寿。程子曰:"非体仁知之深者,不能如此形容之。"①

这也是说知和乐都与理有关,知不是离开理的知,乐也不是离开理的乐。智者通达于事物的道理而变通无滞,所以常乐;仁者心境稳定,安于道德当然之理,所以沉静。可见朱子处处都用"理"的话语来解释古典文本。

子曰:"饭疏食饮水,曲肱而枕之,乐亦在其中矣。不义而富且贵,于我如浮云。" 饭,符晚反。食,音嗣。枕,去声。乐,音洛。饭,食之也。疏食,粗饭也。圣人之心,浑然天理,虽处困极,而乐亦无不在焉。其视不义之富贵,如浮云之无有,漠然无所动于其中也。程子曰:"非乐疏食饮水也,虽疏食饮水,不能改其乐也。不义之富贵,视之轻如浮云然。"又曰:"须知所乐者何事。"②

饭疏食饮水,曲肱而枕之,乐亦在其中,这并不是因为穷困的生活本身值得乐,而是说穷困的生活不能妨碍、改变圣人精神上的满足。朱子强调,圣人的精神境界,是天理浑然的境界,有了这种境界,身处何种环境,都能始终保持精神的自足和快乐。心中浑然天理,是一种道德境界,道德境界给人带来的精神的快乐不依赖于物质的生活条件。

最后来看朱子对"曾点之学"的解说:

"点!尔何如?"鼓瑟希,铿尔,舍瑟而作。对曰:"异乎三子者之撰。"子曰:"何伤乎?亦各言其志也。"曰:"莫春者,春服既成。冠者五六人,童子六七人,浴乎沂,风乎舞雩,咏而归。"夫子喟然

---

① 《四书集注》,"雍也第六",第90页。
② 《四书集注》,"述而第七",第97页。

叹曰:"吾与点也!"铿,苦耕反。舍,上声。撰,士免反。莫、冠,并去声。沂,鱼依反。雩音于。四子侍坐,以齿为序,则点当次对。以方鼓瑟,故孔子先问求、赤而后及点也。希,间歇也。作,起也。撰,具也。春服,单袷之衣。浴,盥濯也,今上巳祓除是也。沂,水名,在鲁城南,地志以为有温泉焉,理或然也。风,乘凉也。舞雩,祭天祷雨之处,有坛墠树木也。咏,歌也。曾点之学,盖有以见夫人欲尽处,天理流行,随处充满,无少欠阙。故其动静之际,从容如此。而其言志,则又不过即其所居之位,乐其日用之常,初无舍己为人之意。而其胸次悠然,直与天地万物上下同流,各得其所之妙,隐然自见于言外。视三子之规规于事为之末者,其气象不侔矣,故夫子叹息而深许之。而门人记其本末独加详焉,盖亦有以识此矣。……程子曰:"古之学者,优柔厌饫,有先后之序。如子路、冉有、公西赤言志如此,夫子许之。亦以此自是实事。后之学者好高,如人游心千里之外,然自身却只在此。"又曰:"孔子与点,盖与圣人之志同,便是尧、舜气象也。诚异三子者之撰,特行有不掩焉耳,此所谓狂也。子路等所见者小,子路只为不达为国以礼道理,是以哂之。若达,却便是这气象也。"又曰:"三子皆欲得国而治之,故夫子不取。曾点,狂者也,未必能为圣人之事,而能知夫子之志。故曰浴乎沂,风乎舞雩,咏而归,言乐而得其所也。孔子之志,在于老者安之,朋友信之,少者怀之,使万物莫不遂其性。曾点知之,故孔子喟然叹曰'吾与点也'。又曰:"曾点、漆雕开,已见大意。"①

道学特别重视《论语》中孔子与点之乐的一章,以"曾点气象"或"狂者气象"或"曾点之乐"来解释此章,把曾点的表现归结为一种"乐",并认为这是一种狂者之乐。与子路等人局限在具体事物不同,曾点之乐更

---

① 《四书集注》,"先进第十一",第130页。

为超脱。朱子的解释强调伊川的观点,认为子路等的志向是实事,学曾点学不好可能好高务远;因此,孔子的"与点",是主张乐得其所,得其所就是老者安之,朋友信之,少者怀之,使万物各得其性。所以这样的乐并没有脱离事事物物,没有脱离人伦日用。从这个角度出发,朱子的注释中,把曾点之乐解释为两方面,一方面是"有以见夫人欲尽处,天理流行,随处充满,无少欠阙",这是指内在的一面,即内心人欲尽去,天理处处充满,于是胸次悠然,达到与天地上下同流的精神境界;另一方面是"其动静之际,从容如此",这是指其外在行为从容自然,即其所居之位,乐其日用之常,尽其在人伦的义务,奉行其道德责任。总之,谈到精神境界,朱子总是不离天理人欲的问题,注意避免离开存理去欲而追求高旷的精神境界。

六、人性皆善

> 子曰:"**有教无类。**"人性皆善,而其类有善恶之殊者,气习之染也。故君子有教,则人皆可以复于善,而不当复论其类之恶矣。①

气习指气质和习惯。朱子肯定人性皆善,但承认人有善恶之分,他认为人有善有恶,并不是因为他们的性不同,而是因为他们的气习之染造成的。教育的意义就在于使人人都可以恢复其善的本性,成为善的人。

> 子曰:"**性相近也,习相远也。**"此所谓性,兼气质而言者也。气质之性,固有美恶之不同矣。然以其初而言,则皆不甚相远也。但习于善则善,习于恶则恶,于是始相远耳。程子曰:"此言气质之性。非言性之本也。若言其本,则性即是理,理无不善,孟子之言性善是也。何相近之有哉?"②

---

① 《四书集注》,"卫灵公第十五",第168页。
② 《四书集注》,"阳货第十七",第176页。

朱子在这里说得更为明白，气质和习惯对人的善恶影响很大。同时他接受了二程的思想，认为人有性理之性，又有气质之性，性理之性无不善，气质之性有善有不善。从这个角度解释，孔子说的性相近只是说气质之性，不是指性理之性。顺着《论语》本文来看，习对人的善恶的养成影响更大。其实，从朱子自己的立场说，他认为气质的影响及其带来的对私欲的追求，要比习惯习俗更大。这也说明，朱子虽然用他的哲学来解释《论语》，但并没有把他自己的结论强加给《论语》。

七、心：公私理欲之间

> 子曰："道之以政，齐之以刑，民免而无耻；道，音导，下同。道，犹引导，谓先之也。政，谓法制禁令也。齐，所以一之也。道之而不从者，有刑以一之也。免而无耻，谓苟免刑罚，而无所羞愧，盖虽不敢为恶，而为恶之心未尝忘也。**道之以德，齐之以礼，有耻且格。**"礼，谓制度品节也。格，至也。言躬行以率之，则民固有所观感而兴起矣，而其浅深厚薄之不一者，又有礼以一之，则民耻于不善，而又有以至于善也。一说，格，正也。《书》曰："格其非心。"愚谓政者，为治之具。刑者，辅治之法。德礼则所以出治之本，而德又礼之本也。此其相为终始，虽不可以偏废，然政刑能使民远罪而已，德礼之效，则有以使民日迁善而不自知。故治民者不可徒恃其末，又当深探其本也。①

朱子发挥孔子的思想，提出以政令刑罚治民，人虽然不敢为恶，但为恶的心并没有改变。有耻且格的格字，朱子训为"至"，即至于、达到的意思。朱子特别强调，治理国家以德礼为本，德与礼二者不可偏废，应互相配合；而德与礼之间，德为礼之本。这比在礼乐文化中生长起来的古典儒家对礼的高度重视，更强调德治的立场。朱子也指出，格有另

---

① 《四书集注》，"为政第二"，第54页。

一意义,即纠正,他举出《尚书》中"格其非心"的说法,一方面作为"格者正也"的例子,一方面也提示出在他看来,心有正有不正。

> 子曰:"**里仁为美。择不处仁,焉得知?**"处,上声。焉,于虔反。知,去声。里有仁厚之俗为美。择里而不居于是焉,则失其是非之本心,而不得为知矣。①

心有正有不正,不正的心失其是非之本心。这就是说,人的本心都是正的,但若失其本心,则心就成为不正的心了。失其是非之本心,这个说法来自孟子。

> 子曰:"**不仁者不可以久处约,不可以长处乐。仁者安仁,知者利仁。**"乐,音洛。知,去声。约,穷困也。利,犹贪也,盖深知笃好而必欲得之也。不仁之人,失其本心,久约必滥,久乐必淫。惟仁者则安其仁而无适不然,知者则利于仁而不易所守,盖虽深浅之不同,然皆非外物所能夺矣。②

朱子并没有排斥孟子的本心思想,相反他在《论语》集注中不止一次引用孟子失其本心之说,在这里他指出,不仁的人,就是失其本心的人,不失其本心,就成为仁者仁人了。这也就是说,仁是有其内在的基础的。

> 子曰:"**唯仁者能好人,能恶人。**"好、恶,皆去声。唯之为言独也。盖无私心,然后好恶当于理,程子所谓"得其公正"是也。游氏曰:"好善而恶恶,天下之同情,然人每失其正者,心有所系而不能自克也。惟仁者无私心,所以能好恶也。"③

理学心法的要旨是辨别公私理欲。仁者的心,其特点是公而无私,无私心即无私欲,一个人若无私欲,其好恶之心、好恶之情,就能合于理义,合于理义就是"公""正"。

---

① ② ③ 《四书集注》,"里仁第四",第69页。

子曰："君子怀德，小人怀土；君子怀刑，小人怀惠。" 怀，思念也。怀德，谓存其固有之善。怀土，谓溺其所处之安。怀刑，谓畏法。怀惠，谓贪利。君子小人趣向不同，公私之间而已。①

君子与小人的分别在于心，君子之心常公，小人之心常私，君子之心关注道德进步，小人之心关注利益所得。君子心中念念不忘的，与小人念念不忘的，是全然不同的。这种不同，最根本的是公与私的不同。

子曰："君子周而不比，小人比而不周。" 周，普遍也。比，偏党也。皆与人亲厚之意，但周公而比私耳。君子小人所为不同，如阴阳昼夜，每每相反。然究其所以分，则在公私之际，毫厘之差耳。故圣人于周比、和同、骄泰之属，常对举而互言之，欲学者察乎两间，而审其取舍之几也。②

所以，君子小人之分，即在公私之间。公与私在原则上泾渭分明，两相对立，但公私之际，在有些地方，在最初的时候，往往只是毫厘之差。君子要在这些似是而非的地方加以审查、对比，以明白取舍。

曰："求仁而得仁，又何怨。"出，曰："夫子不为也。" 伯夷、叔齐，孤竹君之二子。其父将死，遗命立叔齐。父卒，叔齐逊伯夷。伯夷曰："父命也"，遂逃去。叔齐亦不立而逃之，国人立其中子。其后武王伐纣，夷、齐扣马而谏。武王灭商，夷、齐耻食周粟，去隐于首阳山，遂饿而死。怨，犹悔也。君子居是邦，不非其大夫，况其君乎？故子贡不斥卫君，而以夷、齐为问。夫子告之如此，则其不为卫君可知矣。盖伯夷以父命为尊，叔齐以天伦为重。其逊国也，皆求所以合乎天理之正，而即乎人心之安。既而各得其志焉，则视弃其国犹敝蹝尔，何怨之有？若卫辄之据国拒父而惟恐失之，其不可同年而语明矣。程子曰："伯夷、叔齐逊国而逃，谏伐而

---

① 《四书集注》，"里仁第四"，第71页。
② 《四书集注》，"为政第二"，第57页。

饿,终无怨悔,夫子以为贤,故知其不与辄也。"①

趣向即是志,即是心之所怀。君子的志是求仁得仁,即追求仁,践履仁,行仁而后心安。故君子做事,一皆以人伦当然为重,凡事求合乎天理,求良心之安。所以,这里的人心之安的人心,当然不是情欲之心,而是义理之心、良心。

> **子曰:"君子喻于义,小人喻于利。"** 喻,犹晓也。义者,天理之所宜。利者,人情之所欲。程子曰:"君子之于义,犹小人之于利也。唯其深喻,是以笃好。"杨氏曰:"君子有舍生而取义者,以利言之,则人之所欲无甚于生,所恶无甚于死,孰肯舍生而取义哉?其所喻者义而已,不知利之为利故也,小人反是。"②

孔子时代,用义利之辨表达他对人格的判断。理学的时代,则明确以"理"解释"义",把"利"解释为"欲",从而在理学的话语里从义利之辨引出理欲之辨。朱子认为"义"就是天理所规定的当然之则,利是人情欲望所追求的,而一切道德行为都是出于对人情欲望的超越,因此道德的本质就在于对人情欲望的超越。君子之心与小人之心的不同,也正在以天理当然为终极追求,还是以人情欲望为终极追求。

八、为学:其分虽殊,而理则一

> **夫子循循然善诱人,博我以文,约我以礼。** 循循,有次序貌。诱,引进也。博文约礼,教之序也。言夫子道虽高妙,而教人有序也。侯氏曰:"博我以文,致知格物也。约我以礼,克己复礼也。"③

理学与以前的经学的一大不同,是把《大学》、《中庸》和《论》、《孟》参比讨论,这里朱子在注释中引用程门弟子侯氏之说,用致知格物解释"博

---

① 《四书集注》,"述而第七",第96页。
② 《四书集注》,"里仁第四",第73页。
③ 《四书集注》,"子罕第九",第111页。

文",以克己复礼定位"约礼",就是一个显例。朱子则强调《论语》此章是讲为学次序的,人应当追求道的最高境界,但对道的追求要以博文和约礼为基础,离开了格物的思学和克己的修养,道就变成了高妙的空谈。这里朱子把博文和约礼看做最基本的功夫。

> 子夏曰:"博学而笃志,切问而近思,仁在其中矣。"四者皆学问思辨之事耳,未及乎力行而为仁也。然从事于此,则心不外驰,而所存自熟,故曰仁在其中矣。①

这里朱子又用《中庸》的讨论参与对《论语》的解释,《论语》此章子夏所发挥的孔子思想,讲博学、笃志,切问、近思四者,朱子认为这四者相当于《中庸》所说的博学、审问、慎思、明辨、笃行五者中的前四者,即学、问、思、辨,而没有涉及行。但朱子认为,子夏所以强调这四者和仁的关系,是因为从事于博学、笃志、切问、近思这四者,就可以使心收敛、聚集在内,而不会外驰,而这就有益于存心,有益于仁的实现。可见,朱子并不主张独立的力行,而重视学、问、思、辨的功夫,认为学、问、思、辨具有存心的功效,故仁的实现就在学、问、思、辨之中。

> 子曰:"君子道者三,我无能焉:仁者不忧,知者不惑,勇者不惧。"知,去声。自责以勉人也。子贡曰:"夫子自道也。"道,言也。自道,犹云谦辞。尹氏曰:"成德以仁为先,进学以知为先。故夫子之言,其序有不同者以此。"②

朱子所引用的尹氏之说,发挥了二程"涵养须用敬,进学则在致知"的思想,并用这样的观点诠释此章。朱子引尹氏语,把孔子此章所说解释为论为学次序,并提出成德以践仁为先,进学以致知为先,实际上表达了一种成德与进学并重的思想。表达出朱子的儒学思想,在成人的理想方面,不是道德的一元论,而是始终重视学、问、思、辨、求知的方

---

① 《四书集注》,"子张第十九",第189页。
② 《四书集注》,"宪问第十四",第156页。

面在人格发展中的意义。

> **子游曰:"子夏之门人小子,当洒扫、应对、进退,则可矣。抑末也,本之则无。如之何?"** 洒,色卖反。扫,素报反。子游讥子夏弟子,于威仪容节之间则可矣。然此小学之末耳,推其本,如大学正心诚意之事,则无有。**子夏闻之曰:"噫!言游过矣!君子之道,孰先传焉?孰后倦焉?譬诸草木,区以别矣。君子之道,焉可诬也?有始有卒者,其惟圣人乎!"** 别,必列反。焉,于虔反。倦,如诲人不倦之倦。区,犹类也。言君子之道,非以其末为先而传之,非以其本为后而倦教。但学者所至,自有浅深,如草木之有大小,其类固有别矣。若不量其浅深,不问其生熟,而概以高且远者强而语之,则是诬之而已。君子之道,岂可如此?若夫始终本末一以贯之,则惟圣人为然,岂可责之门人小子乎?程子曰:"君子教人有序,先传以小者近者,而后教以大者远者。非先传以近小,而后不教以远大也。"又曰:"洒扫应对,便是形而上者,理无大小故也。故君子只在慎独。"又曰:"圣人之道,更无精粗。从洒扫应对,与精义入神,贯通只一理。虽洒扫应对,只看所以然如何。"又曰:"凡物有本末,不可分本末为两段事。洒扫应对是其然,必有所以然。"又曰:"自洒扫应对上,便可到圣人事。"愚按:程子第一条,说此章文意,最为详尽。其后四条,皆以明精粗本末,其分虽殊,而理则一。学者当循序而渐进,不可厌末而求本。盖与第一条之意,实相表里。非谓末即是本,但学其末而本便在此也。①

此章也是理学《论语》说的重点,涉及理一分殊的问题。朱子用理一分殊来说明此章的本末之辨,以反驳子游对子夏门人的批评,更由此捍卫从具体事物下手的功夫论。朱子解释子夏的话,认为人的资质不同,应因材施教,不能要求每个人都做到本末通贯,只有圣人才能"始

---

① 《四书集注》,"子张第十九",第190页。

终本末一以贯之",故不能用这样的最高要求衡量门人小子。在"愚按"中朱子指出,他引用的二程语录,第一条是解释此章的;其他四条原本不是解释此章的,但可用来说明他所理解的此章的义理。他强调,事物虽有本末精粗之分,但都贯穿了理,都体现了理,本末精粗与理是理一分殊的关系,从而反对只重视本精而轻视末粗的观点。同时朱子指出,本末亦有分别,洒扫应对是末,是其"然",而洒扫应对必有其"所以然",是本,但必须循序渐进,应当由末以求本,不可厌末而求本。这是朱子重视分殊的方法论的体现。朱子所警惕的是因受到佛老影响而轻视具体事物专求高远境界的做法。

朱子三十四岁编成《论语要义》,其书序云:"独取二先生及其门人朋友数家之说,补辑订正,以为一书,目之曰《论语要义》。"①朱子四十三岁编成《论语精义》,其方针与要义相同,其序中言:"间尝蒐集条疏(二程先生说),以附本章之末。……既又取夫学之有同于先生者,与其有得于先生者,若横渠张公、范氏、二吕氏、谢氏、游氏、杨氏、侯氏、尹氏凡九家之说,以附益之,名曰《论语精义》。"②《精义》后更名《集义》,对九家之说有所补充,又加周氏一家。随着朱子学问成熟,渐渐觉得上面所说几种《论语》集释中所收入的前儒说法有选择未精者,故又作《集注》,《集注》的特点即在前面几种《论语》书的基础上,"约其精粹妙得本旨者为己集注"(《朱子年谱》语),他自己也说:"集注乃集义之精髓。"③至于《集注》对《精义》的择取的理由,朱子又作《或问》详细加以说明。

如前所说,《集注》不忽训诂音读,这是朱子的自觉,早在他三十四岁编成《论语要义》时,曾同时编成《论语训蒙口义》,其序云:"**本之《注疏》以通其训诂,参之《释文》以正其音读,然后会之于诸老先生之说以**

---

① 《论语要义目录序》,《朱文公文集》卷七十五,第1317页。此处所引文字"独取二先生"数字,据王白田《朱子年谱》补。
② 《语孟集义序》,《朱文公文集》卷七十五,第1324页。
③ 《朱子语类》卷十九,第439页。

发其精微。一句之义系之本句之下,一章之指列之本章之左,又以平时所闻于师友而得于心者,间附一二条焉。"①这其实也是《集注》的基本作法。可知朱子《论语》注释著作的方法是一贯的。所以《朱子语类》中也记载了不少朱子自己的表白:"某所集注《论语》,至于训诂皆仔细者,盖要人字字与某着意看。"②他在《论语精义》序中也说到:"汉魏诸儒,正音读、通训诂、考制度、辨名物,其功博矣。学者苟不先涉其说,则亦何以用力于此?"③这都说明朱子批判地吸取了汉唐经学的有益之处,融入他自己的解经著作。

但朱子虽然兼顾训诂等,仍是以义理解经为主,而他的义理解释既在思想上继承了二程,又与二程在解释方法上有别,他曾说:"程先生解经,理在解语内;某集注《论语》,只是发明其辞,使人玩味经文,理皆在经文之内。"④这是说,二程所阐发的义理是对的,但他们解经时阐发的义理往往脱离经文的本文;而朱子自己也注重义理,但他的《集注》在主观上力图使读者切就经文来理解经文的义理,引导读者就经文而理解其义理,是即经求理,不是离经说理。其实,朱子的解经在很多地方也是发挥或加进了经文中没有说明的义理,这从我们在本节所述的朱子以其哲学解释文本的例子可明显看出。这是一切义理派解经学共有的必然趋归。但朱子不忽视训诂、音读、名物,注重经文自身的脉络,确实使得其四书著作能够经受得起汉学的批评,而又同时彰显出义理派的优长。

---

① 《论语训蒙口义序》,《朱文公文集》卷七十五,第1317页。
② 《朱子语类》卷十一,第191页。
③ 《语孟集义序》,《朱文公文集》卷七十五,第1324页。
④ 《朱子语类》卷十九,第438页。

第五节　朱熹《孟子集注》及其儒学思想

与《论语集注》同样,朱子的《孟子集注》也是义理派的解释风格,这表现为在重视训诂、音读的同时,力求通过注释阐发他的哲学思想,或者说自觉地用他的哲学思想解释《孟子》的本文。

一、仁心:天地以生物为心,人得之以为心

《孟子·梁惠王》第一章一开始,记述了孟子与梁惠王之间的著名的义利对话:

> **孟子对曰:"王何必曰利?亦有仁义而已矣。"** 仁者,心之德、爱之理。义者,心之制、事之宜也。此二句乃一章之大指,下文乃详言之。①

仁者心之德、爱之理,这是朱熹仁说的重要定义,也写入了《论语集注》。孟子则不仅言仁,而且论义,仁义连用。与仁的定义是"心之德、爱之理"相对,义的定义,在这里表达为"心之制、事之宜",指义是心的向外的规范作用,是制约行事的,使事物得其所宜。义本来也可以是心之德,但朱熹在《孟子集注》中强调的不是义作为心之德的意义,而是对事物的制约作用,是行事的应然原则。朱熹认为突出仁义是开篇首章的"大指"。

在这一章的结尾,我们看到朱熹的《集注》:

> **王亦曰仁义而已矣,何必曰利?** 重言之,以结上文两节之意。此章言仁义根于人心之固有,天理之公也。利心生于物我之相

---

① 《四书集注》,第201页。

形,人欲之私也。循天理,则不求利而自无不利;殉人欲,则求利未得而害已随之。所谓毫厘之差,千里之缪。此孟子之书所以造端托始之深意,学者所宜精察而明辨也。太史公曰:"余读孟子书至梁惠王问何以利吾国,未尝不废书而叹也。曰嗟乎!利诚乱之始也。夫子罕言利,常防其源也。故曰'放于利而行,多怨'。自天子以至于庶人,好利之弊,何以异哉?"程子曰:"君子未尝不欲利,但专以利为心则有害。惟仁义则不求利而未尝不利也。当是之时,天下之人惟利是求,而不复知有仁义。故孟子言仁义而不言利,所以拔本塞源而救其弊,此圣贤之心也。"①

仁义是在与其对立面的对立中彰显起来的。朱熹认为,《孟子·梁惠王上》第一章的根本宗旨是理欲公私之辨,仁义之心是人所固有的本心,代表天理之公;而所谓"利心"生于人与物的接触,属于人欲之私。两者是对立的,但也可以在仁义的主导下得到统一。关于理和欲的关系,朱熹认为,一心遵循天理,不追求利益,利益自然会来;一心追求人欲,不仅利益得不到,自己也会受害。他引用二程的话指出,君子不否定利,但反对"专以利为心",反对以利为惟一的动机,认为这无论对个人还是社会都是有害的。朱熹还引用司马迁的话,认为惟利是求的价值导向,是社会动乱的根源;主张改变以利为根本、改变惟利是求,才是改良社会、救治人心的"拔本塞源"之法。

朱熹首先要面对孟子自己对仁和义的分疏:

孟子曰:"仁,人心也;义,人路也。" 仁者心之德,程子所谓心如谷种,仁则其生之性,是也。然但谓之仁,则人不知其切于己,故反而名之曰人心,则可以见其为此身酬酢万变之主,而不可须臾失矣。义者行事之宜,谓之人路,则可以见其为出入往来必由

---

① 《四书集注》,第202页。

之道,而不可须臾舍矣。①

本来,朱熹的哲学认为仁是性,不是心,所以他先用心之德解释仁作为生命本性的意义。但在朱熹看来,孟子之所以提出"仁,人心也",是因为,只把仁作为一种德性,或者作为人性本质,还不能显示出仁作为意识主体的重要作用,也不能使人在功夫实践上贴近自己的问题。心是意识活动和行为的主宰,如果从心来理解仁,仁心就是活动的主体,这就突出了仁作为道德主体的意义。所以,从人心方面来讲仁,也是朱熹肯定的。义则是指人从事于各种事事物物的活动所应遵循的规范和原则。

朱熹强调,仁心是有其宇宙根源的:

> **孟子曰:"人皆有不忍人之心。**天地以生物为心,而所生之物因各得夫天地生物之心以为心,所以人皆有不忍人之心也。**先王有不忍人之心,斯有不忍人之政矣。以不忍人之心,行不忍人之政,治天下可运之掌上。"**言众人虽有不忍人之心,然物欲害之,存焉者寡,故不能察识而推之政事之间;惟圣人全体此心,随感而应,故其所行无非不忍人之政也。②

《孟子集注》中,对仁心的一个重要诠释,就是来自朱熹《仁说》的观念。这个观念把人之仁心溯源至天地之心,以说明其根源。朱熹认为,天地生物之心就是天地的爱的体现,天地以生物为心,就是指天地完全以对于万物生养的爱为心。而正是由于天地以爱为心,所以作为天地所生之物的人,也无不具有不忍人之爱心,不忍人之心即仁心。这是朱熹对孟子仁心说的宇宙论哲学论证。

不忍人之心又叫做恻隐之心,这是孟子用来说明仁心的重要方式:

---

① 《四书集注》,第303页。
② 《四书集注》,第237页。

所以谓人皆有不忍人之心者,今人乍见孺子将入于井,皆有怵惕恻隐之心。非所以内交于孺子之父母也,非所以要誉于乡党朋友也,非恶其声而然也。怵,音黜。内,读为纳。要,平声。恶,去声,下同。乍,犹忽也。怵惕,惊动貌。恻,伤之切也。隐,痛之深也。此即所谓不忍人之心也。内,结。要,求。声,名也。言乍见之时,便有此心,随见而发,非由此三者而然也。程子曰:"满腔子是恻隐之心。"谢氏曰:"人须是识其真心。方乍见孺子入井之时,其心怵惕,乃真心也。非思而得,非勉而中,天理之自然也。内交、要誉、恶其声而然,即人欲之私矣。"**由是观之,无恻隐之心,非人也;无羞恶之心,非人也;无辞让之心,非人也;无是非之心,非人也。**恶,去声,下同。羞,耻己之不善也。恶,憎人之不善也。辞,解使去己也。让,推以与人也。是,知其善而以为是也。非,知其恶而以为非也。人之所以为心,不外乎是四者,故因论恻隐而悉数之。言人若无此,则不得谓之人,所以明其必有也。①

《集注》在音读和字义讲解之后,引用二程和谢良佐有关恻隐之心的说法,其中谢氏的说法,以恻隐之心为人的真心,认为真心所发,不思而得,无所为而然,自然而然,乃是天理;凡有所为,如内交、要誉等,都是人欲。人不仅仅有恻隐之心,还有羞恶之心、辞让之心、是非之心,是非之心就是知其善而以为是,知其恶而以为非。朱熹强调,这四者是人之所以为人者,就是说,没有这四者就不成其为人了。又说这四者是人之所以为心者,意思是说,人与动物的区别在于人有心,而动物没有心,人与动物的根本不同就在于人有这四者之心。

在接下来的解释中,朱熹以理学的心性情论来解说孟子的性情说:

恻隐之心,仁之端也;羞恶之心,义之端也;辞让之心,礼之端

---

① 《四书集注》,第237页。

也；是非之心，智之端也。恻隐、羞恶、辞让、是非，情也。仁、义、礼、智，性也。心，统性情者也。端，绪也。因其情之发，而性之本然可得而见，犹有物在中而绪见于外也。……此章所论人之性情，心之体用，本然全具，而各有条理如此。学者于此，反求默识而扩充之，则天之所以与我者，可以无不尽矣。程子曰："人皆有是心，惟君子为能扩而充之。不能然者，皆自弃也。然其充与不充，亦在我而已矣。"①

孟子说恻隐之心是仁之端，朱熹解为"端，绪也"，这在字义上是没有问题的。但朱熹又从他的心性论加以解释，仁是指性，恻隐是指情，心则包括性情。性是看不见的，但性通过情表现出来，于是人可以由情以见性。仁义礼智是天赋予人的性，恻隐等四者是人之本性的发端，通过恻隐等四者，性就可以表现出来了。在这个意义上，作为端绪的情之发和未发的性是两个不同层次的存在，这样的端绪就不是一个整体的开端部分，而是本性的现象表现。朱熹把性情归结为心的体用，性是心之体，情是心之用，心是包括性情的全体。从对孟子的解释来看，朱熹的这一说法，把孟子的性善、仁心、恻隐等讲法阐释为一个更有条理层次的心性系统了。

正如在《集注》成书以前就完成的《仁说》一样，朱熹注重从爱来推溯和理解仁：

今有仁心仁闻而民不被其泽，不可法于后世者，不行先王之道也。闻，去声。仁心，爱人之心也。仁闻者，有爱人之声闻于人也。先王之道，仁政是也。范氏曰："齐宣王不忍一牛之死，以羊易之，可谓有仁心。……"②

除了推原仁心的宇宙论根源外，朱熹对仁的理解的另一个特点是坚持

---

① 《四书集注》，第237—238页。
② 《四书集注》，第275页。

以爱推仁,反对离爱言仁,所以他以仁心为爱人之心,以仁闻为有爱人之声闻,这些都体现了朱熹论仁的特点。

最后来看朱熹对孟子的大人之心和赤子之心的区分:

> **孟子曰:"大人者,不失其赤子之心者也。"** 大人之心,通达万变;赤子之心,则纯一无伪而已。然大人之所以为大人,正以其不为物诱,而有以全其纯一无伪之本然。是以扩而充之,则无所不知,无所不能,而极其大也。①

朱熹认为这二者还是有所分别的,大人之心是成人后得的成熟理性,能通达各种变化,而不受任何物质的引诱;而赤子之心是元初的本心,纯一真实。朱熹认为,大人之心就是赤子之心的扩充的极致。

二、天理:以理言之谓之天

理学的根本特色,是要用理学的天理观重新解释各种涉及"天"的文本,《孟子集注》也不例外:

> **以大事小者,乐天者也;以小事大者,畏天者也。乐天者保天下,畏天者保其国。** 乐,音洛。天者,理而已矣。大之字小,小之事大,皆理之当然也。自然合理,故曰乐天。不敢违理,故曰畏天。包含遍覆,无不周遍,保天下之气象也。②

与《论语集注》一样,朱熹对古代典籍中的天的概念都作了理性化的解释,即天是指天理而言,并不是指人格神上帝。从而,以天为后缀的词,也都应当这样来理解,如乐天是指人对天理自然而然的符合,畏天是指人对天理的必然性的服从。

在与天关联的词语中,天理无疑是理学最重要的观念,也是理学的经典诠释的核心,而天理和人欲则构成了理学解释学的基本框架:

---

① 《四书集注》,第 292 页。
② 《四书集注》,第 215 页。

> 王曰："寡人有疾,寡人好色。"对曰："昔者大王好色,爱厥妃。诗云:'古公亶甫,来朝走马,率西水浒,至于岐下。爰及姜女,聿来胥宇。'当是时也,内无怨女,外无旷夫。王如好色,与百姓同之,于王何有?"大,音泰。王又言此者,好色则心志蛊惑,用度奢侈,而不能行王政也。大王,公刘九世孙。《诗·大雅·绵》之篇也。古公,大王之本号,后乃追尊为大王也。亶甫,大王名也。来朝走马,避狄人之难也。率,循也。浒,水涯也。岐下,岐山之下也。姜女,大王之妃也。胥,相也。宇,居也。旷,空也。无怨旷者,是大王好色,而能推己之心以民也。杨氏曰:"孟子与人君言,皆所以扩充其善心而格其非心,不止就事论事。若使为人臣者,论事每如此,岂不能尧舜其君乎?"愚谓此篇自首章至此,大意皆同。盖钟鼓、苑囿、游观之乐,与夫好勇、好货、好色之心,皆天理之所有,而人情之所不能无者。然天理人欲,同行异情。循理而公于天下者,圣贤之所以尽其性也;纵欲而私于一己者,众人之所以灭其天也。二者之间,不能以发,而其是非得失之归,相去远矣。故孟子因时君之问,而剖析于几微之际,皆所以遏人欲而存天理。其法似疏而实密,其事似易而实难。学者以身体之,则有以识其非曲学阿世之言,而知所以克己复礼之端矣。①

与人欲相对的天理,既是指天的普遍法则,也是指人心中的道德意识。在这里朱熹首先肯定,好勇、好货、好色之心,其本身并不是与天理冲突的,而是自然的普遍法则的一部分,所以是人情所常有的,问题在于,如何对待这些情欲。圣贤之学是把这些情欲看成人性的一部分,以服从道德法则为情欲满足的前提,在此前提下把这些情欲的适当满足作为君子尽性的一部分,并且谋求所有人欲望的满足。而一般人则放纵其情欲不加克制,只是追求自己在情欲上的满足,不关心人民利

---

① 《四书集注》,第219页。

益,于是满足了私欲而湮灭了天理之心。朱熹认为,从意识上看,天理和人欲在出发点上,差别只在毫发之间,所以君子必须克己复礼,遏制人欲而保存天理之心。

《孟子》书中以"诚"来说明天之道,《集注》的解释是:

孟子曰:"居下位而不获于上,民不可得而治也。获于上有道:不信于友,弗获于上矣;信于友有道:事亲弗悦,弗信于友矣;悦亲有道:反身不诚,不悦于亲矣;诚身有道:不明乎善,不诚其身矣。获于上,得其上之信任也。诚,实也。反身不诚,反求诸身而其所以为善之心有不实也。不明乎善,不能即事以穷理。无以真知善之所在也。游氏曰:"欲诚其意,先致其知;不明乎善,不诚乎身矣。学至于诚身,则安往而不致其极哉?以内则顺乎亲,以外则信乎友,以上则可以得君,以下则可以得民矣。"**是故诚者,天之道也;思诚者,人之道也。**诚者,理之在我者皆实而无伪,天道之本然也;思诚者,欲此理之在我者皆实而无伪,人道之当然也。**至诚而不动者,未之有也;不诚,未有能动者也。"**至,极也。杨氏曰:"动便是验处,若获乎上、信乎友、悦于亲之类是也。"此章述《中庸》孔子之言,见思诚为修身之本,而明善又为思诚之本。乃子思所闻于曾子,而孟子所受乎子思者,亦与《大学》相表里,学者宜潜心焉。①

《集注》认为,诚是一种实在、真实的状态。朱熹更重视的是有关诚的功夫实践,他引游定夫之言,认为《孟子》中诚身和明善的关系,如同《大学》中诚意和致知的关系;按《大学》的思想,要做到诚意,必先作致知的功夫;在孟子,要能诚身,必先明善。因此朱熹把明善的功夫解释为"即事以穷理",也就是格物;把诚身的功夫解释为反求于身而实其为善之心,也就是诚意。朱熹还认为孟子所说的是发挥《中庸》中孔子

---

① 《四书集注》,第282页。

的思想。所以,孟子这里的思想和《大学》、《中庸》都是一致的。朱熹还解释说,人的诚身实际是对天的诚道的一种学习。自然而能做到诚,这是天的特质,故说诚是天道的本然特性。思诚是人努力去做到诚,人不是自然而诚的,只有经过努力修身,才能做到诚,所以思诚是人道的当然特性。天是自然的诚,本然的诚;人是当然的诚,能然的诚。就天人关系说,人就是要模仿、学习天所具有的一切特性,力求达到与天一致。

最后在这里简单提及天、天命、天下的问题。

> **万章曰:"尧以天下与舜,有诸?"孟子曰:"否。天子不能以天下与人。"**天下者,天下之天下,非一人之私有故也。……**舜、禹、益相去久远,其在之贤否、不肖,皆天也,非人之所能为也。莫之为而为者,天也,莫之致而至者,命也。**……盖以理言之谓之天,自人言之谓之命,其实则一而已。……**继世以有天下,天之所废,必若桀纣者也,故益、伊尹、周公不有天下。**继世而有天下者,其先世皆有大功德于民,故必有大恶如桀纣,则天乃废之。如启及大甲、成王虽不及益、伊尹、周公之贤圣,但能嗣守先业,则天亦不废之。故益、伊尹、周公,虽有舜禹之德,而亦不有天下。①

朱熹在《集注》中提出,天下是天下人的天下,不是某一人的私有物,这是对孟子政治思想的重要发展,显示出民本的公天下思想在朱熹思想体系中也占有重要地位。后来明末清初的思想家也是在朱熹思想的基础上进一步发展了民本的政治思想。朱熹还指出,在君主制下,继世而为君主的人,乃是因为其祖先曾有大功德于人民,所以天允许其后人继承先业。这里的天并不是上帝,而是世界的普遍法则,也是历史发展的必然性,而归根到底,对人民是否有功,人民是否拥护,这是"天下"的真正的合法性根源。换言之,人民的因素是历史的决定

---

① 《四书集注》,第307—309页。

因素。

三、浩然之气：天地之正气本自浩然

浩然之气的问题是孟子学中注释家历来用力的焦点，对此，《集注》的解说是：

> 曰："敢问夫子之不动心，与告子之不动心，可得闻与？""告子曰：'不得于言，勿求于心；不得于心，勿求于气。'不得于心，勿求于气，可；不得于言，勿求于心，不可。夫志，气之帅也；气，体之充也。夫志至焉，气次焉。故曰：'持其志，无暴其气。'"闻与之与，平声。夫志之夫，音扶。此一节，公孙丑之问。孟子诵告子之言，又断以己意而告之也。告子谓于言有所不达，则当舍置其言，而不必反求其理于心；于心有所不安，则当力制其心，而不必更求其助于气，此所以固守其心而不动之速也。孟子既诵其言而断之曰，彼谓不得于心而勿求诸气者，急于本而缓其末，犹之可也；谓不得于言而不求诸心，则既失于外，而遂遗其内，其不可也必矣。然凡曰可者，亦仅可而有所未尽之辞耳。若论其极，则志固心之所之，而为气之将帅；然气亦人之所以充满于身，而为志之卒徒者也。故志固为至极，而气即次之。人固当敬守其志，然亦不可不致养其气。盖其内外本末，交相培养。此则孟子之心所以未尝必其不动，而自然不动之大略也。①

根据朱熹的解释，告子的不动心，本来是说，当对言语（话）不能了解时，就应当把言语放置一边，不必在心里反复琢磨；当心里想不通的时候，就应当用意志力控制心，而不必用气去影响心。朱熹把"不求于心"解释为"不必反求其理于心"，这就把告子说成反对儒家"反求诸身"的观点，显示出理学对孟子的尊崇和对孟子对手的贬抑。在对孟

---

① 《四书集注》，第230页。

子思想的解释上,朱熹以志为心之所之,即"志"表示心(意识)之所指向,所以志是心的范畴。就志和气的关系说,志是气的统帅。然而,就功夫来说,持志很重要,养气也很重要,二者是交相培养的关系。二者都作好了,就能不追求不动心而自然达到不动心。这里表现出朱熹在功夫论上兼顾内外本末的特点。

朱熹以"敬守"解释"持",以"养气"解释"无暴其气",是要从这里转接到孟子下面的养气说:

> **"敢问夫子恶乎长?"曰:"我知言,我善养吾浩然之气。"**恶,平声。公孙丑复问孟子之不动心所以异于告子如此者,有何所长而能然,而孟子又详告之以其故也。知言者,尽心知性,于凡天下之言,无不有以究极其理,而识其是非得失之所以然也。浩然,盛大流行之貌。气,即所谓体之充者。本自浩然,失养故馁,惟孟子为善养之以复其初也。盖惟知言,则有以明夫道义,而于天下之事无所疑;养气,则有以配夫道义,而于天下之事无所惧,此其所以当大任而不动心也。告子之学,与此正相反。其不动心,殆亦冥然无觉,悍然不顾而已尔。①

朱熹把不动心归于气的方面和作用,而把知言作为养气的先导,把养气作为知言的配合。知言是明瞭道义而无所疑,养气是配合道义而无所惧,前者是不疑于理,后者是不动于气。其次,朱熹把养气解释为复其初,认为人身之气本来浩然充实,后来因为缺乏养气的功夫而导致气馁,于是养气的最后结果实际是使气回复到本来的浩然状态。这种说法体现了理学家对本来性的偏好,不仅在性、心的问题上是如此,在浩然之气的问题上也是如此,总之,理学在理论上的特点是把所要达到的说成是本来即有的。最后,关于知言,朱熹将之解释为尽心知性,穷究其理,知其所以然,其实是以格物致知、物格知致的精神来解释知

---

① 《四书集注》,第231页。

言。在此意义上,知言和养气的关系亦即是致知和存养的关系。

接着,讨论到直养无害和配义与道的问题:

> "敢问何谓浩然之气?"曰:"难言也。孟子先言知言而丑先问气者,承上文方论志气而言也。难言者,盖其心所独得,而无形声之验,有未易以言语形容者。故程子曰:"观此一言,则孟子之实有是气可知矣。"**其为气也,至大至刚,以直养而无害,则塞于天地之间。**至大初无限量,至刚不可屈挠。盖天地之正气,而人得以生者,其体段本如是也。惟其自反而缩,则得其所养;而又无所作为以害之,则其本体不亏而充塞无间矣。程子曰:"天人一也,更不分别。浩然之气,乃吾气也。养而无害,则塞乎天地;一为私意所蔽,则欿然而馁,却甚小也。"谢氏曰:"浩然之气,须于心得其正时识取。"又曰:"浩然是无亏欠时。"**其为气也,配义与道;无是,馁也。**"馁,奴罪反。配者,合而有助之意。义者,人心之裁制。道者,天理之自然。馁,饥乏而气不充体也。言人能养成此气,则其气合乎道义而为之助,使其行之勇决,无所疑惮;若无此气,则其一时所为虽未必不出于道义,然其体有所不充,则亦不免于疑惧,而不足以有为矣。①

孟子本来只说以直养而无害,则塞于天地之间,并没有说浩然之气是天地之间本来所有的。朱熹的解释中,则认为正气是天地间本来就有的,人禀受了天地正气而有了生命,因此人身的气本来是浩然的。如果人在生命活动中不戕害此气,而又能有养气的功夫,则人身本有的浩然之气就不会亏馁,而且能通于充塞天地之间的正气。如果人有私意,则浩然之气就会亏欠。朱熹这个思想是继承了二程的天人一气相通的说法而来。关于配义与道,朱熹的解释是,义指人心的正义感,道是指天理,人的浩然之气,其功能是可与道义相配合,完成勇敢的道德

---

① 《四书集注》,第 231 页。

行为。

四、人性：性者人之所得于天之理

孟子思想最突出的部分是性善论，《集注》对此的阐发是：

> **孟子道性善，言必称尧舜。**道，言也。性者，人所禀于天以生之理也，浑然至善，未尝有恶。人与尧舜初无少异，但众人汨于私欲而失之，尧舜则无私欲之蔽，而能充其性尔。故孟子与世子言，每道性善，而必称尧舜以实之。欲其知仁义不假外求，圣人可学而至，而不懈于用力也。门人不能悉记其辞，而撮其大旨如此。程子曰："性即理也。天下之理，原其所自，未有不善。喜、怒、哀、乐未发，何尝不善。发而中节，即无往而不善；发不中节，然后为不善。故凡言善恶，皆先善而后恶；言吉凶，皆先吉而后凶；言是非，皆先是而后非。"①

朱熹认为，性既是人从天禀受得来的理，也是人的生命之身的理，此性此理是至善无恶的。人与圣贤的本性都是相同的，圣贤能充分发挥和实现其本性，故成为圣贤；众人沉迷于私欲而失其本性，所以只是众人。朱熹认为，孟子之所以提出性善说，是要人知道道德仁义是人的内在本性，不必外求，只要充分发挥自己的本性，圣人就可学而至，激励人用力于道德修身。朱熹也说明，他的思想是来自二程"性即理"的思想并加以发展了的，他主张善总是本源的、先在的。朱熹坚持"性本善"的同时，主张要顺性，认为如果反性便为恶。所以他说："此章言性本善，故顺之而无不善；本无恶，故反之而后为恶，非本无定体，而可以无所不为也。"

关于孟子与告子的人性论辩，《集注》这样给予分析：

> **告子曰："生之谓性。"**生，指人物之所以知觉运动者而言。告

---

① 《四书集注》，第251页。

子论性,前后四章,语虽不同,然其大指不外乎此,与近世佛氏所谓作用是性者略相似。**孟子曰:"生之谓性也,犹白之谓白与?"曰:"然。""白羽之白也,犹白雪之白;白雪之白,犹白玉之白与?"曰:"然。"**与,平声。下同。白之谓白,犹言凡物之白者,同谓之白,更无差别也。白羽以下,孟子再问而告子曰然,则是谓凡有生者同是一性矣。**"然则犬之性,犹牛之性;牛之性,犹人之性与?"**孟子又言若果如此,则犬牛与人皆有知觉,皆能运动,其性皆无以异矣,于是告子自知其说之非而不能对也。愚按:性者,人之所得于天之理也;生者,人之所得于天之气也。性,形而上者也;气,形而下者也。人物之生,莫不有是性,亦莫不有是气。然以气言之,则知觉运动,人与物若不异也;以理言之,则仁义礼智之禀岂物之所得而全哉?此人之性所以无不善,而为万物之灵也。告子不知性之为理,而以所谓气者当之,是以杞柳湍水之喻,食色无善无不善之说,纵横缪戾,纷纭舛错,而此章之误乃其本根。所以然者,盖徒知知觉运动之蠢然者,人与物同;而不知仁义礼智之粹然者,人与物异也。孟子以是折之,其义精矣。①

告子所说的"生之谓性"本指生而具有的便是性,朱熹进一步解释,认为告子所指的是人生而具有的知觉运动的能力。他特别强调,生所代表的知觉与运动是属于气。朱熹的哲学认为宇宙的基本构成是理和气,理是生物之本,气是生物之具,他根据其理气观提出一种"性—生"的二元论解释,本性来自天之理,生命来自天之气,人从天禀受了理作为本性,人又从天禀受了气而形成生命,有理有气才成构为人;人都有性,也都有气,但本性是形而上的,生命活动是形而下的。从气来看,在有知觉能运动的方面,人和物没有根本的区别;从理来看,人禀受了仁义礼智的全体,物只得到偏的部分,所以人性善,物性有不善。朱熹

---

① 《四书集注》,第326页。

还强调,告子以气为性,孟子以理为性,而按告子的思想是无法说明人和物的区别的。这种解释无疑充满了理学世界观的特色。

关于人与物的区别,《集注》还提到:

> **孟子曰:"人之所以异于禽于兽者几希,庶民去之,君子存之。"** 几希,少也。庶,众也。人物之生,同得天地之理以为性,同得天地之气以为形;其不同者,独人于其间得形气之正,而能有以全其性,为少异耳。虽曰少异,然人物之所以分,实在于此。众人不知此而去之,则名虽为人,而实无以异于禽兽。君子知此而存之,是以战兢惕厉,而卒能有以全其所受之理也。①

在这里,朱熹指出,人和物的区别,不仅在与人所禀受的理是全体,物所禀受的理是部分和片面,而且在于,人所禀受的气是正的,物所禀受的气有所不正。甚至可以说,正是由于人禀受了正的气,所以能禀受理的全体并能够保全性理的本体。但人能保全其本性并不是自然的,需要有"存之"的功夫,朱熹理解的功夫主要是战兢惕厉,即戒慎恐惧和慎独的功夫。

《集注》不仅以"知觉运动"理解"生",也以此理解"食色":

> **告子曰:"食色,性也。仁,内也,非外也;义,外也,非内也。"** 告子以人之知觉运动者为性,故言人之甘食悦色者即其性。故仁爱之心生于内,而事物之宜由乎外。学者但当用力于仁,而不必求合于义也。②

朱熹在这里一方面强调以知觉运动为性,就是以饮食男女等感性欲求为性,一方面针对告子的义外说指出,事物之宜并非由乎外,义也是内在的,是心指向事物的一种作用。

关于孟子同时的几种人性论,《集注》的分析比较简略:

---

① 《四书集注》,第 294 页。
② 《四书集注》,第 326 页。

公都子曰："**告子曰**：'**性无善无不善也**。'此亦"生之谓性、食色性也"之意，近世苏氏、胡氏之说盖如此。**或曰**：'**性可以为善，可以为不善；是故文武兴，则民好善；幽厉兴，则民好暴**。'好，去声。此即湍水之说也。**或曰**：'**有性善，有性不善；是故以尧为君而有象，以瞽瞍为父而有舜；以纣为兄之子且以为君，而有微子启、王子比干**。'韩子性有三品之说盖如此。按此文，则微子、比干皆纣之叔父，而《书》称微子为商王元子，疑此或有误字。**今曰'性善'，然则彼皆非与？**"与，平声。**孟子曰**："**乃若其情，则可以为善矣，乃所谓善也**。乃若，发语辞。情者，性之动也。人之情，本但可以为善而不可以为恶，则性之本善可知矣。**若夫为不善，非才之罪也**。"夫，音扶。才，犹材质，人之能也。人有是性，则有是才，性既善则才亦善。人之为不善，乃物欲陷溺而然，非其才之罪也。①

针对公都子所述的几种人性论说法，朱熹认为，"性无善无不善"、"生之谓性"、"食色性也"、"性可以为善，可以为不善"，这几个说法都是告子人性论的命题，宋代苏轼、胡宏的人性论说法也都与告子之说相近。而唐代韩愈的人性三品说，则近于先秦"有性善，有性不善"的说法。所有这些说法都是与性善论对立的。关于"乃若其情，则可以为善矣，乃所谓善也"一句的解释，朱熹认为，这句话是说，情和性的关系是，情是性的发用和表现；而情本来是只可为善的，故可知情所表现的性是善而无恶的。朱熹用性情体用的关系，把孟子这句解释为因用证体、由情证性的思想。

最后来看四心说和朱熹的解析：

恻隐之心，人皆有之；羞恶之心，人皆有之；恭敬之心，人皆有之；是非之心，人皆有之。恻隐之心，仁也；羞恶之心，义也；恭敬

---

① 《四书集注》，第 328 页。

之心,礼也;是非之心,智也。仁义礼智,非由外铄我也,我固有之也,弗思耳矣。故曰:"求则得之,舍则失之。"或相倍蓰而无算者,不能尽其才者也。……前篇言是四者为仁义礼智之端,而此不言端者,彼欲其扩而充之,此直因用以著其本体,故言有不同耳。……以此观之,则人性之善可见,而公都子所问之三说,皆不辩而自明矣。程子曰:"性即理也,理则尧舜至于涂人一也。才禀于气,气有清浊,禀其清者为贤,禀其浊者为愚。学而知之,则气无清浊,皆可至于善而复性之本,汤武身之是也。孔子所言下愚不移者,则自暴自弃之人也。"又曰:"论性不论气,不备;论气不论性,不明,二之则不是。"张子曰:"形而后有气质之性,善反之则天地之性存焉。故气质之性,君子有弗性者焉。"愚按:程子此说才字,与孟子本文小异。盖孟子专指其发于性者言之,故以为才无不善;程子兼指其禀于气者言之,则人之才固有昏明强弱之不同矣,张子所谓气质之性是也。二说虽殊,各有所当,然以事理考之,程子为密。盖气质所禀虽有不善,而不害性之本善;性虽本善,而不可以无省察矫揉之功,学者所当深玩也。①

朱熹面对的问题是:为什么孟子前面说"恻隐之心,仁之端也",而这里却直接说"恻隐之心,仁也"? 朱熹的解释是,本来恻隐之心是用,仁是体,体和用是有分别的。但这里孟子"直因用以著其本体",即孟子要直接在发用上来显示其本体的流行,所以这里不用端绪的说法,而说恻隐之心就是仁。此下朱熹引用了二程、张载论性的重要语录,作为解释的背景,并指出孟子的"才"是善的,而二程说的"才"是有不善的,因为孟子的"才"是天地之性的表现,二程的"才"是气质之性的表现。他强调,气质的禀受虽然有不善,但不会改变性的本善;而性虽然本善,但如果不加改善气质的功夫,性就无法实现出来。

---

① 《四书集注》,第329页。

五、尽心：极其心之全体而无不尽

现在来看《集注》阐发的功夫论主张：

> **孟子曰："舜之居深山之中，与木石居，与鹿豕游，其所以异于深山之野人者几希。及其闻一善言，见一善行，若决江河，沛然莫之能御也。"** 行，去声。居深山，谓耕历山时也。盖圣人之心，至虚至明，浑然之中，万理毕具。一有感触，则其应甚速，而无所不通，非孟子造道之深，不能形容至此也。①

朱熹在此章的解释中着重提出了心的看法，他认为圣人之心，有几个特点，一是虚明，指心的能力；二是万理皆具，强调心不是空的；三是应感而通，对外感的反应很快。

其实，在朱熹看来，这三点不仅是圣人之心，也是所有人心的本来状态：

> **孟子曰："尽其心者，知其性也。知其性，则知天矣。** 心者，人之神明，所以具众理而应万事者也。性则心之所具之理，而天又理之所从以出者也。人有是心，莫非全体，然不穷理，则有所蔽而无以尽乎此心之量。故能极其心之全体而无不尽者，必其能穷夫理而无不知者也。既知其理，则其所从出，亦不外是矣。以大学之序言之，知性则物格之谓，尽心则知至之谓也。**存其心，养其性，所以事天也。** 存，谓操而不舍；养，谓顺而不害。事，则奉承而不违也。**殀寿不贰，修身以俟之，所以立命也。"** 殀寿，命之短长也。贰，疑也。不贰者，知天之至，修身以俟死，则事天以终身也。立命，谓全其天之所付，不以人为害之。程子曰："心也、性也、天也，一理也。自理而言谓之天，自禀受而言谓之性，自存诸人而言谓之心。"张子曰："由太虚，有天之名；由气化，有道之名；合虚与

---

① 《四书集注》，第353页。

气,有性之名;合性与知觉,有心之名。"愚谓尽心知性而知天,所以造其理也;存心养性以事天,所以履其事也。不知其理,固不能履其事;然徒造其理而不履其事,则亦无以有诸己矣。①

孟子只讲尽心,没有对心下定义。这里对心的解说典型地代表了朱熹对心的看法:首先心者人之神明,是说心指人的感觉思维活动能力;其次强调心不是空洞的知觉,心中具备众理,心中所具的理就是性;最后指出心的功能是应接事物。朱熹认为每个人的心本来都是虚灵神明,都具备众理,都能应万事,这叫莫非全体。但人心为物欲所蔽,心的神明及其具理而应事的能力无法全体地发挥出来,所以要"尽心"。朱熹把"尽心"解释为极其心之全体,就是把心本来具有的全部能力都彻底发挥出来。要克服去除心所受的偏蔽,先要穷理,达到对事物之理无所不知,这就是"知性"的境界。对事事物物的理都能知晓,也就对理之所从出的根源"天"有清楚的了解了,这就是"知天"的境界。

由于孟子以"尽心知性"和"存心养性"相对,所以朱熹把它们看成二元互补的功夫,一方面是致知,一方面是践行,前者是格物以知,后者是存养以行,前者是知其理,后者是行其事,朱熹以理事、知行二元互济的角度对孟子知、存对举进行了诠释。

这种解释的方法也见于对"明"、"察"的分析:

"舜明于庶物,察于人伦,由仁义行,非行仁义也。"物,事物也。明,则有以识其理也。人伦,说见前篇。察,则有以尽其理之详也。物理固非度外,而人伦尤切于身,故其知之有详略之异。在舜则皆生而知之也。由仁义行,非行仁义,则仁义已根于心,而所行皆从此出。非以仁义为美,而后勉强行之,所谓安而行之也。此则圣人之事,不待存之,而无不存矣。尹氏曰:"存之者,君子

---

① 《四书集注》,第349页。

也;存者,圣人也。君子所存,存天理也。由仁义行,存者能之。"①明是识其理,察是尽其理,朱熹主张格物穷理。但朱熹也指出,理有物理,有人理,物理固然需要去穷,而穷人伦之理更切合自己的身心修养。这都说明,虽然朱熹重视格物致知,但在人理和物理两方面,还是有明显的侧重的。在仁义之行方面,朱熹借中庸来区分"由仁义行"和"行仁义"二者,"由仁义行"的"由"表示内心本有仁义,"行仁义"则把仁义作为外在规范,朱熹以中庸的生知安行解释"由仁义行",用中庸的勉强二行解释"行仁义",本无不可,不过把"由仁义行"说成是圣人之事,引尹氏语,以"行仁义"为君子事,明显表达出朱熹对生知说的警惕和对存之功夫的注重。

朱熹的《孟子集注》,在大力提高《孟子》权威的同时,通过对于《孟子》书的注释,全面阐发了仁心说、天理说、性善说、浩然之气说、尽心说等儒学思想,使儒家思想在新的历史和文化条件下,得到了显著的发展。

---

① 《四书集注》,第 294 页。

第十六章

朱熹门人的儒学思想

　　朱熹是理学之集大成者,一生以讲学和著述为主,门徒广众。从早年主簿同安,即开始接引学者,①直到临终前仍在为诸生讲书。② 足迹所至,学者影从。朱熹外任南康、浙东、漳州、潭州,以至婺源展墓,皆广接学者,讲学不拘地点和时间,而尤以书院讲学所接门人为众。他一生创建、修复和讲学所及的书院达六十余所,③其中以寒泉精舍、武夷精舍、考亭沧州精舍等最为特出,白鹿洞书院、岳麓书院经朱熹修复并讲学其中而得以复兴。朱熹居闽最久,长期讲学闽中诸书院,一时四方学者辐辏,以至"抠衣而来,远自川蜀;文辞之传,流及海外",④可谓盛况空前。

---

① 朱熹:《祭许顺之文》有云:"我官同安,诸生相从游者多矣。"《朱文公文集》卷八十七,第1558页下。
② 黄瑞节说:朱子"庆元五年三月将终之前五日,犹为诸生讲《太极图》至夜分"。《周子全书》卷二,上海商务印书馆,1937年,第36页。
③ 方彦寿:《朱熹书院门人考》,华东师范大学出版社,2000年,第1—35页。
④ 黄榦:《朱子行状》,《宋元学案》卷四十九,第1580页。

朱熹门人及其思想与学传,情形十分复杂,南宋以后屡有关于朱子门人的著述问世。大约朱熹逝后不久,即有门人王力行撰著《朱氏传授支派图》,①其书已无从查考,然总以朱学传授流派为主线。明戴铣《朱子纪实》对于朱子门人有较系统的记述。宋端仪《考亭渊源录》专门记述朱子门人。韩国李滉《宋季元明理学通录》对朱子《文集》和《语类》所涉门人作有明确记述和考订。此外,朱彝尊《经义考》以三卷篇幅列举朱子授《易》、传《诗》、传《礼》弟子。张伯行改订明朱衡《道南源委》对于福建朱子门人作了列述。万斯同《儒林宗派》也对朱子门人有部分叙述。黄宗羲撰、黄百家续编、全祖望修补的《宋元学案》卷四十八《晦翁学案》列有晦翁门人表,卷四十九则对若干门人作了叙述,卷六十三至卷六十九对朱子门人及其再传作了较详细的叙述。学界研究朱子门人,往往倚重学案,主要是《宋元学案》择别精当,条理清晰。晚近的著述,主要有日本学者田中谦二《朱门弟子师事年考》,对于门人师事朱子的时间和次数做了考订。陈荣捷《朱子门人》主要以《语类》和《文集》为依据,对朱子门人做了全面深入的考订,对明代以来各种著述所涉及的问题及错误都给予了辨正,考订朱子门人四百六十七人,未及门而私淑者二十一人,共弟子四百八十八人。② 方彦寿著《朱熹书院门人考》以朱子创建、修复书院为线索,对朱子讲学于各主要书院所收门人做了考订。

朱子思想体系十分庞大,而析理精密,论断谨严,达到了道学发展的巅峰。因而,一方面其思想体系可供探索和发展的空间并不大,另一方面门人中无人能独力承当朱子学说的全部内容。这便造成门人以守成为主,而在朱学的某些方面有所继承和发展的局面。朱子晚年遭学禁,门人亦发生变化。黄榦说:"向来从学之士,今凋零殆尽。闽中则潘谦之、杨志仁、林正卿、林武子、李守约、李公晦,江西则甘吉父、

---

① 《宋元学案》卷六十九,第2319页。
② 陈荣捷:《朱子门人》,台湾学生书局,1982年,第9页。

黄去私、张元德，江东则李敬子、胡伯量、蔡元思，浙中则叶味道、潘子善、董自洪，大约不过此数人而已。"①黄氏所谓闽中、江西、浙中云云，是言明各地朱子门人劲力风节较著者，非专以地域论门人。朱子去世后，门人对于朱学的传承起到了十分重要的作用。黄百家说："黄勉斋榦得朱子之正统，其门人一传于金华何北山基，以递传于王鲁斋柏、金仁山履祥、许白云谦。又于江右传饶双峰鲁，其后遂有吴草庐澄，上接朱子之经学。可谓盛矣。"②对于黄榦的传授线索，描述得很清楚。此外，较为突出者尚有，辅广传递至黄震，③詹体仁传真德秀，而及于王应麟。④ 欧阳谦之传欧阳守道，再传于文天祥。⑤ 由此可见，朱子门人不仅维护了朱学的正统，维系了朱学在宋末至元代及明初的思想传递，也孕育了无负于国家民族的大义气节。

这里，对若干门人的思想做一研讨。

第一节 黄　榦

黄榦(1152—1221)，子直卿，号勉斋，闽县(今福建闽侯县)人。早年曾问学于刘清之，清之奇之，因命受业于朱熹。自见朱子后，夜不设榻，不解带，少倦则微坐，一倚或至达曙。尝诣吕祖谦，以所闻于朱子者相质正。张栻死后，朱子与黄榦书曰："吾道益孤矣，所望于贤者不轻。"⑥后以女妻之。补将仕郎，铨中，授迪功郎，监台州酒务。历官新淦知县、安丰通判、汉阳知军、安庆知军等职。朱子编《礼书》，以《丧》、《祭》二编属

---

① 陈荣捷：《朱子门人》，第 20 页。
② 《宋元学案》卷八十三，第 2812 页。
③ 《宋元学案》卷六十四，第 2051 页。
④ 《宋元学案》卷六十九、卷八十一，第 2348、2693 页。
⑤ 《宋元学案》卷六十九、卷八十八，第 2251、2943 页。
⑥ 《宋史》卷四百三十，第 12777 页。

黄榦。朱子病革,以深衣及所著书授榦,手书与诀曰:"吾道之托在此,吾无憾矣。"①讣闻,黄榦持心丧三年。所著有《经解》、《文集》。

朱子之门,黄榦可谓强毅自立,善于辩难,于朱子亦有当仁不让者。黄震《日抄》云:"晦庵论《近思》太极之说,勉斋则谓名《近思》反若远思者;晦庵解'人不知而不愠',惟成德者能之,勉斋提云,是君子然后能不愠,非不愠然后为君子;晦翁解'敏于事而慎于言',以慎为不敢尽其所有余,勉斋提慎字本无不敢尽之意,特以言肆,故当尽耳。"②对于同门如辅广、李方子、林学蒙等,于其有疑处皆一一辨明。黄榦之力辩,正是为了维护师门,护卫朱学正统。全祖望引袁桷说:"朱子门人当宝庆、绍定间,不敢以师之所得为别录,以黄公勉斋在也。"③朱子殁后,黄榦标举道统,论学特重体用。

黄榦认为,从尧、舜、禹、汤到文、武、周公,再到孔子、颜子、曾子、子思、孟子,其间世代相传,有一个共同的道,此道得之于天,存诸心而无偏倚,措于事而无过不及。孟子之后,道统有新的传承。

> 及至周子,则以诚为本,以欲为戒,此又周子继孔孟不传之绪者也。至二程子则曰:"涵养须用敬,进学则在致知。"又曰:"非明则动无所之,非动则明无所用。"而为《四箴》,以著克己之义焉,此二程得统于周子者也。先师文公之学,见之"四书",而其要则尤以《大学》为入道之序。盖持敬也,诚意正心修身而见于齐家治国平天下,外有以极其规模之大,而内有以尽其节目之详,此又先师之得统于二程者也。圣贤相传,垂世立教,粲然明白,若天之垂象昭昭然,而隐也,虽其详略之不同,愈讲而愈明也。学者之所当遵承而固守也,违乎是则差也。故尝撮其要旨而明之,居敬以立其本,穷理以致其知,克己以灭其私,存诚以致其实,以是四者而存

---

① 《宋史》卷四百三十,第 12778 页。
② 《宋元学案》卷六十三引,第 2037 页。
③ 《宋元学案》,第 2037 页。

诸心,则千圣万贤所以传道而教人者,不越乎此矣。①

这是以周敦颐、二程、朱子为一脉相承的道统传承者。其间传递的思想意蕴为,周子讲诚为本,主静无欲,二程讲涵养致知,朱子以《大学》为入道之序。朱子学说的要旨是居敬立本,穷理致知,克己灭私,存诚致实。在黄榦看来,朱子不仅以此四条得统于二程,而且此四条也是往圣前贤的全部精华所在。言下之意,朱子不仅集道学之大成,也集全部的儒学道统之大成。

总结儒学道统,突出朱子在道学和儒学中的地位,在朱子门人中不仅仅黄榦一人有这样自觉的思想意识,其他门人也有类似的表述。陈淳《师友渊源》讲到,尧、舜、禹、汤、文、武更相授受,至孔子集群圣之法作成"六经",为万世师,传之颜回、曾参、孔伋、孟轲,轲之后,千四百余年昏昏冥冥,醉生梦死,不自觉也。及宋,周敦颐与二程卓然以先觉之资,相继而出,"河洛之间,斯文洋洋,与洙泗并闻。而知者有朱文公,又即其微言遗旨,益精明而莹白之,上以达群圣之心,下以统百家而会于一。盖所谓集诸儒之大成,而嗣周程之嫡统,粹乎洙泗濂洛之渊源者也。"②陈淳所讲,主要是学统,但此学统所传则是道统,而亦以朱子为学统和道统之集大成者。黄士毅也曾说:"孔孟之道,至周程而复明,至朱子而大明。"③朱子再传车若水(玉峰)著《道统录》,更把黄榦看做朱子之后的道统传承者,以为"自周子至勉斋,讲明性理"。④ 凡此,足见朱门对于道统之重视,亦体现了朱门勇于任道的精神。

黄榦在《中庸总论》中阐述了关于体用的看法:

> 窃谓此书皆言道之体用,下学而上达,理一而分殊也。首言性与天道,则性为体而道为用矣。次言中与和,则中为体而和为用

---

① 《圣贤道统传授总叙说》,《宋元学案》卷六十三,第2023页。
② 《严陵讲义》,《北溪字义》卷下,《四库全书》子部儒家类,第2—3页。
③ 《宋元学案》卷六十九,第2301页。
④ 《宋元学案》卷六十六,第2128页。

矣。又言中庸,则合体用而言,又无适而非中庸也。又言费而隐,则分体用而言,隐为体,费为用也。自"道不远人"以下,则皆指用以明体。自言诚以下,则皆因体以明用。"大哉圣人之道"一章,总言道之体用也。"发育万物,峻极于天",道之体也。"礼仪三百,威仪三千",道之用也。"仲尼"一章,言圣人尽道之体用也。"大德敦化",道之体也。"小德川流",道之用也。"至圣",则足以全道之用矣。"至诚",则足以全道之体矣。末言"上天之载,无声无臭",则用即体,体即用,造道之极至也。虽皆以体用为言,然首章则言道之在天,由体以见于用。末章则言人之适道,由用而归于体也。其所以用功而全夫道之体用者,则戒慎谨独,与夫智仁勇三者,及夫诚之一言而已,是则一篇之大旨也。子思之著书,所以必言夫道之体用者,知道有体用,则一动一静皆天理自然之妙,而无一毫人伪之私也。知道之有体,则凡术数辞章非道也;有用,则虚无寂灭非道也。知体用为二,则操存省察,皆不可以不用其力。知体用合一,则从容中道,皆无所用其力也。善言道者,未有加于此者也。①

黄榦认为,《中庸》从头至尾讲了一个根本的道理,就是"道之体用"。体用有对待而言者,此即性为体,道为用,中为体,和为用。体用又有合为一体而言者,此即中庸。体用又有分别而言者,此即隐为体,费为用。还有指用以明体者,此即"道不远人"以下数章;也有因体以明用者,此即言"诚"以下若干章。从总体上指明"道之体用"的是"大哉圣人之道"一章,在具体叙述中,此章又有分言道之体、道之用者,"发育万物,峻极于天",言道之体;"礼仪三百,威仪三千",言道之用。"仲尼"一章,说明圣人完全具备"道之体用",而"大德敦化",说的是圣人的道之体;"小德川流",说的是圣人的道之用。《中庸》末言"上天之载,无声无臭",说的是体用不二,即用不离体,体不离用,是道的极至。

---

① 《宋元学案》卷六十三,第 2024—2025 页。

《中庸》虽然说的都是道之体用的问题,但首章讲的是道原出于天,是由体以见于用;末章讲的是人如何达到道,是由用以归于体。人如何全体具备道之体用,就需要下学上达的工夫,此即戒慎谨独的工夫,智仁勇三达德的工夫,及努力践行诚的工夫。以《中庸》的主旨在于揭示"道之体用",可谓黄榦的独得之见。黄榦还说到,为什么《中庸》一定要讲明"道之体用"?其理由在于,就人而言,明白了道有体有用,就能在日用常行的现实生活中努力遵循道的体用,从而人的一举一动无不是"天理自然之妙",而没有一毫人伪之私的夹杂。就其思想的作用和意义而言,明白了道有体用,就可以明了术数辞章属无体之虚用,释老虚无寂灭之论属无用之虚体。明了道有体、用两面,则可以从用处入手,加操存省察之功,努力由用以达体。而了解了体用原本合一,那就是圣人从容中道的境界,举止语默皆合于道,无须着意用力。

道有体用是黄榦的一个核心思想,他在复同门叶味道书中有进一步的申述:

> 道之在天下,一体一用而已。体则一本,用则万殊。一本者,天命之性;万殊者,率性之道。天命之性,即"大德敦化";率性之道,即"小德川流"。惟其"大德敦化",所以语大莫能载;惟其"小德川流",所以语小莫能破。语大莫能载,是万物统体一太极也;语小莫能破,是一物各具一太极也。万物统体一太极,此天下无性外之物也。一物各具一太极,此性无不在也。
>
> 统体太极,各具太极,则兼体用,毕竟统体底又是体,各具底又是用。有统体底太极,则做出各具底太极。语大语小,则全指用而言,毕竟语大底是全体,语小底是用。天命谓性是未发,毕竟是体;率性谓道是人所常行,毕竟是用。大德而敦化,毕竟是体;小德而川流,毕竟是用。[1]

---

[1] 《宋元学案》卷六十三,第 2029、2030 页。

这里,所着重阐述的是道之体用之间的一本和万殊的关系。道之体是一本,道之用则为万殊。黄榦运用朱子"万物统体一太极","一物各具一太极"的思想,来说明道之体、用的关系。除了上面所述道有体用的意思外,这里特别讲到"统体太极,各具太极,则兼体用",大概叶味道的意思是统体也好,各具也好,应当都是兼有体用的,不宜断然以前者为体,后者为用。这应当也是黄榦所认可的。黄榦所要进一步论析的是,毕竟从偏重的方面而言,"统体"本身又是体,"各具"本身又是用,有统体的太极自然就可以生发出各具的太极。黄榦还与叶味道讨论到"道体"的问题,他说:"所谓道体者,无物不在,无时不然,流行发用,无少间断。""体字不可以体用言,如今所谓国体、治体、文体、字体,亦曷尝对用而言耶?"①此所谓道体,即是道学全体意义上的道体,也即是《近思录》所言道体,此"体"字不与"用"相对。也就是说,道体的体是一个独体,道有体用的体是相对于用而言的体。但道体又内蕴体用,则是当然的。所谓"流行发用",即是道体的自身作用的外现。

作为朱学的干城,黄榦还讨论到太极理气、人心道心、已发未发等问题,但总体上以体用论为特出。全祖望说:"嘉定而后,足以光其师傅,为有体有用之儒者,勉斋黄文节公其人与。"②可谓的评。

第二节 陈 淳

陈淳(1159—1223),字安卿,福建漳州龙溪人。少习举子业,林宗臣告以非圣贤事,因授以《近思录》。朱子守漳州(1190),陈淳始问学。朱子数语人以"南来吾道喜得陈淳"。③ 朱子晚年,陈淳再赴考亭问学。陈

---

① 《宋元学案》,第 2028 页。
② 《宋元学案》,第 2020 页。
③ 《宋史》卷四百三十,第 12788 页。

淳勤学善问,卫道甚力。所著有《北溪字义》二卷、《北溪大全集》五十卷。

《北溪字义》又称《四书字义》或《性理字义》,是对朱子《四书集注》的重要概念作解释的著作,因而可以视作学习和研究《四书集注》的辅助书,但其中也体现了陈淳本人的思想。《北溪字义》分为上下卷,上卷所释条目为命、性、心、情、才、志、意、仁义礼智信、忠信、忠恕、诚、敬、恭敬,下卷所释条目为道、理、德、太极、皇极、中和、中庸、礼乐、经权、义利、鬼神、佛老,总共二十五个条目。清人于"忠恕"下增入"一贯"一目,遂为二十六条目。① 在这部书中,陈淳主要阐释了道学的理气、心性等问题。陈淳对于道、理有较明确的区分。他说:

> 道与理,大概只是一件物,然析为二字,亦须分别。道是就人所通行上立字,与理字对说,则道字较宽,理字较实。理有确然不易底意。故万古通行者,道也;万古不易者,理也。②

道、理是道学中常常遇到的两个词,单独来看似乎不难理解,将二者放在一起加以比较和区分,则总觉难以说清。陈淳也说,道、理大体上是一致的,但相对来说,道主要是从"通行"的意义上说的,理则有"确然不易"的意思。道、理都是万古长存的,万古通行的就是道,万古不易的就是理。而对于理,陈淳有更细致的解释:

> 理有能然,有必然,有当然,有自然处,皆须兼之,方于理字训义为备否?……能然必然者,理在事之先;当然者正就事而直言其理;自然则贯事理言之也。四者皆不可不兼该,而正就事言者尤见理直截亲切,在人道为有力。③

理有能然、必然、当然、自然四种,能然、必然指理在事先,当然指理在事中,自然指理事一贯。这种基于理、事关系区分不同形态的理,在道

---

① 侯外庐等主编:《宋明理学史》上,第500页。
② 《北溪字义》卷下,第7页。
③ 《理有能然必然当然自然》,《北溪大全集》卷六,《四库全书》集部别集类。

学中确乎是一种思想的推进,也是陈淳善于从"根原处"思索的表现。

对于理气关系,陈淳也有某些值得注意的见解:

> 自未有天地之先,固是先有理。然才有理,便有气,才有气,此理便在乎气之中,而不离乎气。

> 毕竟未有天地万物之先,必是先有此理。此理不是悬空在那里。……然则才有理,便有气,才有气,理便全在这气里面。那相接处全无些子缝罅,如何分得孰为先,孰为后?所谓动静无端,阴阳无始。若分别得先后,便成偏在一边,非浑沦极至之物。①

陈淳明确肯定才有理便有气,才有气,理便在气之中,理不离乎气。理气浑然,其相交接处绝无罅缝,故此理气不可以分先后。而所谓未有天地之先,固是先有理,显然是一种逻辑在先的说法。从这里看,陈淳比他的老师朱子更为强调理气不离,理气无分于先后。这个思想对于元明理学家论理气应当是有所启发的。

陈淳对于心的解释也有一定的新意,提出了"心含理与气"的论断。他说:

> 心含理与气。理固全是善,气便含两头在,未便全是善底物,才动便易从不善上去。心是个活物,不是帖静死定在这里,常爱动。心之动,是乘气动。……心之活处是因气成,便会活。其灵处是因理与气合,便会灵。②

心含理与气,因而既有本然之善,又有未必全善。兼之心是活物,常爱动,一动便容易走向不善。心之动是乘气而动,因而心会活。而心又是理与气相合,理是虚灵的,因而心会灵。陈淳以"理与气合"论心,是受张横渠影响所致。他说:

> 横渠曰:"合虚与气有性之名,合性与知觉有心之名。"虚是以

---

① 《北溪字义》卷下,第4、12页。
② 《北溪字义》卷上,第18页。

理言。理与气合，遂生人物，受得去成这性，于是乎方有性之名。性从理来，不离气；知觉从气来，不离理。合性与知觉，遂成这心，于是乎方有心之名。①

性来自理，知觉来自气。而理不离气，气不离理，故而性与知觉也可以说是相合的，这样便有了心之名。陈淳通过以"理"解太虚达成了对横渠心性之说的创造性诠释。正因为心是理与气合的结果，心又是爱动的活物，便需要作工夫才能进于天理。陈淳说：

人有淡然不逐物欲者，而亦不进于天理，盖其质美而未学，所云者，止其粗，而未及精，止其显，而未及隐。其不复天理处便是人欲之根尚在，潜伏为病，未能去之净尽，而犹有阴拒天理于冥冥之间。正如疟疾，寒热既退，而精神不爽，病犹在隐而未全退，盖形气尚为主，天理尚为客也。②

这是从理气关系来谈人的病痛，此理气关系即是心所含的理与气的关系。人由于未能强学，对于义理只知其粗其显，而未能深入到义理之精和隐，便导致"人欲之根"尚在，潜伏为病。此病不能尽除，则"人欲之根"在隐幽之中每与天理相对抗，犹如人患疟疾，寒热虽已退去，精神却未能健旺，实质是病根未除。因此，人的形气常为一身之主，而天理反为客。这也就是人有淡然不逐于物欲却不能进于天理的原因。要去除病痛，就需要做致知力行的工夫。陈淳《用功节目》云：

圣门用工节目，其大要不过曰致知力行而已。致者，推之而致其极之谓。致其知者，所以明万理于心而使之无所疑也。力者，勉焉而不敢怠之谓。力其行者，所以复万善于己而使之无不备也。知不至，则真是真非无以辨，其行将何所适从，必有认人欲作天理而不自觉者矣。行不力，则虽精义入神，亦徒为空言，而盛

---

① 《北溪字义》卷上，第20页。
② 《宋元学案》卷六十八，第2226页。

德至善竟何有于我哉！然二者亦非截然判先后为二事也。故知之明,则行愈速,而行之力,则所知又益精矣。其所以为致知力行之地者,必以敬为主。敬者,主一无适之谓,圣贤所以贯动静,彻始终之功也。能敬,则中有涵养,而大本清明。由是而致知,则心与理相涵,而无顽冥之患矣。由是而力行,则身与事相安,而不复有扞格之病矣。①

儒者的用功节目,大要就是致知力行。致知即是将格物所得的知推扩至极至,使得万理明于心而无有犹疑。力行即是勉力而不敢怠惰,使得万善复归于己而无有不备。如果知有不至,则无从分辨真是真非,行也就无所依据,或竟至认人欲为天理而不自觉悟。如果行而不力,则即使有精义入神之知,也只是空言而已,所谓盛德至善与己毫无干涉。致知、力行虽为学者用功的两面,却并不是可以截然作先后之分的两件事,而是相辅相成的。知越明,则行越能取得效果。行越勉力,则所获得的知越加精明。而能保持致知力行持续进行并取得实效的方法就是主敬,主敬是贯穿于全部动静过程的一种修持工夫。主敬的实质即是程朱所谓"主一无适"。主敬的作用在于心有涵养,大本清明。有主敬的工夫做扶持,则致知可以达到心与理相涵,也即万理明于心而无顽冥之患;力行可以达到身与事相安,没有隔碍冲突之病。陈淳所谓用功节目也属于知行的范畴,②与他所主张的"心含理与气"之说是首尾相通的。

此外,陈淳对于儒学史上各家的论仁之说,也有简要明晰的评断:

自孔门后,无识仁者。汉人只以恩爱说仁。韩子因遂以博爱为仁。至程子而非之,而曰:"仁,性也;爱,情也。以爱为仁,是以情为性矣。"至哉,言乎！然自程子之言一出,门人又一向离爱言

---

① 《宋元学案》卷六十八,第2224页。
② 陈来主编:《早期道学话语的形成与演变》,安徽教育出版社,2007年,第492页。

仁,而求之高远,不知爱虽不可以名仁,而仁亦不能离乎爱也。上蔡遂专以知觉言仁。夫仁者,固能知觉,而谓知觉为仁则不可。若能转一步观之,只知觉处纯是天理,便是仁也。龟山又以万物与我为一为仁。夫仁者,固与万物为一,然谓与万物为一为仁则不可。若能转一步观之,只于与万物为一之前纯是天理流行,便是仁也。吕氏《克己铭》又欲克去有己,须与万物为一体方为仁。其视仁皆若旷荡在外,都无统摄,其实如何得与万物合一?洞然八荒,如何得皆在我闵之内?殊失孔门向来传授心法本旨。至文公始以"心之德,爱之理"六字形容之,而仁之说始亲切矣。[1]

汉唐儒者以爱言仁,受到程颐的批评。可是,宋儒却又往往离爱言仁,走向另一个极端。谢良佐(上蔡)以知觉言仁,杨时(龟山)以一体言仁,吕大临以克去己私达到与万物为一体为仁。陈淳认为,这些说法都有问题,毛病在于"旷荡在外,都无统摄"。谢良佐、杨时之说应下一转语才可以说得通,谢良佐下转语为"知觉处纯是天理便是仁",杨时下转语为"与万物为一之前纯是天理流行便是仁"。陈淳说,只有朱子所谓"心之德,爱之理"说才得仁之实,而言之亲切有味。就宋儒的论仁而言,陈淳的这些评论是颇中肯的。

总之,陈淳作为朱门高弟,在诸多问题上达到了对于朱学的深度理解,也切实维护了朱学的正统地位。

第三节 程端蒙

程端蒙(1143—1191),字正叔,号蒙斋,江西鄱阳人。先从学江介,后赴婺源问学于朱子,成为朱学的忠实践行者。著有《性理字

---

[1] 《北溪语录》,《宋元学案》卷六十八,第2222页。

训》等。

《性理字训》为道学启蒙读物,选取以《四书集注》为中心的道学主要概念加以扼要训释,对于道学的普及和传播有着积极的意义。朱子对此书评价颇高:"《小学字训》甚佳,言语虽不多,却是一部大《尔雅》。"①可见,此书在道学中是有较重要地位的。其实,《性理字训》只是一篇数百字的短文,全文如下:

> 天理流行,赋予万物,是之谓命。人所禀受,莫非至善,是之谓性。主于吾身,统乎性情,是之谓心。感物而动,斯性之欲,是之谓情。为性之质,刚柔、强弱、善恶分焉,是之谓才。心之所之,趋向期必,皆由是焉,是之谓志。为木之神,在人则爱之理,其发则恻隐之情,是之谓仁。为金之神,在人则宜之理,其发则羞恶之情,是之谓义。为火之神,在人则恭之理,其发则辞逊之情,是之谓礼。为水之神,在人则别之理,其发则是非之情,是之谓智。人伦事物当然之理,是之谓道。行此之道,有得于心,是之谓德。真实无妄,是之谓诚。循物无违,是之谓信。发己自尽,是之谓忠。推己及物,是之谓恕。无所偏倚,是之谓中。发必中节,是之谓和。主一无适,是之谓敬。始终不二,是之谓一。善事父母,是之谓孝。善事兄长,是之谓悌。天命流行,自然之理,人所禀受,五性具焉,是曰天理。人性感物,不能无欲,耳目口鼻,斯欲之动,是曰人欲。无为而为,天理所宜,是之谓谊。有为而为,人欲之私,是之谓利。纯粹无妄,天理之名,是之谓善。凶暴无道,不善之名,是之谓恶。物我兼照,扩然无私,是之谓公。蔽于有我,不能大公,是之谓私。凡此字训,蒐辑久闻。嗟尔小子,敬之戒之。克循其名,深惟其义,以达于长,以会于学。审问明辨,精思笃行,孜孜勉焉,圣可贤至。②

---

① 《宋元学案》卷六十九,第 2280 页。
② 《宋元学案》卷六十九,第 2279—2280 页。

该文通俗易懂，朗朗上口，颇便于童蒙习读。其中讲了命、性、心、情、才、志、仁、义、礼、智、道、德、诚、信、忠、恕、中、和、敬、一、孝、悌、天理、人欲、谊、利、善、恶、公、私等名词，从天命至心性，从仁义礼智到道德诚信，从忠恕、中和到主敬、孝悌，从天理人欲到义利公私，道学的本体论、心性论、工夫论都做了简明的介绍。这里，对若干名词稍作解释，所谓"性之质"，即才，也即是人的资质，刚柔、强弱各有不同。本来，"才"这个词出自《孟子》，讲到刚柔、强弱这层意思已足够表达"才"的含义，但程端蒙又加上了"善恶"，这就把才大约等同于气质，而气质在道学又可指与天命之性相对的气质之性。所谓"发己自尽"为忠，源自程氏"尽己之谓忠"一说，朱子《四书集注》也持此说，意思是真诚地竭尽自己的智虑或能力为他人考虑，给他人帮助，就叫做忠。所谓"无为而为"，就是践行儒家的仁义礼智、孝悌忠信这样的伦理道德原则不带有任何的目的和企图，这些伦理道德原则是人之为人所本然地应当实行的，这就叫做"谊"。反过来，带有任何个人的目的和企图去践行伦理道德原则，都是有为而为，是出于"利"的考虑。

程端蒙《性理字训》和陈淳《北溪字义》虽同属训释字义的著述，但二者的性质有所不同。陈淳《字义》更多地是从哲学思想的高度解释朱学的主要名词概念，其中也蕴含了他自己的思想见解。程端蒙《字训》则完全是平实地叙述道学的主要名词概念，其中几乎不带有任何的个人意见，且主要是作训蒙之用。但是，二者的作用都是较大的。程端蒙《字训》对于元明时期训蒙读物的发展起到了一定的影响，元代程端礼《读书分年日程》便将《字训》列为儿童必读书。

程端蒙与董铢、王过号称"三先生"，程端蒙与董铢曾合编《学则》，王过的行实不详。董铢，字叔重，饶州德兴县（今属江西）人。人称槃涧先生。登嘉定进士，授迪功郎，婺州金华尉。早年从学程洵，语以晦庵先生所以教人者，董铢尽弃所学，裹粮入闽，师事朱子，成为朱门高弟。程、董《学则》凡十二条：居处必恭，步立必正，视听必端，言语必谨,容貌必庄,衣冠必整,饮食必节,出入必省,读书必专一,写字必楷敬,几席必整齐,相呼必以齿。每条皆有简短说明,如"居处必恭"条云:"居有常处,序坐以齿。凡坐必直身正体,毋箕踞倾倚,交胫摇足。寝必后长者,既寝勿言,当昼勿寝。""言语必谨"条云:"致详审,重然诺,肃声气。毋轻毋诞,毋戏谑喧哗,毋及乡里人物长短及市井鄙俚无益之谈。""出入必省"条云:"非尊长呼唤,师长使令,及已有急干,不得辄出学门。出必告,反必面,出不易方,入不逾期。""读书必专一"条云:"必正心肃容,以计遍数。遍数以足,而未成诵,必须成诵。遍数未足,虽已成诵,必满遍数。一书已熟,方读一书。毋务泛观,毋务强记。非圣贤之书勿读,无益之文勿观。"①这些条目都是关于容貌辞气、动止语默方面的修养规则,对于学者为人为学可以起到一定的辅助作用。

朱子对于程、董二人的这个《学则》作有跋语:"道不远人,理不外事,古之教者,自其能食能言,而所以训导整齐之者,莫不有法,而况家塾党庠术序之间乎。彼其学者,所以入孝出悌,行谨言信,群居终日,德进业修,而暴慢放肆之气,不设于身体者,由此故也。是书盖有古人小学之遗意焉。凡为庠塾之师者,能以是而率其徒,则所谓成人之德,小子有造者,将复见于今日矣。于以助成后王降德之意,岂不美哉!"②这是从推行儒家之道,践行古人小学之遗意,作育成德之士等方面高度肯定《学则》的意义。

---

① 《程董二先生学则》,《宋元学案》卷六十九,第2281—2282页。
② 《宋元学案》卷六十九,第2282页。

第十七章

陆九渊的儒学思想

陆九渊(1139—1193),字子静,抚州金溪(今属江西)人。三十四岁中进士,先后任过隆兴府靖安县主簿、建宁府崇安县主簿、太学国子正、敕局删定官、知荆门军等职。晚年曾讲学于贵溪象山,自号象山翁,学者称象山先生。他的以"心学"为主要内容的儒学思想对后世儒学尤其明代的心学运动产生了广泛的影响。

在宋明理学,心学作为一个卓然独立的思想流派,始自陆九渊。陆九渊思想性格成熟较早,儒学立场的确立也较早。十岁左右即觉程颐之言与孔孟不类,①十三岁即笃志圣学,以发明儒学为职志,又觉孔子之言简易,有子之言支离。乾道八年壬辰(1172),陆九渊应省试,做两卷,一为"易卷",一为"天地之性人为贵论"。时考官为吕祖谦,祖谦与陆九渊从未谋面,读到答卷,击节叹赏,称道不已,对同官说:"此卷

---

① 《年谱》,《陆九渊集》卷三十六,中华书局,1980年,第481—482页。

超绝有学问者,必是江西陆子静之文。"①遂中选,旋成进士。祖谦所谓"超绝有学问者",在陆九渊,当是指他在少年时期就有所表现并逐渐形成的独立自得的学术思想观念。陆九渊幼年即发宇宙之问,后来因此而体悟到心体广大无际,又"因读《孟子》而自得之",②遂立心学大本,建宗立极,发强刚毅,自信超迈,完成了对儒学的心学化的理解,形成了与朱熹理学相颉颃的心学体系。心学和理学实共为宋室南渡后儒学慧命之所寄托和新开展。朱熹说:"南渡以来,八字着脚,理会着实工夫者,惟某与陆子静二人而已。"③

第一节 宇宙与吾心

"宇宙"观念和"本心"观念可以说是陆九渊心学体系的两个根本观念。本心观念源自孟子,而为陆九渊学说的根本。其门人傅季鲁说:"先生之道,精一匪二,揭本心以示人,此学门之大致。"④宇宙观念则既是陆九渊心学的根本观念之一,又是本心观念得以确立的基础。如作时间划分,大致以陆九渊三十四岁为界限,此前多提宇宙二字,此后虽亦不弃宇宙二字,然更为着重的是推阐本心之说。

陆九渊幼年时期就表现出喜好深思的倾向。约四岁时,陆九渊问他的父亲天地何所穷际这样的问题,一时没有得到解答,竟深思至忘寝食。而且,这一问题始终困扰着他。十三岁时,陆九渊"因宇宙字义,笃志圣学"。⑤他从古书上读到"宇宙"二字的释文:"四方上下曰

---

① 《年谱》,《陆九渊集》卷三十六,第 486—487 页。
② 《语录下》,《陆九渊集》卷三十五,第 471 页。
③ 《年谱》,《陆九渊集》卷三十六,第 507 页。
④ 《陆九渊集》卷三十六,第 523 页。
⑤ 《陆九渊集》卷三十六,第 482 页。

宇,往古来今曰宙。"猛然醒悟,疑惑顿消,快兴直说:"元来无穷。人与天地万物皆在无穷之中者也。"继而"援笔书曰:'宇宙内事乃己分内事,己分内事乃宇宙内事'"。① 看来,陆九渊了解到宇宙的无限无际之意,经历了一个并非平易的思索过程。但是,他的主观动机并不全在于这一纯客观知性问题的解决,而在于解决宇宙是否有限量从而人心是否因之而有时空的断隔和限量,即人心是否有限量的问题。人心的思维活动总是要指向无限,现实的一切无不可以直接无碍地成为感知和思考的对象,是可以超越的,宇宙则是关于无限问题的实际思考对象。明了宇宙无限,正说明人心可以无限作为思考的对象。在陆九渊,宇宙的无限意义恰成了他的主观精神(吾心)突破有限的隔碍而进入无限的津梁。此一关节一经打通,宇宙与吾心就可以在无限这个共同点上达到合一。陆九渊说:"宇宙便是吾心,吾心即是宇宙。"②宇宙的无限义与人的精神的无限境界合于一致,或者可以说,因悟宇宙的无限,陆九渊开出了精神境界的无限意义。陆九渊的这一精神趋向在他的少年时期也有所表现,他做的《大人诗》即是一个表现。

宇宙和吾心及二者关系的学理意义是陆九渊所要着力阐扬的。陆九渊从儒学立场对"宇宙"一词作了义理阐述,他接引学者,也多用此二字。陆九渊说:

> 宇宙无际,天地开辟,本只一家。往圣之生,地之相去千有余里,世之相后千有余年,得志行乎中国,若合符节,盖一家也。③
>
> 塞宇宙一理耳,学者之所以学,欲明此理耳。此理之大,岂有限量?程明道所谓有憾于天地,则大于天地者矣,谓此理也。④
>
> 此理塞宇宙,古先圣贤常在目前,盖他不曾用私智。⑤

---

①② 《年谱》,《陆九渊集》卷三十六,第483页。
③ 《与罗春伯》,《陆九渊集》卷十三,第177页。
④ 《与赵咏道四》,《陆九渊集》卷十二,第161页。
⑤ 《与张辅之》,《陆九渊集》卷十二,第163页。

> 此理充塞宇宙,天地鬼神且不能违异,况于人乎?①
>
> 此理在宇宙间,未尝有所隐遁,天地之所以为天地者,顺此理而无私焉耳。人与天地并立而为三极,安得自私而不顺此理哉?②

以上文字表明,陆九渊对于"宇宙"的理解正是要突破其客观知性的限度,而进入义理觉解的境域。大致说,有这样几个方面:一,宇宙没有穷际,时空是无限绵延的,古先圣贤同存在此一无限时空即宇宙之中,其所禀得、推扬的就是宇宙之理。二,宇宙所包含的只是一个"理",这个理是全理,此理与宇宙同在。宇宙无限,理也是无限的,理存在于宇宙的全部过程和每一延续环节,没有欠缺,也没有隐遁。三,"此理塞宇宙"或"充塞宇宙",意谓理较之宇宙似乎另具独立性。理是儒家伦理道德价值及意义的表征,"天地之所以为天地",在于顺此理而无私妄,人为三极之一,亦表现在顺此理而存在,而行动。宇宙与理的合一侧重于理的主导性和充盈性。理的存在没有具体限定的方所,只有一个场域,就是宇宙。陆九渊说宇宙无限,实质是指理本身的无限及其存在方式上的无具体限定性。程明道所谓"有憾于天地"者,在陆九渊,则指理可包容天地而大于天地。陆九渊说:"宇宙不曾限隔人,人自限隔宇宙。"③这句话意谓宇宙包容一切,对人无私无袒,其中的一切事物及其流行过程无不清晰地向世人展现。但是,人却因自身的种种局限而不能认识宇宙的全体,往往主观上割裂宇宙的统一性和恒常性,此即"限隔宇宙"。显然,陆九渊最直接表达的是"宇宙"观的缺憾。然而,问题还在于,陆九渊所要表达的当是对于"理"的认识不完全、觉解境界不通达的深切遗憾。只此一憾,足见陆九渊的学术旨趣不在穷格物理,通过格物致知达至宇宙之全理,而在于通过某种方式直接把握宇宙之全理。

---

① 《与吴子嗣八》,《陆九渊集》卷十一,第147页。
② 《与朱济道》,《陆九渊集》卷十一,第142页。
③ 《语录上》,《陆九渊集》卷三十四,第401页。

在整个宋明理学,对"理"的了解和认识有两个途径或方式,一是以理存在于宇宙,也存在于宇宙中的万事万物,主体的人须通过对具体事物之理的认识及其积累来认识全理;一是以理为全体,正如以宇宙为全体,通过某种直观方式直接把握全理,而以具体事物之理为这一全理的某种表现,并据全理来观照、析察具体事物之理。程朱与陆王的分歧或者正以此而肇其始,前者以"性即理"立说,后者以"心即理"为宗,所谓道问学与尊德性也是根源于这种对理的存在方式和主体体认理的途径的不同而致。此一勾勒意在说明"宇宙"观念对于陆九渊构建学术体系所起到的功能意义。宇宙观念在宋明理学中不止陆九渊讲到,朱熹曾说:"某自五六岁便烦恼道:'天地四边之外,是什么物事?'"①看来,思考宇宙天体问题带有普遍性,但并不导致学术倾向的一致性。然而,宇宙观念在陆九渊却有着普遍必然的功能价值,也就是说,这一观念不只是陆九渊切入心、理关系论的过渡性范畴,而且应当看做陆九渊全部学术体系的根本观念之一。陆九渊说:

> 宇宙便是吾心,吾心即是宇宙。千万世之前,有圣人出焉,同此心同此理也,千万世之后,有圣人出焉,同此心同此理也。东南西北海有圣人出焉,同此心同此理也。"②

显然,陆九渊是以宇宙表征时空的无限义,无限即是无始无终的无间断广延和持续过程,贯穿于无限之中的,是心是理,而且"此心此理"是亘古一致的。这里有三层意思,一是肯定宇宙兼具客观的无限义和超越的价值义。前者已如上述,后者在于标示宇宙非虚无虚空,而是包含价值意义(在陆九渊即指理)。因为,只强调前者,则与一般天文历书及天体物理学的研究制作并无差异;只强调儒家伦理道德观念的超越意义,则有陷入促隘的危险,即抱定传统儒学的某些观念却不能创

---

① 《朱子语类》卷九十四,第2377页。
② 《杂著》,《陆九渊集》卷二十二,第237页。

新,说到底,无法解决儒学的伦理价值意义的超越性问题。这两个方面,陆九渊同时察见并照应到,故而讲宇宙实与儒学价值论相联系。第二层意思是,儒学的传承和发展所凭据的根本内核就是同一个心同一个理。时间上的千万世之隔和空间上的东南西北海之异都只是表象,并不造成圣人在心理上的差异。相反,只要是圣人,则"此心此理"无不一贯,无不相通,无不尽同。圣人之心所充盈包容的无不是理义,即是说,圣人之所以为圣人,全在理义之心。陆九渊说:"千古圣贤若同堂合席,必无尽合之理。然此心此理,万世一揆也。"①即是说,陆九渊并不否认不同时期的圣贤因时代差异而表现出在具体问题和观念上有所不同,但"此心此理"却是万世一致的,不会因世异时移产生差谬。因此,陆九渊通过宇宙观念而实际上突破了宇宙观念,进入到心与理关系的体证和推阐。第三层意思,是要开辟一条简易途径,依此途径发明心学。陆九渊既以朱熹学术为支离,反对格物致知,也不著书立说,且连带着厌弃程颐,而独喜程颢。陆九渊说:"元晦似伊川,钦夫似明道。伊川蔽固深,明道却疏通。"②又说:"二程见周茂叔后,吟风弄月而归,有吾与点也之意。后来明道此意却存,伊川已失此意。"③这些喜好偏向和学术判定表明陆九渊的学术意图在于去繁就简,觅求通约。他说:"学苟知本,六经皆我注脚。"④又《年谱》载:"或谓陆先生云:'胡不注六经?'先生云:'六经当注我,我何注六经?'"⑤在陆九渊,注不注六经与知不知六经并不是一回事。

事实上,不注六经不等于不读、不知六经。相反,陆九渊十分重视研读经书,反对无根之游谈。他说:"束书不观,游谈无根。"⑥主张对经

---

① 《语录上》,《陆九渊集》卷三十四,第405页。
② 《陆九渊集》卷三十四,第413页。
③ 《陆九渊集》卷三十四,第401页。
④ 《陆九渊集》卷三十四,第395页。
⑤ 《年谱》,《陆九渊集》卷三十六,第522页。
⑥ 《语录上》,《陆九渊集》卷三十四,第419页。

书须仔细观阅。陆九渊说:"后生看经书,须着看注疏及先儒解释。不然,执己见议论,恐入自是之域,便轻视古人。"①陆九渊本人读书也是十分勤奋。他说:"长兄每四更一点起时,只见某在读书,或检书,或默坐。"②又说:"某读书只看古注,圣人之言自明白。"③而且,陆九渊晚年曾决意作《春秋》经传,因得荆门之任而不果。④ 所有这些表明,陆九渊勤于读书而未著书,但不等于不立说。事实上,陆九渊是有所旨归的,这一旨归便是直觅经中之理,书外之意,直接自心上体认,求得心、理合一。

综论之,陆九渊一生论学和接引学者,多及"宇宙"二字,对此二字作了独特的阐释,形成了特有的"宇宙"观。凭借这一观念及其理论,陆九渊不仅完成了对个人心理问题即自孩提之时起便困扰其身心的宇宙意义问题的解决,而且以此为基点,转而将宇宙之理与人心(吾心)接应起来。陆九渊将宇宙与吾心对举,一方面是为了确立激昂超迈的人格精神。他说:"人须是闲时大纲思量:宇宙之间,如此广阔,吾身立于其中,须大做一个人。"⑤又提出激励奋迅,冲破罗网,等等。这些都是要人突破个体之小我的局限,达于宇宙之大我,在主观精神上与宇宙并立。另一方面,独辟蹊径,揭示本心之学,对心、理关系问题作全新的阐释。

第二节 本心与心即理

上文提到,"本心"一词源自孟子,但就宋明理学讲,这一观念在陆

---

① 《语录下》,《陆九渊集》卷三十五,第431页。
② 《陆九渊集》卷三十五,第463页。
③ 《陆九渊集》卷三十五,第441页。
④ 《年谱》,《陆九渊集》卷三十六,第506页。
⑤ 《语录下》,《陆九渊集》卷三十五,第439页。

九渊有着特殊的意义,是属于陆学的。①

陆九渊三十四岁提出本心观念。时为乾道八年(1172),杨简主富阳簿,陆九渊过富阳,二人有一番问答。

> 问:"如何是本心?"先生曰:"恻隐,仁之端也;羞恶,义之端也;辞让,礼之端也;是非,智之端也。此皆是本心。"对曰:"简儿时已晓得,毕竟如何是本心?"凡数问,先生终不易其说,敬仲亦未省。偶有鬻扇者讼至于庭,敬仲断其曲直讫,又问如初。先生曰:"闻适来断扇讼,是者知其为是,非者知其为非,此即敬仲本心。"敬仲忽大觉,……先生尝语人曰:"敬仲可谓一日千里。"②

从这里看,陆九渊对于本心的提示具有简易直接和神秘直观的特点。简易直接体现在反复诵说人所共知的孟子四端之说,神秘直观则表现为"敬仲忽大觉","敬仲可谓一日千里"。在陆九渊看来,这确实是一种内心的体证。陆九渊自认其学术思想源自孟子,对本心观念多借孟子言论阐发。他说:

> 孟子曰:"所不虑而知者,其良知也。所不学而能者,其良能也。"此天之所与我者,我固有之,非由外铄我也。故曰:"万物皆备于我,反身而诚,乐莫大焉。"此吾之本心也。③

> 仁义者,人之本心也。孟子曰"存乎人者,岂无仁义之心哉",又曰"我固有之,非由外铄我也"。愚不肖者不及焉,则蔽于物欲而失其本心。贤者智者过之,则蔽于意见而失其本心。④

从上引文字看,本心就其普遍实质言,就是仁义之心。这是统而言之。分而言之,本心含具孟子所谓四端或四心。这两方面实质是一致的,都是指人内在固有的道德观念和所应当遵循的道德原则。就存在状

---

① 参见陈来:《宋明理学》,第190页。
② 《年谱》,《陆九渊集》卷三十六,第488页。
③ 《与曾宅之》,《陆九渊集》卷一,第5页。
④ 《与赵监》,《陆九渊集》卷一,第9页。

态言,本心就是良知良能,即是道德良知和道德践行融为一体;本心即是天所赋予,是先验的。以本心即是仁义之心和含具四端,本心是天赋良知,在陆九渊,实质上是对心、理关系的表述。陆九渊说:

> 四端者,即此心也;天之所以与我者,即此心也。人皆有是心,心皆具是理,心即理也。①

> 盖心,一心也。理,一理也。至当归一,精义无二,此心此理,实不容有二。故夫子曰:"吾道一以贯之。"孟子曰:"夫道一而已矣。"又曰:"道二,仁与不仁而已矣。"如是则为仁,反是则为不仁。仁即此心也,此理也。求则得之,得此理也;先知者,知此理也;先觉者,觉此理也;爱其亲者,此理也;敬其兄者,此理也;见孺子将入井而有怵惕恻隐之心者,此理也;可羞之事则羞之,可恶之事则恶之,此理也;是知其为是,非知其为非,此理也;宜辞而辞,宜逊而逊者,此理也;敬此理也,义亦此理也;内此理也,外亦此理也。……此吾之本心也。所谓安宅、正路者,此也;所谓广居、正位、大道者,此也。②

按,程颐首标仁义礼智信五常分言则各有其义,合言则仁包四者。程颐说:"四德之元,犹五常之仁,偏言则一事,专言则包四者。"③朱熹亦持此论。陆九渊也持同一看法,他讲本心即是仁义,这里又讲"仁即此心也,此理也",是合言之;若分言之,则爱亲、敬兄、恻隐、羞恶、是非、辞逊等,皆是仁之含义。这里,陆九渊提"心即理",有两方面意思,一是心、理有一个渐融渐合的过程,此境状之心指个体之心,理则有外在于主体的特性。所谓心即理须是心认知、体认理。一般所谓融理于心,盖指此而言。陆九渊说:"人心至灵,此理至明,人皆有是心,心皆

---

① 《与李宰二》,《陆九渊集》卷十一,第149页。
② 《与曾宅之》,《陆九渊集》卷一,第4—5页。
③ 《近思录》,第6页。

具是理。"①表明心、理似乎存在一个相融的过程。二是心、理天然顿合,自然自在,本来一体。心只是一个心,也即是先天赋予的本心。陆九渊单提一个心字,于此是表明其广泛普遍的特性,并不特指某个个体之心,相反,千差万别的个体之心皆以此心为宗归。同样,理也是普遍一般的公共之理,也即是独一的理;充满宇宙的只是这个理,人所要认识、认同的也是这个理。事物固然千差万别,人人所得的具体认识也固有差异,然大处不能不一致,理即是所同处。陆九渊说:"天下之理无穷,若以吾平生所经历者言之,真所谓伐南山之竹,不足以受我辞。然其会归,总在于此。"②又说:"天下事事物物只有一理,无有二理,须要到其至一处。"③这即是说事事物物的具体规律、规则固然各不相同,然而究竟原理只有一个,没有两个。若认取有差,是识见不到,陆九渊正是强调认识要归到一是之处。他说:"千古圣贤若同堂合席,必无尽合之理。然此心此理,万世一揆也。"④陆九渊以此心本然含具此理,此理即是此心固有之理。所谓心即理,当主要是指的这个意思。

上述两方面,第一方面并不占主要,然而论者似乎多注意第一方面,对陆学的批评也多集中于这一方面。实际上,陆学的重心应在后一方面。陆九渊强调心与理的"至当归一,精义无二",其用意当有两个,一是消解具体的个体之心与先验的仁义之心即本心之间的紧张。陆九渊说"此心此理,实不容有二",是要超越个体之心而凸显仁义本心。仅就这一点讲,说陆九渊轻忽个体之心或许能够成立。然而,陆九渊作这种超越理解又并非没有过渡环节,前文所论宇宙问题中的"吾心"这一知性统合概念,在个体之心与仁义本心之间起到了转变作用。第二层意思是,陆九渊以心与理同一,更为强调的是心的超验性,尤其超时空的特性。这与前文所述宇宙与吾心的关系相贯通,宇宙与

---

① 《杂著》,《陆九渊集》卷二十二,第273页。
② 《语录上》,《陆九渊集》卷三十四,第397页。
③ 《语录下》,《陆九渊集》卷三十五,第453页。
④ 《语录上》,《陆九渊集》卷三十四,第405页。

吾心在无限和伦理道德价值相统一这个基点上的一致构成了心与理同一的基础,同时也是心与理的同一具有超时空特性的依据。结合宇宙观念,陆九渊将此心此理的同一性推扩至超个体经验、超时空的永恒地位,而个体对心、理关系的当下体认又以此作为直接目标;同时,判别学识和境界的标准也在于此。陆九渊说:

> 理乃天下之公理,心乃天下之同心。圣贤之所以为圣贤,不容私而已。①

> 宇宙无限,天地开辟,本只一家,往圣之生,地之相去千有余里,世之相后千有余年,得志行乎中国,若合符节,盖一家也。②

上引文字中的"公理"、"同心"、"一家"等观念表明,陆九渊所强调和注重的是心与理的普遍同一,圣贤之为圣贤,就在于其心其理即是此心此理,并不因时空差异而现出不同,而是超时空地相贯通的。陆九渊据此常常提醒学者要体会宇宙之理只是一个理,心只是一个心,心与理的同一不受任何具体时空的隔断。基于此,陆九渊在确立本心之说以后,并不特别究心于宇宙概念,而是着重提"心即理"或"此心此理",或者只提"本心"二字,并以此说批评理学一派对于心、理等概念的分析。

区分性、才、心、情诸概念是朱熹理学的一个重要内容,李伯敏曾以此质诸陆九渊,陆九渊直斥为"枝叶"之言,以其病在于只求"解字",不求"血脉"。自心学观之,心、性、才、情都只是一个意思,无须区分。陆九渊说:"且如情、性、心、才,都只是一般物事,言偶不同耳。"③又说:"若理会得自家实处,他日自明白。若必欲说时,则在天者为性,在人者为心。此盖随吾友而言,其实不须如此。"④可见,陆九渊并非不了解名言概念的具体含义,而是反对因纠缠于名言概念而导致学术宗旨

---

① 《与唐司法》,《陆九渊集》卷十五,第196页。
② 《与罗春伯》,《陆九渊集》卷十三,第177页。
③④ 《语录下》,《陆九渊集》卷三十五,第444页。

不明和本心迷失。故当有人问他如何穷理尽性以至于命,陆九渊直说:"皆是理也。穷理是穷这个理,尽性是尽这个性,至命是至这个命。"①意谓如果一定要使用理、性、命等概念,也并不表示其间有实质差异,而都只是"理"的具体表现,即都只是"这个"心之理的不同说法而已。"这个"即是指此心此理,陆九渊还常提到"此"、"是"等语词,意思与"这个"相同,都是为了说明本心或此心此理的切近性。

在道心人心问题上,朱陆分歧尤为重大。陆九渊说:

> 天理人欲之言,亦自不是至论。若天是理,人是欲,则是天人不同矣。……《书》云:"人心惟危,道心惟微。"解者多指人心为人欲,道心为天理,此说非是。心,一也,人安有二心?自人而言,则曰惟危;自道而言,则曰惟微。罔念作狂,克念作圣,非危乎?无声无臭,无形无体,非微乎?②

> 谓"人心,人伪也;道心,天理也",非是。人心,只是说大凡人之心。惟微,是精微,才粗便不精微,谓人欲天理,非是。人亦有善有恶,天亦有善有恶(日月蚀、恶星之类),岂可以善皆归之天,恶皆归之人。③

天理人欲之辨是程朱理学的一个重要内容,与此相关联,道心人心之分也是一个重要论题。陆九渊则直言天理人欲的说法不是根本可靠的结论,因为这等于是分天人为二,不符合儒家天人合一的观念。至于道心人心问题,朱熹以人心即是人欲,道心即是天理。陆九渊以其说非是,且反对道心人心的提法。在陆九渊,心,只有一个,即是本心,从道这方面看,是"无声无臭,无形无体",超时空、超经验的,故惟微;从人这方面看,既有可能陷入私念利欲,导致本心丧失而为狂,也有可能克除私念利欲,复其本心而作圣,故惟危。单从人这方面看,心指

---

① 《语录上》,《陆九渊集》卷三十四,第 428 页。
② 《陆九渊集》卷三十四,第 395—396 页。
③ 《语录下》,《陆九渊集》卷三十五,第 462—463 页。

"大凡人之心",既含本心之理,也兼具个体之心的习染,即善恶并存,作狂作圣都有可能。故,以人心只是人欲或人伪,而与道心相对待,是陆九渊根本不能认同的。陆九渊反对道心人心之说,而严于义利之辨,并以此作为其心学的入门之法。对此,后文将详论。

淳熙二年(1175),陆九渊(三十七岁)与朱熹在著名的鹅湖之会上展开辩论,二人的学术明显分途。对此,这里不作详论,值得玩味的倒是二陆自家的主张。启行前,陆九渊和他的哥哥陆九龄为统一学术主张,先行辩论一番。陆九龄表示同意陆九渊的见解,并特作诗一首,以示九渊,开头二句云:"孩提知爱长知亲,古圣相传只此心。"陆九渊听后即说:"诗甚佳,但第二句微有未安。"[1]并和诗一首,开头二句云:"墟墓兴哀宗庙钦,斯人千古不磨心。"陆九渊和陆九龄合称江西二陆。然而,陆九渊较真较到了自家门户之内,看似小题大做,实际却是一个关键性问题所致。若以"此心"为古圣相传之心,心虽同一,却是外在的,似乎有一个悬置的内涵固定之心,先圣后圣只是此心的体现,也传承着此心。这是陆九渊所不能同意的。在他看来,陆九龄以此心不增减、不变异,固然无错,但更应看到,此同一之心即是本心,其特点是超绝时空而又本然地内在于个体。这也就是陆九渊所说千万世之前与千万世之后,东西南北各方,圣人虽不同出或虽有不同,然此心此理却莫不同。陆九渊所说此心此理或本心,应当理解为不同时空中的直接同一,而决不可以理解成不同时空中的传递和播衍关系。因为后者必将导致把心与理的同一向外在化、客观化方向理解和演绎,从而不能保证个体对心或本心加以体证和培蓄的主导地位。陆九渊说:"心只是一个心,某之心,吾友之心,上而千百载圣贤之心,下而千百载复有一圣贤,其心亦只如此。心之体甚大,若能尽我之心,便与天同。"[2]心体广大无疆,是超时空直接同一的,并不须要传授,只要能够扩充(陆

---

[1] 《语录上》,《陆九渊集》卷三十四,第427页。
[2] 《语录上》,《陆九渊集》卷三十四,第423页。

九渊谓之"尽")自我之心,便可与天同一。基于这个意思,便可以对陆九渊所说九龄之诗"微有未安"求得合理的解释,也能够获得对陆九渊"心即理"学说的多维度把握。

据上所述,陆九渊讲本心,讲心与理一或心即理,结合前文所述宇宙观念来看,其意思在于说明心体无限,又含具理,亦即儒家伦理道德观念和价值。然而,这个心又并非外在于个体,而是融合了客观性和主体性,即通过对宇宙观念的悟解和体证,消解心与理、个体之心与本源之心的对立,从而此心或本心即是当下的个体之心,个体之心即是超时空超经验的普遍之心,无须传授,也不因时势境地的不同而表现出差异。而所谓传心、所谓人心道心之说,都是对本心或心即理这个宗旨的错认和肢解。

陆九渊所揭示的本心,是无所不包的全体,又是体用一如的。陆九渊说:

> 万物森然于方寸之间,满心而发,充塞宇宙,无非此理。[1]
>
> 万物皆备于我,有何欠缺。当恻隐时自然恻隐,当羞恶时自然羞恶,当宽裕温柔时自然宽裕温柔,当发强刚毅时自然发强刚毅。[2]

此即是说,心是自然自在的,包容万物,含具此理。方寸之心全体显发,则和宇宙、和理完全相吻合,心是宇宙之心,宇宙是心之宇宙,宇宙充塞此理,此理是人心之所固有。心、宇宙、理三者完全合一。由于心广大无限并含具天理,一切实际的伦理原则和伦理行为都可以在此心找到依据。本心作为伦理道德观念和价值的根源性主体,是无所欠缺的,能够派生和判断伦理行为的正当性和合理性,诸如恻隐、羞恶、宽裕温柔、发强刚毅等都只是本源之心的具体表现。陆九渊通过这种表

---

[1] 《语录下》,《陆九渊集》卷三十五,第455—456页。
[2] 《陆九渊集》卷三十五,第444页。

述,把无限、超时空和儒家伦理道德价值意义诸方面融贯于心。前文所说以客观无限义和伦理价值义相统一的宇宙观念是陆九渊建立心学系统的一个津梁,在这里得到了充分的实现。从而,理的外在客观性和心的内在主体性之间的对立得到了消解,个体之心即小我和普遍之心即大我之间的紧张也得到了消解,在本质内涵和全体发用两方面都实现了本然的同一。而这,正是陆九渊心学的一般目的。

论者一般认为,陆九渊心学体系的中心观念是"心即理"。这固然无错。然而,细审之,对于心学之心,陆九渊至少有三种提法,即吾心、本心和心,这三种提法并不完全等同。吾心基本指称个人之心,属于心学建立过程中的起始概念,表现为陆九渊思考宇宙问题,论述宇宙观念所获致并呈现的心理感受,即无限和理的统一。陆九渊以吾心合于宇宙,更为侧重的当是主体人格精神的超绝自立。所谓辨志(即义利之辨的实质),其使命当也是由吾心承担的。但是,"吾心"观念并不具有广泛的普遍性,因而必然为"本心"观念所取代。"本心"一词虽源出孟子,但在陆九渊,实为他所理解的全部儒学精神的归结,内涵上强调先秦儒学的仁义礼智或四端之说;同时,这一观念,的确构成了陆九渊学术思想系统的精髓。陆九渊以恻隐、羞恶、辞让、是非皆本心实有之理,遇事接物皆本心实有之理的发用,而所谓事、所谓道,皆本心之固有,或为本心所含摄。学者所当发明、运用的全在本心。要之,本心之说是陆九渊学术思想的血脉所在。至于"心"之一词,盖为陆九渊更为宽泛且更为简切的说法,表现出一定的复杂性,一方面,陆九渊常以此"心"概称一切个体之心,直揭人心本质上固具儒家伦理道德观念却又不免私欲习染,进而提出人人从心上改过迁善,去除习染,复其本然本源之心即本心,某种意义上说,此"心"与吾心观念有一定的相通之处;另一方面,心即是本心之约称,古今圣人之"心"即此之谓,陆九渊常用"此心"、"是心"、"这个"等语词以表明其切近、真实诸特性。要之,心之一词,在陆九渊的话语系统,或指个体之心,或指本心,须作具体辨析。

故此,"心即理"之说从心这一方面看,当明其由来和本质所在,吾心观念是此说的先路,本心或心是此说的本质。至于"理",在陆九渊,内涵上并不与程朱之理有殊,即都是指儒家仁义礼智等伦理道德观念和原则。朱陆分歧在于,朱熹以理在物在外,陆九渊以理在内在心。陆九渊单提本心,也即等同于"心即理"范畴。心或此心、是心,莫不本质等同于本心。因此,要究明"心即理"之说,直接提举"本心"观念可以无误,且更为切近陆九渊学术思想的实质。

第三节 简易与涵养

陆九渊发明儒学,尤以继发孟子之学自任,先"因宇宙字义,笃志圣学",继而阐论心学,以心、理精义合一。究其根本,则端在自立本心,自信坚笃。陆九渊说:"吾之学问与诸处异者,只是在我全无杜撰,虽千言万语,只是觉得他底在我不曾添一些。近有议吾者云:'除了先立乎其大者一句,全无伎俩。'吾闻之曰:'诚然。'"[①]居象山约四年有半,多告学者云:"汝耳自聪,目自明,事父自能孝,事兄自能弟,本无欠缺,不必他求,在自立而已。"[②]陆九渊对于儒学的理解和创发完全是直究本心,以本心为思量的大纲,注重对儒学尤其儒学伦理道德价值观念的自觉自得。就陆九渊儒学思想的宗纲和全部内容言,本心观念是个学脉骨髓,也是个根本方法。

然而,陆九渊与学者的论学书信和讲谈录中,许多说法相互抵牾,不免引起理解上的疑惑。陆九渊告诫学者,一方面要优裕宽平,不可

---
① 《语录上》,《陆九渊集》卷三十四,第400页。
② 《陆九渊集》卷三十四,第399页。

用心太紧、强探力索，另一方面又要莫厌辛苦，穷究磨炼；一方面隆师亲友，另一方面自得自成，不倚师友载籍。他自己也往往表现出类似的矛盾，譬如，他与朱熹在学术见解上难以调和，他的弟子建议他与朱子各自著书，让天下后世自择，陆九渊的答复是宇宙之理无二，平白放着，与天地间有无陆子静、朱元晦全不相干，故著书并不有益于讲明真理。而当陆九渊与朱熹展开辩论，有人建议不必辩论，他却以同样的理由，表示为了学术的一是之目的，非要与朱熹穷辩到底。① 这种种现象有时令他的弟子不知所向，要反复体会和揣摩才能得其意旨。《语录》载，陆九渊的弟子陈去华自叙听陆九渊论学一月后的感受云："前十日听得所言皆同，后十日所言大异，又后十日与前所言皆同。"② 这些表明，陆九渊的为学方法既有根本纲领，又有针对不同情势的方便说法，而且往往是出于接引学者的需要从不同方面广为阐发。下面对此作一分疏。

陆九渊首重辨志。他三十四岁过富阳，对杨简揭明本心之说，旋归家，居槐堂讲学，多言辨志。《年谱》于是年有如下记载：

> 傅子渊自此归家，陈正己问之曰："陆先生教人何先？"对曰："辨志。"复问曰："何辨？"对曰："义利之辨。"若子渊之对，可谓切要。③

义利之辨在陆九渊，是治学的门径。淳熙八年，陆九渊（四十三岁）应朱熹的邀请，于白鹿洞书院为诸生宣讲《论语》"君子喻于义，小人喻于利"章，再次讲到辨志。实际上，义利之辨在宋明理学始终是一个重大课题，二程和朱熹都有重要的看法。然而，以此作为学术的终极分限和根本方法，在陆九渊的确有着特殊的意义。可以说，陆九渊的儒学思想以及他对学者的教导，都是基于这个基本问题展开。陆九渊说：

---

① 《语录上》，《陆九渊集》卷三十四，第414页。
② 《陆九渊集》卷三十四，第399页。
③ 《年谱》，《陆九渊集》卷三十六，第489页。

"私意与公理,利欲与道义,其势不两立。"①又说:"志向一立,即无二事。"②志向确立与否,直接关系到学术的大是大非,与言语的辨析大有不同,言语辨析只是枝末,立志则是根本。陆九渊说:"石称丈量,径而寡失。铢铢而称,至石必谬;寸寸而度,至丈必差。"③可以说,辨志是他的石称丈量之法。

在陆九渊看来,辨志能够"开口见胆",④是"擒龙打凤底手段"。⑤他也正是以此方式来指摘学者的病痛,要求学者切身自反,斥去私意,确立本心,寻得正路。他说:

> 必有大疑大惧,深思痛省,决去世俗之习,如弃秽恶,如避寇仇,则此心之灵自有其仁,自有其智,自有其勇,私意俗习如见晛之雪,虽欲存之而不可得,此乃谓之知至,乃谓之先立乎其大者。⑥

说到底,辨志就是要扫去私意俗见,并由此引发自身的仁智勇,达到知性的高度觉解,从而真正达到"先立乎其大者"。陆九渊认为,人只有精神在内,自作主宰,才能不失本心。他说:

> 收拾精神,自作主宰。万物皆备于我,有何欠缺。当恻隐时自然恻隐,当羞恶时自然羞恶,当宽裕温柔时自然宽裕温柔,当发强刚毅时自然发强刚毅。"⑦

所谓"万物皆备于我",实际是说心含具众理,兼备万物,没有欠缺,根本上用不着向外索求。重要的是要能收拾精神在内,自立自主,自作主宰。这一点是直接指向和维护"本心"观念的,也是陆九渊所说简易方法的重点所在。《语录》载,陆九渊问一学者读书守何规矩,答复是

---

① 《与包敏道》,《陆九渊集》卷十四,第183页。
② 《与赵然道三》,《陆九渊集》卷十二,第158页。
③ 《与詹子南一》,《陆九渊集》卷十,第140页。
④ 《语录上》,《陆九渊集》卷三十四,第429页。
⑤ 《陆九渊集》卷三十四,第407页。
⑥ 《与傅克明》,《陆九渊集》卷十五,第196页。
⑦ 《语录下》,《陆九渊集》卷三十五,第455—456页。

"伊川《易传》,胡氏《春秋》,上蔡《论语》,范氏《唐鉴》",陆九渊呵之为"陋说",并据《易·系辞传》"乾知太始,坤作成物,乾以易知,坤以简能"立论说:"圣人赞易,却只是个'简易'字道了。"又说:"这方唤作规矩。"①这里,陆九渊以简易为读书的规矩,大而言之,简易方法也就是指发明本心。

简易方法一方面是陆九渊对其心学体系的方法论总结,另一方面又运用于对治学者的病痛。陆九渊认为,只要能够自立,则简易方法推之极端也无不可,此即不识文字也不失为正大之人。他说:"若某则不识一字,亦须还我堂堂地做个人。"②显然,这里是设使不识字,若能精神在内,自立自主,也可以与天地并立。这个意思与尊德性之说是相通的。在朱陆鹅湖之会关于尊德性与道问学之争中,陆九渊强调先尊德性而后道问学,即是强调自立本心、精神自主的先决先在性,有了这一条,知识学问才能服务于德性的培蓄和提高,服务于本心的保养和扩充;反之,知识学问即是支离事业。这也就是说,知识学问并不是德性的先决条件,甚至与德性之间并无必然联系。与此相关联,对治病痛也应当先就人心之德性精神着手。陆九渊认为,人并非能恒常地自觉意识到并保持自立自主,并非都能排除外累,保持本心之灵,相反,人心常有病。陆九渊说:"道在宇宙间,何尝有病,但人自有病。千古圣贤,只去人病,如何增损得道。"③人心之病,盖有二端。陆九渊说:"愚不肖者之蔽在于物欲,贤者智者之蔽在于意见,高下污洁虽不同,其为蔽理溺心而不得其正,则一也。"④又说:"愚不肖者不及焉,则蔽于物欲而失其本心。贤者智者过之,则蔽于意见而失其本心。"⑤蔽于物欲和蔽于意见二病,表现虽有不同,其后果则是一致的,即导致本心丧

---

① 《语录上》,《陆九渊集》卷三十四,第429页。
② 《语录下》,《陆九渊集》卷三十五,第447页。
③ 《语录上》,《陆九渊集》卷三十四,第395页。
④ 《与邓文范》,《陆九渊集》卷一,第11页。
⑤ 《与赵监》,《陆九渊集》卷一,第9页。

失。陆九渊认为,对治物欲之病,须用剥落手段。他说:

> 人心有病,须是剥落。剥落得一番,即一番清明,后随起来,又剥落,又清明,须是剥落得净尽方是。①

剥落得净尽,即是物欲全消,义理纯淳,本心清明。

"贤者智者"的"意见"之病源于"胜心",即好胜之心,具体表现为,"平易处不理会,有可以起人羡慕者,则着力研究。"②对治此病,须用格物方法。陆九渊所谓格物,当有二义,一曰研究物理,一曰减担。《语录》载:

> 先生云:"古之欲明明德于天下者,……先致其知,致知在格物。格物是下手处。"伯敏云:"如何样格物。"先生云:"研究物理。"伯敏云:"天下万物不胜其繁,如何尽研究得?"先生云:"万物皆备于我,只要明理。"③

> 某读书只看古注,圣人之言自明白。……何须得传、注。学者疲精神于此,是以担子越重。到某这里,只是与他减担,只此便是格物。④

从上引前段文字看,李伯敏发问有朱子学的倾向,陆九渊直以发明本心之理答之;所谓研究物理,实质是研究心中之理,体认本心。后一段文字顺此而下,以减担为务。陆九渊以研究物理和减担释格物,意在破除外累,夺去传注,专主本心。陆九渊认为,照此实行,则胜心可去,此心也就公平正直。就此而论,陆九渊的格物说与朱熹大异,而与王阳明的格物说有相通之处。

经过格物和剥落,陆九渊认为,可以实现本心自立,做到自然自在。陆九渊说:"内无所累,外无所累,自然自在,才有一些子意便沉重

---

① 《语录下》,《陆九渊集》卷三十五,第458页。
②④ 《陆九渊集》卷三十五,第441页。
③ 《陆九渊集》卷三十五,第440页。

了。彻骨彻髓,见得超然,于一身自然轻清,自然灵。"①心无系累,自然自在,从里而外,自然轻清灵活。顺此涵养,便可达于圣贤。如何涵养?陆九渊认为,涵养就是使人心常活,常有自适之意,人心适意即是"学问根源"。②去除物欲和私意,恢复本心的自立自主、适意灵活的性状,即使初始状态只是涓流,只要自信勇进,便可成为江河。陆九渊说:

> 涓涓之流,积成江河。泉源方动,虽只有涓涓之微,去江河尚远,却有成江河之理。若能混混,不舍昼夜,如今虽未盈科,将来自盈科;如今虽未放乎四海,将来自放乎四海;如今虽未会其有极,归其有极,将来自会其有极,归其有极。然学者不能自信,见乎标末之盛者便自慌忙,舍其涓涓而趋之,却自坏了。曾不知我之涓涓虽微却是真,彼之标末虽多却是伪,恰似担水来相似,其涸可立而待也。③

这即是要学者确立本根,一如涓涓泉水,虽微却是真,因其真而"混混"不竭,不舍昼夜,终可成为江河,达至全盛。相反,随波逐末,则一如担水自溉,因其伪而无源,虽多亦易于枯竭。此外,陆九渊还要求学者持敬,多次提到"小心翼翼,昭事上帝"。这实是以敬畏来涵养本心。朱熹理学也多讲持敬。就方法意义言,陆九渊和朱熹对"敬"的理解,并无二致。

综合上述,陆九渊的本心观念以至他的全部心学体系,就方法论讲,可概括为"简易"二字,此即他所一贯强调的"易简工夫"。为完善本心学说,实现对儒学的心学化理解,陆九渊的简易方法从辨志入手,首重确立儒家的道德理性原则,继而针对不同的毛病,开出了诸如剥落、格物、涵养等具体方法。尽管这些具体方法基本上是在接引学者

---

① 《语录下》,《陆九渊集》卷三十五,第468页。
② 《陆九渊集》卷三十五,第444页。
③ 《语录上》,《陆九渊集》卷三十四,第398页。

的过程中针对不同病痛而随机提出,看起来似乎只能当做治病之方,而很难说与陆九渊本人的主体思想有着十分密切的联系。然而,实际上,包括这些具体方法在内的全部方法论内容,不仅从各个不同的侧面反映了陆九渊的学术主张和思维模式,而且也体现了陆九渊在创新儒学过程中的方法论上的自觉。因此,详细讨论陆九渊学术思想的方法论问题,显得很有必要。

第四节　心学与实学

在中国历史上,儒学不时遭到责难,宋明新儒学受到的责难更多。作为心学运动的创发者,陆九渊独标本心之学,超迈自信,以孟子真传自命。他说:"窃不自揆,区区之学,自谓孟子之后至是而始一明也。"①相应地,诋陆学为空疏不实者亦尤甚。然则,陆九渊反复强调实学实行的重要,明确提出心学即是实学,并将心学切实地付诸实行实践。对此,下面作一阐论。

把学术思想分为讲明和践履或知和行,并力主二者统一,可以说是传统儒学的一个基本特点。在心学一派,也是如此主张。陆九渊说:

> 为学有讲明,有践履。《大学》致知、格物,《中庸》博学、审问、慎思、明辨,《孟子》始条理者智之事,此讲明也。《大学》修身、正心,《中庸》笃行之,《孟子》终条理者圣之事,此践履也。……然必一意实学,不事空言,然后可以谓之讲明。若谓口耳之学为讲明,则又非圣人之徒矣。②

---

① 《与路彦彬》,《陆九渊集》卷十,第134页。
② 《与赵咏道二》,《陆九渊集》卷十二,第160页。

这里,陆九渊通过对传统儒家经典的判解,把儒家学说分为讲明和践履二端,并认为只有将讲明与践履结合起来,务求实学,才算是符合圣人之学的宗旨;反之,徒事口耳之学,则只是空言,而非实学,非圣人之学。在陆九渊,实学与践履,盖用语不同,其意则一。讲明之学,若非究到实理,或不能见诸践履,即为空言,为空疏之学。陆九渊说:

> 宇宙间自有实理,所贵乎学者,为能明此理耳。此理苟明,则自有实行、有实事。实行之人,所谓不言而信,与近时一种事唇吻、闲图度者,天渊不侔,燕越异向。①

> 吾所明之理,乃天下之正理、实理、常理、公理,所谓"本诸身,证诸庶民,考诸三王而不谬,建诸天地而不悖,质诸鬼神而无疑,百世以俟圣人而不惑者也"。学者正要穷此理,明此理。②

实学的根据在于"宇宙间自有实理",实理的特点是以人自身为根本和发端,扩充周遍,则与往古来今之圣贤庶民、天地鬼神都可相互参证而没有任何差谬。从这个意义讲,实理又可称之为正理、常理、公理。为学的目的在于究明实理,得到实理的学术便有实行,有实事。要之,实理与实学、实行、实事一体相联;不得实理,则无实行实事,只是口耳空疏之学。实学与空言势不相容,直有天渊之别。

陆九渊所谓实学,就是指的心学。他说:

> 义理所在,人心同然。……此心苟存,则修身、齐家、治国、平天下一也,处贫贱、富贵、死生、祸福亦一也。③

> 只与理会实处,就心上理会。……须是血脉骨髓理会实处始得。凡读书皆如此。④

---

① 《与包详道》,《陆九渊集》卷十四,第182页。
② 《与陶赞仲二》,《陆九渊集》卷十五,第194页。
③ 《邓文苑求言往中都》,《陆九渊集》卷二十,第255—256页。
④ 《语录下》,《陆九渊集》卷三十五,第444—445页。

千虚不博一实,吾平生学问无他,只是一实。①

一实了,万虚皆碎。②

按上引文字,可知两层意思,一是陆九渊以心学为儒学的旨归,把儒家的修齐治平皆归诸心学,秉此心学即究明心中之理,则处于贫贱、富贵、死生、祸福等悬殊境状中,人生态度和心理感受并不因之而改变,而是稳定恒常的。一是以心学为实学。陆九渊自谓平生学问"只是一实",而当有人说他的学问除了先立乎其大者,全无伎俩,陆九渊闻言即加首肯。可见,发明本心之学即是陆九渊所反复强调的实学。由上述两点,可以知道,陆九渊通过心学即是实学,而心学又为儒学之正见的叙述,得出的结论必然是,应当把儒学理解为实学,凡不讲求实理的学术都是虚妄之见,在实学面前不足称道。

以儒学为实学,或者并非陆九渊首发之论。然于驳斥以儒学为空疏不实、不求实效之学的看法,并切实推行心学,从而广收儒学之效,则陆九渊为功不细。下面,从两个方面对此加以阐述。

首先,破除世儒习见,以功利实效为儒学的应有之义。陆九渊说:

世儒耻及簿书,独不思伯禹作贡成赋,周公制国用,孔子会计当,《洪范》八政首食货,孟子言王政亦先制民产、正经界,果皆可耻乎?③

或言介甫不当言利。夫《周官》一书,理财者居半,冢宰制国用,理财正辞,古人何尝不理会利,但恐三司等事,非古人所谓利耳。不论此,而以言利遏之,彼岂无辞?④

上引文字都是主张把实用、实效、实利看做儒学的一个不可或缺的内容。陆九渊征引《周官》、《洪范》、伯禹、周公、孔、孟等,旨在说明儒家

---

① 《语录上》,《陆九渊集》卷三十四,第 399 页。
② 《语录下》,《陆九渊集》卷三十五,第 448 页。
③ 《与赵子直》,《陆九渊集》卷十五,第 70 页。
④ 《语录下》,《陆九渊集》卷三十五,第 442 页。

本来就是讲求实利的。《语录》说:"古人皆是明实理,做实事。"①也是说的这个意思。这里,有一个问题值得特别注意,即义利之辨在陆九渊是作为为学辨志的入门根基提出来的,与此处强调实利实效的看法是否矛盾?实际不然。义利之辨即是公私之辨,所要排去的是私利私欲,而公利则固为义的范畴所含摄。陆九渊说:"天之所以予我者,至大、至刚、至直、至平、至公。……须是放教此心,公平正直。无偏无党,王道荡荡;无党无偏,王道平平;无反无侧,王道正直。"②此心公平正直,即与儒家的王道相契合,而王道的内容就是上述周孔之道。于此可见,实利公利与义利之辨不仅并不相悖,而且正是传统儒学以及陆九渊心学关于义利之辨的一个重要内容。更能说明问题的是,陆九渊于白鹿洞书院即兴宣讲《论语》"君子喻于义,小人喻于利"章,将人之所喻归因于所习,人之所习又归因于所志,仍然以义利之辨为辨志的中心问题。陆九渊在措辞激烈地批斥了科举之弊以及由此造成的名儒巨公惟官资禄廪是计,却无心于国事民瘼之后,转而开导诸生,于利欲之习当痛惩,并专志于义,以此究心圣学,必有实得,由此而进场屋,必不诡于圣人。陆九渊顺此推导:"由是而仕,必皆共其职,勤其事,心乎国,心乎民,而不为身计。其得不谓之君子乎。"③这里,明显表现出重视实利实效的观念,所反对的只是汲汲于一己之私利。

故此,陆九渊基于心学所强调的实学实行,反复突出一个"实"字,既有对本心的切实反省发明之意,也丝毫不排除对现实的高度关注。他的许多来往书信经常讨论的一个问题,是时政时事,尤其地方的政教、经济事务,具体到田地之肥瘠、水溉之有无、禾种之是否可种以及米仓、米舟之事,④等等。于此可见,种种攻讦陆学以至整个儒学为空疏无用之学的论说,至少是并不全面了解陆学的真实内涵。

---

① 《语录上》,《陆九渊集》卷三十四,第396页。
② 《语录下》,《陆九渊集》卷三十五,第441页。
③ 《白鹿洞书院论语讲义》,《陆九渊集》卷二十三,第276页。
④ 并见《陆九渊集》卷八、卷十六等。

其次,躬身践行,验证、推行实学(心学)。《语录》载:

> 复斋家兄一日见问云:"吾弟今在何处做工夫?"某答云:"在人情、事势、物理上做些工夫。"复斋应而已。若知物价之低昂,与夫辨物之美恶真伪,则吾不可不谓之能,然吾之所谓做工夫,非此之谓也。①

人情、事势、物理是人人日用常行所共同面对的东西,陆九渊于此做工夫,固然有与他人共通的地方,即了解物价的高低以及事物的美恶真伪,但并非仅此而已,而是别有深意。这个深意就是验证心中之学,将学术落到实处。这样的做法和思想倾向,陆九渊从早年即始终保持着。他说:"吾自幼时,听人议论似好,而其实不如此者,心不肯安,必要求其实而后已。"②对于读书,也是主张辨明物理事势。陆九渊说:"所谓读书,须当明物理,揣事情,论事势。"③注重从实际着手,又落于实际,可以说正是陆九渊学术的一个重要方面。故此,陆九渊的平素议论,几乎人人可以听受。时人评价说:"陆丈说话甚平正。"④当然,在陆九渊,于人情物理上做工夫更有着特殊的学理意义,即促发、验明所学。他说:"吾家合族而食,每轮差子弟掌库三年。某适当其职,所学大进,这方是执事敬。"⑤这里,陆九渊是借当掌库之职以明"执事敬",实际同时也是验证、发明所学,此即"所学大进"。这自可归入学以致用的范畴。

更能说明问题的是陆九渊晚年的荆门之政。淳熙十六年诏知荆门军,陆九渊于绍熙二年(1191)九月至荆门,时年五十三岁,次年冬十二月卒于任,实际掌治荆门仅一年零四个月。然而,面临政繁事剧,陆九渊从容处置,取得显著政绩,仅新筑城一项,就仅以预算费用约七分

---

① 《语录上》,《陆九渊集》卷三十四,第400页。
② 《陆九渊集》卷三十四,第411页。
③ 《语录下》,《陆九渊集》卷三十五,第442页。
④ 《语录上》,《陆九渊集》卷三十四,第414页。
⑤ 《语录上》,《陆九渊集》卷三十四,第428页。

之一的实数便筑成子城并门台楼渠等,使素无城壁而处战争要冲的荆门成为可以攻守之地。又革弊政,兴郡学、贡院等,转移风俗。对此种种,时人给予高度评价,谓:"政教并流,士民化服。""荆门之政,可以验躬行之效。"①陆九渊所取得的政绩与他的学术有着密切的联系。淳熙十一年甲辰至十三年丙午(1184—1186),陆九渊在敕局,已有了自己的治国主张,他开出"四物汤"即任贤、使能、赏功、罚罪,作为医国的药方。② 可谓深中时弊。及至荆门之任,有学者问:"荆门之政何先?"对曰:"必也正人心乎。"③正人心在陆九渊是为政的端要。他说:"人者,政之本也;身者,人之本也;心者,身之本也。不造其本而从事其末,末不可得而治矣。"④以人为政治之本,而心又是人身之本,从观念上说,当是源自《大学》;然而,在陆九渊,强调心之根本性和以"正人心"为治理荆门的施政总纲,实际仍是不离心学,或者说就是心学在实际运用中的一个表现。

总括上述,陆九渊主张实学实行为儒学的固有内容,力斥徒事空言,也坚决反对以儒学空疏不实的看法。照陆九渊的理解,讲学当务求实理,得实理之学即是实学,实学与实行(践履、践行)合为一体,不可割裂。实学实行是儒学的普遍特性,失此特性即失儒学的真实宗旨;实学实行也是陆九渊心学体系的固有内容,离开这一点,便沦为他所批判的"口耳之学"。陆九渊以其全部学术"只是一实",既可了解为心学就是实学,即是说,本心所含所明之理是实理,本心之发用即是此实理之见诸主体的行为表现;又可了解为陆九渊对传统儒学的发明并非虚构,而是实有所本,实有所得。合言之,实学实行实是陆九渊对于儒学的特别关注之处,也是他的心学体系的得力之处。

当然,陆九渊所谓实行(或践履、践行),从道德认知的角度讲,尤

---

① 《年谱》,《陆九渊集》卷三十六,第511、512页。
② 《语录上》,《陆九渊集》卷三十四,第407页。
③ 《陆九渊集》卷三十四,第425页。
④ 《荆国王文公祠堂记》,《陆九渊集》卷十九,第233页。

重切己自反,改过迁善,重在德性的培蓄,这也是对义利之辨的贯彻。然而,义利之辨仅仅是为了确立为学根基和人生准则,即是以精神理性还是以感性欲求作为人生社会的指导原则。陆九渊站在儒家立场,明确强调以道德精神理性作为人生社会的指导原则,具体表现为立志,而感性欲求包括私欲和"意见"、"胜心"等都是陆九渊所极力反对和所要排去的。应当看到,义利之辨并不是陆学的全部重心,更不是陆学的唯一目的。相反,理性原则一经确立,则并不妨碍事功,且当见诸事功之效,因为此意义上的事功是超越个人私利私欲之上的公众普遍的实利功效。综合这两个方面,陆九渊触言即指向实学实行,实际上与义利之辨不仅并不矛盾,而且正可相资为用,要在如何辨析贯通而已。故此,陆九渊对包括孟子在内的传统儒家言功言利的论说,特加表彰,并于个人修为、居官为政中表现出并非寻常的业绩,不仅不难理解,而且应当视作他的全部体系的必要组成部分。

需要指出的是,宋明诸儒于事功一节皆不同程度地有所建树,有的甚至建有盖世奇功(如王阳明),陆九渊于此并没有特别过人之处。这里对荆门之政特加申述,并非专在表彰他的个人业绩,而是意在说明他的心学思想的实效表现,以见其实学实行主张之不诬,亦以见儒学之普遍实效于一斑。

第五节 小 结

陆九渊对于儒学的理解,从广义讲,涉及了先秦儒学的全部经典;从狭义讲,可归结于《孟子》一书。或者可以说,前者体现了陆九渊对儒学的全面继承,后者体现了陆九渊对儒学的具体创新。就观念形态讲,陆九渊的儒学思想集中表现为两大观念:宇宙和本心。宇宙观念反映了陆九渊对于"理"的存在方式(时空)和人心(吾心)的思维时空以及二者关系的探究。理的本质含义即是传统儒家的伦理道德观念和原则,照陆九渊的理解,理是充满于整个宇宙即无限时空,吾心因悟宇宙无限遂与宇宙即无限时空相贯通。吾心和理依据宇宙概念达于一致,吾心具有能动思维并居主动地位,能够通过宇宙概念以确立主体的超绝自立和义理觉解,为本心观念开辟道路。然而,离开宇宙概念,吾心无由体悟广大无疆之义,亦无由推扩儒家的伦理道德观念至于最广大最普遍的境域。而且,陆九渊自早年发宇宙之问到后来接引学者,反复提到"宇宙"一词。宇宙观念实为陆九渊心学的一个重要观念,是为本心观念的确立和形成奠立的一个基石。当然,陆九渊从未有过类似的言论,或者在他本人并未完全自觉到宇宙观念之于其心学的重要地位。但由其早年自发的提问和思考,以及前文所述的对于"宇宙"一词的种种称引和论说,得出这一结论并不难。

本心观念确立以前,宇宙观念实为陆九渊思考的中心议题。这一观念实际上合摄了超绝无限和儒家伦理道德观念双重含义,即是说,宇宙是客观性和价值性的统一,是一个完满自足的先验性实体概念。而吾心只是作为认知主体介入这一关系,从而在主观精神境界上达到与宇宙合一,实际是在主观精神上达到思维的时空无限,并推扩儒家的伦理道德观念至于无限的时空之中。可以说,吾心是一个统合性概念,但并不是一个支配性或先验性概念,也就是说,在早期的陆九渊,吾心并没有也不可能取代宇宙观念,而且,吾心观念自身存在缺陷,因其知性的限度导致完满的宇宙实体并不充分呈现于人,而宇宙作为一完满自足的实体却并不因人的知性差异而减损其客观实存性。"宇宙不曾限隔人,人自限隔宇宙",即此之谓。陆九渊于三十四岁揭明本心之说,本心观念是作为一个完满自足的实体概念提出的。从陆九渊的学术思想体系来讲,本心观念和宇宙观念实是处于同一系列的两个根本观念范畴,吾心一语则是陆九渊由宇宙观念过渡到本心观念的一个中介。

照此而认,陆九渊的思想系统似乎带有客观化的倾向。这样说并不过分,而且,这也正符合他以传统儒家学说为一个客观实存系统的看法。但通过吾心的知性觉解,陆九渊提出并终生执守的是本心之说。陆九渊此后可以提或不提宇宙观念,但本心观念却是不可须臾离的,也决不允许对本心观念有任何的非议。陆九渊思想体系的精髓正在于此,而毁誉交加的也在于此。需要指出的是,本心观念具有客观实存和主观自现双重特点,但归于一点,则是主观内存自现。作为千古圣人共有之心,本心似乎是外在化的客体,而陆九渊所坚决反对的正是这种看法或误解,因为这样很容易导致先圣后圣传心之说,而不能始终保持本心主体自立。陆九渊所强调的就是自立本心,发明本心,本心人人固有,即是说传统儒家的仁义礼智等伦理道德观念和价值原则是先验地植根于人心,又是超时空地实存于人心,问题只在于明不明、行不行而已。然而,困难在于,陆九渊个人可以实现这种统一,并完全听由自我本心的决断,对于他人来讲,终不免难于求得明证。这一问题,到了王阳明的"致良知"说那里,似乎仍然存在。

就整体而言,陆九渊的儒学思想还包括方法理论和实学践行思想。所谓方法,陆九渊几乎完全是指向本心观念的,从辨志、剥落、格物到涵养本心,在在都是要削去不符合本心的思虑言行,以维护本心的纯洁和灵明。所谓实学践行,表现为陆九渊十分重视对儒学的践履践行,他以本心之学为实学,宇宙之理为实理,得实理之学即是实学,实学必见诸实行。从他的个人操守和晚年主政看,陆九渊是充分实现了他对儒学的理解和创造的。可以说,实学践行一节是陆九渊心学体系的验证和完成,也是他对儒学思想完整理解的一个组成部分。尽管观念形态的宇宙概念和本心学说是陆九渊儒学思想体系的重心,也是陆九渊心学思想的根本,但陆九渊有关方法问题的论述和对于心学以及儒学的积极践行,不可不视作其儒学思想的题中应有之义。此外,陆九渊对于儒学内部以及儒学与其他学说流派的分歧和差异,也曾提出看法,譬如他以义利之辨判别儒释,据本心学说判别异端,姑不论其是与非是,然足以表明,陆九渊作为一个致力于重整和创新儒学的学者,倾向于维护儒学的纯洁性和正统地位。

第十八章

陈亮与叶适的儒学思想

　　南宋时期,朱熹、张栻、吕祖谦并称东南三贤,相与讲明学术。朱熹为闽学大宗,张栻为湖南学派主要代表,吕祖谦之学称婺学。三贤之外,浙江尚有陈亮为首的永康之学,叶适为主要代表的永嘉之学,江西则有陆九渊心学。这些学派相互鼓荡,极一时之盛。婺学、永康之学、永嘉之学三派,① 大要为重史学,论事功,故后世或并列而论之。清代章学诚提出"浙东之学"、"浙西之学"之说,② 受其影响,晚近学者往往以婺学、永康、永嘉归入浙东学派。③ 然在南宋似不提所谓浙东,往往直言浙江。朱熹曾说:"江西之学只是禅,浙学却专是功利。"④ 江西

---

① 三派名称之立,出自《宋元学案》卷五十一至卷五十六全祖望说,第 1652、1690、1710、1738、1830 页。
② 章学诚:《文史通义》卷五,中华书局,1994 年,第 523 页。
③ 关于浙东学派研究的主要著作有:王凤贤、丁国盛《浙东学派研究》,浙江人民出版社,1993年;管敏义主编:《浙东学术史》,华东师范大学出版社,1993 年;何炳松:《浙东学派溯源》,广西师范大学出版社,2004 年。
④ 《朱子语类》卷一百二十三,第 2967 页。

之学指陆象山,浙学或言指陈亮,①然浙学谓之浙江之学亦无不可。本章即据此以浙江儒学概称吕祖谦、陈亮、叶适三派的儒学,而具体研究中主要讨论此三人的儒学思想,暂不及其他。

第一节 吕祖谦

吕祖谦(1137—1181),字伯恭,婺州(今浙江金华)人。学者称东莱先生。隆兴元年(1163)进士及第,又中博学宏词科,先后差任宗学教授、严州教授,历官国史院编修、实录院检讨、秘书省正字等。有宋一代,吕氏家族位至宰辅者四人,可谓少见的显赫望族。② 而又世代重学,从吕公著至吕希哲、吕本中,以至吕祖谦,世代相传,有"中原文献之传"的美称。③ 吕氏家族也重讲学,据说,吕公著"自少讲学,即以治心养性为本"。④ 吕希哲尝从学焦千之、胡瑗、孙复、王安石诸家,而归宗于二程。吕本中广泛从学于程门后学及元祐名宿如杨时、游酢、尹和靖、刘安世、陈瓘、王苹,继承了吕希哲转益多师,"不主一门,不师一说"的家风。⑤ 这种家风也为吕祖谦所继承。吕祖谦从小至长长年随侍父侧,他的父亲吕大器尝为江东、浙东、福建提刑司干官,先后知黄州、吉州,祖谦因而沃闻北宋以来掌故。吕祖谦从幼小起还受到外祖父曾几的教导,曾几与道学之士胡安国、刘安世、王苹等游从颇密,亦尝与胡宏往复论学。十九岁,吕祖谦又从三山林之奇受《论语》,二十

---

① 侯外庐等主编:《宋明理学史》上,第447页。
② 《东莱公家传》,《东莱集》卷十四,影印文渊阁《四库全书》集部别集类,第1—20页。
③ 吕祖俭:《圹记》,《东莱集附录》卷一,第17页。并见《宋史》卷四百三十四本传,中华书局,1977年,第12872页;《宋元学案》卷三十六《紫微学案》,卷五十一《东莱学案》,1234、1653页。
④ 《范吕诸儒学案》,《宋元学案》卷十九,第788页。
⑤ 《荥阳学案》全祖望按语及引朱子说,《宋元学案》卷二十三,第902、908页。《紫微学案》全祖望按语,《宋元学案》卷三十六,第1233页。

四岁从学胡宪、汪应辰。由于秉承了深厚的家学渊源,又广从当世宿儒问学,吕祖谦年轻时便奠定了扎实的学问基础,且声名已著。后来,又与朱熹、张栻交往密切,往来论学,甚受朱张推重。而心学创立者陆九渊则是受到吕祖谦的识拔终成进士,终身对于吕祖谦甚为敬重。吕祖谦又为浙学领袖,薛季宣、陈傅良、陈亮、叶适等都不同程度地受到吕氏的影响,并形成为以史学和事功为核心的浙东学派。

吕祖谦的著述颇为宏富,撰有《左氏博议》二十五卷,《春秋左氏传说》二十卷、《续说》十二卷,《少仪外传》二卷,《古周易》一卷,《增修书说》三十五卷(时澜增修),《吕氏家塾读诗记》三十二卷,另编有《圣宋文海》(亦称《皇朝文鉴》、《宋文鉴》)一百五十卷、《吕氏家塾读书记》、《左氏类编》等,其表奏、书启、记序、墓志、祭文等编为《东莱集》十五卷,书信、答问、家范、杂记等编为《东莱别集》十六卷,另有《东莱外集》六卷。

吕祖谦的学术比较偏重于史学。他所面临的时代课题,从思想上说是继承和发展圣人之学,从社会现实来说是匡正纲纪以图恢复。乾道六年(1170)除太学博士,淳熙四年(1177)转承议郎仍兼国史院编修官,吕祖谦两次轮对,每次各作有两道轮对劄子。乾道六年轮对劄子之一云:

> 夫不为俗学所汩者,必能求实学;不为腐儒之所眩者,必能用真儒。圣道之兴,指日可俟。……宅心制事,祗畏兢业,顺帝之则,是圣学也。亲贤远佞,陟降废置,好恶不偏,是圣学也。规模审定,图始虑终,不躁不挠,是圣学也。①

由于是面对孝宗陈说,吕祖谦侧重于从关乎帝王治世的现实需要出发来界定"圣学"的具体内容,此即敬畏顺则,好恶不偏,审定规模,以此为"实学"的本质,也是"真儒"的本质。就当时社会现实来说,所谓宅

---

① 《东莱集》卷三,第8页。

心制事,审定规模,根本的用意就在于"恢复大事",即恢复赵宋版图。乾道六年的第二劄子便主要是针对这一点进言。淳熙四年的轮对劄子则进一步对"人主一心"关涉天下治乱安危作了陈述,批斥了所谓"独运万机之说",也就是希望孝宗不要事无巨细,大包大揽,而是"虚心屈己以来天下之善,居尊执要以总万事之成"。① 这个意思,与乾道六年所谓实学、真儒之论,是一脉相承的。

从思想上说,吕祖谦所谓圣学、真儒,在宋代的正统代表就是二程理学。他说:"庆历、嘉祐之间,豪杰并出,讲治益精。至于河南程氏、横渠张氏,相与倡明正学,然后三代孔孟之教,始终条理,于是乎可考。"②吕祖谦曾校刻《横渠集》、程颐《易传》等,也曾与朱熹、张栻往复讨论周敦颐、胡宏等理学家的著作,对于北宋以来的道学诸家甚为推重,而尤其倾向于程氏理学。这固然与荥阳公吕希哲曾师事二程,因而理学成为了吕氏家学世代相传的一项重要内容有关,也是吕祖谦早年较广泛地接受了理学背景的教育使然。吕祖谦一生的讲学和著述都是在道学作为正统儒学代表的基础上来进行的。据《年谱》,乾道三年丁亥,吕祖谦葬母于婺州明招山,是年终开始在明招山讲学,撰成《左氏博议》。乾道八年壬辰,丁父忧,在明招山聚诸生讲《尚书》。从乾道四年至乾道六年,吕祖谦多次订立了会讲性质的"规约",这些规约在思想宗旨上体现了儒学的基本观念,其作用和目的则在于规范诸生的行为,并以此为移风易俗的先导。譬如,《乾道四年九月规约》凡十一条,其精要者为:

> 凡预此集者以孝悌忠信为本。其不顺于父母,不友于兄弟,不睦于宗族,不诚于朋友,言行相反,文过遂非者不在此位,既预集而或犯,……告于众而共勉之,终不悛者,除其籍。
>
> 会讲之容端而肃,群居之容和而庄。

---

① 《东莱集》卷三,第14页。
② 《白鹿洞书院记》,《东莱集》卷六,第8页。

语毋亵,毋谀,毋妄,毋杂。①

这是以儒家的孝悌忠信作为聚会的根本宗旨,具体的行为规范则包括顺于父母,友于兄弟,睦于宗族,诚于朋友,言行一致等儒家伦理原则。违背这些伦理原则和规范者,则无资格进入聚会讲学。如果进入之后而有所违犯,则由同志之士加以规劝和责戒,以至公告全体与会者,共同勉励。如果最终仍不能改正,则开除出聚会。此规约对于参与会讲者的容貌辞气也作了明确规定,此即"端而肃","和而庄",不得出猥亵之言,阿谀之言,虚妄之言,杂碎无益之言。这些也是程氏理学的主敬说的一个方面的表现。

聚会讲学的目的是讲求"经旨",对此,《乾道五年规约》也提出了具体规范:

> 凡与此学者,以讲求经旨,明理躬行为本。
>
> 肄业当有常,日纪所习于簿,多寡随意。如遇有干辍业,亦书于簿,一岁无过百日,过百日者,同志共摈之。
>
> 凡有所疑,专置册记录,同志异时相会,各出所习及所疑,互相商榷。
>
> 怠惰苟且,虽漫应课程而全疏略无叙者,同志共摈之。不修士检,乡论不齿者,同志共摈之。
>
> 同志迁居,移书相报。②

以上五条,对于诸生相聚讲学的目的和功课法式皆作了明确规定,其中"以讲求经旨,明理躬行为本"一说,可谓二程研讨经籍的不二法门。

注重讲学是道学的一个传统。吕祖谦也受到这个传统的熏染,虽然他讲学偏重史学,但仍有其中心和纲领。上面所述会讲规约,可以看做吕祖谦去俗学,求实学,做真儒的基本行为规范。而贯穿其讲学

---

① 《东莱别集》卷五,影印文渊阁《四库全书》集部别集类,第1—2页。
② 《东莱别集》卷五,第2—3页。

和著述始终的,则是对于"大纲"的领会和把握。吕祖谦说:

> 大抵为学,须先识得大纲模样,使志趣常在这里。到做工夫,却随节次做去,渐渐行得一节,又问一节,方能见众理所聚。今学者病多在闲边问人路头,尚不知大率问人,须是就实做工夫处商量方是。①

为学的"大纲模样"便是恒常地持有为学的志趣,而不是如闲人的随意问话。有了恒常的志趣,逐渐做工夫,行得一节,又问一节,这样才能认识和掌握众多的理。可见,吕祖谦所谓为学大纲,是以"见理"为旨归的。吕祖谦还具体说道:"《周》《召》乃《诗》之纲领,《乾》《坤》其《易》之门。"又说:"读书其辞虽多,要处亦少。如《论语》说'古之学者为己,今之学者为人',《孟子》说'明于庶物',《尚书》'惟学逊志,务时敏',此处最要。"②这些说法,可以看做吕祖谦关于为学读书的具体"大纲",也可以视作对于读书之"理"的具体论说。吕祖谦偏重史学,认为史学也有其大纲,这个大纲便是历史的"统体"。他说:

> 读史先看统体,合一代纪纲、风俗、消长、治乱观之。如秦之暴虐,汉之宽大,皆其统体也。复须识一君之统体,如文帝之宽,宣帝之严之类。统体盖谓大纲。如一代统体在宽,虽有一两君稍严,不害其为宽。一君统体在严,虽有一两事稍宽,不害其为严。读史自以意会之可也。至于战国三分之时,既有天下之统体,复有一国之统体,观之亦如前例。大要先识天下统体,然后就其中看一国之统体。先识一代统体,然后就其中看一君之统体。二者常相关也。既识统体,须看机括。国之所以兴,所以衰,事之所以成,所以败,人之所以邪,所以正,于几微萌芽时察其所以然,是谓

---

① 《门人周公谨所记》,《东莱外集》卷六,影印文渊阁《四库全书》集部别集类,第34页。
② 《己亥秋所记》,《东莱外集》卷六,第37、38页。

机括。①

读史先要把握"统体",统体即是"大纲"。吕祖谦认为,一代有其统体,一国有其统体,一君也有其统体,对此应当加以识别和把握。在把握统体也即大纲的同时,要认识历史发展的"机括",也就是国之兴衰、事之成败、人之邪正的几微萌芽时的所以然。吕祖谦的这个读史法,也就是先把握历史发展的大势,再具体辨析其中国运人事几微变化的"所以然",也即历史发展的具体规律和原因。这也体现出吕祖谦为学特重"大纲"的特点。

在吕祖谦看来,把握大纲,不仅是为学的根本,也是为人的根本。他说:

> 大凡为人,须识纲目。辞气是纲,言事是目。言事虽正,辞气不和,亦无益。自古乱亡之国,非无敢言之臣,既杀其身,国亦从之。政坐此耳。②

这里所谓纲目,虽以"为人"为说,但所指实是居官言事。辞气是纲,言事是目,也就是指辞气是根本,以"和"为主,事是所言之具体条目,因时因地而有所不同。无论所言何事,皆以温润平和之辞气言之。乱亡之国,敢言之臣未能秉持辞气这个大纲,不仅于事无补,反而招致杀身之祸。吕祖谦所言辞气,就"言事"的方式来说,较重于言语的温润平和,但并非仅仅指言语的形式,而是包含了言语的质地。或者可以说,辞气是一个混沦一团的言语气象,其内在有一个根本的质地。吕祖谦说:

> 修辞立其诚。凡人须是诚实,若有此实,便发此言。此即是修辞,此便立其诚。

---

① 《读史纲目》,《东莱别集》卷十四,第1页。
② 《门人周公谨所记》,《东莱外集》卷六,第21页。

> 忠信所以进德,忠信是朴实,即是种子。有此种,则德日大。①

《易传·文言》说:"忠信,所以进德也;修辞立其诚,所以居业也。"吕祖谦的解释是,诚为诚实,有此实便发此言,这即是修辞,即是立其诚;忠信的根本就是朴实,朴实即是德性的种子,有此种子便可以日进其德。上面所谓辞气,从言语方面来说,也就是修辞。修辞实质在于诚,此诚即是实,亦即是朴实。综合而言,吕祖谦所谓为人的大纲,应当是忠信,是诚,这是人的内在的德性种子,言语或言事不过是此内在种子的外现。内在实有忠信,实有诚,辞气自然也就平和温润,言语或言事也就平允。当然,内在实有诚和忠信,是辞气平和的先决条件,而要做到临事时辞气平和,或者还要有克己反躬的工夫。据说,吕祖谦"少时性极偏,后因病中读《论语》,至'躬自厚而薄责于人',有省,遂终身无暴怒"。② 他还说道:"大凡人之为学,最当于矫揉气质上做工夫。如懦者当强,急者当缓,视其偏而用力焉。"③所谓气质上做工夫,也可以视作达到辞气平和的一种工夫。

综上所述,吕祖谦为了阐扬儒家圣学,接续北宋以来道学的讲学传统,订立了"以孝悌忠信为本"的学规,引导学者讲求实学,做成真儒。于讲学和著述过程中,吕祖谦始终强调"大纲"的重要性,为学为人有其大纲,读书包括读史亦有其大纲。其所谓大纲,虽然由于问题的不同而有着不同的表述,但归结起来,有一点是一致的,就是务求实在,为学即是求实学,读书即是得其纲要,为人即是根植一个朴实种子。

大纲既立,则"明理躬行"、"见众理"、"于几微萌芽时察其所以然"就是值得细致探讨的问题。尽管吕祖谦并没有像朱熹、张栻那样系统地讨论理学的一系列重大问题,也没有对陆九渊的心学表现出特别的

---

① 《门人周公谨所记》,《东莱外集》卷六,第30页。
② 《宋元学案》卷五十一,第1652页。
③ 《与朱侍讲三》,《东莱别集》卷七,第15—16页。

认同,但对于"理"的重视,对于程氏理学的认同,则是毋庸置疑的。吕祖谦说:"天下惟有一理。"①"理不外物,物不移理。"②他向学者所特别揭示的书目为"程氏《易传》,范氏《唐鉴》,与夫谢氏《论语》,胡氏《春秋》",认为这些书是"所当朝夕从事者"。③这个书目基本属于程氏理学系统,仅有范氏(祖禹)《唐鉴》出自司马光的史学系统,然其论断每为二程所称道,故此与理学可谓相辅而行。吕祖谦对于理学的论说虽未有系统,然不乏有见之论。他说:

> 理之在天下,犹元气之在万物也。一气之春,播于品物,其根其茎,其枝其叶,其华其色,其芬其臭,虽有万而不同,然曷尝有二气哉?理之在天下,遇亲则为孝,遇君则为忠,遇兄弟则为友,遇朋友则为义,遇宗庙则为敬,遇军旅则为肃,随一事而得一名,名虽至于千万,而理未尝不一也。气无二气,理无二理。然物得气之偏,故其理亦偏;人得气之全,故其理亦全。惟物得其偏,故荻之不能为薰,荼之不能为荠,松之不能为柏,李之不能为桃,各守其一而不能相通者,非物之罪也,气之偏也。至于人,则全受天地之气,全得天地之理。今反守一善而不能相推,是岂非人之罪哉?④

"气无二气,理无二理",此说在理学内部不会有任何异议。以理、气的结合及其交互变化来说明万物的生成,是二程已发其端并成为理学宇宙论的一个理论模式。这也是吕祖谦解释人物之所以有差异的前提。气和理在万物的形成过程中同时起作用,万物包括人都是一气运行变化所产生的,理也存在于万物之中。人物差异的根源在于,物得气之偏,因而所得之理亦偏;人得气之全,因而所得之理亦全。物所得的

---

① 《读书杂记一》,《东莱别集》卷十二,第 5 页。
② 《答学者所问》,《东莱别集》卷十六,第 31 页。
③ 《答聂与言》,《东莱别集》卷十,第 44 页。
④ 《左氏博议》卷三,影印文渊阁《四库全书》经部《春秋》类,第 3—4 页。

理、气皆偏,也就决定了物各不同,诸如李不能为桃,松不能为柏,莸不能为薰,荼不能为荠,这是物的本然,不是物自身的原因所导致的,当然也就不是物的罪过。人所得的理、气皆全,理因为人所际遇的对象不同而体现为不同的伦理原则和行为规范,对亲体现为孝,对君体现为忠,对兄弟体现为友,对朋友体现为义,对宗庙体现为敬,对军旅体现为肃。然而,现实生活中,人却往往并不能兼备和完全实行这些原则和规范,这难道不是人自己所造成的吗?吕祖谦的这个议论,是在理学的主题下提出的见解,其合理性有二点,一是以理、气的偏全解释人物的差异,这带有综合张载气论和二程理论的意思,与朱熹以理气偏全论人物差异亦有某种暗合。二是理在天下,随一事而得一名,具体的名目可以至于千万,但"理未尝不一也"。这近似二程的"理一分殊"之说。同时,吕祖谦的以上论说也存在一些语焉不详之处,如理怎样随着气化进入万物,理在物是否即是性,理、气有无先后或何者更为根本,都没有展开。这或者与吕祖谦不太注重讨论"性"的问题有关。除了个别地方谈到心性关系,如:"心犹帝,性犹天。本然者谓之性,主宰者谓之心。"①此外没有详细的论述,甚至明确要求学者不必急于说"性命"。他说:"后学读书未曾识得目前大略,便要说性命,此极是害事。为学自有等级,先儒至说性命,不知曾下几年工夫方得。"②这种为学取向,也就决定了吕祖谦不太可能对于性做较系统的论述。

吕祖谦还讨论到为学工夫的问题。他说:"善未易明,理未易察。吾侪所当兢兢者。"③所谓兢兢,也就是指为学工夫。而所有为学工夫都是围绕察理明善这个宗旨。吕祖谦较少专门阐论为学工夫,往往因人因事而发。他曾致书内弟曾德宽,讲到如何做一个君子:

> 所向者正,(本注:凡圣贤、前辈学问操履,我力虽未能为,而

---

① 《门人所记杂说一》,《丽泽论说集录》卷九,影印文渊阁《四库全书》子部儒家类,第8页。
② 《己亥秋所记》,《东莱外集》卷六,第39页。
③ 《与刘衡州三》,《东莱别集》卷九,第17页。

心向慕之,是谓所向者正。)所存者实,(本注:如己虽未免有过,而不敢文饰遮藏。又如处亲戚朋友间,不敢不用情之类。)信其所当信,(本注:谓以圣贤语言、前辈教戒为必可信,而以世俗苟且便私之论为不可信。)耻其所当耻,(本注:谓以学问操履不如前辈为耻,而不以官职不如人,服饰资用不如人,巧诈小数不如人为耻。)持身谦逊而不敢虚骄,遇事审细而不敢容易。如此,则虽所到或远或近,要是君子路上人也。①

以内心向慕圣贤及前辈学问操履为所向者正,以处亲戚朋友不敢不用真心实情,不文过饰非为所存者实,以圣贤语言、前辈教戒为所当信,以学问操履不如前辈为所当耻,能够如实这样去做,总归是君子路上人。这里所言皆切近为人,亦未尝不切近为学。对于为学工夫,吕祖谦特别看重主敬:"尝记胡文定有语云'但持敬字十年自别',此言殊有味。"②并且,对于主敬有一定的解说:

> 敬之一字固难形容,古人所谓"心庄则体舒,心肃则容敬",此两语当深体也。③

> 敬之一字,乃学者入道之门。敬也者,纯一不杂之谓也。事在此而心在彼,安能体得敬字。《大学》曰"君子无所不用其极",盖非特一事当然也,凡事皆若是而后可。④

敬是学者入道的门径,其意思是心"纯一不杂",对事而言,就是保持心的庄重和严肃,做某事便心在某事上。无疑,主敬之说是来自程氏,而所谓"纯一不杂"也是对程氏"主一"说的进一步申说。

吕祖谦还主张持养、察识并进。他说:"持养、察识之功,要当并

---

① 《与内弟曾德宽二》,《东莱别集》卷十,第48—49页。
② 《答周允升》,《东莱别集》卷十,第27页。
③ 《与学者及诸弟》,《东莱别集》卷十,第55页。
④ 《门人所记杂说二》,《丽泽论说集录》卷十,第6页。

进。"①对于持养和察识的作用与意义做了具体说明:

> 持养久之,则气渐和,气和则温裕婉顺,望之者意消忿解,而无招咈取怒之患矣。体察之久,则理渐明,理明则讽导详欵,听之者心谕虑移,而无起争见却之患矣。更须参观物理,深察人情,体之以身,揆之以时,则无偏弊之失也。②

持养主要是养气,使得人的身心之气渐渐变得平和,气和则在容貌辞气上表现为温婉宽裕和顺。这样,他人纵使有怒意和怨恨,也能自行化解,不会招来违戾和怨怒。体察主要是明理的工夫,明晰了理,则在劝导解释的时候能让听者心有所谕,疑虑消解,从而避免不必要的争端。同时,对众物之理参互探究,对人情深入察识,切身体会,把握时机,则不会有偏弊之失。

总之,吕祖谦的儒学思想是以阐明儒家圣学,造就真儒为宗旨,强调实地上做工夫,突出为学为人的大纲,为人以孝悌忠信为本,诚实种子即是其大纲,言事则辞气为大纲,为学以"讲求经旨,明理躬行"为本,持守志趣,识见众理是大纲。对于所偏爱的史学,吕祖谦也提出,一代、一国、一君皆有其统体,统体即是大纲。为学为人的大纲虽有分说,然二者实质是相通的,这一点体现在为学工夫上尤为明显。他主张以圣学和前辈的学问操履为心之所向,以圣贤言语和前辈教戒为心之所信,以学问操履不如前辈为心之所耻,及对于主敬的理解,对于持养察识的分疏,无不体现出为学和为人的一致。故此,尽管吕祖谦的学术思想确有杂博的一面,但对于大纲的强调和贯彻,则是始终如一的。对于理气问题,吕祖谦也有所阐论,虽然没有全面展开和深入,但关于理、气偏全的论说,也综合了北宋道学家的主要思想,提出了某种新的见解,这种新见解在某些方面与朱熹可谓相互呼应。

---

① 《与学者及诸弟》,《东莱别集》卷十,第54页。
② 《与学者及诸弟》,《东莱别集》卷十,第53—54页。

第二节 陈 亮

陈亮(1143—1194),字同甫,初名汝能,二十六岁改名亮,后又曾更名同,号龙川,浙江永康人。生而目有光芒,为人才气超迈,喜谈兵,议论风生,下笔数千言立就。十八九岁时,尝考古人用兵成败之迹,著成《酌古论》,为婺州郡守周葵所赏识,目为"国士"。绍兴三十二年壬午(1162),陈亮二十岁,与吕祖谦同试礼部,祖谦成进士,陈亮落第,客于时为执政的周葵家。周葵待陈亮如上宾,遇有士大夫谘问,每令先与陈亮接谈,由是陈亮声名大噪。陈亮因得以结交一时豪俊,尽其议论。周葵也曾授以《中庸》、《大学》之旨,以为"读此可精性命之说",[①]而陈亮亦自谓对于"道德性命之学亦渐开矣"。[②] 陈亮素来自视甚高,自诩"人中之龙,文中之虎"。[③] 朱熹、吕祖谦也对陈亮评价甚高,朱熹说陈亮"志大宇宙,勇迈终古。伯恭之论,无复改评"。[④] 陈亮曾六达朝廷上书,论恢复大计,宋孝宗一度深为震赫。宋光宗即位,又上《鉴成箴》。然而,这些建言却有为当朝诸公所忌讳者,加上陈亮甚至直指宰相无能,因而遭到毁谤,不仅终不见用,而且他本人也曾两次系狱,事下大理,经朋友多方营救方才得脱。而陈亮的刚勇忿激之气不少懈,吕祖谦尝劝之"抑怒涛而为伏槽循岸乃可贵可重耳",[⑤]陈亮则答以"我独卓然而有见焉,其势不得而但已也"。[⑥] 陈亮虽才气纵横,科举却屡不利。绍熙四年癸丑(1193),陈亮终于在场屋夺魁,被光宗钦点为状

[①] 《宋史》卷四百三十六,第12929页。
[②] 《钱叔因墓碣铭》,《陈亮集》(增订本)卷三十六,邓广铭点校,中华书局,1987年,第483页。
[③] 《自赞》,《陈亮集》卷十,第114页。
[④] 《答陈同甫》,《朱文公集》卷三十六,第585页上;《东莱别集》卷十,第24页。
[⑤] 《东莱外集》卷六,第15页。
[⑥] 《陈亮集》卷二十七,第322页。

元,授建康军判官厅公事,未及到任,于次年二月卒。

陈亮的学说被称为永康之学,其著述由其子陈沆编为《龙川文集》四十卷。另有《外集》四卷。此二集经元明清而颇有散佚,邓广铭先生辑校为《陈亮集》(增订本)三十九卷,中华书局 1987 年出版。

陈亮年轻时甚喜谈兵,慨然有经略四方之志,所作《酌古论》四卷,纵论汉唐帝王事功,兵家成败。他后来追述说:"余于是时盖年十八九矣,而胸中多事已如此,宜其不易平也。政使得如其志,后将何以继之。"①事实上,这种志趣和愿望在陈亮的一生中都一直保持着。乾道五年己丑(1169),向孝宗上《中兴五论》,献言治国大体,谋敌大略,包括开诚、执要、励臣、正体之道。淳熙五年戊戌(1178),陈亮进呈《上孝宗皇帝第一书》,"陈国家立国之本末,而开今日大有为之大略;论天下形势之消长,而决今日大有为之机。"②数日之后,陈亮又上了第二书、第三书,极言"励志复仇,大有功于社稷"。③ 此三书引起孝宗高度重视,但由于权臣作梗,陈亮终无缘面陈胸臆。淳熙十五年戊申,陈亮在亲身考察了京口、建业之后,再次向孝宗上书,提出先经理建业,以图恢复。绍熙四年癸丑(1193)廷对,提出礼乐刑政与仁义孝悌二者交修而并用,以统一人心,进而"究兵财出入之数,以求尽治乱安危之变"。④从以上一系列上书及策论来看,陈亮十分关注国家中兴大业,其思想的重心在于谋求现实的功效。因而,对于那种探求心性之学的学问,陈亮不仅不热衷,甚而带有明显的反感。这也同时表现在他的这些上书及策论当中。他说:"今世之儒士自以为得正心诚意之学者,皆风痹不知痛痒之人也。举一世安于君父之仇,而方低头拱手以谈性命,不知何者谓之性命乎!""本朝以儒立国,而儒道之振独优于前代。今天

---

① 《酌古论》,《陈亮集》卷八,第 93 页。
② 《陈亮集》卷一,第 5 页。
③ 《陈亮集》,第 11 页。
④ 《廷对》,《陈亮集》卷十一,第 116 页。

下之士烂熟委靡,诚可厌恶。"①然而,值得注意的是,陈亮并不是认为心性之学不应当讲,更不是要否定儒学,而是主张将孔孟儒学及宋儒的心性义理之学与恢复中原的现实事功联系起来,以补救"书生之智,知议论之当正而不知事功之为何物,知节义之当守而不知形势之为何用"的偏颇。②

对于心性之学,陈亮也曾下过一番工夫,并且直宗二程之学。早在写作《酌古论》的青年时期,周葵授以《中庸》、《大学》,陈亮便对心性之学有所感发。乾道八年壬辰,陈亮追忆数年前所作《中兴五论》,更有如下文字:

> 一日,读杨龟山《语录》,谓:"人住得然后可以有为。才智之士,非有学力,却住不得。"不觉恍然自失。然犹上此论,无所遇,而杜门之计始决,于是首尾十年矣。虚气之不易平也如此。孟子曰:"诡遇而得禽,虽若丘陵弗为。"自视其几矣。又曰:"五谷者,种之美者也;苟为不熟,不如荑稗。"岂不为大忧乎!引笔识之,掩卷兀坐者久之。③

《中兴五论》就其笔法和意图而言,与《酌古论》可谓一脉相承,即锐意进取,成就事功。然而,陈亮读了杨时《语录》之后,竟然"不觉恍然自失"。这实质是自觉到自家学力有所不足,不能宁耐,而虚气难以平抑,因而不免有恍然自失之感。又以孟子之说自我检讨,以为侥幸所获虽如丘陵之多亦不肯为,自家庶几近之;而孟子所谓五谷不熟不如荑稗,则令陈亮深感"大忧"。检讨之下,决计杜门读书,这个工夫首尾有十年。陈亮杜门所做的读书工夫,主要就是致力于心性之学的研讨,先后编撰了《伊洛正源书》、《三先生论事录》、《伊洛礼书补亡》、《伊洛遗礼》、《西铭说》、《书伊川先生春秋传后》、《杨龟山中庸解序》、《胡

---

① 《陈亮集》卷一,第9、14页。
② 《戊申再上孝宗皇帝书》,《陈亮集》卷一,第20页。
③ 《陈亮集》卷二,第30—31页。

仁仲遗文序》等。从这些书目及篇目,可以知道,陈亮对于程氏之学及北宋以来的道学是专门做了研究的。

《伊洛正源书序》云:

> 濂溪周先生奋乎百世之下,穷太极之蕴以见圣人之心,盖天民之先觉也。手为《太极图》以授二程先生。前辈以为二程之学,后更光大,而所从来不诬矣。横渠张先生崛起关西,究心于龙德正中之地,深思力行而自得之;视二程为外兄弟之子,而相与讲切,无所不尽。……《西铭》之书,明道以为"某得此意,要非子厚笔力不能成也"。伊川之叙《易》《春秋》,盖其晚岁之立言以垂后者。间常谓其学者张绎曰:"我昔状明道之行,我之道盖与明道同。异时欲知我者,求之于此文可也。"其源流之可考者如此。①

所谓伊洛正源,即是指伊洛之学的正统发源。伊洛之学便是道学的概称,其正源的代表人物为周敦颐、程颢、程颐、张载。陈亮认为,周敦颐于去圣人百世之后,发奋有为,穷探太极之奥蕴,发明圣人之心,是天民之先觉者。周敦颐以《太极图》手授二程。按,此说出自程门侯师圣、朱震一系和尹和靖、祁宽一系。② 二程受学之后,学问日益光大。陈亮以为前辈此说不诬。按,所谓前辈,指程氏门人吕希哲,及其孙吕本中等。③ 二程的道学,其宗旨见诸程颐的叙述,便是《明道先生行状》。而张载为二程表叔,他们之间长期相互讲学,尤其张载《西铭》,二程甚为推重,程颢尤言"某得此意",却无"子厚笔力"。这些,都在陈亮所谓"源流"之列,其意在推尊道学为正统,是无可怀疑的。

《三先生论事录》辑录了二程兄弟与张载讨论"法度"的文字和议论,其制作原则是"取(伊川)先生兄弟与横渠相与讲明法度者录之篇

---

① 《陈亮集》卷十四,第162页。
② 祁宽:《通书后跋》,《周子全书》卷十一,第212页。
③ 《宋元学案》卷十二,第520页。

首,而集其平居议论附之",①其命意则在于"自警"。《伊洛礼书补亡》是在袁溉(道洁)所藏程颐《伊洛礼书》基础上,"因集其(伊川)遗言中凡参考《礼仪》而是正其可行与不可行者",②修订而成。《伊洛遗礼》则是辑录所仅存的程颐所定婚与丧祭之礼之一二,而附于《补亡》之后。《西铭说》则开首即录有程颐《与杨时论西铭书》所谓"理一分殊"之说,并强调对《西铭》应当"以身体之"。他还对程颐"理一分殊"说作了进一步发挥:"一物有阙,岂惟不比乎义,而理固不完矣。故理一所以为分殊也,非一理而分则殊也。苟能使吾生之所固有者各当其定分而不乱,是其所以为理一也。"③意思是说,有理便有与之相对应的万物,理一是分殊的内在根据和决定者,并不是说将一理分开来便成了万殊。人能实实在在地做到将生来所固有的理落实在实际生活的各个方面,使得人的行止语默都遵循其"定分而不乱",也就是遵循各种规范和原则而没有妄乱,这就是理一的体现。陈亮强调的是理一与分殊是内在地密切联系的,而反对把分殊看做对一理的剖分。

陈亮不仅推崇周、张、二程,对于程门弟子及其著述亦颇有留意。在朱熹《语孟精义》已经刊行的情形下,陈亮有意将杨时《中庸解》、胡安国《春秋传》别刊为小本,以与程颐《易传》并行,起到了与朱熹相互呼应的作用。其《杨龟山中庸解序》云:

> 世所传有伊川先生《易传》,杨龟山《中庸义》,谢上蔡《论语解》,尹和靖《孟子说》,胡文定《春秋传》。谢氏之书,学者知诵习之矣。尹氏之书,简淡不足以入世好。至于是三书,则非习见是经以志乎举选者,盖未之读也。世之儒者,揭《易传》以与学者共之,于是靡然始知所向。然予以谓不由《大学》《论语》及《孟子》《中庸》以达乎《春秋》之用,宜于《易》未有用心之地也。今《语孟

---

① 《三先生论事录序》,《陈亮集》卷二十三,第254页。
② 《陈亮集》卷二十三,第257页。
③ 《陈亮集》卷二十三,第261页。

精义》既出,而谢氏之书具在。杨氏《中庸》及胡氏《春秋》,世尚多有之,而终病其未广,别刊为小本,以与《易传》并行,观者宜有取焉。①

这里所列举的程颐《易传》、杨时《中庸义》、谢良佐《论语解》、尹焞《孟子说》、胡安国《春秋传》等,都是被理学家奉为经典的著作。陈亮对此也十分的重视,以为谢良佐《论语解》学者皆知诵习,自不待言,尹焞《孟子说》简淡,一般读书人难以耐住性子研读。而程颐《易传》、杨时《中庸义》、胡安国《春秋传》本是十分重要的著作,却并没有受到足够的重视,流布也不太广,以至不是习见此三书且有志于科举者,竟然不曾阅读。有感于此,陈亮遂将此三书刊为小本,以利流布,以便阅读。由此亦可见陈亮对于程氏学派的重视程度,并不亚于同时期的理学家。

程氏及门而下,陈亮所推崇的就是胡宏。他说:

闻之诸公长者,以为五峰实传文定之学。比得其传文观之,见其辨析精微,力扶正道,惓惓斯世,如有隐忧,发愤至于忘食,而出处之义终不苟,可为自尽于仁者矣。其教学者以求仁,终篇之中未尝不致意焉。推其文以与学者共之,因文以达其意,庶几五峰之志未泯也。②

从引文中所谓"辨析精微"、"自尽于仁者"、"教学者求仁"来看,陈亮所读胡宏"传文"当是包括了《知言》和《五峰集》。陈亮对于胡宏传胡安国之学颇为激赏,以为力扶正道,惓惓斯世,以至发愤忘食,可谓自尽于仁者,同时始终着力于教学者"求仁"。陈亮表示,通过与学者共同研读和推求胡宏之文,以明达胡宏的思想意蕴,或可继承和阐扬胡宏的志向和意趣。显然,胡宏之学也是陈亮所推崇的正道。

---

① 《陈亮集》卷二十三,第258页。
② 《胡仁仲遗文序》,《陈亮集》卷二十三,第258页。

根据上述，在周葵授受《大学》《中庸》之后，尤其读了杨时《语录》之后，陈亮对于以周、张、二程为发源，以程氏学派为中心的心性之学确有较多的探究。这种探究不仅仅体现在对于道学源流的考察，对于程氏学派的追索，也直接体现在陈亮本人的思想及其发展历程中。三十岁时，陈亮曾有一个自述：

> 亮两年来，方悟孟子所谓"人之所以异于禽兽者几希"。仁于我何常之有，朝可夷而暮可跖也；不仁于我亦何常之有，朝可跖而暮可夷也。"惟圣罔念作狂，惟狂克念作圣"，非圣人姑为是训。"无若丹朱傲，无若受之酗于酒"，亦非独忧治世而危明主。人心无常，果如是也。曾子曰："战战兢兢，如临深渊，如履薄冰，今而后吾知免夫，小子！"子张曰："君子曰终，小人曰死，吾今日其庶几乎！"古之贤者，其自危盖如此，此所以不愧屋漏而心广体胖也。世之学者，玩心于无形之表，以为卓然而有见，事物虽众，此其得之浅者，不过如枯木死灰而止耳；得之深者，纵横妙用，肆而不约，安知所谓文理密察之道？泛乎中流，无所底止，犹自谓其有得，岂不可哀也哉！故格物致知之学，圣人所以惓惓于天下后世，言之而无隐者也。
>
> 夫道之在天下，何物非道。千途万辙，因事作则。苟能潜心玩省，于所已发处体认，则知"夫子之道，忠恕而已"非设辞也。亮少不自力，放其心而不知求；行年三十，始知此事。①

从时间上说，以上所述应当是乾道八年的情形，也就是陈亮读杨时《语录》而"不觉恍然自失"之时。陈亮对于孟子所谓"人之异于禽兽者几希"感触颇深，②引发出对于仁与不仁的思考，其要诀便是克念的工夫，

---

① 《与应仲实》，《陈亮集》卷二十七，第318—319页。
② 对于孟子的"几希"说，陈亮不止一次提到。《复喻谦父》亦云："亮少失师友，晚又不学，'人之所以异于禽兽者几希'，此亮之大惧也。"（《陈亮集》第399页）"几希"说或亦为陈亮悟入道学之一途。

这个工夫也就是曾子所谓战战兢兢、临渊履冰的工夫。陈亮对此工夫的独到之见便是"潜心玩省,于所已发处体认"。如能实有体认,则不仅能了解孔子所谓忠恕之道,而且扩充开来,可以体认到道在天下,无物非道。总之,上引文字涉及两方面的问题,一是道物关系,二是心念工夫。

关于道物关系,陈亮的基本看法是道在天下,无物非道,本末一致。他说:

> 夫道,非出于形气之表,而常行于事物之间者也。
> 惟理之徇,惟是之从,以求尽天下贤者之心,遂一世人物之生,其功非不大,而不假于外求,天下固无道外之事也。①
> 道之在天下,无本末,无内外。②

这即是说,道并不超脱于事物,而是存在于事物之中。因而当政者只要遵循理,充分听取和采纳贤者的意见,让生民顺遂长养,这样的事功是很大的,不必向外寻求所谓道,而是无道外之事,事为道显,道在事中。所谓道无本末无内外,也就是强调道与物,道与事一贯,本末一贯,内外一体。这与程颢所谓"道之外无物,物之外无道",③程颐所谓"不可分本末为两段事",④确有某种内在的关联性。陈亮所谓道,也就是尧舜孔孟之道。他说:

> 夫子之道即尧舜之道,尧舜之道即天地之道。天地以健顺育万物,故生生化化而不穷;尧舜以孝悌导万民,故日用饮食而不知;夫子以天地尧舜之道诏天下,故天下以仁义孝悌为常行,虽九夷之陋,南子之邪,阳货之奸,或接夫子之德容,或闻夫子之德音,

---

① 《勉强行道大有功》,《陈亮集》卷九,第100页。
② 《语孟发题》,《陈亮集》卷十,第108页。
③ 《河南程氏遗书》卷四,《二程集》,第73页。
④ 《河南程氏遗书》卷十五,《二程集》,第148页。

而犹能变迁,况生乎其邦而浃治乎圣人之德化邪!①

所谓孔子之道即是尧舜之道,尧舜之道即是天地之道,也就是以尧舜孔子之道与天地之道为一。二者的作用各有所侧重,但其实质是一致的,都是天地之间的不二之道,都有长养化育的功用。相对来讲,天地之道的作用体现在以健顺之德化育万物,因其有健顺之德,故能生化不穷。尧舜孔子之道的作用体现在以孝悌之义训导万民,因其有孝悌之本,故能使万民自化于日用饮食之中而不自知。孔子以天地尧舜之道诏布天下,让天下万民受仁义孝悌之教,以仁义孝悌为个人行为的伦常。于是,虽陋夷奸邪之人,一经获睹孔子的德容,获听孔子的德音,体现在行为上,犹能有所改易迁移,何况生于鲁国而深受圣人之德浸润的人呢。以尧舜孔子之道即是天地之道,先秦儒学已有此论,宋儒继承并发扬了此种思想,陈亮也是承继了儒学的正统之论,而作如此的论说。

既然儒家的圣人之道即是天地之道,而圣人之道的主要作用在于教化和治理万民,那么所谓治道当然也就是圣人之道的一个方面,或者说是圣人之道的一种运用。陈亮不仅阐述了"治道",并且将治道的本原归结为人心。他说:

> 大抵治道有本原,不得其本而泛然求之于其末,则胸中扰扰,日见其多事矣。抑不思治原于一心,心既扰扰,则以刑罚,说者或以刑罚为务;以征伐,说者或以征伐为务;以聚敛进者,或以聚敛为务;否则心主乎嗜欲,主乎便佞,又否则主乎广宫室,广台榭,而天下不胜其扰矣。

> 心者治之原,其原一正则施之于治,循理而行,自与前人默契而无间。有如本原之地,已非其正,则措之政事之间,必有背理伤道而不自知者。……夫心者治之根也,治者心之形也。其心然,

---
① 《汉论》,《陈亮集》卷十九,第212页。

其治必然。①

陈亮认为,治道有其本原,如果没有抓住本原,只是着眼于具体事务,那么心中必然纷乱交错,事情日见杂多。心中纷乱,则陷于刑罚、征伐、聚敛之类的事务之末而不能自拔,等而下之者甚至醉心于欲望的满足,沉迷于苟简奸猾,热衷于宫室台榭之富美,从而导致天下纷扰不宁。要将天下治理好,就要掌握治理天下的"本原",这个本原即是心。心是政治的根本,政治是心的外现。其心正确,体现在政治上必然正确。作为政治根本的人心,只有心端正才能在具体政治措施上做到遵循理而行。如果心不正,则表现在具体的政事上,违背了理,败坏了道,也还不能自知。可见,陈亮十分重视心的作用,把心看做政治政事的根本。因而陈亮认为"正心"是很有必要的。他说:

> 一人之心,万化之原也。本原不正,其如正天下何?是故人主不可不先正其心也。此心既正,纯矣而固,一矣而无二三,培事物之根,濬至理之源,择善而固执之,不以他道杂之,虽非常可喜之说欲乘间而进,吾无庸受焉,则终始惟一,无间杂之病,施之治道,岂不粹然而明,浑然而全欤。②

心为万化之原,也即是为治之原。因此,作为最高统治者的人主就不可不先正其心,心正则纯一,纯则稳固不摇荡,一则无二三。心正也就能培蓄政事的根本,发掘至理的本原,择善而固执之,其他的道术,纵使有"非常可喜之说"者企图乘间隙而逢迎钻进,也都不能发生任何实际的作用。因为已正之心是始终纯一不杂的,其中蕴含充盈的是至理,是至善。此心施于治道,也就粹然而光明,浑然而全备。

由上可知,陈亮在治道的问题上,把心看做治道的根本,很强调"正心"的重要性。因而,如何正心当然也就是同样重要的问题。陈

---

① 《汉论》,《陈亮集》卷十七,第195—196页。
② 《汉论》,《陈亮集》卷十七,第194页。

亮说：

> 盖人心之危，道心之微，出此入彼，间不容发，是不可一息而但已也。夫喜怒哀乐爱恶，所以受形于天地而被色而生者也，六者得其正则为道，失其正则为欲。……一息不操则其心放矣。放而不知求，则惟圣罔念之势也。夫道岂有他物哉，喜怒哀乐爱恶得其正而已；行道岂有他事哉，审喜怒哀乐爱恶之端而已。不敢以一息而不用吾力，不尽吾心，则勉强之实。贤者在位，能者在职，而无一民之不安，无一物之不养，则大有功之验也。①

这里讲到，道心、人心二者出此则入彼。这实质是以心为一，而有道心、人心两面，不是道心，便是人心，二者出入无定，且二者之间不存在任何的哪怕微小的他物，也没有任何的调和，此即所谓"间不容发"。故此，对于心的操持不可以有一息之缓怠。照陈亮的意思，喜怒哀乐爱恶六者得其正就是道，亦即道心，失其正就是欲，亦即人心。如果有一息不操持，则此心放失，放而不知求，也就流入罔念作狂，亦即转为以欲为主的人心。所谓道，也就是喜怒哀乐爱恶得其正，而行道则是审察喜怒哀乐爱恶的发动之端。因此，无一息不操持此心，无一息不努力保持喜怒哀乐爱恶之正，便是勉强于道，也即勉强于道心，而令贤者在位，能者在职，使得万民安乐，万物长养，也就是此道，亦即此道心的大有功的效验。道心、人心问题，自二程首为阐论之后，成为理学家常常讨论的一个问题。上面的引文表明，陈亮所强调的道或治道，实质就是以喜怒哀乐爱恶之正为根本内涵的道心，而对心加以操持，从而使得人的喜怒哀乐爱恶无一息不得其正，也就是"正心"的根本方法。根据这样的思想，陈亮在《戊申再上孝宗皇帝书》中便进一步提出："夫喜怒哀乐爱恶，人主之所以鼓动天下而用之之具也。"② 既然喜

---

① 《勉强行道大有功》，《陈亮集》卷九，第101页。
② 《陈亮集》卷一，第19页。

怒哀乐爱恶得其正即是道,也即是道心,那么在治国的具体实践当中,发挥治道、道心的作用也就是人主的首务。陈亮希望孝宗持喜怒哀乐爱恶之正,明示天下以喜怒,让天下人都知道恢复之"机会之可乘"及"仇敌之不可安",以此鼓动天下,运用天下之智力,力图恢复,成就事功。

综合上述,陈亮对于心性之学的探究,表明他基本认同北宋以来道学尤其程氏之学的基本义理框架,而其重心则在于治道,在于为人主提供驾驭天下,成就事功的正心之道,其目的是取得恢复宋代版图这样的大效用。因而陈亮对于潜心于心性之学的系统建构并不很感兴趣,这也是他的诸多表述相对于朱熹、张栻而言,显得并不充分并不系统的主要原因。陈亮并不把心性之学看做需要长期专门静心研讨的学问,而是把心性之学视作成就事功的一个方法和手段。当然,陈亮也反对那种为了所谓事功而放弃甚至对抗天理的做法。他说:"自古人君以人力胜天理者,莫甚于秦始皇。""天理所在,一毫不差,其可以人力胜哉?"①认为天理终究是不可以人力对抗的。或者可以说,陈亮既高度重视程氏理学,也十分强调事功,他的意图是将二者合而一之。他说:"古者帝王,其于治心修性之学,盖深讲而详究之,故其措诸治者醇白无疵,则其于德无愧矣。"②然二者较其轻重,毋宁说事功仍为首务,尽管他也明确肯定心性和天理。明乎此,也就不难理解陈亮何以会主张王霸并用。他说:"儒者专言王道,而趋事功者必曰霸王之杂。""王霸之杂,事功之会,有可以裨王道之阙而出乎富强之外者。"③陈亮这样的思想,大约在淳熙五年戊戌,最迟在淳熙十年癸卯之前,已经形成,且持守不变。

基于以上的思想,陈亮与朱熹之间围绕王霸义利问题发生冲突和

---

① 《汉论》,《陈亮集》卷十九,第 205、206 页。
② 《汉论》,《陈亮集》卷十七,第 193 页。
③ 《策问》,《陈亮集》卷十五,第 172、173 页。

争论,也就不奇怪了。从淳熙九年壬寅至十三年丙午,二人频繁书信往来,其中淳熙十一年、十二年是辩论最为激烈的两年。所辩论的问题,涉及关于道,关于王霸义利,关于成人之道等,①也有学者把二人的争论归结为功利主义的事功伦理学同个人德性与动机伦理学的冲突与争论。② 王霸义利之辨,孟子已作明确界定,认为王道所行为义,霸道所行为利。宋儒继承了孟子的基本思想,也特别强调王霸义利之分,进而主张三代以上天理流行,三代以下人欲横流,程朱皆持此见。陈亮不同意这种看法,认为三代以下也有其道理,汉唐并非全无义理,而是王霸杂用。陈亮的根本主张在于:"王霸可以杂用,则天理人欲可以并行矣。"③朱熹的根本主张则是:"盖天理人欲之并行,其或断或续,固宜如此。至若论其本然之妙,则惟有天理而无人欲。是以圣人之教,必欲其尽去人欲而复全天理也。"④朱熹还希望陈亮绌去王霸并用、义利双行之说,做一个"醇儒"。陈亮则并不以所谓醇儒为然,而是奉行"成人之道",以为所谓醇儒也只是一个门户。陈亮与朱熹的论辩,或者可谓现实功利主义与理想道德主义的对立,陈亮的意图在于为解决现实的社会和民族危机建立"适用"的理论学说,朱熹的目的在于为百世确立人道理想。朱熹当然也十分关注现实,但不同意将目光拘限于现实,而是始终高扬道德理想,为历史谋求合于洁净之理的理想进程。陈亮的功利主义和适用主义与他平素的思想和主张是一脉相承的,与朱熹的学说势难调和,却也通过与朱熹的辩论使得他的心性之学与功利之论相调和的论调得到了进一步的扩张。

---

① 侯外庐等主编:《宋明理学史》上册,第 427—447 页。
② 〔美〕田浩:《功利主义儒家:陈亮对朱熹的挑战》,姜长苏译,江苏人民出版社,1997 年,第 94—107 页。
③ 《丙午复朱元晦秘书书》,《陈亮集》卷二十八,第 354 页。
④ 《答陈同甫》,《朱文公文集》卷三十六,第 580 页下。

第三节　叶　适

叶适(1150—1223),字正则,浙江永嘉(今浙江温州)人。晚居永嘉水心村讲学,学者称为水心先生。淳熙五年(1178)进士,授平江节度推官。叶适历宋高宗、孝宗、光宗、宁宗四朝,先后出任武昌节度判官、太学正、太常博士兼实录院检讨、知蕲州、知泉州、知建康府兼沿江制置使等职。叶适的主要活动时期处于南宋中期,其时战和之议不一,叶适的立场是坚决抗金,反对和议。他于淳熙年间上书孝宗,提出国家的"一大事",就是"二陵之仇未报,故疆之半未复",①主张朝廷的大政以此一大事为指针。至开禧(1205—1207)初,韩侂胄大举用兵以图建功,叶适根据当时的形势,提出"备成而后动,守定而后战",②认为应当先行实德,修实政,变弱为强。其用意是反对无准备的盲动。韩侂胄旋即大败,朝野震动,叶适受命安集两淮,时局方见平缓。叶适论政,每从实事入手,大小无遗,对于纪纲法度、君德治势、财计民事、兵权战策、制举官法、茶盐和买等皆有系统论说。以事功论而言,叶适的论说可谓与薛季宣所开创的"其学主礼乐制度"③的永嘉事功之学一脉相承,而在广度和深度上都已然超出了薛季宣的论说范围。

学术上,叶适纵论古今,对前人多有批评,即使是儒家素所推重的曾子、子思也在批评之列,对于道学也有所批评。这当然体现了叶适的学术批判精神,④同时也与他基于解决民族危机而提出的功利之说

---

① 《上殿札子》,《水心别集》卷十五,《叶适集》,刘公纯、王孝鱼、李哲夫点校,中华书局,1961年,第830页。
② 《上宁宗皇帝札子二》,《水心文集》卷一,《叶适集》第6页。
③ 《宋元学案》卷五十二,第1690页。
④ 辛冠洁等主编:《中国古代著名哲学家评传续编三》,齐鲁书社,1982年,第501—508页。

有一定的关联,即优先考虑事功而不是坐谈心性。但从儒学系统来看,叶适也提出了一系列较具体的思想看法。叶适的主要著作有《水心文集》二十九卷,《水心别集》十六卷,《习学记言》五十卷。

对于儒学的源头及其发展,叶适从儒家学统的角度作有叙述。他说:

> 道始于帝尧,"钦明文思安安","允恭克让"。"命羲和,历象日月星辰,敬授人时。"尧敬天至矣。历而象之,使人事与天行不差。若夫以术下神,而欲穷天道之所难知,则不许也。
>
> 次舜,"濬哲文明,温恭允塞。""在璇玑玉衡,以齐七政。"其微言曰:"人心惟危,道心惟微。惟精惟一,允执厥中。"人心至可见,执中至易知,至易行,不言性命。子思赞舜,始有大知、执两端、用中之论。孟子尤多,皆推称所及,非本文也。
>
> 次禹,"后克艰厥后,臣克艰厥臣。""惠迪吉,从逆凶,惟影响。"《洪范》者,武王问以天,箕子亦对以天,故曰"不畀鲧《洪范》九畴","乃锡禹《洪范》九畴"。明水有逆顺也。
>
> 次皋陶,训人德以补天德,观天道以开人治,能教天下之多材,自皋陶始。禹以才难得、人难知为忧,皋陶言"亦行有九德,亦言其人有德",卿大夫诸侯皆有可任,"翕受敷施,九德咸事。"以人代天,典礼赏罚,本诸天意,禹相与共行之,夏、商、周一遵之。
>
> 次汤,"惟皇上帝,降衷于下民,若有恒性,克绥厥猷惟后",其言性盖如此。
>
> 次伊尹,言:"德惟一。"又曰:"终始惟一。"又曰:"善无常主,协于克一。"伊尹自言:"惟尹躬暨汤咸有一德,克享天心,受天明命。"故以伊尹次之。
>
> 呜呼!尧、舜、禹、皋陶、汤、伊尹于道德性命,天人之交,君臣民庶均有之矣。
>
> 次文王,"肆戎疾不殄,烈假不瑕。不闻亦式,不谏亦入。雕

雝在宫,肃肃在庙。不显亦临,无射亦保。无然畔援,无然歆羡。诞先登于岸,不大声以色,不长夏以革。不识不知,顺帝之则。"文王备道尽理如此。岂特文王为然哉!固所以成天下之材,而使皆有以充乎性、全乎命也。

次周公,治教并行,礼刑兼举,百官众有司虽名物卑琐,而道德义理皆具。自尧、舜以来,圣贤继作,措于事物,其赅括演畅,皆不得如周公。不惟周公,而召公与焉,遂成一代之治,道统历然如贯联不可违越。

次孔子,周道既坏,上世所存皆放失。诸子辩士,人各为家。孔子蒐补遗文坠典,《诗》、《书》、《礼》、《乐》、《春秋》有述无作,惟《易》著《彖》、《象》。然后唐、虞、三代之道赖以有传。

孔子殁,或言传之曾子,曾子传子思,子思传孟子。然则言孔子传曾子,曾子传子思,必有谬误。

孟子亟称尧、舜、禹、汤、伊尹、文王、周公,所愿则孔子,圣贤统纪,既得之矣。养气知言,外明内实,文献礼乐,各审所从矣。夫谓之传者,岂必曰授之亲而受之的哉!世以孟子传孔子,殆或庶几,然开德广,语治骤,处己过,涉世疏。学者趋新逐奇,忽亡本统,使道不完而有迹。自是而往,争言千载绝学矣。①

以上是叶适所谓"讲学大旨",其实质是讲道统,可谓寓道统于学统。道始于尧。尧最敬重的是天,根据日月星辰亦即天象的变化而授人以时,使得人事与天行一致。这即是说,尧所创立的道固然与对于天象的观察有关,但落脚点则在于人事,而不是一味地就天言天,也不是着力于探究所谓天道。舜也是重现实的政事,而"不言性命"。在叶适看来,所谓人心道心,惟精惟一之说,表示的是人心至显可见,而"执中"是最易知,最易行的,这其中并无"性命"的意思。禹得天所赐《洪范》

---

① 《总述讲学大旨》,《习学记言》卷四十九,上海古籍出版社影印《四库全书》本,1992年,第458页下—461页上;并见《宋元学案》卷五十四,第1744—1747页。

九畴以治水,也是重于人事。皋陶训示人德以补天德,观于天道以开人治,教养天下的众多人材,这即是"以人代天"。同时,治国的"典礼赏罚"则是本之于"天意"。叶适认为,一方面以人德补天德,即是"以人代天";另一方面"本诸天意"以制作"典礼赏罚",这是皋陶和大禹共同遵循的道,也是夏商周一致遵循的道。汤言性,也只说到上帝降衷于下民,"若有恒性",意谓此性源于天。伊尹与汤"咸有一德",故能敬奉上天,而受天明命。叶适总结说,尧、舜、禹、皋陶以至汤、伊尹,前后相承,对于道德性命、天人之交、君臣民庶有着共同的关切,其所谓道主要体现为这三个方面。其后文王、周公也是顺承尧、舜以来天人之交的原则,各尽其道,如文王"备道尽理",作成天下之材,使之有以扩充、保全性命。周公则治教并行,礼刑并举,百官有司即使是卑琐的名物,其中都具有道德义理。周公可谓将道德义理"措于事物"的典范,他与召公一道成就了西周一代之治,而其中贯穿了尧、舜以来绵延相传的"道统"。到了孔子的时代,周道已坏,而上世的道德性命之义也已放失,于是孔子集成《诗》、《书》、《礼》、《乐》、《春秋》,撰著《彖》、《象》,使得唐、虞、三代之道通过这些文献得以失而复存,得以传承。至于所谓孔子传曾子,曾子传子思之说,叶适认为"必有谬误"。他说:"曾子之学,以身为本,容色辞气之外不暇问,于大道多所遗略,未可为至。"①又说:"以为曾子自传其所得之道则可,以为得孔子之道而传之,则不可也。"②这实质是否定曾子在儒家道统、学统中的地位。至于孟子,叶适认为,孟子亟称尧、舜、禹、汤、伊尹、文王、周公,其所愿则是学孔子,可谓得圣贤统纪。孟子对于养气知言,外明内实,文献礼乐,区处详审,可谓得孔子之传。然而,孟子亦有过当处,此即"开德广,语治骤,处己过,涉世疏"。"开德广"指孟子言性言命,言仁言天;"语治骤"指不分大小强弱,言行王道无不如同高屋建瓴,以为汤、文王皆是如

---

① 《习学记言》卷四十九,第460页下。
② 《习学记言》卷十三,第116页下。

此;"处己过"指孟子自比于庶人,自谓"庶人不见诸侯",①实则并非庶人;"涉世疏"指悍烦。由于孟子已是有得有失,孟子而后,学者往往追逐新奇,忽视本统,导致道不完备,而追随孟子之迹。因而千年以来,对于所谓"绝学"争议不息。

据上述,叶适所谓道统有两点可为注意,一是就儒家的圣贤相传之道来说,此道具有"人事与天行不差","以人代天"的特点,其意蕴在于道德义理与治教名物相统一,也就是自古圣贤不曾离人事而言天道,离治教而言性命;二是对于尧、舜以至孔孟的列述,与韩愈及宋儒的论说大体上相吻合,其特别之处在于否定孔子传曾子,曾子传子思,对于孟子以后少有肯定。无疑,北宋以来的道学也同样不为叶适所看重。

叶适对于道学,既有客观的叙说,也有一定的批评。他说:

> 道学之名,起于近世儒者,其意曰:举天下之学皆不足以致其道,独我能之,故云尔。其本少差,其末大弊矣。②

这里所谓"道学之名",是指北宋周、张、二程所开创的新儒学。叶适批评道学有一种唯我可以致道的高自标榜,认为其中根本处如果有差,则其末流当成大弊。叶适此说是针对吴明辅所谓"道学名实真伪之说"而发,是一个大概的论说,对于道学的具体人物并没有论析,故而很难据以判断其对于道学具体情形的论断。事实上,叶适对于道学也曾有较客观的叙述:

> 昔周张二程考古圣贤微义,达于人心,以求学术之要。世以其非笺传旧本,有信有不信,百年之间,更盛衰者再三焉。乾道五六年始复大振,讲说者被闽浙,蔽江湖,士争出山谷,弃家巷,赁馆贷食,庶几闻之。③

---

① 《习学记言》卷四十九,第461页上。
② 《答吴明辅书》,《水心文集》卷二十七,《叶适集》,第554页。
③ 《郭府君墓志铭》,《水心文集》卷十三,《叶适集》,第246页。

这个叙述较客观地反映了道学一百余年间的大致情形,而所谓乾道五六年始复大振,则是指朱熹、吕祖谦、张栻相互讲论,广接学者,导致道学兴盛的景象。尤可注意的,是林栗以"道学"之名攻击朱熹的时候,叶适挺身辩护,公开指出林栗所列"罪状"无一属实,而以朱熹聚徒讲学正是"为人材计,为国家计也"。① 叶适本人也在学理上有着道学的背景,程门袁溉传薛季宣,薛季宣传陈傅良,叶适与薛、陈二氏过从甚密。郑伯英私淑程门周行己,叶适亦尝师从郑氏。不过,自薛季宣始,永嘉之学即转向事功一面,至叶适更形渐远,反对离事言道。因而对于道学有所批评,也就并不奇怪。叶适对于程氏的主敬说,曾有所批评。在《敬亭后记》中,叶适讲到,程氏教学者必以敬为始,叶适则提出:"学有本始,如物始生,无不懋长焉,不可强立也。""复礼者,学之始也。""敬者,德之成也。"② 所谓"强立",意在讥刺程氏以敬为学之始。对于周敦颐、张载,叶适也曾论及:

> 后世学者,幸六经之已明,五行八卦,品列纯备,道之会宗,无所变流,可以日用而无疑矣。奈何反为太极无极,动静男女,清虚一大,转相夸授,自贻蔽蒙。③

所谓"太极无极","动静男女",是针对周敦颐的《太极图说》;所谓"清虚一大",是针对张载的《正蒙》。叶适的意思是,周、张之说使得已经明了的六经反而变得模糊不清,而学者也受到蒙蔽。总之,叶适之所以对于道学有所批评,是与他对于学统和道统的看法分不开的。叶适既然对于孟子有所批评,而孟子之后甚少肯定,则批评道学也就不足为奇。叶适批评孟子及道学,也是他本人试图接过道统的一种表现。这一点,从他的思想也可以得到体现。

从上面关于道统的叙述可以看出,叶适的思想主张是道德义理与

---

① 《辩兵部郎官朱元晦状》,《水心文集》卷二,《叶适集》,第18页。
② 《水心文集》卷十,《叶适集》,第163页。
③ 《习学记言》卷十六,第136页上。

治教人事相结合,道德义理通过事功得以体现出来,反对脱离事功以言义理。他说:

> 仁人正谊不谋利,明道不计功,此语初看极好,细看全疏阔。古人以利与人而不自居其功,故道义光明。后世儒者行仲舒之论,既无功利,则道义者乃无用之虚语尔。①

在道义与功利的关系问题上,叶适主张二者兼顾,古人以利与人而不自居其功,故而道义光明,也就是说利的实现即是道义的体现。而董仲舒之论,却是疏阔不切实用。叶适甚而明确提出仁义礼乐无分于三代以上与三代以下,他说:

> 言仁义礼乐必归于唐、虞、三代,儒者之功也;言仁义礼乐至唐、虞、三代而止,儒者之过也。仁义礼乐,三才之理也,非一人之所能自为;三才未尝绝于天下,则仁义礼乐何尝一日不行于天下。古之圣人由之而知,后之君由之而不知。知之者以其所知与天下共由之,而不知者亦以其所不知与天下共由之,是则有差矣,然而仁义礼乐未尝亡也。儒者之述道,至秦汉以下则阙焉,其意以为唐、虞、三代之圣人能自为之欤?

> 举三代而不遗两汉,道上古而不忽方来,仁义礼乐绳绳乎其在天下也。②

叶适认为,儒者对于仁义礼乐的探究有功有过,其功在于论仁义礼乐必溯源于唐、虞、三代,其过在于论仁义礼乐至唐、虞、三代而止,即三代以下仁义礼乐不存。叶适提出一个观念,即仁义礼乐是"三才之理",三才贯通古今,仁义礼乐当然也就流行于天下古今。故此,叶适主张"举三代而不遗两汉,道上古而不忽方来",也就是仁义礼乐无时不有,三代两汉、往古来今都有仁义礼乐在其中。

---

① 《习学记言》卷二十三,第201页上。
② 《王通》,《水心别集》卷八,《叶适集》,第742、743页。

对于"道"的历史存在和作用,叶适也是主张无分于三代与汉唐。他说:

> 道不可见,而在唐、虞、三代之世者,上之治谓之皇极,下之教谓之大学,行之天下谓之中庸,此道之合而可名者也。其散在事物,而无不合于此,缘其名以考其实,即其事以达其义,岂有一不当哉!

> 故夫昔以不知道为患,而今以能明道为忧也。夫上有治,下有教,而道行于天地万物之中,使无以异于汉、唐、三代之世,然后可以无憾。①

如前所述,道始于尧、舜、三代,道是一个总名,分开来讲有不同的所指,从政治来讲道就是皇极,从教化来讲道就是大学,从运行于天下来讲道就是中庸。道分散在万事万物之中,但又无不合于治、教、行这样三个方面。对于道的认识,可以根据其名来考核其实,也可以通过事物来了解道的含义。三代而后,也可以通过治、教和道行于天下三个方面来达到唐、虞、三代这样的理想社会。对于道的含义,叶适也从哲学的角度作了论述:

> 道原于一而成于两。古之言道者必以两。凡物之形,阴阳、刚柔、逆顺、向背、奇偶、离合、经纬、纪纲,皆两也。夫岂惟此,凡天下之可言者,皆两也,非一也。一物无不然,而况万物;万物皆然,而况其相禅之无穷者乎!

> 然则中庸者,所以济物之两而明道之一者也,为两之所能依而非两之所能在者也。水至于平而止,道至于中庸而止矣。②

道根源于一,道也只是一个,道又是不可见的,通过相互对待、对立的两面的交互作用和变化表现出来。所谓两,是指阴阳、刚柔、逆顺、向背、奇偶、离合、经纬、纪纲等,包括了自然现象和社会现象的两面。万

---

① 《总述》,《水心别集》卷七,《叶适集》,第726、727页。
② 《中庸》,《水心别集》卷七,《叶适集》,第732页。

事万物无不有两面,两面的交替变化便体现了道的运动和作用。中庸是一种至高至善的准则,物的两面以中庸为依据而达到交替变化中的平衡,道则以中庸为极致。不过,叶适对于一物之两如何运动变化似并没有详细阐述,即使是对于《易·系辞》"一阴一阳之谓道"也并没有展开阐释。他说:"一阴一阳,氤氲而眇微,至难明也。""道者,阳而不阴之谓也。一阴一阳,非所以谓道也。"①所谓一阴一阳氤氲而眇微,说的是阴阳的微妙变化,其间的微妙之处确实"难明"。这个说法是有道理的。所谓一阴一阳"非所以谓道",也就是指阴阳本身及其变化不即是道。此说也无问题。可是,叶适所谓"道者,阳而不阴之谓也",确乎难以索解。可以说,叶适对于道如何"成于两"的问题并没有作深入系统的阐述,而这个问题正是宋儒所较为普遍关注的问题。

除了提出"道原于一而成于两"以外,叶适还对道与物的关系作有论析。他说:

> 古诗作者无不以一物立义,物之所在,道则在焉。物有止,道无止也。非知道者不能该物,非知道者不能至道。道虽广大,理备事足,而终归之于物,不使散流,此圣贤经世之业,非习为文词者所能知也。②

这即是说,有物即有道,物在道在。物有固定的处所,道则没有固定的处所,因而道可以兼该万物,物则有限定性。如果固执于物,则不能达到对道的了解和把握。道虽然广大,具备众理,统摄万事,但道要发挥作用,则终究需要落实在物上,也只有这样才能使物不至于流散。圣贤经世之业,也就表现在能够很好地处理道与物的关系,以道兼该万物。由于叶适把道和物看做同时存在,并不认为道可以先于物而存在,因而对于《老子》所谓先天地生的道持反对态度,认为"未有于天地

---

① 《习学记言》卷四,第30页上。
② 《习学记言》卷四十七,第437页下。

之先而言道者"。① 总之,叶适关于道的看法,以道不离物、物在道在为主,这也与他关于道统的看法是高度一致的。

总括上述,叶适作为永嘉事功之学的重要代表之一,基于对现实问题和民族存亡的严重关切,广泛地探讨了各种现实的和学术的问题,他的一系列主张和看法在当时是有积极意义的。就其儒学思想而言,叶适对于儒学的学统和道统作出了较为系统的检讨,他的主要看法是儒家道统从来就是与现实的政教、礼乐、人事密切相关的,没有先于物、离开物而独立存在的道。儒家素来所讲的道德性命,也是"未有超然遗物而独立者也"。② 正是基于这样的思想,叶适对于孟子以后以至道学都有所批评,以为孟子以后的儒学难免有离物言道的病痛。与永嘉之学的前辈如薛季宣、陈傅良相较,叶适的儒学思想表现出对于儒学道统历史、儒学道德性命及其与现实社会关系的密切关注和系统阐述,从理论上深化了事功之学。故而全祖望评论说:"永嘉功利之说,至水心始一洗之。"③ 所谓"一洗之",当主要指思想的系统化而言,也就是不仅仅关注礼乐制度,而是深入到道统及道、物关系的论说。同时,叶适所论的问题也超出了其前辈所论的范围。所有这些,在当时的历史条件下,都是有积极意义的。

---

① 《习学记言》,第 436 页上。
② 《大学》,《水心别集》卷七,《叶适集》,第 730 页。
③ 《宋元学案》卷五十四,第 1738 页。

金元部分

第一章
金代儒学述略

以往的学术史、思想史著作通常都将宋儒赵复被俘北上视为北方儒学复兴的开端,如《元史·赵复传》即说:"先是,南北道绝,载籍不相通。至是,复以所记程、朱所著诸经传注尽录以付枢","北方知有程朱理学,自复始",①黄百家云:"自石晋燕云十六州之割,北方之为异域也久矣,虽有宋诸儒叠出,声教不通。自赵江汉以南冠之囚,吾道入北,而姚枢、窦默、许衡、刘因之徒得闻程朱之学,以广其传,由是,北方之学郁起,如吴澄之经学,姚燧之文学,指不胜屈,皆彬彬郁郁矣。"②全祖望对整个金代儒学都持否定意见:"建炎南渡,学统与之俱迁,完颜一代遂无人焉。元裕之曰国初经术祖金陵之余波,概可知已。"③实际上,金儒不仅知道程朱之学,且能对其提出商榷。如果我们同意道学并不就是儒学的唯

---

① 《元史》卷一八九,中华书局,1976年,第4314页。
② 《鲁斋学案》,《宋元学案》卷九十,第2995页。
③ 《屏山鸣道集说略》,《宋元学案》卷一百,第3326页。

一合法形式,那么,我们就应当承认金代儒学也是儒学之一种,而不能像全祖望那样将有金一代视为儒学发展的空白。金代士人并没有放弃对道的追寻与承负,只不过他们对道的理解较之宋儒有所不同而已。元初名儒大多是亡金儒士,故金儒对道学的反思在一定程度上就成为元代儒学的底色。就此而言,了解金末儒学对于认识元代儒学就决非可有可无。

蒙古人在总结辽、金灭亡教训时曾有"辽以释废,金以儒亡"之说。① 对于金,这并不符合史实,对此,前人辩之甚悉。② 不过,儒学在金朝受到优待却是实情。

金兵初进曲阜,谩骂孔子,放火烧毁孔庙。及至熙宗,开始尊孔。熙宗在上京立孔庙,亲自拜祭,又封孔子后裔孔璠为衍圣公。海陵王时,国子监于天德三年(1151)大量刊印《易》、《书》、《诗》、《礼记》、《周礼》、《孝经》、《左传》等等,并指定用这些经籍自汉代以来最有影响的注疏本作为科举考试的教材。金世宗更加尊孔崇儒,他修立孔墓,立"宣圣庙碑"。世宗朝还设立译经所,用女真语翻译儒家经书。大定五年(1165)译成《贞观政要》、《白氏策林》等书,大定六年又译《史记》、《汉书》。大定十五年,世宗再次下诏翻译经史。大定二十二年,译经所进呈《易经》、《尚书》、《论语》、《孟子》、《老子》、《扬子》、《文中子》、《刘子》以及《新唐书》的女真字译本。世宗还对朝臣说,他之所以命令翻译五经,是要女真人知道仁义道德之所在。大定二十六年,他下诏规定,女真贵族如不能读女真字经书,不得承袭猛安、谋克等贵族身份。章宗即位前,即已熟读《尚书》、《孟子》,认为是"圣贤纯正之道"。即位后,下特旨修孔庙,廊庑用碧瓦,石柱雕龙纹,修建厅堂、庙宇等四百多间,并下诏各州建孔庙,避孔子名讳。章宗还下诏命令三十五岁以下的女真亲军必须读《孝经》和《论语》。世宗、章宗朝还广置官学,以《论语》、《孝经》为必读课本。文人学子可通过科举考试进入仕途。

---

① 《元史》卷一六三,第3823页。
② 详宋德金:《大金覆亡辨》,《史学集刊》2007年第2期。

《金史·艺议传》说："世宗、章宗之世，儒风大变，学校日盛。士人由科举而位列宰相者甚多。"世宗在位期间，每次录取的进士人数都在五百人以上，最多时达九百余人。因为推崇儒学，社会安定，经济发展，金世宗甚至被誉为"小尧舜"。

需要指出的是，虽然与宋同时，但金朝儒学有着与后者不同的特色，那就是道学或理学在金朝并未得到像在宋朝那样充分的发展。以科举为例，金代科举折中王安石、司马光的考试办法，不考《仪礼》与《春秋》公羊、穀梁二传，而将十七史、《孝经》及《老子》、《荀子》、《扬子》纳入考试范围。科举设词赋与经义两科，解经"通用先儒传注及已说"。有金一代，对词赋重视非常，这使儒学在金朝的发展不能不受到严重阻碍。海陵王天德三年甚至罢经义、策试二科，专以词赋取士，直到世宗大定二十八年，经义科才得恢复，而重词赋、轻经义之风不稍减弱。明昌、承安间(1190—1200)，士大夫依然非赋不谈。大定、明昌间(1161—1200)，名士蔡珪、王寂、党怀英、王庭筠等，皆以诗文、书画为擅场，儒学造诣则乏善可陈。泰和、大安间(1201—1210)，局面亦无改观，时人曾感叹："士大夫以种学积文为进取之计，斡办者称良吏，趋时者为通贤，而不知治心养性之术。间有明仁义之实，以通经学古为高，救时行道为贤者，必怪怒骂笑以为狂愚。"①

贞祐南渡(1214)，金国势日衰，而儒学稍有起色，以南宋使节往往携书来北，士大夫闻之兴起："金源氏之衰，其书(按指理学书籍)浸淫而北。赵承旨秉文、麻征君九畴始闻而知之，于是自称为道学门弟子。"②不过，现知最早在金国公开刊行并造成广泛影响的不是程朱的著作，而是被朱熹认为理学异端的张九成的《道学发源》。是书辑录《大学》、《中庸》以及刘子翚《圣传论》、张载《东铭》《西铭》等著作而加以己注。金尚书省诸生傅起等得之以为宝，请当时名士赵秉文、王若

---

① 赵秉文：《姬平叔墓表》，《滏水集》卷十一，影印文渊阁《四库全书》本。
② 郝经：《太极书院记》，《陵川集》卷二六，影印文渊阁《四库全书》本。

虚分别撰写前、后序加以刊布。王若虚《道学发源后序》说："国家承平既久，……而鸣道之说亦未甚行，三数年来其传乃始浸广，好事者往往闻风而悦之。今省庭诸君尤为致力，慨然以兴起斯文为己任，且将与未知者共之。"① 终金一代，朱熹所建构的道统谱系都未能得到响应，被朱熹排除于道统谱系之外的那些人物(如王安石、苏氏父子)在金的孔庙里却享受配祀的殊荣。而在金代儒坛活跃的也是赵秉文、李纯甫这些被批评者认为佞佛的人物。

第一节　赵秉文

赵秉文(1159—1232)，字周臣，滏阳人，自号闲闲老人，因做过礼部尚书，故世人又称赵礼部。秉文自述其"七岁知读书，十有七举进士，二十有七与吾姬伯正父同登大定二十五年进士第"。② 历官应奉翰林文字、户部主事、翰林撰修、翰林直学士、翰林侍讲学士、礼部尚书、翰林学士。贞祐初(1213)，上书建言三事：迁都、导河、封建。哀宗即位(1224)，进《无逸直解》、《贞观政要》、《申鉴》。天兴改元(1232)，金廷危急，撰赦文大安人心。是年五月卒，终年七十四。

据元好问所撰碑铭，赵秉文生平著述甚丰，所著有《易丛说》十卷、《中庸说》一卷、《扬子发微》一卷、《太玄笺赞》六卷、《文中子类说》一卷、《南华略释》一卷、《列子补注》一卷、《资暇录》十五卷，删集《论语》、《孟子》解各十卷，生平文章入《滏水集》。③ 据《滏水集》卷十五所收诸"引"，赵氏还著有《法言微旨》、《笺太玄赞》、《中说类解》。

从赵秉文著作的目录来看，他涉猎甚广，除了对《易》、《论语》、《孟

---

① 王若虚：《滹南集》卷四四，影印文渊阁《四库全书》本。
② 赵秉文：《学道斋记》，《滏水集》卷十三。
③ 元好问：《闲闲公碑铭》，《遗山集》卷十七，影印文渊阁《四库全书》本。

子》《中庸》等儒家传统经典有所研究,还对扬雄、王通之学下过功夫,此外对《庄子》《列子》等道家文献也做过注释。但除了文集《滏水集》,其他著述多佚。《滏水集》是今人研究其思想的主要资料。

关于《滏水集》的卷数,《四库全书》所收为二十卷,卷首杨云翼原序亦称二十卷,但为赵秉文作碑铭的元好问则称有三十卷:"生平文章号《滏水集》者,前后三十卷",[1]"所著文章号《滏水集》者,前后三十卷"。[2]四库馆臣在为《滏水集》撰写提要时注意到这个问题:"史称秉文所著诗文三十卷,此本乃二十卷,与史互异。然篇目完具,不似有所佚脱。考《中州集》称秉文'所著文章号《滏水集》者,前后三十卷'。"[3]《提要》作者采用刘祁《归潜志》的说法对此做了解释:"刘祁《归潜志》曰:'赵闲闲本喜佛学,然方之屏山,顾畏士论,又欲得扶教传古之名,晚年自择其文,凡主张佛老二家者皆削去,号《滏水集》。首以中、和、诚诸说冠之,以拟退之《原道》。其为二家所作文并其葛藤诗句,另作一编,号《闲闲外集》,以书与少林寺长老英粹,使刊之。故二集皆行于世。'则《滏水集》本二十卷,别有十卷为《外集》,本传合而计之,故为三十卷也。"[4]

刘说见《归潜志》卷九,包括三个要点,一是认为二十卷的《滏水集》是赵秉文将其有关佛老的文字删除后的结果;二是认为赵秉文这样做的原因是迫于外界压力以及为博得"扶教传古之名";三是提出赵秉文将自己为佛老二家所作文及诗句另作一编号《闲闲外集》,使少林寺长老刊之。

从刘祁的这些说法来看,《滏水集》的卷数问题与赵秉文的思想属性问题纠缠在一起。关于赵秉文的思想属性,现在主要有两种不同的看法。刘祁这里所说的是其中一种,这种看法实际上是认为赵是阳儒

---

[1] 元好问:《闲闲公碑铭》,《遗山集》卷十七。
[2] 元好问:《礼部闲闲赵公秉文六十三首》诗前小传,《中州集》卷三,影印文渊阁《四库全书》本。
[3][4] 《四库全书总目·滏水集二十卷》。

阴释,此说对后世影响较大。《金史》赵秉文本传亦称其与佛禅有染:"然晚年颇以禅语自污,人亦以为秉文之恨云。"①全祖望对赵秉文的学术评价甚低:"垂晚始得滏水。予初读其论学诸篇,所得虽浅,然所趋向,盖因文见道者,其亦韩、欧之徒欤? 及读其论米芾临终事而疑之,则仍然佞佛人也。"他基本接受了刘祁《归潜志》之说,"追取《归潜志》考之,乃知滏水本学佛,而袭以儒,其视李屏山,特五十步百步之差耳。"②此外,如前揭,四库馆臣在为《滏水集》写提要时亦引了刘说。

另一种看法则是将赵推为金季儒宗,此说由杨云翼③与元好问主之。杨云翼于金宣宗元光二年(1223)十一月为赵秉文《滏水集》作序,称赵为"斯文主盟",认为"其学一归诸孔孟而异端不杂":"学以儒为正,不纯乎儒,非学也。文以理为主,不根于理,非文也。自魏晋而下,为学者不究孔孟之旨而溺异端,不本于仁义之说而尚夸辞,君子病诸。今礼部赵公实为斯文主盟。近自择其所为文章,厘为二十卷,过以见示。予披而读之,粹然皆仁义之言也。盖其学一归诸孔孟而异端不杂焉,故能至到如此。所谓儒之正、理之主,尽在是矣。天下学者景附风靡,知所适从,虽有狂澜横流障而东之,其有功吾道也大矣。"④元好问为赵秉文作碑铭,在对辽宋至金几百年来文学废兴以及金朝开国以来名士做了一番考察后,对赵推崇备至,认为:"唐文三变至五季,衰陋极矣。由五季而为辽宋,由辽宋而为国朝,文之废兴可考也。宋有古文,有词赋,有明经。柳、穆、欧、苏诸人斩伐俗学,力半而功倍,起天圣迄元祐,而后唐文振。然似是而非、空虚而无用者,又复见于宣、政之季矣。辽则以科举为儒学之极致,假贷剽窃,牵合补缀,视五季又下衰。唐文奄奄如败北之气,没世不复,亦无以议为也。国初,因辽宋之旧,以词赋、经义取士,预此选者,选曹以为贵科,荣路所在,人争走之。传

---

① 《金史》卷一百一十,中华书局,1975年,第2429页。
② 《屏山鸣道集说略》,《宋元学案》卷一百,第3326页。
③ 字之美,壮年1194—1227,《金史》有传。
④ 《滏水集》卷首,影印文渊阁《四库全书》本。

注则金陵之余波,声律则刘、郑之末光,固已占高爵而钓厚禄。至于经为通儒,文为名家,良未暇也。及翰林蔡公正甫出于大学大丞相之世业,接见宇文济阳、吴深州之风流,唐宋文派乃得正传,然后诸儒得而和之。盖自宋以后百年,辽以来三百年,若党承旨世杰、王内翰子端、周三司德卿、杨礼部之美、王延州从之、李右司之纯、雷御史希颜,不可不谓之豪杰之士。若夫不溺于时俗,不汩于利禄,慨然以道德仁义、性命祸福之学自任,沉潜乎六经,从容乎百家,幼而壮,壮而老,怡然涣然,之死而后已者,惟我闲闲公一人。"①铭之曰:"道统中绝,力任权御。一判藩篱,倒置冠屦。公起河朔,天以经付。挺身颓波,为世砥柱"。②直将赵氏视为接续道统的人物。

赵秉文究竟是儒还是阳儒阴释,这个问题不仅关系到对赵氏本人思想的定位,也影响到对整个金代儒学面貌的认识,值得认真辨析。

刘说的主要支撑是《闲闲外集》与《滏水集》并行于世一事,其余多属推测之辞。然《外集》者,世不见传,难知其详,无从核实。又,此事不见于元好问所作《碑铭》,亦称蹊跷。考《归潜志》所载赵秉文传,记多与史不合,四库馆臣已加辨证,如《志》云:"(秉文)因言事忤旨,外补后再入馆为修撰。待制,转礼部郎中,出典岢岚、平定、宁边三郡",四库馆臣按曰:"《金史》本传:秉文以言事由翰林修撰出典平定、宁边二郡,未尝出典岢岚。其同知岢岚州军事犹在未召入为修撰之前。元好问《中州集》传亦与本传同,与此互异。"③又云"天兴改元,夏四月,卒,年七十三",四库馆臣按曰:"《金史》本传:天兴改元之年,五月壬辰,卒,年七十四。与此志异。"④在谈到赵秉文的著作目录时,《归潜志》的说法也与元《碑》及《金史》本传不同:"其所著有《太玄解》、《老子解》、《南华指要》、《滏水集》、《外集》,无虑数十万言",⑤遗漏了《易丛说》、《中庸说》、《扬子发微》、《文中子类说》、《列子补注》、《资暇录》等

---

① ② 《闲闲公碑铭》,《遗山集》卷十七。
③ ④ ⑤ 《归潜志》卷一,影印文渊阁《四库全书》本。

书,还添加了《老子解》一书。由此可见,作为研究赵秉文的史料,刘《志》的可靠程度当逊于元《碑》。

其实,关于《滏水集》为赵氏自选集的看法,前引杨云翼"《滏水集》序"已经提到:"(赵)自择其所为文章,厘为二十卷"。不过,杨云翼并没有明确说明赵秉文是如何选择的。刘祁则认为赵的选择原则是"凡主张佛老二家者皆削去",这个说法在一定程度上也为元好问所证实:"又,其徒(按佛老之徒)乐从公(按赵秉文)游,公亦尝为之作文章,若碑、志、诗、颂甚多。晚年,录生平诗文,凡涉于二家者,不存也。"①不过,元好问没有进一步指出赵为什么要删去与佛老二家有关的文字。从行文语气来看,元好问似乎认为赵是觉得自己出于应酬而为佛老之徒所作的那些文字没有保存的价值。而刘祁则认定赵秉文是因为"顾畏士论,又欲得扶教传古之名"而删佛老之文,并据此非议赵的为人:"余尝与王从之(按王若虚)言:'公(按赵秉文)既欲为纯儒,又不舍二教,使后人何以处之?'王文曰:'此老所谓藏头露尾身。'"②

然而,即便刘说属实,读者也可以做出与之不同的解读,像全祖望即对赵删文的行径给予了一定的肯定:"(秉文)喜观佛老之说,以穷其旨归,然晚年自编诗文,凡涉二家者概不存录,而以中、和、诚诸说冠之集首,以拟退之明道,则犹有扶教传古之意焉",③认为赵与李屏山相比终究略胜一筹:"虽然,犹知畏名教之闲,则终不可与屏山同例论也。"④

另一方面,刘祁说赵秉文编《滏水集》时"凡主张佛老二家者皆削去",这一点亦不符合事实。一个典型的例证就是卷二十《题米元章修静语录引后》一文。赵在文中说:"不肖诗书不及元章(按米芾)远甚,至于他日临行一着预尅死期,则未肯多让。"所谓临行一着,是指米芾知淮阴时预知死期,以香木为棺置黄堂上,饮食起居时在其间,及期,

---

① 《闲闲公碑铭》,《遗山集》卷十七。
② 《归潜志》卷九。
③ 《屏山鸣道集说略》,《宋元学案》卷一百,第3319页。
④ 《屏山鸣道集说略》,《宋元学案》卷一百,第3326页。

召吏民所亲厚者与之别,索纸书云:"来从众香国中来,去当众香国中去。"掷笔而化。① 在正统儒家眼里,米芾的这个做法带有强烈的佛教徒色彩,而赵秉文在这上面表示"当仁不让",其属异端无疑。如上所揭,全祖望就是根据这篇文字判断赵为佞佛者的:"及读其论米芾临终事而疑之,则仍然佞佛人也。"②详覆《滏水集》,与僧道唱和之作并不鲜见,如《送墨李道士元老》(卷三)、《会灵观即事二首》(卷四)、《度水僧二首》(卷五)、《和寄全椒道士》(卷五)、《赠茅先生》(卷六),单是卷六所收诗作就提到佛寺多所,如镇国寺、七金山寺、灵感寺、兰若院、金河寺等。另外,诗文中用佛老典故说理者比比皆是,如卷二《反小山赋》云:"子以心为物役,智为众缘,不知无尘桎梏于一峰之玄也。空花误大夫之梦,庭柏证祖师之禅。无一物之非我,君其问诸屏山之散仙。"《攫蓬赋》云:"逍遥乎无为之业,游戏乎寂灭之场。普天壤以遐观,吾又安知大小与彭殇。……乱曰:是身虚空以为量兮,坚固不坏如金刚兮,孰为夭寿孰否臧兮。翠竹真如非青黄兮,枯木龙吟非宫商兮,眼如鼻口道乃将兮。"《游悬泉赋》云:"归语同僚曰:此殆维摩诘也。觉而赋之,但见山高水深,风清月白。"《无尽藏赋》云:"客曰:自俗观之,有代有谢;自道观之,无成无毁。君亦知夫物无常时无心乎?自有观成则有成,自未有观成则成亦坏矣。自今望昔则有昔,以来望今则今亦昔矣。由是观之,方成方虧,方生方死。虽然,此犹有心于去来见在也。若其无心则无此矣。且夫水不与风期,风来而水波;山不与月期,月照而山白。庸知夫性空真风、性空真月是尚有极耶?然则,声色有尽,所以声声者无尽也;色尘有尽,所以色色者无尽也。主人喜曰:今而后知乾坤一亭,万物一藏,吾庐尚无恙也。"《拙轩赋》云:"居士曰:拙者自拙,吾不知其短;巧者自巧,吾不知其长。或善宦而九卿,或白首而潜郎。以俗观之,有窳有良;以道观之,孰否孰臧。较荣枯于瞬息,等一

---

① 《题米元章修静语录引后》,《滏水集》卷二十。
② 《屏山鸣道集说略》,《宋元学案》卷一百,第 3326 页。

梦于黄粱。……达人大观,物我两忘;纵心浩然,与道翱翔。"《心静天地之鉴赋》云:"及其至也,超入圆通之智海。"卷三《送李按察十首》其九云:"本心入水镜,功名时翳之。少焉尘累尽,万象复在兹。"卷四《和渊明归田园居送潘清容六首》之五云:"归来掩关卧,尚恨为物役。四论喜僧肇,玄文笺陆绩。会当投绝学,缮性终何益。"卷五《和渊明饮酒二十首》之五云:"昔我谢事时,曾造老衲境。谓言方闲去,如醉不得醒。至要无多言,退步心自领。一朝桶底脱,露出囊中颖。有如暗室中,照耀赖烛炳。"《拟咏声》云:"万籁静中起,犹是生灭因。隐几以眼听,非根亦非尘。"等等。可见,赵秉文在《滏水集》中并不以出现与佛老有关之文字为忌。推其缘由,当是因为他并不觉得语涉佛老就一定有违儒家立场。

据元好问说,赵氏对佛老之说曾做过深入探究,强调"说"(哲学性的义理)与"教"(具有社会、政治、伦理意义的宗教实践)的区分:"究观佛老之说而皆极其旨归,尝著论以为,害于世者,其教耳。"①换言之,他对佛老之说虽不无欣赏,但并不因此就认同佛老二教。就其不认同佛老二教这一点而言,赵秉文的儒家身份是无可怀疑的。

赵秉文还曾经跟人谈到学佛老不影响一个人成为儒家式君子:"尝谓余曰:'学佛老与不学佛老,不害其为君子。柳子厚喜佛,不害为小人;贺知章好道教,不害为君子;元徽之好道教,不害为小人。亦不可专以学二家者为非也。'"②这段话典型地反映了他对学佛老的开放心态。更准确地说,赵秉文是对反对学佛老的反对。为什么学不学佛老不害为君子或小人?这是因为,赵所理解的学佛老是对佛老之说的有选择吸收而非全盘接受,更不是要用佛老取代儒家学说成为整个社会的指导思想。

刘祁《归潜志》卷九还收录了好几条赵秉文好佛的轶事。其一:

---

① 《闲闲公碑铭》,《遗山集》卷十七。
② 《归潜志》卷九。

"又深戒杀生,中年断荤腥,谓余曰:'凡人欲甘己之口舌而害生物,彼性命与人何异也?'又曰:'吾先人晚年亦断荤腥,临终闭目逝。少顷,复开目曰,我见数人担肉数担过去,盖吾命中所得食而不食者也。'或者戏曰:'死则死矣,不亦枉了此肉乎?'然推公之心本慈祥,尝曰:'吾生前是一僧。'又曰:'吾生前是赵抃阅道。'盖阅道亦奉神也。"其二:"已而,余亦归淮阳,公又与余书曰:'慎不可轻毁佛老二教,堕大地狱则无及矣。闻此必大笑,但足下未知大圣人作为耳。'"其三:"舒穆噜嵩企隆亦从公游,学佛,公甚爱之。尝于慧林院谒长老,公亲教企隆持香炉三棹脚作礼,因与户部斗南曰:'此老不亦坏了人家子弟耶?'士林传以为笑。"其四:"公既致仕,苦人求书,大书榜于门。有一僧求公作化疏,以钉钉其手于公门。公闻,遽出礼之,为作疏,且为书也。"

对以上材料进行分析,可以发现,第一条轶事是说赵氏断荤腥,在不杀生这一点上认同佛教("吾生前是一僧"、"吾生前是赵抃阅道"云云),但这属于个人饮食习惯,并不涉及儒佛之辨的根本;第二条轶事则反映赵氏相信地狱之说,但地狱之说在古代属于民众一般信仰的一个部分,非佛教所独有;第三条轶事说赵氏教人礼佛,但其事出于对方自愿,且其本人没有皈依佛门;第四条轶事说赵氏为僧徒破例,但这只能说明赵氏心地慈善,不忍见僧人自残。总之,刘祁记载的这些轶事(姑且认为它们都是事实),没有一条显示赵秉文在儒佛之辨上站在佛教一边,至多只能说他对佛教的某些理论表示赞同,不拒绝与佛教徒有所往来。

赵秉文对佛教的同情甚至好感当是事实,这一点,即使是为他写碑铭多有美言的元好问也不否认,但这并不代表他游移于儒佛之间,更不能证明他阳儒阴释。赵对佛老的批评,对儒家的认同大量体现在他的论说中,按其文集可知。无视这些文字,而只盯住他的若干言行,是无法对其思想属性做出准确的判断的。不能不说,刘祁为了突出他个人在儒佛之辨上的坚决,对赵的好佛之行实际做了不无渲染的描绘。刘一直认为,赵秉文虽然待他们父子不薄却终因他们父子不学佛老意有所慊:"然公以吾父子不学佛,议小不可,且屡诱余,余亦不能从也。尝谓余曰:'学佛老与不学佛老,不害其为君子。……'余因悟公以吾父子不学二家,恐其相疵病,故有是论。已而,余亦归淮阳,公又与余书曰:'慎不可轻毁佛老二教,……'余答书曰:'若二教,岂可轻毁之?自非当韩欧之任,岂可横取谤议哉?自非有韩欧之智,岂可漫浪为哉?君子者但知其反身则以诚,处事则以义,若所谓地狱,则不知也。'然公终于余有所恨。"①刘的描述充满了他个人的心理感受,让人难以分辨究竟有多少属于客观事实。

如果对儒佛之辨不那么神经过敏,那么,赵秉文作为儒家就不存在任何问题。事实上,大多数金代士人并不像刘祁那样斤斤于儒佛异同。在某种意义上,这也许正是金代儒学的特色。如前所述,由于各种原因,金代儒学自有别于两宋道学。当理学书籍自南而来,金儒如赵秉文、麻九畴等人给予了热烈的欢迎,自称"道学门弟子"。但金儒对两宋道学并不是通盘照抄,而是有所反思有所批判。赵秉文即说:"自王氏之学兴,士大夫非道德性命不谈,而不知笃厚力行之实,其蔽至于以世教为俗学。而道学之弊,亦有以中为正位,仁为种姓,流为佛老而不自知,其蔽反有甚于传注之学,此又不可以不知也。"②尽管全祖望对赵氏之学不以为然,但对这段话却表示欣赏,谓"此章最断得平允,尽宋人之得失"。③

赵秉文之所以对道学的流弊能有清醒的认识,是由于他的思想来源相对比较广泛,除了熟读六经,他还受惠于扬雄、王通之学,此外,他对宋代儒学的了解与吸收也是多方面的,远不限于道学一脉,欧阳修、苏轼、张九成、刘子翚等这些非道学主流学者亦进入他的视野。这种

---

① 《归潜志》卷九。
② 《性道教说》,《滏水集》卷一。
③ 《屏山鸣道集说略》,《宋元学案》卷一百,第3322页。

学术背景使他不像道学诸人那样怀有强烈的道统意识而排诋汉唐诸儒。虽然他自认道学门弟子,但这并不妨碍他指出唐儒有其长而宋儒有其短:"大抵唐贤虽见道未至,而有忠厚之气。至于宋儒,多出新意,务抵斥,忠厚之气衰焉。学圣人之门,岂以胜劣为心哉?"①固然他对周、程这些道学宗师心存敬意:"孟子之后,(教)不得其传,独周、程二夫子绍千古之绝学,发前圣之秘奥,教人于喜怒未发之前求之,以戒慎恐惧于不见不闻为入道之要,此前贤之所未至,其最优游乎?"②又有诗曰:"河南夫子两程公,要与洙泗继后尘。濂溪先生为张本,舞雩风里浴沂春。"③但对周、程后学唯道学独尊的做法却不以为然:"其徒遂以韩、欧诸儒为不知道,此好大之言也。后儒之扶教得圣贤之一体者多矣。使董子、扬子、文中子之徒游于圣人之门,则游、夏矣。使诸儒不见传注之学,岂能邈先毛、郑哉?闻道有浅深,乘时有先后耳。或曰:韩、欧之学失之浅,苏氏之学失之杂。如其不纯,何曰欧、苏长于经济之变?如其常,自当归周、程。"④

在赵秉文对道学流弊的批评中,"流为佛老而不自知"是其主要的口实。被刘祁指为好佛的赵氏实际上对佛老持以鲜明的批判立场。比如,在评述儒家道德仁义学说时,他就明确提示儒家与佛老的分际所在:"孟子言四端而不及信,虽兼言五者之实,主仁义而言之,于时未有五常之目也。汉儒以天下通道莫大于五者,天下从而是之。扬子曰:事系诸道德仁义礼,辟老氏而言也。韩子以仁义为定名,道德为虚位,辟佛老而言也。言各有当而已矣。然自韩子言仁义而不及道德,王氏所以有道德性命之说也。然学韩而不至,不失为儒者;学王而不至,其弊至于佛老,流而为申韩。何则?道德性命之说固圣人罕言之也。求其说而不得,失之缓而不切,则督责之术行矣,此老庄之后所以

---

① 《中说类解引》,《滏水集》卷十五。
②④ 《性道教说》,《滏水集》卷一。
③ 《和杨尚书之美韵四首》之一,《滏水集》卷九。

为申韩也与？过于仁,佛老之教也；过于义,申韩之术也；仁义合而为孔子。"①

又如,在谈到有关人性的理论时,他首先就摒弃了佛老的性命之说："性之说,难言也,何以明之？上焉者,杂佛老而言；下焉者,兼情与才而言之也。佛则灭情以归性,老氏则归根以复命,非吾所谓性之中也。"②而在谈到对"道"的理解时,他一上来就将佛老之道排除于外："夫道,何为者也？非太高难行之道也。今夫清虚寂灭之道,绝世离伦,非切于日用,或行焉,或否焉,自若也。至于君臣、父子、夫妇、兄弟、朋友之大经,可一日离乎？故曰：可离非道也。"③

再如,在讨论如何求"中"时,他对佛老和儒家的思路做了明确区分："中者,天下之正理。然未发之前,亦岂外是哉？学者固不可求之于气形质未分之前（老）、胞胎未具之际（佛）,只于寻常日用中试体夫喜怒哀乐未发之际果是何物耶","不断不常,不有不无,释氏之所谓中也。（原注：《中论》有五百问）彼是莫得其偶,谓之道枢,枢始得乎环中以应无穷,老庄之所谓中也,非吾圣人所谓大中之道也。其所谓大中之道者,何也？天道也,即尧、舜、汤、文、武、周、孔之道也。《书》曰：'允执厥中。'《易传》曰：'易有太极。'极,中也,非向所谓佛老之中也。且虽圣人,喜怒哀乐亦有所不免,中节而已,非灭情之谓也。'位天地育万物'非外化育、离人伦之谓也。然则,圣人所谓中者,将以有为言也。"④之所以在讨论"中"时提到佛老之说,是因为苏辙曾经用《六祖坛经》中的"不思善不思恶"来解释"喜怒哀乐之未发谓之中"："苏黄门云：'喜怒哀乐之未发谓之中',即六祖所谓不思善恶之谓也；'发而皆中节谓之和',即六度万行是也。"⑤赵氏对苏氏这种"杂佛而言"的解经方式颇不谓然："但苏黄门（按苏辙）言不思善不思恶,与夫李习之

---

① 《大学·原教》,《滏水集》卷一。
② 《性道教说》,《滏水集》卷一。
③ 《诚说》,《滏水集》卷一。
④⑤ 《中说》,《滏水集》卷一。

(按李翱)灭情以归性,近乎寒灰槁木,杂佛而言也。"①

从赵秉文对当时学者的批评可以了解,他是力主道学的:"今之学者则异于古之所谓学者矣。为士者钩章棘句,骈四俪六,以圣道为甚高而不肯学,敝精神于蹇浅之习,其功反有倍于道学而无用。入官者,棘功利,趋期会,以圣道为背时而不足学,其劳反有病于夏畦者,而未免为俗儒,尽弃其平日之学,此道之所以不明也。至于甚者,苟势利于奔竞之途,驰嗜欲于纷华之境。间有恃才傲物以招讥评,刺口论事以取中伤,高谈雄辩率尝屈其座人,以佞为才而致憎,浮薄嘲谑反希世人,以狂为达而贾怨,岂先圣所以教人,老师宿儒所以望于后生也哉。"②

有见于世人"以圣道为甚高而不肯学",赵秉文遂一再指出儒家之道平易近人:"且中庸之道何道也?大中至正之道也。典礼德刑非人为之私也。且子以为外是别有所谓性与天道乎?吾恐贪高慕远,空谈无得也。虽圣学如天,亦必自近始。然则,何自而入哉?曰'慎独'。"③"其学始于致知格物、正心诚意,至于治国平天下。下至道术、阴阳、名、法、兵、农,一本于儒,裁其偏而救其失,要其归而会之中,本末具备,精粗一致,无太高难行之论,无荒芜怪诞之说。圣人得其全,贤者得其偏,百姓日用而不知。"④在为《道学发源》作序时,他充分肯定张九成重视发挥爱亲之义的做法:"故夫爱亲者,仁之源;敬亲者,义之源;文斯二者,礼之源。无所不违之谓诚,无所不尽之谓忠,贯之之谓一,会之之谓中,及其至也,蟠天地、溥万物,推而放诸四海而准,其源皆发于此,此吾先圣所以垂教万世,吾先师子曾子之所传百世之后,门弟子张氏名九成者所解。九成之解足以起发人之善心,由之足以见圣人之蕴。……间有穷深极远为异学高论者曰:此家人语耳。非惟不足以知

---

① 《中说》,《滏水集》卷一。
② 《商水县学记》,《滏水集》卷十三。
③ 《性道教说》,《滏水集》卷一。
④ 《叶县学记》,《滏水集》卷十三。

圣人之道,是犹诧九层之台未覆一篑,欺人与自欺也,其可乎?愚谓虽圆顶黄冠、村夫野妇犹宜家置一书,渠独非人子乎?"①他对道学流弊不满的一个重要原因是认为后者失去了近思笃行之实:"自王氏之学兴,士大夫非道德性命不谈,往往高自贤圣而无近思笃行之实。视其貌,慌恍而不可亲;听其言,汪洋而不可穷;叩其中,枵然而无有也。……士大夫学贵深博,行己自浅近始,庶几脚践实地,无躐等虚浮之咎矣。"②

赵秉文还喜论史,《滏水集》卷十四收有《西汉论》、《东汉论》、《蜀汉正名论》、《魏晋正名论》、《唐论》、《侯守论》等篇。在这些史论文字中,赵氏申张了儒家的仁义思想以及正统观念,他对治道的理解即是推行仁义:"尽天下之道曰仁而已矣,仁不足,继之以义","古之人不求苟异,其于仁义,申重而已。"③但他也并不迂腐,允许在制度方面随时便宜:"礼乐法度亦各随时之制","以仁义刑政治天下,略法唐虞三代,叅以后王之制,其可矣,如其礼乐,以俟明哲。"④

赵秉文在给麻九畴(知几)的信中曾经说自己经学与文章不及李之纯(纯甫)。⑤赵氏自己被元好问誉为"沉潜乎六经,从容乎百家","文章字画在公为余事",⑥他这样评价李纯甫,可以想见后者在经学与文章上的成就。其实,在年龄上,李纯甫是赵的子侄辈,但赵因赏识其才华而忘年交之:"李屏山视赵闲闲为丈人行,盖屏山父与赵同年进士也,然赵以其才交之忘年。"⑦谈到金末儒林,李纯甫是一个不能忽视的人物。

---

① 《道学发源引》,《滏水集》卷十五。
② 《书东坡寄无尽公书后》,《滏水集》卷二十。
③ 《总论》,《滏水集》卷十四。
④ 《唐论》,《滏水集》卷十四。
⑤ 《答麻知几书》,《滏水集》卷十九。
⑥ 《闲闲公碑铭》,《遗山集》卷十七。
⑦ 刘祁:《归潜志》卷九。

第二节 李纯甫

李纯甫(1177—1223),字之纯,自号屏山居士,宏州襄阴人。幼颖悟异常,初业词赋,及读《左氏春秋》,爱之,遂为经义学,擢承安二年(1197)经义进士。为文法《庄》、《列》、《左氏》、《战国策》。且喜谈兵,慨然有经世之心。章宗南征,两上疏策其胜负,后多如所料。元兵起,又上万言书,援宋为证,当路以迂阔见抑。三入翰林,连知贡举,正大(1224—1231)末,以取士逾新格出倅坊州。未赴,改京兆府判官。卒于汴,年四十七。《金史》本传说他"为人聪敏,少自负其材,谓功名可俯拾,作《矮柏赋》,以诸葛孔明、王景略自期。中年度其道不行,益纵酒自放,无仕进意。得官,未成考,旋即归隐。日与禅僧士子游,以文酒为事,啸歌袒裼,出礼法外"。①

虽然李纯甫中年之后"纵酒自放"、"出礼法外",但由于他性喜推荐后进,在士大夫中有不小影响,他自述:"惟喜推借后进,如周嗣明、张毂、李经、王权、雷渊、刘从益、宋九嘉,皆以兄呼。"②刘祁亦证实:"天资喜士,后进有一善,极口称推,一时名士皆由公显于世。又与之拍肩尔汝,忘年齿相欢,教育抚摩,恩若亲戚,故士大夫归附,号为当世龙门。"③

史传又说,李纯甫"虽沉醉,亦未尝废著书"。其著作,据《屏山居士传》称:"晚自类其文,凡论性理及关(作者按:原作"闗",《金史》本传同,《宋元学案·屏山鸣道集说略》引之作"關",于义为长,故从之改)佛老二家者号'内稿',其余应物文字如碑志、诗赋号'外稿',盖拟《庄子》

---

① 《金史》卷一百二十六,第2735页。
② 刘祁:《屏山居士传》,《归潜志》卷一引。
③ 《归潜志》卷一。

内外篇。又解《楞严》、《金刚经》、《老子》、《庄子》。又有《中庸集解》、《鸣道集解》(作者按:当作《鸣道集说》),号为'中国心学,西方文教',数十万言。"①

李纯甫著述虽夥,但后多无传,其最为人所知亦最为正统儒者所病的是《鸣道集说》一书。据元好问,此书之作,经过如下:"(李纯甫)三十岁后遍观佛书,能悉其精微。既而取道学书读之,著一书,合三家为一,就伊川、横渠、晦庵诸人所得者而商略之,毫发不相贷,且恨不同时与相诘难也。"②

是说亦为元人黄溍所采:"(李纯甫)三十岁后遍观佛书,既而取道学诸家之书读之,一旦有会于心,乃合三家为一。取先儒之说,笺其不相合者著为成书,所谓《鸣道集说》也。"③

而耶律楚材为《鸣道集说》写的序对李纯甫著书的前因做了更详细的交代:"屏山居士年二十有九阅《复性书》,知李习之亦二十有九参药山而退著书,大发感叹,日抵万松老师,深攻亟击,宿稟生知,一闻千悟,注《首楞严》、《金刚》、《般若》,赞释迦,文达摩祖师,《梦语赘谈》、《翰墨佛事》等数十万言,会三圣人理性之学,要终指归佛祖而已。江左道学,倡于伊川昆季,和之者十有余家,涉猎释老,肤浅一二,著《鸣道集》。……屏山哀矜,著《鸣道集说》。"④据此而言,有宋诸儒著《鸣道集》在前,李纯甫有感而作《鸣道集说》于后,而其取资则似乎主要来自佛书。史传说屏山"晚年喜佛,力探其奥义",这个说法并不准确。事实上,李纯甫于佛教曾经几出几入,二十九岁后始定旨趣,从此矢志向佛。据载:"泰和中,屏山作《释迦文佛赞》,不远千里,以序见托于万松老师。永长巨豪刘润甫者笑谓老师曰:'屏山儿时,闻佛以手加额。既冠,排佛。今复赞佛。吾师之序可慎与之,庸讵知他日得不复似韩、欧

---

① 《归潜志》卷一。
② 《中州集》卷四。
③ 《鸣道集说序》,日本亨保四年刊《屏山鸣道集说》卷首,京都:中文出版社影印本,第2页。
④ 《屏山居士鸣道集序》,《湛然居士集》卷十四,影印文渊阁《四库全书》本。

排佛乎？'老师曰：'不然。今屏山信解入微，如理而说，岂直悔悟于前非，亦将资信于来者。且儿时喜佛者，生知宿禀也；既冠排佛者，华报蛊惑也；退而赞佛者，不远而复也。而今而后，世尊所谓吾保此木决定入海矣。'后果如吾师言。"①

如果说赵秉文对宋代道学的批评尚嫌笼统，那么，李纯甫对道学的商榷已经到了具体入微的地步。《鸣道集说》的辩锋所指，两宋大儒几乎无一幸免，全祖望说他"尽取涑水以来大儒之书，恣其狂舌"，②"其所著《鸣道集说》一书，濂、洛以来，无不遭其掊击"。③ 计是书议周敦颐（濂溪）二条，程颢（明道）三十五条，程颐（伊川）四十一条，张载（横渠）三十一条，谢良佐（上蔡）二十八条，杨时（龟山）九条，司马光（迂叟）五条，刘安世（元城，司马光弟子）、潘殖（安正）五条，张九成（横浦）一条，江名表一条，吕东莱一条，张栻（南轩）四条，朱熹（晦庵）八条。不妨认为，《鸣道集说》是金儒对两宋道学的一个集中回应。进一步说，金代儒学在儒学史上的意义也许就是对宋代道学的异议与补充。

全祖望将李纯甫视为"溺于异端"的典型："李屏山之雄文而溺于异端，敢为无忌惮之言"，④认定他"援儒入释，推释附儒"。⑤ 对于这种看法，李纯甫自己肯定不会表示同意，因为在他眼里，援儒入佛、推释附儒这样的说法就像怀疑东邻之井是盗自西邻之水一样可笑："近代李习之、王介甫父子、程正叔兄弟、张子厚、苏子由、吕吉甫、张天觉、张九成、张栻、吕祖谦、朱熹、刘子翚之徒……或疑其以儒而盗佛，以佛而盗儒，是疑东邻之井盗西邻之水，吾儿时之童心也。"⑥他对正统儒者动辄攻击佛老是异端的做法也很不以为然，旁征博引，最后得出"异端不足怪"的结论："吾读《周易》，知异端之不足怪；读《庄子》，知异端之皆

---

① 耶律楚材：《楞严外解序》，《湛然居士集》卷十三。
②④ 《屏山鸣道集说略》序录，《宋元学案》卷一百，第3316页。
③ 《屏山鸣道集说略》，《宋元学案》卷一百，第3318页。
⑤ 《宋元学案》，第3318页。
⑥ 《杂说》，《屏山鸣道集说》，第167页。

可喜;读《维摩经》,知其非异端也;读《华严经》,始知吾异端也。《中庸》曰:道并行而不悖;《周易》曰:君子之道或出或处,或语或默,殊途而同归,一致而百虑。虽有异端,何足怪耶?"①

客观而言,李纯甫固然对佛(老)卫护甚力,但他的自我认同却仍然是儒家,他也依然崇奉孔孟这些儒家圣人,他引以为据的也仍然是《易传》、《论语》这些儒家经典。李纯甫的立场,也许用三教合一形容更为恰当。李纯甫的三教(圣)合一主张,在他为《鸣道集说》写的"自序"中有比较完整的表述。

在序中,李纯甫首先将圣人之道在中土的演变描述为一个从统一到分裂再到失传的过程:"天地未生之前,圣人在道;天地既生之后,道在圣人。故自生民以来,未有不得道而为圣人者。伏羲、神农、黄帝之心见于大《易》,尧、舜、禹、汤、文、武之心见于《诗》、《书》,皆得道之大圣人也。圣人不王,道术将裂。有老子者,游方之外,恐后世之人塞而无所入,高谈天地未生之前而洗之以道德。有孔子者,游方之内,恐后世之人眩而无所归,切论天地既生之后而封之以仁义。故其言无不有少相龃龉者。虽然,或嘘或吹,或挽或推,一首一尾,一东一西,玄圣素王之志亦皆有所归矣。其门弟子恐其不合而遂至于支离也。庄周氏沿流而下,自大人至于圣人;孟轲氏溯流而上,自善人至于神人,如左右券,内圣外王之说备矣。惜夫!四圣人没,列御寇驳而失真,荀卿子杂而未醇,扬雄、王通氏僭而自圣,韩愈、欧阳氏荡而为文,圣人之道如线而不传者,一千五百年矣。"②在这里,屏山提出了一个道统谱系,与韩愈或程颐所述的相对纯粹的儒家道统不同,他给道家留了一席之地。而道术裂而后有老、孔、庄、孟诸子的讲法也明显是《庄子·天下篇》的思路。

接着,他说,中土失传已久的圣人之道意外地却在西方佛书中找

---

① 《杂说五》,《屏山鸣道集说》,第179—180页。
② 《鸣道集说》卷首,第7—8页。

到:"而浮屠之书从西方来,盖距中国数千万里,证之文字,诘曲侏离,重译而释之,至言妙理与吾古圣人之心魄然而合,顾其徒不能发明其旨趣耳。岂万古之下,四海之外,圣人之迹竟不能泯灭邪?"①他相信,儒佛本是一家,只是在世间各自发挥着不同的功用而已:"儒佛之说为一家,其功用之殊,但或出或处,或默或语。"②

随后,他提出,从李翱以来,儒者有见于此,颇取佛说以证儒书:"诸儒阴取其说以证吾书,自李翱始,至于近代,王介甫父子倡之于前,苏子瞻兄弟和之于后,《大易》、《诗》、《书》、《论》、《孟》、《老》、《庄》皆有所解,濂溪、涑水、横渠、伊川之学踵而兴焉,上蔡、元城、龟山、横浦之徒又从而翼之,东莱、南轩、晦庵之书蔓衍四出,其言遂大。"③"自孔孟云亡,儒者不谈大道一千五百年矣,岂浮图氏之罪耶?至于近代,始以佛书训释《老》、《庄》,浸及《语》、《孟》、《诗》、《书》、《大易》,岂非诸君子所悟之道亦从此入乎?"④

诸儒以佛(老)证儒,对此,李纯甫表示,一则以喜,一则以忧。所喜者,大道将合:"小生何幸,见诸先生之论议,心知古圣人之不死,大道之将合也。"⑤所忧者,"恐将合而又离"。为什么会有这种担忧呢?据李纯甫解释,理由如下:宋儒对佛老采取了一种两面手法:"至如刘子翚之洞达,张九成之精深,吕伯恭之通融,张敬夫之醇正,朱元晦之峻洁,皆近代之伟人也。……其论佛老也,实与而文不与,阳挤而阴助之。"⑥李纯甫指出,宋儒这样做原有其苦衷,他能够理解:"盖有微意存焉:唱千古之绝学,扫末流之尘迹,将行其说于世,政自不得不尔。"⑦"近代李习之、王介甫父子、程正叔兄弟、张子厚、苏子由、吕吉甫、张天

---

① 《鸣道集说》卷首,第9页。
② 《屏山鸣道集说》卷五,第142页。
③ 《鸣道集说》卷首,第9—10页。
④ 《屏山鸣道集说》卷一,第40页。
⑤ 《鸣道集说》卷首,第10页。
⑥ 《屏山鸣道集说》卷五,第143页。
⑦ 《屏山鸣道集说》卷五。

觉、张九成、张栻、吕祖谦、朱熹、刘子翚之徒,心知此说,皆有成书,第畏人嘲剧,未敢显言耳。"①但他担心,不了解内情者会以为儒佛相异而不相同:"吾恐白面书生辈不知诸老先生之心,借以为口实,则三圣人之道几何不化为异端也。"②而某些儒者对佛教的激烈批评又无异于火上浇油:"如胡寅者诟骂不已,嘻!其甚矣。岂非'翻着祖师衣,倒用如来印'者?"③

因此,他给自己规定的第一个任务就是揭秘,即揭示被"非佛"表象掩盖了的"是佛"真相:"意者,撤藩篱于大方之家,汇渊谷于圣学之海,蒐诸子胸中之秘,发此书言外之机,道冠儒履同入解脱法门。"④揭秘的目的在于撤除藩篱,三教会通。

另一方面,李纯甫认为自己还不得不完成第二项任务,那就是订正诸儒得失。他声称,在研治诸儒之书的过程中发现了很多地方不合古圣人之教,直到得空撰成《鸣道集说》才把它们一一笺注出来:"伊川之学,今自江东浸淫而北矣,缙绅之士,负高明之资者,皆究心焉。予亦出入于其中,几三十年,尝欲笺注其得失而未暇也。今以承乏于秋闱,考经学数十余日,乘间漫笔于小稿。"⑤

与此相应,《鸣道集说》采取了如下写作方式:先抄录一段宋儒语录,然后加上自己的按语,在按语里,或指出该语录所反映的思想取自佛道何书。比如,他在评论张载的太虚说时指出它取自佛老之说:"横渠曰:气块然太虚,升降飞扬,未尝少息,《易》所谓氤氲,《庄子》所谓生物之以息相吹野马者欤,此虚实动静之机,阴阳刚柔之始。浮而上者阳之清,降而下者阴之浊。其感遇聚散为风雨,为霜雪,万品之流形,山川之融结,糟粕煨尽,无非教也。屏山曰:张子略取佛老之语力为此说,正《首楞严》五十种魔第三十二行阴未尽见诸十方十二众生毕殚其

---

① 《杂说》,《屏山鸣道集说》,第167页。
② 《屏山鸣道集说》卷五,第144页。
③⑤ 《屏山鸣道集说》卷五,第143页。
④ 《屏山鸣道集说》卷五。

类,虽未通其各命,由绪见同生基,犹如野马熠熠清扰,为浮尘根究竟枢穴。张子误认此言,以为至理,而又摹影佛答富楼那大地山川生起之说、庄周矢溺瓦砾之说而不甚明,可付一叹。"①

或指出其说不合于三圣人之教处。比如,他在《鸣道集说》中对朱熹的批评就是认为后者对佛学只知其一不知其二:"朱子之于性学,盖尝深体之矣,惜乎未听佛书之多,而见禅者之少也。方其一向如是,知理而不知事,知正而不知有偏,知有文殊而不知有普贤也。及其一家,知事而不知有理,知偏而不知有正,知有普贤而不知有文殊也。至于'体用一源,显微无间',始知有理有事,有正有偏,有文殊有普贤而已。顾岂知理事无碍,正偏回互,文殊普贤为一法身哉?至于周遍含融,兼中到位,与善财入法界品,海印三昧,帝网相罗,未尝梦见,所以未免科分三段,话作两橛,暗中摸索,止出于情识卜度耳。谓道在于此,谈何容易哉?自谓浩浩大化之中安身立命,不觉识浪湛然之顷已滔天矣。如急流水,苦不自知耳。学者当审思而明辨,各自体之,或信予之言之不妄云。"②

虽然《鸣道集说》对宋儒多有指斥,但李纯甫表明心迹说,自己不是成心要与前贤立异,而是深恐三圣人之道支离不合:"仆与诸君子生于异代,非元丰、元祐之党,同为儒者,无黄冠缁衣之私,所以呕出肺肝,苦相订正,止以三圣人之教不绝如发,互相矛盾,痛入心骨,欲以区区之力尚鼎足而不至于颠仆耳。或又挟其众也,哗而攻仆,则鼎覆矣。悲夫!虽然,仆非好辨也,恐三圣人之道支离而不合,亦不得已尔。如肤有疮疣,膏而肉之;地有沉堑,实而土之,岂抉其肉而出其土哉?"③他这样解释自己对二程的批评:"今程子去圣人千五百年,唱于绝学,其言固可尚矣。予何人也,安忍复与之异同乎?区区之心,盖以镜犹有

---

① 《屏山鸣道集说》卷一,第23—24页。
② 《屏山鸣道集说》卷五,第153—154页。
③ 《屏山鸣道集》卷末,第162页。

垢,矿未成金。喫垢索之而玄珠遂亡,倏忽凿之而混沌必死,但有纤毫已成添漏,疑情将尽,胜解还生。胸中既横禅学之人,目前尚碍山河之境,未能无我,径欲忘言,流入异端,浸成邪说矣。悲夫!"①他请求学者不要因《鸣道集说》遂废宋儒之书:"学者有志于道,先读诸君子之书,始知仆尝用力乎其中,如见仆之此编,又以藉口而病诸君子之书,是以瑕而舍玉,以噎废食。不惟仆得罪诸君子,亦非仆所望于学者吁。"②

在《鸣道集说》中,李纯甫对道学的很多经典表述都发表了自己的评论,内中涉及道学的鬼神观和人性论。

朱熹与吕祖谦编道学读本《近思录》,有关鬼神的条目只占较小的比重,其中,以二程(尤其是小程)与张载的语录最多,程颢论鬼神有无,程颐以天地功用论鬼神,张载以阴阳之气说鬼神,谢良佐关于祖考来格的理论,等等,尔后成为道学有关鬼神的基本共识。李纯甫挑战了道学在鬼神问题上的共识。

道学对鬼神存在持一种若有若无的态度,李纯甫以为这不合圣人之教:"上蔡曰:人死时气尽也。予尝问明道,有鬼神否?明道曰:道无,你怎生信?道有,你且去寻讨看。横渠云:这个是天地间妙用。这里有妙理,于若有若无之间须断直得去,不是鹘突自家。要有便有,要无便无,始得。鬼神在虚空中辟塞,触目皆是,为他是天地间妙用。祖考精神便是自家精神。屏山曰:明道之说出于'未能事人,焉能事鬼',横渠之说出于'精气为物,游魂为变,是故知鬼神之情状',上蔡之说出于'盛哉鬼神之德,洋洋乎如在其上,如在其左右'。三子各得圣人之一偏耳,竟堕于或有或无若有若无之间,不免鹘突。予观圣人之言各有所主,大抵有生有死,或异或同,无生无死,非同非异。人即有形之鬼,鬼即无形之人。心有即有,心无即无耳。圣人复生,不易吾言

---

① 《屏山鸣道集说》卷二,第54—55页。
② 《屏山鸣道集说》卷二。

矣。"①道学之所以对鬼神存在与否不下一个简明的判断,是充分考虑到这个问题的复杂性,李纯甫将鬼神的存在完全系于人的主观,未免失之于轻率。

张载从气的观点解释鬼神,李纯甫则认为鬼神与气毫无关系。"横渠曰:鬼神者,二气之良能也。又曰:天道不穷,寒暑已;众动不穷,屈伸已。鬼神之实不越二端而已。屏山曰:圣人有言:'天且弗违',而况于人乎?况于鬼神乎?天自天,人自人,鬼神自鬼神,非二气也。天之寒暑,气之屈伸,鬼神何预焉?伊川亦曰:'鬼神者,造化之迹。'江东诸子至有以风雨为鬼神,其疏甚矣。此说亦有所从来,其源出于汉儒误解《中庸》'鬼神体物而不可遗'句,训'体'为'生'。说者谓万物以鬼神之气生,故至于此。予谓鬼神虽弗见弗闻,然以物为体而影附之,不可遗也,故洋洋乎如在其上与左右也,何以二气为哉?"②李纯甫将"体物而不可遗"的"体物"训为"以物为体",这种解释不同于汉代郑玄训"体"为"生",也不同于朱熹的理解,后者认为"体物"这种用法犹如《易》的"干事"一语,其意义当作"为物之体":"鬼神无形与声,然物之终始莫非阴阳合散之所为,是其为物之体而物所不能遗也。其言体物,犹《易》所为干事。"③李纯甫的这种理解,如果放在朱熹那里,后者会认为他恰恰是将鬼神与物的关系说倒了:"问:'体物而不可遗',是有此物便有鬼神,凡天下万物万事皆不能外夫鬼神否?(朱子)曰:不是有此物时便有此鬼神,说倒了。乃是有这鬼神了,方有此物。及至有此物了,又不能违夫鬼神也。"④依道学,鬼神实际上是构成宇宙的两种基本元素。而李纯甫则将鬼神作为无形之实体看待。张载又将鬼神与气的屈伸相对应,李纯甫认为这种区分失之牵强:"横渠曰:物之初生,气日至而滋息。物生既盈,气日反而游散。至之谓神,以其伸

---

① 《屏山鸣道集说》卷四,第116—117页。
② 《屏山鸣道集说》卷一,第29—30页。
③ 《中庸章句》,《四书章句集注》,第25页。
④ 《朱子语类》卷六三,中华书局,1986年,第1544页。

也;反之谓鬼,以其归也。屏山曰:此说出于汉儒以木火为生物之神,以金水为终物之鬼。训神为伸,训鬼为归,亦曲说耳。今证以孔子之言,'精气为物'谓人物也;'游魂为变'谓鬼神也。人物,有形之鬼神;鬼神,无形之人物。可以知鬼神之情状盖无异于人物,故其祸福亦从吾之好恶焉。岂神主生而鬼主死,又强为分别耶?"①在李纯甫看来,鬼神与人物只是有形与无形的区别,而其本质则是一致的。其实,在这一点上,道学也有类似看法。但李纯甫与道学不同之处在于他所使用的鬼神是一个整体概念,而道学则根据字源学对鬼神做出了区分。

站在气学的立场,张载用气的聚散解释万物的成毁,李纯甫则认为,这种观点抹杀了苦乐贤愚的差别,也取消了道学修习的意义:"横渠曰:太虚者,气之体。气有阴阳屈伸相感之无穷,故神之应也无穷;其散无数,故神之应也无数。虽无穷,其实湛然;虽无数,其实一而已矣。阴阳之气,散则万殊,人莫知其为一也;合则混然,人莫见其殊也。形聚为物,物溃反源。反源者,其'游魂为变'欤?所谓变者,对聚散存亡为文,非如萤雀之化指前后身说也。屏山曰:此说非孔子之言,非佛氏之言也,张子凭私臆决力为此说,固已劳矣。虽然,敢问张子:其湛然而一者与无数无穷者,其一物乎?其二物乎?胡为而散?胡为而合?萤雀之化有前身,安知游魂之变无前后身也?既同生于太虚之气、阴阳之神,何参差万状,苦乐之不齐,贤愚之绝异耶?诚如此言,饮食男女之外,无复余事;寿夭贫富之别出于自然;名教不足贵,道学不必传;桀纣盗跖为达人,尧舜孔子徒自困耳。此奸雄之所以藉口泯灭生灵之语,而张子又说而鼓之。吾不忍后世之愚民将胥而为鬼为蜮为血为肉也。悲夫!试读《首楞严经》,则此语冰消瓦解矣。"②

李纯甫指责张载之说不合孔佛,与泯灭生灵之奸雄如出一辙。不能不说,这是对后者的严重误解。张载因主张散而复聚的"反原"说而

---

① 《屏山鸣道集说》卷一,第32页。
② 《屏山鸣道集说》卷二,第45—46页。

被程朱批评为近佛,盖程颐认为既散之气不可能又重归本原:"凡物之散,其气遂尽,无复归本原之理。天地间如洪炉,虽生物销铄亦尽,况既散之气岂有复在?天地造化又焉用此既散之气?其造化者自是生气。"①朱熹完全同意程颐对张载的这个批评,在《答林德久(所示疑义)》一书中详细讨论了张说,②朱熹认为张氏陷于轮回之说而不自知:"横渠辟释氏轮回之说,然其说聚散屈伸处,其弊却是个大轮回。盖释氏是个个各自轮回,横渠是一发和了,依旧一大轮回。"③后来王夫之为张载辩护,坚持认为,反原说能为儒家所强调的修身提供根据:"贞生死以尽人道,乃张子之绝学,发前圣之蕴,以辟佛老而正人心者也。朱子以其言既聚而散,散而复聚,讥其为大轮回。而愚以为朱子之说正近于释氏灭尽之言,而与圣人之言异。……且以人事言之,君子修身以俟命,所以事天;全而生之,全而归之,所以事亲。使一死而消散无余,则谚所谓伯夷、盗跖同一丘者,又何恤而不逞志纵欲,不亡以待尽乎?"④其实,王夫之的辩护与程朱的批评并没有形成实质性的交锋,前者重在强调反原说与佛教轮回理论的近似,后者只是提出批评者的理论与佛教的灭尽说近似,却没有正面洗刷反原说与轮回论的干系。也许,将批评与辩护结合起来,才能对反原说有一个全面的认识,即:一方面,反原说与轮回说有异曲同工之处;另一方面,反原说的本意在于为儒家的修身主张提供依据。对照这个认识,不难发现,李纯甫的批评基本没有把握张说的精神。

有关人性善恶的讨论在儒学中久盛不衰,这当然是因为儒家的理论关心是成圣成贤,换言之,即:成圣(做一个道德完善的人)如何可能。而要回答成圣如何可能的问题,先必须对人性的状况有一个基本的判断。从孔子的"性相近"说开始,几乎所有重要的儒家学者对人性

---

① 《遗书》卷十五,《二程集》,第163页。
② 详《文集》卷六一,《朱子全书》,上海古籍出版社,2002年,第2943—2944页。
③ 《朱子语类》卷九九,第2537页。
④ 《张子正蒙注·太和》。

都有所表态,道学积累了丰富的人性讨论,其中,张载、二程给出了道学有关人性认识的经典命题。李纯甫在性说上自称从孟子而于各家皆有所辨,其基盘则为《首楞严》之佛理。孟子以来各家性说,李纯甫尝加论列:"吾自读书,知孟子为圣人也。孟子曰性善,荀子曰性恶,扬子曰善恶混,韩子曰有性有情,苏子曰有性有才,欧阳子曰性非学者之所急也。吾从孟子,不得不与诸子辨。荀子曰性恶,荀子果肯为恶乎?扬子曰善恶混,扬子之为善也,其为恶者安在乎?韩子曰有性有情,韩子之为善者,其性乎?其情乎?苏子曰有性有才,苏子之才,其非性乎?欧阳子曰性非学者之所急也,欧阳子之学何等事乎?当孟子之时,固有以食色为天性者,有以为有善有不善者,有以为无善无不善者,有以为可以为善可以为不善者,孟子犹以为性善。又曰:乃若其情,则可以为善矣。又曰:若夫为不善,非才之罪也。"①复以佛经比附诸说:"后读佛书,以真如性为如来藏,从本以来,惟有过恒沙等诸净功德,一切烦恼染法皆是妄有,性自本无,故曰:白净无垢识为无明所熏习,一变而为含藏识,暗然无记,扬子之所谓善恶混者;再变而为执受识,我爱初生,荀子之所谓恶者;三变而为分别意识,好恶交作,韩子之所谓情也;四变而为支离五识,视听亦具,苏子之所谓才也。学道者复以真如熏习无明,转四识为四智,其一曰大圆镜,其二曰平等性,其三曰妙观察,其四曰成所作,初无增减,故号为如来,特人昧其性耳,性何负于人哉?此孔子之所谓'性相近习相远'也。'惟上智与下愚不移',即吾佛所谓阿跋跋与阐提非了义也。"②实际上,佛经中所说的性主要是认识心,即道学所批评的"以知觉说性",而中土所讨论的性是与善恶相关的道德心,二者不可比附,李纯甫不了解这一点,试图将各家性说纳入佛经所说的诸识当中,也许在他自己看来天衣无缝,但从旁视之,实为不类。以上所评诸家,于宋儒只提欧阳修,而欧阳修实际对性

---

① 《杂说》,《屏山鸣道集说》,第169页。
② 《屏山鸣道集说》,第170页。

论持一种取消主义的态度,根本不是性论的翘楚,在性论方面卓有建树的张、程,李纯甫并不重视,这也许是因为他根本就对道学发明的气质之性说不以为然,从他对程颐性说的处理可以看出他的某种不屑:"伊川曰:孟子言人性善是也。荀扬亦不知性。性无不善,而有不善者,才也。性即是理。尧舜与途人一也。才禀于气,气有清浊。禀其清者为贤,浊者为愚。亦可变,惟自弃者不移也。屏山曰:荀扬之言固不足取。程氏之言性也,杂之以气,亦与孟子不合。又言才禀于气而有清浊。孟子之言曰志者气之帅,故谓之浩然之气。又曰:若夫为不善,非才之罪也,岂有清浊之间也。"①在他心目中,惟佛经所说才是至理,孟子所说亦称不上第一义,至于程颐之论则更不必言:"虽然,孟子所谓性已落第二,盖孔子之所谓习耳。其所由来远矣。故有生而愚知即相悬者,岂有清浊之气自然圣人哉?此《首楞严》之所谓无始菩提涅槃。元清净,体识精。元明能生诸缘,缘所遗有,即此物也。其无始以来生死根本用攀缘心以为自性,亦此物也。非一非二,非同非异,非即非离。程子焉能知此理哉?"②归根结底,李纯甫心契于佛教以识言性的思路,对中土性论始终有隔,他关于儒家性论的这些消极评价,既无足为怪,同时亦无甚可观。

总结而言,李纯甫对道学的批评多属外在。不过,必须承认的是,李纯甫对道学的确下过一番功夫,在同代人中,对道学的了解,无论是深度还是广度,他都堪称佼佼者。

在自撰的《屏山居士传》中,李纯甫曾这样形容自己:"居士使酒玩世,人忤其意,辄谩骂之,皆其志趣也。其自赞曰:躯干短小而芥视九州,形容寝陋而蚁蛊公侯。言语謇吃而连环可解,笔札讹痴而挽回万牛。宁为时所弃,不为名所囚。是何人也耶?吾所学者,净名庄周","尝曰:自庄周后,惟王绩、元结、郑厚与吾。此其所学也。每酒酣,历

---

① 《屏山鸣道集说》卷三,第95页。
② 《屏山鸣道集说》,第96页。

历论天下事,或谈儒释异同,虽环而攻之,莫能屈。世岂复有此俊杰人哉!"①

从这个自述看,李纯甫颇有几分魏晋名士风度。虽然如此,他却没有见弃于金朝儒林,身为"斯文主盟"的赵秉文对他青眼有加,即是一证。同一般的儒者相比,李纯甫毫无方巾之气,而有文士之习、豪杰之姿,元好问《中州集》载:"迄今论天下士,至之纯与雷御史希颜,则以中州豪杰数之",②"李屏山杯酒间谈辩锋起,时人莫能抗",③"承平以来,王汤臣论人物,李之纯玄谈,号称独步"。④ 在金代士林中,李纯甫的确是一个异数。

一代有一代之人物,一代有一代之学术。无论是褒是贬,无疑的,写到十二—十三世纪中国儒学,赵秉文与李纯甫以及他们所代表的学术共同体自是题中应有之义。

---

① 刘祁:《归潜志》卷一引。
② 元好问:《中州集》卷四。
③ 元好问:《中州集》卷六。
④ 元好问:《中州集》卷七。

第二章

许衡的儒学思想

许衡(1209—1281),字仲平,学者称鲁斋先生,金河内人。许衡生于金末,遭逢世乱而嗜学不倦,在大名府与窦默结识,相与讲学,靡不研究。蒙古灭金后,许衡占籍为儒。姚枢隐居苏门,传赵复①所授之

---

① 1235年,元军攻陷德安(今湖北安陆),当时,随军供职的北方学者姚枢奉命网罗各类人才,"凡儒、道、释、医、卜占一艺者,活之以归"(《宋元学案》卷九十《鲁斋学案》),赵复即在其中。赵复,生卒不详,字仁甫,学者称江汉先生,南宋乡贡进士,师承不详,时人以其学旨,将其归为程朱之门。历史地看,赵复北上是北方理学发展的一大转机。首先,赵复把程朱理学著作系统地介绍给了北方学者。"先是,南北道绝,载籍不相通。至是,复以所记程、朱所著诸经传注,尽录以付枢。"(《元史》卷一八九《赵复传》)后来姚枢隐居苏门,将赵复所授之书尽行刊刻,又与其他学者合作,将赵复所授诸经传注纂为《五经要语》,广为刊行,大惠学者。其次,赵复开启了北方书院讲学之风。赵复至燕后,杨惟中与姚枢建太极书院,立周敦颐祠,以二程、张载、游酢、杨时、朱熹六人配食,选取遗书八千余卷,请赵复主讲其中。赵复以此为讲坛,公开传授程朱理学。而太极书院则成为元代国立学校性质的书院制度的滥觞。第三,赵复为北方建立了理学师承授受体系。姚燧说:"(赵复)至燕,名益大著。北方经学实赖鸣之。游其门者将百人,多达材其间。"(《牧庵集》卷四《序江汉先生死生》)黄宗羲评论说:"自石晋燕云十六州之割,北方之为异域也久矣。虽有宋诸儒叠出,声教不通。自赵江汉以南冠之囚,吾道入北,而姚枢、窦默、许衡、刘因之徒得闻程朱之学,以广其传,由是北方之学郁起。"(《宋元学案》卷九十《鲁斋学案》)正是在这个意义上赵复被称为"道北第一人"。赵复的著作今已佚,其学之详无从考见。今据《元史·赵复传》可知,他著有《传道图》,阐述了从伏羲、神农、尧、舜,经(转下页)

学,许衡往学,得《伊川易传》、《四书章句集注》、《大学或问》、《小学》等书,大喜,尽弃前所习章句之学,而以《小学》、四书为教材,传授生徒。忽必烈在潜藩,引用儒臣,许衡被擢为京兆提学。忽必烈即位后,又被召为国子祭酒。至元二年(1265),入中书省议事,向忽必烈疏陈"立国规模"、"中书大要"、"为君难"、"农桑"、"学校"等"时务五事",要旨是行"汉法"、重儒学。所谓行汉法,就是采用中国古代的礼乐典章、文物制度,即中原政治制度。至元六年,许衡受诏参与定朝仪、定官制。1271年,蒙古改国号为元,忽必烈改授许衡集贤大学士兼国子祭酒,教授蒙古贵族子弟,许衡欣然受命,又请征弟子王梓等十二人分处各斋为斋长。至元十三年,受召与郭守敬修订"授时历"。

许衡在元朝为理学"承流宣化",被视为"朱子之后一人"。[1] 在他死后,一些儒生对他推崇备至。元朝封他为魏国公,谥文正。皇庆二年(1313),又从祀孔庙。许衡的著述,今存者有《读易私言》、《小学大

(接上页)孔子、颜渊、孟子,到宋儒周、程、张、朱一脉相承的道统谱系,图后还配以理学家的书目。又作《师友图》,登录了朱子门人,以"寓私淑之志"。别著《伊洛发挥》,"以标其宗旨"。又取伊尹、颜渊言行,作《希贤录》,"使学者知所向慕"。赵复似乎一直不忘故国,无意仕元,在太极书院待了一年后,即隐居不知所终。赵复的学生,或仕或隐,后来大都成为北方名儒。其中,郝经(1223—1275,字伯常,山西陵川人)家承洛学,对赵复非常佩服,称赞其"传正脉于异俗,衍正学于异域"(《陵川文集》卷三十《送汉上赵先生序》)。他还与赵复通书讨论理学问题。不过,在政治上,他不像赵复那样坚持"夷夏之防",而是认为"能行中国之道,则中国之主也"(《陵川文集》卷三七《与宋国两淮制置使书》)。郝经后来受到忽必烈的任用,出使南宋,被拘十六年之久而始终不屈。在元代,郝经以行汉法的政治主张和高风亮节著称,被誉为"元初理学名儒,文章事业彪炳宇宙"(《陵川文集》卷首)。而元代理学名儒许衡也是闻赵复之教后才从事程朱之学的。许衡在接受理学之前,靠自学已有所成。及至从姚枢那里获得赵复所传之书后,幡然醒悟,改弦更张。《考岁略》生动地记载了他的这一转变经过:许衡回乡,召集学生说:"昔所授受,殊孟浪也,今始闻进学之序。若或欲相从,当悉弃前日所学章句之习,从事于小学洒扫应对,以为进德之基,不然,当求他师。"即希望学生跟自己一起研治理学,当学生表示同意后,他"悉取向来简帙焚之,使无大小,皆自小学入"。他自己则"且岁精诵不辍,笃志力行,以身先之"。(《元朝名臣事略》卷八)这个记载或有夸张之处,但许衡由章句之学转向以培养德性为目标的小学,无疑是他一生学术的一大转折。从许衡教学生"使无大小,皆自小学入"这一点来看,他似乎还没有深入到义理之学的堂奥,因为小学的主要内容是洒扫应对这些基本的行为规范,还不涉及理学津津乐道的性命之说。另一位著名学者刘因,转向理学的经过不像许衡这样富于戏剧性转折,而是一见如故:"(刘因)初为经学,究训诂疏释之说,辄叹曰:'圣人精义,殆不止此。'及得周、程、张、邵、朱、吕之书,一见能发其微,曰'我固谓当有是也'。"(《元史》卷一七一《刘因传》)

[1] 薛瑄:《读书录》卷一。

义》《大学要略》《大学直解》《中庸直解》及其他诗文和门人所编《语录》等,均收在《鲁斋遗书》中。

在出处问题上,许衡与刘因,一仕一隐,适成对照。有这样一个传说:"初,许衡之应召也,道过真定,(刘)因谓曰:'公一聘而起,无乃速乎?'衡曰:'不如此则道不行。'及先生(刘因)不受集贤之命,或问之,乃曰:'不如此则道不尊。'"① 这个说法最早出现于陶宗仪的《辍耕录》,后世学者已指出它明显存在与史实不符之处:许、刘二人相差四十岁,许衡频繁应召的年代在十三世纪六七十年代,刘因当时不过是一个不到三十岁的无名后生,以二人地位与年龄如此悬殊,他们之间不可能发生这样的对话。不过,这个传说却从一个方面反映他们在时人心目中截然相反的形象。后世一些汉族知识分子出于正统的夷夏观对许衡仕元提出指责,如王夫之在他的《读通鉴论》中就将许衡作为失身之士的典型。然而,公允地说,许衡的出仕在客观上有利于理学在元代的推广。元仁宗皇庆二年诏行科举,程朱理学被立为科举程式,这与此前许衡等人的努力是分不开的。虞集说:"使国人知有圣贤之学而朱子之书得行于斯世者,文正之功甚大矣",② 并非过誉。

许衡的高徒姚燧对自己的老师有这样的评价:"先生(许衡)之学一以朱子之言为师,穷理以致其知,反躬以践其实。"③ 时人亦说他"平生嗜朱子学不啻饥渴,凡指示学者,一以朱子为主"。④ 明儒何瑭则评论说:"鲁斋幼而读书,即有志于圣贤之道,后得考亭《小学》、《四书》,乃尽弃故习,一从事于其间。故立身行己,立朝事君,及启迪后进,而不徒事于言语文字之间;道以致用为先,而不徒极乎性命之奥。"⑤ 从这些议论看,许衡的思想主要有两个特点:一是朱学路数;二是重经世致

---

① 《静修学案》,《宋元学案》卷九一,第 3022 页。
② 《先儒议论·虞氏邵庵语》,《鲁斋遗书》卷一四,影印文渊阁《四库全书》本。
③ 《先儒议论·姚氏牧庵语》,《鲁斋遗书》卷一四。
④ 《考岁略》,《鲁斋遗书》卷十三《附录》。
⑤ 《表彰文正公碑记》,《鲁斋遗书》卷一四。

用而忽于讲求义理。

第一节 理本论

许衡哲学的核心范畴是"理"(亦即"道")。"道是日用事物当行之理","道者,天理之当然"。① 许衡对"理"的认识有一个发展过程。早年他认为:"太极之前,此道独立。道生太极,函三为一。一气既分,天地定位。万物之灵,惟人为贵。"②

《汉书·律历志》有"太极元气,函三为一"之说,许衡所谓的"太极"当即"元气"。许衡认为"道"在"太极"之前,这个思想不合朱熹的哲学立场,在后者那里,太极是最高本体,不能说"道生太极"。许衡此时还没有获读朱熹的主要著作,这个观点可能来自他早年读到的王弼《周易注》。在其思想成熟之后,许衡的表述可以看出更多朱熹的影响,比如,他将"理"或"太极"看做最高本体,如说:"天下皆有对,唯一理无对,便是太极也。"③有时又将阴阳二气与天道并提作"天道二气"。④许衡认为,天道就是阴阳二气的消长变化:"春夏秋冬,寒暑代谢,天之道也",⑤万物消长的过程就是阴阳二气聚散的过程:"凡物之生,都是阴阳之气合;凡物之死,都是阴阳之气散。"⑥

关于理气关系,许衡一方面认为,理气二者相即不离,他说:"事物必有理,未有无理之物。两件不可离,无物则理何所寓?"⑦另一方面,又说:"凡物之生,必得此理而后有是形,无理则无形。"⑧在回答究竟是理出于天还是天出于理的时候,许衡说:"天即理也。有则一时有,

---

①⑥ 《中庸直解》,《鲁斋遗书》卷五。
② 《稽古千文》,《鲁斋遗书》卷七。
③④ 《语录下》,《鲁斋遗书》卷二。
⑤⑦⑧ 《语录上》,《鲁斋遗书》卷一。

本无先后。有是理而后有是物。"①这反映出他继承了朱熹的有关理气无先后但在逻辑上理在气先的思想。

在心、性、理的关系问题上,许衡说:"古之圣人,以天地人为三才。天地之大,其与人相悬不知其几何也,而圣人以人配之,何耶?盖上帝降衷,人得之以为心,心形虽小,中间蕴藏天地万物之理,所谓性也,所谓明德也。虚灵明觉,神妙不测,与天地一般。故圣人说天地人为三才。"②

以往有些学者根据这里的心"与天地一般"的说法,认为许衡主张心就是天,其实不然。许衡讲心与天地一般,是在心与天同的意义上说的,看下面这段话就非常清楚:"人与天地同,是甚底同?人不过有六尺之躯,其大处、同处指心也,谓心与天地一般。"③同样道理,许衡论天地人三才的这段话,意思是说,人之所以能与天地相配,是因为人心蕴藏了天地万物之理,在虚灵明觉、神妙不测的功用方面,心与天地可以说是一样的。

当有人问他:"心也,性也,天也,一理也,何如?"许衡回答说:"便是一以贯之。"④所谓一以贯之,是指一理贯通万物。此外,许衡又说"心之所存者理一",⑤很清楚,许衡是认为理存于心中,亦即所谓心具理,而不是心即理。事实上,许衡说过"天即是理"、"性即是理",⑥但从没有说过"心即是理"。

总起来看,许衡对心与物、心与理关系的论述,并没有超出心具理的涵义,因此,许衡所主张的不是"心即理"或"心即天"式的以心为本体的心本论,而是"性即理"这样的理本论。

---

① ④ 《语录上》,《鲁斋遗书》卷一。
② 《论明明德》,《鲁斋遗书》卷三。
③ ⑤ 《语录下》,《鲁斋遗书》卷二。
⑥ 《中庸直解》,《鲁斋遗书》卷五。

第二节　知行观

明人曾评论说："鲁斋力行之意多"，"盖真知实践者也"。① 的确，许衡十分重视"践行"，不过，他又强调力行必须有真知，只要知得真，就能行得力。在知行问题上，许衡的看法比较复杂，对朱熹的知行学说既有继承又有发挥，具体表现在以下三个方面。

其一，知行是两事。许衡说："世间只有两事，知与行而已。"②他还以《论语》首章为证："以'学而时习之'为始，便只是说知与行两字。"③用知与行这两个范畴概括人类认识与实践活动，这不是许衡的发明，自古而然，程朱理学尤其如此，不过，许衡关于知行二事的看法也有一些别出心裁之处。比如，他认为《中庸》说的"博学之，审问之，慎思之，明辨之"四项"只是要个知得真"，然后才有"笃行之"一句。④又如，他把孔子描述自己一生过程的"不惑"、"知命"、"耳顺"都理解为"知"，认为其间只有"精粗浅深之别"，而"从心"、"不逾矩"则属于"不勉而中"。⑤他还提出，《大学》中所说的"穷神"就是知，而"知化"则是行："在《大学》，穷神是知也，知化是行也。穷尽天地神妙处，行天地化育之功。"⑥许衡喜欢把事情的过程分成知行两截，在这一点上，他也存在后人所批评的程朱析知行为二事那样的问题。

其二，真知力行。许衡对这个问题论述得比较透彻。首先，他指出，"知"的目的是"为吾躬行之益"。⑦这又可以分两方面来说，一方面，知是为行而知，也就是说，知是行的内在根据和原因，知了方能行，不知则不能行。当有人说依理行事多不乐时，许衡回答说："天下只问

---

① 《先儒议论·薛文清公读书录》，《鲁斋遗书》卷十四。
②⑥ 《语录下》，《鲁斋遗书》卷二。
③④⑤⑦ 《语录上》，《鲁斋遗书》卷一。

是与不是,休问乐与不乐。若分明知得这壁是,那壁不是,虽乐亦不从也。"这就把道德践履视为行其当然,从而与快乐主义划清了界限。许衡又说:"学问思辨,既有所得,必皆着实见于践履而躬行之。"①另一方面,行是行其所知。行依赖于知,只有知之真,才能行得力。反之,行之不力,是由于知之不真。他相信:"凡行之所以不力,只为知之不真;果能真知,行之安有不力者乎?"②知而不行,只是未真知;若果知得真,必能行得力。"精微义理,入于神妙,到致用处,是行得熟,百发百中。"③简言之,为行而知,行其所知,知与行二者是相互联系的。其次,"行"的准则是"顺于理"。④许衡主张"一切顺理而行",一旦如此,就能产生佛家所说的"如意宝珠"那样的效果,"有所欲为,无不如志"。⑤在是否"顺理而行"的问题上,又有"反身而诚"与"强恕而行"的区别,"反身而诚"是"气与理合为一","强恕而行"是"气与理未合"。⑥许衡所说的气相当于感性、欲望,理则表示理性、意志;"气与理合"即意味着感性与理性、欲望与意志统一。对道德主体而言,"强恕而行"多少有些勉强之意,在此阶段,主体虽然认识到理之当行,但还没有做到将此规范化为自身的德性,从而心甘情愿去完成。而"反身而诚"是更进一步,应然之理与主体的意愿已合而为一,主体虽然是依理而行,但却好像发自自己的本性,自自然然,顺顺当当。在伦理学上,"强恕而行"相当于自觉阶段,"反身而诚"相当于自愿阶段。许衡能够意识到这两者之间的区别,注意到道德实践过程中自觉与自愿原则的结合,是有意义的。

其三,知行并进。许衡主张"知与行,二者当并进"。⑦这个观点在他的知行学说中占有重要位置。许衡的知行并进说可以看出朱熹"知行相须,并进互发"说的影子,不过,从理论表述来看,许衡的观点似乎

---

① 《中庸直解》,《鲁斋遗书》卷五。
② 《语录上》,《鲁斋遗书》卷一。
③④⑤⑦ 《语录下》,《鲁斋遗书》卷二。

是有鉴于前人知行理论的得失而提出的独立见解。首先,他的这个命题是通过讨论"横渠教人以礼"和"程氏教人穷理居敬"直接导出的。其次,他的结论是从对比张栻和程颐二人知行观中导出的。他认为,"南轩意于行字上责得重,谓'人虽能知,不能行也'。程门取人,先论知见,次乃考其所为。伊川自少说话便过人,常言'专论有行,不论知见'。世人喜说:'某人只是说得行不得',正叔言:'只说得好话亦大难,好话亦岂易说?'吕原明谓二公远过众人者,皆此类。"①张栻重行,程颐重知,许衡肯定二人所见均有过人之处,言下之意,要兼取二人之长,知行并重,不可偏进。他在解释《论语》当中"爱之能勿劳乎?忠焉能勿诲乎"时,曾经这样说道:"世间只有两事,知与行而已。诲之使知,劳之使行,其忠爱无穷焉。爱焉而勿劳,则骄,易流于恶;忠焉而勿诲,则妄,行犯于过咎,反有害于忠爱矣。"②意思是,对于"忠爱之道",也要知行并进,以便相辅成德。

总之,许衡分知行为二事,又提倡真知力行、知行并进,这些构成许衡知行说的主要内容,而这个学说在后世又以重视践履即"力行"的特点著称。

第三节　人性论

理学家普遍关心人性问题,许衡也不例外。他的人性论观点虽然直承程、朱,但在揭示人性内涵、解释人性善恶、提倡人性修养等方面也提出了一些独到的见解,值得注意。

许衡提出:"'合虚与气,有性之名'。虚是本然之性,气是气禀之性。仁义礼智信是明德,人皆有之,是本然之性,求之在我者也,理一

---

①② 《语录下》,《鲁斋遗书》卷二。

是也。贫富、贵贱、死生、修短、祸福,禀于气,是气禀之命,一定而不可易者也,分殊是也。性者,即形而上者,谓之道,理一是也。气者,即形而下者,谓之器,分殊是也。"①

这段论述包含了许衡在人性内涵问题上的重要见解,分析起来,有这样几层意思。

首先,性"合虚与气",有"本然之性"与"气禀之性"之分。"合虚与气,有性之名"本是张载的说法。② 在张载那里,"虚"是指太虚之气,即处于本然状态的气,而"气"则是指阴阳二气;人所具有的太虚本性叫"天地之性",人禀受阴阳二气而成的特殊本性叫"气质之性"。在张载那里,不管"天地之性"还是"气质之性",都是气的本性,而气的本性也就是人和物的本性。当许衡把"虚"解释为"本然之性"时,这里的"虚"就不再指太虚之气,而是指"理",下文"本然之性……'理一'是也"说得更加清楚。这就已非张载原意,而与朱熹说的"虚只是说理"相同。

其次,"本然之性"是人人都具有的"明德",即仁义礼智信五常之性。

第三,"气禀之性"禀于气,是天命不可易者,故又称为"气禀之命",这是不可改变的命运。

第四,"本然之性"与"气禀之性"实即理一与分殊的关系。前者是性,是理,是道,亦即形而上者;后者是气,是器,亦即形而下者。前者是理一,后者是分殊。

可见许衡将人性划分为"本然之性"与"气禀之性",认为前者是"人皆有之"的"明德",后者是"一定而不可易"的"天命"。其实,如果严格而言,只有前者才是性,后者实际上只是气,许衡似乎并没有意识到这一层。

以仁义礼智信作为本然之性,这与朱熹的看法没什么两样,许衡

---

① 《语录下》,《鲁斋遗书》卷二。
② 语见《正蒙·太和篇》。

的独特之处在于他用"理一分殊"的观点来区分本然之性与气禀之命以及性与气。本来,在宋代理学中,"气禀"有两方面意义,一指性而言,一指命而言,在前一个意义上,它与本然之性(天命之性)相对。而许衡在这里的做法与前人不同,他将气禀之命与本然之性相对。许衡之意在于强调气禀之命"一定而不可易",而本然之性"求之在我"。这种理论,从它可能产生的社会后果来看,有利于将人的注意力引到个体的自我道德修养而不是社会待遇上去。就此而言,许衡这些看似迂阔的理学说教,在当时,对于稳定社会秩序、提升整个社会道德水准,还是具有一定积极意义的。

像很多宋代理学家一样,许衡也相信性善。他还试图从"气禀"和"物欲"两方面对人性中的恶做出解释。许衡认为,影响"明德"的原因,首先有"气禀"这一先天因素,人的"气禀"不仅有清浊善恶品级之不同,还有分数之异,由此形成"千万般等第"。[①] 其次又有物欲这一后天因素,许衡说:"天下之人,皆有自己一般的明德。只为生来的气禀拘之,又为生以后耳目口鼻身体的爱欲蔽之,故明德暗塞,与禽兽不远。"[②]"爱欲"即是"物欲"。许衡又说:"众人多为气禀所拘,物欲所蔽,本性不得常存"。[③] 物欲对气禀甚至能起到改变作用。

既然人性不善主要是由于气禀和物欲两种因素造成,"为恶者气",而气又是"能变之物",因此,要恢复善的本性,只要变化气质就可以了。而气质的变化只有靠修养才能实现,所以许衡非常重视人性修养问题。在修养论上,许衡继承了程朱的方法,提出一套所谓治心之术。许衡所说的"治心之术"其实就是持敬、存养、省察的修养方法。

关于持敬,许衡认为,人之一身,为万事万物之所本,若于此有差,则万事万物亦从而有差,因此不可不敬。他称引《礼记》首句"毋不敬"说:"天下古今之善,皆从敬字上起;天下古今之恶,皆从不敬上生。"他

[①][②] 《论明明德》,《鲁斋遗书》卷三。
[③] 《语录下》,《鲁斋遗书》卷二。

提倡"为学之初,先要持敬",①那么,何谓持敬呢?"主一是持敬也",②也就是说,持敬是指精神专注于一。具体说,是要做到"身心收敛,气不粗暴",静时"常念天地鬼神临之,不敢少忽",动时"不要逐物去了,虽在千万人中,常知有己"。③一个人只要心里常存敬畏,就会达到"心如明镜止水"的境界,到此境界中人,当然不会受任何物欲的支配,其行为也就"无往而非善"了。持敬是许衡治心之术的基本工夫。

许衡还依据《中庸》提出了另外两件"养性"工夫,那就是存养与省察。关于存养,这是对于行为发生以前的要求,即所谓"静时德性浑全要存养"。④许衡说:"盖不睹不闻之时,戒慎恐惧以存之,所以存天理之本然,而不使之须臾离道。此所谓致中也,存养之事也。"⑤"存养"不是"将人性上元无的强去安排裁接",而是保持人心中原有的"天理",做到"操而不舍"、"顺而不害"。关于省察,这是对于行为发生时的要求,即所谓"动时应事接物要省察"。许衡说:"人所不知而己所独知者,一念方动之时也。一念方动,非善即恶,恶是气禀人欲,即遏之不使滋长。善是性中本然之理,即执之不使变迁,如此则应物无少差谬。此所谓致知也,省察之事也。"⑥许衡所说的省察,就是抓住内心刚刚萌动的念头,区分是天理还是人欲,如果合乎天理则存之不去,如果属于人欲则立即"斩去",以免自己的言行失之偏颇,有违"中道"。

可以看出,许衡所追求的,仍然是传统儒家那种期望通过修身而实现治国平天下的社会目标。这种思想,在历经长期战乱而造成社会道德水准普遍下降的元初社会,无疑是有建设意义的。

---

①③ 《论明明德》,《鲁斋遗书》卷三。
② 《语录上》,《鲁斋遗书》卷一。
④⑤⑥ 《语录下》,《鲁斋遗书》卷二。

第四节　治生论

在理学史上,许衡还以其"治生论"闻名。许衡承续金末以来儒者对于南宋理学家空谈性命的批评,强调道不远人。站在这个立场,他将民生日用的"盐米细事"也视作道应当关注的内容。他说:"大而君臣父子,小而盐米细事,总谓之文,以其合宜之义,又谓之义;以其可以日用常行,又谓之道。文也,义也,道也,只是一般。"①顺着这一思路,许衡提出"治生"之说也就非常自然了。

许衡说:"为学者治生最为先务。苟生理不足,则为学之道有所妨。彼旁求妄进,及作官嗜利者,殆亦窘于生理所致也。士子多以务农为生。商贾虽为逐末,亦有可为者。果处之不失义理,或以姑济一时,亦无不可。"②

"治生"一语原出《史记·货殖列传》,意指从事"货殖"或"治产"等经营行为。不过,许衡这里所用"治生"一词,范围已较宽泛,并不只限于经营行为,也包括务农之类。从许衡这段话的前后意思来看,所谓"治生",就是解决生计问题,义近于"谋生"或"营生"。

许衡认为,学者首先应当解决谋生问题。他的理由是,如果生计发生问题,就会影响读书求学。他举例说,社会上那些四处钻营求官牟利的人,往往是因为缺少谋生的办法才会那样。虽然做官谋利者未必都是因为除此而外没有别的生活出路,但谋生乏术客观上的确促使一些操守不坚的人去用不正当手段营利,所以,许衡的这个观察也不能说完全不符合实际。

---

① 《语录上》,《鲁斋遗书》卷一。
② 《许文正公遗书》,乾隆五十五年刊本,卷末,第五页。

如所周知,在儒家历史上,一向有重义轻利的传统,所谓"君子喻于义,小人喻于利"。许衡大谈学者以治生为先务,这在正统儒者看来,未免于道不合,甚至有误人子弟之嫌。明代王阳明对许衡的治生说就明确加以反对。

《传习录上》简单记载了王阳明对治生说的评论:"许鲁斋谓儒者以治生为先之说,亦误人。"①《传习录拾遗》第十四条则详细记载了王阳明与学生关于这个问题的讨论。王阳明的学生黄直问:"许鲁斋言学者以治生为首务,先生以为误人,何也? 岂士之贫,可坐守不经营耶?"王阳明回答说:"但言学者治生上尽有工夫则可,若以治生为首务,使学者汲汲营利,断不可也。且天下首务,孰有急于讲学耶? 虽治生亦是讲学中事,但不可以之为首务,徒启营利之心。果能于此处调停得心体无累,虽终日做买卖,不害其为圣为贤。何妨于学? 学何贰于治生?"②

王阳明的意思并不是反对学者治生,而是反对学者像许衡教导的那样将治生作为首务,盖其认为,如此一来,将启学者营利之心。在王阳明眼里,学者的当务之急是讲学,不过,他所理解的讲学并不是整天钻研书本,而是不论从事何种职业都以成圣为追求,因此,他在原则上并不将做买卖者排斥在讲学之外,只要他们"调停得心体无累"。

其实,许衡并没有主张学者抛开道义而专以治生作为头等大事,他所说的学者以治生为先,是指学者应当先安排好自己的生计,安顿生计是读书求学的前提,而不是像王阳明理解的那样,学者以治生为首要任务。所以,从这一点上说,王阳明对他的批评有误会之处。在学以成圣这个目标上,许衡与王阳明并无二致,不过,在有关学以成圣的具体步骤上,比如,究竟是先安顿生计还是先讲学治心,他们确实存在分歧。

---

① 《王阳明全集》卷一,上海古籍出版社,1992年,第19页。
② 《王阳明全集》卷三二,第1171页。

学者讲学是否需要某些基本的物质保障,对于这个问题,不同学者的不同回答,不仅仅与各自的学养境界有关,也与他们所处的历史时代及个人生存境遇有关,它们之间并不能简单地区别对错或分出高下。就许衡而言,必须看到,他的这一治生为先论的提出,有着特定的时代背景。那就是宋元鼎革,生活在蒙古人统治之下,儒士的命运发生了很大变化,由于没有了以往那种稳定而繁盛的科举制度所提供的广泛而平等的入仕机会,很多只会读书求学的传统儒士陷入生计无着的窘境,谋生成为一个非常严峻的现实问题摆在他们面前。许衡提出治生之说,在一定程度上是适应时代变迁的积极对策。

后世学者对许衡的治生说不乏肯定。稍晚于王阳明的明代学者方弘静即说:"许鲁斋言'学者以治生为先',阳明非之,以为'大误人'。余谓阳明误矣,圣人未尝教人不治生。"① 清代学者钱大昕(1728—1804)引许衡之说,予以肯定,他的结论是:"与其不治生产而乞不义之财,毋宁求田问舍而却非礼之馈。"② 至于清人沈垚(1798—1840),其议论更具同情之了解:"宋儒先生口不言利,而许鲁斋乃有治生之论。盖宋时不言治生,元时不可不言治生,论不同而意同","衣食足而后责以礼节,先王之教也。先办一饿死地以立志,宋儒之教也。饿死二字如何可以责人?岂非宋儒之教高于先王而不本于人情乎?宋有祠禄可食,则有此过高之言。元无祠禄可食,则许鲁斋先生有治生为急之训。"③

由于许衡不重视追求"性命之奥",故其理学思想的深度有限。全祖望说:"文正兴绝学于北方,其功不可泯,而生平所造诣,则仅在善人有恒之间,读其集可见也。"④ 这个分析是中肯的。

虽然许衡在理论上并无太大贡献,但在理学教育上却有很大成

---

① 方弘静:《子评》,《千一录》卷七,上海古籍出版社《续修四库全书》本。
② 钱大昕:《治生》,《十驾斋养新录》卷十八,上海古籍出版社《续修四库全书》本。
③ 沈垚:《落帆楼文集》卷九,上海古籍出版社《续修四库全书》本。
④ 《鲁斋学案》,《宋元学案》卷九十,第3003页。

就。他长期主持国子学,门生弟子甚众,出将入相,其中自不乏理学名臣,姚燧与耶律有尚即其秀异者。

姚燧(1238—1313),字端甫,学者称牧庵先生。时人柳贯曾评价说:"乃若先正许魏文正公之在吾元,实当世祖皇帝恢拓基图之始,倡道明宗,振起来学。一时及门之士,独称集贤大学士姚公燧为能式纂厥绪,以大其承","他日良史执笔以传儒林,则公在文正之门,岂直侪之游、夏而已也。"①这是说,姚燧在许衡门下最能光大其学。子游、子夏在孔门以文学称,姚燧在元代号称文章大匠:"为文闳肆该洽,豪而不宕,刚而不厉,春容盛大,有西汉风,宋末弊习,为之一变。盖自延祐以前,文章大匠,莫能先之。"②但柳贯认为,姚燧在许门的地位非子游、子夏在孔门可比,这是因为,姚燧虽擅长为文,但对于理学也有很深造诣。

姚燧自幼而孤,由伯父姚枢抚养成人,十八岁从许衡问学。至元八年(1271)许衡为国子祭酒,召弟子十二人分置各斋斋长,燧为其一。姚燧的著作为《牧庵集》。

姚燧对《易》情有独钟,认为《易》所讲的是天人合一之道。他发挥《易传》感通化育的思想,提出人与自然相互依赖甚至人能改造自然的观点:"天地氤氲,万物化醇;阴阳妙合,万物化生。天地固以和应矣,何应非感?天地设位,圣人成能;皇极茂建,两旸时若。圣人固以中感矣,何感而非应?应者非先,感者非后。天地、圣人,盖相为因成尔。"③"阴阳阖辟,我转其机;寒暑推迁,我总其运。""吾之道无非天地之道,吾之宜无非天地之宜。"④姚燧用气化解释自然,用道化解释人事,道能主宰气,而圣人又能掌握道:"有道斯有气。道降而气,其在天地则为阴阳之运,其在圣人则为中节之和。气统于道,其在天地则为阴阳

---

① 柳贯:《柳待制集》卷八,《四部丛刊》本。
② 《姚燧传》,《元史》卷一百七十四,第4059页。
③④ 姚燧:《经义》,《牧庵集》卷三一,影印文渊阁《四库全书》本。

之粹,其在圣人则为未发之中。天地以气运,则有上下交通之妙,气即道之流行焉耳;圣人以道运,则有材成辅相之功,道即气之主宰焉耳。"①"大抵有气化之泰,有道化之泰。气化之泰,一天地之和也;道化之泰,一圣人之中也。若不相关也,而实相同;若不相与也,而实相为用","成气化之泰者在天地,而开道化之泰者在圣人。"②

耶律有尚(1246—1320),字伯强,东平人。在许衡任京兆提学时,他就跋涉千里前来受学。许衡任国子祭酒设十二斋长,他亦在其中。许衡辞归,他任国子助教,最后又领学事,前后五居国学,教国子三十年,是许衡教育方针的忠实执行者,坚持以理学教学,史称"其立教以义理为本,而省察必真切;以恭敬为先,而践履必端悫。凡文词之小技,缀缉雕刻,足以破裂圣人之大道者,皆屏黜之"。③ 耶律有尚颇能维护师道尊严,"其教人也,师道尊崇,凛乎若不可犯,出言简而有法,庙堂论议、成均讲授,人皆耸听,恐不卒得闻。"④

---

① ② 姚燧:《经义》,《牧庵集》卷三一。
③ ④ 《耶律有尚传》,《元史》卷一百七十四。

第三章

刘因的儒学思想

刘因(1249—1293),字梦吉,保定容城(河北)人。因慕诸葛亮"静以修身"之说,名其斋为"静修",后世遂以"静修先生"称之。虽然同为闻赵复之学而兴起者,但刘因的为学为人与许衡都有很大不同,全祖望即说:"静修先生亦出江汉之传,又别为一派。"①

刘因的著作主要有《四书集义精要》、《静修文集》。《四库全书》收有《静修集》二十五卷,《续集》三卷。刘因对经学颇有研究,但留下来的经学著作却只有《四书集义精要》这一部。该书是对朱熹有关四书诠释的精选。众所周知,朱熹对四书特别重视,临死前三天还在修改《大学章句》,《四书章句集注》可以说是他最重要的著作。《集注》之外,《语类》、《文集》也收录了大量有关四书的问答,这些问答与《集注》的说法不尽相同,朱熹生前来不及将它们订归于一。在他死后,卢孝

---

① 《静修学案序录》,《宋元学案》卷九一,第3020页。

孙取《语类》《文集》所说,辑为《四书集义》,凡一百卷,数万言,读者颇病其繁冗。刘因于是择其指要,删其复杂,勒成此书,元至顺年间(1330—1333)曾由官方刊刻颁发全国学校。四库馆臣在为此书所撰的提要中说:"其书芟削浮词,标举要领,使朱子之说不惑于多歧,苏天爵以简严精当称之,良非虚美。盖因潜心义理,所得颇深,故去取分明,如别白黑,较徒博尊朱之名,不问已定未定之说,片言只字,无不奉若球图者,固不同矣。"①评价甚高。

刘因早年驰骋才情,吟诗作赋,中岁潜心性理之书,仍好以诗言志,观其《文集》,太半为诗。刘因的诗效法陶潜而神似之,集中和陶诗有数十首之多。刘因论诗,主张"魏晋而降,诗学日盛,曹、刘、陶、谢,其至者也","作诗者不能三百篇,则曹、刘、陶、谢;不能曹、刘、陶、谢,则李、杜、韩;不能李、杜、韩,则欧、苏、黄,而乃效晚唐之萎蕳,学温李之温新,拟卢仝之怪诞,非所以为诗也。"②不同于一般的文人诗作,刘诗有着鲜明的道学特色,这主要体现在他的诗多为证道之作,诗中习用理学典故,如"伊川门外雪盈尺,茂叔窗前草不除"之类。③要了解刘因的理学思想,他的诗是值得参考的重要材料。

刘因与许衡并称元代北方两大儒,被认为是"元之所藉以立国者"。④虽然享年不永,所及不远,时人对刘因还是有很高的评价,欧阳玄为其作像赞曰:"微点之狂,而有沂上风雩之乐。资由之勇,而无北鄙鼓瑟之声。于裕皇之仁,而见不可留之四皓。以世祖之略,而遇不能致之两生。乌乎!麒麟凤凰,固宇内之不常有也。然而一鸣而六典作,一出而《春秋》成。则其志不欲遗世而独往也明矣,亦将从周公、孔子之后,为往圣继绝学,为来世开太平者邪!"⑤赞词指出,刘因虽然连元世祖也不

---

① 《四书集义精要》书前提要,影印文渊阁《四库全书》本。
② 《叙学》,《静修续集》卷三,影印文渊阁《四库全书》本。
③ 《燕居图》,《静修集》卷十七,影印文渊阁《四库全书》本。
④ 《静修学案》,《宋元学案》卷九一,第3021页。
⑤ 《刘因传》,《元史》卷一百七十一,第4010页。

能招致,但其心却并非要做遗世独立的高人,从刘因积极从事经史研究这个情况来看,他有着周公、孔子那样崇高的文化理想。应当说,虽然有溢美之词,但欧阳玄对刘因的总体把握还是不错的。刘因在世时弟子不多,在他死后,安熙以私淑弟子自居,安熙又传苏天爵,刘因之学得以接续。

第一节 安贫识颜乐

刘因的先辈在金朝虽然没有做过公卿,但也算得上望族,经过元灭金的战乱,他的家道已经中落,他曾自叙家世说:"吾宗古清白,耕牧巨河曲。虽非公卿门,纡朱相接足。陵谷变浮云,家世如残局。"①刘因的父亲教导他本份做人,他也一直恪守父训,自食其力,不汲汲于治生,"举目遗安斋(自注:先考尝题所居斋'遗安'),先训炳如烛。区区寸草心,依然抱朝旭。"②他前后有过两次为官机会,一次是至元十九年(1282)被征为承德郎、右赞善大夫,另一次是至元二十八年被召为集贤学士、嘉议大夫,但他却没有因此踏上仕途,前一次是因为母病而辞归,后一次则是有病不能赴任。

终其一生,刘因过着清贫的乡村塾师生活,他自嘲除了教书之外别无长技:"躬耕力不任,闭户传书诗。资生岂师道,舍此无所之。"③教书作为谋生手段,在那样的时代仅能勉强糊口而已,同时还要蓄养妻儿,其拮据可想而知:"十年小学师,一屋荒诚隅。饥寒吾自可,蓄养无一途。"④刘因在诗中记载了这样一件事:"娇儿索栗一钱空,怪见家人不忍中。我不怨天贫贱我,吾儿自合享吾穷。"⑤幼子想吃一个栗子的

---

① ② 《和归田园居》之五,《静修集》卷二。
③ 《和移居二首》之二,《静修集》卷二。
④ 《和饮酒二十首》之八,《静修集》卷二。
⑤ 《癸酉书事》,《静修集》卷五。

愿望,做父亲的刘因却无力满足。对此,一般人肯定会感到于心不忍,但刘因的看法却不同,他认为,既然上天安排他受穷,那么他的儿子自然应该跟着他受穷。刘因不是不爱他的孩子,相反,他到四十岁才得这样一个儿子,爱如掌上明珠:"四十举儿子,明珠掌上希。"①但喜爱归喜爱,刘因并不因此改变自己的处世原则,他的处世原则就是符合道义,物质上的富足他并不羡慕,饥寒交迫也不可怕,最重要的是自己的人生理想得到坚持:"人生岂不劳,终古谓之然。孰是都不营,早起暮归眠。过足非所钦,躬耕非所叹。但使愿无违,甘以辞华轩。正尔不可得,在己何怨天。自古有黔娄,被服常不完。荣叟老带索,饥寒况当年。何以称我情,赖古多此贤。"②让他良心感到不安的不是娇儿因为饥饿发出的啼哭,而是背弃自己所信服的真理:"万钟忘义理,一箪形色辞。吾贫久自信,笑听沟壑来。偶闻啼饥子,低眉问残杯。儿啼尚云可,最愧南陔诗。"③遵道而行,即使贫贱,亦能心安,既心安,也就无怨无悔。刘因甚至感到,比起富贵,贫贱的生活似乎更能使人保持美德:"平生御穷气,沮丧恐无余。长歌以自振,贫贱固易居。(自注:贫贱固易居,贵盛难为工。——嵇叔夜诗)"④

"贫贱固易居,贵盛难为工"说的是人很难抵御富贵对心灵的腐蚀,而贫贱反而能够使人摆脱太多的物质束缚,一心一意追求心灵的自由。事实上,在儒家传统中,颜回就是一个能在贫贱状态下保持心灵愉悦的典型,孔子曾这样来描述他的得意弟子颜回:"贤哉,回也!一箪食,一瓢饮,在陋巷,人不堪其忧,回也不改其乐。贤哉,回也!"⑤

颜回的"乐"是什么?为什么在别人不堪忍受的情况下颜回还能保持自己的"乐"?对这些问题,理学家很感兴趣。讨论这些问题被理

---

① 《生日》,《静修集》卷四。
② 《集陶句二首》之一,《静修集》卷一。
③ 《和乞食》,《静修集》卷二。
④ 《和饮酒二十首》之八,《静修集》卷二。
⑤ 《论语·雍也》。

学家称为"寻孔颜乐处"。刘因认为,他已经体会到颜回的那种快乐:"年来并识颜家乐,十月天教荞麦春。"①他在内心将这些先贤引为同道:"藩垣护清贫,箪瓢阅今昔。珍重颜乐功,先贤重剖析。"②

按照刘因对贫的理解,甚至颜回也不能说是全贫,因为,"箪食瓢饮"已经让人满足基本的生活需求:"鲁甸五十亩,箪瓢足自娱。颜生未全贫,贫在首阳墟。商颜遇狂秦,萧然真隐居。箕山彼何为,结巢松一株。富贵岂不好?有时贫不如。在卷非不足,当舒岂有余?谁持三径资,笑我囊空虚。佣书易斗米,吾田亦非无。"③贫与富是形容客观的物质条件,而足与不足则是人的主观感受,这两组概念之间没有必然的关系,贫不一定让人就感到不足,富不一定让人就感到足,关键在于自己的追求是什么。物质丰富本来是好事,但物质丰富容易使人耽溺于享受,或不思进取而意志萎靡,或欲求强烈而陷入不满足的痛苦之中,相比之下,安于清贫者所享受到的心灵自由反而更大。

安贫乐道、僻居一隅的刘因给人以隐士的形象,但刘因自己却不愿意别人将他看做世外高人,他自陈心迹说:"且某之立心,未尝一日敢为崖岸卓绝甚高难继之行,平昔交友,苟有一日之雅者,皆知某之此心也。但或者得之传闻,不求其实,止于踪迹之近似者观之,是以有高人隐士之目。"④从踪迹上看,刘因的确与历代那些隐士没有什么不同,但刘因强调自己的本意(立心)并非如此。他试图向元廷表明,自己并非出于对现实政治的不满或抗议而不仕。刘因的这个解释当非托辞,因为,总的说来,刘因对蒙元政权是予以肯定的。当元兵渡江攻宋,他曾作《渡江赋》,为中国即将统一而欢欣鼓舞:"今元将启,宋将危,我中国将合,我信使将归,应天顺人,有征无战。""孰谓宋之不可图耶?"⑤对

---

① 《杂诗五首》之五,《静修集》卷一七。
② 《和移居二首》之一,《静修集》卷二。
③ 《和归田园居五首》之四,《静修集》卷二。
④ 《与政府书》,《静修集》卷七。
⑤ 《静修续集》卷二。

元初政治他也有积极的评价:"曲直有官刑,高下有人纪。贫嬴谁我欺,四庐安所止。举酒贺生民,帝力真可恃。"①因此,当有客对他发出这样的疑问:"生世此不恶,君何守贱穷?"他无言以对,只好"急呼酌醇酒,延客无何中"。②刘因的"王顾左右而言他",也许是因为,他淡泊的性情以及家门不幸的遭遇,这些导致他远离仕途的因素,对客人一言难尽。

总之,刘因在精神气质上属于理学家当中追求洒落境界的那一路人物,如周敦颐、邵雍、程颢。他曾写诗表达自己对周、邵等人的景仰:"百年周与邵,积学欲何期。径路宽平处,襟怀洒落时。风流无尽藏,光景有余师。"③弟子苏天爵则说他"学本诸周、程,而于邵子观物之书深有契焉。"④后世学者也有类似的评价,如刘宗周说:"静修颇近乎康节。"⑤黄百家则认为:"若静修者,天分尽高,居然曾点气象,固未可以功效轻优劣也。"⑥

第二节 静观见道体

刘因在诗中自称闲人,这在某种意义上可以看做是他的夫子自道。刘因的闲,既是天性类此:"寡言非蕴蓄,褊性类清闲",⑦同时,也是他所从事的观物之学的要求:"天教观物作闲人,不是偷安故隐沦。要识邵家风月兴,一般花鸟华山春。"⑧这里所说的邵家即邵雍。正是

---

① 《和饮酒》,《静修集》卷二。
② 《和拟古九首》之二,《静修集》卷二。
③ 《周邵》,《静修集》卷四。
④ 苏天爵:《静修先生刘公墓表》,《滋溪文稿》卷八。
⑤ 全祖望:《静修学案序录》,《宋元学案》卷九一,第3020页。
⑥ 《静修学案》,《宋元学案》卷九一,第3021页。
⑦ 《半世》,《静修集》卷四。
⑧ 《杂诗五首》之三,《静修集》卷十七。

邵雍在《皇极经世书》中提出了"观物"的思想。刘因的观物说建基于邵雍而有自己的特色。

首先,刘因所理解的观物主要是静观,"自恐规模日蹙然,每便孤坐静无边。仰观俯察无多地,往古来今共此天。"①对观物的这种理解明显吸收了周敦颐的主静思想,后者以"主静"为修养方法,所谓"圣人定之以中正仁义而主静"。②刘因自承,他是从周敦颐那里学到主静之方:"山居久岑寂,主静岂无方。安得无极翁,酌我上池觞。"③而从刘因的一些诗作来看,他常于静中观物:"块坐生理薄,出门交友稀",④"多病年来放尽慵,一龛坚坐避深冬。"⑤诗中所说的"孤坐"、"块坐"、"坚坐"应该就是作为理学基本功夫之一的静坐。当深夜无人,刘因独自块坐,穷天人之际,通古今之变,纷扰的世事被抛在脑后,此时他体会到无事一身轻的爽利:"院静复夜静,幽人世虑轻。是非容勿辨,忧宠莫多惊。万树鸟飞月,千家犬吠声。梦回无一事,惟有纸窗明。"⑥

其次,刘因的观物是观天地生意,所谓"道人观物心,一一见春意",⑦"静中见春意,动处识天际。"⑧这些说法可以看出程颢的影响,后者有"万物静观皆自得,四时佳兴与人同"的诗,⑨还常说观天地万物生意。程颢的观生意与他把"仁"理解为"生生"有关。另一方面,观万物生意也属于广义上的穷物理。刘因承认他受惠于二程的穷理思想:"不是二程穷物理,谁从一发辨天真。"⑩不过,刘因对程颢的观生意还

---

① 《秋日有感》,《静修集》卷四。
② 周敦颐:《太极图说》。
③ 《和杂诗》,《静修集》卷二。
④ 《和归田园居五首》之三,《静修集》卷二。
⑤ 《多病》,《静修集》卷四。
⑥ 《夏夜》,《静修集》卷四。
⑦ 《百蝶图》,《静修集》卷五。
⑧ 《野兴》,《静修集》卷四。
⑨ 《秋日偶成二首二》,《河南程氏文集》卷三,《二程集》,第 483 页。
⑩ 《写真诗卷三首》之一,《静修集》卷十七。

怀有疑问:"程家若要观生意,却恐鸢鱼画不真。"①刘因的意思是,物理或生意很难用形象予以描绘,而乾坤道体也是肉眼所无法看到的,他在一首证道诗中这样写道:"日午云轻草色苏,出门杖履自徐徐。乾坤俯仰窥难见,花柳青红画不如。静处规模惟厌小,动时文理却嫌疏。眼前光景无穷志,注尽濂溪太极图。"②就像程颢在一个春日漫步时从万类生机中窥见了道体,刘因则在午后的一次踏青中发现,眼前光景处处似乎都在诉说着大道的奥秘,为周敦颐的《太极图》做注("注尽濂溪太极图")。周敦颐以其《太极图》及《说》构造了一个简明的宇宙模式,刘因对之推崇备至,认为它是对宇宙变化最好的说明。"乾坤俯仰窥难见,花柳青红画不如"这两句诗则是邵雍观物思想的反映,后者曾提出:"夫所以谓之观物者,非以目观之也。非观之以目而观之以心也。非观之以心,而观之以理也。"③正是在这里,我们看到刘因观物说的第三个特点:对邵雍观物说的继承。

　　刘因对"静"的重视,除了体现在他强调静以观物,还见于他提出的"道体本静"之说。刘因说:"道之体本静,出物而不出于物,制物而不为物所制。以一制万,变而不变者也。以理之相对、势之相寻、数之相为流易者而观之,则凡事物之肖夫道之体者,皆洒然而无所累,变通而不可穷也。"④

　　从刘因对道体的这些说明来看,他所说的"静"实际有两种用法:就其形容作为万物本原的道体的绝对与永恒这一点而言,"静"有"一"(一以制万)、"定"("定"即不变)之意;就其表示肖似道体的事物洒然无累、变通无穷这一点而言,"静"相当于周敦颐所说的"神"。后者在《通书》中说:"动而无动,静而无静,神也。动而无动,静而无静,非不动不静也。……神妙万物。""静"还相当于程颢所说的"定",后者在

---

① 《癸酉新居杂诗九首》,《静修集》卷十七。
② 《日午》,《静修集》卷四。
③ 邵雍:《观物内篇》。
④ 《退斋记》,《静修集》卷十。

《定性书》中说:"所谓定者,动亦定,静亦定,无将迎,无内外。"在后一种用法下,"静"主要是修养所达到的一种境界。

刘因的静观之学在形迹上类于道、释,但其实刘因自己非常强调儒释、儒道之分。他从儒家的"义"出发对老、庄都有所批评。他认为,老子虽然对"道体"有所认识,但却用它为自己谋私,从而有害大义:"窃是以济其术而自利,则有以害夫吾之义也。"①他谴责说:"呜呼!挟是术以往,则莫不以一身之利害而节量天下之休戚,其终必至于误国而害民。"②他又批评庄子虽然讲齐物但并不真懂什么叫齐物:"周寓言梦为蝴蝶,予不知何所谓也。说者以为齐物,意者以蝶也、周也皆幻也,幻则无适而不可也。无适而不可者,乃其所以为齐也。谓之齐,谓之无适而不可,固也。然周乌足以知之?"③他强调,真正的齐物是以道为主,而庄子所说的齐物则是取消事物的差别而纳入一团幻觉之中:"吾之所谓齐也,吾之所谓无适而不可也,有道以为之主焉。故大行而不加,穷居而不损,随时变易,遇物赋形,安往而不齐,安往而不可也。此吾之所谓齐与可者。必循序穷理而后可以言之。周则不然,一举而纳事物于幻,而谓幽冥恍惚中自有所谓道者存焉。"④刘因所理解的齐物有两个特点:一是齐物是在坚持道的前提下的无适而不可,二是齐物是循序穷理的结果。这个意义上的齐物实际上就是程朱所说的格物致知:"即凡天下之物,莫不因其已知之理而益穷之,以求至乎其极。至于用力之久,而一旦豁然贯通焉,则众物之表里精粗无不到,而吾心之全体大用无不明矣。"⑤

需要指出的是,刘因对老、庄的批评还有一个特色,那就是这种批评的锋芒总是直指现实中的阳儒阴道之士,比如,他在分析老子以术欺世后,笔锋一转:"而彼方以孔孟之时义、程朱之名理自居不疑,而人

---

① ② 《退斋记》,《静修集》卷十。
③ ④ 《庄周梦蝶图序》,《静修集》卷十一。
⑤ 朱熹:《大学章句》,《四书章句集注》,中华书局,1983年,第7页。

亦莫知夺之也。"①在评论庄子的齐物论后,他随即大发感慨:"噫！卤莽厌烦者孰不乐其易而为之,得罪于名教、失志于当时者孰不利其说而趋之。在正始熙宁之徒,固不足道,而世之所谓大儒,一遇困折而姑藉其说以自遣者,亦时有之。要之,皆不知义命而已矣。"②刘因对禅宗的批评则一本程颐,他有诗曰:"扰扰自无安脚处,几人打透利名关。应物何尝累我真,禅家怖死强忘身。昨朝一读雍行录,却笑当年堕甑人。"③《雍行录》为程颐所作,记其雍行途中遗失千钱后各人的不同反应,从中见器识高下。"堕甑"典出《后汉书·郭太传》,某人担甑,不慎甑破,其人不顾而去,论者以为识高。刘因借用这些典故是想说,像禅宗那样心无所住,表面看上去非常洒脱,但其境界反倒不如心有牵挂的儒家为高。

第三节 论人本理气

刘因早年接受程朱的理一元论,认为天地万物从一个共同的根源产生,并且可以归结为同一个原理:"天地之间,理一而已。爱执厥中,散焉为万事。终焉而合,复为一理。天地,人也;人,天地也。圣贤,我也;我,圣贤也。"④刘因所说的"理一"或"一理",可以理解为统一的本原和无所不包的法则。正是在这个意义上,他将天地与人,我与圣贤等而视之。这个统一的本原有时也被他径称作"一元":"万古堂堂共一元,欲于何处觅天根。试从开闭中间看,始觉乾元独自尊。(自注：

---

① 《退斋记》,《静修集》卷十。
② 《庄周梦蝶图序》,《静修集》卷十一。
③ 《谩记四首》之四,《静修集》卷十七。
④ 《希圣解》,《静修集》卷二二。

闭物之后有亥,开物之前有丑,惟子正在开闭之中,其象可见。)"①

刘因用这种理一元论为人可以成圣寻找依据。按照他的理解,一般人之所以有望成为圣人,是因为在本质上,一般人与圣人没有什么两样:"子受天地之中,禀健顺五常之气。子之性,圣之质;子之学,圣之功。子犹圣也,圣犹子也。"②

除了"性"、"质"外,刘因用来表达本质概念的词还有"材"。在对成圣何以可能的说明上可以看出,刘因奉行的仍是儒家传统的性善论与复性说,不过,他的性善论与复性观有时采取一种全材说的形式:"性无不统,心无不宰,气无不充。人以是而生,故材无不全矣。其或不全,非材之罪也,学术之差,品节之紊,异端之害,惑之也。今之去古远矣,众人之去圣人也下也,幸而不亡者,大圣大贤惠世之书也。学之者以是性与是心与是气,即书以求之,俾邪正之术,明诚伪之辨,分先后之品节,不差笃行而固守,谓其材之不能全,吾不信也。"③

刘因这里所说的"材"相当于传统复性论中的"性",但意味已自有别。刘因之所以不用"性"而用"材"来表达复性论的思想,也许是因为,"性"在他看来尚不足以概括人的本质。按照他的理解,构成人之本质的不仅仅有性,还有心和气。性、心、气三者是什么关系,刘因没有做进一步说明。就其将气纳入人的本质这一点而言,他对气的看法并不尽合宋儒规矩。在张载、二程、朱熹那里,气或气质之性(有时又被称为"才")要对人的不善负责,同时,气也是造成个体智愚不等的原因。程颐曾说:"性无不善,而有不善者,才也。性即是理,理则自尧舜至于途人一也。才禀于气,气有浊清,禀其清者为贤,禀其浊者为愚。"④而刘因在讨论人的材质时几乎不考虑个体所禀之气的差异。依刘因,普通人(众人)与圣人相差甚远,这不是因为普通人缺乏足够的

---

① 《一元》,《静修集》卷五。
② 《希圣解》,《静修集》卷二二。
③ 《叙学》,《静修续集》卷三。
④ 《河南程氏遗书》卷十八,《二程集》,第 204 页。

材质,而是因为他的材质受到外界因素干扰而未能充分发挥,干扰因素包括"学术之差"(用功不够)、"品节之紊"(为学次序颠倒)、"异端之害"(错误思想的毒害)。

讨论人之材时不考虑个体气禀的差异,这是由于刘因关注的是作为类的人,而不是具体的人。刘因特别强调人在宇宙中的特殊性,强调人与物的分别。"夫人,天地之心也,心故可以帅夫气。而物则气之所为也。故物有自我而变者。"①其实,按照刘因,人也是"气之所为",由上引"子受天地之中,禀健顺五常之气"可知。② 在"气之所为"这一点上,人和物是平等的,使人比物高出一筹的是人的理性,即所谓人是天地之心。"心之官则思",说人是天地之心,意思是人是天地之中唯一有理性的生物。因为人有理性,所以对"气"能有一种主动("帅夫气"),不像物那样,对气完全处于被动地位。

既然人和物都是出于统一的本原并且服从于统一的法则(即所谓"理一"或"一理"),并且都是由同一种材料——"气"构成,为什么单单只有人才具有这种理性呢? 对此,刘因的解释是人和物对理的接受不同:"人之所钟,乃全而通;物之所得,乃偏而塞。偏而塞者,固不可移。全而通者,苟能通之,何所不至矣。"③人在接受理时比较全面并且上下打通,而物则有所偏差并且往往不够通畅。上下打通,就能成圣成贤,无所不至;上下不通,则僵化凝固,无法超越自身。

从"全""偏"、"通""塞"的角度讲人物之别,理学一贯有之,如张载即说:"凡物莫不有是性。由通蔽开塞,所以有人物之别;由蔽有厚薄,故有智愚之别。"④

以受理之偏全而不以受理之有无别人、物,在理论上主要是为了避免将人与物对立。理学虽然高扬人的主体性,却没有因此走上黜物

---

① 《何氏二鹤记》,《静修集》卷十。
②③ 《希圣解》,《静修集》卷二二。
④ 《性理拾遗》,《张载集》,中华书局,1978年,第374页。

存人或损物利人的道路,相反,理学所理解的人与物、天和人总是相生相谐、一体相通的。这一思想同样贯穿于刘因有关气类的论述中。

总体而言,天地万物都由气构成,细看来,构成天地万物的气又可以分成不同的类,此即气类。刘因关于气类的思想有三点,一曰气相作用,二曰同气相通,三曰气不孤生。

一,气相作用。这又表现为同气相吸与异气相斥两个方面。所谓同气相吸,是指如果某两个事物的气属于同一类,那么,这两个事物就会相互感应,乃至相互召唤。刘因是在评论孔子获麟一事时谈到这一原理的。麟在上古是一种具有神秘意味的瑞兽,它的出现被认为是一种吉兆,孔子西狩获麟一事被后世渲染为具有重大文化意义的事件。刘因同意麟的出现不是偶然事件,但反对将这个故事过分夸大,他自己另用同气相感的原理做了说明:"夫获麟,仲尼作《春秋》所书之一事尔。而《春秋》之义非居所系于此者,欧阳氏固亦言之于前矣。然春秋之时,仲尼实天理元气之所在,而与浊乱之气数相为消长于当时。如麟者,则我之气类也。其来也,固非偶然而来也。然而,斯气之在当世者,盖无几焉。在彼之气足以害之,在此之气不足以养之。由麟可以卜我之盛衰,由我可以卜世运之盛衰,而圣人固不能恝然于其获也。谓之致麟,可也;谓之感麟,亦可也。皆理之所不无者。"[①]在刘因看来,孔子与麟的相遇是同类之气相互吸引的结果,可谓其来有自。刘因还进一步将"麟"普遍化为宇宙存在发展的本质要素:"夫麟之所以为麟者,乃天地之所以生而人之所以能为天地之心者也。在《春秋》,则圣人所赏之善也;在《易》,则圣人所指之阳也,而人之所未尝一日无者也。苟自吾身之麟而致之,则凡害人者,如长蛇,如封猪,如饕餮,如梼杌,莫不销铄荡涤于魑魅之域,而天下振振皆吾气湛行之地矣。今圣人虽不得尽其所致于当时,然其所以扶此抑彼者,而斯麟固已麟于万

---

① 《麟斋记》,《静修集》卷十。

世矣。"①经过刘因的这一发挥,"麟"已超越具体之物的意义,成为类似于"善"、"阳"这样的形上概念。

所谓异气相斥,是指气不属同类的事物之间相互排斥,至少不相亲近。刘因是从反面说明这个原理的。通常,人与物的气能相互影响,所谓"心之机一动,而气亦随之。迫火而汗,近冰而慄,物之气能动人也。惟物之遇夫人之气亦然"。②但如果人能控制自己的气不外射,就能与物相安无事,"盖人之气不暴于外,则物之来不激之而去,其来也,如相忘;物之去不激之而来,其去也,亦如相忘。盖安静慈祥之气与物无竟,而物亦莫之撄也。"③善用这一点,不仅可以在与物接触时做到人不为物所伤,同时,还可以使物成为人的朋友:"平吾之心也,易吾之气也,万物之来,不但一蜂鼠而已也。"④刘因惟恐他所说的平心易气被人误为道家的守静坐忘,又特别加以声明:"持是说以往而不知所以致谨焉,则不流于庄周列御寇之不恭而不已也。"⑤

二,同气相通。刘因懂医学,常读医书,中医用药遵循同类原则,大为现代科学诟病,而刘因则认为这是有根据的,其根据就是同气相通的原理:"人禀是气以为五脏百骸之身者,形实相孚而气亦流通。其声色气味之接乎人之口、鼻、耳、目者,虽若泛然,其在我而同其类者,固已吻焉而相合,异其类者固已拂然而相戾,虽其人之身亦不得而相知也。如饮药者,以枯木腐骨荡为齑粉,相错合以饮之,而亦各随其气类而之焉,盖其源一也。故先儒谓木味酸,木根立地似骨,故骨以酸养之;金味辛,金之缠合异物似筋,故筋以辛养之。咸,水也,似脉;苦,火也,似气;甘,土也,似肉,其形固已与类矣,而其气安得不与之流通也。推而言之,其吉凶之于善恶,亦类也。"⑥中医根据五行之说将气分为五类。这五类气在人体和自然界中都有分布。当某一类气不足时,人体

---

① 《麟斋记》,《静修集》卷十。
②③④⑤ 《驯鼠记》,《静修集》卷十。
⑥ 《读药书漫记二条》之一,《静修集》卷二二。

就会发生疾病,这时就需要从自然界中采集跟它属于同一类气的物事来进行补充,因为属于同一类气,人体不会产生排斥而能吸收。如果把"气"换成"元素",气类的说法与现代的元素说在很大程度上是相通的。只是,囿于时代,刘因用来判定气类的标准主要是形似甚至主观联想,这就使他的气类说失之于浮浅粗疏。

三,气不孤生。 刘因注意到,自然界中事物相互牵制形成生态平衡:"岭南多毒,而有金蛇白药以治毒;湖南多气,而有姜、橘、茱萸以治气。鱼、鳖、螺、蚬治湿气而生于水,麝香羚羊治石毒而生于山。"①他认为,这其中包含着气不孤生的原理:"盖不能有以胜彼之气,则不能生于其气之中。而物之与是气俱生者,夫固必使有用于是气也,犹朱子谓天将降乱必生弭乱之人以持其后。"②刘因正确地看到了矛盾的普遍性,虽然他对矛盾的存在做了一种目的论解释。由于刘因把矛盾理解为先天自动形成的,他因此主张人生在世应当采取安天乐命的态度:"天生此一世人,而一世事固能办也。盖亦足乎己而无待于外也。……以此观之,世固无无用之人,世固无不可处之世也。"③刘因相信,一个人生在什么样的气中是他自己所不能决定的,这就是他的命。不但未生之前不能选择,而且,既生之后也不能改变。一旦出现这样的例外,刘因就会感到困惑不解。文集中有一篇文章记述了一个老人在战乱年代居然得以长寿的故事:"金源贞祐迄于壬辰,河之南北,兵凶相仍,生意殆尽,而先儒所谓'天下萧然,洪水之祸盖不至此'者,惟是时足以当之。夫天地气运坏乱若是,而人物生乎是气之中者,乃所谓命也,将何术以逃之哉?而老人居南北之冲,乃若与世变不相与也,岂气禀之异,虽天地之运,亦不得而夺之耶?抑存之深而积之久者,有以胜之耶?或偶然也。是固不可得而知之矣。"④对于这样的事,刘因坦率地承认它超出了自己理解的范围。

---

① ② ③ 《读药书漫记二条》之二,《静修集》卷二二。
④ 《都山老人九十诗序》,《静修集》卷一一。

刘因所理解的气是运动不已的。沿用理学有关术语,他把这个能动的、构成事物动力因的气称为"气机"。"机"在古代汉语中本指弓弩上用以发射弓箭的机关,朱熹在说明太极动静问题时曾使用"机"的意象:"盖太极者,本然之妙也;动静者,所乘之机也。"①太极无动静可言,说动静是太极所附着的气有动静,为此,朱熹打了一个比方,说"理搭在阴阳上,如人跨马相似"。②到元代,"气机"作为一个概念已为理学家所熟知,如吴澄即说:"盖太极无动静。动静者,气机也。"③而刘因亦用气机来解释事物的运动变化与新陈代谢。他认识到,运动是事物的本质属性:"夫天地之理,生生不息而已矣。"④事物的成毁,生命的代谢可谓"理有必然,势有必至":"成毁也,代谢也,理势相因而然也。"由于这个原因,个体生命注定是短暂的:"凡所有生,虽天地亦不能使之久存也。"生命的不能永恒,也许使人叹息,但如果没有成毁,没有代谢,宇宙的生机(生理)也将停滞。归根结底,宇宙的生机(生生不息之理)就体现在个体生命的成毁、代谢之中。既然如此,刘因认为,人就应该抱着积极乐观而不是消极甚至对抗的态度:"既成而毁,毁而复新,亦生生不息之理耳,安用叹耶?"如果造物者有见于所造之物不能久存而放弃造物,人类有见于自己的造作不能久存而放弃造作,那么,宇宙早就毁灭了:"若天地之心见其不能使之久存也,而遂不复生焉,则生理从而息矣","若前人虑其不能久存也,而遂不为之,后人创前人之不能久有也,而亦不复为之。如是,则天地之间化为草莽灰烬之区也久矣。若与我安得兹游之乐乎?"而实际上,天地并没有因个体生命的短暂产生怜悯而停止宇宙的运动,人也没有因此而放弃一切行动。为什么人了解生命不能永恒却依然发奋作为呢?刘因的解释是,那是因为受到客观的气机所驱使:"人非不知其然也,而为之不已者,气机使之焉耳。

---

① 朱熹:《太极图说解》。
② 《朱子语类》卷九四,第2374页。
③ 吴澄:《答王参政仪伯问》,《吴文正集》卷二,影印文渊阁《四库全书》本。
④ 《游高氏园记》,《静修集》卷十。

天地之间,凡人力之所为,皆气机之所使。"①

说一切人力所为"皆气机之所使",并不意味着人只是一个被动的执行者。相反,刘因认为,人的高贵之处正在于他能自觉地实现天地赋予他的使命,从而与天地并立,即所谓参天地。因此之故,虽然人的寿命不过百年,其形体也不高大,但依然值得珍惜。这种珍惜不同于一般的贪生怕死,因为它考虑的是如何保全上天的赋予。刘因说:"人兴百年于其间,其为时无几也。其形虽微,而有可以参天地者存焉。故君子当平居无事之时,于其一身之微、百年之顷,必慎守而深惜,惟恐其或伤而去之,实非有以贪夫生也,亦将以全此而已矣。及其当大变处大节,其所以参天地者,以之而立;其所以与天地相为终始者,以之而行。而回视百年之顷、一身之微,曾何足为轻重于其间哉?其所以参天地而与之相终始者,皆天理人心之所不容已而人之所以生者也。"②就此,刘因还发挥出一套全生全归之说。

所谓全生全归,是指人活着的时候对生命尽量加以爱护而不使其受到损伤,这样,当他死时,他的生气就完整地回到天地之中,历经千年也不毁坏:"于此而全焉,一死之余,其生气流行于天地万物之间者,凛千载而自若也。"③保全生命的目的不是简单地为了延年益寿,而是为了保全天地赋予人的道义,尽到人之为人的义务。如果一个人不是出于这种考虑而惜身,那么,即使他长生不死,也不过是行尸走肉而已:"使其舍此而为区区岁月筋骸之计,而禽视鸟息于天地之间,而其心固已死矣。而其所不容者,或有时发焉,则自视其身,亦有不若死之为愈者。是欲全其生而实未尝生,欲免一死而继以百千万死。呜呼!可胜哀也哉!"④刘因的全生全归说提倡人应当善待生命,时刻准备着为大义献身;他要求保全的不是肉体,而是人从上天那里接受的神圣使命,即所谓"此心之天":"呜呼!蹈斧钺而致死,犹渊冰之归全。其

---

① 上引皆自《游高氏园记》,《静修集》卷十。
②③④ 《孝子田君墓表》,《静修集》卷九。

死者,藐焉此身之微;其全者,浩乎此心之天。"① 按照这种理论,如果一个人在道德上做到了无愧于心,那么,即使他没有尽享天年,仍然可以认为他拥有一个完整的生命。从思想来源上看,刘因的全生全归说糅合了张载的气论和程朱的天理说。

第四节　象数合周邵

刘因在诗中多次表达对周敦颐和邵雍的仰慕之情,如:"分得尧天一握多,百年安乐邵家窝。情知弄月吟风手,不扣南山白石歌。"②"水华庭草思悠然,风月濂溪有正传。"③邵雍曾将自己的居处称为安乐窝,而二程在品鉴周敦颐时曾用到"光风霁月"这样的词。宋代理学的这些掌故,刘因显然耳熟能详,故在诗中随手拈来:"只许国人知我陋(自注:见邵子《无名公序》),无妨高论笑吾庸(自注:见司马公《庸书序》)",④"安乐名窝有真赏,打乖非是要安身(自注:"打乖非是要安身,道大方能混世尘。"又云:"时至时性皆有命,先生不是打乖人。"明道《安乐窝》诗也)"。⑤ 他相信,有周、邵作为榜样,就可以超越流俗:"周邵二公相左右,藐焉不作尘中人。"⑥ 除了人格境界上的向往,刘因对周、邵还有学术上的钦佩。周敦颐的太极图,邵雍的先天理,他平生最为服膺,曾写诗赞道:"君不见濂溪先生画出太极图,下笔万物形神祐。又不见伊洛丈人写出先天理,凿破化胎混沌死。灵犀一点透圆光,自

---

① 《孝子田君墓表》,《静修集》卷九。
② 《尧民图》,《静修集》卷五。
③ 《杂诗五首》之二,《静修集》卷十七。
④ 《多病》,《静修集》卷四。
⑤ 《谩思三首》之三,《静修集》卷五。
⑥ 《赠写真田汉卿别字景延》,《静修续集》卷一。

然造化随驱使。"①其少作《希圣解》类似哲理小说,虚构了拙翁、无名公、诚明中子三人与他在梦中的对话,以解答"希圣"何以可能的疑问。这三个人物的名字即是从周敦颐《太极图说》、邵雍《皇极经世书》以及张载《西铭》中衍化而来,其来历分别是:"禀太极之真、二五之精而生,位太极而君天下"(拙翁),"借太极之面,假太极之形,先天而生。太初氏吾母,皇极君吾兄"(无名公),"天地之帅吾其性,天地之塞吾其体,乾吾父,坤吾母,吾其子焉,藐然中处"(诚明中子)。

刘因文集中有好几篇谈到象数问题。《楪蓍记》一文用邵雍之说论蓍数、象卦之理,自称"此皆自夫一行邵子之说而得之",并能运用此说分析有关观点:"知此,则知夫误推一行三爻八卦之象谓阴阳老少不在乎过揲者为昧乎体用之相,因而误推邵子去三用九之文谓七八九六不在乎卦扐者,又昧乎源委之分也。"②他还解释了朱熹在这个问题上的做法:"然而朱子犹以大衍为不自然。于河图而变揲之左可以形右,卦画之不可以形上者。又以为短于龟其三索之说,则一行有成。说既取之《本义》后,复以为不必然。而卦之阴阳之奇偶,画与位合,则《大传》有明文,既著之筮说,而不明言于《启蒙》,是又恐后人求之过巧,而每遗恨不能致古人之详也。"③

《太极图后记》一文则详辨周敦颐的太极图为其自作而非有所授受,基本观点大体承自朱熹,但也有他自己的发挥,主要是认为周敦颐与邵雍之学原理相通:"周子、邵子之学,先天太极之图,虽不敢必其所传之出于一,而其理则未尝不一。而其理之出于河图者,则又未尝不一也。夫河图之中宫,则先天图之所谓无极,所谓太极,所谓道与心者也。先天图之所谓无极,所谓太极,所谓道与心者,即太极图之所谓无极而太极,所谓太极本无极,所谓人之所以最灵者也。"④

---

① 《赠写真田汉卿别字景延》,《静修集》卷一。
②③ 《楪蓍记》,《静修集》卷七。
④ 《静修集》卷七。

《河图辨》一文更历数河图之数与先天图之相对应者："夫河图之中宫,则先天图之所谓无极。所谓太极,所谓道与心者,即太极图之所谓无极而太极,所谓太极本无极,所谓人之所以最灵者也。河图之东北阳之二生数统夫阴之二成数,则先天之左方阳动者也。其兑离之为阳中之阴,即阳动中之为阴静之根也。河图之西南阴之二生数统夫阳之为二成数,则先天图之右方巽四坎艮五坤六者也。先天图之右方巽四坎艮五坤六者,即太极图右方阴静者也。其坎艮之为阴中之阳者,则阴静中之为阳动之根者也。河图之奇偶,即先天太极图之所谓阴阳。而凡阳皆乾,凡阴皆坤也。河图、先天太极图之左方皆离之象也,右方皆坎之象也。是以河图水火居南北之极,先天图离列左右之门。太极图阳变阴合而即生水火也,而易之为书,所以首乾坤终坎离,终既济未济。而先天之为图,中孚、颐、小过、大过,各以其类而居于正也。如是,则周子邵子其学虽异,先天太极其源虽殊,而其理未尝不一,而其所以出于河图者,则又未尝不一也。"①河图、先天图、太极图,本是三种不同来源的图,它们之间的关系,历来众说纷纭。刘因的看法是,三者可以整合为一。他处理这个问题的方法是以理观之。他的数学因此呈现出浓重的理学色彩。

《河图辨》还用大量篇幅讨论了河图的有关争议,他力主朱熹之说,谓"河图之说,朱子尽之矣。后人虽欲议之,不可得而议之也。然其自私者必出于己而后是,是以致疑于其间者尚纷纷然也。有指伏羲八卦次序为之者,有指先天图而为之者,亦有主刘牧而疑朱子取舍之误者。近世大儒又有自画一图为之者。"②在一一辨其不合后,他总结说:"夫前之所论,皆托言出于希夷而不合乎邵学者也。若朱子发、张文饶又求之邵学而失之者也。若夫朱子,则极邵子之大,尽周子之精,

---

① 《静修续集》卷三。
② 《河图辨》,《静修续集》卷三。

而贯之以程子之正也,后人恶得而议之?"①刘因对朱熹学术观点的捍卫与继承,表明他对宋代理学的了解和吸收已经达到比较高的程度。天假以年,他在比较全面地继承宋代理学的基础上也许会做出一个更大的综合。

第五节 为学重次第

《叙学》是刘因为保下诸生所作的一个读书指南。刘因非常强调读书的次序,作这个指南的目的就在于使学生"不至于差且紊而败其全材"。②刘因所制定的读书计划非常庞大,堪称通才教育,其中,经史子集无所不包,尤其值得注意的是他对读书次序的规定。刘因认为,学者读书应该循着这样一个次序:六经—《论语》、《孟子》—史—诸子—宋儒书—艺(诗文字画)。他相信,按照他指点的读书道路和读书方法,学者一定有所大成:"如是而治经、治史,如是而读诸子及宋兴诸公书,如是而为诗文,如是而为字画,大小长短,浅深迟速,各底于成,则可以为君相,可以为将帅,可以致君为尧舜,可以措天下如泰山之安。时不与志,用不与材,则可以立德,可以立言,著书垂世,可以为大儒,不与草木共朽,碌碌以偷生,孑孑以自存,非天之至善,坏己之全材也。"③可以看到,刘因对读书的规划,紧紧围绕如何使人全面发展(即所谓全己之材)这样一个中心任务。具体如何治经,如何治史,诸子及宋儒又如何去取,他还一一做了说明。

刘因首先解释了为何读书要从六经、《语》、《孟》开始。"先秦三代之书,六经、《语》、《孟》为大。世变既下,风俗日坏,学者与世俯仰,莫

---

① 《河图辨》,《静修续集》卷三。
②③ 《叙学》,《静修续集》卷三。

之致力,欲其材之全得乎三代之学,大小之次第,先后之品节,虽有余绪,竟亦莫之适从,惟当致力六经、《语》、《孟》耳。"①

程朱也非常重视读书次序的问题,相比于六经,他们更突出四书的地位,朱熹甚至有"四子,六经之阶梯"②这样的说法。而四书之中,程朱又特别表彰《大学》一书。程颐认为《大学》是"初学入德之门",朱熹则提出:"于今可见古人为学次第者,独赖此篇之存,而《论》、《孟》次之。学者必由是而学焉,则庶乎其不差矣。"③

虽然刘因对朱熹的四书学用力甚深,但他在为学生作读书指南时,却未将四书作为一个整体单列,而是只提到其中的两部:《论语》和《孟子》,程朱讲求不已的《大学》与《中庸》皆不见录。刘因这样做,不是偶一疏忽,实是有意为之。宋代以来流行的先四书而后六经的读书法,他很不以为然:"世人往往以《语》、《孟》为问学之始,而不知《语》、《孟》圣贤之成终者,所谓'博学而详说之,将以返诸约'者也。圣贤以是为终,学者以是为始,未说圣贤之详,遽说圣贤之约,不亦背驰乎?所谓颜状未离于婴孩,高谈已及于性命者也。"④刘因反对从《语》、《孟》入手的理由是,《语》、《孟》为圣人之成终。说圣人以《语》、《孟》为终,究竟有什么根据,刘因在此语焉不详。无论其成立与否,刘因的这个说法明确显示,他对宋儒热衷的高谈性命的四书之学有所保留。

关于学习六经的方法,刘因特别提出不可强作解:"句读训诂不可不通。惟当熟读,不可强解。优游讽诵涵咏,胸中虽不明了,以为先入之主可也。必欲明之不凿,则惑耳。六经既毕,反而求之,自得之矣。"⑤

至于六经内部的次序,则是先《诗》后《书》再二《礼》再《春秋》,最后《易》。"治六经必自《诗》始",这是因为,"《诗》能导情性而开血气,

---

① ④ ⑤ 《叙学》,《静修续集》卷三。
② 《朱子语类》卷一百零五,第 2629 页。
③ 朱熹:《大学章句》,《四书章句集注》,第 3 页。

使幼而常闻歌诵之声,长而不失刺美之意。""《诗》而后《书》","《书》所谓圣人之情见乎辞者也,即辞以求情,情可得矣。"血气、情性决定了《诗》、《书》乃"大本","本立则可以征夫用。用莫大于《礼》。""《春秋》以天道王法断天下之事业也,《春秋》既治,则圣人之用见。"对于《诗》、《书》、《礼》、《春秋》五经,他又有体用之说:"本诸《诗》以求其情,本诸《书》以求其辞,本诸《礼》以求其节,本诸《春秋》以求其断,然后以《诗》、《书》、《礼》为学之体,《春秋》为学之用,一贯本末。"最后读《易》,所谓"礼乐不明则不可以学《春秋》,五经不明则不可以学《易》,夫不知其粗者,则其精者岂能知也;迩者未尽,则其远者岂能尽也"。刘因还对时人好高骛远的研究风气做了批评:"学者多好高务远,求名而遗实,逾分而远探,躐等而力穷,故人异学,家异传,圣人之意晦而不明也。"①

刘因不主张抛开历代注疏直接学习六经:"六经自火于秦,传注于汉,疏释于唐,议论于宋,日起而日变,学者亦当知其先后,不以彼之言而变吾之良知也。近世学者往往舍传注、疏释,便废诸儒之议论。盖不知议论之学自传注、疏释出,特更作正大光明之论尔。传注、疏释之于经,十得其六七。宋儒用力之勤,铲伪以真补其三四而备之也。"②他对汉、宋之学均无偏好,主张一视同仁,按时间顺序依次学习:"故必先传注而后疏释,疏释而后议论,始终原委,推索究竟。"在学习的过程中还要结合个人体会,平心静气地进行研究:"以己意体察,为之权衡,折之于天理人情之至,勿好新奇,勿好辟异,勿好诋评,勿生穿凿,平吾心,易吾气,充周隐微,无使亏欠,若发强弩,必常穿彻而中的;若论罪囚,棒棒见血而得情。毋惨刻,毋细碎,毋诞妄,毋临深以为高。渊实昭旷,开廓恳恻,然后为得也。"③

经之后是史。学史之前先当学经,其意义是"先立乎其大":"六经既治,《语》《孟》既精,而后学史。先立乎其大者,小者弗能夺也。胸中

①②③ 《叙学》,《静修续集》卷三。

有六经、《语》、《孟》为主,彼兴废之迹不吾欺也。"①刘因还提出,经是从史中衍化出来的,经过圣人删定的史成为大经大法就是经。他说:"古无经史之分,《诗》、《书》、《春秋》皆史也。因圣人删定笔削,立大经大典,即为经也。"对经史关系的这种看法,并非刘因所特有。在他之前和在他之后都有人提出,清人章学诚更进一步提出"六经皆史"。不过,与后者"销经入史"、"以史统经"的态度不同,刘因的用意在于强调史当以经为准绳。他明确说道:"学者必读全史,历代考之废兴之由、邪正之迹,国体国势制度文物,坦然明白时以六经旨要立论其间,以试己意,然后取温公之《通鉴》、宋儒之议论,校其长短是非,如是,可谓之学史矣。"②

史之后是诸子。刘因所说的诸子除了儒家,还包括道家、医家、兵家、法家。总的说来,他的态度比较开明,肯定各家皆有其重要性。道家,他主要列了《老》、《庄》、《列》、《阴符》四书;医家,他主要列了《素问》;兵家,他列了孙、吴、姜、黄;法家,他主要提了《管子》;儒家,他列了荀子、扬雄、贾谊、董仲舒、刘向、王通等人。"史既治,则读诸子。《老》、《庄》、《列》、《阴符》四书,皆出一律,虽云道家者流,其间有至理存。取其理而不取其寓,可也。《素问》一书,虽云医家者流,三代先秦之要典也,学者亦当致力。孙、吴、姜、黄之书,虽云兵家智术,战阵之事,亦有名言,不可弃也。荀子议论过高好奇,致有性恶之说。然其王霸之辨、仁义之言,不可废也。《管子》一书,霸者之略,虽非王道,亦当读也。扬子云《太玄》、《法言》,发孔孟遗意,后世或有异论者,以其有性善恶混之说。……虽然,取其辞而不取其节,可也。贾谊、董仲舒、刘向,皆有书,惜其有战国纵横之余习。惟董子三册明白纯正,孟轲之亚,非刘、贾所企也。文中子……亦孟轲氏之亚也。韩子……其诋斥佛老,扶持周孔,亦孟轲氏之亚也。"③

诸子之后是宋儒。刘因所说的宋儒不限于理学,欧阳修、苏轼、司

---

①②③ 《叙学》,《静修续集》卷三。

马光亦列其中。性理并不是他唯一关心的内容,象数、经济同样占据他的视野。这既反映出他个人思想来源的广泛,也说明当时知识界对宋儒的界定还不像后世那样完全等同于理学:"诸子既治,宋兴以来诸公之书,周、程、张之性理,邵康节之象数,欧、苏、司马之经济,往往肩汉唐而踵三代,尤当致力也。"①

---

① 《叙学》,《静修续集》卷三。

第四章

吴澄的儒学思想

揭傒斯奉诏为吴澄撰写的《神道碑》称:"皇元受命,天降真儒,北有许衡,南有吴澄。所以恢宏至道,润色鸿业,有以知斯文未丧,景运方兴。"①可见,当时舆论是以许、吴二人为南北学者之宗。揭傒斯还对许、吴的成就做了一个比较,认为许在当时发挥了重要作用("其用也弘"),而吴对后世影响深远("其及也深"):"许公居王畿之内,一时用事,皆金遗老,得早以圣贤之学佐圣天子,开万世无穷之基,故其用也弘。吴公僻在江南,居阽危之中,及天下既定,又二十六年始以大臣荐,强起而用之,则年已五十余矣。虽事上之日晚,而得以圣贤之学为四方学者之依归,为圣天子致明道敷教之实,故其及也深。"②用弘与及深,似乎各有千秋,不分轩轾,但从揭的言外之意来看,他似乎更倾向于认为吴澄对道学的贡献大:"窃惟我国家自太祖皇帝至于宪宗,凡

---

① ② 《吴文正集》附录,影印文渊阁《四库全书》本。

历四朝、五十余载,天下犹未一,法度犹未张,圣人之学犹未明。世祖皇帝以天纵之圣,继统纂业,豪杰并用,群儒四归,武定文承,化被万国,何其盛欤！至如真儒之用,时则有若许文正公,由朱子之言、圣人之学,位列台辅,施教国子,是以天启昌明之运也。乃若吴公,研磨六经,疏涤百氏,纲明目张,如禹之治水,虽不获任君之政,而著书立言,师表百世,又岂一材一艺所得并哉？"①"虽不获任君之政,而著书立言,师表百世",这无疑是肯定吴澄对后世的影响更为久远。

吴澄(1249—1333),字幼清,晚字伯清,学者称草庐先生,江西崇仁人。家世业儒,自幼聪颖好学,十岁"偶于故书中得《大学中庸章句》,读之喜甚"。十六岁谒程若庸(字逢原,号徽庵,朱熹三传弟子),当面有所质疑,令后者大为赏识。十九岁作《道统图并叙》,以接续朱熹自期。二十二岁中乡举,次年进士落第。时宋亡之兆已显,于是造草屋数间,自题一联:"抱膝梁父吟,浩歌出师表",隐然有诸葛亮当年匡复天下之志。二十七岁,天下归元,他隐居深山,校注群经。数年还家,授徒为业,朝廷累征而不赴。五十余岁始应召受命,历任江西儒学副提举、国子监丞、国子司业、翰林学士、经筵讲官等。晚年退归林下,讲学著述,成《五经纂言》。八十五岁卒于家。死后追封临川郡公,谥文正,明宣德间,从祀孔庙,后因仕元问题,几经罢复,至清乾隆二年(1737)才最终从祀不移。吴澄一生勤于著述,有文集百卷,经注数种,后人辑为《草庐吴文正公全集》。吴澄弟子众多,《宋元学案·草庐学案》著录有三十多人,元明善、虞集、贡师泰、揭傒斯等为其卓卓者。

综观吴澄一生,大半时间以教书授徒为业,生活非常俭朴。他曾经这样自述:"澄不酒不肉,二力携箪瓢从,所至如全真道、行脚僧,斗室可安。"②虽然清贫,但他却能够怡然自乐:"澄酒肉甚绝,而无所于费也;中馈久虚,而无所于奉也;二三儿躯干壮健,写字读书之余,各务耕

---

① 《神道碑》,《吴文正集》附录。
② 《答郑提举书》,《吴文正公集》卷七,《元人文集珍本丛刊》本,台北新文丰出版公司,1985年。

桑，自营衣食，于家可以不饥不寒，而无俟于其父之遗也。萧然一身，二竖给使令，纸帐布衾，如道寮禅榻，随寓而安，案上古《易》一卷、香一柱，冬一褐，夏一绤，朝夕饭一盂、蔬一盘，所至有学徒给之，无求也，而无不足，身外无长物，又焉用丧所守以取赢为哉？"①吴澄所到之处，士大夫都请他讲学授业。晚年退居深山，四面八方慕名而来的学者络绎不绝。

  吴澄的弟子虞集在为他写的《行状》中曾这样评价自己的老师："呜呼！孟子殁，千五百年而周子出，河南两程子为得其传。时则有若张子精思以致其道，其迥出千古则又有邵子焉。邵子之学既无传，而张子之殁，门人往往卒业于程氏。程门学者笃信师说，各有所奋力以张皇斯道，奈何世运衰微、民生寡佑而乱亡随之矣，悲夫！斯道之南，豫章延平，高明纯洁，又得朱子而属之，百有余年间，师弟子之言折衷无复遗憾，求之于书，盖所谓集大成者。时则有若陆子静氏超然有得于孟子先立乎其大者之旨，其于斯文互有发明，学者于焉可以见其全体大用之盛，而二家门人区区异同相胜之浅见，盖无足论也。朱子以来，又将百年，为其学者毫分缕析，日益增盛，曾不足以少救俗学利欲之祸，而宋遂亡矣。"②

  虞集有意识地将吴澄放在儒家的道统谱系中加以描述，以此显示吴澄为正学真传。吴澄十九岁作《道统图并叙》，慨然有接续道统之志。虞集的这个叙述将他定位为儒家道统的担当者，可谓深得其心。同时，虞的说法也肯定儒家的道统在异族（蒙古人）统治的元代并没有中断。而斯文之所以未丧，吴澄之功为大。在虞集构建的道统谱系中，孟子以下即是北宋五子，汉、唐之儒不在其列。虞集对北宋五子的介绍耐人寻味，他一般性地提到周敦颐、张载，而以二程为主线，又特别拈出邵雍。南宋之儒则举李延平到朱熹一系，同时也不忘提上陆九渊一笔。值得注意的是，虞集在谈到对于斯文互有发明的朱陆之学

---

① 《答姜教授书》，《吴文正公集》卷七。
② 虞集：《临川吴文正公行状》，《道园学古录》卷四四，影印文渊阁《四库全书》本。

时,评论说:"于焉可以见其全体大用之盛。"这个说法表明,虞集对于朱陆之学的基本态度,是"合之则美,离则两伤",所以他对朱陆门人纷纷异同相胜之说颇不谓然:"二家门人区区异同相胜之浅见盖无足论也。"虞集的这个立场乃是继自吴澄。当吴澄在国子监任司业之际,为纠正当时朱子学者的门户偏见,曾发表"朱子道问学工夫多,陆子静却以尊德性为主。问学不本于德性,则其弊偏于言语训释之末,果如陆子静所言矣。今学者当以尊德性为本,庶几得之"这样的议论,①结果,被人目为不尊朱子,而落得称疾去职。

关于吴澄的思想倾向,前人看法不一,黄百家说:"幼清从学于程若庸,为朱子之四传。"②而全祖望则认为:"草庐出于双峰,固朱学也,其后亦兼主陆学。盖草庐又师程氏绍开。"③诚然,吴澄曾随朱学传人程若庸学习。另一方面,他又自称是程绍开(号月岩,广信人,尝筑道一书院,以合朱陆两家之说)的学生。据载,吴澄还向戴良齐(字彦肃,黄岩人,嘉熙进士,以古文鸣,尤精性理之学)问过有关《礼经》的问题。然而,必须说,吴澄的学问功底主要还是得益于他的"私淑于经"。仅仅因为他自称是程绍开的学生就说他"兼主陆学",未免理据太薄。全祖望自己也承认:"然草庐之著书,则终近乎朱。"④判断一个人的思想倾向,师承只能作为一个参考因素,而不足以成为主要根据,更何况,吴澄实际跟程若庸、程绍开等人学习的时间都非常短暂,他的学问功底主要是自己打下的。他第一次见到程若庸,就能指出后者对经典解释的错误,说明他那时在学术上已非初学门徒。

吴澄的倾向与其说是所谓兼陆或和会朱陆,不如说他所要求的是一种"全体大用"之学。这种全体大用之学也就是儒家传统所言的"君子尊德性以道问学"。在自己的教学实践中,他也努力贯彻尊德性与道问学相结合的原则,他曾经著《学基》一篇,"使知德性之当尊";又著

---

① 《吴澄传》,《元史》卷一七一,第4012页。
②③④ 《草庐学案·小传》,《宋元学案》卷九二。

《学统》一篇，"使知问学之当道"。① 《学基》前后四十条，大体为理学家所说的存养之道，在具体语录的选择上，也颇同于《近思录》卷四"存养"，这反映吴澄在工夫论上一本程颐"涵养须用敬"法门的特点。而《学统》则相当于吴澄为学者所开的一个参考书目，按照他所理解的重要性，其中又分四个层次，即本言（相当于今天所说的最低限度书目，包括：经——《易经》、《尚书》、《诗经》、《仪礼》、《仪礼逸经传》、《周官》、《大戴礼记》、《小戴礼记》、《春秋左氏传》、《春秋公羊传》、《春秋穀梁传》、《孝经》；四书——《论语》、《大学》、《中庸》、《孟子》）、干言（相当于次基本书目，包括邵雍、周敦颐、张载、二程之书）、支言（相当于一般性了解书目，主要是一些史、子、集部书。史部有：《国语》、《战国策》、《史记》、《汉书》附。子部有：《老子》、《庄子》、《孙子》，《八阵图》附；《太玄》，《潜虚》附。集部有：《楚辞》，《楚辞后语》附）、末言（属于泛读性书目，不要求都掌握，主要是子部书，分属医家、道家、术数，其中又以医书为多）。《学统》在某种意义上可以看做是对程颐"进学在致知"这一为学纲领的贯彻。《学统》偏重于道问学，而《学基》所注重的就是尊德性。需要指出的是，《学基》所体现出来的尊德性，不是陆九渊式的尊德性，虽然其中也不乏孟子的"求其放心"、"先立乎其大"等心学格言，但更多的却是从《论语》、《礼记》直到程、朱的主敬涵养之说。对吴澄自己而言，无论是将他贴上朱学还是陆学的标签，恐怕他都不会接受，甚至他对严分朱陆这种做法本身就表示反感："夫朱子之教人也，必先之读书讲学；陆子之教人也，必使之真知实践。读书讲学者，固以为真知实践之地；真知实践者，亦必自读书讲学入。二师之为教，一也。而二家庸劣之门人各立标榜、互相诋訾，至于今，学者犹惑，呜呼！甚矣。"②

就气象风格而论，吴澄终是近朱熹，偏于戒慎一路："里人刘寿翁

---

① 虞集：《临川吴文正公行状》，《道园学古录》卷四四。
② 《送陈洪范序》，《吴文正公集》卷十五。

为予写真,见之者咸曰:此朱夫子像也。"① 史传称他"身若不胜衣,正坐拱手,气融神迈,答问亹亹,使人涣若冰释"。② 在主观上,吴澄也一再以接续朱熹之学自任,无论是青年时代作《道统图并叙》还是壮年之后遍注五经,其内在动机都可以追溯至此。不过,吴澄并不株守朱学门户,而是广泛吸取宋儒的其他思想资源,并加以个人的综合与发展。吴澄具有多方面的文化修养,除了精通儒家经典之外,他还涉猎天文、地理、医学、时务、术数等领域,且是元代文学大家。有些现代研究者(如钱穆)认为,朱熹之后,说到学问规模的宏大渊博,与朱熹能相比的恐怕只有吴澄一人。

吴澄的思想不仅是对宋代理学的总结,而且具有鲜明的时代特色。他继承了宋儒对性理、心性的精微辨析,同时也对南宋末年理学尤其是朱子学的流弊提出明确批评。吴澄的哲学从基本性质来说无疑是朱子学的,但是在一定意义上,又不妨说是"后朱子学"或"新朱子学"。此"后"或"新"表现在:在理气论上,吴澄对朱熹的观点有所推进,并对以后的朱子学者(如曹端、薛瑄、罗钦顺等人)产生了一定的影响。吴澄还大大发挥了程朱的心性理论,力图扭转时人已经形成的对心学的偏见。他对学问的广泛兴趣与积极探究,充分反映出朱熹所倡导的道问学精神。与元代很多学者一样,他也强调以谨言谨行为学,强调问学当反诸身心、见诸实行。尊德性与道问学的紧张在他这里得到很大程度的缓解。在存养工夫上,他坚持了程朱的主敬路线。虽然他个人气质偏于严谨,但他对和的境界也甚为向往。总之,在吴澄身上,再次体现出朱熹式的综合特点。但吴澄与朱熹的这种类似,不是通过株守朱熹一家之言达到的,它更多的表现为一种精神气质上的默契。

---

① 《题刘寿翁为予写真》,《吴文正公集》卷四九。
② 《元史》,第4013页。

第一节 理气论

吴澄最初为世所重,是凭他的经学修养。其实,吴澄对相对玄远的性理之学也颇有兴趣,从《年谱》"四十七岁"条的记载来看,他熟知《二程遗书》、《近思录》等理学经典,讲起性理之学,也是滔滔不绝,累至千言。性理之学的一个重要内容是关于理气、太极等宇宙基本原理的。在这方面,吴澄声称自己只是掇拾先儒陈说,个人并无太多发明,甚至到了晚年,他还奉劝学者不要在这上面多费精力。尽管如此,吴澄对理气、太极的论述还是值得我们关注,这不仅是因为这些论述是性理之学的一个必不可少的组成部分,同时,还因为吴澄实际上在若干命题上对前人的思想有所推进。

吴澄在说明天地万物、阴阳五行与气的关系过程中对气作了定位:"阴阳五行,化生万类,其用至神,然特气尔。"①化生万类的是阴阳五行,而阴阳五行又不过是气而已。当吴澄具体说明宇宙生成时,他采用了阴阳二元论的说法:"天地之初,混沌鸿蒙,清浊未判,莽莽荡荡,但一气尔。及其久也,其运转于外者渐渐轻清,凝聚于中者渐渐重浊,轻清者积气成象而为天,重浊者积块成形而为地,天之成象者日月星辰也,地之成形者水火土石也。"②"天有四象,地有四象。日月,天之用;星辰,天之体。水火,地之用;土石,地之体。立天之道曰阴与阳,立地之道曰柔与刚。"③

这里可以看出邵雍思想的一些影响。邵雍以为,动静阴阳刚柔是最根本之象,分化而有日月星辰、水火土石,然后又有寒暑昼夜、雨风

---

① 《理一箴》,《吴文正公外集》卷一,《元人文集珍本丛刊》本,台北新文丰出版公司,1985年。
②③ 《原理》,《吴文正公集》卷一。

露雷之变化。

吴澄还认为，人与自然有很多相通之处："人禀气于天，赋形于地。耳目口鼻为首，犹天之日月星辰也；脉髓骨肉为身，犹地之水火土石也。心胆脾肾四脏属天，肺肝胃膀胱四脏属地。指节十二，合之二十四，有天之象焉；掌文后高前下，山峙水流，有地之法焉。"①这个说法很容易使人联想到董仲舒"人副天数"思想。人像天地的思想有一定的合理性，人本来就是自然的一部分，当然符合一定的自然规律。但是，把人完全比拟于自然，固然反映了寻求世界统一性原理的愿望，却难免牵强。吴澄以上说法就存在这个问题。不过，我们从中可以看出吴澄试图沟通自然与人文的意识。吴澄关于宇宙论的说明也因此蒙上了某种伦理学的色彩。

就深层动机而言，将《易传》的阴阳二元宇宙论与五行说结合起来，也是为了在天道与人道之间寻找结合之点。五行最初是指水火木金土，但思孟一派儒家"案往旧造说"（荀子语）发明出一种新的五行说，他们所说的五行是指仁义礼智圣。这五行，又称五德，属伦理范畴。表面看来，旧五行说与新五行说了不相干，但实际上，在儒家天人感应的观点映照下，二者又呈对应关系。在吴澄这里，五行又被称作五气，由此，阴阳与五行都被统一到气的基础上来："本只是一气，分而言之，则曰阴阳，又就阴阳中细分之，则为五行。五气即二气，二气即一气。"②这段表述较前说要为清楚，"五气（五行）即二气，二气即一气"，表明吴澄所理解的五行、阴阳与气是同一关系。"本只是一气"是想说明宇宙万物具有统一的起源；而分出二五之目，则是提供一个宇宙生成的动力解释：正是通过阴阳二气的相反相成、五行的相运相生，天地万物才得以化生。

吴澄统合气、阴阳、五行，给出了一个"气——阴阳——五行——

---

① 《原理》，《吴文正公集》卷一。
② 《答人问性理》，《吴文正公集》卷二。

万物"的宇宙发展图式。这种一、二、五的宇宙论模式,其实并非他个人的发明,我们在理学的开山者周敦颐那里就可以找到原型。根据《通书》与《太极图说》,我们可以将周敦颐的宇宙发展图式概括为:太极——阴阳——五行——万物。相比之下,吴澄描述的宇宙发展图式与周敦颐的非常相似,唯一不同的是关于起源的称谓,在吴澄那里是"气",而在周敦颐那里则是"太极"。进一步考察,则发现,周敦颐所说的太极其实就是元气,因此,不妨说,吴澄的宇宙论模式与周敦颐的完全相同,考虑到理学的传承关系,可以推想,吴澄的这一思想应是来自周敦颐。不过,吴澄与周敦颐对"太极"的理解并不一致,正是这种不一致导致他在周敦颐使用"太极"的地方使用了"气"。按照吴澄的理解,在天地相分、万物相判之前,世界是一团元气,这是一个实实在在的大"有",而不是什么精神性的东西。元气内部发生分化,出现比重不同的两种气,轻清者上升,是为阳;重浊者下沉,是为阴。同时,元气里包含了形成万物的因子的五种气(即五行)。通过五行之间的不同组合,逐渐衍生出天地万物。这个过程发生在远古以前,至少从有人类开始,这样一个具备天地万物的世界就已经存在了。因此,对人而言,他面对的是一个井然有序万类森然的世界。这个世界与未有此世界之前的状态(即所谓真正的"原始")是不同的,最根本的不同就在于:在原始时混沌不分的元气现在已经分散为万有不同之物。虽然中国古人相信生物死亡之后仍旧会化作阴阳二气。

如果世界是指天地万物,那么这个意义上的世界是有开端的,但吴澄并不认为未有这个世界之前无物存在:"自未有天地之前,至既有天地之后,只是阴阳二气而已。"[①]

虽然强调"气"的恒在,但与讲气学的张载不同,吴澄在谈"气生万物"时,总是不会忘记指出"理"的作用:"苍苍盖高,包含无际,其体至

[①] 《答人问性理》,《吴文正公集》卷二。

大,然特形只,形气之凝,理实主是。"①"气之所以能如此者,何也?以理为之主宰也。"②显然,在吴澄哲学中,"理"是比"气"更为根本的一个概念。

作为继承孔子"不语怪力乱神"传统的儒家学者,吴澄强调,作为主宰的理又有其顺乎自然的一面:"六合之外大无方,一气所到何渺茫。浮阳运转无停止,浊滓凝结留中央。不用安排理自然,能知其理为知天。"③

既要坚持"理在气先",又要肯定"本只是一气",这实际上是要在理本论与气本论之间作出某种调和,吴澄所采取的调和方案是:既肯定理与气同在,同时又指出理对气保持一种逻辑上的在先。理与气同在,吴澄有时将之表达为"理在气中,元不相离"。④ 关于"理在气中",按照吴澄自己的解释,是说理不是什么独立的实体(物),而只是气的所以然(主宰):"理者,非别有一物在气中,只是为气之主宰者即是。"⑤黄百家正确地领会了吴澄之意,指出这句话应该理解为,是说理不是别有一物,而是指气之流行有条不紊:"'理在气中'一语,亦须善看。一气流行,往来过复,有条不紊。从其流行之体谓之气,从其有条不紊谓之理。非别有一理在气中。"⑥

由此可知,"理在气中"一语,固然是强调理气不相离,但也有理气非是二物、理非独立实体的意思。如果说,吴澄肯定理气"元不相离"是对程朱有关理气不相离的思想的继承,那么,他所提出的"理在气中"以及"理者,非别有一物在气中"等说法,则包含了理气一元论的萌芽,从而已非朱熹的理气观所能范围。其后,明代思想家如罗钦顺等

---

① 《理一箴》,《吴文正公外集》卷一。
②⑤ 《答人问性理》,《吴文正公集》卷二。
③ 《赠术者自言能通皇极经世书》,《吴文正公集》卷四九。
④ 《答田副使第三书》,《吴文正公集》卷三。
⑥ 《草庐学案》,《宋元学案》卷九十二,第3041页。

人就明确提出了理气为一物的思想。①

吴澄所说的"理在气先"只是一种逻辑在先,从他对老子"先有理而后有气"说的批评可以确定这一点。当然,老子并没有直接使用理气这样的范畴,说老子持"先有理而后有气"论,是吴澄用理气术语对老子"有生于无"说进行改造后的结果:"老子云:天下万物生于有,有生于无。万物者,指动植之类而言;有字指阴阳之气而言;无字指无形之道体而言。此老子本旨也。"②"老子以为先有理而后有气,横渠诋其有生于无之非,晦庵先生诋其有无为二之非。其无字是说理字,有字是说气字。"③

理学家并非不讲"有生于无",只不过认为他们与老子所讲的意义不同,前者肯定具体事物有发生、发展与灭亡的过程,但不承认整个宇宙有所谓终始。甚至在理气意义上,理学家也可以讲"无能生有",例如朱熹就曾说过:"'无极而太极',言无能生有也",④即是以"无能生有"喻"理能生气"。不过,这种议论在朱熹那里较为少见。朱熹更多地是强调理在气中:"太极生阴阳,理生气也。阴阳既生,太极在其中,理复在气之内也。"⑤易言之,朱熹是在理气不相离、有无不相分的前提下讲"无能生有"的。理学家认为他们与老子在有无问题上的分际正在于此:理学是以有无为一,而老子是以有无为二。如朱熹为周敦颐的儒家身份作辩护时指出,儒道之辩的关键不在于是否言"无",而在于:"老氏之言无,以有无为二;周子之言有,以有无为一。"

以"有无为一"实际上是消无入有、以有统无,从而否定本根意义上的无。如张载即认为,只有幽明之别而无有无之别,他说:"圣人仰观俯察,但云知幽明之故,不云知有无之故。"⑥又说:"知太虚即气则无

---

① 罗钦顺:《与林次崖金宪》,《困知记》附录,中华书局,1990年,第151页。
②③ 《答田副使第三书》,《吴文正公集》卷三。
④ 《朱子语类》卷九四,第2368页。
⑤ 引自《元公周先生濂溪集》上,岳麓书社,2006年。
⑥ 张载:《正蒙·太和篇》。

无。故圣人语性与天道之极,尽于参伍之神,变易而已。诸子浅妄,有有无之分,非穷理之学也。"①程颢亦谓无中有有、有中有无:"言有无,则多有字;言无有,则多无字。有无与动静同。如冬至之前天地闭,可谓静矣;而日月星辰亦自运行而不息,谓之无动可乎?但人不识有无动静尔。"②

与有无观的这种特点相对应,吴澄在理气观上的特点是:在坚持理气不分先后的前提下讲"理在气先",即:虽然也说"理在气先",但同时又强调理气不相离。他认为,与此形成对照的是老子之说,"老子谓有气之阴阳自无形之理而生,而不知理气之不可分先后。"③吴澄对老子有无理气观的批判直接承自宋儒。他引证说:"盖老、庄、列之意皆以为先有理而后有气,至宋朝二程、横渠出,力辟老氏自无而有之说为非,而曰:'理气不可分先后。理是无形之物,若未有气,理在哪处顿放?'又曰:'理与气,有则俱有,未尝相离。'非知道者,孰能识之!"④"今生于程张之后,而又循袭'有理而后有气'之说,则是于本原处差了。可仔细取《近思录》、《程氏遗书》、《外书》、张子《正蒙》、朱子《语类》观之。四先生说得洞然明白,即与愚说无异。"⑤其实,二程与张载并没有明确提出过"理气不可分先后"之说,这是吴澄个人的体会。

需要指出的是,不能因为看到"理在气中"、"理不离气"这样的说法,就断言吴澄已不再坚持朱熹理优先于气的立场。其实,如前所述,吴澄并没有放弃"理在气先"的立场,而"理气不分"的思想在朱熹那里也早已存在。只不过,吴澄已不再像朱熹那样明确强调"理与气决是二物"。

---

① 张载:《正蒙·太和篇》。
② 《河南程氏遗书》卷十一,《二程集》,第121页。
③ 《答田副使第三书》,《吴文正公集》卷三。
④⑤ 《答海南海北道廉访副使田君泽问》,《吴文正公集》卷三。

第二节　太极论

经过周敦颐、朱熹等人的开发，太极问题已成为理学的重要话头之一。在吴澄的时代，这一问题仍然受到广泛关注。吴澄晚年曾与人通信反复辩论无极太极问题，其文集收有与田泽辩论无极太极问题的书信三通，时间分别为七十八岁(元泰定帝泰定三年,1326)、七十九岁、八十岁(元文宗天历元年,1328)。此前，他还著有《无极太极说》一文。在这些论述中，吴澄重申了朱熹有关太极的看法，对宋儒的太极说进行了深入辨析。

首先，吴澄注意到"太极"一词有不同用法，或"指道而言"，或"指阴阳未分时而言"："大概古今言太极者有二,当分别而言,混同为一则不可也。《庄子》云'在太极之先'，《汉志》云'太极函三为一'，唐诗云'太极生天地'。凡此数言,皆是指鸿蒙混沌、天地未分之时而言也。夫子言'易有太极',则是指道而言也,与庄子、汉唐诸儒所言太极字绝不相同。今儒往往合二者为一,所以不明。"①他自己倾向于以太极为道："太极者,何也？曰:道也。"②

吴澄还从宋儒那里为自己的这种理解找到支持："自宋伊洛以后,诸儒方说得'太极'字是。邵子云:'道为太极。'朱子《易本义》云:'太极者,理也。'蔡氏《易解》云:'太极者,至极之理也。'……澄之《无极太极说》曰:'太极者,道也',与夫子、邵子、朱子、蔡氏所说一同。"③

当"太极"指阴阳未分时而言(例如庄子及汉唐诸儒)，此"是以天地未分以前混元之气为太极"。它实际上是"太一"，而不再是"太极"。

---

① 《答海南海北道廉访副使田君泽问》，《吴文正公集》卷三。
② 《无极太极说》，《吴文正集》卷四。
③ 《答田副使第二书》，《吴文正公集》卷三。

盖吴澄认为:"混元未判之气,名为太一,而不名为太极","混元未判之气不名为太极,而所谓太极者是指道理而言。"①这种看法实际上是把"太极"形上化了。不过,它并非吴澄的发明。在他之前,朱熹作《太极解义》,就明确地把周敦颐的《太极图说》纳入到"理"学的体系里来。本来,在周敦颐那里,"太极"基本上是被理解为混沌未分的元气。从程颐开始讲"道非阴阳也,所以一阴一阳,道也",②有意识地把"一阴一阳之谓道"与"形而上者谓之道,形而下者谓之器"联系起来。朱熹继承了程颐的这一思想,以阴阳为气、太极为道,以此阐发他的理气哲学。因此,朱熹在讲到"分阴分阳"之"易"时,有时他不再说"太极"而是说"太一"。这显然是一个新的讲法。而吴澄则专门拈出朱熹此义加以发扬:"朱子《易赞》曰:'太一肇判,阴降阳升',不言'太极'而言'太一',是朱子之有特见也。朱子《本义》解'易有太极'云:'易者,阴阳之变;太极者,其理也。'朱子只以阴阳之变解易字。"③实际上,朱熹此种用法甚少,吴澄提出此说,对朱学不无发明之功。

将太极理解为道,从《易传》本文看存在一定困难,"易有太极,是生两仪"与"形而上者谓之道,形而下者谓之气"是在不同语境中所说的两句话。对此,吴澄提出"假借为名"之说作为解释:"道而称之曰太极,何也?曰假借之辞也。道不可名也,故假借可名之器以名之也。……道者,天地万物之统会,至尊至贵,无以加者,故亦假借屋栋之名而称之曰极也。……道者,天地万物之极也,虽假借极之一字强为称号,而曾何以拟议其仿佛哉?故又尽其辞而曰太极者。盖曰此极乃甚大之极,非若一物一处之极。然彼一物一处之极,极之小者尔;此天地万物之极,极之至大者也,故曰太极。"④朱熹曾就太极问题与人展开过多次辩论,双方各有胜负。吴澄提出假借之说,于前者不为无助。

---

① 《答田副使第二书》,《吴文正公集》卷三。
② 《程氏遗书》卷三。
③ 《答海南海北道廉访副使田君泽问》,《吴文正公集》卷三。
④ 《无极太极说》,《吴文正公集》卷四。

吴澄对无极的说明则一本朱熹,从"无极"乃强调无实物无方所这一点入手:"何以谓之无极?曰:道为天地万物之体而无体,谓之太极而非有一物在一处可得而指名之也,故曰无极。"①顺着这样的说法推下去,结论应该是"太极而无极",然而,周敦颐的原话是"无极而太极",顺序正好相反,这又如何解释?吴澄有如下说明:"无极而太极,何也?曰屋极、辰极、皇极、民极,四大之极,凡物之号为极者,皆有可得而指名者也。是则有所谓极也。道也者,无形无象、无可执著,虽称曰极而无所谓极也;虽无所谓极而实为天地万物之极,故曰无极而太极。"②

从朱熹到吴澄,其对"无极而太极"的解释思路,是合无极太极而为一,特别是要消解无极在太极之外别有一物的观念。周敦颐的"无极而太极",到朱熹等人这里已经变成"无极即太极"这样的命题。吴澄解释说:"朱子《语录》云:'易之有太极,如木之有根,浮图之有顶。'然木之根、浮图之顶是有形之极,太极却是无形之极,无方所顿放,故周子曰'无极而太极'。世儒读《太极图》,分无极太极为二,则周子之言有病。故朱子合无极太极为一,而曰:'非太极之外别有无极也',又曰'无极即是太极'。"③这种讲法近于巧言设辩,原其用心,不过是要驱散弥漫在周敦颐"无极而太极"命题周围的"以无为本"的老庄气息。吴澄为周敦颐申辩说:"'有生于无'是老氏异端之说,周子'无极而太极',即非言自无而有。"④此种辩护,朱熹开其先声:"然曰'无极而太极'、'太极本无极',则非无极之后别生太极,而太极之上先有无极也。又曰'五行阴阳'、'阴阳太极',则非太极之后别生二五,而二五之上先有太极也。以至于成男成女化生万物,而无极之妙盖未始不在是焉。此一图之纲领,大易之遗意,与老子所谓物生于有、有生于无,而以造

---

①② 《无极太极说》,《吴文正公集》卷四。
③ 《答海南海北道廉访副使田君泽问》,《吴文正公集》卷三。
④ 《答田副使第三书》,《吴文正公集》卷三。

化为真有始终者,正南北矣。"①吴澄肯定朱熹对周敦颐的辩护甚为得力:"朱、张二先生(按朱熹与张栻)皆云:'非太极之上复有无极。'极力分解,惟恐人错认此一句与老氏同。卫道之力如此,可谓忠于周子也。"②

无极太极之辩牵系儒道之辩的一些根本问题。吴澄之所以先要对"太极"用法予以甄别,不以阴阳未分之元气说太极,而专以太极为形上之道、至极之理,乃是因为此论实关联理气、有无诸论。首先,若以太极为阴阳未分,则与理气不相离的原理相冲突:"夫理与气之相合,亘古今永无分离之时。……言太极理气浑,是矣;又言未分,则不可。盖未分则是终有分之时,其实则理气岂有时而分也哉?"③如果把太极解释为混元混沌,那么就会使理气割裂,从而不得不分出先后。

其次,对太极的不同定义将导致太极与无极、有与无等关系的不同定位。吴澄先假设"若以太极为一气未分之名,上头却可着无极两字",然后予以否定:"然自无而有,非圣贤吾儒知道者之言,乃老庄之言道也。"④反过来,"若以太极为至极之理","则其上不容更着无极两字"。吴澄认为,朱熹关于太极之外非复有无极的说法,是对周敦颐观点的忠实解释:"故朱子为周子忠臣,而曰'无极二字只是称赞太极之无可名状,非太极之外复有无极也'。"⑤

吴澄还引张栻的观点为援:"南轩《图解》之下文云:'非太极之上复有所谓无极也。太极本无极,言其无声臭之可名也。'又云:'无极之真,二五之精,妙合而凝,非无极之真为一物,与二五之精相合也。言未尝不存于其中也。'南轩此言即与朱子所言及老拙所言一同。"⑥

就吴澄对无极的理解来看,也许更适合的命题是"无极即太极"或者"无极本太极"。按吴澄的理解,之所以加上"无极"一词仅仅是为了表示太极的无声无臭这一特征。然而,如果真是这样的话,那么无极

---

① 《答杨子直第一》,《朱熹集》卷四五,四川教育出版社,1996年。
②③④⑤⑥ 《答田副使第三书》,《吴文正公集》卷三。

就不是像太极那样的实质性概念,在他的哲学系统里,是太极而不是无极才是最高的范畴。对于吴澄的哲学逻辑而言,无极并不是必不可少的。吴澄又强调太极的形上性,以道为太极,从而区分于以元气为太极,后者在他看来是太一而不是太极。但是太极与太一是什么关系,他没有进一步说明。

吴澄是用"太极"这个词置换了周敦颐的"无极",又用"太一"取代了周敦颐原来意义上的"太极"。如果太极被理解为元气,按照吴澄"必先有理而后有气"、"气生万物,理为主宰"的原则,那么,在这个太极之上还应该有一个更高的理。把它们放在"无极而太极"的命题下考虑,则这个比"太极"更高的"理"当非"无极"莫属。

最高的理是无极,这至少在字面上容易与以无为本的道家观点相混淆。《老子》云:"道生一,一生二,二生三,三生万物。"①又说:"天地万物生于有,有生于无。"②如果这两句话可以互为解释,那么"道"也就是"无","一"也就是"有"。如果认为这里的"有"相当于"太极","无"相当于"无极",那么"无极而太极"的命题就变成老子的"有生于无"。这种情况,身为儒者的吴澄当然是要尽量避免的。但是,如果老子的"道"指"太极","一"指"太一",那么老子的"道生一,一生二,二生三,三生万物"的模式就一样可以为儒家所利用。以"太极"取代原来的"无极"、以"太一"取代原来的"太极",虽然太极仍然是无形之理、无声无臭,但在形式上已经是一个儒家色彩的命题。

不过,这种置换也有它自身的问题。当吴澄极力说明"无极而太极"一语中的无极与太极其实是一物(即至极之理)时,他似乎没有考虑到:按照他先前对太极用法的归类,周敦颐的"太极"应当是指"太一"。换言之,吴澄对周敦颐《太极图说》中的"太极"作出了两种解释:说到"无极而太极"时是指至极之理,而说到"太极动而生阳,静而生

---

① 《老子·道化第四十二》。
② 《老子·去用第四十》。

阴,分阴分阳两仪立焉"时是指混沌元气。

这种解释上的混乱反映出吴澄在处理周敦颐太极说时的尴尬。周敦颐的《太极图说》本为解《易》之作,从经典诠释学的要求来说,它对太极的解释不应违背《易传》的有关说法。事实上,周敦颐也继承了汉唐诸儒的解释传统,即以太极为混沌未分之元气。吴澄未必不清楚自己对《易传》太极说的理解与周敦颐并不一致,然而他又必须借助后者立说(就像以前朱熹对周敦颐所做的那样)。出于这种策略上的考虑,他当然不便公开指出周敦颐与《易传》相左。明白乎此,就不难理解吴澄在周敦颐的太极究竟何指的问题上保持沉默的奇怪态度——当吴澄总结"太极"古今两种用法时,罗列了数家之说,却偏偏没有提到周敦颐。明说周敦颐与《易传》对太极的用法不同固然不便,但这并不妨碍吴澄从某个侧面指出其间之差异。

《易传》与《太极图说》都描绘了一幅生成论图景,前者说"易有太极,是生两仪,两仪生四象,四象生八卦",后者则言"太极动而生阳,……静而生阴,……阳变阴合而生水火木金土"。这两种"生"的意义是否相同?吴澄认为,前者是说卦画,后者是说造化,具体而言,则是:"言卦画,则生者生在外,有两仪时未有四象,有四象时未有八卦,朱子谓'生如母之生子,子在母外'是也。言造化,则生者只是具于其中,五行即是阴阳,故曰'五行一阴阳',言阴阳五行之非二,朱子所谓'五殊二实无余欠也'。阴阳即是太极,故曰'阴阳一太极',言太极阴阳之非二,朱子所谓'精粗本末无彼此也'。朱子又言:'生阴生阳之生,犹曰为阴为阳云尔,非是生出在外。'惟朱子能晓得《太极图说》之'生'字与《易·系》'舜之生'字不同。"①又说:"两仪四象八卦,渐次生出者也,非同时而有。太极阴阳五行,同时而有者也,非渐次生出。一是言卦画,一是言造化,所以不同。"②

吴澄对"生"字意义的区分未免过于强调《太极图说》与《易传》的

---

①② 《答田副使第三书》,《吴文正公集》卷三。

差异。事实上,周敦颐并非完全不用"两仪"的讲法,所谓"分阴分阳,两仪立焉"即是。而另一方面,《易传》也不单是说卦画,"易有太极,是生两仪"中的"两仪"也就是阴阳,"是生两仪"也就是指太极生阴阳,"两仪生四象,四象生八卦"可以说是讲卦画,太极生阴阳则不是。按照吴澄的解释,《易传》是讲卦画,其中的"生"字是指生出在外,也就是说《易传》的太极生阴阳(即"是生两仪")是讲卦画,其中的"生"字是指生出在外;《太极图说》是讲造化,其中的"生"字是讲具于其中。

同是太极生阴阳,在吴澄的解释下,《易传》与《太极图说》具有两种意义。就后一种讲法而言,太极生阴阳以及阴阳生五行,是指阴阳五行非二、阴阳太极非二,亦即五行一阴阳、阴阳一太极。如果把这里的太极理解为元气,那么,这种讲法是符合吴澄所说的气生万物的情况的。但是就前一种讲法而言,太极生阴阳类似于母生子,是生出于外,这里的太极显然不应作元气解(否则两种讲法就变成一种讲法了),而只能解作道或理,那么太极生阴阳就意味着:道或理生出气。

由理在气先的逻辑出发,也不是不能推出理能生气这样的命题,例如朱熹就曾说过:"太极生阴阳,理生气也。"①问题是,按照理气不相离的原则,理能生气,但理仍然具于气中,而不应当是气生出其外。事实上,朱熹在说"理生气"之后,紧接着又说:"阴阳既生,太极在其中,理复在气之内也。"②可是,如果依吴澄以上的解释,《易传》的太极生阴阳是讲阴阳生出其外,亦即气生出于理之外,这是不符合吴澄自己所反复强调的"理气原不相离"的原则的。

吴澄对《易传》与《太极图说》的"生"字的区分,本是述朱熹之说。因此,吴澄在此问题上的混乱在某种程度上也是继自朱熹。朱熹在多数情况下是坚持理生气而理复在气之内,但有时他也说"气虽是理之所生,然既生出,则理管他不得"。③

---

①② 转引自《元公周先生濂溪集》上卷二。
③ 《朱子语类》卷四,第71页。

《太极图说》有关太极动而生阳、静而生阴的说法表明,在周敦颐看来,太极应该是有其动静的。自朱熹对《太极图说》的太极作出太极即理的解释,太极之动静就成为必须重新予以说明的问题:作为形而上之理的太极,究竟有没有类似于形而下之气的动静?如果有,是在什么意义上说的?如果没有,又怎么解释"太极动而生阳,静而生阴"?

朱熹既认为太极是所以动静之理,那么,如果说太极便是动静,显然不可,那在朱熹看来"则是形而上下者不分,而'易有太极'之言亦赘矣"。①

就太极为所以动静之理而言,大体上可以说太极本体中包含动静(之理)。从一阴一阳之谓道而言,作为道的太极正体现于阴阳二气交错运行的过程之中,在此意义上大致可以说太极有动静。因此,要说到太极之有动静,朱熹就不得不借助于天命流行为中介:"太极之有动静,是天命之流行也,所谓一阴一阳之谓道。"②

太极本身未尝有动静,动静者不过是阴阳二气。理(太极)是气(阴阳)之主宰,理(太极)自身不动而其所主宰之气(阴阳)在动,这就让人自然地联想到人跨马或乘车的情形。事实上,朱熹也使用了乘机、跨马等比喻来说明太极动静问题:"盖太极者,本然之妙也;动静者,所乘之机也",③"阳动阴静,非太极动静,只是理有动静,理不可见,因阴阳而后知,理搭在阴阳上,如人跨马相似。"④

吴澄对朱熹有关气机的比喻作了进一步的发挥。首先,他肯定"盖太极无动静。动静者,气机也","太极不当言动静。"⑤接着,他解释说:"机犹弩牙弩弦;乘此机如乘马之乘。机动则弦发,机静则弦不发;气动则太极亦动,气静则太极亦静。太极之乘此气,犹弩弦之乘机也,故曰:'动静者,所乘之机',谓其所乘之气机有动静,而太极本然之妙

---

① 《答杨子直一》,《朱熹集》卷四五。
②③ 《太极图说解》。
④ 《朱子语类》卷九四,第 2374 页。
⑤ 《答王参政仪伯问》,《吴文正公集》卷二。

无动静也。"①

在朱熹那里,"乘此机"之"乘"的确是指承载之乘,但"机"具体何指并不明确。吴澄将"机"解成弩牙弩弦,这是作了自己的发挥。

无论是"人跨马"还是"弩弦之乘机",这些比喻都只是为了说明太极表面在动而实际不动这个意思。但是如果将这些比喻坐实的话,则似乎太极与阴阳是相伴而行的两个物事,这就并不符合太极与阴阳的本来关系。吴澄意识到弩弦弩机比喻的局限性,因此又特别提示:"然弩弦与弩机却是两物,太极与此气非有两物,只是主宰此气者便是,非别有一物在气中而主宰之也。机字是借物为喻,不可以辞害意。"②

如果以太极自身为有动静,那么对太极就可以说有显有微,套用体用范畴就可以认为太极自身有体有用,即其无声无臭之微者为体,其流行变化之显者为用。吴澄既然用气机这个比喻说明太极自身无动静,当然就不承认太极自身有体用之分。他指出:"以冲漠无朕声臭泯然为太极之体,以流行变化各正性命为太极之用,此言有病。盖太极本无体用之分,其流行变化者皆气机之阖辟。"③

太极自身不动而所乘之机动,似乎太极亦有动静,只是从这个近似的意义上可以说太极有动静。同样道理,太极之被指为有体有用也不过是就气机而言:"太极本无动静体用也,然言太极则该动用静体在其中。因阳之动而指其动中之理为太极之用尔,因阴之静而指其静中之理为太极之体尔。太极实无体用之分也。……(气机)有静时有动时。当其静也,太极在其中,以其静也,因以为太极之体;及其动也,太极亦在其中,以其动也,因以为太极之用。"④

其实,无论是动还是静,太极作为无形之理都存在于气机之中,并不因为气机之动就改变太极的冲漠无朕声臭泯然:"太极之冲漠无朕声臭泯然者,无时而不然,不以动静而有间,而亦何体用之分哉?"⑤这里包含了"动亦静,静亦动"的思想。周敦颐在《通书·动静章》中曾经

---

①②③④⑤ 《答王参政仪伯问》,《吴文正公集》卷二。

说"神"是"动而无动,静而无静"。朱熹以"神"为"理",《朱子语类》云:"'动而无动,静而无静',非不动不静,此言形而上之理也。理则神而莫测,方其动时,未尝不静,故曰'无动';方其静时,未尝不动,故曰'无静'。静中有动,动中有静,静而能动,动而能静。"①当气动时,理随气动而自身未动,此即"方其动时未尝不静";当气静时,理随气静,而理作为使气静极复动的内在动因,含有动之几,此即"方其静时未尝不动"。归根结底,理自身并不运动。

朱熹关于理之动静的思想为吴澄应用到太极之动静上:"至若谓'太极之本体也,静者所以形容其无声无臭之妙',此言大非。动亦一,静亦一,即无动一静二之可疑。盖误以太极之本然者为静,阴阳之流行者为动故尔。"②

与动静范畴相连的是体用显微范畴,太极自身既无动静,也就意味着无所谓体之静、用之动,所以吴澄说:"今以太极之根柢造化者为体之静,阴阳五行变合化育者为用之动,则不可。"③

综上所述,吴澄是认为体用动静这些范畴不可以用于太极概念本身。吴澄的这些讨论实际是对朱熹有关太极动静说法的一种补充,它对后来明代一些理学家产生了一定影响。如曹端(1376—1434)即认为,如果说理乘气动如人乘马,那么理的作用就完全表现不出来。他指出,即使就人乘马这个比喻来说,还应区分活人乘马与死人乘马的不同,朱熹所理解的人乘马实际上是死人乘马的关系,而曹端所理解的理的能动性则近于活人骑马。薛瑄(1389—1465)继承了曹端反对朱熹关于太极不自会动静的思想,认为,如果说太极无动静,则太极便成了"枯寂无用之物",就不可能成为万物运动变化的根源,他与曹端一样主张"太极能为动静"。

---

① 《朱子语类》卷九四,第2403页。
②③ 《答王参政仪伯问》,《吴文正公集》卷二。

第三节 性情论

吴澄在综评历代性论时,对周、程、张、朱等理学大儒特别给予肯定:"荀、扬、韩子不知此理,皆指气质以为言,而各立一说以与孟子竞。呜呼!彼岂知孟子之所言视何者为性而指为何物哉?至我朝,欧阳公、司马公、苏氏、胡氏皆一代大儒,而于此犹不察焉,他何足责,信矣。……噫!孟子而后,向微周、程、张、朱数夫子,性学其泯矣。"①

荀子说过,"凡性者,天之就也。"②扬雄则认为:"人之性也,善恶混。修其善则为善人,修其恶则为恶人。气也者,所以适善恶之马也与?"③韩愈提出:"性也者,与生俱生者也;情也者,接于物而生者也。性之品有三,而其所以为性者五;情之品有三,而其所以为情者七。……其所以为性者五,曰仁曰礼曰信曰义曰智。……其所以为情者七,曰喜曰怒曰哀曰惧曰爱曰恶曰欲。"④不难看出,这三个人都是以性为与生俱来的东西。所以,吴澄认为,他们所说的性其实是气质。吴澄对周、张、程、朱等人的性说则甚表推崇,认为孟子性学因之而复明。

吴澄对宋代理学的人性论遗产有一种自觉继承的意识。这种继承首先表现在,吴澄有关人性的论述,很大一部分是对张载、程颐等人的有关观点进行阐释,而他对张、程等人的阐释,又明显地可以看出朱熹的影响。此外,这种继承还表现在,吴澄自己对人性的正面论述综合反映了宋儒的主要观点。

---

① 《杂识一》,《吴文正公外集》卷二。
② 《荀子·性恶篇》。
③ 《法言·修身》。
④ 韩愈:《原性》,《韩昌黎文集校注》,上海古籍出版社,1998年。

张载说:"形而后有气质之性,善反之,则天地之性存焉。故气质之性,君子有弗性者焉。"①对这几句话,吴澄逐一作了诠释。关于"形而后有气质之性也",吴澄认为,它是说"人之性本是得天地之理,因有人之形,则所得天地之性局在本人气质中,所谓'形而后有气质之性也'"。②在形是气质之性的成因这一点上,吴澄的解释与张载的原话一致。不过,张载所说的气质之性似乎是某种独立的东西,而在吴澄的解释中气质之性是局在气质之中的天地之性,二者意思微有不同。关于"善反之则天地之性存焉",吴澄解释说:"气质虽有不同,而本性之善则一,但气质不清不美者,其本性不免有所污坏,故学者当用反之之功,反之如'汤武反之也'之'反',谓反之于身而学焉,以至变化其不清不美之气质,则天地之性浑然全备,具存于气质之中,故曰'善反之则天地之性存焉'。"③从张载原话似乎可以推出,如果不善反之则天地之性不存,这就似乎表明天地之性有失去的可能。吴澄的解释只承认本性有污坏的可能,虽然污坏却并未失去(或完全失去),因此,他把"存"释为"具存"。当然,张载的原话比较含糊,"存"既可以是相对于"失"而言,但解释为"具存"也未尝不可。关于"气质之性君子有弗性者焉",吴澄的理解是:"气质之用小,学问之功大。能学者,气质可变,而不能污坏吾天地本然之性,而吾性非复如前污坏于气质者矣。故曰'气质之性,君子有弗性者焉'。"④"气质之性"中的"性"字是作名词,而"君子有弗性者"中的"性"字则是作动词,意为"以……为性"。张载原话是说君子不以气质之性为"性"。所谓"性"者,即比较稳定之规定性。张载此句所要表示的是气质之性的可变性或可塑性。吴澄则把这句话与学问之功联系起来,虽然张载原话中没有这个内容,但在强调气质可变这一点上,吴澄还是准确地把握了张载论旨的。总起来看,吴澄对张载论性语录的解释基本符合后者原意,且将其表达得更

---

① 《正蒙·诚明篇》,《张载集》,第23页。
②③④ 《答人问性理》,《吴文正公集》卷二。

为明确和具体。这其中也反映出吴澄本人的一些理论倾向。

与张载不同,程颐直接把"性"系于"理",提出"性即理"的思想,发展了传统的性善论:"性即理也。所谓理性是也。天下之理,原其所自,未有不善。"①这里提出了所谓"理性"的概念。吴澄高度评价了程颐的这一思想:"程子'性即理也'一语正是针砭世俗错认性字之非,所以为大有功。"②

另一方面,程颐又有"气质之性"的说法:"性相近也,习相远也。性一也,何以言相近？曰:此只是言气质之性,如俗言性急性缓之类。"③不过,这种"气质之性"并不属于程颐所理解的"性",他所说的"性"是指"性即理"那种意义上的"性"（即所谓"理性"）。所以,程颐在提到"性急性缓"之后紧接着又说:"性安有缓急？此言性者,生之谓性也。"④为了有所区分,程颐将"理性"之"性"叫做"性之本",而把"生之谓性"的"性"叫做"所禀"（也即"才"）。他说:"凡言性处,须看他立意如何。且如言人性善,性之本也;生之谓性,论其所禀也。"⑤又说:"性字不可一概论。'生之谓性',只训所禀受也。'天命之谓性',此言性之理也。今人言天性柔缓,天性刚急,俗言天成,皆生来如此,此训所禀受也。"⑥由此,程颐总结说:"论性不论气,不备;论气不论性,不明。二之则不是。"⑦这三句话成为理学人性论的经典表述,为以后大多数理学家所接受。吴澄则逐句做了疏解。关于"论气不论性,不备",吴澄认为它是针对孟子所说的性而言的:"孟子道性善是就气质中挑出其本然之理而言,然不曾分别性之所以有不善者,因气质之有浊恶而污坏其性也。……盖孟子但论得理之无不同,不曾论到气之有不同处,是其言之不备也。不备者,谓但说得一边不曾说得一边,不完备

---

① 《遗书》卷二二,《二程集》,第292页。
② 《答人问性理》,《吴文正公集》卷二。
③④⑤ 《遗书》卷十八,《二程集》,第207页。
⑥ 《遗书》卷二四,《二程集》,第313页。
⑦ 《遗书》卷六,《二程集》,第81页。

也。故曰'论性不论气不备',此指孟子之言性而言也。"①关于"论气不论性,不明",吴澄理解为主要是针对荀扬世俗之说性者而言的:"至若荀扬以性为恶、以性为善恶混,与夫世俗言人性宽性偏性缓性急,皆是指气质不同者为性,而不知气质中之理谓之性,此其见之不明也。不明者,谓其不晓得性字,故曰'论气不论性不明',此指荀扬世俗之说性者言也。"②关于"二之则不是",吴澄的理解是天地之性与气质之性不是彼此独立的两种性,毋宁说是一性之两面:"盖天地之性、气质之性,两性字只是一般,非有两等之性,故曰'二之则不是'。"③

较诸孟子式的传统性善论,程朱理学的人性论已不再坚持只有善之性才是先天的观点。因而,天地之性与气质之性的区分已不在于先天与后天,而在于何者更为根本从而更占有优势。可以看到,在理学对人性论的筹划中,性与气始终保持着一种张力。理学的人性论更多地把注意力集中在如何证明天地之性比气质之性更为根本从而更占有优势这个焦点上。吴澄性论的核心同样也为此问题占据。首先,吴澄从"性即理"的观念出发主张天地之性至善:"性者,天所付于我之理,纯粹至善者也。是性也,张子所谓天地之性也,孟子所以言性善者谓此也。"④这为吴澄的人性论定下了性善论的基调。"性即理"还表现为人性与天理内容的对应关系:"此理在天地,则元亨利贞是也;其在人而为性,则仁义礼智是也。"⑤不论性与天道之间的关系是否为理论上的思辨,从天道角度理解性善无疑要比孟子的四端(道德情感)证明远为深刻。吴澄显然认识到了这一点,他指出:"夫性之一字,非真有见于道体者,不能知也。"⑥

从"性即理"的观点出发,人性应该是一致的,但吴澄在谈到人性时也有过品级之说:"性为最贵,最贵之中,又有不同,气有清浊,质有

---

① ② ③ ⑤ ⑥ 《答人问性理》,《吴文正公集》卷二。
④ 《杂识一》,《吴文正公外集》卷二。

美恶,曰圣曰贤,其品殊途。"①吴澄按气质将人分为三品:愚不肖者(气浊质恶),贤知者(气清质美),圣人(气清之清,质美之美);按后天工夫将人分为四等:圣、贤、愚而能学、愚而不学。"性为最贵"是将人与诸物进行比较而言,"最贵之中又有不同"则是在人的个体之间比较而论。"曰圣曰贤,其品殊途"的说法使人很自然地联想到韩愈的性三品说。韩愈提出:"性之品有上中下三:上焉者,善焉而已矣。中焉者,可导而上下也。下焉者,恶焉而已矣。其所以为性者五,曰仁曰礼曰信曰义曰智。上焉者之于五也,主于一而行于四;中焉者之于五也,一不少有焉,则少反焉,其于四也混;下焉者之于五也,反于一而悖于四。"②两相比较,不难看出,吴澄与韩愈其实不同,吴所说的三品是指气质而不是指性。按照吴澄的哲学逻辑,也只能说气质"其品殊途"而不能说性有三品,因为,对吴而言,性即理,性即仁义礼智,这是人所相同的。

  吴澄说的气质之性是指性善性恶、性缓性急、性昏性明、性刚性柔之类:"曰:今世言人性善性恶、性缓性急、性昏性明、性刚性柔者,何也？曰:此气质之性也。"③这种说法实际上综合了宋儒对气质之性的认识。周敦颐说:"性者,刚柔善恶中而已矣。"④这是以刚柔等气的特性为性的规定。这样说的性其实就相当于张、程等人所言的气质之性。张载说:"刚柔缓速,人之气也,亦可谓性。"⑤对张载来说,气质之性主要是指人的禀性如刚柔缓急等。程颐也以性急性缓之类为气质之性:"性相近也,习相远也,性一也,何以言相近？曰:此只是言气质之性,如俗言性急性缓之类,性安有缓急？此言性者,生之谓性也。"⑥严格来说,这种气质之性不应当称作"性",因为它本质上是"气"。虽

---

① 《理一箴》,《吴文正公外集》卷一。
② 《原性》,《昌黎先生集》卷十一。
③ 《杂识一》,《吴文正公外集》卷二。
④ 《通书·理性命第二十二》。
⑤ 《语录中》,《张载集》,第 324 页。
⑥ 《遗书》卷十八,《二程集》,第 207 页。

然它也可以称作所谓"气性",不过,一般所说的"性"主要是指"理性"。吴澄也认识到这一点:"是(气质之性)则告子所谓生之谓性,而朱子谓其指人知觉运动为性者是也。是性也,实气也。故张子谓'气质之性,君子有弗性者焉',程子亦谓'有自幼而善,有自幼而恶,是气禀有然也',斯岂天地本然之性云乎哉?"①

承认气质之性的存在,这与理学家普遍接受"气化万物"的观念有关。人性论中的性气关系对应于理气论中的理气关系。在理气论中,形上之理虽然比形下之气更为根本,但是它不得不落实于气,即是所谓"理不离气"、"理在气中"。与此对应,性(天地之性或天命之性)虽然比气(气质或气质之性)更为根本,但它也不能不寄寓后者之中。吴澄对性气关系正是作了这样的说明:"盖人之生也,天虽赋以是理,而人得之以为仁义礼智之性,然是性也,实具于五脏内之所谓心者也,故必付以是气,而人得之以为五脏百骸之身,然后所谓性者有所寓也。是以人之生也,禀气有厚薄,而形体运动有肥瘠强弱之殊;禀气有清浊,而材质知觉有愚知昏明之异。"②

性必须寄寓于气质之中,亦可谓"性在气中"、"性不离气"。这种思想,在朱熹那里已经出现:"所谓天命之与气质,亦相衮同。才有天命,便有气质,不能相离。若阙一,便生物不得。既有天命,须是有此气,方能承当得此理。若无此气,则此理如何顿放!"③又说:"性离气禀不得。有气禀,性存在里面;无气禀,性便无所寄搭了。"④

性离气禀不得,按照吴澄的观点,气禀又有厚薄、清浊之分。气之厚薄不同用以解释形体肥瘠运动强弱之殊,气之清浊决定材质愚知知觉昏明之异。这种讲法也是继自前人。程颐曾用气之清浊解释贤愚之分:"性即是理,理则自尧舜至于涂人,一也。才禀于气,气有浊清,

---

① 《杂识一》,《吴文正公外集》卷二。
② 《杂识一》,《吴文正公集》卷二。
③ 《朱子语类》卷四,第64页。
④ 《朱子语类》卷九四,第2381页。

禀其清者为贤,禀其浊者为愚。"①

如果说,气之清浊决定贤知愚昏这一点,与程颐的影响有关;那么,以气之厚薄说形体肥瘠运动强弱这一点,则折射出周敦颐以刚柔说性的思想。周敦颐提出:"性者,刚柔善恶,中而已矣。……刚善为义、为直、为断、为严毅、为干固;恶,为猛、为隘、为强梁。柔善为慈、为顺、为巽;恶,为懦弱、为无断、为邪佞。"②

在前人基础上,吴澄把气禀分得更详细了。形体运动以及材质知觉不同,理(性)在其中存在的形式也有万不同:"性即天理,岂有不善?但人之生也,受气于父之时既有或清或浊之不同,成质于母之时又有或美或恶之不同。气之极清质之极美者为上圣,盖此理在清气美质之中,本然之真无所污坏,此尧舜之性所以为至善,而孟子道性善所以必称尧舜以实之也。其气之至浊质之至恶者为下愚。上圣以下下愚以上,或清或浊或美或恶,分数多寡,有万不同。惟其气浊而质恶,则理在其中者,被其拘碍沦染而非复本然也。此性之所以不能皆善而有万不同也。"③

虽然性即天理,但由于性不能不附于人身而局于气质之中,气质有美恶清浊之万不同,因此,陷于其中之理(性)存在形态也就不尽一致。当理陷在浊气恶质之中,被其拘碍沦染而非复其本然之善。

有时吴澄也把万有不同之气质称为命。性与命的关系是所谓一本万殊:"五金同入大冶炉,洪纤厚薄各异模。孰高孰下孰修短,孰为不足孰有余?浩劫变成只须臾,百年何事分戚愉。至人谓性不谓命,性惟一本命万殊。"④"至人谓性不谓命"典出《孟子》。孟子在论到性与命的关系时说:"口之于味也,目之于色也,耳之于声也,鼻之于臭也,四肢之于安逸也,性也,有命焉,君子不谓性也。仁之于父子也,义之

---

① 《遗书》卷十八,《二程集》,第204页。
② 《通书·师第七》,《周敦颐集》,第19页。
③ 《答人问性理》,《吴文正公集》卷二。
④ 《如斋诗》,《吴文正公集》卷四八。

于君臣也,礼之于宾主也,智之于贤者也,圣人之于天道也,命也,有性焉,君子不谓命也。"①在这里,"性"与"命"是作为一组相对的范畴,而"命"实际上就是气质之性。"性惟一本命万殊"是说天地之性(以仁义礼智为内容)人人相同而气质之性则万有不同。"命"原意只是表示赋予,"性"原意只是表示禀受,有所予乃有所受,有所受必有所予,它们是不可分割的两个方面。

为了说明何以天地之性善而气质之性有不善的问题,吴澄采用了水原与水流关系的比喻:"水原于天而附于地。原之初出,曷尝不清也哉?出于岩石之地者,莹然湛然得以全其本然之清。出于泥尘之地者,自其初出而混于其滓,则原虽清,而流不能不浊矣。非水之浊也,地则然也。人之性亦犹是。性原于天而附于人,局于气质之中。人之气质不同,犹地之岩石泥尘有不同也。气质之明粹者,其性自如岩石之水也;气质之昏驳者,性从而变泥尘之水也。水之浊于泥尘者由其地,而原之所自则清也。故流虽浊而有清之之道。"②水原之清以象性原之善,水所从出之岩石泥尘以象性所局之不同气质。流之浊乃因泥尘之所污,已成之性恶则因气质之污坏也。虽如此,以原之所自清故流之浊仍可清,同理,以性之本善故已成之性恶者仍可善。以上所说实可以用"继之者善也,成之者性也"来概括。事实上,程颐在解释"继之者善也,成之者性也"时也用了水的比喻:"夫所谓'继之者善也'者,犹水流而就下也。皆水也,有流而至海,终无所污,此何烦人力之为也?有流而未远,固已渐浊;有出而甚远,方有所浊;有浊之多者,有浊之少者。清浊虽不同,然不可以浊者不为水也。……水之清,则性善之谓也。"③由水的源流清浊的比喻还可以引发进一步的联想:污浊之水并非不可以澄清,污坏之性也并非不可以复归于善。要使水澄清不

---

① 《孟子·尽心下》。
② 《易原以清名字说》,《吴文正公集》卷七。
③ 《遗书》卷一,《二程集》,第10页。

能不加澄治之功,欲使人复归于本然之善亦不能不加复性之功。

关于"情",吴澄有两种说法,一说为喜怒哀惧爱恶欲七情:"天之生是人,其生也,有仁义礼智信之性;人之有是性,其发也,有喜怒哀惧爱恶欲之情。"①一说为恻隐、羞恶、辞让、是非四心(四端):"盖天之生是人,其生也,皆有仁义礼智之性。人之有是性,其发也,皆有恻隐、羞恶、辞让、是非之情。"②七情之情属于心理学意义上的情感活动,四端之情则属于道德意识与道德情感活动。七情之情无所谓善恶,而四端之情则皆为善。这两者不是简单的数量多寡(四与七)问题,而是性质不同的两个概念。历史地看,四端之情说是宋儒对孟子四端说进行新的演绎的结果;而七情之情说,其观念的起源可以追溯到先秦甚至更早。宋儒一方面沿用了七情之说,另一方面又出于性体情用的考虑而把孟子所讲的恻隐、羞恶、恭敬、是非之心解释为情。这样一来,宋儒关于情的思想就形成双轨并行的局面。例如,在朱熹的情发于性的学说中,情是包括四端、七情都在内的。作为朱熹哲学的自觉继承者,吴澄也继承了朱熹性情学说上的矛盾。

关于如何处理"情",吴澄的态度是主张应当"性其情"而不使"情其性":"约爱恶哀乐喜怒忧惧悲欲十者之情,而归之于礼义智仁四者之性,所以性其情,而不使情其性也。"③这里所说的情是以七情为主的十情,而不是四端之情。如果是后者,也就不存在约而归之的问题,而应当说扩而充之、充而至之。约情以归性就是所谓性其情。约谓约束,约情以归性意即将情的活动约束在性所允许的范围内,而性代表着天理,因此,约情以归性,实际上就是要求以情从理、以理节情。性其情的性字作动词,意谓"使……合于性","性其情"意谓以情从理。性其情的反面是情其性,意谓理屈于情。在吴澄看来,"情其性"即意

---

① 《杂识十三》,《吴文正公外集》卷二。
② 《答程教讲义》,《吴文正公外集》卷三。
③ 《邹昫兄弟字说》,《吴文正公集》卷七。

味着人欲战胜了天理:"天理难莹,人欲易胜,惟不知警,遂情其性。"①一旦情突破理的屏障就变成负面的欲,这个欲不是七情之一的欲。七情之一的欲泛指一种心理渴望,而作为天理对立面的欲则是指不合理的需求。

性其情与情其性的主要区分在于何者占据支配地位。性情关系中的性代表理性与道德因素,而情则代表非理性、非道德的自然情感向度。性其情意味着理性原则、道德原则的胜利,而情其性则意味着非理性、非道德的力量占了上风。吴澄拒斥情其性而坚持性其情,反映了他的理性主义立场以及道德优先原则。

在吴澄思想中,自然合理之七情与自私邪恶之人欲,还是界限分明的。吴澄只说"无欲",所谓"有性无欲,有一无二",②却从不曾说"无情"。吴澄提出达到"无欲"的一个重要手段是"以理制欲",③以理制欲意味着理性法则对感性法则的优先。吴澄的主张无欲,在哲学上具有反对人的异化、挺立人的主体性的意义。

第四节 心学观

在吴澄生活的元代,时人已将"本心之学"的头衔加诸陆学之上,吴澄认为,这种观念基本上是一个误会,心学并不独指陆学,从尧舜直到周程诸子无不以心为学。他说:"以心为学,非特陆子为然,尧、舜、禹、汤、文、武、周公、孔、颜、曾、思、孟,以逮邵、周、张、程诸子,盖莫不然。故独指陆子之学为本心学者,非知圣人之道也。"④

---

① 《五兴序》,《吴文正公外集》卷一。
② 《祭周元公濂溪先生墓文》,《吴文正公集》卷四四。
③ 《消人欲铭》,《吴文正公外集》卷一。
④ 《仙城本心楼记》,《吴文正公集》卷二六。

吴澄的这一见解,从直接的意义上说,是为陆学做了辩护,而在更广的意义上,则是为心学正名。他所理解的心学已非陆学可范围,陆学不过是其心学的思想资源之一,此外他更大量吸收了从周敦颐到朱熹等宋代其他理学家的心性思想,从他对"心学之妙"的如下理解可以明显看出这一点:"心学之妙,自周子、程子发其秘,学者始有所悟,以致其存存之功。周子云'无欲故静',程子云'有主则虚',此二言,万世心学之纲要也。"①

吴澄在自己的著作中也使用了原属孟学的"本心"概念。众所周知,"本心"是陆学标志性的概念,以往的思想史研究者据此认为吴澄的思想中有陆学成分,然而,吴澄所说的"本心"与陆九渊其实有别。吴澄将"本心"理解为"万理之所根":"夫孟子言心而谓之本心者,以为万理之所根,犹草木之有本,而苗茎枝叶皆由是以生也。"②借助于生物学上"根"的意象,吴澄表达了如下思想:"本心"与"万理"是先起与后发的关系。"本心"之"本",与孟子所说的"四端"之"端"用法相近,都是强调原初、起始之义。说本心为万理之所根,一方面是说"本心"先于万理而生;另一方面是说先起的本心对于后生的万理还有一种引导作用。在这个意义上,可以说"心具众理"。"心具众理"并不就是"心即众理"。前者强调心作为思维器官对理的一种统摄能力,而后者则强调心所包含的内容就是理。站在"心具众理"的角度看,心是认识理的主体,而理则是心所认识的对象。而站在"心即理"的角度看,心与理这种主客关系变成了同一关系。虽然从"心具众理"很容易推到"心即是理",然而,其间的差异不可不辨,朱熹与陆九渊的分野正在于此。陆九渊只不过在"心具理"的基础上往前多迈了一小步:"人皆有是心,心皆具是理,心即理也。"③而朱熹则谨守"万理具于一心"的命题。④

---

① 《静虚精舍记》,《吴文正公集》卷二四。
② 《仙城本心楼记》,《吴文正公集》卷二六。
③ 《与李宰》之二,《陆九渊集》卷一一。
④ 《朱子语类》卷九,第155页。

可以看到,吴澄坚守了朱熹的这个界定,没有像陆九渊那样从"人皆有是心,心皆具是理"而进一步推出"心即理"的结论。

关于"本心",吴澄不限于指出它为万理之所根,他还对本心的内容作了规定。"仁者何?人之心也",①"仁者,天地生生之心也,而人得之以为心"。② 以上所说的"心",皆是指"本心"。与陆九渊一样,吴澄有时也把本心简称为心。"仁者,人之心",意味着吴澄把本心的内容规定为仁。当吴澄把本心的内容规定为"仁"时,这个"本心"已经接近于"天命之性"。事实上,在吴澄那里,这两个概念并没有严格的区分,"本心至善,天命之性"③这样的提法就是一个清楚的说明。

本心以仁义礼智为内容,这就决定了它不可能只是个体封闭孤立的精神修养。因此,要做到"不失其本心",正确的方法就不是离却事物专守此心,而是在处事应物之际体现此心:"迎接酬酢,千变万化,无一而非本心之发见,于此而见天理之当然,是之谓不失其本心,非专离去事物寂然不动以固守其心而已也。"④"于其用处,各当其理,而心之体在是矣。"⑤

"见天理之当然"、"各当其理",然后可谓"不失其本心"、"心之体在是",由此可以推出"天理即本心之呈现"这样的命题。这个命题与陆九渊心学的著名命题"心即理也"无疑有相近之处。然而,二者由此发生的意向大相径庭:由"天理即本心之呈现",则欲尽此心当穷天理;由"心即理",则"所贵乎学者,为其欲穷此理,尽此心也"。⑥ 与此相关,陆九渊强调向内求索,即所谓"收拾精神,自作主宰",⑦不屑于对外部事物包括古人传注进行探究;而吴澄的如上命题则肯定了穷究事物之

---

① 《黄东字说》,《吴文正公集》卷五。
② 《静虚精舍记》,《吴文正公集》卷二四。
③ 《庆原别墅记》,《吴文正公集》卷二四。
④⑤ 《仙城本心楼记》,《吴文正公集》卷二六。
⑥ 《与李宰》,《陆九渊集》卷十一。
⑦ 《语录下》,《陆九渊集》卷三五。

理的必要性。

无论是言本心为万理之所根,还是讲"各当其理,心之体在是",本心与天理(亦即事物当然之则与所以然之故)都未尝分开,由此可以看出,吴澄即使是在申述本心之说时,也始终没有忘记理的存在。对理所表现的这些关怀,更多地可以看出吴澄本心概念的朱学色彩。

由于心以仁为内容,所以吴澄又非常看重存此仁心,而存仁的主要方法则是主敬。主敬以存仁(心),这一点甚至被吴澄视为整个儒学之要:"(圣学之极)岂易至哉?期学而至之,惟当主敬以存吾心之仁,此其大概也。"①他还暗示,周、程之书对此有具体说明:"其悉,则有周子、程子之书在。"②很显然,吴澄对心学大要的如上理解,与其说是接近于陆学,倒不如说是承继了程颐、朱熹的主敬传统。

相对于以本心概念为中心的陆九渊心学而言,本心理论只能说是吴澄心学的一个重要部分,但很难说就是核心。事实上,在本心之外,吴澄还广泛讨论了心的其他问题。"本心"是一个比较接近于"性"的概念,而"心"的一般意义则是作为知觉器官,它更多地与精神活动相关。如果说"本心"主要是一个道德范畴,那么,"心"所涉及的则是认识论、心理学领域。"本心"说主要讨论的是"本心"与天理以及德性之间的关系,在理论上是性善论证明的题中应有之义。而有关"心"的各种说法涉及了"心"的属性、作用以及它的不同状态等问题。宋儒之中,以朱熹论心最为详尽,吴澄对于"心"的见解基本上未出朱学范围,主要有以下几个方面:一,心能觉知:"人心之虚灵知觉,其神明无所不通,苟能反而思之,则无不可知者。"③二,心为主宰:"我之所以为身者,心也",④"人身心为主",⑤"心也者,形之主宰、性之郛郭也。"⑥三,心具

---

①② 《静虚精舍记》,《吴文正公集》卷二四。
③ 《答程教讲义》,《吴文正公外集》卷三。
④ 《车舟说》,《吴文正公集》卷五。
⑤ 《主敬堂说》,《吴文正公集》卷四。
⑥ 《仙城本心楼记》,《吴文正公集》卷二六。

众理:"吾之一心,则所以具众理而应万事者也。吾心所具之理,即天下万事之理。理之散于万事者,莫不统于吾心;理之具于吾心者,足以管夫万事。天下有无穷之事,而吾心所以应之者有一定之理。"①四,收心与放心:"放故不放,不放故放,二者相通而不相戾,此学之全。知不放心,不知放心,二者相尚而不相同,此学之偏。"②

总之,与其说吴澄的心学是对陆学的继承,不如说它是对整个宋代乃至以前儒学心学思想的综合。

第五节 物 论

吴澄对格物的整体理解,可以下面这句话为代表:"外之物格,则内之知致。"③孤立地看"内之知致"这样的说法,容易让人联想到后来王阳明的致良知说。而吴澄关于知的界定"知者,心之灵而智之用也",④更给人一种印象,似乎吴澄所理解的知完全是一个主观性的范畴。然而,就吴澄这个说法所要表达的意思来看,他主要是想强调知是一种运用心智的高级思维形式,并不涉及认识的来源究竟是心还是物这样的问题。事实上,吴澄恰恰强调认识活动(格物)的直接对象就是外在之物,"外之物格,则内之知致"这样的说法显示,致知与格物实际上是一个过程,格物就是致知的途径,除此而外,并没有独立于格物过程之外的致知工夫。吴澄的这个思想与朱熹也是一致的。对朱熹来说,格物与致知并不是两种工夫:"但能格物则知自至,不是别一事也。"⑤

---

① 《谢程教》,《吴文正公外集》卷三。
② 《放心说》,《吴文正公集》卷四。
③④ 《评郑夹漈通志答刘教谕》,《吴文正公集》卷二。
⑤ 《答黄子耕》,《朱文公文集》卷五一。

吴澄之所以使用内外这样的区分,不过是要突出知的实有诸己特征。吴澄所理解的真知包含着行的维度:"知之而不行者,未尝真知也。"①就完整的知而言,必须包括反之于心,履之于身这些环节:"学、问,得之于外者也;思、辩,反之于心者,所谓知至至之,可与几也;行则以身履之而为其事,所谓知终终之,可与存义也。"②闻见得之于外,如果没有反诸身心、见诸实行,也就是说凝为德性、化为德行,那么,它终究不过是口耳之学,而非真知。因此,吴澄所理解的知只有一个,那就是德性之知。吴澄说:"知者,心之灵而智之用也,未有出于德性之外者。曰德性之知,曰闻见之知,然则知有二乎哉?"③

格外之物,致内之知,这种格物路线,吴澄把它称之为"儒者内外合一之学",认为这样就不会出现务外遗内(记诵之学)或务内遗外(释老之学)之失。吴澄说:"此儒者内外合一之学,固非如记诵之徒博览于外而无得于内,亦非如释氏之徒专求于内而无事于外也。"④正是在与记诵之学和佛老之学的对比中,吴澄确立了他所说的这种内外合一之学的特征。记诵之学与佛老之学共同的问题在于未能兼顾内外,而其具体表现正好相反,一偏于外,一偏于内。

吴澄认为,虽然在提倡多闻多见这一点上格物之学与记诵之学似无二致,但格物之学所从事的博文最终服务于反身穷理的目的,而记诵之学则以闻见的数量为追求,在以炫耀于人为满足,因此,记诵之徒可以说有闻有见,但与德性之知却不相干。记诵之徒这种为博而博的闻见活动,不仅不能带来德性上的增益,甚至会使他的内心越来越走向封闭。"记诵之徒则虽有闻有见,而实未尝有知也。昔朱子于《大学或问》尝言之矣,曰:此以反身穷理为主,而必究其本末是非之极致,是以知愈博而心愈明;彼以徇外夸多为务,而不敷其表里真妄之实然,是

---

① 《学则序》,《吴文正公集》卷十二。
② 《杂识四》,《吴文正公外集》卷二。
③④ 《评郑夹漈通志答刘教谕》,《吴文正公集》卷二。

以知愈多而心愈窒。"①

对吴澄而言,格物的最终目的是要获得对所以然之理的了解,从而使人的行为完全合乎道德规范(当然之则)。这种格物紧紧围绕如何成为一个道德的人这样的目的。因此,尽管格的是外物,穷的是物理,但最终还是要落实到成就自我上来。

从表面看,"记诵之徒则虽有闻有见,而实未尝有知也"这样的话似乎已将闻见之知排除于德性之知之外。但实际上,吴澄恰恰反对这种倾向。时有学者为区分德性之知与见闻之知,分别冠之以真知与多知之名。这种做法固然注意到德性之知与见闻之知的不同,但无形中却把见闻之知完全排除于德性之知之外,吴澄对此提出了批评:"今立真知多知之目,而外闻见之知于德性之知,是欲矫记诵者务外之失而不自知其流入于异端也。"②

可见,吴澄并不主张摈弃闻见,一意反求诸心。在批评记诵者务外之失的同时,他也提醒人们注意不要走入另一个极端——专求于内而无事于外的释老之学。在他看来,释老之学的特点是务内而遗外:"释氏之徒专求于内而无事于外",③"老氏之学,治身心而外天下国家者也。"④吴澄还分析了老氏之学专求于内无事于外的原因:"人之一身一心,天地万物咸备,彼谓吾求之一身一心有余也,而无事乎他求也。是固老氏之学也。"⑤

吴澄指出,即使是所谓生而知之的圣人,其所知者亦不过是一些基本的道德原则而已,仍有很多知识有待于闻见去获得:"圣人生而知也,然其所知者,降衷秉彝之善而已。若夫山川风土、民情世故、名物度数、前言往行,非博其闻见于外,虽上智亦何能悉知也。故寡闻寡见不免孤陋之讥。"⑥山川风土、民情世故、名物度数、前言往行,这些都可以归于闻见之知的范围。就吴澄对知的理解而言,他所说的知本来

---

① ② ③ 《评郑夹漈通志答刘教谕》,《吴文正公集》卷二。
④ ⑤ ⑥ 《送何太虚北游序》,《吴文正公集》卷十九。

就不是指这种闻见之知。从这种观点出发，可以说多闻多见者未必有知，固不必羡慕，而寡闻寡见者未必无知，亦无须抱愧。因此，从逻辑上看，吴澄对圣人生而知之的如上解释，只说明了圣人对于闻见之知有所不知，却并没有回答何以圣人需要多闻多见。关于多闻多见的必要性，吴澄另有论证，他说："圣门一则曰多学，二则曰多学，鄙孤陋寡闻，而贤以多问寡，盍尝不欲多知哉？"①这是引孔子之教为证。从《论语》的记载来看，孔子的确给人以勤学好问、博闻多识的印象，有几次他还直接谈到了多闻多见的问题。吴澄引用了孔子论多闻多见的语录，以此作为致知当资于闻见的证据："夫闻见者，所以致其知也。夫子曰：多闻阙疑，多见阙殆。又曰：多闻择其善者而从之，多见而识之。盖闻见虽得于外，而所闻见之理则具于心。故外之物格则内之知致。"②

"夫闻见者，所以致其知也"，这句话清楚地显示，在吴澄看来，闻见是致知的必要手段。这句话也从反面规定了格物必须以致知为目的。

吴澄接受了程朱的格物之说，把人的德性修养当作格物的最终目的，反对单纯追求数量的求知活动（例如记诵之徒的为博而博的多闻多见）。程朱一系的格物工夫重视读书讲学。这是因为，在他们看来，儒家的圣经贤传中蕴藏着丰富的道德教训与价值准则，如吴澄即认为，书之所载，"理也，义也。理义也者，吾心所固有，圣贤先得之寓之于书者也。"③因而，读书讲学是了解伦理知识最直接的途径。与程朱相同，吴澄也强调读书是学者的入门工夫，他说："明明之法不一，读书为入门，亦其一也。"④此外，他也认为对物理的探究不是为学先务之所急，如他曾为学者讲解有关宇宙生成原理，时人颇有热心于斯者，或传

---

① ② 《评郑夹漈通志答刘教谕》，《吴文正公集》卷二。
③ 《卷舒堂记》，《吴文正公集》卷二三。
④ 《何自明仲德字说》，《吴文正公集》卷六。

录以去,或逐节画而为图,有见于此,吴澄特意告诫说:"此特穷理之一端尔,人之为学,犹有切近于己者,当知所先后也。"①

朱熹从八条目中特别拈出格物与诚意两条作为《大学》的重点。据吴澄言:"朱子尝谓《大学》有二关:格物者,梦觉之关;诚意者,人兽之关。"②吴澄有关格物的思想主要从朱熹而来,他把《大学》的修身之本理解为明善与诚善二事:"齐家之本在修身,而修身之本安果在?曰有二,明善一也,诚善二也。明善者何?读书以开其智识而不昧于理也;诚善者何?慎独以正其操履而不愧于天也。"③易言之,明善者,格物之事也;诚善者,诚意之事也。如果说,吴澄将格物与致知对举是为了说明"外之物格,内之知致",即强调闻见是启发德性之知的手段,而德性之知的发明则是闻见的目的。那么,他将格物与诚意对举则是为了说明实悟与实践的关系。吴澄对朱熹论《大学》二关的话作了解释和发挥:"实悟为格,实践为诚。物既格者,醒梦而为觉,否则,虽当觉时亦梦也。意既诚者,转兽而为人,否则,虽列人群亦兽也。号为读四书而未离乎梦、未免乎兽者,盖不鲜,可不惧哉。物之格在研精,意之诚在慎独。苟能是,始可为真儒,可以范俗,可以垂世,百代之师也,岂但可以掌一郡之教乎?"④

吴澄解"格"字为"实悟",在理学当中似乎是值得注意的一个新提法,然而,它其实并未偏离程朱对格物的理解。虽然朱熹在《大学章句》中解"格"为"至",但程朱说到格物时其实并不讳言"悟"字。程颐云:"穷理者非必尽穷天下之理,又非谓止穷得一理便到,但积累多后自当脱然有悟处。"⑤朱熹亦云:"'积习既多,自当脱然有贯通处',乃是零零碎碎凑合将来,不知不觉,自然醒悟。"⑥另一方面,就吴澄提出"实

---

① 《原理·跋》,《吴文正公集》卷一。
②④ 《赠学录陈华瑞序》,《吴文正公集》卷十四。
③ 《修齐堂记》,《吴文正公集》卷二三。
⑤ 引自《大学或问》,《朱子全书》六,第525页。
⑥ 《朱子语类》卷十八,第394页。

悟为格"这一说法的具体语境来看,它是对朱熹讲的"格物者,梦觉之关"的一种随文赋义式的注解。物未格者是为梦,物既格者是为觉,以此而观,格即觉也。觉与悟近,故悟谓格也。从朱熹的"物格者,梦觉之关"到吴澄的"实悟为格",可谓顺理成章,不觉有何突兀。

吴澄解"诚"为"实践",这与朱熹解"诚"为"实",原本相去不远。不过,朱熹虽然以"实"来说"诚",但"实"并不直接就是"实践"。朱熹说:"诚其意者,自修之首也。毋者,禁止之辞。自欺云者,知为善以去恶,而心之所发有未实也。谦,快也,足也。独者,人所不知而己所独知之地也。言欲自修者知为善以去其恶,则当实用其力,而禁止其自欺。"①又云:"经曰:'欲诚其意,先致其知。'又曰:'知至而后意诚。'盖心体之明有所未尽,则其所发必有不能实用其力,而苟焉以自欺者。然或已明而不谨乎此,则其所明又非己有,而无以为进德之基。"②可以看到,朱熹所说的"实"就是指"实用其力",这与"实践"的意思已非常接近。

总之,吴澄以"格"为"实悟",以"诚"为"实践",本于朱熹之说,相对于后者虽嫌直截,然亦不违其义,非别创一说。

格物之所以被理解为觉或悟,是因为按朱熹哲学的理解,格物的最终目的是使"吾心之全体大用无不明也"。由于格物的性质是觉或悟,所以它不以闻见之知的获得为满足。如前所述,"读书史"、"应事物"是程朱所重视的主要格物形式。既然格物被理解为觉悟,它就要求作为格物形式的读书是"读而有所悟,悟而有所得",③而不是简单地袭人言语,吴澄提出:"夫所贵乎读书者,非必袭其语以为吾文也。蜂之酿蜜,不采取于花,可乎?融液浑成而无滓,人见其为蜜而不见其为花也。世有博记览者,其发于声形于言,乃或窒塞而不通,固滞而不

---

① ② 《大学章句》释传之六章。
③ 《收说游说》,《吴文正公集》卷四。

化,观者厌之,则谓曾不若空疏者之谐协畅达也。"①

这是从为文的角度谈读书贵在消化,吴澄将为文与读书的关系譬之为蜜蜂所酿之蜜与所采之花。作为格物重要形式的读书与博记览者的读书不同,后者"乃或窒塞而不通,固滞而不化"。不能贯通,不能消化,则书之所言终非己之所有,书是书,我是我,读与不读无以异。而所谓物格者,其人有所觉有所悟,非复故我。读而依然故我,则仅为记诵之事,不得称格物之学。

以读经为例,吴澄要求反于身、归于约、贯于一,以豁然有悟者为善:"古圣遗经,先儒俱有成说,立异不可,徇同亦不可,虚心以玩其辞,反身以验其实,博览而归诸约,旁通而贯于一,一旦豁然有悟,则所得者,非止古人之糟粕也。"②

博览而归诸约,旁通而贯于一,这涉及具体的读书方法问题。在这方面,朱熹有过很多精辟的论述,吴澄也吸收了朱熹的读书之法,他说:"朱子曰:析之有以极其精而不乱,然后合之有以尽其大而无余。噫,读《春秋》者,其亦可以是求之矣。……夫极其精所以尽其大也,不尽其大无以得全体。"③

吴澄一再指出,读书非夸多以炫人,要在明此理存此心:"人之异于物者,以其心能全天所与我之理也。所贵乎读书者,欲其因古圣贤之言以明此理存此心也。"④因此,读书的过程就是一个寻找自我发现自我的过程,从这个意义可以说,读书是一种驱除黑暗照亮自身的活动。吴澄正是用了类似的比喻:"举世怅怅,如无目之人,坐无烛之室,金玉满堂,而冥然莫知其有此宝也。倘能感前圣之所已言,求吾心之所同得,而一旦有觉焉,譬如目翳顿除,烛光四达,左右前后,至宝毕

---

① 《送郭以是序》,《吴文正公集》卷十五。
② 《送李教谕赴石城任序》,《吴文正公集》卷十六。
③ 《春秋类编传集序》,《吴文正公集》卷十一。
④ 《题读书说后》,《吴文正公集》卷二九。

见,皆吾素有,不可胜用也。"①

依吴澄有关理气心性之论,人心之灵在于全天所与之理,人得天之所与以为性,然为气禀所局,心之全体大用不能尽明,此犹"无目之人坐无烛之室",故须加格物之功。物既格,则吾心之全体大用无不明,此犹"目翳顿除,烛光四达"。

人何以能因书之言明此理存此心? 盖"书之所载,理也,义也。理义者,吾心所固有,圣贤先得之寓之于书者也"。②

强调理义为人心所固有,既是为读书明理提供了一个理论根据,同时,也决定了读书者最后必须回到身心上下功夫,而不是向外探索。吴澄认为:"善读而有得,则书之所言,皆吾所有,不待外求。"③物既格,知则致;知既致,则当实用其力以实行之,此即诚意之功。

读书而明此理存此心,此为吴澄所说格物之事。既明其理存其心,又当实用其力以身履之,此为吴澄所说诚意之事。吴澄反复强调读书必须真知实行,即是要求格物致知后须继之以诚意。

宋末以来,朱熹之学大行,家藏其书,人诵其说,元时更勒为功令,可谓尊之之甚也。然吴澄以为,若读而不真知实行,徒剽掠四书五经之绪言以趋时干进而已:"朱子之学,宗程而祖孔,孔子之道皎如日月,人心所同得也。究其礼、践其事,以吾心之所同得契圣人之所先得,知必真知、行必实行,岂徒剽掠四书五经之绪言以趋时干进而已哉?"④

然则,尊者何谓? 吴澄尖锐地指出:"夫尊经云者,岂徒曰庋群书于高阁以为尊也哉! 尊之一言何所本? 始曾子尝言'尊所闻',子思尝言'尊德性'。尊者,恭敬奉持不敢亵慢之谓。经之所言,皆吾德性内事,学者所闻,闻此而已。所闻于经之言,如覃怀许公所谓'信之如神明、敬之如父母',而后谓之尊。读其言而不践其行,是侮圣人之言也,

---

① 《何自明仲德字说》,《吴文正公集》卷六。
②③ 《卷舒堂记》,《吴文正公集》卷二三。
④ 《临川县学记》,《吴文正公集》卷二十。

谓之尊经,可乎?"①

宋季以来,世有习儒业者,日讲夫四书五经之书,自高于记诵辞章之徒,然口说而已,真知实践则未,如此者,吴澄直斥其与剽窃训诂、涉猎文义无以异:"记诵以矜其赡,辞章以炫其艳,末也。必也,处内处外而有孝慈恭逊廉耻忠信之行,明于人伦日用之著,通于天道物理之微,审于公私善利之几,存其仁义礼智之心,检其血气筋骸之身。其静也中,其动也和。周于国家天下之务,无施而不当。退则有志有守,进则有猷有为,庶乎其可也。若夫日讲圣师之书,而不真知不实践,于是数者无一焉,则亦剽窃训诂、涉猎文义而已尔,与彼记诵词章之末何以异?"②

对吴澄来说,记诵辞章之学原与儒者之道不同,宜乎儒者不屑,最令人痛心者莫过于,一些自命为圣人之徒者其实则与记诵辞章无以异。朱学后劲如北溪陈淳诸人在性理的辨析方面较其前辈有过之而无不及,《北溪字义》之类,训诂之精、讲说之密,几无余蕴,然于践履未免少欠。元初大儒如许衡、刘因,鉴于前史,吃紧为人,专意实行。吴澄由宋入元,家国之痛,身同感受,尤恨徒事讲说不事实行之学风。其解格物为实悟、诚意为实践,皆着重一"实"字,盖惟恐朱熹格物之学流于训诂讲说耳。明白乎此,方能理解何以吴澄遍注群经著述累累却反感于钻研文义之习。吴澄非欲废却读书讲学一节,而是要使学者了解,若读书不加实行,犹格物而不继之诚意,宜其愈求愈远,愈学愈罔。吴澄说:"今不就身上实学,却就文字上钻刺,言某人言性如何某人言性如何,非善学者也。孔孟教人之法不如此。如欲去燕京者,睹其行程节次,即日雇船买马起程,两月之间可到燕京。则见宫阙是如何,街道是如何,风沙如何,习俗如何,并皆了然,不待问人。今不求到燕京,却但将曾到人所记录逐一去探究,参互比较,见他人所记录者有不同,

---

① 《临汝书院重修尊经阁记》,《吴文正公集》卷二十。
② 《滁州重修孔子庙记》,《吴文正公集》卷二一。

愈添惑乱。盖不亲到其地,而但凭人之言,则愈求而愈不得其真矣。"①

要了解燕京之风土民情,最佳之方式莫若亲至其地,而非研究他人记录。吴澄用这个比喻表达了与诗句"纸上得来终觉浅,绝知此事须躬行"相近的意思。书之所载,前圣往贤体道之言,犹曾到燕京者之记录,求道之人若不亲身实践,以为单靠读圣贤书即可成圣成贤,其荒谬犹如欲知燕京事者不亲至其地,而但凭人之所言。

"读书史"固然是程朱一系理学所重视之格物形式,但程朱从来都不曾说观圣人言语、揣摩测研经义就可以达到成圣的目的。吴澄发挥了朱熹《大学》有二关之说,主张读书当融会贯通以明吾心之理,既明吾心之理又当实用其力。如果说,读书而有所领悟,这基本上还是一种理智活动,那么,因所明之理而实用其力,则是一种成就自我的行为。格物必须继以诚意的思想再次表明,吴澄所理解的为学是一种知行综合的道德实践活动。

---

① 《答人问性理》,《吴文正公集》卷二。

第五章

许谦与金华朱学

浙江金华地区的理学历来比较发达,早在南宋乾道、淳熙年间(1165—1189),吕祖谦就创立了"婺学",又称金华学派。同时,朱熹亦曾到金华丽泽书院讲学,接引弟子。吕祖谦先殁,门生弟子往依于朱门。而朱门高弟黄榦在此讲学多年,一传于何基,再传于王柏,王柏又传金履祥,金履祥传许谦,递相授受,朱学不绝如缕。因何基居金华北山,他所开创的学派被称为北山学派。为了与吕祖谦创立的金华学派相别,这一支朱学通常被称为金华朱学。金华朱学的鼎盛期是在金履祥和许谦从事学术活动的元初、中叶,而宋末的何基[①]、王

---

① 何基(1188—1269),字子恭,学者称北山先生。他直接受业于黄榦,因此被认为是朱学的正宗嫡传。何基一生不事科举,不受征聘,以学术自娱,终老于山林。他是朱学的忠实信徒,"平时不著述,惟研究考亭之遗书,兀兀穷年而不知老之已至"(王柏:《何北山先生行状》,《何北山先生遗集》卷四),其著作仅限于"纂集朱子之绪论,羽翼朱子之成书,不敢自加一字"(王柏:《〈系辞发挥〉后序》,《何北山先生遗集》卷四)。著作有《大学发挥》、《中庸发挥》、《大传发挥》、《启蒙发挥》、(见下页)

柏①则是金华朱学的发轫者。

何基、王柏、金履祥、许谦被称为"金华四先生",他们传承的金华朱学一直延续到了明初,可谓影响深远。全祖望曾评论说,金华之学有三变,到许谦时"疑若稍浅,渐流于章句训诂,未有深造自得之语",远逊于金履祥,这是一变;到柳贯、黄溍这些人,"遂成文章之士",这是再变;而到了宋濂那里,"渐流于佞佛者流",这是三变。②究竟而言,柳贯、宋濂这些人以文章名世,是所谓"得朱子之文澜"者,③本不以理学为擅场。许谦是金华朱学最后的干城,他在学术上已经暴露出支离烦琐的倾向,正是这一倾向导致金华朱学最后丧失了继续发展的活力。

(接上页)《太极通书西铭发挥》、《近思录发挥》、《语孟发挥》和《文集》,多佚,今存《何北山先生遗集》。何基治学,始终以发挥朱熹《四书章句集注》为旨趣,黄宗羲评论说:"北山之宗旨,熟读四书而已。"(《北山四先生学案》,《宋元学案》卷八二)在"确守师说"这一点上,何基大有汉儒之风。另一方面,何基也继承了朱熹的疑经思想。他肯定朱熹在疑经方面的贡献:"订正四古经,《诗》、《书》则斥去小序之陋,而求经文之正意;《易》则还古《易》篇第之旧,而义主占象,以求羲文之本旨;《礼》、《乐》则求其合者,而有经有传。"(《解释朱子斋居感兴诗二十首》)

① 王柏(1197—1274),字会之,学者称鲁斋先生。其祖上是二程的再传弟子,与朱熹等人交游,其父亦及朱熹、吕祖谦之门。王柏"幼而孤",三十岁后"始知家学之原"(《王柏传》,《宋史》卷四百三十八),遂转向理学,卒业于何基之门。著作甚丰,然多佚失,现存《书疑》、《诗疑》、《研几图》和《鲁斋集》。与"万卷诗书真活计,一山梅竹自清风"的何基不同,王柏胸怀经世之志,留心郡国利病,对时事颇有建策,如主张废科举而用考选,理财以富国,赈济以养民。在思想上,王柏对朱熹理学有所继承与发挥,但主要以疑经而闻名。他在《书疑》、《诗疑》、《中庸论》、《大学沿革论》、《家语考》等著作中对儒家经传提出了广泛的问难。疑议所指,遍及《尚书》、《诗经》以及四书。关于《尚书》,他在吴棫、朱熹、赵汝谈分别怀疑《尚书》古文、今文的基础上,并全经而疑之。关于《诗经》,他不仅全力攻驳毛郑,甚至直排孔子删定之失,又主张删削淫诗,以"放黜论"修正朱熹的"惩创论"。关于四书,他怀疑《中庸》、《大学》出于子思,认为《论语》是"古《家语》之精语",《孟子》是其"自著之书"。他还疑及朱熹的《四书章句集注》,如提出《大学》的格物致知传没有佚失,用不着朱熹去补。后人对王柏疑经褒贬不一,其传人多持肯定,四库馆臣则颇加指摘。平心论之,王柏疑经的出发点仍然是卫道,他自认为所疑的只是被汉儒"伤残毁裂"的"不完之经",通过移易补缀,使其"复圣人之旧"。当然,他在疑经时的确有疑古过勇的情况,但他的怀疑精神还是值得称道的。

② 《北山四先生学案》,《宋元学案》卷八二,第2801页。
③ 黄百家语,《宋元学案》卷八二,第2727页。

第一节　金履祥

金履祥(1232—1303)，字吉父，号次农，学者称仁山先生。"少而好学，有继世志，凡天文、地形、礼乐、田乘、兵谋、阴阳、律历，无不博通。"[1]十九岁慕濂洛之学，二十三岁受业于王柏，并从登何基之门。自此，"讲贯益密，造诣益深"，[2]元军围攻襄樊，宋廷无计可施，他献从海道取燕、蓟之策，未被采纳，后成为元代发展海运的重要参考。入元后，以遗民自居，隐居教授，著述终身。著有《通鉴前编》、《大学章句疏义》、《论孟集注考证》、《尚书表注》以及《仁山文集》。

金履祥治学的特点是"融会四书，贯穿六经"，门人许谦曾评论说："其于学也，于书无所不读，而融会于四书，贯穿于六经，穷理尽性，诲人不倦，治身接物，盖无毫发之歉，可谓一世通儒。"[3]他对朱熹的《四书章句集注》用功很深，专门为之作疏。他的疏不是一味信从《集注》，而是有所质疑与补充，黄百家即评论说："仁山有《论孟考证》，发朱子之所未发，多所抵牾。其所以抵牾朱子者，非立异以为高，其明道之心，亦欲如朱子耳。"[4]他还非常重视《尚书》，《尚书表注》以及以《尚书》为主要材料的《通鉴前编》就是他在《尚书》学方面的成果，他在王柏《书疑》的基础上进一步疑孔安国《尚书序》"为东汉传古文者托之"。[5]

在理学思想方面，金履祥继承了王柏重视阐发程朱"理一分殊"的特点，同时又有自己的若干发挥，如在《复其见天地之心讲义》中，他发

---

[1] 吴师道:《请入乡先贤祠祀先生文移》,《仁山文集》卷五,影印文渊阁《四库全书》本。
[2] 柳贯:《行状》,《仁山文集》卷五。
[3] 许谦:《上刘约斋书》,《白云集》卷三。
[4] 《北山四先生学案》,《宋元学案》卷八二,第2738页。
[5] 《尚书表注》卷上,影印文渊阁《四库全书》本。

挥了二程有关天地之心的思想:"夫所谓天地之心者何也？仁也,生生之道也。语其象,则复卦一爻是也。夫当穷冬之时,五阴在上,天地闭塞,寒气用事,风霜严凝,雨雪交作,万物肃杀之极,天地之间,若已绝无生息,而一阳之仁乃已潜回于地中。吁！此天地生生之所以化生万物之初乎？异时生气磅礴,品物流行,皆从此中出。"①他还指出"凡事莫不有复。如此宫既废而新,则为学校之复。纲常既晦而明,则为世道之复。国家既危而安,则为国势之复"。②这里体现了朴素的辩证法思想。

在《大学疏义》、《论孟考证》等著作中,他对朱熹的格物致知论有较为详尽的解释,并在中国哲学史上第一次提出了"知而能之,知行合一"的命题:"(《集注》云:)效先觉之所为。(疏曰:)古人为学是先从事上学。所为先觉之所为,是其行事践履、文辞制度,凡诗书六艺之文,皆先觉之所为也。朱子于《或问》中论学分'知'、'能'二字,《集注》盖合言之。觉,知也;为,能也。明善,知也;复初,能也。其间语意并合二意,而'效先觉之所为'一句尤明备。夫圣贤先觉之人,知而能之,知行合一。后觉所以效之者,必自其所为而效之。盖于其言行制作而体认之也。段内皆合知能意。"③

第二节　许　谦

许谦(1270—1337),字益之,婺州金华人。自号白云山人,学者称白云先生。许谦生于宋度宗咸淳六年(1270),甫冠,父殁,由母氏教养。俄而宋亡,历经丧乱,艰难险阻,无不尝之,然刻苦自励,博及群

---

①② 《仁山文集》卷二。
③ 《论语集注考证》卷一,影印文渊阁《四库全书》本。

书,"于天文、地理、典章、制度、食货、刑法、字学、音韵、医经、术数,靡不该贯。""至于释老之言,亦皆洞究其蕴。"①三十一岁,就学于金履祥,深受器重。许谦在履祥门下,"居数年,尽得其所传之奥,于书无不读,穷探圣微,虽残文羡语皆不敢忽,有不可通,则不敢强于先儒之说,有所未安,亦不苟同也。"②后者病危时嘱他将《通鉴前编》次录成定本。许谦学成,中外列荐,皆不应,专事讲学,四方学者翕然从之,"远而幽、冀、齐、鲁,近而荆、扬、吴、越,皆百舍重跰而至",其"为学者师,垂四十年。及门之士,著录者千余人"。③ 许谦教人,"以五性人伦为本,以开明心术、变化气质为先,以为己为立心之要,以分辨义利为处事之制,至诚谆悉,内外殚尽。"④《行实》说他"制行甚严,而所以应世者,不胶于古,不流于俗,介而不矫,通而不随,身在草莱而心存当世,素志冲淡,以道自乐"。至元三年(1337)十月卒,年六十八。至正七年(1341),谥文懿。江浙行省请朝廷建四贤书院,得与何基、王柏、金履祥同列学官。论者以之与元初理学宗师许衡并称南北二许。其著作主要有《读四书丛说》二十卷、《读书丛说》六卷、《诗集名物抄》八卷、《白云集》四卷等。

许谦被认为是朱学正宗嫡传:"圣贤不作,师道久废,逮二程子起,而倡圣学以淑诸人。朱子又溯流穷源,折衷群言而统一。由是,师道大备。文定何公基既得文公朱子之传于其高弟文肃黄公榦,而文宪王公柏于文定则师友之。文安金公履祥又学于文宪,而及登文定之门者也。三先生婺人。学者推原统绪,必以三先生为朱子之传,适文懿许公出于三先生之乡,克任其承传之重。三先生之学,卒以大显于世。然则程子之道得朱子而复明,朱子之道至许公而益尊,文懿许公之功大矣。"④朱熹一传为黄榦,再传为何基,王柏与何基介于师友之间,金

---

① 黄溍:《墓志铭》,《白云集》卷首,影印文渊阁《四库全书》本。
②④ 《许谦传》,《元史》卷一百八十九,第4318页。
③ 《行实》,《白云集》卷首。
④ 《白云集》卷首黄溍语。

履祥学于王柏而登何基之门,实朱熹三传。许谦又从金履祥学,是为朱熹四传。

许谦往兰溪听金履祥讲学时,后者年已七旬。虽然相遇甚晚,但相得甚欢,时人谓"君上承渊源之懿,虽见仁山甚晚,而契谊最深"。① 履祥授以理一分殊之旨:"吾儒之学,理一而分殊,理不患其不一,所难者分殊耳。"② 许谦于此奉信终身,尝与人书云:"昔文公初登延平之门,务为侊侗宏阔之言,好同而恶异,喜大而耻小,延平皆不之许。既而言曰:'吾儒之学所以异于异端者,理一而分殊也。理不患其不一,所患者分殊耳。'朱子感其言,故其精察妙契,著书立言,莫不由此。足下所示程子'涵养须用敬,进学在致知'之两言,固学者求道之纲领。然所谓致知,当求其所以知而思得乎知之,非但奉持致知二字而已也,非谓知夫理之一而不必求之于分之殊也。朱子所著书盖数十万言,巨细精粗,本末隐显,无所不备,方将句而诵,字而求,竭吾之力,惟恐其不至。然则,举大纲弃万目者,几何不为释氏之空谈也?近日学者盖不免此失矣,吾侪其可踵而为之乎?"③ 黄宗羲即此评论说:"'理一分殊,理不患其不一,所难者分殊耳',此李延平之谓朱子也。是时朱子好为侊侗之言,故延平因病发药耳。当仁山白云之时,浙、河皆慈湖一派,求为本体,便为究竟,更不理会事物,不知本体未尝离物以为本体也,故仁山重举斯言以救时弊,此五世之血脉也。后之学者,昧却本体,而求之一事一物间,零星补凑,是谓无本之学,因药生病,又未尝不在斯言也。"④ 黄氏指出,"理一分殊"是从李侗到许谦五世相传之教,本为学者专求本体之病而发,但日久弊生,学之者竟至昧却本体,可谓因药生病。

金华这一系朱学者莫不重视四书,对朱熹的《四书章句集注》都下

---

① 吴师道:《读四书丛说序》,《读四书丛说》卷首,影印文渊阁《四库全书》本。
② 《行实》,《白云集》卷首。
③ 《答吴正传书》,《白云集》卷三。
④ 《北山四先生学案》,《宋元学案》卷八二,第2759页。

过很深功夫。据吴师道言:"盖自北山取《语录》、《精义》以为发挥,与《章句集注》相发。鲁斋为标注点抹,提挈开示。仁山于《大学》有《疏义》、《指义》,《论》、《孟》有《考证》,《中庸》有标抹,又推所得于何、王者与其己意并载之。"①继金履祥之后,许谦对《集注》再行笺注,是为《读四书丛说》。盖许谦视四书为入道之门,而朱《注》又为四书必备,尝谓学者曰:"学以圣人为准的,然必得圣人之心而后可以学圣人之事。圣贤之心具在四书,而四书之义备于朱子。顾辞约意广,读者安可以易心求之乎?"②吴师道为《丛说》作序,推崇备至:"欲通四书之旨者,必读朱子之书;欲读朱子之书者,必由许君之说。兹非适道之津梁、示学者之标的欤!"③盖《丛说》于朱《注》,"奥者白之,约者畅之,要者提之,异者通之,画图以形其妙,析段以显其义。至于训诂名物之缺考证,补而未备者,又详著焉。"④但许谦并非一味盲从,他对朱《注》间亦有所讨论,书中不乏"异义微牾"之处,在这方面,他似乎继承了一些王柏疑经的精神。当然,许谦在本意上是为了完善朱《注》,他引用金履祥的话说:"自我言之,则为忠臣;自他人言之,则为逸贼。"⑤

总的说来,《丛说》断语平实,具有较高的学术价值。黄溍称其"敷绎义理,惟务平实",⑥四库馆臣认为:"书中发挥义理皆言简意赅,或有难晓,则为图以明之,务使无所疑滞而后已。其于训诂名物亦颇考证,尤足补《章句集注》所未备,于朱子一家之学可谓有所发明矣。"⑦后人评价其"发明朱子之学,旁引曲证,不苟异,亦不苟同"。⑧

许谦在名物训诂方面取得很大成绩,《诗集传名物抄》即是其证。此书于朱熹《诗集传》着重"正其音释,考其名物度数,以备先儒之未

---

① 《读四书丛说序》,《读四书丛说》卷首。
② 转引自《四库全书》本《读四书丛说》提要。
③④ 《读四书丛说》卷首。
⑤ 参:吴师道《读四书丛说序》,《读四书丛说》卷首。
⑥ 黄溍:《白云许先生墓志铭》,《文献集》卷八下。
⑦ 《读四书丛说》提要。
⑧ 《四库未收书目·论语丛说》。

备,仍存其逸义,旁采远搜,而以己意终之"。① 四库馆臣也给予较高评价:"是书所考名物音训,颇有根据,足以补《集传》之阙遗。"②

在理学上,许谦没有什么特别的建树,主要继承了朱熹的观点。

在理气关系问题上,许谦坚持了朱熹理本论的立场,而以理贯论表述之:"盖天地间唯一理尔。明乎理,则前无古,后无今,亘宇宙,固可以一以贯之。"③又说:"天下之事虽无穷,却只是一个道理贯串在里面。理之原出于天,在天地虽浑然至大,而事事物物各自不同,其理亦流行寓其中。每事物中理虽不同,然只是天理一个大原头分析来,所以谓之一理贯万事。"④

他沿袭朱熹关于理先气后、理气不离不杂的观点,提出在逻辑上理先于气而在发生学上气至而后理才有所寄托:"虽曰有理然后有气,然生物之时,其气至而后理有所寓。气是载理之具也。"⑤这个说法在坚持理本论的同时又充分注意到理气不相离的特点:"天生人物,是气也,而理即在其中。理主乎气,气载乎理,二者未尝可离。"⑥"气是载理之具"的另一种表达是"理具于气中":"夫太极,理也;阴阳,气也;天地,形也。合而言之,则形禀是气而理具于气中;析而言之,则形而上、形而下不可以无别。"⑦而"天生人物,是气也,而理即在其中"已接近于"理在气中"的命题。

在讨论理气关系时,许谦还表述了某些辩证法思想,如他肯定气处于永不停顿的运动之中:"天地之气,昼夜运行不息。昼阳夜阴,昼舒散,夜收敛。"⑧他还讨论了天地始终的问题:"天地果有初乎?凡有形者,必由始以终,由成而败。天地亦囿于形者也,恶得无初?然则孰

---

① 黄溍:《白云许先生墓志铭》,《文献集》卷八下。
② 《四库全书总目》卷十六。
③ 《读四书丛说·中庸下》。
④ 《读四书丛说·论语上》。
⑤⑥ 《读四书丛说·大学》。
⑦ 《答或人问》,《白云集》卷四。
⑧ 《读论语丛说中·公冶长第五》。

始而孰终之？理为之体，而气为之用也。盈天地之间惟万物，其能生物者气也，其所以生物者理也。"①在宇宙发生问题上，他持一种理气二元论。

程朱以气说鬼神，比较倾向于无人格化的鬼神观，许谦继承了这个思路，又试图对程朱的鬼神观与世俗鬼神观加以调停："天地造化二气一，其言鬼神，是言鬼神之全，是大底鬼神。后所谓承祭祀者，如天神、地示、人鬼及诸小祀，亦皆鬼神，却是从全体中指出祭祀者，是小底鬼神，使人因此识其大者。"②作为祭祀对象的鬼神通常都被想象为人格化的有形象的鬼神，而程朱则将鬼神理解为阴阳之气，理解为构成天地万物的基本元素，二者相去甚远，许谦发明大小鬼神之说，使两说的矛盾得到一定程度的缓和。

许谦特别发挥了孔子有关"命"的思想，提出"天理之命"、"气数之命"的区别："有天理之命，有气数之命。天理之命，人得之以为性者也；气数之命，人得之以为生死寿夭贫贱者也。……知气数之命，则利不必趋，害不必避；知天理之命，则利不可趋，害不可避。"③这样，许谦就把命的问题与性和气联系起来。他所说的"天理之命"实际上是指善的人性，而"气数之命"才是通常所说的命分。有时，他也把"天理之命"称作"天赋之善"，把"气数之命"叫做"命分"。在解释孟子的天爵、人爵思想时，他运用到这组概念："世人但知公卿大夫之爵为贵，而不知在我之身皆有贵者，乃天所赋之善，所谓天爵也。天爵，人所同有，故思则得之；人爵，各有命分，虽求之无益。"④许谦分辨天理之命与气数之命，其用意在于劝人安贫乐命，惟道是求："我既不为得贫贱之道而得之，是命分所遭，君子则安命，不妄求去此。若求去贫贱，却是不以道得富贵，逆天违命，何足为君子？仁者，天下之至理。君子惟遵正

---

① 《读书丛说》卷二。
② 《读四书丛说·中庸上》。
③ 《读四书丛说·论语下》。
④ 《读四书丛说·孟子下》。

理而行,则不以道得之,富贵贫贱不处不去。"①

在心性问题上,许谦承袭程朱的"性即理"说:"性即理也。在天地事物间为理,天赋于人物为命,人物得之以生为性,只是一物。所为地头不同,故其名不同。"②由此而主张性善论。

既然人性本善,何以又有贤愚之分?许谦亦诉诸气禀与物欲。同程朱一样,他也把性分为天地之性和气质之性:"有天地之性,有气质之性。天地之性,天以此理赋于人者;气质之性,人禀天地之气以成人,则有淳有驳有清有浊。禀得清纯者而生为圣贤,禀得浊驳者而生为愚不肖。若言天地之性,即是理。理皆是善而无恶。此章兼气质而言。"③他把气禀分为四等:"气禀不齐,大约且分四等,曰清浊纯驳。清者智而浊者愚,纯粹者贤而驳杂者不肖。此以四者不杂两端极处言之,若清多浊少,浊多清少,纯多驳少,驳多纯少,或清而驳,或纯而浊,万有不齐,故人之资质各各不同。"④如果说气禀是先天不足,那么物欲则是后天失调:"气禀所拘,就有生之初言之;物欲所蔽,就有知之后言之。""气禀是内根,物欲是外染。"⑤那么,人如何才能变化气质以成圣呢?许谦提出,转化的条件是好学:"人之初生之时,性不甚相远,至于所习不同而后远尔。若得清者必好学,必至于圣贤;得浊者,好学不已,亦可至于圣贤。浊者,又不好学,则为小人。即所谓下愚是也。清者若不好学,亦为小人之归。"⑥好学之学主要不是知识的增加,而是道德修养,即清除物欲:"明明德是要变化气质,清除物欲。气禀已一定,物欲则日增。用功者,但要随时随事止遏物欲,使不行;开廓气禀,使通畅。是皆开发吾本有之光明所能至。"⑦从"止遏物欲"出发,许谦亦强调理欲之辨:"天地万物,理为之主;人之一身,心为之主。人心本全天理者也。天下事物万变,不能皆善,心为事物所惑,则欲生私胜,

---

① 《读四书丛说·论语上》。
② 《读四书丛说·中庸上》。
③④⑥ 《读四书丛说·论语下》。
⑤⑦ 《读四书丛说·大学》。

天理渐昏。理与欲在人心常相消长,理明一分则人欲消一分;欲长一分,则天理消一分。学者但要究明天理,屏去私欲。若欲尽理明,应事接物,件件适中,即是全体之仁。"①值得注意的是,许谦赞成遏欲、去欲,但反对"息欲":"道在天地间,弘博精微,非可以操心求也,而乃攘袂扼腕作气决背,售其说而竟后息欲,以厌今人陵古人,则吾未之信也。"②许谦所理解的人性已超越抽象的范畴,而与客观社会条件联系,他在解释孟子的"富岁子弟多赖"时发挥出"人当尽养之道"的思想:"先以'岁之丰凶致人之善暴'以明人性本善,有以陷溺则为恶。盖欲得食以养其生者,人之常情。故富岁得顺其心,则为善;凶年不足以养其生而逆其心,则为恶。次以麰麦为喻,谓人之性本同,当皆极于善。所以不善者,养之异,以勉人当尽养之之道也。"③在元初,许衡曾提出有关"治生"的思想,许谦当元中叶,明确表示"人当尽养之之道",即肯定学者为学须以基本的生活保障为前提,前后二说若合符节,这应当是元代儒学的一个特点,元儒对形下层面的经济利益公开加以申论。相比于两宋道学,元代儒学在心性辨析方面精微固然逊之,但在下学实功方面则平易过之。

许谦有关心性的论说是以遵守道德伦常为归宿的。他提出:"夫圣人之道,常道也。不出于君臣、父子、夫妇、昆弟、朋友,应接事物之间,至其极,则中庸而已尔。"④"且天之生人也,其伦有五,曰君臣、父子、夫妇、长幼、朋友。五者,天下之达道。举天下之事,错综万变,莫不毕在五伦之中。天之赋人以形,即命之以性,其类亦有五,曰仁、义、礼、智、信。五者,天下之常道。举天下之理,支派万殊,莫不毕在五性之中。……教者以是而教,学者由是而学。盖人伦之外无余事也,五常之外无余理也。"⑤许谦对朋友之伦给予了特别关注,他说:"惟朋友

---

① 《读四书丛说·论语下》。
②④ 《送胡古愚序》,《白云集》卷二。
③ 《读四书丛说·孟子下》。
⑤ 《八华讲义》,《白云集》卷三。

一伦所包最广,除却君臣、父子、夫妇、长幼外,皆入朋友之伦。"①认为朋友之伦对学道尤其有益:"自中古君师之职分,则敬敷五教之任不出于司徒,而切磋琢磨之责全在于朋友。或扶持开导奖励诱掖于人欲未萌之际,或攻击淬砺防闲禁遏于天理既亏之后。心之方虚,则使戒惧于不睹不闻之际;意之初动,则使谨慎于己所独知之时。是以讲贯乎仁之理明,则父子得其正;义之理明,则君臣得其正;礼智之理明,则夫妇长幼无不得其正矣。是故,朋友之名虽居五伦之后,而于学问之事实先。朋友之职较之四伦若轻,而于学问之功实重。学者欲极夫四伦之理,宜尽朋友之道;欲尽朋友之道,在明夫信而已矣。"②朋友还可以使自己了解到所学深浅:"善固人所同有,我既得之,而朋友相从亦皆知之、能之。道合志同,人我无间,自是可乐。而我之乐虽自以为得,而尚未知邪正浅深。今朋友之来,自近及远,如是之众,则是我之学果同于人心而可信,真有以合乎君子之道,乃可乐。"③关于夫妇之伦,许谦强调守节的重要性:"夫妇者,天地之义。阴阳相须,容有贰乎?故夫死不嫁,此妇人守身之大法与?……妇人之职,奉祭祀,事舅姑,主中馈,相其夫君者,非一端。而委身之后,守死善道,则其大节也。"④

与五伦并举的是五常,后者是指仁义礼智信:"天之赋人以形,即命之以性,其美亦有五,曰仁义礼智信。五者,天下之常道。举天下之理,枝派万殊,莫不毕在五性之中。"⑤"人之受命于天以生,存于心则有仁、义、礼、智、信五常之性,接于身则有父子、君臣、长幼、夫妇、朋友之伦。五常者,五伦之则也。"⑥

五常五伦还是许谦用以分判圣人之学与异端之学的标准:"凡非圣人之道而别立异端者,皆异端,此是总名。虚无寂灭又是其中目之大者。老氏以无为道,而其用专以清净为宗;释氏以万物皆空,然后见

---

①② 《读四书丛说·中庸下》。
③⑥ 《读四书丛说·论语上》。
④ 《题节妇朱氏诗卷》,《白云集》卷四。
⑤ 《八华讲义》,《白云集》卷四。

其本性,而以寂灭为期;圣学止是五常人伦,一切都是实事,全然相反。"①五常人伦之说突出一个常字,以显示其非高妙难行之道:"圣人之道,常道也,不出于君臣、父子、夫妇、昆弟、朋友,应事接物之间,致其极则中庸而已尔,非有绝俗离伦、幻视天地、埃等世故,如老佛氏之所云者。其道虽存于方册,而不明于世久矣,周、程、张、朱诸子出,而辟邪扶正、破昏警愚。"②

在知行问题上,许谦继承了朱熹有关知行并进的理论:"人之于道,不过知行两事耳。知者,智也;行者,仁也。"③

在《读四书丛说》中,通过解说朱熹的格物致知学说,许谦阐发了"格物致知以明心"的观点:"格物即是此心去格。"④"明心"主要是明"分殊"而不是那个笼统的"理一"。格物致知也是从一事一物(分殊)开始:"'即凡天下之物莫不因其已知之理而益穷之,以求至乎其极',此正是格物用功处,但只把致格两事统说,在里惟极我之心知,穷究事物之理,格物之理,所以推致我之心知。'用力之久,一旦豁然贯通',是言格物本是逐一件穷究,格来格去,忽然贯通。始知事人之理,便知事鬼之理;知生之道,便知死之道。……盖事虽万殊,理只是一,晓理之在此事如此,便可晓理之在彼事亦如此。到此须有融会贯通,脱然无碍。"⑤强调从"分殊"下手格物致知,还有与佛教以及心学划分界限的用意:"若于事物上不学得道理,便说一贯,只是虚谈,穷事物之理既多,不知一贯,却又窒息。"⑥"所谓致知,当求其所以知而思得乎知之,非但奉持致知二字而已也,非谓知夫理之一而不必求之于分之殊也。……举大纲弃万目者,几何不为释氏之空谈也。近日学者,盖不

---

① ⑤ 《读四书丛说·大学》。
② 《送胡古愚序》,《白云集》卷三。
③ 《读四书丛说·中庸上》。
④ 《读论语丛说中·子罕第九》。
⑥ 《读四书丛说·中庸》。

免此失矣,吾侪岂可踵而为之乎?"①

同程、朱一样,许谦也特别提倡读书,重视考索名物:"程先生教人格物有三事,或读书,讲明义理;或论古今人物,而别其是非;或应接事物而处其当否。……三事又当以读书为先。"②"一事一物,可为博闻多识之助者,心谨志之。"③许谦还尝试用程朱的格致理论去诠释孟子的"尽心知性"命题:"性即天地万物之理具于心者。知性则穷究物理,无不知也;无不知,则心之全体尽明矣。朱子谓尽心,知至之谓;知性,物格之谓也。"④在存心与致知关系问题上,他赞同朱熹的"非存心无以致知,而存心者又不可以不致知"的立场:"非尊德性则不能道问学,既尊德性又不可不道问学。既尊德性之后,有所不知不能,则问而知之,学而能之。既知,既能,即须行之。即所谓道问学也。"⑤

在评论孟子"知言养气"之说时,许谦表达了知先行后的思想:"孟子之学是知言养气。知言即知道。知道属心为内,养气属事为外。格物致知以明心,遇事行义以养气。"⑥他因此主张"知言以开其先,养气以培其后",⑦这是要求在道德修养中以道德意识为先导。

许谦又主张"知行兼进":"学以事言,不以理言。凡一事必有一理,有此理必有此事。但习其事而不思其理,则昏罔而无得;但思其理而不习其事,至于临事,其心又必危疑不安。欲学者知行兼进。"⑧他要求学者一边明理一边力行:"为学之道先立志,欲求至于圣贤,却随事只管低头做将去,明一分道理,便行一分道理。一边明理,一边力行,却不要计较功效。须要见得圣人亦是人做,我亦可学而至。学之所以未至者,只是理未明,行未力耳。长持此心,笃志行之,自少至老,不倦

---

① 《北山四先生学案》,《宋元学案》卷八二,第 2758 页。
② 《读四书丛说·大学》。
③ 黄溍:《白云许先生墓志铭》,《文献集》卷八下。
④ 《读四书丛说·孟子上》。
⑤ 《读四书丛说·中庸下》。
⑥⑦ 《读孟子丛说上·公孙丑上》。
⑧ 《读论语丛说上·为政第二》。

到头,却随人力量高下,见其成功浅深,最不可作界限。"①这就是所谓"致知力行并行不悖":"致知力行,并行不悖。若曰必格尽天下之物然后谓之知至,心知无有不明然后可以诚意,则或者终身无可行之日矣。圣贤之意,盖以一物之格便是吾之心知于此一理为至,及应此事便当诚其意,正其心,修其身也,须一条一节逐旋理会,他日凑合将来,遂全其知,而足应天下之事矣。"②这与朱熹的知行观已经有所不同,后者曾提出:"知、行常相须,如目无足不行,足无目不见。论先后,知为先;论轻重,行为重。"③强调明理而力行这一点,也是他用以反对佛老以及心学的一个口实:"古之立言者,诵于口而可以心存,存于心而可以身践而成天下之务,则圣人之道也。今口诵之,而不足明乎心;降其心以识之,而不可施于事,是则老佛之说尔。为老佛之说者措之事,固不能行于跬步,而自理其身,庸可以为善人?则好为异说者,其风又下于彼矣。"④

---

① 《读四书丛说·论语中》。
② 《读四书丛说·大学》。
③ 《朱子语类》卷九,第148页。
④ 《送胡古愚序》,《白云集》卷二。

第六章

元代陆学

从南宋末到元初,陆学虽然远不如朱学兴盛,但也有承传,到了元中期,甚至还出现了"中兴"之势。元代陆学的传播区域主要为陆九渊的家乡江西以及陆九渊高足所在的浙东地区。元初陆学代表人物是刘埙,中兴人物则是陈苑和赵偕。

第一节 刘 埙

刘埙(1240—1319),字起潜,江西南丰人,学者称水村先生。少负伟略,却遭逢宋元易代,遂以名节自持,绝意仕进。然而,他虽隐居,却不能忘世,晚年竟二度出任学事,招致物议。其著书甚丰,然多亡佚,今存《水云村泯稿》《隐居通议》等。

刘埙之学，一以陆学为宗，而又援朱证陆，后来明代王阳明著《朱子晚年定论》，亦企图论证朱陆始异而终同，四库馆臣因此评论说："其论理学，以悟为宗，尊陆九渊为正传，而援引朱子以合之"，"盖姚江晚年定论之说，源出于此。"①

刘埙竭力为陆九渊争取正统地位，鉴于程朱派理学家已抢先占据道统要津，他首先提出所谓道统遗论："自孟子推明道统，见于七篇之末章；其后，韩文公作《原道》，伊川公序明道，皆承其意推明之，而皆不能无遗论。孟子说见知、闻知，而武王、周公不得与于太公望、散宜生之列；昌黎论传道，而曾子、子思不得续孔子之脉；伊川则又谓孟子之后一人而已，千四百年间，汉董生、唐韩子，以至宋周子，俱不与焉。非遗论欤？"②这是说，以往的各种道统论都有所遗，那么，究竟遗漏了谁呢？他的意思很清楚，那就是陆九渊："鸿蒙未分，道涵太极。太极既判，道属于群圣贤。自尧、舜叠传，而达乎孔、孟。自孟氏失传，而俟夫宋儒。故有周、张、二程浚其原，而周则成始者也。有朱、张、吕、陆承其流，而陆则成终者也。脉理贯通，心境融彻，殆天地重开而河洛复泄也。道之统绪略见是矣。"③他将陆九渊与朱熹、张栻、吕祖谦相提并论，又突出朱陆并立的意义："乾道淳熙间，晦庵先生以义理之学阐于闽，象山先生以义理之学行于江西，岳峻杓明，珠辉玉将。一时学士大夫雷动风从，如在洙泗，天下并称之曰朱陆。"④但他真正想说的是朱不及陆："晦庵殁，其徒大盛，其学大明，士大夫皆宗其说。片言只字，苟合世好，则可以掇科取士。而象山之学反郁不彰。然当是时，虽好尚一致，而英伟魁特之士，未尝不私相语曰：时好虽若此，要之陆学终非朱所及也。"⑤

刘埙还对朱陆异同发表了自己的看法，他的意见是朱陆合辙。他主要从三个方面进行证明。第一，圣贤学说宗旨相同："夫人惟一心，

---

① 《四库全书总目》卷一百二十二。
② 《理学一》，《隐居通议》卷一，影印文渊阁《四库全书》本。
③ 《陆文安公祠堂记》，《水云村泯稿》卷三，影印文渊阁《四库全书》本。
④⑤ 《朱陆》，《隐居通议》卷一。

心惟一理,群圣相授,继天立极,开物成务,何莫由斯。孔子曰:性相近也。孟子曰:先圣后圣若合符节。岂至于学,能独异乎?"①第二,引用陆九渊心同理同的观点:"抑文安公之训曰:宇宙即是吾心,吾心即是宇宙。千百世之前,有圣人出焉,同此心同此理也;千百世之后有圣人出焉,同此心同此理也;东海有圣人出焉,同此心同此理也;南北西海有圣人出焉,同此心同此理也。此其寥廓高朗,会万归一。彼此尚同异者,不愧死哉!"②第三,引用朱熹的言行为据,包括朱熹赞扬陆九渊的一些话,朱熹告诫门徒不要疑陆、攻陆的一些话,朱熹晚年自悔,其思想与陆学趋于一致。此外,刘埙还驳斥了"陆学近禅"、"陆不讲学"的说法,他提出,"性命之学不能不与禅相近",如果说陆近禅,那么朱同样近禅。他辩护说,陆不是不讲学,不是不教人读书,而是教人读书要"先识本心"。

刘埙虽然推崇陆九渊,但并不完全株守陆学,在承认心即理的同时也吸收了理学的某些观点,这主要表现在他论心物关系上。他吸收了程朱的理气说,认为万物都由气聚而成:"一气之初,万物相见,故虽天地必有初也。"③在批判佛教空观时,他提出宇宙皆实的观点:"然心目所及,宇宙之内,触景皆实物,游氛幻色,亦足点滓,将指何者为空?而又何观?"④

刘埙对"悟"做过很多论述,四库馆臣说他"以悟为宗",不为无故。刘埙所说的"悟",既有作为认识开端的"启蒙之悟",又有所谓"妙悟"。"悟"的出现有几种情况:一是习闻既久而忽然大悟,二是沉思既深而"一日涣然有省",三是因事顿悟。刘埙之所以重视"悟",这是崇尚易简的陆学的内在要求,同时也是他对理学流弊的一种抵制:"夫以悟为则,固未足以尽道。然诚妙悟,则亦几于见道矣。朗澈澄莹,纤翳不

---

① 《朱陆合辙序》,《水云村泯稿》卷四。
② 《陆文安公祠堂记》,《水云村泯稿》卷三。
③ 《天地有初》,《隐居通议》卷二八。
④ 《观空堂记》,《水云村泯稿》卷三。

留,高出万象之表,于太初邻,其视埋头故纸、迷溺训诂而卒无益于自得者,不差胜乎?"①

第二节 陈 苑

陈苑(1256—1330),字立大,江西贵溪人,学者称静明先生。自幼业儒,后读陆九渊书而大喜,曰:"此岂不足以致吾知邪?又岂不足以力吾行邪?而他求也!"②于是尽求其书及其门人所著经学等书读之,"益喜,益知,益行",③以倡明陆学为己任。时朱学以科举之复而大盛,陈苑提倡陆学,颇为世所议,但他却矢志不渝:"闻先生说者,讥非之,毁短之,又甚者求欲中之,而先生誓以死不悔,一洗训诂支离之习。"④黄宗羲对陈苑不随波逐流力挺陆学的行为予以很高评价:"陈静明乃能独得于残编断简之中,兴起斯人,岂非豪杰之士哉!"⑤在陈苑的努力下,陆学为越来越多的人所知:"从之游者,往往有省,由是人始知陆氏学。"⑥全祖望将其视为元代陆学中兴的主力:"中兴之者,江西有静明,浙东有赵偕。"⑦

陈苑之学以究明本心为宗旨,据其门人介绍,其学"大抵谓圣贤之业之见于言语文字者,无非明夫人心,而学焉者亦必于此乎究"。⑧很明显,这是陆学家法。陆九渊即认为,本心一明就会达到胸无滞碍的境界。同样,陈苑也相信,心本无碍,有所滞碍,是己私所赋:"吾心之灵,本无限碍,本无翳滓,本无拘系,本无浪流。其有不然者,己私赋之

---

① 《魏益之悟人》,《隐居通议》卷一。
②③ 李存:《上饶陈先生墓志铭》,《俟庵集》卷二四,影印文渊阁《四库全书》本。
④⑤⑥⑦ 《静明宝峰学案》,《宋元学案》卷九三,第 3096—3097 页。
⑧ 李存:《别汪子盘序》,《俟庵集》卷十六。

也,非天之所予者。"① 因此,克去己私,就能恢复无碍的本心,达到与万物为一体的境界:"万物皆我,我即万物。"② 陈苑也用究明本心之学教导学生,高弟祝蕃(字蕃远)即"笃于陆氏本心之学",李存(字明远,一字仲公)则"孜孜究明本心",另一门人曾振宗(字子翚)用功既久,一日忽大悟万物皆备之旨。③

除了门人所记载的言行,陈苑本人没留下什么著作,这与他重视省察本心,不以言语文字为意有关。从他对门人李存的教育即可看出这一特点。李存早年以博学通儒自励,对"天文、地理、医药、卜筮、道家、法家、浮屠,诸名家之书"都有所用心。后来去见陈苑,陈苑告诉他"无多言,心虚而口实耳"。他不明白,再去请教。陈苑仍说:"无多言,心恒虚而口恒实耳。"于是他"夙夜省察,始信力行之难,惟日孜孜究明本心",甚至将自己以前所著的书都焚毁了。④ 在陈苑看来,为学之道没有什么多话可说,保持虚心和言行一致就行了。这正是陆学易简之教的路数。

陈苑一生隐居讲学,不求闻达,"困苦终其身,而拳拳于学术异同之辨。无千金之产、一命之贵,而有忧天下后世之心",⑤ 表现出很高的风格。陈苑门生甚多,其中,祝蕃、李存、舒衍、吴谦号称"江东四先生",这些人为传播陆学都做出了贡献。黄宗羲评述说:"祝蕃、李存、舒衍、吴尊光(谦),志同而行合,人号'江东四先生',皆出于陈氏。金溪之道,为之一光。是故,学术之在今古,患其未醇,不患其不传。苟醇矣,虽昏蚀坏烂之久,一人提倡,瞰然便如青天白日,所谓此心此理之同也。"⑥ 这一系陆学的后劲还有元末明初的著名学者危素。

---

① 李存:《上陈先生书》,《俟庵集》卷二八。
② 李存:《曾子翚行状》,《俟庵集》卷二三。
③ 以上事迹皆见《静明宝峰学案》,《宋元学案》卷九三。
④⑤⑥ 《静明宝峰学案》,《宋元学案》卷九三。

第三节　危　素

危素(1303—1372),字太朴,一字云林,金溪人。在元,累官至参知政事。元亡,欲以身殉,不果,曾设法保护累朝实录。入明,明太祖尝问以元兴亡之故,颇受礼重,授翰林侍讲学士。晚年以亡元旧臣仕新朝受劾,谪居和阳,未几病卒。著有《说学斋稿》、《云林集》等,收入《危太朴集》。

危素长于文学与史学,在元末文坛上享有盛名,宋濂称其"名震江右",清人王懋称其文"演迤澄泓,视之若平易,而实不可及"。① 他参与修撰《宋》、《辽》、《金》三史,具有良史之才,"纂后妃等传,事逸无据,素买饧饼馈宦寺,扣之得实,乃笔诸书,卒为全史。"②

虽然危素不以理学闻名,但在儒学史上却是陆学由元向明过渡的重要人物。史称,他学于"江东四先生"中的祝蕃、李存之门:"(危素)学于祝蕃远之门,称高座","亦学于李仲公,所以待之者如蕃远。"③据其自述,在天历、至顺年间(1328—1333),他还多次拜访过陈苑,受其"启迪训掖,无所不用其情",④另一方面,据宋濂说,吴澄、范梈与他是忘年交:"二公皆折行辈与之为礼,吴公至恨相见之晚。"⑤从以上情况看,危素受到多方面的学术影响,其师承比较复杂,诚如全祖望所论,他"遍请业于其乡之硕儒","其统绪固不自一家也。"⑥

据说当年祝蕃对危素曾寄予厚望:"其请业而退也,蕃远必目送

---

① 《四库全书总目·说学斋稿》。
② 《危素传》,《明史》卷二百八十五,第7315页。
③⑥ 《静明宝峰学案》,《宋元学案》卷九三,第3118—3119页。
④ 《静明书塾记》,《危太朴集》卷三,影印文渊阁《四库全书》本。
⑤ 宋濂:《危公新墓碑铭》,《文宪集》卷一八,影印文渊阁《四库全书》本。

之,谓侍者曰:'他日能传吾道而行之者,其斯人也夫!'"①在一定程度上,危素也确实没有辜负祝的期望。他在与修《宋史》时,特地将陆九渊四大弟子之中的舒璘与沈焕同传,②且称赞舒璘之学说:"素之不敏,盖粗考公之学一本诸心,故发而为言无往而非此心之妙,斯岂执笔摹拟区区于文字之末者所能窥其仿佛哉!"③他还访求沈焕的遗著,特地写信给道士吕虚夷:"端宪公(沈焕),子郡人,遗书当存,能为求之,甚幸",后者派人奉书至京,他"既缮写,而序志之",④在谈论朱陆异同问题时,他反对两家后学的门户之争,主张会同。他说:"昔者,朱文公、陆文交公同时并起,以明道树教为己事,辨论异同,朋友之义。其后,二家门人之卑陋者,角立门户,若仇雠然。"⑤但就感情倾向而言,他更多站在陆学一边,比如,他对科举以朱学为宗的流弊加以痛责:"嘉定以来,国是既章,而东南之学者靡然从之。其设科取士,亦必以是为宗。其流之弊,往往驰逐于空言而汩乱于实学,以致国随以亡而莫之悟。"⑥而对陆学者则表达了较多的同情和尊重,既惋惜于"陆氏不著书,而其学几绝",又庆幸其"流风遗俗尚有承传"。他还特别表彰祝蕃的为人:"陈先生(苑)居室堕圮,先生(祝蕃)鬻田为之更作,经费供给,终陈先生无废礼。流俗之人笑讥毁誓,无所不至,终不为动。凡若此,以其有得陆氏之传也。先生毅然以斯文自任,其爱人之心,不啻如饥渴之求饮食。尝曰:'薄四海之外,人人与闻尧舜之道,是吾愿也。'然改过服善,若决江湖,虽愚夫愚妇,告之以善,即心悦诚爱。与学者游,必时询己过。及其当官干,实屹立不回,忧国爱民之志形于眉睫。"⑦

  危素平生与僧道多有交游,其思想亦受到佛老之教的影响。在他

---

① 《静明宝峰学案》,《宋元学案》卷九三,第3118页。
② 见《宋史》卷四百一十。
③ 《舒文靖公文集序》,《危太仆集》卷八。
④ 《沈秀才墓志铭》,《危太朴续集》卷五。
⑤⑦ 《上饶祝先生行录》,《危太朴续集》卷七。
⑥ 《临川吴文正公年谱序》,《危太朴续集》卷一。

的文章中,经常出现属于佛道的语汇。如他解释《中庸》的至诚之说:"予闻诸孔伋氏,惟至诚者可以参天地赞化育,岂非其性湛然,与天同体,寂感之妙,有莫知其然者。善学孔氏,则宜有得乎此。"①他还引用大慧宗杲的话来说明道德之心与生俱来:"忠君爱国之心与生俱生,假使铁轮旋转,而此不可磨灭。"②因此被正统儒者目为"佞佛"。

在生活方式上,危素也向往过一种出世的生活,他希望自己能"虚己以游于世",如蝉之脱壳一样获得解脱,并通过襄陵蜕叟之扣说:"吾少而耽玩载籍,既得其精华,吾蜕于书矣;吾少而攻习文词,既通于制作,吾蜕于文矣;吾且老,而身縻爵禄,既辞其宠荣,吾蜕于仕矣。"又说:"蜕于书,圣贤与为徒;蜕于文,神明之与居;蜕于仕,可混于樵渔。"③抛却书本(蜕于书)的圣贤显然不是朱熹所理解的圣贤,而摆脱功名利禄(蜕于仕)与渔樵为伍者同"先天下之忧而忧,后天下之乐而乐"具有忧患意识的儒家形象亦相去甚远。危素最终从心学家走向逍遥世外的隐士。

第四节 赵 偕

赵偕(? —1364),字子永,浙东慈溪人,宋宗室后裔。以举业为"富贵之梯,非身心之益",弃而不治。私淑杨简之学,隐居于大宝山麓,讲道山中,门生甚众,学者称宝峰先生。元末,方国珍据浙东,逼其仕,不从。著作有《赵宝峰先生文集》。

在赵偕之前,四明陆学的学统已经中断,他是通过阅读杨简的著作而领悟心学的:"及读《慈湖遗书》,恭默自省,有见于'万象森罗,浑

---

① 《禅居寺芳禅师塔铭》,《危太朴续集》卷六。
② 《释景洙翠屏文集序》,《危太朴续集》卷六。
③ 《虚游说》,《危太朴续集》卷一。

为一体,吾道一贯'之意,曰:'道在是矣,何他求为!'"①

赵偕为学,首重静坐。他说:"凡日夜云为,若恐迷复,则于夙兴入夜之时,宜静坐以凝神","凡得此道,融化之后,不可放逸。所宝者,清泰之妙。犹恐散失,宜静坐以安之","凡除合应用之事外,必入斋庄之所静坐。"②正因于此,全祖望称其学"以静虚为宗"。③赵偕的澄坐内观之法似乎主要是从杨简那里得来,他曾向人叙述自己的经验:"昔杨夫子(简)犹反观入道,某亦尝事此,良验。"④从这个说法看来,赵偕对反观内视之道确有体会,至于其体验具体是什么,他没说,不过,从他对友人静坐体验的评论可以了解一二。友人周坚(字砥道,号皓斋)依他之言"归而默坐反视,意志俱泯,忽见天地万物有无一体,不知我之为我,惟见光明满室而已"。他对此给予肯定:"此知及之也。正孔子曰'明目而视之,不可得而见也;倾耳而听之,不可得而闻也',又曰'无声之乐日闻四方者'是也。"还解释说周坚所见到的光明实际上是心之光:"是心之光,古人所谓'虚室生光,吉祥止止'者是也。"⑤"心"在他这里成了具有如此神通的神秘之物。他平时还喜欢说"心无生死":"心无生死,此先生平日之言。"⑥这个无生无死的心即道心:"万物有存亡,道心无生死。"⑦赵偕将心学的"吾心即是宇宙"发挥到极致,他曾对门人乌本良说:"天地万物有无一体,风云雨露,无非我也。"⑧到这个地步,他的有些言论与禅宗已经很难区分了。乌斯道记述了他与友人王约(字子复,号相山)、周坚的一次对话:"他日,二先生(赵偕、王约)过处士(周坚),见榴花瓶中。相山问处士曰:'花与枝叶红绿间出,果孰为之?'处士曰:'吾所为也。'宝峰曰:'孔言庶是无教也,砥道领其教

---

① ③ 《静明宝峰学案》,《宋元学案》卷九三,第3098页。
② 《为伯奇学清虚而书》,《赵宝峰先生文集》卷二,《续修四库全书》本。
④ 乌斯道:《周皓斋墓志铭》,《春草斋文集》卷十,影印文渊阁《四库全书》本。
⑤ 《周皓斋墓志铭》,《春草斋文集》卷十。
⑥ 《祭文》,《赵宝峰先生文集》卷首。
⑦ 《题修永斋》,《赵宝峰先生文集》卷二。
⑧ 乌斯道:《先兄春风先生行状》,《春草斋文集》卷十。

矣。'至暮,童子秉烛。宝峰曰:'此烛之明,烛欤?火欤?'答曰:'非烛非火,此榴花之变化也。'"①对话中,周坚以榴花为己心所出,又以烛明为榴花变化,无异于说万物皆吾心所为,这种彻头彻尾的心本论却得到赵偕的认可,赵偕本人的立场可想而知。

赵偕虽然强调静坐澄观,却并非袖手谈心性之徒,相反,他很关心现实。他说:"孔子以道设教,而未尝一日心忘天下。"②对于治道,他也曾究心,如他提出应当发挥学校对基层政务的积极作用,县令"宜每日平明到县治事毕,抽暇时往学宫,会集贤士,从容讲明政事得失,人物善恶,及将诸簿所书,讨论是否,从公议定,庶几学校有资于政事,政事实出于学校,不致虚文。"③他还列出十条"治民事宜"供县令参考:"一曰愿闻过,二曰采公论,三曰谨礼节,四曰彰善,五曰瘅恶,六曰均赋役,七曰考吏行,八曰考卒行,九曰杜妄告,十曰谨句销。"据说弟子陈文昭遵照实行效果甚好,"以是得慈民心"。赵偕还致书在朝为官的危素问他:"畴昔所言圣贤治务,可行否邪?"④

赵偕的学生有桂彦良、乌斯道等人,他们从而讲学,进一步扩大了陆学的影响。不过,总的说来,江西陆学也好,浙东陆学也好,陆学在元代,始终未能超出地区局限走向全国,从而在整体实力上无法与朱学抗衡。这是元代陆学的一个特点。另一方面,陆学在元代的存在并不仅仅体现在这些直接以陆学自居的学者身上,它还通过那些朱学学者对陆学的同情与吸收反映出来。后一现象通常被人们称为元代和会朱陆的现象。元代一流的思想家对朱陆门户之见都不以为然,如吴澄曾说:"朱、陆二师之为教,一也。而二家庸劣之门人,各立标榜,互相诋訾,以至于今,学者犹惑。呜呼甚矣,道之无传而人之易惑难晓也!"⑤吴澄之后,郑玉对朱、陆后学的株守门户之弊端均有批评。

---

① 《周皓斋墓志铭》,《春草斋文集》卷十。
②③ 《静明宝峰学案》,《宋元学案》卷九三,第3098—3099页。
④ 上引均见《静明宝峰学案》,《宋元学案》卷九三。
⑤ 《草庐学案》,《宋元学案》卷九二,第3046页。

第五节 郑 玉

郑玉(1298—1358),字子美,徽州歙县人。自幼敏悟嗜学,既长,覃思六经,尤遂于《春秋》。元廷征之为翰林待制、奉议大夫,辞不受。朱元璋军兴,过徽州,邀其加入,不从,被囚,为全节义而自缢。郑玉绝意仕进,勤于教学,受业者甚众,学者称师山先生。著有《周易大传附注》、《程朱易契》,已佚,今存《春秋经传阙疑》、《师山文集》。

郑玉在元代以《春秋》名家,与同样善治《春秋》的赵汸(字子常,休宁人,学者称东山先生)形成一个有共同的《春秋》学特征的徽州学派,赵汸从黄泽治经,又从虞集问学,从而在师承上被归为草庐学派。郑玉所著《春秋经传阙疑》,四库馆臣评价甚高:"昔程端学作《春秋本义》等三书,至正中官为刊行,而日久论定,人终重玉此书。"①

郑玉对《春秋》极为推崇,认为《春秋》在六经中有特殊地位:"《易》、《诗》、《书》言其理,《春秋》载其事。有《易》、《诗》、《书》,无《春秋》,则皆空言而已矣。是以明之者,尧、舜、禹、汤之治可复;昧之者,桀、纣、幽、厉之祸立至。有天下国家而不知《春秋》之道,其亦何以为天下国家也哉!"②由《春秋》可以见圣人之大用:"呜呼!夫子集群圣之大成,《春秋》见夫子之大用。盖体天地之道而无遗,具帝王之法而有征。"③

郑玉治《春秋》,博采诸儒之论,不以三传为限,其具体做法是:以经为纲,以传为目,"叙事则专于左氏,而附以公、谷,合于经者则取之;立论则先于公、谷,而参以历代诸儒之说,合于理者则取之。"④值得一

---

① 《四库全书总目》卷二八。
②③④ 《春秋经传阙疑序》,《师山文集》卷三,影印文渊阁《四库全书》本。

提的是,他在处理有关疑难时宁阙毋论:"其或有脱误,无从质证,则宁阙之以俟知者,而不敢强为训解;传有不同,无所考据,则宁两存之,而不敢妄为去取。至于诛纣之事,尤不敢轻信传文,曲相附会,必欲狱得其情,事尽其实,则以经之所作由于斯也。"①这种严谨态度得到四库馆臣的肯定:"其论皆洞达光明,深得解经之要。故开卷'周正、夏正'一事,虽其理易明,而意有所疑,即阙而不讲,慎之至也。"②

郑玉以理学观点治《春秋》,重视发挥《春秋》中的王霸论、夷夏论、篡弑论,持论比较开明公允,如他提出霸有罪亦有功,夷能行中国之道则亦可为中国之主,弑君固然罪不可恕但也应该分清弑君之由。

在理学思想上,郑玉重视探求学问"本原",他认为周敦颐的《太极图说》和张载的《西铭》就是"斯道之本原":"太极之说,是即理以明气;《西铭》之作,是即气以明理。太极之生阴阳,阴阳之生五行,岂有理外之气?'天地之塞吾其体,天地之帅吾其性',岂有气外之理?然则,天地之大,人物之繁,孰能出于理气之外哉?二书之言虽约,而天地万物吾不备矣。"③按照这种理气统一观,他着重阐发了"天地万物皆吾一体"的思想:"天地一易也,古今一易也,人物一易也,吾身亦一易也。自天地而敛之,以至于吾身,易之体无不备;自吾身而推之,以至于天地,易之用无不周。"④"又以吾身而论之:心者,易之太极也;血气者,易之阴阳也;四体者,易之四象也。进退出处之正与不正,吉凶存亡之所由应者,易之用也。如此,则近取诸身而易无不尽矣。"⑤郑玉还谈到"诚",他所说的"诚"是宇宙所以然之理:"盈天地间皆诚也,而不见其所以为诚者。惟不见其所以为诚者,故无往而非诚也。"⑥

郑玉在理学史上出名,主要是因为他关于朱陆异同的议论。从理

---

① 《春秋经传阙疑序》,《师山文集》卷三。
② 《四库全书总目》卷二八。
③ 《跋太极图西铭解后》,《师山遗文》卷三。
④⑤ 《周易大传附注序》,《师山文集》卷三。
⑥ 《李进诚字说》,《师山遗文》卷二。

学渊源上看,郑玉少无师承,其服膺朱学,乃从书中自得,他自述:"余年十数岁时,蒙昧未有知识,于前言往行无所择。独闻人诵朱子之言,则疑其出于吾口也;闻人言朱子之道,则疑其发于吾心也。好之既深,为之益力,不惟道理宗焉,而文章亦于是乎取正。久而浸熟,不知我之学古人,而疑古人之类我也。"①又说:"余既侍亲归新安,益读朱子之书,求朱子之道,若有所得者。"②但同时他又与一些陆学者长期保持良好关系,其缘起则是他年轻时在淳安的一段经历:"昔先君子作尉淳安,余在侍傍,得游淳安诸先生间。吴暾先生则所师也,洪震老先生、夏溥先生则所事而资之也,洪赜先生则所友也。"③宋末以来,淳安地区一直就有一支陆学的传统:"淳安自融堂钱氏(钱时,字子是,学者称融堂先生)从慈湖杨氏游,而本一(洪赜,字君实,后更字本一)之族祖衢州府君梦炎(字季思,号默斋)亦登其门,淳安之士皆明陆氏之学。"④郑玉文中所提到的这些人,无一例外都是陆学一脉:吴暾(字朝阳,学者称朝阳先生)与夏溥(字大之)在学术上是同调,而夏溥则是夏希贤(字自然,学者称自然先生)的仲子,夏希贤为钱时弟子。洪震老(字复翁)"私淑慈湖之学",洪赜则为洪梦炎续传。以往有些论者根据郑玉的这段师友回忆遂断定郑玉的师承为陆学,又结合他日后从事朱学这一点将他作为元代由陆入朱的代表人物。不能不说,这个看法有失考察。实际上,郑玉公开承认这些人是他的师友,主要是出于念旧,并不代表学术观点上认同他们。这一点,郑玉在自述他与洪赜交游始末时说得非常清楚。郑玉与洪赜相识之初,其交流主要在诗文方面,洪赜之从事陆学是他们分手之后的事:"本一(洪赜)日所为诗文古雅隽永,吾甚爱而慕之。本一入邑,必过余,留宿止。余或思本一,辄上马夜半扣门,相与论议,连日夜忘归。"其后,双方各自在朱、陆那里找到自己思想的归宿:"余既侍亲归新安,益读朱子之书,求朱子之道,若

---

① 《余力稿序》,《师山文集》卷首。
②③④ 《洪本一先生墓志铭》,《师山文集》卷七。

有所得者。本一亦尽弃其旧而从事于古人为己之学。"彼此思想差异既大,偶尔相逢,也话不投机,只剩下少年时代结下的深厚友谊历久弥坚:"及再会于钱塘,则议论多不合,然交情益笃。后数年,余以便舟过其家,本一幅巾野服,相送锦沙之上,至今犹往来于怀也。"俄而宋元易帜,兵荒马乱,不通音问多年,"乱后,忽得其门人俞溥书,则本一讣矣。"郑玉明确表示,自己不会因为与洪颐所学不同而推脱铭墓之责:"玉与本一托交三十余年,其所学虽若有不苟同者,铭墓之责又安得以此而废彼哉!"①

从这些叙述看,郑玉由陆入朱或始陆终朱之说当不能成立。不过,郑玉因为与陆学者的这种交谊而对陆学较为同情,从而在朱陆异同问题上不像一般朱学者那么偏倚,则是完全可能的。郑玉对朱陆异同的议论集中见于《送葛子熙之武昌学录序》、《与汪真卿书》两文。

郑玉总的态度是和会朱陆,即强调朱陆之同而非朱陆之异。他对两百年来朱陆两家学者各尊所闻各行所知的局面甚感痛心:"方二先生相望而起也,以倡明道学为己任。陆氏之称朱氏曰江东之学,朱氏之称陆氏曰江西之学。两家学者各尊所闻,各行所知,今二百余年,卒未能有同之者","后之学者不求其所以同,惟求其所以异。江东之指江西,曰:'此怪诞之行也。'江西之指江东,则曰:'此支离之说也。'而其异益盛矣。此其善学圣贤者哉!"②对党同伐异的学风提出谴责:"近时学者,未知本领所在,先立异同。宗朱子则肆毁象山,党陆氏者则非议朱子。此等皆是学术风俗之坏,殊非好气象也。"③

在郑玉看来,朱陆的不同是双方根据各自不同的气质而选择了不同的为学途径:"以予观之,陆子之质高明,故好简易;朱子之质笃实,故好邃密。盖各因其质之所近而为学,故所入之途有不同尔。"而他们

---

① 上引皆自《洪本一先生墓志铭》,《师山文集》卷七。
② 《送葛子熙之武昌学录序》,《师山文集》卷三。
③ 《与汪真卿书》,《师山遗文》卷三。

所要实现的理想则没有什么不同,在基本立场上也完全一致:"及其至也,三纲五常、仁义道德,岂有不同者哉!况同是尧舜,同非桀纣,同尊周孔,同排佛老,同以天理为公,同以人欲为私。大本达道,无有不同者乎?"由于朱陆之学是从他们各自的气质发展而来的,因此只适用于相应的人群:"朱子之说,教人为学之常也;陆子之说,高才独得之妙也。"任何气质都有它的优点与缺点,甚至优点同时也构成缺点,朱、陆也不例外。郑玉相信,如果不能认识到这一点,在学习朱陆之说时,就有可能在优点得到继承的同时缺点也充分暴露出来:"二家之学亦各不能无弊焉。陆氏之学,其流弊也,如释子之谈空说妙,至于卤莽灭裂,而不能尽致知之功。朱氏之学,其流弊也,如俗儒之寻行数墨,至于颓惰委靡,而无以收其力行之效。"对于崇尚简易的陆学,如果不注意简易的局限性,一味求简求易,就会抛却书本,游谈无根;而对于崇尚邃密功夫的朱学,如果不注意读书与践履结合,就很容易堕落为埋头故纸堆的腐儒。当然,这是后之学者不善学的结果,朱陆本人是不需要为此负责的:"然岂二先生立言垂教之罪者?盖后之学者之流弊云尔。"①

郑玉对朱陆之弊皆有指陈,看似不偏不倚,但细味其辞,他对朱学的批评更多集中在朱门后学,而对朱熹则惟恐不敬,观下语可知:"至吾新安朱子,尽取群贤之书,析其异同,归之至当,言无不契,道无不合,号集大成,功与孔孟同科矣。使吾道在宇宙,如青天白日,万象灿然,莫不毕见;如康衢砥道,东西南北,无不可往;如通都大邑,千门万户,列肆洞开,富商巨贾,轮凑辐集,所求无不可见,而天地之秘、圣贤之妙发挥无余蕴矣。然自是以来,三尺之童即谈忠恕,目未识丁亦闻性与天道,一变而为口耳之弊。盖古人之学是以所到之深浅为所见之高下,所言皆实事。今人之学是游心千里之外而此身元不离家,所见虽远,而皆空言矣。此岂朱子毕尽精微以教世之意哉!学者之得罪于

---

① 上引皆自《送葛子熙之武昌学录序》,《师山文集》卷三。

圣门而负朱子也深矣。"①

而对陆学的品评则不惮就陆氏本人立论:"某尝谓陆子静高明不及明道,缜密不及晦庵,然其简易光明之说,亦未始为无见之言也。故其徒传之久远,施于政事卓然可观,而无颓堕不振之习。但其教尽是略下工夫,而无其先后之序,而其所见又不免有'知者过之'之失。故以之自修虽有余,而学之者恐有画虎不成之弊。"②

也就是说,郑玉对朱熹所做的在某种意义上相当于洗刷与捍卫,而对陆九渊所表现出的则是一种宽容与大度。与此相应,对于陆学,他所要求于学者的,不过是不攻击,而朱学则是他要向学者推荐的:"是学者自当学朱子之学,然亦不必谤象山也。"③

郑玉在朱陆异同问题上的见解反映了元代后期朱学者对陆学态度的变化,这固然与陆学在元代顽强的生存发展有关,但在另一方面也说明心学因素在程朱理学当中的增长态势。郑玉明确指出朱陆之学的一致,实属创见,其后,黄宗羲进一步指出:朱陆"二先生同植纲常,同扶名教,同宗孔、孟"。④ 元代儒学对后世的影响,于此亦可见一斑。

第六节 余 论

元仁宗皇庆二年(1313),元廷决意实行科举,命程钜夫草《行科举诏》,于十一月颁行。诏书说:"举人宜以德行为首,试艺则以经术为先,词章次之。浮华过实,朕所不取。"考试程式规定,"明经、经疑二问,《大学》、《论语》、《孟子》、《中庸》内出题,并用朱氏《章句集注》",经义"《诗》以朱氏为主,《尚书》以蔡氏为主,《周易》以程氏、朱氏为主"。

---

① ② ③ 《与汪真卿书》,《师山遗文》卷三。
④ 《象山学案》,《宋元学案》卷五八,第1887页。

也就是说,答题必须以朱熹等道学家对四书、五经的注释为是。次年全国举行乡试,延祐二年(1315)、五年通过廷试,共得进士一百零六人。皇庆二年还决定"以宋儒周敦颐、程颢、颢弟颐、张载、邵雍、司马光、朱熹、张栻、吕祖谦及故中书左丞许衡从祀孔子庙庭"。①

至此,道学的官学地位宣告确立。这是儒学史上值得一书的大事。考虑到元廷统治者的少数民族性质,这一事件就更加耐人寻味。然而,也必须指出,终元之世,科举实际发挥的作用与前朝相比非常有限。从1315年到1366年,科举考试每三年一次,共举行了十六次,只取了一千一百三十九名进士,根据元廷对科举录取名额的规定,一半的名额为蒙古人与色目人所占有,而这两类人不仅参加的考试比汉人容易,而且判分标准也要低。即使把这些蒙古人、色目人都算进去,元廷平均每年也只录取二十三名新进士,与宋、金两朝每次取士数百的情况相比,这个规模实在是太小了。换言之,科举制的恢复并没有在实质上改变儒家学者沮丧的前途,尽管它开始时曾给汉族文人带来欣喜,使他们感到斯文重振的希望。在这种情况下,大多数儒士不得不另寻职业,成为农、军、匠、商、医、卜等,这就使得儒士长期处于社会较下层。这就是所谓"菁英角色的扩散"。由于士人角色的扩散,在元代,俗文学——尤其是杂剧与小说——得以提升,文人画昌盛,在元代最后三十年,位于东南沿海的吴中地区还出现了文人主义。文人主义以吴中诗派为代表,而吴中诗派以客居吴中的杨维桢为领袖,顾瑛、倪瓒为辅佐,高启、杨基、张羽、徐贲等吴中四杰为后劲。文人主义的出现,一方面反映战乱时代士人对国家与社会的疏离,另一方面则代表士人力求突破正统道学对生活及文学的束缚。

也正由此,形成了元代儒学有别于其他时代的一些特征。一方面,儒士与整个社会的联系较以前更为密切,从而使得儒家的生活理想、道德准则在广大的社会阶层得到传播;另一方面,由于谋生的需要

---

① 《仁宗纪一》,《元史》卷二四,第557页。

以及切身接触到实际生活,元代儒者比较强调经世致用,突出道德践履的要求,注意学习实用知识和培养实际办事的能力。相对于义理问题的探索,元儒对于义理之学的普及与运用似乎更感兴趣。后世评价常说元代儒学在理论上缺乏创新,跟这一点应不无关系。

总的说来,在元代,外族上层掌握真正权力的现实并没有消除中国社会对文人的崇尚,也没有完全摧垮被征服者中原来属于社会上层的那些人的经济实力。事实上,汉族儒士在蒙古统治的特殊条件下生存下来,并且保留了他们文化的完整,宋代理学在元代依然得到了继承与发展。由于基础与条件的不同,理学在元代前期的发展呈现出明显的南北差异。大致说来,北学尚实行,南学精义理。在自视为"正学真传"的江南儒者看来,北方学者所得未免为"粗迹"。

从学术史的角度看,元代理学是两宋理学的延续与发展,尤其是南方地区,南宋以来的理学传承几乎没有受到宋元易代的影响。历史上有些汉族学者虽然对蒙元的统治不无偏见,但对这一点却也不能不承认,说:"有元立国,无可称者,惟学术尚未替。"①黄宗羲写学案,将宋元合在一起,不是没有根据的。

以往的宋明理学研究者习惯于将元代理学看做宋代理学与明代心学之间的一个过渡环节。必须说,这个印象的形成,主要是明代心学思潮与元代朱陆和会思潮之间的相似性诱使人们产生了某种继承关系的联想。实际上,元代理学是以朱子学为主流,无论在官方还是在民间都是如此,就元代理学家的主观意愿来说,他们是出于对南宋末以来朱子后学的不满而力图纠正其弊,这跟朱熹当年对二程后学感到不满而力图综合地继承北宋理学的情况非常相似。就此而言,元代理学的内在旋律不是离开朱熹,而是要回到朱熹,更准确地说,是开发朱子学中那些尚未被完全发掘的可能性。实际上,整个元代乃至明初,理学都笼罩于朱子学的话语体系之下。

---

① 全祖望语,《萧同诸儒学案》,《宋元学案》卷九五,第 3142 页。

后　记

　　《中国儒学史·宋元卷》的编写,是整部《中国儒学史》中内容较多的一卷,因此我邀请了杨柱才、杨立华、方旭东三位中青年学者一起合作撰写,而本卷也主要是由他们三位执笔完成的。其中杨柱才主要负责南宋的部分,杨立华主要负责北宋的部分,方旭东负责元代的部分。他们三位都是在北京大学哲学系中国哲学专业博士点取得博士学位,年富力强,思想敏锐,基础扎实,学有所成。由于大家学术取向基本一致,所以合作十分顺利。

　　本卷各章的具体分工如下：

　　绪说、范仲淹、欧阳修、司马光、张载、程颢、程颐、苏轼、吕大临、谢良佐、杨时,由杨立华撰写。

　　周敦颐、王安石、胡宏、张栻、朱熹后学、陆九渊以及浙学部分,由杨柱才撰写。

　　朱熹的部分由陈来撰写。

　　金元部分由方旭东撰写。

　　全稿初步完成后,杨立华对全稿的字体、版式作了统一和整理,对部分初稿的体例作了调整,为全卷顺利交稿付出了心力。

中国儒学史项目的立项、分工、经费筹集等,前后经历颇久,致使作者往往不能集中写作,难以一气呵成,且文字的风格也不尽一致。按照分工的设计,本卷计划字数为不超过五十万字,应当说,这个篇幅对于全面呈现宋元时代的儒学面貌,是很不够的。因此,本卷的指导思想是,在有限的篇幅内呈现的宋元的儒学史,仍须以叙述儒学思想史为主;思想的叙述不限于哲学,但应达到一定的深度,而不能浅尝辄止。故本卷框架和结构的设计多以思想家和学派为单元,而思想家的选择也未面面俱到,以突出主要的儒学思想家的贡献为目的。在这个总的思想和写作框架下,力求在写法和具体研究方面有所深入和创新,至于实际成效如何,就有待读者的评说了。

本卷的写作一定还有很多缺点和不足,期待着学者和读者的批评指正。

陈　来

2008 年 5 月北京大学